텍스트성 · 철학 · 예술

해석학과 해체주의 사이

지은이 휴 J. 실버만은 리하이대학교(학사, 1966) 및 동대학원(석사, 1967)을 졸업했으며, 스탠퍼드대학교 대학원(박사, 1973)에서 현대철학을 전공했다. 대표저서와 편저로는 『피아제, 철학과 인문학』(1980), 『미국에서의 대륙비평』(1983), 『해석학과 해체주의』(1985), 『각인(刻印)』(1987), 『대륙비평의 지평』(1988), 『포스트모더니즘과 대륙철학』(1988), 『차이의 정치학』(1991) 등이 있으며, 『데리다와 해체주의』(1989), 『포스트모더니즘 : 철학과 예술』(1990), 『가다머와 해석학』(1991) 등을 편저했다. '현상학과 실존주의 철학회'의 상임편집위원으로 활동했으며(1980~1986), '현상학과 문학 국제학회' 상임위원으로 활동하고 있다(1987~현재). 현재 뉴욕주립대학교(스토니브룩 캠퍼스)의 철학과와 비교문학과 교수로 재직하고 있다(1974~현재).

옮긴이 윤호병은 육사(학사, 1973), 서울대(학사, 1977) 및 동대학원(석사, 1981)을 졸업했으며, 뉴욕주립대학교(스토니브룩 캠퍼스) 대학원(박사, 1986)에서 비교문학과 문학이론을 전공했다. 대표저서로는 『비교문학』(1994), 『문학이라는 파르마콘』(1998), 『아이콘의 언어』(2001), 『네오-헬리콘 시학』(2004), 『문학과 그림의 비교』(2007), 『문학과 종교의 비교』(2007), 『한국 현대시인의 시세계』(2007), 『문학과 문학의 비교』(2008), 『한국 현대시와 가톨릭시즘』(2008) 등이 있고, 대표역서로는 『포스트모더니즘』(1992), 『반미학』(1993), 『현대성의 경험』(1994), 『현대성과 정체성』(1997), 『데리다와 해체주의』(1998), 『서정시의 이론과 비평』(2003), 『비평의 이론』(2006) 등이 있다. 국제비교문학회(ICLA) '문학이론위원회' 상임위원을 역임했으며(1996~2000), '평화방송' 시청자자문위원으로 활동하고 있다(2006~현재). 현재 추계예술대학교 교수로 재직하고 있다.

텍스트성·철학·예술 —해석학과 해체주의 사이

초판 인쇄 2009년 2월 20일 **초판 발행** 2009년 2월 25일
지은이 휴 J. 실버만 **옮긴이** 윤호병 **펴낸이** 박성모
펴낸곳 소명출판 **출판등록** 제13-522호 **주소** 서울시 서초구 서초동 1621-18 란빌딩 1층
전화 02-585-7840 **팩스** 02-585-7848 **전자우편** somyong@korea.com

값 28,000원

ⓒ 2009, 소명출판

ISBN 978-89-5626-367-0 93100

텍스트 · 철학 · 예술

해석학과 해체주의 사이

휴 J. 실버만 지음 —— 윤호병 옮김

소명출판

|일러두기|

이 책에 사용된 약자는 다음과 같다. 참고문헌에서 맨 처음 인용했을 때에는 후주를 사용했다.
동일한 참고문헌에서 두 개의 출판일자가 수록되었을 때, 첫 번째 것은 원본의 출판일자이고 두
번째 것은 번역본의 출판일자이다. 한 번 이상 인용된 참고문헌만을 정리하면 다음과 같다.

AF	Derrida, *Archeology of the Frivolous* (1973 / 1980)
Carte postale	Derrida, *La Carte postale* (1980 / 1987)
Cézanne	Conversations avec Cézanne (1978), ed. P.M. Doran
DC	Bloom, *Deconstruction and Criticism* (1979)
Degree Zero	Barthes, *Writing Degree Zero* (1953 / 1967)
Différance	Derrida, "Différance"(1968), in *Speech and Phenomena and Other Essays* (1973)
Dissemination	Derrida, *Dessemination* (1972 / 1981)
DP	Blanchot, "Le 'Discours Philosophique'", *L'Arc : Merleau-Ponty* (1971)
EGT	Heidegger, "Logos(Heraclitus, Fragment B 50)"(1944 / 1951), in *Early Greek Thinking* (1975)
EH-RHtr.	Nietzsche, *Ecce Homo* (1988 / 1979), trans. R.J. Hollingdale
EH-WKtr.	Nietzsche, *Ecce Homo* (1988 / 1967), trans. Walter Kaufmann
EM	Merleau-Ponty, "Eye and Mind"(1961), in *The Primacy of Perception* (1964)
Grammatology	Derrida, *Of Grammatology* (1967 / 1975)
HHS	Ricoeur, *Hermeneutics and the Human Sciences* (1981)
Holz	Heidegger, *Holzwerge* (1950)
IMT-DA	Bartes, "The Death of the Autuor"(1968) in *Image / Music / Text* (1977)
Inscriptions	Silverman, *Inscriptions : Between Phenomenology and Structuralism* (1987)
IOG	Derrida, *Introduction to the Origin of Geometry* (1962 / 1978)
LWA	Ingarden, *The Literary Work of Art* (1931 / 1973)
Margins	Derrida, *Margins of Philosophy* (1972 / 1982)
NGH	Foucault, "Nietzsche, Genealogy, History"(1971), in *Language, Counter-Memory, Practice* (1977)
OE ; EM	Merleau-Ponty, "L'Oeil et l'esprit"(1961) ; and "Eye and Mind", in *The Primacy of Perception* (1964)
	Heidegger, *On the Way to Language* (1959 / 1971)
OWL	Magliola, *Phenomenology and Literature : An Introduction* (1977)
Pheno&Lit	Heidegger, "Language"(1950), in *Poetry Langauge Thought* (1971)
PLT-L	Heidegger, "The Origin of the Work of Art"(1933~36) / 1950 / 1960), in *Poetry Langauge Thought*
PLT-OWA	(1971)
Positions	Derrida, *Positions* (1972 / 1982)
PR	Derrida, "The Principle of Reason : the University in the Eyes of Its Pupils", *Diacritics* (Fall 1973)
Prose	Merleau-Ponty, *Prose of the World* (1969 / 1973)
PT	Said, "The Problem of Textuality : Two Exemplary Positions"(1980), in *Aesthetics Today* (1981)
QB	Heidegger, *The Question of Being* (1958)
RB	Barthes, *Roland Barthes* (1975 / 1981)
Retrait	Derrida, "The Retrait of Metaphor"(1978)
RPL	Kristeva, *Revolution in Poetic Language* (1974 / 1984)
Sartre ; Images	Sendyk-Siegel, *Sartre ; Images d'une vie* (1978)
S / Z	Barthes, *S / Z* (1971 / 1974)
SE ; UB	Nietzsche, *Schopenhauer as Educator* (1874 / 1965)
	Nietzsche, *Unzeigemässe Betrachtungen* (1873~76)
Signs	Merleau-Ponty, *Signs* (1960 / 1964)
SNS ; SBS-tr.	Merleau-Ponty, "Le Doute de Cézanne", in *Sens et non-sens* (1947) ; and "Cézanne's Doubt", in *Sense and Non-Sense* (1964)
SP	Derrida, *Speech and Phenomena* (1973) ; *La voix et le phenomenène* (1967)
Spurs	Derrida, *Spurs : Nietzsche's Styles* (1976 / 1979)
StrucPoetics	Culler, *Structuralist Poetics* (1975)
TM	Gadamer, *Truth and Method* (1960)
TT	Lévi-Strauss, *Tristes Tropiques* (1955)
Validity	Hirsch, *Validity in Interpretation* (1967)
Verité ; TP	Derrida, *La Verité en peintrue* (1978) ; and *The Truth in Painting* (1987)
VI ; VI-tr.	Merleau-Ponry, *Le Visible et L'invisible* (1964) ; and *The Visible and the Invisible* (1968)
VN	Dante Alighieri, *Vita Nuova* (1290)
Walden	Thoreau, *Walden : Or Life in the Woods* (1854)
Words	Sartre, *The Words* (1963 / 1964)

『각인(刻印)─현상학과 구조주의 사이』(1987)에서 필자의 핵심적인 관심은 '사이'를 고려하는 데 있었다. 『텍스트성 : 해석학과 해체주의 사이』에서 필자는 '차이' ─ 철학적이고 이론적이고 방법론적이고 텍스트적이며 제도적인 세계로서의 차이 ─의 개념을 발전시킴으로써, '사이'에 대한 전략과 예를 더 많이 고려할 수 있게 되었다. 그 이전의 필자의 저서에서처럼 『텍스트성』 역시 역사적이고 철학적인 특별한 콘텍스트에 자리잡고 있다. 『각인(刻印)』에서처럼 『텍스트성』에서도 필자의 관심은 최근의 대륙비평의 발전을 설명하는데 있으며, 더 나아가 대륙비평에서의 경향, 즉 그 자체만의 분명한 이론을 실천하기 위해서 작용하고 있는 경향을 제시하는 데 있다.

『텍스트성』의 두 가지 역할 중에서 첫 번째 역할은 하이데거와 메를로퐁티에서부터 푸코와 데리다까지 이르는 대륙철학의 특징이 무엇인지를 제시하고 평가하는 데 있다. 대륙철학의 특징을 이와 같이 역사적으로 설명하는 바로 그 주변에서, 『텍스트성』을 읽게 되는 독자들은 필자가 니체, 사르트르, 바르트, 블랑쇼 및 크리스테바를 고려하고 있다는 점을 알 수 있을 것이다. 이러한 점으로 보면, 『텍스트성』은 1930년대 중반, 특히 하이데거의 「예술작품의 기원」(1935~1936)에서부터 '그림' 및 대학에서의 '진실'에 대한 데리다의 글쓰기까지 이르는 대륙철학의 핵심적인 관심사항에 대한 하나의 보고서라고 볼 수 있다. 『텍스트성』은 『각인』의 후편에 해당하며, 『각인』에서 필자는 에드문트 후설의 후기활동과 하이데거의 초기활동에서부터 메를로퐁티와 사르트르의 초기활동까지 이르는 대륙철학의 특징이 무엇인지를 설명했다. 『각인』에서 필자의 목적은 푸코와 데리다를 연이어 취급함으로써, 현대사상에서 '자아' 및 인간으로서의 '주체'를 대체할 수 있는 문제가 무엇인지를 강조하는 데 있었다. 그러나 『텍스트성』에서 필자의 목적은 자서전에, 그림에, 철학에, 문학에 그리고 철학 등의 제도적인 기관(대학)에 각인되어 있는 텍스트화된 '자아'와 인간으로서의 '주체'의 문제로 되돌아갈 것을 강조하는 데 있다.

『텍스트성』의 두 번째 역할은 '텍스트성'의 의미를 철학적으로 실천하는 데 있다. 『텍스트성』에서 필자는 필자 자신이 선별한 철학적인 방법을 어떻게 병치시키고 해석학과 해체주의 '사이'를 어떻게 철학화할 수 있는지를 제시하고자 했으며, 철학적인 다양한 텍스트를 연구하는 것은 물론 '사이의 위치'에 대한 의미작용을 도출함으로써, '사이'의 의미를 어떻게 고려할 수 있는지를 제시하고자 했다. '사이'를 고려하는 것에 대한 이상과 같은 실천을 필자는 『각인』에서 '해석학적 기호학'이라고 명명한 바 있다. 이러한 연구를 다양한 관점으로 적용해 보면, 이와 똑같은 실천을 『각인』에서의 연구와 관련지어 명명할 수도 있을 것이고 환기할 수도 있을 것이다. 말하자면, 해석학적 기호학은 일관성 있는 복잡한 텍스트에서 질서화되어 있는 일련의 기호체계를 파악하는 것이라고 이해할 수 있을 것이다. 이와 같이 이해하는 것은 특정한 텍스트나 텍스트화의 특성을 규명하는 것이 되겠지만 언제나 선별적인 텍스트와 텍스트화에 관련지어 또는 콘텍스트와 관련지어 규명하는 것이 될 것이다. 『각인』에서 필자는 실존주의 현상학(사르트르와 메를로퐁티)

과 구조주의(레비스트로스, 라캉, 바르트, 피아제 등)의 '사이'를 관련짓는 데 관심을 기울였다. 해석학적 기호학의 아이디어는 후설의 초월적 현상학을 발전시킨 하이데거의 존재론적 해석학에 바탕을 두었으며 더 나아가 데리다의 텍스트적 해체주의와 함께 푸코의 지식의 고고학에도 바탕을 두었다.『텍스트성』에서도 필자의 관심은 해석학적 기호학의 개념이 해석학과 해체주의 '사이의 위치'로 나아가도록 하는 데 있다. 필자의 이러한 연구를 해체주의에 해당하는 것으로 파악하게 된다면, 그것은 필자 자신이 해체주의가 어떻게 작용하는지를 분명하게 이해해야 한다는 점에 의존하고 있기 때문이다. 그러면서도 선별적인 것에 나타나는 정체성을 적용하기보다는 두 개의 대상 사이의 차이(차이들)의 특징을 분명하게 함으로써, 선별적인 입장이 '사이의 실천'을 어떻게 부여하게 되는지 —이 책의 제6장에서 제시한 바와 같이—를 분명하게 할 수 있어야만 할 것이다. 이러한 관점으로 보면, 해석학적 기호학은 해체주의의 한 가지 유형에 해당하는 것으로 파악할 수도 있을 것이다. 좀 더 구체적으로 언급한다면, 해석학적 기호학의 특징을 '병치적인 해체적 읽기'로 파악할 수도 있을 것이다. 해체적 병치를 실천하는 것은 '차이의 위치'를 '이해의 위치'로 파악하는 것이며, 그것은 또『텍스트성』에서 제공하게 되는 철학적인 연구에서 중요한 요소에 해당한다.

『각인』에서는 '차이의 위치'가 어디에 있는지 —사선(斜線), 경계, 선별적인 것의 동시성 등—를 분명하게 했지만,『텍스트성』에서는 '사이의 위치'가 다양한 '텍스트성'의 핵심에 해당한다는 점을 되풀이해서 강조했다. 이 책의 여러 장(章)에서 필자는 텍스트성의 본질과 기능을 분명하게 하려고 노력했다. 텍스트성의 예로는 '자서전적인 텍스트성', '전기사진적인 텍스트성', '가시적인 텍스트성', '필사본적인 텍스트성', '철학적인 텍스트성' 및 '제도적인 텍스트성' 등 결정적인 다양한 영역을 들 수 있다. 이러한 점에서 비롯되는 질문은 '텍스트성이 무엇이냐?'라는 점이다. 간단히 말해서 텍스트성은 하나의 텍스트에 나타나는 여러 가지 의미구조 중의 하나라는 점이다. 그러나 이와 같이 설명하는 것이 지나치게 단순한 까닭은 텍스트성이 차별적인 개념의 문제에 해당하는 것이지 정체성의 문제에 해당하는 것이 아니기 때문이다. 예를 들면(제10장에서 발전시킨 바와 같이), 니체의 『에케 호모』(이 사람을 보라)에 나타나 있는 자서전적인 텍스트성에서는 텍스트를 자서전으로 규정하고 있지 않다는 점이다. 실제로 니체의 『에케 호모』가 '자서전'에 해당하는지에 대해서는 상당히 많은 문제점이 있다. 그럼에도 니체의 이 책이 '자서전적인 텍스트성'에 해당한다는 점에 대해서는 논란의 여지가 거의 없다. 니체의 이 책에 나타나 있는 '자서전적인 텍스트성'은 '텍스트' 자체와는 분명히 차이나는 것이다. 그럼에도 자서전적인 텍스트성은 그 밖의 수많은 텍스트성(철학적인 텍스트성, 종교적인 텍스트성, 문학적인 텍스트성 등)과 함께 텍스트 자체를 통해서 전개될 수밖에 없다. 여기에서 이러한 언급이 의미하는 것은 저자로서의 자아에 대한 질문이 바로 그 텍스트적 관심에 대한 가능한 읽기로서 하나의 텍스트로 기술(記述)된다는 점에 있다(글쓰기로 된다는 점에 있다).

텍스트성은 '병치적인 해체적 읽기'를 통해서 규명될 수 있다. 이러한 점은 이 책의 제1부에서 선택한 철학적인 방법을 서로 관련지음으로써 이루어졌고, 제2부에서는 텍스트성의 이론을 발전시키기 위해서 몇 가지 반대 입장을 연구함으로써 이루어졌으며, 제3, 4, 5부에서는 자서전적, 가시적 / 필사적(筆寫的), 제도적 텍스트성 ─ 이 모든 특성을 철학적 텍스트성과 관련지어 ─ 의 예를 연구함으로써 이루어졌다.

제1부에서는 대륙비평을 실천하는 오늘날의 네 가지 방법, 즉 해석학, 기호학, 질문[메를로퐁티의 '질문'(interrogation)의 개념은 질문과 질문 '사이'의 질문에 해당한다] 및 해체주의를 살펴보았다. 제1장에서는 초월적 현상학에서부터 해석학적 현상학과 기호학을 거쳐 해체주의까지 이르는 대륙철학에서 그 이론이 발전하게 되는 과정을 역사적으로 개관했다. 따라서 이와 같은 대륙철학의 역사적 발전과 관련지어 '차이의 이론'을 연

구하게 되었다. 뒤이어지는 세 개의 장(章)은 전략적인 점에서 병치적이라고 볼 수 있다. 기호학은 해석학적 기호학의 위치를 나타내기 위해서 해석학과 병치되어 있다. 하이데거적이고 가다머적인 해석학은 철학적 질문에 대한 메를로퐁티의 후기 방법론과 병치되어 있다. 그리고 메를로퐁티의 철학적 질문은 데리다적인 해체주의와 병치되어 있으며, 특히 그림의 문제와도 병치되어 있다. 작품과 사물, 사물과 예술, 예술과 진실을 종합하고 있는 하이데거의 「예술작품의 기원」처럼, 이 책의 제1부의 제2, 3, 4장에서는 지배적인 네 가지 대륙철학의 이론을 종합하였고, 이러한 네 가지 특징의 조직이 어떻게 '해석학적 기호학' 또는 좀 더 정확하게 말한다면 '병치적 해체주의'로 지속될 수 있는지를 종합했다.

제2부에서는 '텍스트성'의 이론에 대한 문제를 중점적으로 살펴보았다. 이 부분에서는 제1부의 마지막 장에서 제기했던 예술작품의 문제에 바탕을 두어 하이데거의 설명에 나타나 있는 텍스트성이 어디에 위치하는지를 살펴보았다. 하이데거에게는 텍스트성의 이론이 없다. 그는 텍스트의 이론조차도 가지고 있지 않았다. 하지만, 그가 자신의 '해석학적 순환'에서 진지하게 논의했던 규명의 위치, 개방, 차이로서의 공간 등은 텍스트의 위상과 텍스트성의 기원을 규명할 수 있는 '횡축(橫軸)으로서의 위치'를 개략적으로 파악할 수 있는 가능성을 제공해 주었다. 제2부의 두 번째 장에 해당하는 제6장에서는 또 다시 하이데거적인 예에 바탕을 두어 형이상학의 예를 찾아보았으며 해체주의의 전략, 즉 해체주의는 어떻게 작용하며 그것을 실천할 수 있는 도구는 무엇인지를 구체적으로 개관했다. 제7장에서 필자는 형이상학의 문제에서 문학의 문제로 전환했다. 인문학으로서의 문학의 문제를 제기함으로써, 문학연구에 있어서 해석학적 기호학의 가능성을 모색했으며, 롤랑 바르트가 자신의 『S / Z』에서 발자크의 소설 『사라신』을 읽어내는 방법에 나타나는 몇 가지 예와 관련지어 그러한 가능성을 발전시켰다. 끝으로 제2부의 마지막 장에서는 텍스트성이 발생할 수 있는 다양한 '틀'이 무엇인

지를 살펴보았다. 여기서 말하는 다양한 '틀'은 가시적 / 비가시적, 안 / 밖, 현존 / 부재, 텍스트 / 콘텍스트 및 통일성 / 다양성 등을 포함하는 수많은 이항대립에 대한 읽기에서 비롯되는 '틀'을 의미한다.

뒤이어지는 가장 많은 부분에서는 병치적인 해체적 읽기가 어떻게 특별하게 작용하게 되는지를 살펴보기 위해서 상이한 텍스트성을 구체적으로 연구하는 데 치중했다. 이와 같은 마지막 세 부분은 들뢰즈가 나무의 모양에 대한 연구라기보다는 그 뿌리의 모양에 대한 연구라고 명명하고는 했던 것에 해당한다. 이처럼 마지막 세 부분에서는 거기에서(이러한 세 부분에서) 비롯되는 줄기와 가지에서부터 출발한 것이 아니라, 오히려 이들 세 부분에서 작용하고 있는 뿌리로서의 텍스트성에 대한 몇 가지 예를 그룹으로 묶어 살펴보았다. 제3부에서는 '자서전적인 텍스트성'에 관심을 기울였으며, 인간으로서의 주체에 대한 모더니스트 개념을 '자아'나 '주체' — 자서전과 유사한 텍스트에서의 — 에 대한 텍스트화의 '틀'로 파악했다. 제3부에서 선정한 각각의 예는 공식적인 '자서전' 장르에 대해서 일종의 부수적인 관계를 유지하고 있을 뿐이다. 제3부의 첫 번째 장에서는 자서전을 다른 장르와 동일하게 취급했으며 소로우의 『월든』을 구체적으로 취급했다. 『월든』은 그것이 미국의 초월주의 철학의 논지에 해당하는 것만큼 소로우가 콩코드 숲속에 머물렀던 2년간의 생활을 설명하는 것에 해당하기도 한다. 1인칭 단수 시점으로 기술되었지만, 『월든』에는 전형적인 자서전의 특징이 상당히 많이 결여되어 있다. 그럼에도 거기에는 자서전적인 텍스트성이 아주 많이 나타나 있다. 이와 똑같이 니체의 『에케 호모』는 이미 앞에서 언급한 바와 같이 자서전적인 텍스트의 부수적인 특징에 해당할 뿐이다. 레비스트로스의 『슬픈 열대』는 자서전적인 텍스트성에 나타나는 시간의 문제에 접근할 수 있는 가능성을 제공하기도 한다. 사르트르의 『말』과 바르트의 『롤랑 바르트』의 병치는 급진적인 확산이라는 점에서 자서전적인 글쓰기에 대한 연구를 가능하게 한다. 사르트르의 서사(敍事)는 그가 자신의 '근본적인 프로젝트'에 해당하는 작가가 되기로 결심했던 열두 살에 멈추어 있고, 바르트의 텍스트는 알파벳의 선입견을 선호한 나머지 자서전의 연대기적인 선입견을 방해하고 있다. 자서전적인 텍스트성에 대한 마지막 장에서는 반 고흐의 그림 〈구두〉에 대한 하이데거의 읽기를 한 가지 예로 들었으며, 그러한 예는 표면적으로 자아-글쓰기와는 무관한 것처럼 보이기도 한다. 그러나 마이어 사피로와 자크 데리다의 견해로 보면, 고흐의 이 그림에 대한 하이데거의 해석은 그 자체의 텍스트성으로 볼 때에 포괄적인 의미에서 자서전적인 텍스트성에 해당한다고 볼 수 있다. 이제 자서전적인 텍스트성에 대한 제2부의 첫 번째 장과 제3부의 마지막 장의 연관성은 분명하게 되었다고 필자는 생각한다.

필자는 텍스트성에 대한 두 번째 유형(제4부)을 철학자의 '몸'(특히 사르트르와 하이데거의 '몸')에 대한 사진, 그림에 나타나는 자화상의 위상(세잔에 대한 메를로퐁티 읽기), 말하는 주체의 문제(메를로퐁티와 크리스테바에게 나타나 있는 차이적으로 텍스트화되는) 및 글쓰기의 예(메를로퐁티에게 있어서의 분명한 스타일과 데리다에게 있어서의 텍스트적인 실천) 등과 관련지어 발전시켰다. 가시적거나 쓸 수 있는 텍스트성에 대한 이와 같은 몇 가지 경우를 자서전적인 텍스트성에 대한 경계선으로 간주할 수도 있지만, 자서전적인 텍스트성의 문제는 그 어떤 경우에도 핵심적인 것이 될 수 없다.

텍스트성에 대한 마지막 부분(제5부)은 어떤 의미에서 제1부의 문제로 되돌아가는 것처럼 보일 수도 있지만, 이 부분에서는 더 이상 철학적인 방법 그 자체를 취급하고자 한 것이 아니라 철학 그 자체의 텍스트화, 말하자면 특별한 제도, 가장 분명하게는 대학에 관련되는 텍스트화를 취급하고자 했다. 이와 같은 마지막 부분의 첫 번째 장과 마지막 장은 대학의 '안'과 '밖'에서의 철학에 관련된다. 첫 번째 장은 니체와 쇼펜하우어의 대응에 관계되고, 마지막 장은 대학에서의 철학과 그것을 연구하는 역할에 대한 데리다의 읽기에 관계된다. 첫 번째 장에서 필자는 철학이 대학의 안에서 행해졌을 때와 대학의 밖에서 고려되었을 때에 철학 그 자체에 대한 판단의 역할과 위상이 무엇인지를 살펴보았다. 마지막 장에서는 오늘날의 대학에서 철학을 실천하고자 하는 다양한 연구풍토와 그 의미작용을 고려했다. 사실은 철학의 이유(또는 그 근거)를 더 이상 역사적으로 재조사한 것이 아니라 특별히 병치적인 해체적 읽기와 관련지어 조사했다. 이처럼 기본적인 틀을 마련하고 있는 두 개의 장 사이에는 '철학적 담론'(메를로퐁티의 글쓰기에서 그 예를 찾아볼 수 있고 작가 블랑쇼가 그렇게 이해했던 바와 같이)에 대한 고려, '선(線)의 각인', 즉 '사이 생각하기'에 대한 궤적(하이데거적인 사고와 데리다적인 전략 사이의 위치에 의해 확장되었고 표시되었던) 및 역사에서의 '기원(기원들)의 문제'(푸코의 지식의 고고학과 데리다의 해체주의에서 그 범위가 정해진 바와 같이) 등이 자리잡고 있다. '철학적 담론', '사이의 선' 및 '역사의 기원(들)' 등과 같은 세 가지 관심은 형이상학의 주변성을 제거하게 된다. 이러한 관심은 철학적인 텍스트성이 부수적인 것과 함께 작용한다는 점을 보여주게 되며, 그것의 주된 관심사항은 교육제도의 틀의 주변에, 이론적이고 학문적인 관심의 공식논리에, 그리고 바로 그 역사의 형성에 관계되는 연구에 놓이게 된다. 그러나 이러한 점으로 인해서 철학적으로 절망해서는 안 될 것이다. 사실은 이와 정반대로 이와 같은 지배적인 실천과 관심의 경계에서, 철학은 그러한 실천과 관심이 다양하게 전념하고 있는 것이 무엇인지를 되돌아보아야 하고, 그러한 것이 선점하고 있는 것이 무엇인지도 이해해야 하며, 그러한 것의 한계가 무엇인지를 재평가해야만 하기 때문이다. 이러한 점에서, 철학적인 텍스트성에 대한 관심은 철학 그 자체에 대한 관심보다 훨씬 더 큰 것일 수도 있다.

텍스트성, 그 심연의 의미를 찾아가는 길

철학이론과 문학이론이 불가분의 관계에 있다는 점은 멀리로는 플라톤과 아리스토텔레스에서부터 니체, 후설, 하이데거 및 메를로퐁티를 거쳐 가까이로는 오늘날의 대륙비평을 이끌고 있는 프랑스지성계에서 찾아볼 수 있다. 특히 사르트르, 레비스트로스, 자크 데리다, 롤랑 바르트, 미셸 푸코, 자크 라캉, 줄리아 크리스테바 등의 활동에서 그러한 점을 더욱 분명하게 파악할 수 있다. 이들의 역할과 활동이 서로 다르다 하더라도 그러한 역할과 활동의 중심에는 언제나 철학이론으로서의 예술과 문학, 혹은 예술과 문학으로서의 철학이론이 자리 잡고 있으며, 이러한 점을 휴 J. 실버만은 이 책에서 해석학에서부터 해체주의까지 이르는 '텍스트성'의 역사와 의미 및 적용가능성 등을 심도 있게 논의했을 뿐만 아니라, 텍스트성을 적용할 수 있는 영역을 확장시켜 놓았다. 다시 말하면, 이제 텍스트성은 작품자체의 특성이 아니라는 점뿐만 아니라 '모든 작품은 텍스트이다'라는 논지는 참이지만 '모든 텍스트는 작품이다'라는 논지는 거짓이라는 점을 강조하고 있다. 그의 이러한 논지에 의하면, 텍스트성의 의미망은 무한하게 확장될 수밖에 없다.

이 책에서 확장되어 적용하고 있는 '텍스트성의 이론'은 로버트 프로스트의 시 「가지 않은 길」, 반 고흐의 그림 〈구두〉, 세잔의 '그림에서 생각하기'와 그의 일련의 그림 〈자화상〉과 〈생트-빅투아르 산〉 등과 같은 문학작품과 예술작품에서부터 소로우, 레비스트로스, 니체, 사르트르, 바르트 등의 자서전과 하이데거와 사르트르의 사진집 등을 거쳐 철학과 문학의 상호텍스트성까지 확장되어 있을 뿐만 아니라, 하이데거의 '예술-예술작품-예술가'의 순환논리, 기호학과 해석학의 상관성, 메를로퐁티의 '질문', 데리다의 '그라마톨로지', 말하는 주체로서의 텍스트와 글쓰기에 의한 글쓰기 및 텍스트성과 언어의 문제 등을 거쳐 메를로퐁티와 블랑쇼의 철학적 담론, 시간론과 역사의 기원론, 니체와 쇼펜하우어의 대학론 및 오늘날 대학에서의 철학의 위기 등까지 광범위하게 걸쳐 있다. 따라서 이 책의 핵심은 물론 텍스트성에 있지만, 그러한 텍스트성을 다양한 분야에 적용하여 논의하고 있다는 점에서 텍스트성을 체계적으로 이해할 수 있고 그것을 또 다른 새로운 분야에 실천적으로 적용할 수 있는 필독서에 해당한다고 볼 수 있다. 이 책을 좀 더 용이하게 이해하기 위해서는 실버만 교수의 『각인(刻印)－현상학과 구조주의 사이』를 먼저 읽을 필요가 있지만, 아쉽게도 이 책은 아직 한국어로 번역되지 않았다.

텍스트, 그것의 의미가 그저 교과서나 강의 교재에 해당한다는 지극히 제한적인 의미만을 알고 있던 내가 지금부터 벌써 4반세기 전에 'Text, Language, Words'라는 너무나 생소한 실버만 교수의 강의를 처음으로 수강하게 되었을 때, 그 혼란스러움으로부터 벗어나기 위해서 나는 실버만 교수의 연구실을 들락거리면서 이 세 가지 영역의 유사점과 차이점을 조금씩 터득하게 되었다. 그 결과 데리다의 저서를 읽지 않고서는 아무것도 이해할 수 없다는 생각을 하게 되었지만, 데리다의 이론 역시 만만한 것이 아니었다. 그것이 만만하지 않은 까닭은 난해한 용어도 문제였지만, 히드라의 머리처럼, 석류처럼, 열대림처럼 기하급수적으로 파생되고 확장되는 텍스트의 의미망을 이해하기 위해서는 서구철학 전반에 반영되어 있는 사유중심주의에 대한 우선적인 이해가 필요하기 때문이었다. 이러한 이해를 부분적으로라도 가능하게 했던 실버만 교수의 강의는 나로 하여금 새로운 의미의 텍스트 이론에 접할 수 있는 계기를 마련해주었다.

이 책을 번역하는 과정에서 실버만 교수는 한국을 두 번 방문한 적이 있다. 한 번은 2005년 여름 핀란드 헬싱키에서 개최되었던 제29차 '현상학과 문학국제학회(www.iapl.info)'에 참석한 후 대략 7일 정도 서울에 머무르면서 고려대학교에서 '데리다의 해체주의'에 대해 특강을 했을 때이며, 다른 한 번은 2008년 여름 서울대학교에서 개최되었던 제22차 '세계철학자대회'에 참석하기 위해 왔을 때이다. 나는 물론 두 번 모두 실버만 교수 부부를 만나, 이 책의 번역과정에서 비롯될 수 있는 여러 가지 문제를 의논한 바 있다. 그럼에도 이 책을 번역하는 데 있어서 여러 가지 어려움이 있었던 까닭은 상당히 많이 활용되고는 하는 신조어, 중복적이거나 중첩적인 어휘의 반복 등 그 의미를 파악할 수는 있지만, 그것을 한국어로 번역했을 때의 모호성과 불명확성 등과 같은 문제 때문이었다. "번역시를 읽는 것은 베일을 쓴 여인에게 키스하는 것과 같다"라는 폴 발레리의 말을 인용하지 않더라도, 번역의 어려움은 이미 아주 오랜 옛날부터 있어왔으며, 그러한 점은 『성경』의 「집회서」의 '머리말'에서도 찾아볼 수 있다. "우리의 노력에도 불구하고 어떤 구절의 번역이 혹 잘못되었으면 널리 양해해 주기를 바란다. 원래 히브리어로 표현된 말을 다른 언어로 번역해 놓으면, 그 뜻이 제대로 드러나지 않는 수가 많다. 이것은 비단 이 책의 경우뿐만이 아니라, 예언서와 그 외의 다른 저서들, 심지어는 율법서마저도 그 번역서와 원서와의 사이에는 큰 차이가 있음을 발견할 것이다."

한 권의 책이 출판되기까지는, 그것이 저서이든 번역서든, 감사의 말씀을 드려야 할 분들이 언제나 많이 있게 마련이지만, 우선은 나로 하여금 하루하루의 일상을 건강하고 보람 있게 살아갈 수 있도록 지켜주고 계신 주님과 성모님께 감사의 기도를 드린다. 출판계의 여러 가지 어려움, 특히 인문학관계 출판의 어려움에도 불구하고 선뜻 이 책의 출판을 허락해 주신 소명출판 박성모 사장님과 편집부 여러분들께 감사의 말씀을 드린다. 늘 그렇듯이 할 줄 아는 것이라고는 고작 읽고 쓸 줄밖에 모르는 나를 한 마디 불평 없이 지켜보면서 뒷바라지 해주고 있는 아내와 보람차고 아름답게 대학생활을 이끌어가고 있는 외동딸에게도 고마운 마음을 전하고 싶다. 아울러 지난 2년여 동안 나름대로 열심히 번역하기는 했지만, 부족한 부분에 대해서는 기회가 되는 대로 보완하고자 한다. 이러한 점에 대해서는 독자의 양해를 바란다.

2009년 1월 22일
한강이 내려다보이는 온지헌(溫知軒)에서
윤호병

제4부 가시적/기술적 텍스트성

제1부
대륙철학과 이론의 짜임

제1장

해석학에서 해체주의까지

숲속에 두 갈래 길이 나 있었습니다
나는 걷지 않은 길을 택했습니다
그것이 모든 차이를 만들었습니다
— 로버트 프로스트, 「가지 않은 길」(1915)

　　묘사적 현상학과 해석학적 현상학 사이의 차이는 모든 현상학의 제도 내에서 발생하게 되는 차이에 해당한다. 기호학 역시 또 다른 방법에 해당할 수도 있다. 해체주의는 모든 차이를 만들어 낸다. 이 글에서 필자의 논지는 현상학을 '밖'(현상학 자체의 밖)에서 대등하게 바라보는 데 있지만, 이와는 반대로 해체주의가 작용하게 되는 '위치'(또는 적어도 '하나의' 위치)를 설정하기 위해서 현상학을 이론적으로 실천하는 것도 가능할 것이다. 해체주의가 작용하게 되는 이와 같은 '위치'가 '차이'의 위치이며, 이러한 위치에서 하이데거적인 존재론적 차이와 가다머적인 미학적 비-차이는 소쉬르적인 차이의 체계와 대응하게 된다. 필자는 ① 묘사적 현상학과 해석학적 현상학의 사이의 구별, ② 해석학(묘사적 접근에 반대되는)과 기호학 사이의 분산 및 ③ 해체주의가 다양한 분파와 관련되어 작용하게 되는 '전략적 선택'을 만들어 내는 차이 등이 무엇인지를 차례로 살펴보고자 한다.

묘사 / 해석

후설식의 현상학에 기원을 두고 있는 형성의 논리 그 자체에서부터, '형성의 형식'에는 어떤 특별한 세계의 사물로 나아가기 위한 행위의 '직접성', 다시 말하면 어떤 의식의 대상으로 나아가기 위한 행위의 '직접성'이 포함되어 있다고 볼 수 있다. 적어도 이와 같은 행위의 직접성이 단순하게 '에고'에서부터 비롯되어 어떤 경험적인 사물로까지 나아가는 것은 아니지만, 거기에는 자아를 형성하기 위해서 제시되는 사물의 특징이 포함되어 있을 수도 있다. 현상학적인 태도의 영향을 받은 의도적인 행위에서는 하나의 내용을 생산하게 된다. 이러한 내용이 바로 형성의 행위에서 부여하게 되는 사물의 객관적인 의미에 해당한다. 무엇인가를 알고 있거나 묘사하고 있는 '자아'에 의해서 실천되는 이와 같은 객관적인 의미에 대한 합당한 묘사에서는 고려하고 있는 사물이나 대상에 대한 '설명'을 생산하게 된다. 묘사하고 있는 자아는 다양한 과정을 적용하게 되고, 그렇게 함으로써 묘사가 합당하게 이루어진다는 점을 주장하거나 확신하게 된다. 이와 같은 묘사의 목표는 사물이나 대상을 서사적이거나 언어적으로 정확하면서도 분명하게 설명하는 데 있다. 이와 같은 '설명'이 바로 사물이나 대상의 의미에 대한 묘사에 해당한다.

사르트르와 초기의 메를로퐁티는 자신들의 실존주의적 현상학에서 묘사의 특징을 몇 가지로 확정지은 바 있다. 사르트르에게 있어서 묘사되는 것은 존재하는 사물의 본질에 해당한다. 묘사는 초월적인 에고에 의해서 실천되는 것이 아니라 실존적으로 상황에 처해진 존재에 의해서 실천되는 것이다. 이처럼 실존적으로 상황에 처해진 존재는 그 자체의 독자성에 관계되는 한편, 다른 한편으로는 그 자체의 본질, 즉 그 자체 내에서의 본질에 관련되는 실존적인 사물의 의식에 관계된다. 묘사가 본질의 묘사에 해당하기는 하지만, 사르트르는 어떤 특정한 본질을 강조하는 실존을 묘사하려고 시도하는 역설적인 상황이 무엇인지를 설명하고자 했다. 그러나 실존을 어떻게 묘사할 수 있는가? 본질에 대한 사르트르의 묘사에는 이미 묘사 그 자체에서 배제된 것에 대한 설명, 즉 의식적인 행동의 대상에 대한 설명이 포함되어 있기 때문이다. 사르트르의 소설 『구토』에서 주인공 로캉탱은 실존을 정착하지 못하고 떠도는 감정, 확실성과 안정성이 분명히 부재하는 것 등으로 묘사하고 있다. 그러나 실존에 대한 묘사는 본질에 대한 묘사와 동일한 것인가? 하나의 카테고리로 보면, 그 자체가 본질의 묘사에 해당하는 다른 모든 묘사와는 달리, 실존에 대한 묘사는 모두 그 자체만의 묘사에 해당하는 것처럼 보이기도 한다. 실존에 대한 묘사는 특별한 객관적 특징에서 비롯되기보다는 '구토'라는 감정의 형식에서 비롯되는 것이다. 하나의 길은 '풀이 무성하고' '밟기를 기다리고 있는' 것으로 묘사될 수도 있고, 하나의 숲의 특징은 '노란 것'으로 묘사될 수도 있지만, 실존은 '구토'에 직면하게 될 때에 발생하게 되는 구토라는 바로 그 역겨운 감각에 의해서만 묘사되어야 하는 것처럼 보인다. 현상학적 묘사에서는 그 자체만의 정확성, 효과성 및 적합성 등을 높게 평가해야만 할 것이다. 현상학적 묘사에서 언어의 특징은 과학적이거나 문학적일 수도 있고 신중하거나 비유적일 수도 있다. 이러한 묘사의 목표는 경험의 내용을 분명하고 명확하고 실수 없이 표현하는 데 있다.

메를로퐁티가 현상학적 묘사의 이론에 기여한 가치 —그의 '질문'[메를로퐁티의 '질문(interrogation)'의 개념은 질문과 질문 '사이'의 질문에 해당한다]에 관계되는 형성의 논리보다 앞서 발전되었고 특히 1945년의 『지각의 현상학』에서 발전시킨 바와 같이―는 그 자신의 다음과 같은 견해, 즉 의식은 구체화되어야만 하기 때문에 그 어떤 충분한 설명이라 하더라도 운동성, 공간성, 제스처 및 표현 등에 관련지어 현상학의 영역을 요약해야만 한다는 견해를 바탕으로 한다. 말하는 주체가 자신이 경험한 대상의 영역을 묘사하게 될 때, 그 주체는 후설이 내적인 시간의식의 지평을 고려해야만 한다고 강조했던 방법과 상당히 똑같은 방법으로 바로 그 '표현의 경향'이 어떠한 것인지를 설명해야만 할 것이다. 그러나 메를로퐁티가 첨가한 것은 묘사되고 있는 것에 나타나 있는 역동적이면서도 공감각적인 특징에 있다. 그리고 사르트르의 견해에서처럼(후설의 경우와는 달리), 묘사는 초월적인 조감도에 의해 성취될 수 있는 것이 아니다. 묘사하고 있는 사람은 이미 지각적이거나 경험적인 분야에 구체화되어 있을 뿐만 아니라 바로 거기에 그 스스로가 포함되어 협조적인 관계를 유지하고 있기 때문이다. 경험의 의미나 내용은 이미 육화되어 있다. 예를 들어 숲길을 묘사하는 과정을 생각해 보자. 숲길에 대한 서사에서는 길의 거리, 넓이, 길이, 짜임(여러 가지 요소들이 숲길에 뒤얽혀 있는 상태) 및 덤불 등을 설명할 수 있을 뿐만 아니라 밟고 가게 될 길을 뒤덮고 있는 나뭇잎에 대한 설명, 아직 밟지 않은 길 위에 흩어져 있는 나뭇잎의 특징 및 선택해야 하는 두 갈래 길 위에서 잠정적으로 한 쪽 길을 선택하게 되는 여행자의 위치 등도 제공하게 된다. 초기의 메를로퐁티의 편에서 보면, 비전, 위치, 이동, 망설임, 발에 밟히는 나뭇가지의 부러지는 소리, 나무숲을 뒤덮고 있는 나뭇잎의 반짝거림, 노랗게 물든 가을나무, 습기 축축한 공기 및 두 갈래 길 중에서 어느 한 쪽 길을 선택해야만 하는 센스 등은 모두 현상학적 묘사에서 가치 있는 특징에 해당한다.

현상학적 묘사(초월적이든 실존적이든)가 경험의 내용을 강조한다면, 현상학적 해석(또는 해석학적)에서는 해석자와 해석되는 것 사이의 중재행위를 강조한다. 해석은 '사이의 위치', 예를 들면, 제우스와 다른 신들 사이를 오가는 메신저에 해당하는 헤르메스가 묘사하는 '길'과 같은 것이다. 해석이 성공적이기만 한다면, 그것은 이해를 도출해내는 행위에 해당할 것이다. 해석의 임무는 해석되는 것을 이해하는 데 있다. 해석을 만들어내는 것은 해석되는 것을 이해하는 행위와 함께 이루어진다. 해석이 후설적인 방법을 유지하고자 한다면, 그러한 해석은 묘사적 현상학이 요구할 수도 있는 초월적인 전제와 함께 작용할 수 있는 것이 아니다. 해석은 해석자와 해석되는 것 사이에서 자유롭게 작용할 수 있어야만 한다. 초월적인 입장과 경험적인 영역 사이에 설정되어 있는 장벽이 이와 같은 상호교류를 불가능하게 하는 것은 아니지만 그러한 교류를 어렵게 만들 수는 있다. 더 나아가 사르트르적이고 메를로퐁티적인 입장을 지지함으로써, 해석적 현상학(또는 해석학)은 초월적인 위상을 해석자에게 부여하기를 거부한다. 그러나 후설적인 용어를 적용하기 위해서 '묘사적 현상학'(초월적인 편견이 없는, 그러나 그것이 비-후설적이라고 비판할 수도 있는)은 우선적으로 경험의 노에마적[노에마(noema)는 '사유된 것'을 의미하며 행위에 대응되는 객관적인 것에 관계된다]인 요소에 관계되는 반면, '해석적 현상학'은 지식으로서의 '노에마' 그 자체의 영역에 관계된다. '노에마'에 대한 묘사는 경험의 의미내용을 설명하는 반면, '어떤 것'에 대한 해석은 바로 그 '어떤 것'을 알기 위한 행위이자 그것이 제공하는 것을 이해하는 행위에 해당한다. 따라서 현상학적 묘사가 '어떤 것'의 의미를 설명하는 것에 해당한다면, 현상학적 해석은 하나의 의미를 생산하거나 설정하는 행위에 해당한다.

현상학적 묘사가 '어떤 대상', 예를 들면, 나뭇잎으로 뒤덮여 있는 미국 북부의 뉴잉글랜드 지역의 의미를 서술하고자 하는 것과 똑같이, 해석학에서도 길, 작품이나 텍스트로서의 길, 또는 좀 더 일반적으로는 그러한 길에 대한 한 편의 시(또는 그림)를 해석하는 것에 관계된다. 해석학은 원래 성경을 해석하기 위해서 발전되었다. 한 편의 작품, 신성한 영감으로서의 작품으로 간주되는 성경은 사물, 장소 및 인물뿐만 아니라 상황, 선택 및 행위까지도 나타내고 있다. 동시에 신성한 영감으로서의 작품에 해당하는 성경은 또 한 권의 책, 읽어야 하고 해석해야 하는 책에 해당하기도 한다. 가다머가 슐라이어마허의 글쓰기를 참고하여 '낭만적 해석학'이라고 명명하고는 했던 것의 문제는 '각인'으로서의 한 권의 책과 한 인간의 생애에 대한 전체적인 콘텍스트 '사이'의 관계에 해당한다. 해석은 신성한 영감으로서의 작품을 단순히 이해하는 것에 관계될 뿐인가? 해석은 성경에 상세하게 설명되어 있는 것을 설명하는 것일 뿐인가? 성경은 고대 유태인들의 삶과 예수 그리스도의 탄생을 대표하는 것인가? 이러한 경우, 각인으로서의 책에 대한 해석은 거기에 이미 나타나 있는 모든 사건을 이해하는 것이자 예수 그리스도의 역사적 열정도 이해하는 것이다. 또는 성경의 해석은 성경에 기록되어 있는 사건과 그러한 사건을 설명하고 있는 해석자의 생애에 대한 콘텍스트를 전체적으로 이해하는 것인가? 실제로 해석학에서는 이와 같이 선별적인 후자 쪽에 역점을 두고 있다. 성경의 해석에 의한 '낭만적 해석학'에서는 성경을 단지 주해적(註解的)으로 이해하는 것에 관여하는 것일 뿐만 아니라 해석자와 '각인' 사이의 관계, 즉 일반적으로 한 사람의 생애에 나타나는 성경의 의미작용도 함께 이해하는 것이다. '각인'을 해석하는 행위는 해석자의 생애와 그러한 해석에 관여하는 사람들의 생애에 나타나는 의미작용을 생산하는 것이다. 여기서 중요한 점은 해석자의 주관적인 관심이나 작품 자체의 객관적인 특징을 강조하는 데 있는 것이 아니라 해석행위와 생산된 해석의 의미작용을 강조하는 데 있다.

그러나 해석하는 대상이 성경이 아니라 미국 북부의 뉴잉글랜드 숲 속에 나뭇잎으로 뒤덮인 길이라면 어떠할 것인가? 분명히 길의 의미에 대한 묘사는 많은 도움을 줄 수도 있다. 사물이나 심지어 실존 자체를 설명하기 위해서 현상학적 묘사가 가치 있는 까닭은 그 의미를 다양한 방법으로 특징지을 수 있기 때문이다. 낭만적 해석학의 전통으로 볼 때에 길이나 그러한 길의 갈래를 해석하는 것은 인간적인 삶의 콘텍스트에 있어서 다양한 길의 의미작용을 이해하는 것도 포함되어 있다. 두 갈래로 나 있는 길은 분리, 분열, 선별, 선택 또는 다양한 가능성 등을 의미 있게 할 수도 있다.

　각인으로서의 작품과 숲속에 나 있는 두 갈래 길 외에 세 번째 예로는 숲 속에 나 있는 두 갈래 길에 대한 한 편의 시를 들 수 있다. 이제 로버트 프로스트의 시「가지 않은 길」―『애틀랜틱 먼슬리』(1915)에 처음 발표되었고 1년 뒤에『산의 골짜기』라는 작은 시집에 재수록 된 시―을 살펴보도록 하자. 이 책의 콘텍스트로 볼 때에 여기에서는 분명히 미국시를 필요로 한다. 횔더린, 릴케, 트라클 및 조지 등의 시(하이데거가 그렇게도 찬양했던) 또는 랭보, 말라르메, 보들레르 및 발레리 등의 시(사르트르의 철학에 자주 등장하는)는 너무 자주 살펴보았기 때문이다. 프로스트의 시「가지 않은 길」은 다음과 같이 시작된다.

> 노랗게 물든 숲속에 두 갈래 길이 나 있었습니다
> 두 길을 동시에 갈 수 없는 것을 안타까워하면서
> 한 쪽 길만 가야 하기에, 오랫동안 서서
> 그 길을 바라볼 수 있는 한 멀리까지 바라보았습니다
> 덤불 속으로 구부러져 있는 그 곳까지
>
> 그런 다음 다른 길을 택했습니다, 똑같이 아름다운
> 그리고 아마도 더 좋은 길일 거라고 생각하면서
> 풀이 많고 아무도 걷지 않은 길이기에 ……

　해석학은 문학적이고 텍스트적인 해석에서 가장 효과적인 것으로 평가되어 왔다. 성경의 해석에 언급되어 있는 형성적인 단계로서, 그리고 세상에 존재하는 사물에 접근하기 위해 현상학적 묘사에서 일종의 긴

장을 유지함으로써, 해석학은 로버트 프로스트의 「가지 않은 길」과 같은 시를 해석하는 데 있어서 좀 더 익숙한 방법일 수도 있다. 해석학적 현상학이 분석의 대상이 되는 어떤 사물의 의미에 대한 묘사에 관계되기보다는 해석행위 그 자체에 우선적으로 관계된다는 점을 기억한다면, 「가지 않은 길」과 같은 시의 텍스트를 해석하는 것은 바로 이 시에 대한 이해의 바탕을 마련하는 것이라는 점을 분명하게 할 수도 있다.

현상학적 묘사에서, 의미는 제공될 수 있는 묘사보다 앞서 있는 것일 뿐만 아니라 그러한 묘사를 위한 필요조건도 된다. 해석학(또는 현상학적 해석)에서 의미는 해석행위에서 비롯되는 것이다. 해석에서 비롯되는 '이해'를 위해서 '의미'는 필요한 요소에 해당한다. 현상학적 묘사를 문학작품의 연구에 적용하려는 두 가지 핵심적인 시도―하나는 E.D. 허시[1]의 시도이고 다른 하나는 로만 인가르덴[2]의 시도―는 이러한 방법을 텍스트에 적용할 때에 그것이 일반적으로 적합하지 않다는 점을 나타내기도 하고 세상에 존재하는 사물을 해석할 때에 야기되는 여러 가지 어려움을 제기하기도 한다. E.D. 허시는 자신의 『해석의 유용성』에서 후설식의 현상학적 묘사의 모델을 문학작품을 취급하는 데 활용할 수도 있다는 점을 제시하려고 노력했다. 그러나 허시가 부딪쳤던 어려움은 그 자신이 모든 특정한 시에는 단 하나의 '객관적 의미'가 있다는 점을 주장했을 때에 이미 비롯되었던 것이다. 이러한 의미가 바로 작가가 의도하는 '의도적 의미'에 해당한다. 허시는 누구나 의도적 오류에 빠질 수도 있다는 점을 제안했던 것이 아니라 작가의 의도성이 해석자 자신의 의도적 행위를 가능하게 하는 객관적 의미를 만들어낸다는 점을 제안했던 것이다. 허시는 존 던의 시 「슬픔을 금하는 고별사」를 예로 들었으며, 존 던의 이 시는 "죽어가는 사람이 말하고 있으며 죽음 자체에 있어서 그리고 죽음 이후에 있어서의 정신적 교감에 관계되는 것"으로 자주 거론되어 왔다. 허시는 존 던의 이 시에서의 잘못이나 '잘못된 구성'이 바로 그러한 특별한 오해를 제기하는 시행(詩行)으로 인해서 발생하게 된다는 점을 강조했다.

> 고결한 사람들은 조용히 세상을 떠나면서
> 자신들의 영혼에게 가라고 속삭이듯이
> 그들의 몇몇 슬픈 친구들은 말하고는 하네
> "이제 그의 숨결이 다되었네", 그리고 몇몇은 "아니"라고
>
> 그렇게 만나자 아무런 소리도 내지 말고
> 눈물의 홍수도 없이 한숨의 폭풍도 일으키지 말고

　허시는 실제로 자신의 『해석의 유용성』(pp.73~74)에서 "이 시가 거의 분명히 일시적 부재(不在)에 대한 것이며 이 시의 화자는 거의 분명히 죽어가는 사람이 아니다"라는 점을 강조했다. 초월적인 입장과 유사한 입장을 취함으로써, 그는 하나의 텍스트에서의 의미는 '결정적'이라는 점과 누구나 그러한 의미가 무엇인지를 발견할 필요가 있을 뿐이라는 점—아무런 노력 없이 이루어지는 것은 아니지만—을 강조했다. 그의 이러한 견해는 의미가 텍스트에 고정되어 있다는 점과 그러한 의미를 다만 파악할 수 있어야 하고 유용하게 할 수 있어야 한다는 점에 있다. 현상학적 해석이나 해석학에 있어서, 해석행위에는 우선권이 있어야만 한다. 그러한 해석은 작가의 의도에 관심을 가지고 있는 것도 아니고 심지어 작가의 창조행위에서 비롯되는 어떤 본질에 관심을 가지고 있는 것도 아니다. 그것은 오히려 한 편의 시에 대한 해석자의 관계, 즉 하나의 의미가 생산되는 관계, 새로우면서도 차이나는 언어에 의해서 생산되는 관계에 역점을 두어야만 한다. 다양한 의미와 해석이 한 편의 시나 텍스트를 효과적으로 이해할 수 있는 어떤 효과를 형성하기 위해서 그러한 의미와 해석을 제시할 수만 있다면, 그러한 의미와 해석의 가능성은 분명히 있을 수 있는 것이다.

허시는 이러한 점에 대해서 그 어떤 기여도 하지 않았지만, 해석에 관련하여 그가 취하고 있는 입장의 유형은 실제로 인가르덴의 『예술의 문학작품』(1931)의 전통에 나타나 있는 문학적 생산에 대한 묘사에 해당한다. 이들 두 사람의 입장은 분명히 이들 자신이 후설식의 현상학에서 영감을 받았다는 점에 있다. 인가르덴은 문학작품이 초월적인 복잡한 층위에서 비롯된 것이라고 파악했다. 다시 말하면, ① 말의 소리와 음성적인 형성의 층위, ② 다양한 질서에 나타나는 의미단위의 층위, ③ 조직적으로 배열된 다양한 측면, 지속적인 측면, 일련의 시리즈 등의 층위 및 ④ 표상화된 객관성과 더불어 그것의 변화성의 층위 등을 들 수 있다(LWA, p.30). 이와 같은 네 가지 층위를 바탕으로 하여 형성된 다섯 번째 층위가 바로 형이상학적 특징으로 거기에는 앞에서 언급한 네 번째 층위가 포함되어 있다. 여기에서 중요한 점은 이와 같이 다양한 층위 모두가 초월적인 측면, 특히 의미단위의 층위, 조직적으로 배열된 다양한 측면의 층위 및 표상화된 객관적 특징과 더불어 그것의 변화성의 층위 등을 바탕으로 하여 발생하게 된다는 점이다. 이러한 요소들은 모두 현상학적 묘사에서 가능한 것이다. 인가르덴의 형성의 논리로 볼 때에 '해석' 그 자체는 그의 핵심적인 관심사항이 아니었다.

현상학적 묘사를 문학적이고 텍스트적인 영역으로 끌어들임으로써, 허시(그리고 그 이전의 인가르덴)는 의미의 주장에 대한 우선권에서의 본질적인 강직성, 즉 해석이 불가능한 것은 아니지만 어렵다는 강직성을 소개했다. 그러나 해석은 묘사에 적용될 수 있기보다는 문학적 대상에 더 잘 적용될 수 있는 것처럼 보이기도 한다. 문학적 대상이 지니고 있는 풍부성, 다양성 및 심지어 모호성은 물론 의미를 발견하기보다는 의미를 생산하기 위한 필요성까지도 해석되는 대상에서는 본질적인 것에 해당한다. 로버트 프로스트가 자신의 시 「가지 않은 길」에서 의도한 것은 이 시의 의미로서 길의 선택과 결정에 대한 한 편의 시를 제공하는 데 있다고 주장하는 것은, 그의 이 시를 전체적으로 해석한다 하더라도,

한계가 있고 아마도 적합하지 않은 것처럼 보일 수도 있다. 적어도 인가르덴의 현상학적 묘사에서는 다양한 의미단위와 표상화된 객관적 특징을 허용하기는 하지만, 해석학의 우선적인 기능에서는 해석되는 것에 대한 해석자의 관계와 그러한 관계에서 비롯되는 이해를 강조하는 데 있다. 따라서 「가지 않은 길」을 해석하는 것은 선별할 수 있는 감각, 선택의 필요성, 걷지 않은 길을 선택하는 가능성 및 있을 법한 결정의 번복 등을 만들어 내는 데 있다. 더 나아가 숲속 어디에선가 만나게 되어 있는 길, 계속에서 길을 걷고 있는 여행자를 멈추게 하는 길도 있게 마련이다. 두려움, 망설임, 선택, 결정 및 체념 등의 감각은 두 갈래 길에 마주치게 될 때에 충분히 비롯될 수 있는 것이다. 프로스트의 이 시는 다음과 같은 해석행위, 즉 13세기에 단테 알리기에리가 칸 그란데 델라 스칼라에게 보낸 편지에서 성 빅토르의 휴의 네 가지 해석방법에 호소했던 것과 같은 해석행위에 관련될 수도 있다. 단테는 자신의 『신곡』을 문학적으로 읽는 것 외에도 그것을 알레고리적으로 설명할 수도 있고 윤리적으로 설명할 수도 있고 또는 신비적으로(즉, 종교적으로) 해석할 수도 있다는 점을 강조했다. 단테가 이와 같이 네 가지 가능한 해석방법을 제안하기는 했지만(그리고 「가지 않은 길」 역시 이와 같은 네 가지 방법을 분명히 구체화할 수도 있지만), 그는 해석의 중요성과 해석행위의 의미작용을 암시하기도 했으며 그의 이러한 점은 나중에 해석학의 전통에서 되풀이 되었다. 프로스트의 이 시를 이와 같은 네 가지 방법으로 해석할 수 있다고 생각해 보자. 문학적으로 그것은 부수적인 인식에 의해서 두 개의 길 중에서 어느 하나의 길을 선택하는 것이며 그렇게 할 때에 다른 길은 당연히 선택 불가능한 것으로 된다. 알레고리적으로 볼 때에 그것은 선택에 직면해서 어느 한 쪽을 선택해야만 것을 설명하는 것이다. 윤리적으로 볼 때에 그것은 어느 한 쪽을 선택할 때에는 다시 되돌아올 수 없다는 점을 가르치는 교훈에 해당한다. 신비적으로 볼 때에 그것은 예수 그리스도가 보여주었던 생애를 선택하게 될 때 그러한 길을 선택하는 것은 쉽지는 않지만 분명히 가치 있다는 점에 해당한다. 어떻든 이와 같은 해석 모두는 저자의 원래의 의도의 일부분이며(아마도 단테의 『신곡』의 글쓰기에서 그랬던 것처럼), 그러한 해석방법은 시의 해석에서도 똑같이 발생할 수 있는 것이다.

묘사와 해석 사이의 이상과 같은 이분법이나 다양성에서 현상학적 묘사에 대한 후설식의 개념과 해석학에 대한 가다머적인 해석 사이에서 배제되어 있는 연관성은 무엇인가? 라고 물을 수도 있을 것이다. 이에 대한 해답은 잘 알려져 있다. 하이데거에게 있어서 해석학은 해석하는 일에 관계된다. 그러나 현상학의 근본적인 조건을 유지한다 하더라도, 하이데거는 초월적인 모든 전환을 의문으로 만들어 버렸다. 직관적인 환원에서 의미나 '에이도스(eidos, 형상)'는 외형·현상·가상(假象)으로 나타나게 된다. 그러나 하이데거는 초월적인 환원을 생략했으며, 거기에서 의미는 특수하면서도 정화된 영역, 즉 실존이 표류하는 영역에 속하게 된다. 존재의 의미와 현존재의 일반적인 구조를 규명하는 프로젝트에 있어서 해석은 진실에 관계된다(그리고 '에이도스'를 생산하게 된다). 존재의 의미를 규명하기 위해서, 해석행위는 그 자체를 존재와 관련지어, 즉 존재와 존재자 사이의 존재적-존재론적 차이와 관련지어 자리잡아야만 한다. 이와 같은 차이의 공간은 존재자의 존재에서 소유격의 형식으로 그 특징을 부여받게 된다. 존재자의 존재를 해석함으로써, 현상학은 현존재의 일반적인 구조를 드러낼 수 있게 된다. 해석은 존재에 대해서 존재자가 가지게 되는 관계의 의미를 '숨김'으로부터 드러내는 행위에 해당한다. 그렇지만 이와 같은 관계가 갖는 의미는 그러한 관계를 규명하는 행위보다 앞서 있는 것이 아니다. 의미는 존재자의 존재에 대한 해석에서 발생하게 된다. 현존재는 존재와의 관계에서 하나의 존재자의 '존재-여기'(또는 존재-저기)에 해당한다. 현존재는 그것이 언제나 지평선상에 존재를 가지고 있다는 점에서 존재하게 된다. 해석은 현존재의 존재에 대한 사실을 규명하는 행위에 해당한다. 이러한 유형의 해석에서는 실존의 실존적 특징을 규명할 수 있게 된다. 사르트르와 메를로퐁티와는 달리, 하이데거는 현존재의 의미를 묘사하려고 한 것이 아니라 그것을 해석하려고 했다. '존재-여기'의 의미는 해석행위를 통해서 규명될 수 있으며 그러한 의미는 단순히 이미 '거기'에 있는 것이 아니다.

하이데거 자신은 존재자의 존재에 대한 '해석'(현존재의 의미)으로부터 예술작품과 예술가의 관계에 대한 '해석'(예술의 의미에 대한 규명)으로 전환했다. 존재와 어떤 특별한 존재자 사이의 차이에 대한 해석을 현존재와 관련지어 이해할 수 있는 것과 똑같이, 예술작품과 예술가 사이의 차이 역시 예술과 관련지어 이해할 수 있을 것이다. 이와 같은 각각의 경우에서, 해석학적 순환은 존재에 대한 존재자의 관계와 예술가에 대한 예술작품의 관계에서 그 진실이 무엇인지를 규명하게 된다. 따라서 하이데거에게 있어서, 그가 존재자에 관련되는 해석으로부터 예술작품에 관련되는 해석으로 전환했다는 점을 누구나 쉽게 발견할 수 있을 것이다. 누구나 자기 자신만의 존재자가 존재에 관련되는 해석적인 상황에서 '이미 여기'에 있는 것과 똑같이 예술가의 기원으로서의 예술작품 역시 해당 작품에 대한 예술가의 기원과 관련지어 해석할 수 있을 것이다. '세계-속의-존재자'에 대한 현존재의 권위적인 양식이 해석적인 상황이 무엇이냐에 따라 규명될 수 있는 것과 똑같이, 예술 역시 예술가와 예술작품 사이의 관계에 대한 해석이 무엇이냐에 따라 규명될 수 있을 것이다. 하이데거의 '길'은 해석적 현상학의 '길'에 해당한다. 이와 같은 그의 길은 그가 1920년대 후반에 처음 시작했을 때에는 그렇게 많은 사람들이 여행하지 않은 '길'에 해당한다. 그리고 사르트르와 메를로퐁티 같은 현상학자들에 의해서 묘사에 대한 선택을 부여할 수 있다 하더라도, 그러한 길은 가다머가 자신의 『진리와 방법』(1960)[3]에서 그 자신만의 해석학에 대한 설명을 제공했을 때까지 그리고 폴 리쾨르[4](우선적으로 1970년대에)가 다양한 유형의 텍스트에 대한 그 자신의 연구에서 그러한 선택을 보편화된 경향으로 만들었을 때까지 상당히 고립된 위치를 유지하고 있었다. 이처럼 묘사는 걷지 않은 길이었으며(가다머와 리쾨르에 의해서) 그것은 의미심장한 차이를 만들어 내게 되었다.

기호학 / 해석학

해석학에 관련지어 해체주의의 위치를 합당하게 평가하기 위해서는 기호학의 역사를 먼저 고려해야만 할 것이다. 길을 따라 더 가야하는 또 다른 갈래의 길, 그렇지만 교감할 수 있는 일시적인 거리조차도 없는 그런 길을 상상해 보자. 소쉬르(1859~1913)는 1906년부터 1911년까지 제네바대학교에서 그 자신의 유명한 '일반언어학 강의'를 하고 있었으며, 바로 그 때에 후설(1859~1938)은 괴팅겐대학교에서 현상학의 '아이디어'를 강의하고 있었다. 소쉬르의 강의노트는 그의 제자들에 의해서 1916년에 출판되었다.[5] 그러나 소쉬르의 기호학은 거의 30년 동안 언어학 '밖'에서는 거의 인식되지 않았던 반면에, 초월적 현상학이 발전하게 되었고 심지어 그 자체의 실존주의적 해석까지도 가능하게 되었으며, 가장 괄목하게는 사르트르와 메를로퐁티에게서 이러한 점을 찾아볼 수 있다. 따라서 그 당시에 기호학은 그렇게 많이 여행하지 않았던 '길'에 해당한다.

기호학은 '기호'에 대한 일반적인 '학문'이다. 기호는 기표와 기의, 말과 개념이 결합된 것이다. 어떤 특정한 말(또는 소리이미지)과 어떤 특정한 개념 사이의 특정한 연결은 자의적(恣意的)인 것이다. 그러나 기호는 동일한 언어체계에서 다른 기호로부터 고립될 때에는 그 어떤 의미작용도 하지 못하게 된다. 기호는 그것이 차이의 체계에 자리잡고 있기 때문에 의미작용을 하게 된다. 이와 같은 차이의 체계는 의미적인 망을 형성하는 기표의 망을 가로질러 수평적으로 확장된다.

소쉬르에 의하면, 언어학은 기호학의 일부분에 해당한다. 따라서 언어에 대한 연구는 기호학의 일반적인 학문의 일부분에 해당한다(그 중에서 어느 것은 비-언어적이기도 하다). 롤랑 바르트가 자신의 『기호학의 요소』(1964)에서 기호학을 새롭게 취급했을 때에, 그는 기호학이 언어학의 일부분이라는 점,[6] 즉 모든 기호체계는 어느 정도 언어로 통합된다는 점을 강조했다. 기호학에서는 랑그(언어)와 파롤(말하기 또는 화술행위)을 구별한다. 언어(랑그)에 있어서의 의미작용과 더불어 기호(파롤)의 규정에는 바로 그 기호가 자리잡게 되는 모든 의미적인 망이 전체적으로 포함되어 있게 마련이다. 인간의 화술, 어조 또는 담론(랑가즈)은 어떤 특별한 영역에 있어서 특정한 언어의 범위가 확정된 영역에 해당한다. 도로, 길, 오솔길, 시골길 등의 언어(랑가즈)는 영어의 '랑그'에서 분명하게 구별된다. 고속도로, 차도, 우회로, 자동차전용도로, 항공로, 수로(水路) 등에 부수적으로 뒤따르는 도로, 길, 오솔길, 시골길 등의 의미망, 또는 비유적으로 진실과 겉모습에 결합될 수 있는 방법, 절대신에 대한 마음의 길, 최소한의 저항의 길, 자유의 길, 사상적인 시련의 길 및 커뮤니케이션의 통로는 각각 논쟁의 여지가 많은 제한된 기호체계 내에 암호화되어 있을 뿐이다. 그리고(그렇다면) 기호가 여행의 언어에서 발생할 수 있다 하더라도, 표지판, 정지신호, 도료표지, 방향지시, 광고판 등은 코드화된 기호체계 내에서의 특별한 이정표이거나 표지판에 해당할 뿐이다. 이러한 기호는 그것이 발생하게 되는 문장과 '신태그마(syntagms)'로서의 '연사성(連辭性)' 내에서 의미작용을 하게 되지만, 그러한 기호가 관여하게 되는 '파라디그마(paradigms)'로서의 결합적인 '계사성(繫辭性)' 내에서도 의미작용을 하게 된다.

기호는 누군가가 그러한 기호를 형성하기 때문에 또는 해석행위나 의도적인 행위에서 경험할 수 있기 때문에 의미작용을 하게 되는 것이 아니다. 이와 같은 기호는 의식행위에 의해서 어떤 대상을 수직적으로 형성하고 있는 것이 아니라 의미적인 망에 참여하고 있기 때문에 의미작용을 하게 되는 것이다. 기호학적 의미작용은 기표의 망에 의해서 또는 결합적인 체계의 일부분으로서 수평적으로 확산된다. 현상학적 의미는 해석행위에서 부여하게 되는 묘사로서 또는 해석행위에서 생산하게 되는(규명되는) 묘사로서 활용될 수도 있다. 기표의 기호학적 개념이 '노에마', 본질, 아이디어 또는 의미의 현상학적 개념에 상응될 수도 있지만, 개념으로서의 기의는 예외적인 행위에서 그렇게 중요한 것이 아니다. 그러나 파롤이나 또는 입 밖으로 말해진 어떤 특정한 기호의 규칙에 대해서 소쉬르가 관심을 보이는 경우는 예외적인 경우에 해당한다. 그리고 실제로 기의는 어떤 특정한 언어에서 특수한 말과 결합된 개념에 해당할 뿐이다. 기의는 그것이 일단 모든 의미적인 망으로부터 분리되고 나면 아무런 의미작용도 하지 못하게 된다. 현상학적 형성과 해석학적 해석이 의미의 지평에 호소한다 하더라도, 서로 관련되는 차이는 주체와 객체, 해석자와 해석되는 것 '사이'의 차이화(差異化)에 해당한다. 이때의 차이는 거기에서 의미를 발견할 수 있거나 생산할 수 있는 차이에 해당하는 것일 뿐이지 어떤 특정한 기호에 대해서 의미작용을 부여하게 되는 차이의 체계에 해당하는 것이 아니다.

그럼에도 차이의 개념은 해석학적 형성논리와 기호학적 이해에 있어서 다 같이 작용하게 된다. 기호학에 있어서 차이는 지속적이고 부수적이거나 선행(先行)하는 기호에 대해서 연기되거나 미끄러지거나 지나쳐 버리게 되는 것을 의미한다. 차이는 어떤 특정한 기호의 의미작용에 대해서 그 자체의 정체성을 부여하는 것이다. 차이는 어떤 특정한 일시적인 연속성으로만 제한되는 것이 아니다. 차이는 기호체계 전체에 있어서 다양한 요소들(신태그마적이고 파라디그마적인)을 연결 짓게 된다. 차이는 또 체계 내에서의 어떤 특정한 요소를 구별하거나 그것의 정체성을 확인하기도 한다. 차이는 각각의 단위(기표와 기의) 사이의 단순한 간격, 즉 각각의 기호가 자율적인 단위에 해당하는 것과 같은 간격이 아니다.

'기호는 말과 일치한다'라고 강조하는 언어학에서의 전통적인 설명에서, 말과 말 사이의 간격으로서의 차이가 가지는 절대적인 특징이 무엇인지를 환기해 볼 수도 있다. 그러나 기호학적 견해로 보면, 기표와 기의 사이의 관계는 종종 균형을 이루지 못하는 경우가 많이 있다. '은유'는 의미작용에 대한 과도한 결정, 즉 주어진 기의에 대한 기표의 다양성과 같은 어떤 상황을 나타내기도 한다. '환유'는 의미작용에 대해서 지나치게 과소한 결정을 유도하기도 한다. 제유는 의미작용이 완료될 수 있다 하더라도 충분한 기의의 일부분만을 포함하게 될 뿐이다. 이와 같은 점은 수사학적 문채(文彩)가 만들어 내는 다음과 같은 관계, 즉 균형을 이루고 있지 못할 뿐만 아니라 중심에서 벗어난 '기표-기의'의 관계를 만들어 내는 몇 가지 예에 불과할 뿐이다. 유동성과 유연성은 차이의 위치에서 발생하게 된다.

해석학에 있어서, 차이는 이론적으로 볼 때에 공간적이고 수식적인 것으로 해석이 발생하게 되는 '중재자'의 위치에 자리잡고 있다. 하이데거가 설명한 바 있는 '이해하기'에서는 존재가 각각의 특정한 존재자의 지평에 자리잡고 있는 차이의 위치를 가능하게 한다. 존재적인 것과 존재론적인 것 사이의 차이는 현존재가 만들어 내는 차이에 해당한다. 현존재는 존재의 요구에 대한 반응에서 의미를 해석하게 되고, 그 사이에 자리잡게 되고, 의미를 부여하게 된다. 존재의 요구에 부응하는 데 있어서, 현존재는 그 자체를 권위적인 것으로, 그 자체에 합당한 것으로, 그 자체만의 것으로 수립하게 된다. '여기에 있다'라는 것은 존재와 존재자 모두에게 다 같이 소속됨으로써 소속되는 것이다. 현존재는 여기에, 추락하여, 내던져져, '세계-속의-존재자'로 되지만, 다른 것들과 함께 그리고 여러 가지 가능한 '불안'을 부여받아 존재하게 된다. 현존재가 존재자의 한 가지 유형에 해당하기는 하지만, 그것은 다른 유형과 분명히 구별될 수 있는 유형에 해당한다. 기호학적 기호체계에서처럼, 하나의 존재자와 다른 존재자를 이와 같이 구별하는 것은 하나의 존재자가 다른 존재자를 분명하게 표시한다는 점에서 수평적이라고 볼 수 있다. 그러나 이와 같은 구별의 개념이 소쉬르가 차이의 체계에 부여했던 의미의 차이를 포함하게 되는 것은 아니다. 하이데거에게 있어서 의미를 가능하게 하는 차이는 좀 더 특별하게 수직적인 존재적 존재론적 차이며 그러한 차이를 해석학에서는 분명하게 했고 명문화했다.

존재적-존재론적 차이는 진리가 발생하게 되는 위치에 해당한다. 하이데거에게 있어서 진리는 사건, 규명, 숨긴 것의 폭로 등에 관계된다. 진리는 해석이 제공하는 이해에서 발생하게 된다. '알레테이아(aletheia)' [망각 이전의 상태로 돌아가는 것을 의미]로서의 진리는 망각으로부터의 출현과 '새로운 의미'(의미 자체를 뒤덮고 있던 바로 그 서구전통에서 알려지지 않은 채 묻혀있던 의미)를 창조하는 것에 해당한다. 진리는 그것이 존재에 관련되어 '있는(존재하는) 것'을 규명한다는 점에서, 존재의 부름에 대한 합당한 반응, 존재를 종합적으로 듣게 되는 것, 따라서 존재와 존재자 모두에게 소속되는 것을 성취하는 것이다.

『존재와 시간』에서 하이데거는 언어를 존재적 특징에 해당하는 할일 없는 수다, 가벼운 농담, 그저 말하기 등으로 이해했다.[7] 전후(戰後) 시기의 자신의 글에서 하이데거는 '언어'를 존재적-존재론적 차이에 위치할 수 있는 '로고스', 다시 말하면 사건, 전용 및 존재와 존재자의 소유성 등이 발생하게 되는 '개방 공간'에 위치할 수 있는 '로고스'라고 이해했다. '언어', '화술' 및 '말'은 이미 권위적인 것, 즉 존재에 대해서 존재자가 가지게 되는 관계의 의미를 이미 가장 충분하게 분명히 하고 있는 것에 해당한다.[8] 예술이 예술작품과 예술가 모두의 기원으로서 그 특징을 유지하고 있는 것처럼, 언어도 존재론적 차이에 위치하게 된다. 하이데거는 자신의 「예술작품의 기원」[9]에서 예술작품은 예술가의 기원이고 예술가는 예술작품의 기원이며 예술은 예술가와 예술작품의 기원이라는 점을 강조했다. 해석학적 순환으로서의 '순환'에서는 예술의 위치를 차이의 위치로 설정하게 되며, 이러한 점은 진리와 언어가 존재적-존재론적 차이에서 분명하게 되는 것과 똑같은 것이다. 이와 같은 수직적인 해석의 차이는 현존재의 위치, 예술의 위치 및 로고스로서의 언어의 위치로 이어진다.

가다머는 자신의『진리와 방법』에서 존재론적 차이의 이러한 개념을 최근의 미학적 경험의 역사와 관련지어 연구했다. 칸트적인 전통에 있어서 미학적 차이화(差異化)에서는 주관적인 것과 객관적인 것의 사이, 초월적인 영역과 경험적인 영역의 차이의 사이에 이분법을 설정해 놓았다. 작품의 개념은 형식으로부터 추상화되어 있기 때문에 미학의 주관화가 발생하게 된다. 천재와 취향이 예술적인 창조와 비판적인 판단의 조건으로 되는 까닭은 주체에게는 충분한 판단력이 부여되어 있기 때문이다. 이와 같은 미학적인 차이화의 개념은 해석자가 작품의 해석을 제공해야만 한다는 점에서 20세기 미학으로 발전하게 되었다. 그러나 가다머의 견해에서 미학적 차이화는 해석이 그 자체를 위치시키게 되는 차이를 설정하는 것이자 미학적 비-차이화가 발생하게 되는 차이, 즉 차이의 정체성이 발생하게 되는 차이를 수립하는 것이다. 미학적 차이화는 공간을 수립하는 것, 즉 해석이 발생할 수 있고 그런 다음에는 이해가 발생할 수 있는 공간을 수립하는 것이다. 따라서 미학적 경험은 해석자의 위치에 자리잡고 있는 것도 아니고 대상의 위치에 자리잡고 있는 것도 아니다. 미학적 경험은 해석자의 위치에 있는 것도 아니고 해석되는 것의 위치에 있는 것도 아니다. 미학적 경험은 해석의 위치에서, '사이'의 위치에서, 차이가 일치하게 되는 위치에서 발생하게 된다. 미학적 비-차이화로 되는 이와 같은 차이의 위치가 바로 '작용'이 발생하게 되는 공간에 해당한다. 작용의 작용은 해석의 해석이다. 작용의 작용은 가다머가 '구조의 변용'이라고 명명했던 것에 관계된다. 이와 같은 작용의 활동에서 미학적 의미가 발생하게 되고 궁극적으로는 '이해'가 발생하게 된다. 작용은 해석의 동향에 해당한다. 그리고 자신의 '대표저서'의 마지막 부분에서, 가다머는 이와 같은 작용의 위치, 이와 같은 해석의 위치는 또 언어의 위치에 해당한다는 점을 강조했다. 언어는 해석학적 존재론의 지평에 해당한다. 언어는 해석이 발생하게 되는 구조의 작용과 변용을 위한 중심에 해당한다. 가다머가 언급한 바와 같이, "언어로 된 모든 것에는 사색적인 단위가 있다. 그러한 모든 것에는 하나의 구별, 즉 그 자체의 존재자와 그것(모든 것)이 그 자체를 드러내는 방법 사이에 하나의 구별이 있게 마련이지만, 그러한 구별은 실제로 전혀 구별이라고 할 수 없는 구별에 해당할 뿐이다."(TM, p.432) 구별이 실제로 구별이 아닌 까닭은 그것이 실제상의 어떤 공간을 점유하고 있지 않기 때문이다. 구별은 다만 해석자와 해석되는 것 사이의 관계에 의해서만 드러나게 될 뿐이다. 구별은 작용의 작용, 해석되는 것의 해석일 뿐이고, 구별은 그것이 생산하는 것과 똑같이 그 자체의 비-차이화이자 이해로서의 의미를 지닌 순수한 행위에 해당한다. 언어는 해석의 존재자를 위한 지평을 형성한다. 언어는 해석의 영역을 설정한다. 언어의 존재론적 한계는 하이데거가 존재적-존재론적 차이라고 명명했던 것에 의해서 형성된다.

　　존재적-존재론적 차이에 나타나는 언어의 이와 같은 위치가 해석학적 존재론의 지평에서 언어의 기호학적 개념(특히 랑가즈), 즉 차이의 체계로부터 의미작용을 이끌어 내는 '담론', '인간의 화술' 또는 '어조' 등과 병치될 수 있다면, 홍미로운 이분법이 발생하게 된다. 한편으로 언어는 그 자체가 해석적 차이(이러한 차이는 절대로 구별될 수 있는 것이 아니다)의 공간에 위치함으로써 미학적 경험의 한계를 마련하게 된다. 다른 한편으로 언어는 하나의 언어와 그러한 언어를 말하는 것의 국면에 자리잡게 된다. 두 번째 경우에서 언어(랑가즈)는 그 자체의 역사적(통시적) 발전을 차단시키는 시간의 단면(공시성)을 형성하게 된다. 후기의 하이데거에게 있어서 언어는 스스로 말하게 되는 반면, 가다머에게 있어서 언어는 언어 그 자체를 언어 그 자체와 구별하게 된다. 이와는 대조적으로 소쉬르에게 있어서 언어는 관례이자 사회적인 산물에 해당하는 반면, 바르트에게 있어서 언어는 물질성이자 분명한 용법에 해당한다. 자신의 심리분석을 위해서 구조주의 언어학을 적용한 자크 라캉은 '무의식'도 언어처럼 '마음-중심적'이고 분산적으로 구조화된다는 점을 강조했다. 자아의 언어는 타자로서 또는 라캉이 "그것이 말한다, 이드가 말한다"[10]라고 언급한 바와 같이, 말하는 주체의 언어에 해당한다.

'언어가 말한다' ― 존재적-존재론적 차이에서, 표상(表象), 작용 및 미학적 차이화에 대한 비-차이화의 위치에서 말한다 ― 라는 해석학적 견해와 '내가 말해진다' ― 언어의 조직과 짜임에서, 의미적인 망을 종합하는 차이의 체계에서 ― 라는 기호학적 견해 사이의 다양성에 직면하게 되면, 거기에는 두 가지 길을 동시에 선택할 수 없다는 일종의 회의적인 의미가 성립하게 된다. 선택적이지 않은 제3의 입장, 예를 들면, 해석학적 기호학의 입장[11]이 가능할 수도 있을 것이다.

해석학적 기호학과 해체주의

해석학적 기호학은 수직적으로는 해석적이고 형성적인 의미-형성하기의 경험과 수평적으로는 분산적이고 차이적이고 체계-분절적인 '의미적인 망'의 교차점에서 작용할 수도 있다. 현상학적인 의미와 기호학적인 의미작용의 '영도(零度)'에서 각각의 차이적인 기능은 서로 겹쳐지기도 하고 협조하기도 한다. 해석적인 '차이화(差異化)'와 의미적인 '차이'의 영도에서, 각각의 견해에 있어서, 언어는 그 자체의 정체성을 요구하게 된다. 그러나 해석학적 기호학의 바로 그 전망에서는 더 많은 이론적인 실천과 병치적인 전략만이 있다는 점을 인정하는 학문을 제안하게 된다. 그러나 해체주의에서는 '읽고 있는' 텍스트가 나아가야 할 길, 즉 해석학적 기호학을 위한 영도와 출발점 그 자체가 글쓰기나 기술(記述), 차연(差延) 및 미결정의 영역에서 탈-중심화 될 수도 있고 분산될 수도 있는 길을 제공하게 된다.

해체주의의 임무는 읽고 있는 텍스트에 대한 이론적인 실천을 제공하는 데 있다. 해체주의의 근본적인 활동은 읽기의 활동이며, 해석학에서처럼 해석하는 것도 아니고 기호학에서처럼 분석하는 것도 아니다. 해체주의는 예술작품에 대한 해석을 소홀히 하고 있는 텍스트에 대한 읽기이다. 바르트가 제시했던 바와 같이, 작품에서 텍스트로 이동하는 것은 해석학에서 기호학으로 변화하는 것일 뿐만 아니라 본질의 편린에서 방법론적인 영역으로 전환하는 것이다.[12] 작품은 해석의 대상, 예술가에 의해서 생산된 것 및 동일한 예술가나 다른 예술가들에 의해서 생산된 다른 작품과 함께 선반 위에 놓여 있는 것일 뿐이다. 텍스트는 해석될 수 있는 것에 해당하는 것이 아니라 오히려 해석이 발생할 수 있는 영역에 해당할 뿐이다. 텍스트는 쓰기와 읽기가 모두 존재하는 공간이다. 다시 말하면, 텍스트는 기호체계, 코드 및 지식을 생산하는 체계의 관계망이자 틀, 변두리, 가장자리, 한계 및 경계에 해당한다. 텍스트는 자체 순환적이며, 텍스트의 '밖' — 선-텍스트(pre-text), 콘-텍스트(con-text), 상호-텍스트(inter-text) — 은 텍스트의 '안'을 암시한다. 쓰기와 읽기 사이의 '경첩'[여닫이문을 달 때에 한 쪽은 문틀에, 다른 한 쪽은 문짝에 고정시켜 문짝이나 창문을 여닫는 데 쓰는 철물로 접철(摺鐵), 합엽(合葉), 힌지라고도 한다]이나 경계선에서, 대립적인 관계가 만나게 되는 위치에서, 쓰기에 대한 읽기와 읽기에 대한 쓰기가 만나게 되는 위치에서 텍스트는 발생하게 된다.

텍스트는 쓰기이다. 쓰기는 읽기를 요구한다. 읽기는 그 자체만의 위상을 확립하기 위해서 쓰기를 요구한다. 쓰기는 텍스트에 대한 '텍스트성'이다. 쓰기는 그 자체의 한계를 가지고 있는 텍스트이다. 쓰기는 하나의 텍스트를 생산하는 행위도 아니고 생산된 것도 아니지만 오히려 이 두 가지 행위, 즉 생산하는 행위와 생산되는 행위 사이에 있는 경첩에서 발생하게 된다. 쓰기(혹은 기술)는 말하기(혹은 화술)에 반대되는 것이 아니다. 쓰기는 독창적인 공간이며, 그러한 공간에서 하나의 텍스트는 전달되고 분산되고 전시되고 협조되고 제한되고 콘텍스트화된다. 데리다가 자신의 「플라톤의 조제술」[13]에서 제시했던 바와 같이 쓰기는 명약(치료약)도 아니고 극약(독약)도 아니지만, 그러나 '파르마콘'처럼, 쓰기에는 이 두 가지 특징이 모두 포함되어 있다. 쓰기는 그것이 어디에선가 쓰였던 것에 첨가한다는 점에서 보충하기도 하지만 그러나 쓰기는 또 그것이 설명하는 것의 위치를 반복하게 되고 그러한 위치를 다시 차지하게 된다는 점에서 보충하기도 한다. 이러한 점에서 쓰기는 '미결정적'이다.

쓰기는 또 차이의 작용에 해당한다. 가다머에게 있어서 '작용'은 진지한 것, 즉 해석하는 활동에 해당하고 소쉬르에게 있어서 '차이'는 연결기능에 해당하지만, 데리다는 이와 대조적으로 차이의 작용을 해체주의의 바로 그 전략으로 활용했다. 자신의 「차연(差延)」[14]에서 데리다는 프랑스어 *différer*가 '차이나다', '분리하다', '차이를 만들다'를 의미하는 동시에 '연기하다', '뒤로 미루다', '나중에 하다'도 의미한다는 점을 강조했다. 차연은 분리도 아니고 연기(延期)도 아니다. 차연은 공간적인 분리가 일시적으로 이동하는 것에 해당한다. 하지만 우리들은 이러한 점이 해석학과 기호학이 만들어 내는 '차이'에 해당한다는 점을 기억할 필요가 있다. 차연은 어느 한 쪽 길을 선택할 수도 없고 다른 한 쪽 길을 선택할 수도 없는 미결정적인 것이다. 실제로 차연은 다양성이 만들어 내는 '차이'에 해당한다.

차연은 '안'도 아니고 '밖'도 아니며, 지성적인 것도 아니고 감성적인 것도 아니며, 비유적인 것도 아니고 정확한(문자 그대로) 것도 아니며, 참도 아니고 거짓도 아니며, 텍스트-안도 아니고 텍스트-밖도 아니며, 행운도 아니고 불행도 아닌 것 등에 해당한다. 그렇지만 차연은 어떤 의미에서 이와 같은 대립적인 어휘—그러한 어휘가 형이상학의 역사에서 자리잡고 있는 바와 같이 ―의 교차점에 해당한다. 차연은 분명하게 구별되는 두 개의 길의 다양성, 대립 및 만남을 필요로 한다. 그렇지만, 문제가 되는 것은 길이 아니다. 이 길이든 저 길이든 누군가가 선택하게 되는 길이 문제가 되지 않는 까닭은, 한 쪽 길을 선택하는 것은 다른 쪽 길을 선택하지 않는 것이고, 한 쪽을 암시하는 것은 다른 쪽을 암시하지 않는 것이고, 한 쪽에 협조하는 것은 다른 쪽에 협조하지 않는 것이고, 한 쪽의 어휘를 배제하는 것은 다른 쪽의 어휘를 배제하지 않는 것이고, 한 쪽을 현존(現存)하게 하는 것은 다른 쪽을 부재(不在)하게 하는 것 등에 해당하기 때문이다. 로버트 프로스트는 자신의 시 「가지 않은 길」의 마지막 부분에서 이와 같은 차이(그 자신의 차이-저술)를 시로 썼다. 그는 자신이 선택한 길만큼이나 걷지 않은 길의 흔적을 분명하게 함으로써 그 차이를 시로 썼던 것이다. 그러나 프로스트의 이 시 자체는 하나의 선택이나 다른 선택, 한 쪽 길이나 다른 쪽 길을 기록한 것이 아니라 두 길 사이의 경첩, 교차점, 만나는 지점, 연결사, 베일, 솔기, 갈래, 차이를 기록한 것이다. 필자가 이 글에서 그렇게 하고 있는 바와 같이, 프로스트는 기호가 아니라 한숨으로, 과거가 아니라 미래로, 경험으로가 아니라 흔적으로, 허구가 아니라 이야기로, 발자국이 아니라 '나'로 이 시를 결론짓고 있다.

나는 한숨지으며 이런 이야기를 할 것입니다
이제부터 많은 세월이 흐른 뒤에 어디에선가

숲속에 두 갈래 길이 나 있었습니다
나는 걷지 않은 길을 택했습니다
그것이 모든 차이를 만들었습니다

기호학과 해석학

　기호학과 해석학을 연결하는 바로 그 교차점의 공간을 점유하는 것은 쉬운 일이 아니다. 필자가 그렇게 명명했던 바와 같이,1) 해석학적 기호학은 양끝이 모두 열려 있는 개방된 비평이다. 해석학의 제창자들은 누구나 해석학적 순환에 스스로 위치하고 있어야만 한다는 점을 강조하고는 한다. '기호학(semiotics)', 또는 소쉬르와 바르트가 그렇게 명명했던 '기호학(semiology)'의 제창자들은 '끝나지 않는 기호현상'(퍼스를 추종하여)이나 '무제한의 기호현상'(에코를 추종하여)이 끊임없는 기호의 관계망이나 기호의 생산망을 형성하고 있다고 주장하고는 한다. 기호학자는 기호와 기호체계가 번창하게 되는 것은 그 어떤 해석행위와는 무관한 것이라고 주장하기를 좋아한다. 해석적 기호학―이탈리아의 철학자 카를로 시니2)와 같은 학자들이 해석학과 기호학의 보충으로 제공하는 것과 같은―은 해석학과 기호학 사이에 잘 알려져 있는 대립과 관련지어 실천되어야만 한다.

　해석행위로서의 해석학에 전념하는 것은 이해를 생산하게 되는 쪽으로 나아가게 된다. 기호에 대한 일반적인 학문으로서의 '기호학'에서는 언어와 언어의 근본적인 구조에 대한 지식을 습득할 수 있는 방법을 제공하게 된다. 해석학은 그 자체의 주관적인 경향으로 인해서 비판받게 되지만, 기호학은 그 자체의 지나친 객관적인 경향으로 인해서 비판받게 된다. 그러나 이와 같은 두 가지 경향의 교차점에는 '의미작용'과 '기표능력'이라는 역동적인 과정이 하나의 공간을 열어놓고 있으며, 그러한 공간에서 해석학적 기호학은 작용할 수 있을 것이다. 하이데거와 그의 뒤를 이어 가다머는 해석학의 본질과 특징에 대한 형성의 논리를 제공한 반면, 폴 리쾨르는 해석학적 연구기획을 극단으로까지 추구했다. 이탈리아의 기호학자 카를로 시니는 자신의 기호학 모델로 미국의 기호학자 찰스 샌더스 퍼스를 들었지만, 이와 똑같이 그는 또 소쉬르와 바르트를 인용하는 한편, 다른 한편으로는 옐름슬레브와 에코를 인용하기도 했다. 해석학적 기호학의 가능성을 발전시키기 위해서 필자는 다음과 같은 예를 제안하고자 한다. ① 해석학적 순환의 특징과 기능의 경우, 특히 작품의 해석에 있어서(하이데거), 미학적 비-차이화의 작용(가다머) 및 자아-이해하기의 중재로서의 담론(리쾨르)의 경우, ② 텍스트의 위상의 경우, 특히 텍스트를 형성하고 있는 기호체계(바르트), 텍스트를 지정하게 되는 코드의 위상(옐름슬레브와 에코) 및 텍스트에서 발생하게 되는 쾌락이나 매력(카를로 시니)의 경우 등을 제안하고자 한다. 이와 같은 연구는 텍스트성의 이론에 대한 문제로 나아가게 될 것이다. 따라서 이러한 텍스트성이 작용하게 되는 영역은 텍스트의 의미구조화 및 해석적인 지식의 생산에 대한 위상학적인 '틀'에 자리잡게 될 것이다.

해석학적 순환

해석학적 순환은 완벽하지 않은 것이라고 전제하는 데에는 그 어떤 이유도 있을 수 없다. 해석학적 순환에 진입하는 것은 해석행위에서 비롯되는 차이의 공간에서 진실을 규명할 수 있기를 기대하는 것이나 다름없다. 초기의 하이데거에게 있어서(대부분의 경우는 『존재와 시간』에서), 이와 같은 차이의 공간은 존재에 대한 존재자의 관계에서 발생하게 되는 존재론적 차이에 의해서 그 윤곽을 파악할 수 있다. 모든 존재자는 '지금 여기'에 있는 그 무엇이라는 점을 인식하는 것, 그러한 존재자는 그 자체에 공통적으로 나타나 있는 것, 즉 '존재'를 분명하게 해야만 한다는 점을 인식하는 것 등은 존재자(또는 존재론적 소유)의 존재에 의해 묘사된 차이의 공간을 나타내는 것이다. 현존재는 '바로 여기'의 존재론적 차이에 나타나는 존재자에게 부여된 명칭이다. 현존재는 '실존하는 자아'이며, 실존하는 자아는 자아 그 자체를 해석하게 되고 자아 그 자체만이 가지고 있는 이해에 대해서 어떤 의미를 부여하게 된다. 현존재는 존재에 대한 존재자의 관계에서 일종의 제3의 용어에 해당한다. 현존재는 차이의 공간을 충족시키게 되고, 그것이 관여하는 해석행위에 있어서 그 자체에 의미를 부여하게 된다. 현존재는 '세계-속의-존재자'로서 그 자체를 형성하는 동시에 그 자체가 세계로 내던져졌다는 점을 나타내기도 한다. 이와 같은 세 가지 연관성(현존재, 존재, 존재자의 연관성)에서는 다음과 같이 그 윤곽을 개관할 수도 있다. 존재자는 존재의 원천이며, 그렇지 않다면 존재는 의미를 만들어낼 수 없게 된다. 그러나 또한 존재가 존재자의 원천이 되는 까닭은 존재자가 그 자체의 존재자처럼 보이는 특징을 존재로 알려진 일반적인 조건에서 취하게 되기 때문이다. 더 나아가 존재자와 존재는 존재자—'지금 여기'에 있고 또 자체적인 해석행위에서 그것들(존재자와 존재)을 동시에 형성하게 되거나 이해하게 되는— 로부터 그 각각의 정체성을 취하게 된다. '지금 여기'에 있는 존재자는 바로 현존재, 인간적인 실존 그 자체에 해당한다. 그러나 현존재는 그 자체의 위상을 하나의 존재자로서 성취하게 되며, 이때의 존재자는 존재적-존재론적 차이에 있어서 존재에 대한 존재자의 관계로 볼 때에 그 자체의 자리매김에 의해 '지금 여기'에 있는 존재자로 된다. 이와 같은 세 가지 관계의 순환이 바로 존재의 의미를 규명하게 되는 '해석학적 순환'에 해당한다. 이러한 규명은 하이데거가 나중에 '로고스'[3]라고 명명한 바 있는 '존재'에 관계되는 언어와 관련지어, 다시 말하면 존재를 말하기, 존재를 부르기, 존재를 명명하기는 물론 존재와 존재자 모두를 한꺼번에 듣기 및 다 같이 소속되기 등과 관련지어 발생하게 된다. 따라서 「언어」(1950~1951)에서 "언어는 인간의 존재와 가장 가까운 이웃에 해당한다"라는 점 때문에 "인간은 말한다"라는 사실 뿐만 아니라 "언어는 말한다"[4]라는 사실까지도 우리들은 이해할 수 있게 된다. 해석학적 순환에 의해서 그 윤곽이 드러나게 되는 이와 같은 차이의 위치에서 언어는 말한다.

　「예술작품의 기원」(1935~1936)[5]에서 존재, 존재자 및 현존재(그 안에서 언어는 말한다)와 같은 삼총사는 예술가, 예술작품 및 예술의 구조에서 반복된다. 해석학적 순환은 이와 같은 또 다른 삼총사(또는 삼종세트)에서 반복하게 된다. 예술가는 예술작품의 기원으로 제공되고 예술작품은 예술가의 기원으로 설명된다(특정한 작품을 제작하지 않는 예술가는 없기 때문에). '예술가와 예술작품의 기원이 무엇이냐?'라는 질문에 대해서 '그것은 예술이다'라고 대답할 수 있다. 그런 대답을 한 다음에야 예술은 예술가도 가능하게 할 수 있게 되고 예술작품도 가능하게 할 수 있게 된다. 여기에서 다시 해석학적 순환, 의미를 규명하려면 누구나 그 속으로 진입해야만 하는 순환은 하나의 콘텍스트, 즉 해석행위에 있어서 우리들 자신과 우리들 자신의 생각을 위치시킬 수 있는 하나의 콘텍스트를 제공하게 된다.

차이, 기원 및 관련성 등을 가로질러 순환의 주변을 맴돌면서, 해석자는 존재자나 작품(의문시 되는 것에 의존함으로써)이 스스로 말하도록 내버려 둔다. 그러나 존재자나 작품이 정말로 스스로 말하게 된다면, 그렇다면 해석자 역시 그러한 존재자나 작품에 의해서 말하게 되는 것도 가능할 것이다. 따라서 존재자나 작품을 규명하는 것은 동시적으로 바로 그 존재자나 작품이 스스로 규명하는 것에 해당한다. 존재의 의미나 문학작품의 의미를 이해하는 것 역시 스스로 이해하는 것에 해당한다. 따라서 해석학적 순환에서는 언제나 무엇인가가 발생하게 되어 있다. 해석학적 순환이 완벽하지 않다고 전제할 수는 없다. 오히려 해석학적 순환은 존재자의 진실이나 예술작품의 진실을 규명하는 데 있다. 그러나 이와 같이 규명된 진실의 의미는 무엇인가? 그러한 의미에 접근하려면 기호학에 의존해야만 할 것이다.

그러나 이와 같은 관계에서 기호학의 역할이 무엇인지를 묻기 전에, 가다머가 '미학적 비–차이화'라고 명명한 것에 나타나 있는 언어와 작용의 기능을 고려해 보는 것이 좋을 것이다. 이러한 점을 고려하는 데 있어서 단테의 『신생(新生)』은 안내자의 역할을 하기도 할 것이고 그러한 기회를 제공해 주기도 할 것이다. 예술작품으로서(하이데거의 의미에서), 『신생』은 예술가이거나 시인인 단테의 활동의 결과에 해당한다. 시인으로서의 단테는 『신생』뿐만 아니라 『향연』, 『제정론』 및 『신곡』 등을 집필한 '예술가–소설가–작가'에 해당한다. 그러나 그의 예술은 무엇인가? 그의 예술은 하이데거가 '시'라고 명명한 것, 삶의 현현, 삶, 단테 자신의 삶이면서 절대신의 은총에 대한 축복의 비전을 통해서 현현되는 삶 그 자체를 규명하는 데 있다. 숨긴 것을 드러내는 규명, 명명백백한 규명은 13세기 후반과 14세기 초반에 있어서 한 젊은이의 개인적인 여정(旅程)만을 의미하는 것이 아니다. 규명되는 것의 의미, 그것은 시의 의미, 사랑(베아트리체에 대한 사랑), 절대신의 사랑 및 이 두 가지의 사랑을 경험한 개인적인 변용의 의미에 관계된다. 이와 같은 다면적인 의미는 하나의 세계, 즉 중세 후기의 세계인 플로렌스를 바탕으로 하는 세계를 드러내게 되고, 그러한 세계는 고전적인 치열한 지식과 신학적인 확신을 통해서도 비롯될 수 있고 도시를 떠나 멀리 여행하고 자신의 진정한 확신을 감추는 것 등을 통해서도 비롯될 수 있다. 하이데거의 네 가지 요소, 즉 네 가지 영역(땅, 하늘, 숙명 및 신성)은 이와 같은 규명에서 하나의 콘텍스트를 형성하게 된다. 말하자면, 하늘로 제시된 삼위일체에 대립되는 플로렌스의 땅, 너무나 자명한 인간적인 삶의 한계, 즉 베아트리체의 죽음, 그녀의 윤리의 중요성 및 그녀의 죽음이 젊은 시인에게 야기했던 '지복직관(至福直觀)'[하느님을 직접 만나게 되는] 등을 형성하게 된다.

하이데거가 자신의 『언어에의 도정(道程)』6)에서 '시를 말하는 것'에 나타나는 언어의 중요성을 인식했던 것과 똑같이, 가다머 역시 언어를 해석학적 존재론의 지평이라고 파악했다. 언어는 초기의 하이데거가 처음으로 제안했던 바와 같이 존재적이고 한가하고 일상적인 지껄이기가 아니다. 오히려 언어는 심연에서부터 지상까지 통과할 수 있는 바로 그 존재(로고스)에 대한 '부르기'에 해당한다. 하이데거가 심연으로부터의 전환을 제안했고, 횔더린은 그것을 '결여된 시간'이라고 선언했고, 그러한 시간에 의해서 릴케는 하나의 '길', 즉 원근저(原根底)로서의 대자연에 이르는 길을 제시했지만, 단테의 시 역시 하나의 심연으로부터 벗어나게 되는 길을 제시했다고 말할 수도 있다. 그러나 심연에 대한 단테의 근본적인 바탕은 다른 것에 해당한다. 즉, 거기에는 중세 종교성의 모든 함정이 포함되어 있으면서도 시를 위해서 하나의 공간을 열어 놓고 있기 때문이다. 이러한 의미에서 언어는 해석학적 존재론의 지평으로 간주될 수도 있다. 언어에 있어서 해석적인 경험은 해석자가 예술가, 저자 또는 시인을 대신할 수 있는 특별한 보충에 해당한다. 하이데거적인 해석학적 순환에서 해석자의 입장은 필연적으로 예술가-저자-시인의 입장을 대신해야만 하며, 그렇게 함으로써 해석자는 예술작품의 해석자로서 해석학적 순환에 진입하게 되고 예술, 문학 및 시의 규명에 참여하게 된다. '로고스'에 대한 글과 '언어'에 대한 글에서 하이데거는 언어(로고스)—'말씀' 또는 '하느님의 말씀'—를 강조했으며, 그는 "언어는 말한다"라는 자신의 논지에서처럼 '말한다'라는 점을 분명하게 했다. 단테의 『신생』의 언어는 다음과 같이 말한다.

> 나의 기억의 책에서, 대부분의 경우 빈 페이지인 첫 페이지 다음에 '신생'이라는 제목으로 시작되는 부분이 있다. 이러한 제목의 저변에서 나는 '말'을 찾게 되었으며, 그러한 말을 이와 같이 좀 더 작은 소책자로 복사하거나 또는 전적으로 그런 것은 아니라 하더라도 적어도 그 의미를 복사는 것이 나의 의도이다.7)

작품과 해석자 자신의 해석적인 입장 사이에 '말'을 배치함으로써 해석자가 그 말을 해석하게 되는 것처럼, 위에 인용된 부분에서도 시작하는 '말'은 작품에서부터 말하고 있다. 위의 인용문에서 해석은 앞으로 전개될 시적 소네트에 반대하는 것으로 시작되는 일반적인 산문의 언어를 강조하고 있다. 이러한 해석은 좀 더 작은 소책자로 복사될 한 권의 책(대저서)으로서의 기억의 언어를 강조하고 있다. 기억의 책과 글자로 쓰인 책 사이의 교감성 또는 유사성은 한 권의 책에서 또 다른 한 권의 책으로 복사되는 공통된 행위를 미리 말하고 있는 셈이다. 따라서 두 번째 책은 생생하고 다채로운 이미지를 제시하게 된다. 복사되는 것은 '말'이라기보다는 오히려 그러한 말의 '의미'에 해당한다. 따라서 새롭게 쓰인 작품에서 언어가 말하게 될 때에 그 의미는 말해진 것이 된다. 해석적이고 중재적인 행위와 글로 쓰인 작품의 관계에서, 그러한 행위는 작품에 나타나 있는 이와 같이 분명한 의미를 이끌어 내게 된다. 가다머는 이러한 언어가 해석학적 경험의 매개체에 해당한다는 점을 첨가했다.

가다머가 보기에 해석적인 의식에서는 '의식' 그 자체와 '작품'을 구별하고자 한다. 19세기에 있어서 이러한 입장은 '미학적 경험'이라는 이름으로 수행되었다. 가다머는 미학적 의식의 이론이 '미학적 차이화'의 기능을 전제로 한다는 점을 제시하려고 노력했으며, '미학적 차이화'를 통해서 "작품은 그것이 미학적 의식에 속하는 한, 그것이 속하고 있는 세계를 상실하게 되는 것은 물론 장소까지도 상실하게 된다."(TM, p.79) 미학적 의식에서는 해석자의 입장과 작품의 입장을 구별하고자 한다. 작품은 그 자체의 세계로부터 추상화되어 의식의 대상으로 되며, 그러한 의식에서 '미학적 차이화'는 해석자와 작품의 사이에서 발생하게 된다. 가다머는 '미학적 비-차이화', 말하자면, '대표성'이나 '표상성' 및 대표되거나 표상되는 것 사이의 비-차이화를 선호함으로써 이와 같은 유형의 '미학적 차이화'에 반대했다. 그러나 비-차이화는 미학적 차이화의 개념에 의해서 그 윤곽을 드러낼 수 있는 위치에서 발생하게 된다. 다른 방법으로 설명하면, 차이화는 비-차이화의 공간에 부여되는 것이라고 볼 수도 있다. 이러한 공간이 작용의 공간 —메를로퐁티는 그것을 '활동의 공간'으로 파악하였다— 해석행위가 발생하게 되는 영역, 즉 해석행위가 그 자체를 언어의 장소에 위치함으로써 발생하게 되는 영역에 해당한다. 이러한 영역에서 말하기와 말해지는 것, 대표하기와 대표되는 것, 목소리와 내용 사이의 차이는 그것의 반대형식을 고려하지 않게 된다. 작품과 작품의 의미를 구분할 수 없다는 점에서, 언어의 작용에서는 '구조의 변용'과 '총체적인 중재'를 포함하게 된다. 따라서 『신생』의 첫 번째 소네트의 시작부분에 해당하는 다음의 인용에서 이러한 점을 발견할 수 있을 것이다.

> 사로잡힌 모든 영혼과 다정한 연인들에게
> 그들의 시야 속에 현재의 이 라임은 기회가 있으리라
> 답장을 쓰면서, 각자는 그 의미를 드러내리라

내가 제공하는 자신들의 주님, 사랑에 나타나는 인사를

　위의 인용에서는 사랑의 표상성과 그것을 각인하는 것 사이에는 아무런 차이가 없다는 점을 분명하게 하고 있다. 의미의 느낌은 그것이 수많은 콘텍스트—사랑하는 사람들은 언제나 많이 있다고 기대할 수도 있다—에서 종종 반복된다는 점에서 다양할 수도 있다. 그러나 가다머의 견해로 볼 때에, 단테의 시에 대한 해석에서 사랑의 의미와 그것을 기술하는(시로 쓰는) 것은 구별될 수 있는 것이 아니다. 언어의 존재자와 그것이 그 자체를 표상하는 방법 사이의 구별은 사실 전혀 구별이라고 할 수 없기 때문이다(TM, p.432). 위에 인용된 소네트의 언어는 단테가 언급했던 산문부분에 결합되어 있다. "라임을 형성하는 예술에서 내 손으로 이미 노력했던 바와 같이, 모든 사랑의 충실한 하인을 기꺼이 환영하는 한 편의 소네트를 쓰려고 나는 결심했다. 따라서 그러한 하인들에게 나의 외경심을 해석하라고 요구함으로써, 나는 잠속에서 내가 보았던 것을 묘사했다. 이것이 '사로잡힌 모든 영혼……'으로 시작되는 소네트이다."(VN, p.32) 여기에서 서사적이고 서창적(敍唱的)이고 설명적인 언어는 시의 언어로 나아가게 된다. 언어(즉, 모든 사랑의 충실한 하인들을 기꺼이 환영하는)의 의미는 한편으로는 산문의 묘사와 구별되는 것도 아니고 다른 한편으로는 시적 해석과 구별되는 것도 아니다. 이 두 가지 경우에서 언어는 의미의 지평, 즉 언어의 존재자가 말하게 되고 표상된 의미를 나타내게 되는 지평을 형성하게 된다. 이 각각의 경우에서 그리고 그 자체의 지평과 관련지어, '언어'와 '지평'에 대한 해석은 이해를 가능하게 한다. 또는 폴 리쾨르가 더 많이 발전시킨 바와 같이, 해석은 세계를 향한 의도적인 지향과 자아를 향한 성찰적인 지향을 동시에 발전시킬 수도 있을 것이다(HHS, p.171).

　흥미롭게도 『진리와 방법』의 거의 끝부분에서 가다머는 '작품'이라는 용어를 '텍스트'라는 용어로 대체했다. 가다머가 이렇게 대체한 것은 전적으로 자의적인 것처럼 보인다. 더 나아가 그의 이러한 대체는 그 자체의 이론적인 근거를 충분하게 인식하지 못한 결과에서 비롯된 것처럼 보이기도 한다. 그러나 '작품'의 기능은 해석자의 행위에 해당하는 예술가의 행위에서(또는 어떤 다른 것을 보충함으로써) 비롯되는 것이다. 『신생』이라는 '작품'은 시인이자 저자인 단테의 작품에 해당한다. 『신생』을 하나의 '텍스트'로 이해하기 위해서 전환하게 되는 것은 중요한 이동에 해당하며, 그것은 해석학과 기호학의 교차점을 가능하게 하는 공간을 개방시킬 수 있는 정말로 중요한 이동에 해당한다. 가다머의 형성의 논리에서 하나의 텍스트로 이해될 수 있는 『신생』의 위치는 그가 언어를 배치하게 되는 위치에 해당한다. 텍스트는 작품이 아니다. 최선의 경우에 있어서 텍스트는 해석학적 존재론의 지평으로서 언어의 위치에 존재하게 된다. 이러한 점에서 텍스트는 해석행위의 존재자를 제한하게 된다. 텍스트는 예술가의 창조적인 글쓰기를 생산하는 것이 아니다. 텍스트는 또한 가다머의 언어개념과 일치하는 것도 아니다. 가다머의 언어개념이 그 자체의 의미와 협조하게 되는 것과 똑같은 방법으로 텍스트가 그 자체의 텍스트성과 협조하게 되는 것은 아니다. 그러나 가다머는 모든 해석학적 기호학에서 가장 기본적인 특징에 해당하는 '텍스트성'에 대해서는 아무런 언급도 하지 않았다.

리쾨르의 해석학에서, 텍스트는 좀 더 결정적인 상세한 설명을 요구하고 있다. 그러나 작품을 텍스트로 고려함으로써, 리쾨르는 예술가–저자–시인에 대한 향수를 유지하고 있는 것처럼 보이기도 한다. 실제로 그는 "하나의 텍스트는 글쓰기에 의해서 고정된 모든 담론이다"(HHS, p.145)라고 주장하기까지 했다. 담론의 기본적인 단위는 문장이며, 그것은 하나의 사건으로 실현되고 하나의 의미로 이해된다. 담론을 실현하는 사건은 말하기일 수도 있고 글쓰기일 수도 있다. 그러나 담론이 텍스트가 될 때에, 그것은 파괴된 형식, 즉 화술이전(話術以前)의 형식으로 고정되어 있는 형식을 유지하게 된다. 『신생』은 단테의 목소리를 글쓰기로 고정시킨 것이다. 그러나 리쾨르는 글쓰기가 원래 말하기였다는 간단한 견해조차도 인정하려고 하지 않았다. 오히려 그는 정확하게 말해서 텍스트는 말해진 것이 아니기 때문에 텍스트는 글로 쓰인 것이라는 점을 제안하고자 했던 것이다. 장-폴 사르트르가 자신의 『문학이란 무엇인가?』에서 주장했던 바와 같이, 작가와 독자 사이에는 대화가 없다. 구술적인 상황으로부터 텍스트를 이와 같이 해방시키는 것은 언어와 세계 사이의 관계를 방해하게 된다(HHS, p.148). 언어는 텍스트라는 이름으로 세계와의 관계를 간단하게 형성할 수 있는 것이 아니다. 가다머에게 있어서 언어와 그것의 의미지평은 텍스트를 이해할 수 있는 그럴 듯한 방법이었지 그것을 작품과 대등하게 하거나 작품을 대신하게 하는 방법이 아니었다. 그러나 가다머는 리쾨르가 제안했던 '이동', 즉 작품으로부터 텍스트로의 이동을 하지 않았다. 리쾨르에게 있어서 텍스트는 자율적인 공간, 즉 더 이상 저자의 의도대로 활성화될 수 없는 의미 공간에 해당한다. 저자는 텍스트로부터 차단되어 왔으며, 이러한 점으로 인해서 작품(저자로부터 차단되지 않은)을 텍스트로 고려할 수도 있다고 말하는 것은 이상하게 생각된다. 그러나 또 다시, 이러한 견해는 텍스트에 있어서 기원과 원천으로서의 저자에 대한 향수를 불러일으키기도 한다. 『신생』은 자율적이다. 그것은 그 자체만의 이름으로 '말하고', 그 자체만의 의미구조를 발전시키고, 그 자체만의 질문자를 각인시켜 놓기까지 한다(첫 번째 소네트에서처럼, 이 소네트에서는 시인에게 답변하거나 답장을 하도록 다른 연인들을 초대하기도 한다). 저자로서의 단테와 서술하고 있는 목소리의 위치 —쓰고 있는 '나', 기억하고 있는 '나', 사랑하고 있는 '나' 등—는 동일한 위치에 있는 것이 아니다.

그러나 리쾨르에게 있어서 담론은 하나의 사건, 말해졌거나 기록된 사건에서 발생하게 된다. 텍스트(기록된 담론)의 의미는 '명제' —즉, 단 하나의 지정(指定)과 일반적인 선언(宣言) —의 구조에 의해서 유지된다. 텍스트의 사건은 저자의 사건이 아니며 텍스트의 의미도 저자의 의미가 아니다. 사건과 의미는 모두 해석이자 설명을 위해서 필요한 것이다. 설명은 '감각'에 관계되거나 담론의 즉각적인 패턴에 관계된다. 텍스트가 그 자체를 언어 외적인 실체, 즉 '말하고 있는 것'을 말하고 있는 '실체'에 적용하고 있다는 점에서, 해석은 참고사항(무엇인가 말해지고 있는 것에 대한)을 발전시키게 된다. 해석행위에는 거리의 유지와 전용(轉用)의 변증법이 포함되어 있다. '거리의 유지'는 하나의 텍스트가 누군가에게 말하고 있는 방법에 관계된다(예를 들면, 『신생』의 소네트에서 연인들에게 말하고 있듯이). '전용'에는 텍스트에 대한 장난스러운 변용이 포함되어 있으며, 이러한 전용에서 독자—저자와는 다르게 텍스트로부터 차단되지 않은—는 텍스트에 진입하여 그것을 자신의 것으로 만들어 버린다. 따라서 전통적으로 독자를 주인공이나 묘사되고 있는 특징과 일치시키는 심리학적인 '지정(指定)'의 방법을 수반하는 것이 아니라 텍스트의 태도에 대한 적용을 수반하게 된다. 전용에서는 텍스트에 합당한 모든 의미의 특징을 전부 통합하게 된다. 리쾨르가 텍스트의 해석과 설명이 서로 협력하는 것을 허용했다는 사실은 그의 입장이 해석학적 기호학의 입장에 근접해 있다는 점을 나타낸다.

텍스트의 해석학적 기호학을 위하여

　텍스트는 기호학과 해석학의 교차점에 자리잡고 있으며 바로 그러한 교차점에서 작용하게 된다. 텍스트는 엄격하게 말해서 핵폭탄도 아니고 분명하게 말해서 주변적인 것도 아니다. 그것은 순수한 차이적인 사건도 아니고 순수한 기호의 기능도 아니다. 텍스트는 기호학과 해석학 사이의 연결점의 위치에서, 그 자체의 의미구조, 그 자체의 텍스트성을 위해서 노력하는 '위치'에서 적극적으로 작용하게 되며, 텍스트의 텍스트성은 해석학적 기호학의 영역에 해당한다.

적어도 롤랑 바르트가 제공하는 비전으로 볼 때에, 텍스트에 대한 기호학적 관심은 그의 초기의 글쓰기 이론에서 비롯되었다. 『영도(零度)의 글쓰기』(1953)[8]에서 바르트는 작가의 개인적인 고유한 스타일과 그러한 작가가 쓰고 있는 것에 관계되는 시대의 '언어의 교차점'을 연구했다. 수평적인 언어(데카르트의 좌표에서의 x축)와 수직적인 스타일(y축)이 만나게 되는 이러한 교차점은 글쓰기에 있어서 중립적인 위치, 영도의 위치를 나타낸다. 이런 식으로 바르트의 글쓰기 이론은 주관적이고 의도적인 작가의 관심을 나타내는 것도 아니고 작가가 사용하고 있는 언어가 드러내는 객관적이고 우연적인 조건을 나타내는 것도 아니다. 각각의 글쓰기는 동일한 시대에서 뿐만 아니라 다른 시대에서도 똑같이 반복될 수 있는 것이다. 데카르트의 좌표에서 '0,0'의 위치이자 교차점의 위치에 해당하는 '영도'에서의 글쓰기를 탐구하는 것은 텍스트의 공간을 열어놓게 되고 그것을 바르트는 결과적으로 글쓰기로 대체했지만, 그러나 이와 같은 '텍스트의 공간'에서 바르트는 글쓰기를 어떻게 읽고 해석하고 이해해야 하는지에 대해서 아무런 언급도 하지 않았다. 바르트가 자신의 텍스트의 개념(하이데거에게 있어서의 작품의 개념에 반대하여)을 발전시켰을 때, 그는 저자의 죽음에 대한 자신의 견해를 발전시키게 되었다. 자신의 글 「저자의 죽음」에서 바르트는 "글쓰기는 모든 목소리, 모든 기원점(출발점)을 파괴하는 것이다"라고 주장했다. 그는 계속해서 "글쓰기는 중립적이고 합성적이고 기울어진 공간, 우리들의 주체가 미끄러져버리는 공간이자 모든 정체성을 상실하게 되는 한편, 다른 한편으로는 바로 그 글쓰기라는 실체의 정체성이 시작되는 공간이다"[9]라고 강조했다. 저자의 죽음은 바로 그 죽음과 함께 독자의 탄생을 야기하게 된다. 따라서 저자는 모든 고려의 대상으로부터 철저하게 배제되어 버린다. 그리고 바르트에게서는 리쾨르에게서 찾아볼 수 있는 '저자-예술가-

시인'에 대한 분명한 향수를 전혀 찾아볼 수 없다. 바르트는 "언어학적으로 볼 때에 저자는 결코 글쓰기의 '순간' 그 이상이 될 수 없으며, 이러한 점은 '나'가 '나'라고 말하는 순간의 '나' 그 이상이 아닌 것과 똑같은 것이다"라고 쓰고 있다(IMT-DA, p.145). 단테의 『신생』에서의 '나'는 젊은 시인의 순간, 자신의 사랑의 경험을 언어로 표현하고자 하고 글쓰기를 통해서 그러한 사랑의 행위를 완벽하게 하고자 하는 '순간'으로서의 '나'에 해당한다. 텍스트의 '언표(言表)' — 프랑스어로는 'énoncé'에 해당하고 영어로는 '진술(statement)'이나 '언명(enunciation)'에 해당하는 — 는 시간적이고 공간적인 저자의 조건에 의존하지 않는다. "언표의 시간 외에는 그 어떤 다른 시간도 없으며 모든 텍스트는 '지금 여기'에서 영원히 쓰이고 있을 뿐이다."(IMT-DA, p.145)

그러나 텍스트가 자리잡고 있는 곳에서는 무엇이 발생하는가? 『S/Z』[10]에서 바르트는 근본적으로 두 가지 유형의 텍스트가 있다는 점, 즉 '읽을 수 있는 텍스트'와 '쓸 수 있는 텍스트'가 있다는 점을 강조했다. 그러나 읽을 수 있는 텍스트는 그 자체의 코드, 기호체계 및 구조와 관련지어 다시 쓴 텍스트에 해당한다. 이러한 점에서 분명하게 발음하는 어투나 방법에 해당하는 '언명(言明)'은 선언적이고 코드화된 체계로 진입하게 된다. 발자크의 소설 『사라신』을 읽어내는 데 있어서 바르트는 의미소(意味素), 참고소(參考素), 해석소(解釋素), 행위소(行爲素) 및 상징소(象徵素) 등 다섯 가지 코드를 제공했다. 서사에 나타나는 각각의 어휘소(語彙素)는 코드화된 체계와 관련지어 읽어낼 수 있다. 이때의 코드는 옐름슬레브의 코드나 에코의 코드(그의 '코드생산이론'에 나타나 있는 바와 같이)에 해당하는 것은 아니지만, 『사라신』과 같이 특수한 텍스트에 대한 읽기를 가능하게 한다. 대부분의 텍스트를 읽어내는 데 있어서 이와 같은 다섯 가지 코드를 적용할 수 있다고 말하는 것은 그만큼 충분한 가치가 있다.

최근의 해석학에서 분명하게 발전시키고 있는 바와 같이, 텍스트는 작품이 아니다. "작품은 책의 공간(예를 들면, 도서관이라는 공간)의 일부분을 점유하고 있는 실체의 파편이고, 텍스트는 방법론적인 영역이다"(IMT-DA, p.157)라고 바르트는 강조했다. 아울러 그는 "텍스트는 기의 ─ 그것의 영역은 기표의 영역에 해당한다 ─ 의 무한한 연기(延期), 즉 의미적인 망을 실천하게 된다"(IMT-DA, p.158)라는 점도 강조했다. 텍스트에는 작품에서 성행하고 있는 그 어떤 친자관계의 과정(부친의 입장에 해당하는 저자로서의 과정)이 전혀 없으며, 텍스트는 세계, 인종, 역사 등에 의해서 결정되는 것이다. 저자가 텍스트로 되돌아올 때에, 그는 하나의 손님이 될 뿐이다. 텍스트는 복수적(複數的)인 것이다. 즉, 텍스트의 다양한 의미는 중심화되어 있는 것도 아니고 폐쇄되어 있는 것도 아니다.

따라서 텍스트는 기호생산의 확산에 참여하게 되는 개방된 영역에 해당한다. C.S. 퍼스식의 용어에 의하면,[11] 텍스트는 해석체(解釋體), 대상 및 원인 등 세 가지 요소로 이루어진 기호의 복합성에 해당할 수도 있다. 그러나 기호의 이론에 대한 그 자신의 상당한 노력에도 불구하고, 퍼스는 텍스트의 이론을 명확하게 언급하지 않았다. 그렇지만, '기호(sign)'에 관련되는 세 가지 요소 ─ 아이콘, 지시 및 상징(symbol) ─ 에 의해서 기호를 읽게 된다면, 대상에 대한 기호의 관계는 텍스트의 기본적인 특징을 나타낼 수도 있을 것이다. 퍼스에 의하면, '아이콘'은 단지 그 자체만의 특징을 나타낼 뿐이고, '지시'는 실제로 대상의 영향을 받게 되며, '상징'은 법규의 실행에 해당한다. 이러한 경우, 텍스트는 그 자체의 영역, 즉 대상의 영역과 그러한 대상을 수반하게 되는 원인의 영역의 '밖'에 놓인다는 점에 부응할 수도 있다. '기호'에는 분열적인 기능이 있다는 점을 고려한다면, 기호는 퍼스가 '해석체'라고 명명한 것에 해당할 수도 있다. '해석체'는 아이콘, 지시 또는 상징과 관련지어 하나의 '대상'과 바로 그 대상에서 비롯되는 '원인'의 관계를 파악하는 '읽기'에 협조하게 된다. 해석학과 기호학의 교차점을 제안하는 데 있어서, 카를로 시니는 이와 같은 연결의 바탕으로 퍼스식의 '해석체'를 인용했다. 소쉬르식의 '기표'와 일치하는 것은 아니지만, 해석체에는('기표'처럼) 텍스트의 묘사에 대한 조건이 설정되어 있다. 기표와 해석체는 모두 외연(外延)의 문제 또는 대상에 대한 관계의 문제를 제기하게 되었다. 소쉬르적인 전통에서 '기표'(개념이든 대상이든)는 모호한 채로 남아 있는 반면, 퍼스의 전통에서 기표는 명확하게 제시되어 있다. 퍼스의 기호에는 대상에 대한 분명한 관계가 포함되어 있다. 예를 들어, 『신생』과 같은 텍스트를 고려한다면, 대상에 대한 분명한 관계는 순수하게 기호학적인 '텍스트의 이론' ― 이때의 텍스트는 기호의 복합체에 해당한다 ― 을 제안할 수도 있다. 그러나 해석체로서의 기호를 대상에 적용할 수 있는 다양한 방법을 허용함으로써, 퍼스는 기호를 읽어낼 수 없다는 점, 즉 그러한 기호를 기표에 관련지어 단순하게 읽어낼 수 없다는 점을 분명하게 했다. 따라서 '기호의 이론'은 그 자체의 대상과 함께 세계에 관련지어 작용할 수 있다는 점에서 그리고 그 자체가 해석학적 순환 '내'에 자리잡게 됨으로써 작용할 수 있다는 점에서, 우리들은 C.S. 퍼스식의 기호학을 해석학과 결합시킬 수 있다는 카를로 시니의 견해가 어디에 바탕을 두고 있는지 알 수 있게 되었다.

이와는 대조적으로 우리들이 기호의 이론보다는 텍스트의 이론에 중점을 둔다면, 해석학과 기호학 사이의 교차점의 위치는 상이한 형식을 전제로 한다. 가다머와 리쾨르의 해석학적 이해에 있어서 텍스트는 해석적인 '의미의 지평'을 개방하는 언어(가다머에게 있어서)에 위치한다. 리쾨르에게 있어서, 언어는 담론처럼 좀 더 '전문적인 특성'을 부여받게 된다. 리쾨르에게 있어서, 글쓰기는 그 자체의 의미와 관련될 때에만 자율적인 것으로 된다. 그러나 그것은 또 전용적(轉用的)이면서도 일정한 거리를 두고 있는 해석활동에서도 가능한 것이다.

기호학의 편에서 보면, 텍스트는 복수적인 의미를 지닌 기호를 개방시키는 체계에 해당한다. 의미의 복수성은 기표망의 강조에 의해서 '파괴되어 개방된' 기호학적 의미작용(기의와 결합된 기표의 행위나 과정에 바탕을 두고 있는)의 개념으로 인해서 발생하게 된다. 의미적인 망은 다양한 의미작용을 생산하게 되며, 심지어 단테까지도(성 빅토르의 휴의 네 가지 해석방법에 근거하는) 그 자신만의 텍스트를 읽기 위해서 이와 같은 '다양한 의미작용'을 제안하게 되었다. 해석학에서, 텍스트는 그것이 세계와 관련지어 해석되는 것처럼, 그리고 해석하고 있는 자아를 반영하고 있는 것처럼, 텍스트 자체의 '사건' — 세계와 관련지어 텍스트를 해석하게 되는 것처럼, 그리고 해석하고 있는 자아를 텍스트에 반영하게 되는 것처럼 — 을 통해서 그 자체의 의미를 제공하게 된다. 퍼스식의 기호학에서, 텍스트는 아이콘적으로, 지시적으로 그리고 상징적으로 세계에 관계될 수 있지만, 자아를 텍스트에 반영하게 되는 것은 유동적인 상태로 남아 있을 수도 있다. 기호학에서, 텍스트는 그 자체의 '민감한 복수적인 의미작용'의 범주에서 그 자체만의 다양한 읽기를 제공할 수도 있다. 해석학적 기호학에서는 텍스트 자체의 의미구조와 관련지어 텍스트에 대한 하나의 읽기를 제공하게 된다. 여기서 말하는 '텍스트 자체의 의미구조'는 세계에 나타나 있는 요소에 관련되며 그것은 또 이미 '중심화된 자아'에게 관련되는 것이 아니라 '지금 여기'에서의 해석행위 자체에 관련되는 것이다. 의미구조의 '복수적인 의미작용'의 특징에 있어서 이와 같은 의미구조에 대한 '읽기'는 문화적 / 자연적, 사회적 / 개인적 등 '텍스트'의 '텍스트성'(또는 텍스트성들)에 대한 '읽기'로서의 '환경'에서 발생하게 된다.

제3장
해석학과 질문

묻지 마세요, 그 어떤 거짓말도 하지 않을 겁니다.
— 골드스미스, 『지는 것이 이기는 것이다』

질문은 우리들이 '참고사항'이라고 명명했던 것, 즉 세계
를 향한 의도적인 오리엔테이션과 자아를 향한 성찰적인
적응에 해당하는 '의미의 측면'을 발전시키게 된다.
— 폴 리쾨르, 「비유와 해석학의 문제」

요약한다면, 철학은 지각적 신념을 질문한다—그러나 일
반적인 의미에서 그 어떤 대답을 기대하지도 않고 그러한
대답을 들으려고 하지도 않는다. 왜냐하면 이러한 질문을
만족시키게 되는 것은 변하기 쉽거나 알려지지 않은 불변
소(不變素)를 규명하는 것이 아니기 때문이며, 실존하는
세계는 질문의 방식으로 존재하기 때문이다. 철학은 그 자
체에 대해서 그 자체를 질문하는 지각적 신념이다.
— 메를로퐁티, 『가시적인 것과 비-가시적인 것』

해석과 질문[메를로퐁티의 '질문(interrogation)'의 개념은 질문과 질문 '사이'의 질문에 해당한다]은 같은 것이 아니다. 그렇지만 이 두 가지는 동일한 공간을 차지하고 있다. 하이데거, 가다머 및 리쾨르의 해석학에서는 에고-중심적이고 주체-근본적이며 자아-지향적인 개념, 즉 가장 보편적으로는 후설식의 현상학과 결합되어 있는 개념으로부터 멀어지려고 하는 '해석'이 무엇인지를 설명하고자 한다. 여기에는 그 어떤 '권위'가 있는 것이 아니라 '진정성'과 '권한부여' 만이 있을 뿐이다. 이와 똑같이 메를로퐁티적인 '질문'에서는 질문하기가 우선권을 부여받게 되는 영역이라는 점을 제안하고 있으며, 그러한 영역에서 답변은 질문자에게 있는 것도 아니고 '질문되는 것'에 있는 것도 아니다. 이러한 두 가지 경우에서 해석과 질문은 '차이의 공간'에서 발생하게 되며, 그러한 공간에서 광범위한 의미를 생산하는 것은 '탈-중심적'이고 '실용적인 것'으로 된다. '해석'과 '질문'의 임무는 질문에 답변하기보다는 질문을 제기하고자 하고, 결론짓기보다는 결론에 대해 묻고자 하며, 어떤 입장에서 말하기보다는 그러한 입장이 '발생할 수 있는' 위치를 부여하는 데 있다.

따라서 필자의 임무는 ① 이러한 '위치적인 특징'의 대체, ② '차이의 공간'의 개방 및 ③ 경험이라는 '텍스트성'을 형성하고 있는 '참'(또는 진실이나 진리)과 '거짓'(허위)에 대한 읽기를 이해하는 데 있다. 이와 같은 세 가지를 이해함으로써, '해석학적인 연구기획'과 '질문적인 실천'에 나타나는 '공통점'과 '차이점'을 모두 드러낼 수 있게 될 것이다. 이와 같은 두 가지 대륙비평(즉, 해석학과 질문)의 인식론적인 특징이 여러 가지 면에서 유사하다 하더라도, 그 각각의 실천에 암시되어 있는 '주지(主旨)'는 상호보완적이기는 하지만 분명히 다른 것이다.

옥좌(玉座) 포기하기

주체는 언제나 옥좌에 앉아 있어 왔다. 후설은 그것을 '초월적 에고'라고 명명했고 윌리엄 제임스는 '순수 에고'라고 명명했으며 프로이트는 단순히 심리적인 영역의 핵심부분에 해당하는 '에고'라고 명명했다. 이와 같은 각각의 경우에서, 이러한 모더니스트적인 개념은 '주체'를 중심, 기초, 원천, 출발점, 법정에서의 '최후의 항소' 및 의식적인 모든 삶에서의 '결정적 권위' 등으로 파악하고는 한다. 때로는 물질적인 조건의 제한을 받기도 하지만, 주체는 절대적이고 사회적인 구속력으로 군림하기도 하고, 무의식적인 욕망으로 군림하기도 한다. 그러나 주체의 합리적인 요구가 무엇인지에 대해서는 질문할 수 있는 것이 아니다. 이와 같은 모더니스트적인 개관에서, 주체에게 질문하는 것은 주체의 근본에 타협하는 것이고, 주체의 권리를 전복시키는 것은 어떤 내용을 표현하기 위해서 주체의 형식적인 조건을 주장하는 것이며, 주체가 알고 있고 이해하고 있고 실천하고 있는 것에 대한 주체 자체의 절대적 권위를 약화시키는 것이다. 그러나 이와 같은 절대성과 지배성에 뒤이어 주체의 실패와 위치전환이 나타나게 되었다. 모더니즘 문학에서 에고의 권위는 의심받게 되었다. 도스토예프스키의 지하인간, 제임스 조이스의 율리시스적인 방랑자, 카프카의 성(城)-탐구자, 버지니아 울프의 에고가 분산된 클라리사 댈러웨이 부인 및 T.S. 엘리엇의 황무지-거주자 등은 모두 위기에 처해 있는 에고로 형성되어 있다. 철학적 옥좌를 부여받았던 주체는 문학적 형성과정을 통해서 의심받는 위치에 놓이게 되었다. 에고가 가지고 있던 '왕의 신성한 권력'은 거의 즉각적으로 혁명정신에 대항하게 되었고, 이러한 혁명정신에서 주체는 그 자체가 주장하는 것을 재평가하고 재구조화할 것을 요구받게 되었다. 주체의 세력 내에는 자아에 대한 인식과 자아에 대한 이해가 자리잡게 되었으며, 따라서 스스로 주장하기를 원할 수도 있는 그 어떤 권한도 가질 수 없게 되었다. 옥좌에 앉아 있는 자아의 입장은 더 이상 확실한 것이 아니고 더 이상 결정적인 것이 아니고 더 이상 의심의 여지가 없는 것이 아니고 더 이상 명백한 것이 아니며 그 자체에 대해서 더 이상 완벽한 것도 아니다. 자아는 그 자체가 불완전하고 불확실하며 분명하게 의심받을 수도 있다는 점을 보여주게 되었다.

　주체는 옥좌를 포기할 것을 강요받게 되었다. 자아는 단순히 위압적일 수만은 없게 되었다. 중심은 유지될 수 없게 되었다. 에고는 그 자체의 모든 행위를 말할 수 없게 되었다. '코기토'는 이제 더 이상 그 자체의 절대성을 주장할 수 없게 되었다. 기호학처럼, 해석학과 '질문'에서도 에고가 그 자체의 권위를 포기해야만 하는 연구기획에 참여해 왔다. 이해의 입장은 더 이상 주관적인 축에 서 있을 수 없게 되었으며, 그 반대의 축에 해당하는 객관적인 축에 자리잡게 되었다. 지식은 더 이상 그것이 대포에서 쏟아져 내리는 탄환이라도 되는 것처럼 생산될 수 없게 되었다. 오히려 해석학이 제시하게 되는 바와 같이, 지식은 '알고 있는 자아'의 활동을 탄도가 지나간 흔적에 자리잡을 수 있도록 하는 것처럼 보였다. 해석학에서, 자아가 옥좌를 포기하게 되는 때는 그 자체가 더 이상 권위의 원천이 되지 않게 되는 것이라고 말할 수 있을 때이다. 오히려 해석자는 '사이'에서, 주체의 공간도 아니고 대상의 공간도 아닌 '차이의 공간'에서 활동하게 된다. 해석학에서 '안-사이'(또는 '사이와 사이' 또는 '중간')는 주체가 자기 자신은 더 이상 최고가 아니라고 말하게 되는 곳에 해당한다. 주체의 이러한 '알기'는 그것이 '알고 있는 것'에 해당하는 것도 아니고 '알기'가 실천하고 있는 것에 해당하는 것도 아니다. 지식과 이해하기(알기에서 비롯되는)는 알고 있는 주체의 영역에 해당하는 것이 아니다. 오히려 이 두 요소(지식과 이해하기)는 알기가 발생하는 곳, 즉 자아가 사물(대상으로 형성되어 있는)에 반대하는 입장에 있는 위치에 속한다. '알기'와 '이해하기'는 자아와 그것의 대상과의 관계에서 발생한다(발생하게 된다면). 그리고 이러한 관계의 위치에는 그 어떤 내용도 없다. 초월적 현상학에서 마련하는 입장과는 달리, 해석학에서는 그 자체의 활동을 '사이'의 위치에 자리잡고 있는 것으로, '차이'의 공간에 자리잡고 있는 것으로 이해하고자 한다. 실제로 해석은 '사이'를 부여하는 바로 그 활동에 해당한다. 다시 말하면, 해석은 제우스와 다른 신들 '사이'를 오가거나 또는 제우스와 인간 '사이'를 오가는 메신저에 해당한다. 이와 같은 메신저로서의 헤르메스는 '사이 오가기'에 해당한다. 해석학은 '사이적인 특징 오가기'의 철학이라고 볼 수 있다. 해석학은 하나의 옥좌로서 말하지 않는다. 해석학의 임무는 메시지를 수행하는 것, '말씀'을 이끌어내는 것, 말하지 않은 것을 규명하는 것, 지하층을 개방하는 것 등에 해당한다. 해석학은 어떤 근거를 바탕으로 하여 말하지 않는다. 해석학은 근거의 부재(또는 심연)에 반대하여 근거가 시작되는 바로 그 위치에 자리잡고 있어야만 한다. 해석학의 임무는 주체와 객체의 사이, 근거와 비-근거의 사이, 사상가와 사상의 사이, 말하는 사람과 말해지는 것의 사이, 알고 있는 사람과 알려진 것의 사이에 존재하는 '차이'의 공간에서 작용하게 되어 있다.

해석학은 그것이 주체의 입장에서 작용할 수 없는 것과 똑같이, 사물 자체의 위치에 그 자체를 위치시킬 수도 없다. 사물은 그 자체를 하나의 자연으로 나타내고자 한다. 사물은 그것이 지식의 원천이나 되는 것처럼, 모든 학문에 대한 권위의 원천이나 되는 것처럼 작용하고자 한다. 이러한 점은 사물이 아무런 자료도 제공하지 않는다는 것도 아니고 사물이 '알기'에 관계되는 모든 것에 해당한다는 것도 아니다. 사물은 '대상'이 될 수는 있지만 '해석'이 될 수는 없다. 사물도 아니고 대상도 아닌 '해석'은 지식과 이해하기에 관계된다.

이러한 점은 '질문'에 있어서도 똑같이 작용한다. 질문하는 것은 주체, 자아 또는 에고의 활동이 아니며 그것은 또 가시적인 사물에서 비롯되는 것도 아니다. 이러한 점에서 주체에게는 그 어떤 권위도 없다.

사물은 질문활동이 어떻게 전개되리라는 것을 형성할 수도 없고 지향할 수도 없고 결정할 수도 없다. 철학은 질문하게 되어 있다. 또한 철학그 자체는 '사이'에 자리잡고 있다. 철학은 그 자체를 초월적 주체로 제공하는 것도 아니고 초월적 주관성의 조건으로 제공하는 것도 아니다. 질문으로서의 철학은 절대적 권위로 말하기 위해서, 그 자체를 모든 지식의 조건으로 제시하기 위해서, 위에서 내려다보기 위해서, 모든 권리를 포기하게 된다. 메를로퐁티의 '질문'에 의하면, 더 이상 옥좌를 포기할 필요가 없는 까닭은 그 자체의 권위가 이미 다른 것으로 대체되어 버렸기 때문이다. '질문하기'는 단지 '사이'의 위치에서 — 그러한 것이 조금이라도 발생할 수만 있다면 — 발생하게 된다.

공간 개방하기

해석학적 해석의 실천에 의해서 개방된 차이의 공간은 '사이 위치하기'라는 행위에 의해서 형성된다. 해석은 주체로부터 그 권위를 빼앗아 버릴 뿐만 아니라 사물로부터도 그 권위를 빼앗아 버린다. 자아가 그 자체를 '사이'에 위치하도록 하는 것과 똑같이, 사물도 바로 그 '사이적인 특성'의 콘텍스트에서 작용하게 된다. 이러한 점은 폴 리쾨르가 다음과 같이 언급한 점과 유사하다. "해석은 우리들이 '참고사항'이라고 명명했던 것, 즉 세계에 대한 의도적 경향과 자아에 대한 성찰적 경향이라고 명명했던 '의미의 측면'을 발전시키게 되었다."(HHS, p.171) '의미'나 '참고사항'은 해석행위가 지향하고자 하는 것도 아니고 거기에서부터 해석행위가 비롯되는 것도 아니다. 따라서 해석은 의미를 제공하게되는 이해하기의 활동에 해당한다. 그러나 의미 그 자체는 핵심, 정체성, 단 하나의 통일성 등에 관계되는 것이 아니다. 여기에서의 '의미'는 실천, 활동, 단 하나의 영역에 대한 연구 등에 관계된다.

하이데거식의 형성의 논리에서 이러한 영역은 '차이'로서 개방된다. 이러한 차이는 '존재적인 것'과 '존재론적인 것'의 사이, '현현되는 것'과 바로 그 현현되는 것의 '현존'의 사이, 심연 또는 비-근거와 근거의 사이, 비-권위적인 것과 권위적인 것의 사이에 존재하게 된다. 이와 같은 존재적-존재론적 차이에는 그 어떤 내용도 없지만, 바로 그 차이는 정확하게 해석이 발생해야만 하는 지점에 해당한다. 그러나 이와 같은 차이의 공간에서는 무엇이 발생하게 되는가?

하이데거는 다음과 같이 언급했다. 여기(현존재)에 있는 존재자는 그것과 존재의 관계를 요구하고, 존재적-존재론적 차이를 하나의 '차이'라고 명명하지만, 그러나 그것은 밖으로부터 '요구'하거나 '명명'하지 않는다. 오히려 그것은 차이 자체에 있어서의 바로 '거기'에 그 자체를 위치시킴으로써 발생하게 된다. 이러한 '차이'를 명명하는 것은 후기의 하이데거가 단순하게 '개방 공간'이라고 언급했던 것을 명명하는 것에 해당한다. 차이를 명명함으로써, 현존재는 이와 같은 '개방 공간'에 그 자체가 위치하게 된다. 바로 이 지점에서 바로 그 해석행위가 시작될 수도 있다. 해석은 이처럼 모든 것이 분명하게 드러나게 되는 '명확하게 하기'에서 발생하게 된다. 그러나 거기에는 그 어떤 권위도 없다. 해석은 '해석되는 것'의 모든 틈새와 모서리로 퍼져나가면서 차이의 공간을 점령하게 된다. 그러나 차이의 공간을 점령하고 있는 것은 '해석되는 것'이 아니다. 또한 이러한 공간을 점령하고 있는 것은 해석자도 아니다. 해석자와 '해석되는 것'이 '개방 공간'으로 대체된다는 점에서, 이 두 요소는 그 자체만의 독자적인 정체성을 상실하게 된다. 해석은 '비-입장'으로서의 입장을 취하게 된다. 이런 식으로 '해석되는 것'의 다양한 의미와 영역은, 해석자나 '해석되는 것'에 의존하지 않으면서 그 자체를 드러낼 수도 있고 그 자체를 분명하게 할 수도 있으며 그 자체의 특징을 명확하게 할 수도 있다. 해석의 부르기, 명명하기, 말하기 등이 발생할 때에 듣게 되는 '소속하기', 그것이 바로 '해석'이다. 해석은 스스로 말한다. 해석은 그 자체만의 의미, 그 자체만의 참고적인 특징, 그 자체만의 텍스트에 해당한다. 해석학의 임무는 해석으로 하여금 말하도록 하는 데 있고, 해석이 위치하고 있는 차이의 공간을 표시하는 틀, 포위 및 한계 등을 분명하게 하는 데 있다. 하나의 사건, 하나의 아이디어, 하나의 경험 또는 한 편의 시가 해석될 수 있다면, 이때의 해석에서는 사건, 아이디어, 경험 또는 시가 그 한계를 의미하고 말하고 드러내는 특징이 무엇인지를 규명할 수 있게 될 것이다. 해석을 이룩하게 되는 것은 공간을 전용(轉用)하는 것이다. 여기서 말하는 공간은 해석자의 공간도 아니고 '해석되는 것'의 공간도 아니지만, '해석되는 것'과 관련지어 말하는 데 있어서 가장 필요한 것을 감추고 있는 그런 공간에 해당한다.

하이데거는 "세계와 사물의 긴밀성은 '사이'의 분리에서 나타나게 된다. 즉 '차이'로 나타나게 된다"(PTL-L, p.202)라고 강조했다. '해석되는 것'으로서의 사물은 하나의 세계를 드러내게 된다. 사물로부터 분리되어 있고 사물의 독자성을 인정하게 되는 이와 같은 세계는 바로 그 차이의 공간을 개방하게 되며 바로 거기에서 전용으로서의 해석이 발생하게 된다. 물론 이러한 세계 역시 주체가 되는 것은 아니다. 세계는 사물과 차이 나게 되지만 그렇다고 해서 그러한 세계가 사물을 형성하게 되는 것은 아니다.

세계와 사물은 서로 맞대고 살아가지 않는다. 이 두 가지는 서로가 서로를 관통한다. 따라서 이 두 가지는 중간지점을 가로지르게 된다. 여기에서 이 두 가지는 하나가 된다. 따라서 하나가 된 이 두 가지는 긴밀해진다. 이 두 가지의 중간지점 ― 라틴어로는 'inter'에 해당한다 ― 이 바로 긴밀성에 해당한다. 이에 상응하는 독일어는 'unter'이고 영어는 'inter-'이다. 세계와 사물의 긴밀성은 융합이 아니다. 긴밀성은 긴밀한 것 ― 세계와 사물 ― 이 그 자체를 깨끗하게 분리시켜 분리된 채로 남아 있는 곳에서만 이루어질 수 있다. 이 두 가지의 바로 그 한 가운데에서, 세계와 사물의 '사이'에서, 이 두 가지의 '중간'에서, 분리, 곧 '차이'가 성행하게 된다.(PTL-L, p.202)

이와 같이 차이로 나아가는 것을 하이데거는 '세계화'라고 명명했다. '세계화'는 내용과 개념의 정체성을 제공하지 않으면서 의미를 제공하는 활동에 해당한다. '세계화'는 '해석되는 것'(사물)이 사물에 소속되지 않는 '이해하기'를 개방시키는 '해석적인 규명'에 해당한다. 세계와 사물의 차이에서 더 이상 그 자체(사물 자체)에 대해서 완벽하지도 않고 일치하지도 않는 그런 의미를 드러냄으로써, 사물은 전용될 수 있다. 실제로 사물은 '발생할 수 있는 것'을 세계화하고 해석하고 드러내기 위해서 수용될 수 있다.

메를로퐁티의 '질문'에서는 그 다음 단계를 취하고 있다. 그것은 의미를 차이의 공간에 배치할 뿐만 아니라 해석되는 것(또는 질문되는 것)이 질문의 양식에 위치할 수 있도록 하는 '질문하기'까지도 활성화시킨다. 메를로퐁티는 다음과 같이 언급했다.

철학은 점차적으로 공백을 채우게 되는 '질문'을 야기하지도 않고 '답변'을 야기하지도 않는다. 질문은 우리들의 생활 속에, 우리들의 역사 속에 있다. 질문은 거기에서 태어나고 거기에서 죽지만, 어떤 반응을 발견하게 되면, 질문은 종종 바로 그 자리에서 변용되고는 한다. 어느 경우든, 이와 같이 개방된 방황에서 어느 날이 끝나버리게 되는 것은 과거의 경험과 과거의 지식일 뿐이다. 철학에서는 콘텍스트를 그저 부여된 관계로 간주하지 않는다. 철학에서는 질문과 반응의 기원과 의미 및 질문자의 정체성을 발견하기 위해서 최초의 콘텍스트로 되돌아가고자 하며, 그렇게 함으로써 모든 인식의 문제를 활성화하는 질문에 접근하게 되지만, 그것은 질문 그 자체의 또 다른 질문에 해당할 뿐이다.[1]

"질문은 모든 인식의 문제를 활성화하지만, 그것은 질문 그 자체의 또 다른 유형에 해당할 뿐이다." 이러한 진술이 의미하는 것은, 질문의 의미와 기원을 모색함으로써 질문은 그 자체를 가시적인 세계와 구별하게 된다는 점이다. 질문은 하이데거가 '개방 공간'이라고 명명한 것에서 작용한다. 가시적인 것과 비-가시적인 것을 서로 엮는 것, 보는 것, 느끼는 것, 듣는 것, 말하는 것 및 이해하는 것과 가시적인 것, 느껴지는 것, 들리는 것, 말해진 것 및 이해되는 것을 '서로 엮어 짜는 것'은 질문이 발생하는 '교차적 공간'을 수립하는 것이다. 이러한 점에서 질문은 인식의 삶을 제공하게 되지만, 질문 그 자체가 인식으로 되는 것은 아니다. 질문은 또한 인식의 종합으로서의 해석도 아니다. 오히려 그것은 질문을 가능하게 하는 질문하기에 해당한다. 철학은 질문하고 그렇게 함으로써 무엇인가 보여줄 수 있고, 무엇인가 말해질 수 있고, 무엇인가 알려질 수 있고, 무엇인가 이해될 수 있고, 무엇인가 질문될 수 있다. 근본적인 존재론으로서, 질문은 차이의 공간에서 작용하게 되고 따라서 의미, 참고사항 및 인식이 발생할 수 있게 된다. 그러나 질문은 그 자체가 또 다른 바탕, 초월적인 주체를 대체할 수 있는 또 다른 바탕으로 될 수 있는 것이 아니다. 질문은 주체의 입장을 지지할 수 없도록 할 뿐만 아니라 객관적인(대상적인) 가시적 세계의 고립된 입장까지도 지지할 수 없도록 한다. 철학이 질문할 때에, 그것은 섞여 짜인, 엮어진 교직(交織)의 공간에서 작용하게 된다. 이러한 '공간'에서 가시적인 사물과 비-가시적인 주체, 알려진 대상과 그러한 대상을 아는 것 등은 모두 차이 나게 되지만, 다시 들여다보게 되고 되묻게 되고—의심하지는 않지만—질문하게 된다.

참(진실)과 거짓 읽기

올리버 골드스미스의 18세기 희곡 『지는 것이 이기는 것이다』—원제(原題)는 『그녀는 정복하기 위해서 굴복한다』—에는 우리들에게 잘 알려진 "묻지 마세요, 그 어떤 거짓말도 하지 않을 겁니다"[2]라는 대사가 나온다. 아무 것도 묻지 않는다면, 그 어떤 거짓말도 하지 않게 될 것이다. 그 어떤 질문하기도 발생하지 않는다면, 그 어떤 거짓말도 제공되지 않을 것이다. 물론 이러한 점은 또 그 어떤 것도 묻지 않는다면, 그 어떤 질문하기도 발생하지 않는다면, 그 어떤 진실(참) 역시 발생하지 않게 될 것이다. 질문이 없다면, 질문하기가 없다면, 참도 없고 거짓도 없게 될 것이다. 하이데거 이후에 우리들이 생각해왔던 바와 같이, 진실(참)은 규명이다. 진실은 숨김을 드러내는 것이고, 감추어지고 덮여졌으며 이해하기의 활동에서 불가능한 것을 벗겨내는 것이다. 진실은 망각, 잊음 및 가장 중요한 것을 무시하는 것 등으로부터 물러서는 것이다. 진실은 망각되었고 잊어버렸고 무시되었던 우리들의 일상생활의 특징, 즉 사물과의 조응, 다른 사람과의 관계, 역사적 상황, 자연계의 조사, 아이디어의 형성 등과 같은 특징을 폐기처분하는 것이다. 해석학에서의 진실은 "현존하는 모든 것을 그 자체의 현존상태로 비추는 '드러내기-숨기기-수집하기'에 해당한다."[3] '드러내기-숨기기-수집하기'에 의해서 해석은 진실을 가능하게 한다. 그러나 이러한 점은 또한 거짓도 가능하게 하는 것인가?

진실을 위한 자리, 즉 깨끗한 곳, 밝은 곳, 개방된 곳 등을 마련하기 위해서, 해석은 숨겨진 것을 드러내고자 한다. 해석은 차이의 공간에서 발생하게 된다. 그러나 진실이 차이의 공간에서 발생하기는 하지만, 그것은 '나에게' 묻지 말 것을 요구함으로써 발생하게 된다. 누군가에게 질문하는 것은 권위의 위치, 초월적인 기의, 최종적인 휴식의 장소를 수립하는 것이다. 그러나 이미 파악한 바와 같이, 주체에게는 이와 같은 신뢰성이 없다. 주체에게 이와 같은 신뢰성을 부여하는 것은 잘못일 수도 있다. 이때의 임무는 누군가에게 그러한 질문을 하지 않는 데 있다. 그렇게 함으로써 참이나 거짓을 생산할 수 있게 된다. 그렇지만 그것은 또한 누군가—초월적인 주체, 지식의 원천, 지배의 위치—가 조건적으로 참고의 입장에 있게 된다면, 그러한 주체는 그것이 참이나 거짓을 생산했는지조차 알 수 없게 될 것이다. 전혀 묻지 않는 것, 그것이 바로 문제를 해결할 수 있는 방법일 수도 있다. 질문이 없다면, 그렇다면 걱정할 것이 아무것도 없는 상태가 될 것이다. 거짓도 아니고 참도 아닌 것을 제공하게 될 것이다. 그렇지만 이러한 점이 가장 합당한 해결책으로 될 수 있는 기회는 거의 없을 것이다.

참과 거짓을 생산하는 것은 담론을 생산하는 것이다. 이러한 점은 하이데거가 다음과 같이 언급한 바와 같다. "언어는 말한다. 언어의 말하기는 차이를 가능하게 하며, 이러한 차이에서는 세계와 사물을 '긴밀성'(이 두 요소에 나타나는)이라는 단순한 단 하나의 특징으로 수용하게 된다."(PLT-L, p.210) 차이의 위치에서 언어가 말하게 될 때, 그것은 참과 거짓이 가능한 담론을 생산하게 된다. 왜냐하면 담론은 참과 거짓의 말하기, 과학적이고 비-허구적이며 신뢰할 수 있는 글쓰기이자 문학적이고 허구적이며 창조적인 글쓰기에 해당하기 때문이다. 언어의 말하기는 참과 거짓의 말하기이다. 실제로 하이데거는 다음과 같이 강조했다. "인간이 언어에 대해서 반응할 때에만 인간은 말한다. 언어는 말한다. 무엇인가 말해져 왔다는 점에서 언어의 말하기는 우리들(인간)에게 말한다."(PLT-L, p.210) 담론의 생산, 지식의 확산, 즉 산종(散種)은 언어의 말하기에서, 전용된 차이의 공간에서, 발생하게 된다. 말하지 않는 것은 불가능하다. 언어는 말하지 않을 수 없다. 담론은 참과 거짓을 생산하지 않을 수 없다.

담론이 참과 거짓을 생산하지 않을 수 없는 한, 거기에는 또한 질문이 있어야만 한다. 골드스미스의 희곡의 주인공이 완벽하게 분명히 언급한 바와 같이, 질문은 거짓은 물론 참도 있을 수 있는 가능성을 보여준다. 질문하기에 의해서 언어는 과학적인 언어와 시적인 언어, 발생 가능한 '비-허구'와 '허구' 모두를 위한 공간을 열어 놓게 된다. 질문은 개방에서, 분명하게 하는 것에서, 밝게 비추는 것에서, 그 자체를 전용하게 되는 위치에서 발생하게 된다. 해석이 그 자체를 질문하는 곳에서 이와 같은 질문은 발생하게 된다. 해석, 해석학, 존재와의 관련성에 대한 고려, 차이의 위치에서 말하는 시에 대한 경청, 이 모든 것은 질문에 의해서 그 윤곽을 드러나게 되는 콘텍스트의 행위에 해당한다. '질문'은 '사이'에서, 가시적인 것과 비-가시적인 것을 엮어 놓은 교차점에서, 가시적인 특성이 해석을 가능하게 하는 곳에서 묻게 된다.[4] 가시적인 특징은 차이의 공간에서, 사이의 위치에서 발생하게 된다. 가시적인 특징은 또한 언어가 말하는 곳에서, 담론이 생산되는 곳에서도 발생하게 될 뿐만 아니라, 언어가 그 자체의 가장 간접적인 특징을 스스로 발표할 수 있는 장소로서, 즉 질문하기를 위한 장소로서, 담론을 위한 장소로서, 비-허구와 허구를 생산하기 위한 장소로서, 간단히 말해서 텍스트성의 장소로서도 발생하게 된다.

제4장
질문과 해체주의

모리스 메를로퐁티는 1945년 「세잔의 의심」[1]이라는 논문을 발표했다. 이 논문에는 세계에 대한 세잔의 경험, 자신의 활동에 대한 전망 및 그림의 인식론에 관계되는 견해 등이 구체적으로 언급되어 있다. 이러한 정보의 자료에는 세잔이 자신의 생애 마지막 몇 년 동안(1904~1906)에 에밀 베르나르와 나누었던 기록으로 남겨진 '대화'와 '편지'가 포함되어 있다. 메를로퐁티는 자신의 『눈과 마음』(1961)[2]에서 포스트모더니스트적인 프로젝트와 전망을 살펴보기도 했다. 그의 사후(死後)에 발표된 『가시적인 것과 비-가시적인 것』—또는 『보이는 것과 보이지 않는 것』—에서처럼, 『눈과 마음』에서도 메를로퐁티는 자신이 '질문'[메를로퐁티의 '질문(interrogation)'의 개념은 질문과 질문 '사이'의 질문에 해당한다]이라고 명명한 것을 철학적 실천으로 발전시켰다.

17년이 지난 후에 자크 데리다는 「그림에서의 진실 반환」[3]이라는 글을 예술잡지 『마쿨라』(nos. 3/4)에 발표했다. 그런 다음에 데리다의 이 글은 '그림을 둘러싼' 약탈이라는 네 번째 글로 확장되어 정리되었으며,

『그림에서의 진실』[4]이라는 제목의 책으로 출판되었다. 데리다의 이 글은 하이데거와 예술비평가 마이어 사피로 사이에 벌어졌던 1965년의 논쟁[5]에서 발전된 바와 같이 하이데거와 반 고흐의 '구두'에 관련되는 것이다. 데리다는 세잔이 화가인 에밀 베르나르에게 보낸 아홉 통의 편지 중에서 여덟 번째 편지를 다음과 같이 하나의 경구로 인용했다. "나는 그대에게 그림에서의 진실을 빚지고 있으며 나는 그대에게 그것을 말하고자 합니다."[6] 철학자이자 예술비평가인 위베르 다미쉬가 인용한 바 있는 위의 진술에서 데리다는 자신의 책의 제목『그림에서의 진실』을 이끌어 내었다. 그 이전의 글쓰기에서와 같이 이 책에서도 데리다는 '해체주의'의 비평적 전략을 실천했다.

그림에서의 생각하기(진실)

"나는 그대에게 그림에서의 진실을 빚지고 있으며 나는 그대에게 그것을 말하고자 합니다"라는 진술에서, 데리다는 다미쉬를 인용했다(Verité, p.6). 다미쉬는 1940년대 메를로퐁티의 제자였다. 메를로퐁티가 자신의 '소르본 강의'(1942~1952)를 정리하여『심리학 보고서』(1964)라는 제목의 책자를 출판하게 되었을 때, 다미쉬는 이 책에 대한 '서문'[7]을 쓰게 되어 있었다. 더 나아가 위에 인용된 진술(데리다가 인용하고 있는)이 여덟 번째 편지(Cézanne, p.46)의 마지막 부분에 언급되어 있지만, 「세잔의 의심」에서 메를로퐁티는 아홉 번째 편지의 시작부분을 인용했다(SNS tr., p.9).[8] 이 편지에서 세잔은 프로방스의 뜨거운 열기가 강렬하게 작용하던 시기에서 비롯된 자신의 정신적 혼란 상태를 묘사했고, 그처럼 뜨거운 열기 이후에는 좀 더 온화한 날씨가 계속되었으며 그러한 날씨와 더불어 자기 자신이 더욱 잘 볼 수 있게 되었고 좀 더 분명하게 생각할 수 있게 되었다는 느낌을 묘사했다.

세잔의 "그림에서의 생각하기"(OE, p.60; EM, p.178)[9]를 강조함으로써, 메를로퐁티는 『눈과 마음』에서 이와 같은 '보기'와 '생각하기'의 결합을 반복하고는 했다. 메를로퐁티는 세잔이 '그림에서 생각한다'는 점을 강조함으로써, 세잔의 세계가 어떠한 것인지를 질문했다. 하이데거를 고려한다면, '생각하기'는 진실의 바로 그 본질에 해당하는 '규명'을 위해 필요한 것이다. 생각하기는 진실을 생산하기 위한 전제조건이 된다. '그림에서의 생각하기'에 의해서 '그림에서의 진실'이 비롯될 수 있다고 주장할 수도 있다. 어떤 경우든, 세잔은 자신이 전자(진실)를 표현하는데 전념했고 그런 다음에는 후자(생각하기)에 관여하게 되었다는 점을 강조했다. 데리다는 자신의 해체주의의 전략을 발전시키기 위해서 전자를 인용했고, 메를로퐁티는 질문의 장점을 제시하기 위해서 후자를 인용했다.

세잔에 대한 메를로퐁티의 설명이 '그림에서의 생각하기'에 역점을 두었다는 점과 데리다가 '그림에서의 진실에 빚지고 있습니다'라는 세잔의 진술에 역점을 두었다는 점은 우연이 아니다. 메를로퐁티에게 있어서 철학은 가시적인(보이는) 사물의 세계를 질문하는 것이다. 철학은 '생각하기'이다. 생각하기는 가시적인 사물의 세계에 대한 질문하기에 해당한다는 점에서, 그것은 자기 자신만의 비전을 가진 제3자에 의해 이루어질 수 있는 것도 아니고, 가시적인 세계를 재구성하고 요약하는 기하학자에 의해 이루어질 수 있는 것도 아니다(OE, pp.58~59; EM, p.178). 가시적인 세계를 고려한다면, 그러한 세계는 '밖'에서 질문할 수 있는 세계가 아니다. 질문은 '공간적인 특성의 영도(零度)'에서 작용한다. 질문은 공간적이고 가시적인 사물의 세계가 자리잡고 있는 바로 그 위치에 놓이게 된다. 이처럼 공간적이고 가시적인 세계를 생각하는 것(생각하기)은 "공간과 빛에 대해서 말하고 있는 것이 아니라 스스로 말하고 있는 공간과 빛을 만드는 것이다."(OE, p.59; EM, p.178) 화가가 그림에서 생각하는 것은 그 자신이 보고 있는 것을 행위, 제스처, 그림으로 전환시키는 것이다. 화가를 활성화시키는 '생각하기의 철학'은 세계에 대한 의견을 표현하는 것과 같은 철학에 해당하는 것이 아니라 화가가 자신이 보고 있는 것을 그림으로 변용시키는 다양성의 철학에 해당하는 것이다. 철학의 임무는 생각하기에 있다. 생각하기는 질문하기에 해당한다. 화가는 그가 질문하고 있다는 점에서 가시적인 세계를 철학화하게 된다. 화가는 자신이 보고 있는 것을 그림에 의해서 자신의 비전을 그림으로 변용시킴으로써,[10] 가시적인 세계를 질문하게 된다. 메를로퐁티에 의하면 세잔은 그림에서 생각하고 있다.

메를로퐁티는 세잔이 "그림에서의 진실을 빚지고 있습니다"라고 말한 점과 "그것을 말하고자 합니다"라고 말한 점을 들어 그의 주장(에밀 베르나르에게 보낸)을 아주 훌륭하게 파악해 내었다. 실제로 그는 화가가 공간과 빛—거기에 있으면서 말하고 있는—을 만들어낸다는 점을 지적했다. 공간과 빛으로 하여금 말하도록 한다는 점에서, 세잔은 '가시적인 세계'(보이는 세계)를 질문하고 있는 것이다. 그는 그림에서의 가시적인 세계를 말하고 있다. 그러나 그렇게 함으로써, 그는 '그림에서의 진실'을 말하고 있는 것인가? 데리다는 『그림에서의 진실』의 '서론'에 해당하는 「그림의 액자」에서 세잔의 화술행위(세잔이 자신의 편지에서 "나는 그림에서의 진실에 빚지고 있습니다"라고 썼다는 점에서)는 아마도 그 자신이 그림에서의 진실을 '말하게 될 것'이라는 점을 암시하고 있다는 점에서 '그림 그리기의 행위'에 대한 하나의 약속이라는 점을 제안했다.

데리다에 의하면, 그림 그리기의 행위는 그림에서의 진실을 말하는 것, 다시 말하면 그림의 행위에 나타나는 진실의 퍼포먼스일 수도 있다. 진실은 그림의 생산에서 비롯된다. 그러나 이러한 비전은 메를로퐁티의 설명, 즉 화가는 공간과 빛으로 하여금 말하도록 한다는 설명과는 다른 것이다. 데리다에게 있어서 세잔은 그림에서의 진실의 담론을 생산하는 것을 약속하고 있다. 메를로퐁티에게 있어서 세잔은 실제로 가시적인 세계 그 자체로 하여금 말하도록 하는 데 있다. 데리다에게 있어서, 세잔은 가시적인 세계가 스스로 말하는 것과 같은 방법으로 그 자신도 그림에서의 진실을 말하고자 한다는 하나의 약속을 쓰고(편지로) 있는 셈이다. 데리다의 견해로 보면, 세잔은 그림에서의 진실을 말할 것을 제안한다. 메를로퐁티에 의하면, 세잔은 가시적인 사물로 하여금 그것이 무엇이고 어떻게 존재하는지를 말하도록 하는 데 있다. 사물은 무엇이고 어떻게 존재하는지가 '진실'에 해당하는 것인가? 그렇다면, 메를로퐁티의 해석에 따르면 가시적인 사물은 그림에서의 진실을 말하고 있지만, 데리다의 해석에 따르면 세잔은 그림에 이미 존재하는(그 자신이 그렇게 하고자 하는) 진실을 말하기 위해서 자신의 '빚'이나 스스로 부여받은 '임무'를 쓰고(편지로) 있는 것이다. 데리다의 견해를 따르면, 세잔은 자신이 말하게 될 것을 쓰고(편지로) 있지만, 메를로퐁티의 견해를 따르면, 세잔은 사물이 말하는 것을 그림으로 그리고 있다. 데리다에 의하면, 세잔은 진실(사물은 무엇이고 어떻게 존재하는지)을 말하기 위한 약속을 쓰고 있으며, 메를로퐁티에 의하면, 세잔은 사물을 그림으로 그리게 되고 그렇게 함으로써 진실(사물은 무엇이고 어떻게 존재하는지)을 말하게 된다. 메를로퐁티는 가시적인 사물로서의 그림, 그렇게 함으로써 사물이 진실을 말할 수 있게 되는 그림에 대해서 묻고 있지만, 데리다는 '가시적인 사물은 무엇이고 어떻게 존재하는지'를 언급하기 위해서 하나의 약속행위로서의 글쓰기를 해체하고 있다. 전자의 경우에서 철학자는 가시적인 사물의 진실이 무엇인지를 질문하고 있는 화가에게 질문하고 있지만, 후자의 경우에서 철학자는 진실(가시적인 사물의)을 그리기 위해서 전념하는 화가의 글쓰기를 해체하고 있다.

　사물의 진실의 질문에 대한 '질문'(메를로퐁티)은 진실의(사물의) 그림의 글쓰기에 대한 '해체'(데리다)와는 어떻게 차이나는 것인가? 질문은 '무엇인가'를 묻는 행위이다. 질문은 '무엇인가에 대해 묻는 것'에 대해서 말하는 것(대답하는 것)을 가능하게 한다. 질문은 '무엇인가에 대해 묻는 것'을 묻게 되고, 그렇게 함으로써 질문은 스스로 말할 수 있고, 그렇게 함으로써 질문은 그 자체를 밝힐 수 있고, 그렇게 함으로써 질문은 그 자체를 알려지게 할 수 있다. 메를로퐁티가 세잔에 대해서, 그림에 대해서, 가시적인 사물에 대해서 물을 때에, 그는 질문에 대한 질문을 제공하게 된다. 그러나 그러한 질문의 끝은 가시적인 사물로 하여금 말하게 하는 것, 가시적인 사물로 하여금 그 자체의 진실을 알려지게 하는 데에 있다. 질문은 '진실의 기원'을 밝히는 것이며, 그것은 결국 『가시적인 것과 비-가시적인 것』에 대한 잠정적인 제목 중의 하나가 되었다.

진실의(사물의) 그림의 글쓰기에 대한 해체는 글쓰기에 대한 글쓰기에 해당한다. 해체는 수행적인 글쓰기이다. 글쓰기에 대한 글쓰기는 글쓰기를 작용하도록 하는 것이고 글쓰기의 변두리, 제한, 국경 및 경계선 등을 탐구하는 것이다. 세잔이 "나는 그대에게 그림에서의 진실을 빚지고 있으며 나는 그대에게 그것을 말하고자 합니다"라고 언급하는 것이나 또는 간략하게 '그림에서의 진실'을 해체하는 것 등에는 글로 쓰인 진술의 한계와 보충에 대한 조사가 포함되어 있다. 예를 들면, 『그림에서의 진실』에 수록된 네 번째 글에서 데리다는 자신이 '사이즈에서의 진실'이라고 명명한 것에 호소하고 있다(Verité, pp.291~436). '사이즈'는 구두 크기의 사이즈를 가지고 있어야만 한다. 따라서 〈한 짝의 구두〉라고 제목을 붙인 반 고흐의 그림에 관계되는 마이어 사피로와 마르틴 하이데거 사이의 논쟁을 살펴보면서, 데리다 자신은 구두 사이즈에서의 진실에 관심을 기울였다. '그림에서의 진실'의 문제는 '구두 사이즈에서의 진실'의 문제로 보충되었다. 세잔의 진술과 함께, 데리다는 이와 똑같은 반 고흐의 다음과 같은 진술을 인용했다. "그러나 진실은 나에게 너무나 값진 것이기에 그만큼 진실을 진실 되게 만들려고 추구하는 것, 결국 나는 색채를 가진 음악가가 되기보다는 구두장이(또는 구두수선공)가 되기를 여전히 좋아한다는 것을 나는 믿는다, 나는 믿는다." 세잔처럼 반 고흐도 그림에서의 진실을 생산하고자 했지만, 진실은 형성될 수 있는 것이 아니다. 진실을 진실 되게 만들 필요가 있다면, 고흐는 색채를 가진 음악가가 되기보다는 구두수선공이 되었어야 할 것이다. 그림에서의 진실과 구두에서의 진실 사이의 관계는 이미 반 고흐의 진술에 형성되어 있다. 따라서 하이데거가 '진실'을 '농부 구두'라는 그림을 통해서 드러나는 일종의 규명이라고 설명한 것은 반 고흐 자신의 글쓰기에 이미 설명되어 있는 셈이다. '그림에서의 진실'에 대한 하나의 해체는 즉각적으로 다음과 같은 사실, 즉 세잔의 약속, 직업으로서의 구두수선공을 선호하는 반 고흐의 그럴듯한 혐오감, '한 짝의 농부 구두'라는 반 고흐의 그림에서의 존재자에 관련되는 존재자의 규명에 대한 하이데거의 주장, 그림으로 그려진 구두의 정체성에 대해서 하이데거와 전개한 사피로의 논쟁(이러한 구두는 화가의 구두이지 농부의 구두가 아니라고 단순하게 주장함으로써) 및 데리다가 경구적인 형식으로 제공한 '사이즈'(구두의 점 또는 구두의 사이즈)의 '사전적인 정의' 등과 즉각적으로 통합된다.[11]

그림에서의 진실에 대한 해체는 세잔에 의한 '최초'의 진술에 각각 관련되어 전체적으로 '보충적인 특징'의 망을 형성하게 된다. 따라서 진실의(사물의) 그림의 글쓰기에 대한 해체주의에서는 세잔의 글쓰기가 반 고흐, 하이데거, 사피로 등의 글쓰기로 확산된 것(산종, 내보내는 것, 출판)을 조사하게 된다. 사물의 진실에 대한 질문의 질문(이러한 점을 기억할 필요가 있다)은 가시적인 사물 자체에 대해서 묻는 것이 된다.

가시성과 보충성

질문(메를로퐁티)과 해체주의(데리다) 사이의 대립에서 '문제가 되는 것은 무엇인가?'라고 물을 필요가 있다. 이와 같이 묻는 것은 이러한 각각의 이론의 실천에서 '문제가 되는 것은 무엇인가?'라고 묻는 것과는 차이가 있다. 전자와 같이 묻는 것은 후자와 같이 묻는 것을 전제로 하기 때문이다. '질문'에서 문제가 되는 것은 가시성의 논리이고, '해체주의'에서 문제가 되는 것은 보충성의 논리이다. 이 두 가지를 병치시키면, 가시성은 일종의 현상학적 보충성이며 아울러 보충성은 일종의 텍스트적 가시성이라는 점을 파악할 수 있을 것이다. 이와 같이 주장하는 것은 그 논리가 빈약하기 때문에 이에 대해서는 더 많은 연구를 필요로 한다. 그럼에도 이와 같은 주장을 의미 있게 하기 위해서, 이러한 각각의 논리에는 그 자체만의 권리가 있다는 점을 인정해야만 할 것이다.

후기의 글쓰기에서 메를로퐁티의 프로젝트는 가시성을 규명하는 데 있었다. 가시성은 가시적인 것과 비-가시적인 것의 교차점에서 비롯된다. 가시성은 가시적인 것의 지평에 자리잡고 있다. 가시성은 세계 속에서 가시적인 사물을 바라보는 것에서도 비롯되고 그와 같은 바라보기를 가능하게 하는 조건에서도 비롯된다. 가시성은 '보이는 사물'을 바라보이는 그대로, 보이는 그대로 그 정체성을 확인할 수 있을 뿐만 아니라 비전의 영역을 통해서 그러한 사물(가시적 사물)을 분산시킬 수도 있다. 가시적인(보이는) 사물과 더불어 비-가시적인(보이지 않는) 비전(바라보는)이 뒤따르게 된다. 메를로퐁티에게 있어서, 이와 같은 '가시성'은 신체활동의 '중심'에 위치하게 되고 그러한 중심을 통과하게 된다. 가시적인 대상은 우리들을 둘러싸고 있으며 세계에서 구체화된 견자(見者)로서 우리들의 '내부'로 진입하기까지 한다. 육체적으로 세계 속에 자리잡는 것은 사물의 짜임의 육감적인 특징을 특별하게 수용하는 것이다. 우리들은 사물을 바라보게 되고, 우리들은 사물을 만지게 되고, 우리들은 사물을 느끼게 되며, 그렇게 함으로써 우리들은 우리들의 일상적인 실존과 사물을 통합시키게 된다. 가시성은 우리들이 사물에 통합되는 것을 가능하게 하며, 실제로 우리들이 사물에 협조하는 것을 가능하게 한다.

가시성은 비전이 있는 곳에서 발생한다. 일반적으로 우리들은 비전을 통해서 사물과 조응하게 된다. 그러나 우리들은 또한 "가시성의 변함없는 스타일"(VI, p.192; VI tr., p.146)을 형성하기도 하며, 그러한 스타일에 의해서 우리들은 세계 속에서 작용할 수 있게 된다. 가시성에서는 이와 같은 스타일에 부여된 표현에서의 '섞임'이나 '교차'를 수립하게 된다. 다시 말하면, 비-가시적인 것, 바라보기 그 자체, 비전과 촉감 등에 관련지어 가시적인 것이 야기하는 표현에서의 섞임이나 교차를 수립하게 된다. 다른 모든 스타일과 마찬가지로, 이와 같은 스타일은 암시적이고 생략적인 스타일에 해당하지만, 그러나 그것은 다른 모든 스타일과 마찬가지로 모방할 수도 없고 양도할 수도 없는 스타일에 해당한다(VI, pp.199~200; VI tr., p.152). 가시적인 사물과 관련지어 비전의 가시성을 재현시키는 데 있어서, 화가는 그림의 가시성을 변용시키게 된다. 그러나 단순한 재현이 문제가 되는 것은 아니다. 보는 것과 보이는 것, 만지는 것과 만져지는 것, 한 쪽 눈과 다른 쪽 눈, 한 쪽 손과 다른 쪽 손의 '사이'에서 발생하게 되는 '넘나들기'로 인해서 화가는 이와 같이 흥미로운 교환 시스템을 물감으로 변용시키게 된다.

가시적인 사물의 세계에 대한 우리들의 경험 중에서 가장 분명한 가시성은 '비밀스러운 가시성'(OE, p.22; EM, p.164), 즉 화가가 만들어 내는 새로운 가시성에서 두 배로 증가하게 된다. 이러한 의미에서, 그림은 "세속적인 비전이 비-가시적이라고 믿고 있던 것에 가시적인 실존을 부여하게 된다."(OE, p.27; EM, p.164) 그림은 많은 사람들이 보았을 수도 있지만 실제로는 보지 못했던 것을 가시적인 것으로 만들 수도 있다. 세잔이 '생트-빅토와르 산'을 그렸을 때에, 액상-프로방스 지역을 여행했던 수많은 사람들과 평생을 그곳에 살았던 사람들까지도 세잔이 이 산을 바라보았던 것처럼 그렇게 이 산을 바라보지는 않았을 것이다. 그들에게 있어서 이 산은 가시적인 산에 해당하며, 그들도 이 산을 바라보았겠지만, 이 산이 그림을 통해서 드러나게 될 때까지 화가가 바라보고 생산한(그림으로) 이 산의 '가시성'을 파악하지는 못했던 것이다. 실제로 존재하는 산의 가시성은 그림의 가시성으로 인해서 두 배로 증가하게 되고 하나의 새로운 가시성이 발생하게 된다.

그림에는 그것이 비유적이든 아니든 이와 같이 새로운 가시성의 효과가 있게 마련이다. 어떤 의미에서, 그림의 출현과 더불어 새로운 가시성이 발생하게 되는 까닭은 그림에는 전혀 새로운 가시적 사물이 존재하기 때문이다. 그러나 이와 같이 언급하는 것은 지나치게 단순한 언급일 수도 있다. "그림은 가시성의 수수께끼를 찬양하는 것 외에는 그 어떤 수수께끼도 찬양한 적이 없다"(OE, p.26; EM, p.166)라고 급진적으로 언급함으로써, 메를로퐁티는 자신의 논지를 분명하게 했다. 그가 주장하는 논지는 다음과 같다. 그림이 사물의 가시성에 주의를 기울이고, 비전의 주제를 가능하게 하고, 이미 가시적으로 가능한 '사물의 세계'의 숨겨진 특징을 개방시킨다는 점에서, 그림은 가시성을 찬양하는 것에 해당한다.

'질문'은 가시성의 논리를 따라 작용하게 된다. 가시성은 질문이 궁극적으로 확인하고 특징짓고자 하는 것에 해당한다. 가시적 사물을 질문하는 것은 바로 그 사물의 가시성을 조사하는 것이다. 비전을 질문하는 것은 바로 그 비전의 가시성을 탐구하는 것이다. 그림을 질문하는 것은 바로 그 그림의 가시성을 규명하는 것이다. 가시적 사물에 대한 질문은 바로 그 사물의 진실에 대해서 묻는 것이나 다름없다. 비전에 대해서 질문하는 것은 바로 그 비전의 진실에 관계되는 질문을 하는 것이다. 그림에 대해서 질문하는 것은 문제가 되는 바로 그 질문의 진실이 자리잡을 수 있게 하는 것이다. 그림의 가시성을 질문하는 것은 '그림에서의 진실'을 질문하는 것이다.

메를로퐁티가 "나는 그대에게 그림에서의 진실을 빚지고 있으며, 나는 그대에게 그것을 말하고자 합니다"라는 세잔의 진술을 인용하지 않은 것은 상당히 흥미롭게 생각된다. 세잔은 그 자신의 화가다운 비전, 즉 자신이 그림에서의 진실(그림의 가시성)에 빚지고 있다(보답하려고 전념한다)는 비전을 통해서 가시적인 것의 '가시성'을 묻고 있기 때문에, 메를로퐁티가 세잔의 진술을 인용했더라면 그는 자신의 글을 더욱 훌륭하게 전개할 수도 있었을 것이다. 세잔에게 있어서 그림에서의 '진실'을 생산하는 것은 그 자신에게 있어서 그림의 '가시성'에 있어서의 가시적인 사물의 '가시성'을 생산하는 것이다. 그러나 메를로퐁티는 「세잔의 의심」에서 "세잔은 화가로서 아직 그림으로 그려지지 않은 것을 쓰고 있으며 그것(그림으로 그리지 않은 것)을 절대적으로 그림이라고 주장하고 있다"(SNS, p.30; SNS-tr, p.17)는 점을 강조했다. 화가는 사물의 가시성을 쓰게 되고 그러한 특징을 그림의 가시성으로 변용시키게 된다. 즉, 화가는 가시적인 사물의 진실을 보게 되고 그림에서의 진실을 생산하게 된다. 세잔의 언명(言明)에 대한 데리다의 해체적 읽기를 통해서 파악할 수 있는 바와 같이, 그림에서의 진실은 화가가 의무적으로 생산하고자 하는 것이다. 메를로퐁티의 설명에서 그림의 가시성에 대한 그의 '질문'은 데리다의 읽기에서 '그림에서의 질실'에 대한 '해체주의'로 전환된다.

메를로퐁티는 자신의 『눈과 마음』에서, 화가는 모든 다른 위기상황을 능가할 수 있는 '위기상황'을 경험하게 된다는 점을 강조했다. 그런 다음 그는 "반 고흐가 '더 멀리' 나아가기를 원하고 있다는 사실을 고려한다면, 이러한 위기상황의 영역은 무엇인가?"(OE, p.15; EM, p.161)라고 묻고 있다. 데리다는 자기 자신(데리다), 마이어 사피로 및 메를로퐁티(우리들이 그를 포함시키고자 한다면) 등이 반 고흐에게 관심을 가지고 있다는 점을 제시했다. '보충성'의 논리에서는 누구나 '더 멀리' 나아갈 수 있지만 '더 멀리' 나아가기에는 한계가 있다는 그러한 의미의 '더 멀리'가 언제나 있을 수 있다는 점을 제안하고 있다. 데리다는 메를로퐁티의 개념, 즉 반 고흐가 '더 멀리' 나아가기를 원하고 있다는 개념에 동조하지는 않았다(적어도 명확하지는 않지만). 이러한 점에서 실제로 메를로퐁티에게 동조하는 것은 데리다가 작용하는 것보다 '더 멀리' 나아갈 수 있도록 작용하는 것을 의미하기도 한다. 그렇지만 데리다는 자신의 '보충성'

의 논리에서 이와 같은 의미의 '더 멀리 나아가기'가 무엇인지를 설명했다. 메를로퐁티 역시 '진실의 기원'에 관심을 가지고 있는 동시에 '화가의 각인'에도 관심을 가지고 있다는 점에서, 그(메를로퐁티) 역시 협조했어야만 한다고 파악하는 것은 합당한 파악이라고 볼 수 없다.

반 고흐에 대한 메를로퐁티의 언급 자체는 데리다, 하이데거 및 사피로가 반 고흐에 대해서 언급해야만 했던 것에 대한 보충에 해당한다. 이미 파악했던 바와 같이, 이들 각자의 관심은 반 고흐에게 있지 않다. 오히려 이들의 관심은 반 고흐의 '구두'에 있다. 하이데거에게 있어서, 반 고흐의 '구두'는 농부의 구두, 땅 가까이 살고 있고 '세계-속의-존재자'로서 자신의 '도구적 특징'(구두의 특징)을 활용하는 농부의 구두이다. 사피로에게 있어서 그 구두는 반 고흐 자신의 구두이다. 데리다에게 있어서 그 구두는 사피로와 하이데거의 사이에 존재하는 '상호교감'으로서의 구두이다. 이러한 구두는 또한 데리다에게 있어서 어떤 특별한 결정적인 존재자의 '밖'에 서 있는 것에 해당한다. 이러한 한 짝의 구두는 결코 딱 들어맞지 않는 구두 사이즈라고 말할 수도 있다. 구두 사이즈에서의 진실이 결코 딱 들어맞지 않는 것과 똑같이, 그림에서의 진실 역시 결코 절대로 거기(그림)에 있는 것이 아니다. 왜냐하면 숨김으로부터 겉으로 드러내는 데 있어서, '겉으로 드러내기'에 있어서, '본질적인 규명'에는 '드러낸 것'과 더불어 '드러내지 않은 것'도 포함되어 있기 때문이다. 모든 존재자와 더불어 존재도 있게 마련이다. 규명으로서의 진실은 이와 같은 존재적-존재론적 차이를 분명하게 한다.

하이데거에 따르면, 예술작품 또는 그림은 한 짝의 구두가 무엇인지를 규명하지만 거기에는 언제나 '더 많은 것'이 있게 마련이다. 데리다에게 있어서 이와 같은 보충성의 논리는 텍스트적이고 상호텍스트적인 측면에서 작용하게 되어 있다. '더 많은 것', 그것은 텍스트의 가장자리에, 그림의 경계에, 예술작품을 담고 있는 액자(틀)에 놓이게 된다. '그림에서의 진실'의 가장자리에는 '사이즈(구두)에서의 진실'이 자리잡고 있다. '사이즈에서의 진실'의 주변에서, 우리들은 다음과 같이 언급하고 있는 반 고흐 자신, 즉 진실을 진실 되게 해야만 하는 의무가 자기 자신에게 있다면, 자신은 음악가의 역할보다는 구두수선공의 역할을 더 선호할 것이라고 언급하고 있는 반 고흐 자신을 발견할 수 있다. 진실에 대한 반 고흐의 이러한 진술의 경계선에는 그 자신의 '구두 그림'이 놓여 있다. 반 고흐의 '구두 그림'의 영역에는 르네 마그리트의 '구두 그림'과 리하르트 린드너의 '구두 그림'은 물론 반 고흐 자신이 선별적으로 개작한 '구두 그림' 등도 포함된다. 이들 각자가 개작한 '구두 그림'에는 한계와 과잉이 모두 포함되어 있다. '보충성'의 논리에는 오로지 한 단계 '더 멀리' 나아간다는 '사실'만이 있을 뿐이다.

보충성의 논리는 수많은 서로 다른 문을 열 수 있는 '마스터 키'의 논리와 같다. 이러한 '마스터 키'는 새로운 방에 들어갈 수 있는 가능성을 에워싸서 그 범위를 정하게 될 뿐만 아니라 그러한 가능성을 열어놓기까지 한다. 보충은 어떤 것에 추가하는 것이자 그것을 대체하는 것이다. 『산종(散種)』(1972)[국내에서 '산종'이라고 번역되는 이 책의 원래 의미는 '의미의 확산작용'에 해당한다]에서 데리다는 '글쓰기'와 '파르마콘'의 특징을 모두 '보충'으로 파악했다(Dissemination, p.126; tr., p.110). 글쓰기와 파르마콘이 '미결정적' — 화술(말하기)이거나 기술(글쓰기), 명약이거나 독약 — 인 것과 똑같이, '그림에서의 진실' 또한 '미결정적'(그리기 행위에 있어서의 진실 또는 진실인 것을 그리기)이다. '그림에서의 진실'을 해체하는 것은 그 자체의 미결정성을 규명하는 것일 뿐만 아니라 그 자체의 보충성까지도 규명하는 것이다. '보충' 그 자체 역시 미결정적(추가적이거나 대체적인)이라고 주장하는 것은 해체주의의 전략에 또 다른 특징을 추가하는 것과 같은 것이다. '그림에서의 진실'을 해체하는 것은 그 자체의 한계와 과잉을 찾아내는 것, 규명에서 충분하게 규명하지 못한 것을 찾아내는 것, 가시적인 것에서 비-가시적인 것을 찾아내는 것 등에 해당한다. 질문을 통해서 분명하게 될 수 있는 '비-가시적인 것'은 '가시적인 것'을 현상학적으로 보충하게 된다. 보충은 텍스트적으로 비-가시적인 것, 즉 텍스트의 경계에서 배회하고 있으며 해체적 실천을 통해서 작용하게 되는 '텍스트적으로 비-가시적인 것'에 해당한다.

질문적인 실천과 해체적인 실천

'질문'은 그것이 철학에서 발생하든, 사물에 대한 응시에서 발생하든, 또는 그룹에서 발생하든, '철학적 실천'을 야기하게 된다. '해체주의'에는 철학자이든, 문학이론가이든, 역사가이든 또는 비평가이든 이들이 하게 되는 '비평적 실천'이 포함되어 있다. 질문의 임무는 그것이 질문하고 있는 사물의 경험으로 전환되는 데 있다. 해체주의의 임무는 글쓰기로 전환되는 것, 즉 또 다른 텍스트, 문제가 되는 하나의 텍스트나 그 이상의 텍스트를 보충하고 통합하는 비평적 텍스트로 전환되는 데 있다. 질문은 가시적인(보이는) 사물과 그것의 의미작용에 관계된다. 해체주의는 텍스트와 그것이 각인된 상호관계에 관계된다. 질문에서는 질문된 것이 질문에 자리잡고 있어야 된다는 점을 요구한다. 해체주의에서는 텍스트 자체의 '차이'(다른 텍스트로부터)와 '연기'(다른 텍스트 속으로)를 위해서 바로 그 텍스트를 조사할 것을 요구한다. 질문에서는 '가시적인 것'(그 자체에 '비-가시적인 것'을 포함하고 있는)을 탐구한다. 해체주의에서는 글쓰기에서 발생하게 되는 텍스트상의 흔적, 표식, 궤적, 서명(署名) 및 차이 등을 조사한다. 메를로퐁티에게 있어서 '거기(질문)에 없는 것'은 '보고 있는 것' 그 자체에 있다. 데리다에게 있어서 '거기(해체주의)에 없는 것'은 어떤 특정한 텍스트의 경계선(하나의 텍스트와 다른 텍스트의 경첩)에 있거나 (또)다른 텍스트(들)의 '틀' 속에 있다.

철학이 질문하게 될 때, 그것은 메를로퐁티가 '지각적 신념'(VI, p.139; VI-tr., p.103)이라고 명명한 것을 질문하게 된다. 철학이 질문하게 될 때, 그것은 일반적인 의미에서의 답변을 기대하지도 않고 그러한 답변을 받아내지도 못한다. 왜냐하면 규명을 통해서 질문을 만족시킬 수 있는 '가변적인 것'도 없고 알려지지 않은 '불변적인 것'도 없기 때문이기도 하고, '실존의 세계'는 이미 '질문의 양식' 그 자체에 존재하고 있기 때문이기도 하다. 철학은 그 자체를 질문하는 '지각적 신념'일 뿐이다. 철학이 신념인 까닭은 의심할 수 있는 가능성이 있기 때문이다(메를로퐁티가 세잔에 대한 그 자신의 설명에서 강조한 바와 같이). 철학은 끊임없이 전개되는 사물, 지속적인 질문에 걸쳐 있으며, 그러한 사물은 지역적인 유행에서보다는 범세계적인 유행에서 작용하게 된다. '지각적 신념'으로서, 철학은 다른 것을 알려주는 근본적인 질문에 참여하게 된다. 철학적 질문에서는 하나의 의미작용을 면밀하게 조사할 뿐만 아니라 그러한 의미작용을 기다리기까지 한다. 왜냐하면, 이때의 '의미작용'에서는 철학의 궁극적인 결론에 해당하는 '세계는 무엇인가?' 또는 '존재는 무엇인가?' 와 같은 질문에 대한 답변을 성취하게 되기 때문이다. 철학적 질문에서는 지식의 아이디어에 대해서 묻지 않고서도 우리들이 이미 알고 있는 것에 대한 설명에 호소하게 된다(VI, p.171; VI-tr., p.129). 철학적 질문은 사물이 '의미작용'(사물 자체가 부여하는)과 함께 존재하고 있다는 신념에 해당한다.

우리들의 응시가 질문하게 될 때, 그것은 사물 자체를 질문하게 된다. 우리들 자신은 지속적인 질문에 해당한다. 우리들 자신은 우리들의 삶을 규명하는 데 있어서 질문하게 되어 있다. 질문하고 있는 사람은 질문하고 있는 존재자에 해당한다. 「세잔의 의심」과 『눈과 마음』에서 메를로퐁티는 세잔이 종종 언급하고는 했던 "그것은 삶을 무섭게 한다"라는 구절을 인용하고는 했다. 우리들은 가시적인 사물의 세계 그 너머를 내다보게 되고 우리들 자신은 '질문'에 자리잡게 된다—성찰적이지도 않고 우리들 자신에게로 되돌아오는 것도 아니지만 그러나 사물이 우리들을 에워싸고 또 감싸고 있는 것처럼 사물 자체를 일별(一瞥)하기도 하고 둘러보기도 하고 꿰뚫어보기도 하면서.

화가가 질문할 때에, "언제나 거기에 있어왔던 산 자체는 화가에 의해서 그 자체를 보여주게 되고 화가는 자기 자신만의 응시에 의해서 바로 그 산 자체를 질문하게 된다."(OE, p.28; EM, p.166) 이러한 점에서 화가는 단순히 자기 자신만의 삶을 질문하고 있는 것이 아니라 산의 세계를 질문하고 있는 것이다. 메를로퐁티는 다음과 같이 언급했다. "화가는 하나의 수단을 드러내고 있으며, 그러한 방법은 다름 아닌 가시적인 사물일 뿐이다. 이러한 수단에 의해서, 산 그 자체는 우리들의 바로 그 눈 아래에서 바로 '산' 자체가 될 수 있는 것이다."(OE, p.28~29; EM, p.166) 화가의 질문은 "우리들의 몸에 있는 비밀스럽고 열광적인 사물의 재능"(OE, p.30; EM, p.167)을 목표로 한다. 이러한 상황에는 화가가 바라보는 것이 멀리 떨어져 있는 산에 있는 것인지 또는 자화상을 그리는 행위에서 자기 자신의 거울이미지에 있는 것인지 등이 포함되어 있다. 철학자를 비롯한 모든 지각자의 질문에서처럼, 화가의 질문에서도 가시적인 사물의 가시성을 사물 자체의 의미작용에 관련지어 드러내는 것을 목표로 한다.

해체주의가 실천될 때에, 그것은 텍스트에 이미 각인되어 있는 차이의 위치(들)를 수립하게 된다. 해체주의에서는 텍스트의 '밖'에 남겨진 것을 복원(환원)하고자 한다. 그러나 텍스트의 '밖'에 남겨진 것 역시 이미 텍스트성으로 된다. 텍스트의 '밖'에 남겨진 것은 또 다른 텍스트에서도 발견할 수 있거나 또 다른 글쓰기로 생산될 수 있다. 텍스트의 '안'에 있지 않은 것을 복원하는 것, 환원을 제공하는 것은 하나의 텍스트를 다른 텍스트에 병치시키는 것이고 이 두 텍스트 사이의 교차점을 확인하는 것이다. '교차점'의 위치는 텍스트의 경첩, 경계, 국경, 가장자리, 범위 등에 있다. 반 고흐, 하이데거, 샤피로 및 메를로퐁티가 그림에서의 진실을 복원하고자 노력했던 것과 똑같이, 데리다도 텍스트의 보충성의 법칙과 실천을 연구함으로써(해체함으로써) 텍스트에서의 진실을 복원하고자 노력했다. 『조종(弔鐘)』에서 데리다는 헤겔에게 관련되는 텍스트와 장 주네에게 관련되는 텍스트를 병치시켜 놓았다. 「중복 회의」에서는 말라르메에게 관련되는 텍스트를 플라톤에게 관련되는 텍스트와 대등하게 취급했다. 이와 똑같이 '각주'가 '본문'에 상응되는 텍스트라고 볼 수 있는 「살아가기 : 경계선」에서도 셸리의 『인생의 승리』는 블랑쇼의 『죽음의 중단』에 병치되어 있다. 데리다의 텍스트적 병치는 끊임없이 증식된다. 그의 각각의 텍스트는 일반적으로 텍스트의 성좌(星座)이자 산종(散種)일 뿐만 아니라 특정한 텍스트에 대한 제한이자 '틀'에 해당한다.

해체주의는 다(多)-텍스트적 수준에서만 작용하는 것이 아니다. 보충성의 논리는 단순히 텍스트와 서명(署名)을 복원하고 통합하는 논리가 아니다. '차연(差延)'은 단지 '연기'하는 것만이 아니다. '차연'은 또한 구별, 대립, 짝짓기 등에도 해당한다. 반 고흐의 〈한 짝의 구두〉에 대한 하이데거의 설명을 그 자신이 해체한 것과 똑같이, 데리다는 또 한 짝을 이루고 있는 '이항대립'의 전체적인 역사와 갤러리를 해체했다. 그가 해체한 이항대립에는 지성적 / 감각적, 안 / 밖, 비유적 / 문자적, 기표 / 기의, 말하기 / 쓰기, 초월적 / 경험적, 존재 / 존재자 및 (위험스럽기는 하지만) 비-가시적 / 가시적(보이는 / 보이지 않는) 등이 포함된다. 형이상학적인 텍스트의 해체에서는 연기나 치환으로서의 '차이'보다는 구별로서의 '차이'를 더 강조한다. 전통적인 형이상학의 '이항대립'에 있어서 차이의 위치는 형이상학의 종말, 형이상학에 대한 책의 '끝'과 글쓰기의 '시작(기원)'을 나타낸다. 그러나 최선의 경우 글쓰기는 흔적의 체계, 텍스트상의 한계 및 상호텍스트적인 '엮어 짜기' 등에 해당한다. 글쓰기는 말하기의 측면에 해당하는 것도 아니고 '쓰기'(말하기에 반대되는)의 측면에 해당하는 것도 아니다. 해체주의에서는 글쓰기를 형성하는 것도 아니고 그것을 파괴하는 것도 아니다. 해체주의에서는 그것이 텍스트상의 '차이화'를 규명하는 것과 똑같이 전통적인 '이항대립'을 조사하고자 한다.

해체주의는 다음과 같은 미결정의 위치, 즉 커뮤니케이션(구술적인 표현 / 메시지의 전달), 각인(말하기 / 쓰기), 차이(구별 / 연기), 파르마콘(극약 / 명약), 흔적(발자국 / 눌러찍기), 교감(편지의 교환 / 유사성의 어울림), 보충(추가 / 대체) 등의 위치로 나아간다. 하나의 텍스트가 또 다른 텍스트로 수평적으로 증식되고 대체되는 것 외에도, 전통적인 '이항대립'을 수직적으로 재조사하는 것 외에도, 텍스트의 해체에서는 미결정적인 사항에 대한 해명과 노력 및 그러한 텍스트의 미결정성을 요구하게 된다. 텍스트의 미결정성은 그러한 텍스트의 '텍스트성'의 특징에 해당한다.

보충성에는 텍스트의 통합과 치환, 전통적인 이항대립의 전치(轉置) 및 미결정적인 것의 규명 등이 포함된다. 가시성에는 가시적인 사물의 짜임을 규명하고자 하는 노력, 가시적인 것과 비-가시적인 것(보이는 것과 보이지 않는 것)의 '상호 엮임', 비전의 의미작용을 개방하는 것 등이 포함된다. 보충성의 논리는 텍스트성의 논리에 해당한다. 가시성의 논리는 난폭한 존재를 지각하고 그것이 무엇인지를 규명하는 논리에 해당한다. 세잔이 자기 자신은 '그림에서의 진실'에 빚지고 있으며 '그것을 그리고자 한다'라고 주장한 것과 똑같이, 메를로퐁티 역시 철학에서의 가시성이 경험으로 전환됨에 따라서 그러한 특징에 '빚지고' 있으며 그는 그것을 '말하고 있다.' 데리다는 텍스트의 각인(刻印)과 산종(散種)에서의 보충성에 '빚지고' 있으며 그는 그것을 '쓰고 있다.'

제2부
텍스트성의 이론을 위하여

제5장
예술작품의 틀-짜기

하이데거는 왜 우선적으로 예술작품의 기원을 모색하고자 했는가? 예술작품의 '기원'을 알게 됨으로써 얻게 되는 것은 무엇인가? 예술작품이 어디에서 비롯되는지를 찾아낼 수 있다면, 어떻게 접근해야 하는 것인가? 이와 같이 접근하는 것은 그 자체의 본질을 제공하는 것도 아니고 그 자체의 목표를 제공하는 것도 아니고 그 자체의 목적지를 제공하는 것도 아니고 그 자체의 운명을 제공하는 것도 아니다. 예술작품의 기원에 대해서 우선적으로 심취하게 되는 특징은 대학의 관심에서 찾아볼 수 있다. 사물은 어디에서 '오게 되는지', 어디에서 비롯되는지, 어디에서 그 자체의 모습을 취하게 되는지에 대해서는 오로지 대학에서만 관심을 가지고 있을 뿐이다. 분명히 오로지 대학에서만 사물의 계보, 계통 및 역사를 알아내고자 할 뿐이다. 기하학자는 기하학의 기원에 대해서 그렇게 많은 관심을 가지고 있지 않은 것처럼 보이지만, 철학자(후설과 같은)는 기하학의 기원에 대해서 많은 관심을 가지고 있을 수도 있다. 기하학을 실천하기 위해서 기하학이 어디에서 비롯되는지를 알아야

할 필요는 없다. 그림을 그리거나 시를 창작하거나 신성한 사원을 짓기 위해서 예술작품이 어디에서 비롯되는지를 알아야 할 필요는 없다. 예술사가들은 종종 특정한 작품의 기원에 대해서 묻고는 한다. 그리고 철학자들은 원천과 기원에 대한 예술사가들의 이러한 호소가 무엇인지에 대해서 묻고는 한다. 이러한 점으로 볼 때에 철학자는 예술사가의 자취를 뒤따라가고 있는 셈이다. 그러나 하이데거가 예술작품의 기원에 대해서 묻게 될 때에, 그는 예술사가가 남겨놓은 발자취를 뒤따라간 것이 아니다. 하이데거는 "예술작품이 비롯될 수 있고 의존할 수 있는 것은 예술작품 자체, 바로 그 자체이다"(PLT-OWA, p.17)라는 점을 모색하고 있기 때문이다. 하이데거는 어떤 특정한 예술작품에 끼친 영향이나 '조상'(예술작품의 근원)을 찾아내려고 하지는 않았다. 실제로 그의 관심은 예술작품의 '역사적 혈통'—이 어휘를 역사적으로 정리한 사전적인 그 어떤 의미에 있어서도—에 있는 것이 아니다. 예술작품의 기원을 묻는 데 있어서, 하이데거는 예술작품, 예술가 및 예술 사이의 구조적인 상호관계가 무엇인지에 대해서 묻고 있는 것이다. 이와 같은 발생의 형식은 역사 자체와는 무관하다는 점을 전제할 수도 있다. 하이데거가 그렇게 생각하고 있는 바와 같이, '기원'의 문제는 '관계'의 문제에 해당한다.

제2장에서 이미 소개한 바와 같이, 하이데거의 형성의 논리에 있어서 예술작품의 기원은 예술가에게 있다. 예술가는 예술작품을 창조하고 예술작품은 그러한 창조활동의 산물에 해당한다. 이러한 의미에서 예술가는 예술작품의 기원에 해당한다. 이와 같은 유형이 발생하는 것은 부성(父性)이 출범하게 되는 종자(種子)와 같은 유형이 발생하는 것에 해당하기도 한다. 이렇게 볼 때에, 우리들은 하이데거가 혈통의 과정에 호소하고 있다는 점을 고려할 수도 있다. 그러나 그가 예술가의 기원에 대해서 물을 때, 그리고 그가 예술작품은 예술가의 기원이라고 주장할 때, 직접적인 혈통의 망은 깨지고 만다. 예술가와 예술작품의 상호발생은 '구조적–공시적' 발생에 해당하는 것이지 더 이상 '역사적–통시적' 발

생에 해당하는 것이 아니기 때문이다. 그러나 이러한 점이 훨씬 더 분명하게 되는 것은 하이데거가 예술가와 예술작품의 기원으로서 '예술이 있다'라고 주장할 때이다. 예술은 예술가와 예술작품에 대해서 말하는 것을 가능하게 한다. 예술은 예술가와 예술작품의 기원이기 때문에, 수많은 발생에 대한 삼각관계의 특징은 하나의 '틀'을 수립하게 되고 그러한 틀에는 실제로 그 어떤 기원점도 있을 수 없게 된다.

그 어떤 기원점도 없이, 단 하나의 원천으로 파악될 수 있는 그 어떤 위치도 없이, 예술작품은 복잡한 구조의 일부분으로 되거나 한 세트의 상호작용으로 된다. 특별하게는 어느 곳으로부터 발생하거나 유래하게 되는 하나의 행위에 해당하는 '발생'에는 종종 역동적인 측면이 있기는 하지만, 이와 같은 예에서 '어느 곳'은 '단 한 곳'만을 의미하는 것이 아니라 '여러 곳'을 의미할 수도 있다. 그러나 '예술작품-예술가-예술' 사이의 '삼각관계의 특징'에는 역동성이 존재하게 된다. 발생의 진로는 예술가에서 예술작품으로, 예술작품에서 예술가로, 예술작품과 예술가에서 예술로, 예술에서 예술작품으로 이동하게 된다. 이와 같은 발생의 진로는 선적(線的)인 것이 아니다(선은 세 지점을 다양한 방법으로 연결한다고 말할 수도 있지만). 적어도 세 점 — 예술가, 예술작품, 예술 — 은 원(圓)을 그리고자 하기 때문에, '발생의 통로'의 가장 뚜렷한 특징은 아마도 '원'이라고 말할 수도 있을 것이다. 그러나 이러한 세 점은 상상으로나 가능한 원을 형성하고 있다는 점에서 그것은 다만 하나의 '원'에 해당할 뿐이다. 위에서 아래로, 아래에서 위로, 교차적으로(위에서 아래로 또 아래에서 위로 동시적으로) 및 다시 되돌아가는 이동은 원에서 찾아볼 수 있는 순환적인 이동이 아니다. 세 점은 다만 반복될 수 있다는 점에서, 이러한 이동은 순환적인 이동에 해당한다고 볼 수도 있다. 그러나 이러한 순환은 '원'에 해당하는 것이 아니라 '반복'이자 '되풀이'에 해당할 뿐이다.

그렇다면, 하이데거는 왜 "우리들은 하나의 원에서 움직이고 있다는 것을 누구나 손쉽게 파악할 수 있다"(PLT-OWA, p.18)라고 강조한 것인가? 그의 이러한 진술에 있어서 '원'은 전혀 '원'이 될 수 없다는 점은 분명한 것 같다. 예술작품에서 예술가를 거쳐 예술로 나아가게 된다면, 그것을 원이라고 해석할 수도 있을 것이다. 그러나 첫 번째 설명에서 하이데거는 그렇게 해석하지 않았다. 아마도 하이데거가 그렇게 해석하지 않은 것은 그가 자신의 『존재와 시간』에서 개관했던 '해석학적 순환'에 전념했기 때문일 것이다. 이미 앞에서 살펴본 바와 같이, 존재론적인 해석학적 순환은 다음과 같이 진행된다. '사물'에는 그 자체의 존재자, '참존재'가 있다. 그러나 사물의 참존재, 존재자의 본질은 무엇인가? 그것은 틀림없이 존재 그 자체에 해당한다. 따라서 존재자들은 '존재'로부터, 사물의 존재자의 '본질'로부터 그 자체의 존재자를 얻게 된다. 동시에(또는 관련되는 어떤 시간에), 존재는 존재자들로부터 그 자체의 '존재자', 즉 존재의 근본적인 '조건'을 얻게 된다. 그러나 존재와 존재자들은 그 자체의 본질을 그것들(존재와 존재자들) 사이의 '차이', 즉 하이데거가 존재적-존재론적 차이라고 명명한 바 있는 '안-사이'(중재자)로부터 얻게 된다. 이러한 '차이'는 두 개의 서로 다른 존재자들 사이의 '차이'가 아니라 존재자들과 존재(일반적으로) 사이의 근본적인 '차이'에 해당한다. 이와 같은 존재적-존재론적 차이는 '존재'와 '존재자들의 존재'의 관계를 가능하게 한다. 하이데거는 이와 같은 삼인조의 관계적 특징을 '해석학적 순환'이라고 명명했다. 하나의 원(圓)을 가정(假定)해서 그리는 것을 가능하게 하는 세 개의 점이 있기 때문에 그것이 원이 될 수 있는 것인가? 어떤 의미에서, 거기에 있는 모든 것은 어떻든 원이 될 수 있다고 주장할 수도 있다. 그러나 그렇다면, '예술작품-예술가-예술'의 관계구조를 '존재자들-존재-존재적-존재론적 차이'의 관계구조에 비유함으로써, 어떤 분명한 구별을 확실하게 할 수도 있을 것이다. 전자의 세 번째 어휘인 '예술'은 긍정적인 어휘처럼 보일 수도 있는 반면, 후자의 세 번째 어휘인 '존재적-존재론적 차이'는 부정적인 어휘처럼 보일 수도 있다('차이'는 가끔 '부정적'으로 이해될 수 있다는 점에서). 그러나 존재적-존재론적 차이는 실제로 부정적인 것이 아니다. 오히려 그것은 존재자들과 존재 모두에 해당하는 바로 그 정체성을 수립하기도 한다. 왜냐하면 이와 같은 차이가 없다면, 이두 가지(존재자들과 존재)는 서로의 관계에서 독자적인 위상을 가질 수 없기 때문이다. 따라서 존재적-존재론적 차이(글자에 있어서도 차이나지만)는그 자체의 존재자들과 관련지어 '존재의 의미'를 제공하게 된다. 더 나아가 구조적인 비유에서는 예술에 대해 아주 흥미로운 점을 제안하기도한다. 존재자들과 존재가 긍정적인 어휘인 것처럼 예술작품과 예술가도 긍정적인 어휘이기 때문에, 존재적-존재론적 차이는 부정적일 수 있고예술은 긍정적일 수 있다면, 이와 같이 언급하는 것은 이상하게 들릴 수도 있다(구조적으로는 그럴듯하게 들릴 수도 있지만). 따라서 예술에서 가능한차이적인 특징이 무엇인지를 고려해 보자.

예술에 대한 고대의 개념이 아름다움 및 장엄함과 구별되었을 때, 예술은 상당히 구체적으로 기술(技術), 기능, 재능, 기교 등 하위영역으로 분류되고는 했다. 예술은 무엇을 '만드는 일'에 관계되었다. 중세후기를 살았던 단테는 자신의 『지옥편』(열한 번째 노래)에서 다음과 같이 언급했다.

철학은……

궁극적으로 지성과 그 기교에서 솟아나네
그대가 그대의 '물리학'을 주의 깊게 읽게 된다면
몇 페이지 읽지 않고서도 알게 되리라

기교는 모방에 목말라 한다는 것을
제자가 스승을 모방하듯이
늘 그렇듯이 기교는 창조의 손자이네[1]

단테는 예술(기교)에는 창조가 포함되어 있다는 점을 제시했다. 예술

은 대자연을 모방하지만, 대자연은 절대신의 창조적인 특징을 모방하게
된다. 위에 인용된 부분에서 플라톤처럼, 단테도 예술을 복사하기(모방하
기)로, 형식으로부터, 즉 완벽성으로부터 이중적으로 멀어진 것으로 생
각하고 있다. 아리스토텔레스처럼, 단테도 예술을 '만들기'(제작하기)로
제시하고 있다. 그러나 단테에게 있어서 예술은 창조적일 뿐만 아니라
완벽성까지도 반복하고자 한다. 르네상스시대의 예술가들이 '예술'을
'이상적인 것'에 가까워지려고 하는 수단, 접근하려고 하는 순단, 즉 좀
더 가깝게 이동하고자 하는 수단이라고 생각했을 때, 예술은 그 자체의
방향을 반전시키게 되었다. 알베르티, 미켈란젤로 및 레오나르도 다 빈
치 등은 모두 예술을 통해서 절대신에게 접근하고자 노력했다. 그리고
이들의 예술은 단순한 기교가 아니다. 아름다운 것과 장엄한 것에 관련
지어 칸트가 예술을 설명한 것은 예술이 여전히 기교와 같은 것으로 생
각되었던 시대의 '마지막' 측면에 해당한다. 그러나 칸트의 이러한 설명
은 또 아름다운 것과 장엄한 것을 예술과 동일시하게 되는 '시작'에도
해당한다. 19세기에 테오필 고티에는 자신의 「예술을 위한 예술」에서
기교와 아름다움(또는 장엄함) 사이의 차이를 통합하기도 했고 억제하기
도 했다. 그럼에도 가다머가 '낭만적 미학'이라고 명명하고는 했던 '차
이의 억제'가 예술의 정체성과 '차이의 통합'을 결합시키는 것은 결코
아니었다.

　예술가의 기교와 예술적인 생산 사이의 차이에 대한 향수는 모던 예
술의 개념에도 여전히 남아 있다. 추상적 표현주의, 12음기법음악(十二音
技法音樂), 의식의 흐름 소설 등에서는 순수하게 장엄하고 정신적이고 표
현적인 작품의 내용을 생산해 내는 예술가의 기교를 극찬했다. 모더니
스트 예술가와 이론가에게 있어서, 예술은 기교와 생산 사이의, 예술가
와 예술작품 사이의 관계에서 비롯되는 '차이의 구조'를 내면화시켜 놓
았다. 20세기 초반의 예술을 해석하는 데 있어서 가다머의 '미학적 비-
차이화'에는 긴장, 분리, 차이의 감각 등이 여전히 예술의 개념을 장악

하고 있다는 점이 제시되어 있다. 이러한 점에서 하이데거가 예술(미학적 순환에 있어서)과 존재적-존재론적 '차이'(존재론적 순환에 있어서) 사이의 결합을 암시적으로라도 제안해야만 했다는 점은 그 어떤 의미에서도 잘 이해되지 않는다. 예술은 고대의 오랜 차이가 무엇인지를 구체화하게 된다. 예술이 예술가와 예술작품의 기원에 해당하는 것과 똑같이, 이러한 요소들이 만드는 '차이'(즉, '기교'와 '아름다움' 사이의 '차이' 또는 '기교'와 '장엄함' 사이의 '차이')는 기원으로, 예술의 '기원'으로 작용하게 된다.

순환 / 횡단하기

'순환'의 문제는 아직 해결된 것이 아니다. 지금까지는 순환의 반복(미학적이고 존재론적인)을 강조했을 뿐이다. 예술자체의 비-차이화에 있어서, 예술의 차이적인 특징에 대해서는 이미 앞에서 그 특징이 무엇인지를 구체적으로 살펴보았다. 그러나 순환이 아닌 것처럼 보이는 '순환'은 무엇인가?

하이데거는 "우리들은 순환을 따를 것을 강요받게 된다"(PLT-OWA, p.18)라는 점을 강조했다. 특히 순환이 있는지가 분명하지 않을 때에, 특히 순환이라기보다는 지그재그와 같은 것이 더 많이 있을 때에, 왜 '강요받게' 되는 것인가? 그럼에도 하이데거는 다음과 같이 계속해서 강조했다. "예술에서부터 작품까지의 단계가 순환인 것처럼 작품에서부터 예술까지의 주된 단계도 순환일 뿐만 아니라 우리들이 시도하는 각각의 분리된 단계도 이와 같은 순환에서 순환하게 된다."(PLT-OWA, p.18) 지그재그를 순환으로 전환함으로써, 작품에서부터 예술가를 거쳐 예술까지의 통로를 추적함으로써, 그런 다음 그러한 통로를 반전시킴으로써,

즉 예술에서부터 예술가를 거쳐 작품까지의 통로를 반전시킴으로써, 하이데거는 '지그재그'를 평탄하게 하려고 노력했던 것처럼 보이기도 한다. 그러나 이와 같은 '순환하기'와 '역-순환하기'는 재구성에 해당할 뿐이다. 이러한 점은 또 이동의 복잡성을 차단시킬 뿐이다.

하이데거는 왜 자신의 설명에서 지그재그의 구체적인 특징을 순환이동으로 전환시켜야만 한다는 의무를 가지고 있었던 것인가? 여기에는 미학적 순환의 방법에 의해서 존재론적 순환을 반복해야만 하는 문제가 자리잡고 있다. 그러나 하이데거가 지그재그를 순환으로 전환시킨데에는 또 다른 이유가 있다. '순환'에서는 편하게 여행할 수 있기 때문이다. 혈통과 부성(父性)의 이동에서는 거친 모서리를 평탄하게 할 것을 요구한다. 세 점(예술작품, 예술가, 예술)에 의해서 하나의 원(圓)을 그릴 수도 있다. 그러나 무엇보다도 예술가가 작품과 일치할 수는 없지만 예술 자체를 명명할 수는 있는 이러한 '원'에서는 하나의 공간, '명확하게 하기'(또는 모든 것을 명명백백하게 드러낼 수 있는 개척지와 같은 장소로서의 '분명하게 하기')와 같은 하나의 영역을 개방시킬 수 있게 된다.

그러나 '원'의 안에 자리잡고 있는 이러한 공간의 본질은 무엇인가? 그것은 분명히 '예술작품-예술가-예술'에 의해 폐쇄되어 있다. 하지만 그 안에 있는 공간은 이와 같은 세 점이 형성하고 있는 그 어떤 공간에 해당하는 것이 아니다. 또한 원의 안에 있는 공간은 아무런 의미가 없는 그런 공간도 아니다. 예를 들면, 수평적으로 직경의 면에서 원의 중심을 가로질러 절단하는 '절단선'을 생각해보자, 이러한 교차점에서 이와 같은 '절단선'을 '텍스트'라고 명명하는 것에 만족하도록 하자. 하이데거는 텍스트의 이론을 제공하지는 않았지만, 그의 설명에는 이와 같은 읽기를 가능하게 하는 여지가 남아 있기 때문이다.

「예술작품의 기원」의 대부분에서 하이데거는 이와 같은 '원'(또는 순환)의 문제에 관심을 기울이지 않았다. 오히려 ① 사물과 작품, ② 작품과 진실 및 ③ 진실과 예술이라는 옷감을 짜고 있을 뿐이다. 하이데거의

「예술작품의 기원」은 '원'을 채워나감에 따라서 조심스럽게 엮여져 있다. 하이데거는 작품의 사물적인 속성에서부터 출발했다. 작품은 그 자체의 '사물성'에도 일치하게 되고 그 자체의 근본에 있어서의 '근본성'에도 일치하게 된다. 작품이 '원'의 밑바닥에 놓이게 되는 데에는 그럴 만한 이유가 있다. '순환'의 밑바닥은 땅바닥에, 사물의 세계에, 그 밖의 자연적인 대상에 접해 있기 때문이다. 이런 점에서, 다음과 같이 질문할 수도 있다. 그렇게 하는 것은 얼마나 유용한가? 얼마나 신뢰할 수 있는가? 어떤 유형의 재료인가? 그 형식은 무엇인가? 이상과 같은 질문을 그 자체의 특징으로 간직하고 있는 다른 사물과는 어떻게 차이 나는 것인가? 물론 이와 같은 질문의 요점은 다음과 같다. 즉, 어떤 작품은 경우에 따라 유용할 수도 있지만('데 스틸' 가구, 르 코르비지에의 건축, 훨씬 강한 어조를 사용하는 윤리적 소설, 몇몇 치료음악), 문제가 되는 것은 그러한 작품의 유용성이나 신뢰성에 있는 것이 아니다. 문제가 되는 것은 그러한 작품의 형식이나 재료에 있다. 분명히 예술작품에는 형식이 있어야만 하고 특정한 특성을 지닌 재료도 있어야만 한다. 그리고 예술작품에서의 형식, 예술작품이 요구하는 재료는 모든 작품이 '있는 사실 그대로' 존재하는 데 있어서 본질적인 것이다. 그러나 하이데거에게 있어서 정말로 문제가 되는 것은 그러한 작품이 드러내는 것, 즉 작품 자체의 '진실'에 있다.

하이데거는 다음과 같이 강조했다. "예술작품은 그 자체만의 방법으로 존재자의 존재를 드러내게 된다. 이러한 '드러내기', 이러한 '탈−감추기'(감추기로부터 벗어나는 것), 즉 존재자의 '진실'은 작품 자체에서 발생하게 된다. 예술작품에 있어서, '있는 사실 그대로'의 진실 그 자체는 이미 작품에 부여되어 있다."(PLT-OWA, p.39) 예술작품에 대해서 정말로 문제가 되는 것은 그 자체의 '탈−감추기', 감추어진 것에 대한 그 자체의 '드러내기', 그 자체의 '규명하기', 그것(예술작품)이 차지하고 있는 위치에서 발생하는 그 자체의 '진실 만들기' 등에 있다. '원'의 밑바닥에 있

는 그 자체의 위치에서부터 지그재그― 하이데거가 순환으로 전환시켜
놓은―의 이동은 시작된다. '원'의 밑바닥에 있는 그 자체의 위치에서
부터, 바로 그 원으로 둘러싸인 '개방 공간'은 열리게(개방되게) 되어 있
다. 따라서 진실이 발생하게 된다. 이와 같은 드러내기(규명)의 위치, 이
와 같은 개방성의 위치, 이와 같은 명확하게 하기, 이와 같은 '밝히기'
등은 작품 속에서 그리고 작품에 의해서 드러나게 되는 진실의 공간,
즉 '원'(순환)의 공간에 해당한다. 예술작품과 더불어, 무엇인가 아주 중
요한 것, 다름 아닌 유용성과 신뢰성이 발생하게 된다. '발생하는 것'은
또한 존재적―존재론적 차이에서도, 존재자의 존재에서도, 다른 순화에
서도……발생하게 된다. '발생하는 것'은 진실이다. 존재자의 존재가
'있는 사실 그대로'를 드러내게 되고 '있는 사실 그대로'가 진실이 되게
하는 것과 똑같이, 예술작품 역시 '있는 사실 그대로'를 드러내게 된다.
그러나 예술작품은 그 자체만의 특정한 방법으로 드러내게 된다. 존재
자는 이러한 방법으로 그 자체를 드러내지 않는다. 그러나 예술작품은
전체적인 순환에서 그 자체를 개방시키게 된다. 예술작품에 의해서 드
러나게 되는 진실은 미학적 순환에서의 '개방 공간' 그 자체에 해당한
다. 파에스툼에 있는 '그리스 신전', 반 고흐의 '농부 구두', 헨리 무어의
'조각 작품'―이 모든 것들은 하나의 세계, 즉 미학적 순환의 세계, 예술
작품에서 드러나게 되는 진실의 세계를 열어놓고 있다. 그러나 '진실은
무엇인가?'라고 물을 수도 있으며, 이러한 질문에 대해서 '진실이 무엇
이든 특정한 작품은 진실 그 자체를 드러내게 된다'라고 대답할 수도
있다. 각각의 예술작품은 차이나는 위치에서 출발하며, 따라서 특정한
드러내기(규명하기)는 차이나게 마련이지만, 그 각각은 원의 밑바닥에서
부터 출발하게 된다. 내용만이, 규명된(드러난) 그 자체의 의미만이 차이
나게 될 뿐이다.

　예술에 대한 관계는 무엇인가? 예술작품은 진실을 드러내고, 예술작품
은 진실을 발생하게 하고, 예술작품은 순환의 공간을 개방시키게 된다. 그

러나 예술이 순환의 주변에 위치하지 않는다면, 이때의 순환은 순환이 아니다. 해석학적 여행자에게 있어서, 예술은 '시작으로 되돌아오기'보다 앞서 있는 순환에서의 '마지막–다음의 멈춤', 즉 예술작품에 해당한다. 여행의 관점에서 보면, 예술은 마지막 선(線)을 예술작품에 되돌아올 수 있도록 그리게 되는 바로 그 직전의 지그재그에서의 '마지막–다음의 점'에 해당한다. 예술의 '마지막–다음'은 하이데거가 예술의 '피–창조성'이자 예술을 '보전할 수 있는' 특징이라고 명명한 것에서 비롯된다. 예술가는 창조하고, 예술작품은 보전하고, 예술은 "작품에서의 진실에 대한 창조적 보존"(PLT-OWA, p.71)에 해당한다. 작품의 보전하기와 예술가의 창조하기를 통과함으로써, 순환은 예술 자체로 되돌아오게 된다. 예술은 '원'의 주변의 270°에 위치하게 되지만, 예술이 '원'의 주변의 90°에도 위치하게 되는 까닭은 예술이 작품과 예술가 사이의 '차이'의 위치에 있기 때문이다. 따라서 원을 그리는 방향에 따라 예술은 '마지막–다음의 점'에서 나타나게 된다. 예술작품에서의 진실을 창조적으로 보전하는 위치에서 예술을 확인할 수도 있다. 이러한 위치는 원의 양방향에서 반복된다. 따라서 하나의 원을 형성하는 데에는 세 개의 점이 있는 것이 아니라 실제로는 네 개의 점이 있는 셈이다. 다만 세 번째 점은 네 번째 점에 해당하며 그것은 다른 방향에서 반복할 수 있게 된다. 따라서 네 번째 점은 세 번째 점의 반복에 해당한다. 어디에서 시작하느냐, 즉 작품의 보전적인 특징에서 시작하느냐 또는 작품의 피–창조성에서 시작하느냐에 따라서 원의 길을 차이 나게 그릴 수 있게 된다. 어느 경우든, 마지막에는 예술로 되돌아오게 되어 있다. 예술로서의 예술의 결정은 규명(드러내기)을 수립하는 것, 즉 원에 의해 형성된 개방성을 수립하는 데 있다.

작품 / 텍스트

하나의 원의 90°에 자리잡은 예술의 위치에서부터 그러한 원의 270°에 자리잡은 예술의 위치까지 '가로지르는 것'에 대해서 설명하는 것은 텍스트의 위치에 대해서 설명하는 것과 일치하게 된다. 텍스트는 '가로지르는 것'이다. 텍스트는 예술이 표시한 위치에서 '원'의 양쪽에서 원 그 자체를 가로질러 절단하는 것이다. 텍스트는 예술가의 위치에 있는 것도 아니고 예술작품의 위치에 있는 것도 아니다. 텍스트는 '이처럼' 예술가에 의해서 생산되는 것도 아니고 텍스트는 '이처럼' 예술적인 생산의 산물에 해당하는 것도 아니다. 텍스트는 예술가의 생산 활동에 관련되지 않는 것도 아니고 작품의 '피-창조성'에 관련되지 않는 것도 아니다. 그렇지만 텍스트는 그 어느 쪽과 일치하는 것도 아니다.

하이데거는 텍스트에 대해서 그 어떤 주장도 하지 않았다. 하이데거 적인 어휘에는 '텍스트'라는 어휘가 없다. 하이데거가 그리스의 사원, 반 고흐의 그림 또는 횔더린의 시와 같은 예술작품에 대해서 언급했을 때에, 그는 텍스트에 의존하지 않았다. 하이데거가 텍스트에 속하는 위치를 나타내기 위해서 가장 근접하게 된 것은 그가 시의 탁월성을 설명했을 때이다. 그는 다음과 같이 강조했다. "'있는 사실 그대로'의 진실의 출현을 발생하도록 하는 '모든 예술'은 이와 같이 본질적으로 시에 있다."(PLT-OWA, p.72) 실제로 하이데거는 진실이 발생하는 위치에, 즉, 하나의 '원'의 공간에 시를 배치했다. 시는 원을 가로질러 절단하는 '가로지르기'도 아니고 예술에 의해서 표시된 지점을 결합하는 것도 아니다. 오히려 시에서는 완벽한 '개방 공간'을 의미와 감각으로 채우게 된다. 시는 언급하기, 부르기, 명명하기, 진실—작품의 언어—에 대해서 말하기 등에 해당한다. 하이데거에게 있어서 시는 다른 예술을 종합하게 된다. 시는 그러한 다른 예술을 의미 있게 만들기도 한다. 그러나 텍스트에는 그러한 권한이 없다. 텍스트는 다양한 텍스트를 통합할 수 없다. 텍스트는 또한 하이데거가 '예술작품—예술가—예술'의 관계에 대해서 지그재그의 구조에 대한 '생략'이라고 설명했던 '미학적인 해석학적 순환'에 의해서 그 윤곽을 드러내게 되는 전체적인 공간을 채울 수도 없다. 텍스트는 예술작품과 예술가의 '중재자' 내에 있다. 텍스트는 하이데거의 예술, 즉 차이에 대한 향수에 젖어 있는 예술에 비유될 수 있는 차이적인 구조에 해당한다. 하지만 텍스트만이 작품의 진실에 의해서 개방된 공간을 가로지르게 될 수 있을 뿐이다. 텍스트는 드러내기(규명)를 구체화하지만 그러한 드러내기를 채우는 것은 아니다. 이러한 의미에서 텍스트는 바로 그 드러내기의 파편에 해당한다. 텍스트는 예술자품의 진술에 해당한다. 그것은 작품의 '자체—표출'에 해당하지만, 예술가와 직접적으로 연결되는 것이 아니라 거의 우연적으로 연결됨으로써 그러한 표출을 할 수 있게 될 뿐이다.

텍스트는 작품을 대체하는 것이 아니라 작품을 재해석하는 것이다. 작품은 그것이 '있는 사실 그대로' 남아있게 된다. 텍스트는 예술에 대한 하이데거의 개념을 가로지르게 된다. 텍스트는 작품에서 하나의 이야기를 만들어 내게 된다. 텍스트는 작품을 분명하게 할 수 있는 '신화소(神話素)'이거나 서사, 옷감이거나 '망(網)'에 해당한다. 이야기는 일관될 필요도 없고, 사실의 재구성일 필요도 없고, 전해지는 옛이야기일 필요도 없다. 오히려 텍스트는 코드화된, 구조화된, 명확하게 된 작품의 해석에 해당한다.

하이데거는 1935~1936년에 처음으로 「예술작품의 기원」을 발표했다. 이러한 점은 합당한 텍스트의 이론이 출현하기에는 너무 이른 것이었다. 롤랑 바르트는 1971년에 발표한 자신의 글에서 작품에서 텍스트로의 전환을 심도 있게 논의한 바 있다. 바르트는 작품이 "책의 공간의 일부분을 점유하고 있는 재료의 파편"(IMT-FWT, pp.156~57)이라고 파악했다. 바르트가 글로 쓰인 작품에 역점을 두기는 했지만, 그의 이러한 파악은 다른 예술작품—이러한 예술작품이 사물의 세계, 재료의 세계 및 실재(實在)의 세계의 일부분에 해당한다는 점에서—에도 똑같이 적용될 수 있다. 따라서 작품에는, 그 자체의 사물적인 속성의 특징, 즉 하이데거가 다시 계산하고 있는 질서의 특징이 상당히 많이 포함되어 있다. 이러한 점은 바르트가 "작품은 혈통의 과정 …… 작가는 자신의 작품의 부친이자 소유자로 잘 알려져 있는 '혈통의 과정'에 사로잡혀 있다"(IMT-FWT, p.160)라고 강조했을 때에 아주 분명하게 나타나게 되었다. 이러한 점은 하이데거의 다음과 같은 설명, 즉 예술작품은 예술가의 기원이고 예술가는 예술작품의 기원이라고 언급했을 때의 설명과도 일치한다. 하이데거의 이러한 설명에서 전자(예술작품은 예술가의 기원)는 혈통의 경우에 해당하고 후자(예술가는 예술작품의 기원)는 부성(父性)의 경우에 해당한다. 또는 그것은 모성(母性)의 경우인가? 따라서 작품은 예술가나 작가와 분리하여 이해할 수 있는 것이 아니다.

그러나 텍스트는 "방법론적인 분야"(IMT-FWT, p.157)에 해당한다. 그것은 "담론의 움직임에서만"(IMT-FWT, p.157) 존재하게 된다. 그것은 "생산 활동에서만 경험할 수"(IMT-FWT, p.157) 있을 뿐이다. 그것은 작가나 예술가에 대한 우연적인 관계나 기원적인 관계 그 어느 방향에서도 이해될 수 있는 것이 아니다. 작품이 그 자체만의 '드러내기'에 의해서 진실의 공간을 개방시킴으로써 "기의(記義)에 의해 폐쇄되어 있게 된다면"(IMT-FWT, p.158), 텍스트는 "기의의 무한한 연기를 실천하게 된다."(IMT-FWT, p.158) 텍스트는 그것이 지칭하는 것의 모든 분명한 의미, 모든 단일한 의미를 회피하고자 한다. 텍스트의 복수적(複數的)인 특징에서는 그 자체의 분야나 연결망을 가로지르는 환유적인 의미의 분산을 생산하게 된다. 텍스트는 의미적인 망, 즉 미학적인 해석학적 순환의 한계를 뛰어넘어 확장되기까지 하는 '망(網)'의 생산에 해당한다. 텍스트는 다른 텍스트, 다른 연결망, 다른 '틀' 등 원(圓)의 둘레에 의해 제한받지 않는 것들의 콘텍스트에서 그 자체를 비유적으로 언급하게 된다.

초점 / 틀

하이데거에게 있어서 '예술', 즉 예술가와 예술작품의 기원으로서, '원'의 둘레를 따라 긋게 되는 중간지점으로서의(그것이 어느 방향에서 가로지르든) 예술은 문제가 되는 특정한 예술작품만으로 한정되는 것이 아니다. 따라서 예술은 반 고흐의 후기인상주의, 파에스툼에 있는 그리스 신전의 고전스타일, 또는 헨리 무어의 '현대원시주의' 등에서 그 예를 찾아볼 수 있는 기교가 아니다. 예술가와 예술작품이 비롯될 수 있는 예술은 이보다 훨씬 더 보편적인 것이다. 예술은 '진실'을 선언하는 예술가와 예술작품(둘 다 진실을 선언하는)의 예를 뛰어넘어 확장된다. 바르트에게 있어서 텍스트는 하이데거가 의미하는 예술과 일치하는 것이 아니다. '원의 틀'의 밖에 놓이게 되는 것을 지시하고 결합시키는 것은 두 경우(텍스트와 예술) 모두에서 반복하게 되어 있다. 예술 그 자체는 하이데거의 원의 둘레를 따라 위치하게 되는 반면, 텍스트는 '세계의 세계화'와는 무관한 '상호텍스트성'의 전체적인 망을 모두 끌어들임으로써 원의 둘레를 가로질러 절단하게 되고 원의 둘레를 뛰어넘어 확장하게 된다.

따라서 텍스트가 제공하는 '텍스트성'의 유형은 무엇인가? 라는 문제, 아직까지 고려한 적이 없는 문제가 남게 된다. 그 자체가 그 자체만의 '틀'을 뛰어넘도록 하는 텍스트의 '텍스트성'의 본질은 무엇인가? 그리고 더 나아가, 하이데거가 제공하는 '틀'에는 바로 그 '텍스트성'의 본질을 확인할 수 있는 위치가 있는 것인가?

「예술작품의 기원」에 대한 「부록」(1960)에서 하이데거는 '초점'과 '틀'이라는 두 개의 개념에 주목했다. 하이데거는 '초점'을 "실존하는 인간이 존재의 드러내기 속으로 진입하는 것이자 승낙하는 것"(PLT-OWA, p.84)이라고 파악했다. 이러한 '승낙'이 진실로 하여금 '있는 사실 그대로' 발생하게 하는 것이라면, 진실의 이러한 발생은 '드러내기'와 '감추기', 시야(視野)의 '열어놓기'와 '거리두기'에서 일어나게 된다. '초점'이 '출발하는 것', 시야로부터 숨겨진 것을 고정시키는 것이라는 점에서, 그것은 미학적인 해석학적 순환에 의해 개방된 공간에서 '중심적인 것'을 특수화시키는 것에 해당한다. 초점은 작품의 드러내기에서 발생하게 되는 진실에 주목하는 것이라고 말할 수도 있고, 초점은 드러내기로서의 '원', 즉 드러내기의 과정에서 비롯되는 순환으로서의 원을 가로질러 절단하는 것이라고 말할 수도 있다. 이러한 점에서 텍스트는 일종의 '초점', 그 자체만으로 진입하게 되는 초점, 그 자체의 시대가 열리게 되는 초점에 해당한다고 제안할 수도 있다. 이러한 점에서, 텍스트는 '설정된 것'(부여된 것)에 해당한다.

그러나 『텍스트의 즐거움』(1973)[2]에서 롤랑 바르트가 제안한 바와 같이, 텍스트는 하나의 '장(場)'—텍스트의 읽기에서 비롯되는 즐거움으로서의 현장—으로서의 '출발'에 해당하거나 또는 심지어 '담론'(이야기)으로서의 '출발'에 해당하는 것이 아니라, 텍스트는 '주이상스'(쾌락, 즐거움, 환희, 황홀경 등)가 발생하게 되는 '위치', 하이데거가 "실존하는 인간이 존재의 드러내기 속으로 진입하는 것이자 승낙하는 것 …… 진실로 하여금 '있는 사실 그대로' 발생하게 하는 것"이라고 파악했던 바로 그 '위치'에 해당한다. 달리 말하면, 하이데거의 설명에서는 '텍스트'(바르트가 말하는 '읽을 수 있는' 텍스트)의 즐거움과 '주이상스', 텍스트의 '장'이나 '현장'에서 발생하게 되는 '황홀경'이나 '축복'을 통합하게 된다.

그러나 텍스트가 일종의 초점이라면, 진실(또는 진실의 파편)이 담론으로서, 서사로서, 이야기로서 발생하게 되는 것이라면, 텍스트 역시 그 자체만의 한계를 수립해야만 할 것이다. 이것이 바로 하이데거가 자신의 「부록」에서 강조하는 두 번째 항목인 '공작(工作)'이다. 텍스트를 시작(출발)하는 것은 바로 그 자체의 '틀'의 한계를 확정짓는 것과 같은 것이다. '틀-짜기'(작품의 틀-만들기)는 작품에 대한 '틀-밖-짜기(작품의 바깥-틀-만들기)', 보충하기 또는 잔여물이 아니다. 텍스트 그 자체는 이미

'틀-밖-짜기', 보충하기, '작품의 일부분이 아닌 것', '아직은 작품에 관련되지 않는 것' 등에 해당한다. 틀-짜기는 텍스트를 틀에 끼우는 것이다. 텍스트는 '액자-만들기', 텍스트의 경계선에서 텍스트를 둘러싸는 것이다. 따라서 틀-짜기, '공작'은 초점에 그 형식을 부여하는 것, 하나의 텍스트를 다른 텍스트와 차이나도록 하는 것이라고 파악할 수도 있다. 틀-짜기는 일종의 보충하기, '여분(餘分)'−틀-짜기가 에워싸고 있는 텍스트에 정확하게 속하지 않는 것, 텍스트와 일치하지 않는 것, 예술가와의 관계 및 예술가와 작품의 예술에 대한 상호관계에서 '작품'에 추가하게 되는 것 등에 해당한다. 따라서 틀-짜기는 텍스트의 '텍스트성'을 표시하는 것이다. 틀-짜기는 텍스트에 대한 하나의 경계선으로 작용하게 되며 따라서 텍스트의 '텍스트성'과 '콘텍스트성'을 가능하게 한다. 틀-짜기는 하나의 텍스트가 '텍스트'라는 점, 즉 텍스트 자체의 한계, 경계, 시작, 끝, 중간 및 주변 등과 더불어 '있는 사실 그대로'의 텍스트라는 점을 확인하는 것이다.

제6장
형이상학의 가장자리에서 글쓰기

철학 서클에서 해체주의에 대한 논쟁은 중요한 비중을 차지하게 되었다. 문학연구자들이 이러한 문제에 부딪치게 된 것은 해체적 '연구기획'의 지배적인 특징으로 텍스트의 읽기가 포함되어 있기 때문이다. 특히 문학이론가들이 해체주의를 인식하게 된 것은 해체주의가 읽기의 이론으로 문학적 글쓰기에 접근할 수 있는 전통적인 기존의 글쓰기 방법에 도전하고 있기 때문이다.

유럽대륙과 영어권 세계 모두에서 현상학적으로 심취된 철학자들 사이에서는 해체주의를 '현존'과 '경험'의 철학에 대한 비판이자 위협으로 파악하고는 한다. 소쉬르의 전통, 로만 야콥슨과 러시아 형식주의학파에 상당히 많이 의존하고 있는 형식주의자들, C.S. 퍼스와 이에 상응하는 전통적인 미국철학의 콘텍스트에 관심을 가지고 있는 기호학자들의 언어학에서 그 원천을 찾아볼 수 있는 기호학자들과 구조주의자들은 해체주의가 자신들의 지배적인 관심과 중요한 전략적인 방법을 통합시키고 있을 뿐만 아니라 자신들의 프로젝트를 하나의 학문으로까지 강화시키고 있는 것으로 파악했다. 더 나아가 심리분석적인 경향을 보이는 철학자들, 심리학자들, 사회이론가들은 해체적 연구기획이 프로이트적이거나 후기프로이트적으로(특히 자크 라캉의 경우) 집대성되는 것을 점검하기도 하고 와해시키기도 하는 것으로 파악했다. 종종 '후기분석학파'로 분류되고는 하는 철학자들까지도 해체주의를 진지하게 고려하게 되었을 뿐만 아니라 몇 가지 전략과 관심을 자신들의 논쟁의 방법으로까지 통합시키게 되었다.

해체주의는 자크 데리다의 '활동'과 일치하는 것인가? 분명히 데리다는 글쓰기의 실체를 생산했으며, 그러한 '글쓰기의 실체'는 데리다 자신이 하고 있는 것을 설명할 수 있고 그 자신의 연구기획을 특징지을 수 있는 해체주의를 제공했다. 데리다가 자신의 첫 번째 세 권의 저서인 『화술과 현상』, 『쓰기와 차이』, 『그라마톨로지』[1]를 출판한 1967년 이후에, 그가 제창한 해체주의는 하나의 '접근방법'이나 '철학화의 스타일'로 주목받게 되었다. 1967년 이전에 출판된 그 밖의 중요한 저서로는 긴 '서문'과 함께 그가 프랑스어로 번역한 후설의 『기하학의 기원』(1962)[2]이 있다. 데리다가 1967년 자신의 글쓰기에서 '해체주의'를 인용(예를 들면, 앙리 롱스와의 대담에서 데리다는 '해체철학'에 대해서 언급)했지만, 1972년이 되어서야 그는 비로소 해체주의를 비평의 연구기획으로 수용하게 되었다. 그 이후 몇 년이 지난 후에 현상학, 기호학, 해석학, 실용주의, 일반 언어철학, 언어 분석학 등에서는 '해체주의'를 자기주장이 강한 철학적 접근방법으로 인용하게 되었다. 실제로 데리다가 장-루이 우드뱅과 기 스파르페타와 대담한 내용을 정리한 『약속』(해체주의의 보편적인 전략을 강조하고 있는)이 1971년에 출판되기 전까지, 그는 자신의 연구기획을 특징지을 수 있는 '콜링카드'로서 '그라마톨로지'라는 명칭을 좀 더 보편적인 의미로 사용하고는 했다. 데리다는 자신의 『그라마톨로지』에서 '그라마톨로지'가 명확한 '글쓰기 학문', 즉 기술학(記述學)을 의미한다는 점을 분명히 했다. 1968년 줄리아 크리스테바는 그라마톨로지가 기호학에 반대하여 출발한 것이라는 반응을 보였다(그 당시 크

리스테바는 기호학을 특별히 지지하는 강력한 옹호자였다).[3]

그라마톨로지는 "형이상학적인 실증주의와 과학주의를 동시에 뛰어넘어야만 하고 효과적인 학문 활동에 있어서 형이상학적인 속박, 즉 그것이 시작된 이래 그 자체의 정의와 동향에서 비롯된 속박으로부터 바로 그러한 활동을 자유롭게 하는 데에 기여할 수 있는 것이 무엇이든지 그러한 점을 강화시켜야만 한다"(Positions, p.35)라는 점을 주장함으로써, 데리다는 그라마톨로지가 '텍스트성에 대한 학문'이라고 정의했다. 더 나아가 그는 그라마톨로지가 "학문의 실천에 있어서, 사유-중심적으로 폐쇄된 영역을 뛰어넘기 위해서 '언제나 이미' 시작되었다는 점을 추구해야만 하고 종합해야만 한다"(Positions, p.36)라는 점을 주장했다. 이러한 주장에 의해서, 데리다는 '사유'(로고스)를 중심으로 하는 학문적인 실천, 다시 말하면, 말해진 '말', 부르는 목소리, 화술행위, '존재적-존재론적' 언어해석 등이 성행하는 것을 강조하는 학문적인 실천에서는 그 자체의 한계가 무엇인지를 조사하고 연구할 필요가 있다는 점을 제안했다. 그라마톨로지에서는 학문을 '사유'로 파악했고 그러한 학문이 여전히 그 자체를 학문이라고 간주할 수 있는 범위, 학문이 자체-경계선을 둘러침으로써 그 자체를 확인할 수 있는 범위가 무엇인지를 고려했다 (Positions, p.36). 그라마톨로지에서는 어떤 특정한 학문의 특징과 조건을 쓰거나 다시 쓰는 동시에 한계, 가장자리, 폐쇄된 위치, 즉 어떤 특정한 학문이 그 자체의 바로 그 실천에 의해서 스스로 자리잡게 되는 위치를 제시할 수 있어야만 한다. 그라마톨로지의 "근본적인 조건은 사유중심주의를 파괴하는 데 있다."(Grammatology, p.74) 즉, 그라마톨로지의 근본적인 조건은 어떤 특정한 학문이나 '학문 일반'으로 하여금 그 자체의 극단적인 조건으로까지 뻗어 나가게 하여 그 자체의 '폐쇄'의 한계와 특징이 무엇인지를 수립하는 데 있다. 여기서 말하는 '폐쇄'는 '기원'에 대해서 상호 연관되어 있는 폐쇄에 관계된다. 이러한 의미에서, '폐쇄'는 '끝'과 같은 것이 아니다. 폐쇄는 마감하는 것, 아마도 자의적이기는 하지만 분명히 '한계 결정'에 의해서 마감하게 되는 것에 관계된다. 폐쇄는 필연적으로 '끝'을 암시하지는 않는다. 그것은 어떤 동기의 성취 또는 충족일 수도 있다. 그것은 문제가 되는 '학문'이 정체성, 경계 및 결정적인 형식 등을 그 자체에 부여하기 위해서 그 자체에 행하게 되는 '자체 경계선'일 수도 있다. 그라마톨로지에서는 다양한 폐쇄형식에서 수립해 놓은 역사적이고 개념적인 '한계'가 무엇인지를 연구하게 된다.

크리스테바와의 대담에서 데리다는 다음과 같은 반응을 보였다. "그라마톨로지에서는 '학문적인 특성'의 개념과 규범을 존재론, 사유중심주의, 음성주의 등에 결합시키고 있는 모든 것을 해체해야만 한다."(Positions, p.35) 데리다는 1968년에 행해진 이와 같은 대담에서 '해체주의'는 '그라마톨로지'가 하고 있는 것에 해당한다는 점을 강조했다. 『입장들』(세 편의 '대담'으로 구성된) 뿐만 아니라 『산종(散種)』과 『철학의 여백』4)이 출판되었던 1972년까지, 해체주의에서의 좀 더 합당한 방법은 분명히 데리다가 자신의 글쓰기에 자신의 서명(署名)을 하게 되는 것이었다. 『산종(散種)』에 수록된 세 편의 글은 1960년대 후반부터 쓰인 것이며, 여기에는 「플라톤의 조제술」(1968), 「중복 회의」(1970), 「산종」(1969) 등 세 편의 글이 수록되어 있다. 문제가 되는 '서문쓰기'를 배치함으로써 서문을 쓰게 되는 '서문', 즉 '책의 밖'(혹은 '틀-밖-짜기'에 해당하지만 좀 더 정확하게는 '책의 바깥'에 해당하는)이라는 명칭으로 진행되는 '서문'은 1971년부터 시작되었으며, 이러한 '서문'에서 데리다는 "해체주의에는 불가피한 '반전'의 국면이 포함되어 있다"(Dissemination, p.6)라고 강조했다. '프로-그램(pro-gramme)'은 해체주의의 한 양식이며, 그것의 작용에는 반전이 포함되어 있다(이와 같은 반전의 개념에 대해서는 나중에 좀 더 자세하게 살펴보고자 한다). 데리다가 언급한 바와 같이, "낡은 명칭을 작용하도록 하는 것, 또는 심지어 그러한 명칭을 순환 속에 남겨두는 것에는 언제나 어느 정도의 위험, 즉 해체되었거나 해체되는 과정에 있는 체계로 정착되거나 복귀되는 위험이 있다."(Dissemination, p.5) 이러한 점에서 해체주의는 또 특정한 체계나 학문에 관련되어 수행되는 작용 또는 일련의 작용이라고 파악할 수도 있다. 「부수적인 것」(1974) — 이 글은 결과적으로 1978년에 발표한 『그림에서의 진실』에 종합되어 있다 — 이라는 제목으로 발표한 글의 일부분에서, 칸트의 세 번째 비판에 해딩하는 『판단력비판』과 관련지어 데리다는 다음과 같이 언급했다. "철학은 이와 같은 '진실'을 조사하고자 하지만 결코 성공한 적이 없다. 진실의 '틀'을 생산하고 조정하는 것은 대부분의 경우 그것을 무한성으로 전환시킴으로써, '절대신'이 유지하고 있는 상태에서(칸트에게서 확인할 수 있는) 그 자체의 효과를 삭제하기 위해서 모든 것을 움직이도록 하는 데 있다. 해체주의에서는 순수하고 단순한 '틀'의 부재를 다시 구상하지도 않고 공상하지도 않는다. 이처럼 분명하게 반대되는 두 가지 행위는 정확하게 체계적으로 사회화될 수 없는 행위(현재 해체되고 있는 것에 대해서)에 해당한다."5) 하나의 '프로-그램'으로서, 해체주의는 그 자체에 하나의 '금지사항'을 배치하고 있다. 해체주의는 '틀'과 실제상의 '생산'에 관련되어 부정적으로 작용하게 되어 있다. 해체주의 그 자체에서는 이미 '틀'로 구성된 것을 재구성해서도 안 되고 이미 실제로 생산된 것을 재생산하려고 공상해서도 안 된다. 틀-짜기와 공상하기를 체계적으로 결합시키는 것-그것만이 해체되어야 하는 작품(혹은 작품의 내용)을 형성하고 있을 뿐이다.

명칭에 있어서나 실천에 있어서나 '연구기획'이라고 부를 수 있는 해체적인 연구기획이 무엇인지를 살펴보았다. 『우편엽서』(1980)에 수록된 「전부」라는 제목의 또 다른 대담에서, 자신의 글쓰기에 나타나는 모순되는 특징에 대한 질문을 받았을 때, 데리다는 "나의 글쓰기의 '모순효과'는 소위 말하는 심리분석적인 영역에 대한 해체를 지속하는 것이다"6)라고 답변했다. 해체주의는 제도적인 틀-짜기 내에서 작용하게 되어 있다. 이러한 제도적인 틀-짜기에 대해서 데리다가 7,8년 전[1994년 현재의 시점에서]에도 이와 똑같은 방법으로 정의한 것은 아니지만, 그가 주장하는 것은 제도가 체계라는 점, 즉, 자체-한계선 정하기, 자체-경계선 정하기, 자체-확인하기 등과 같은 체계에 해당한다는 점에 있다. 따라서 그는 다음과 같이 강조했다. "해체주의는 광범위하거나 이론적인 문제가 아니라 오히려 실무정치적인 문제이다. 그리고 해체주의는 언제나(아마도 조금은 요약적이면서도 신속하게) 제도적이라고 불릴 수 있는 구조에서 생산된다."(Carte postale, p.536) 이와 똑같이 계시적인 전통에 대한 글을 1981년에 썼을 때에, 데리다는 다음과 같이 강조했다. "탈-신비화의 한계, 아마도 좀 더 본질적인 하나의 한계를 주장할 수 있을 뿐만 아니라 계몽주의 스타일에 있어서 그저 진보적인 탈-신비화에 대한 해체주의를 '아마도 구분할 수 있는' 한계까지 주장할 수 있다면, 그렇다면 그러한 주장을 하는 사람은 또 다른 절차에 대한 유혹을 받게 될 것이다."[7] '탈-신비화' 그 자체는 체계적이고 제도적이며 학문적인 자체-경계선 정하기에 해당한다. 해체주의에서는 이와 같이 기록된 자체-한계선 정하기를 필연적으로 활용하게 된다.

그러나 '누가 해체하는가?' '해체주의는 데리다의 활동과 일치하는 것인가?' 등의 문제가 남게 된다. 「비유의 '후퇴'」[8]에서, 「백색신화」에 나타나 있는 자신의 비유의 개념을 비판한 폴 리쾨르에 대해서 데리다는 리쾨르에게 다음과 같은 반응을 보였다(또는 심지어 대응하기까지 했다). 리쾨르의 비판에 대한 자신의 반응을 옹호하는 데 있어서, 데리다는 '비유적인 수사에 대한 해체주의'에서 자신이 하고 있는 것이 무엇인지를 분명하게 했을 뿐만 아니라 리쾨르가 "비유적이고 아날로그적인 뿌리 깊은 통일체를 시각적인 존재자에서 — 스피드를 목적으로 말한다면 — 해체적인 방법에서의 지성적인 존재자로 전환시키는 것"(Retrait, p.13)이라고 비판한 것에 대해서도 자신이 하고 있는 것이 무엇인지를 분명히 했다. 혹은 또다시, 「각명부(刻銘部)」[화폐나 메달 등 의장(意匠)의 하부와 가장자리 사이 또는 연월일과 제작자의 이름 등이 새겨진 곳]와 관련지어 데리다는 자신이 어떤 '도식(圖式)'을 제안한 것이 아니라, "닳아버린(인식할 수 없을 정도로) 비유의 '도식' 위에 새겨진 철학적인 개념, 철학적인 형성을 해체하고자 했거나 또는 의미심장한 이유로 인해서 '비유'라고 명명되는 문채(文彩)에 대해서 어떤 특권을 부여하고자 했다"(Retrait, p.14)라는 점을 강조했다. 이러한 점에서 데리다는, '자신이 하고 있는 것'은 '스피드를 목적으로 하는' 해체주의나 해체적인 방법이라고 명명할 수 있는 것에서 이루어질 수 있다는 점을 추가했다. 또한 '자신이 하고 있는 것'은 "문제가 많은 영역에서 이미 독단적인 것으로 되어 있거나 공식적으로 되어 있는 것"을 해체함으로써 이루어질 수 있다는 점을 강조하기도 했다(스피드를 목적으로 말하면, 심리-분석적인, 경제-정치적인, 니체적인 의미의 계보적인)(Retrait, p.13).

따라서 해체주의는 데리다가 참여하고 있는 '실천'을 일반적으로 지칭하는 명칭, 즉 지름길, 간결성의 문제, 일시적인 각인(刻印) 등의 명칭에 해당한다. 그러나 해체주의를 실천하는 데 있어서 데리다는 그것을 자기 자신만의 소유물로 만든 것이 아니다. 데리다가 해체주의를 실천할 때에 그것은 그 자신만의 것에 해당하지만, 그가 그렇게 할 때에 그것은 전용(轉用)을 목적으로 하는 또 다른 활동에 해당하기도 한다. 실제로 특정한 전용형식은 데리다가 하나의 텍스트, 즉 그 자체가 또 다른 텍스트의 읽기에서 비롯되는 쓰기에 해당하는 텍스트에서 해체적인 실천을 각인할 때에 나타나게 되는 형식에 해당한다. 아마도 문학의 영역에 있어서 이와 같은 전용을 하게 될 때에 나타나는 위험성은 ① 하나의 텍스트에 대한 읽기에서 비롯되는 글쓰기에서 다른 사람들이 전용할 수도 있는 전용의 가능성으로 인해서 그리고 ② 반복될 수도 있는 실천의 제도적 장치에서 비롯되는 가능성으로 인해서 더욱 고조될 수도 있고 더욱 즉각적으로 될 수도 있다. 첫 번째 경우에서, 전용의 가능성은 데리다가 자신이 제창한 해체주의를 라캉의 「E.A. 포의 도둑맞은 편지에 관한 세미나」에 적용했을 때에 특히 분명하게 되었다, 바바라 존슨은 자신의 「준거(準據)의 틀」[9]에 관한 글에서 라캉의 「E.A. 포의 도둑맞은 편지에 관한 세미나」[10]를 해체적으로 다시 읽어내었다. 해체주의가 하나의 읽기에 대한 하나의 글쓰기를 전용하는 것이라면, 그렇다면 실천이 반복되는 것은 자명하다는 점에서, 두 번째 경우는 첫 번째 경우를 뒤따르게 되어 있다. 그러므로 데리다 자신의 글을 비롯하여 그 당시에 '예일 그룹'을 형성하고 있던 그 밖의 다른 구성원들의 글을 포함하여 일종의 '이론종합서'로서 『해체주의와 비평』(1979)[11]이 출판된 것은 합리적이지 못한 것이 아니다. 이 책에 수록된 모든 글에서는 셸리의 『인생의 승리』를 취급하고 있다(그 당시의 학문적 유행이나 그 밖의 이유로 인해서). 이 책에 수록된 글 중에서도 폴 드 만의 글은 그 자체의 실천적인 특징으로 볼 때에 데리다의 글에 가장 가깝다고 볼 수 있다(이와 같은 기억의 친밀성은 뒤이어서 그리고 드 만이 세상을 떠난 후에 상당히 구체적으로 재확인 되었다). 해롤드 블룸은 자신이 본질적으로 해체주의를 실천하지 않았다는 점을 강조했다. 제프리 하트만(그 자신은 데리다에 관한 저서를 집필했다)과 J. 힐리스 밀러(그는 해체주의의 연구기획에 대해서 분명한 동정심을 표시했다)를 포함하는 이들 네 명의 비평가들은 가장 보편적으로 데리다와 관련되는 실천(해체주의의 실천)을 하는 데 있어서 서로 협조하는 입장에 있었다. 실제로 미국에서의 문학연구자들(프랑스에서의 필립 라쿠-리바르트, 장-뤽 낭시, 사라 코프만 등은 말할 것도 없고)이 자신들이 집필한 수많은 저서와 연구논문에서 데리다의 스타일이나 그의 해체주의의 실천을 적용하고 있다는 점에 대해서는 더 이상 언급할 필요가 없을 것이다.

  어떤 의미에서 해체주의는 전체적인 일련의 실천, 즉 데리다를 비롯하여 그 밖의 다른 사람들이 적용하고 있는 실천을 이끌고 있는 부대기(部隊旗), 깃발, 방패에 해당한다고도 볼 수 있다. '언어작용', '두 가지 뜻으로 해석되는 말'(그 중에서 한 가지는 상스러운 말) 등을 적용함으로써, 데리다의 스타일을 모방하는 것은 이상과 같은 의미에서의 해체주의를 실천하는 것이 아니다. 데리다가 언제나 해체적인 방법으로 전개하고 있는지에 대해서도 의심할 수 있을 것이다. 데리다가 자기 자신의 해체주의의 실천을 설명하고 있는 수많은 '대담' 중에서 몇 개의 대담을 재정리하여 출판했을 때에, 거기에는 '해체주의'라고 불릴 수 있는 요소가 필연적으로 제시되어 있지 않다고 볼 수도 있다. 따라서 어렵기는 하겠지만 해체주의를 데리다로부터 분리시킬 수도 있다. 해체주의의 본질적인 특징을 설명하기 위해서는 거기에 포함되어 있는 것으로 파악되는 ① 의심스러운 불확실한 문제점, ② 적용 가능한 전략 및 ③ 실천과 그것의 요소를 일치시키는 특정한 해체적 지표 등을 평가하기 위해서 해체주의 그 자체가 무엇인지를 충분하게 고려해야만 할 것이다.

불확실한 문제점

철학에 관련지어, 해체주의의 근본적인 불확실한 문제점을 세 가지로 요약할 수 있을 것이다. 해체주의 그 자체는 (a) 형이상학의 역사의 한계, (b) 형이상학적으로 생각하기의 결과와 효과 및 (c) '글쓰기 학문' — 기술학(記述學) — 즉, '그라마톨로지'의 필요성과 그 한계 등에 관계된다.

(a) 형이상학의 역사의 한계를 평가하기 위해서는 문제가 되는 역사의 특징이 무엇인지를 이해할 필요가 있다. 하나의 역사에서는 그러한 역사의 시작과 끝의 가능성을 열어놓게 되어 있다. 서구의 형이상학은 소크라테스 이전의 철학자들의 글쓰기와 함께 시작되었다고 종종 언급되고는 한다. 자신의 『후설의 기하학의 기원에 대한 서론』(1962)에서 데리다는 역사성과 기원의 문제를 제기했다. '시작'은 '기원'과 같은 것이 아니다. 이와 똑같이 '끝'은 '폐쇄'와 같은 것이 아니다. 특히 기하학의 내용이 영원한 것이라고 말할 수 있다면, 기하학에는 기원점이 있는 것으로 말할 수도 있다는 '관점'에서, 데리다가 관심을 가지고 있던 '기원' 그 자체는 기하학의 기원에 해당할 수도 있다. 기하학은 시간적으로 어떤 특정한 순간에 존재할 수 있게 된 것인가? 그렇다면, 기하학에는 기

원을 설정할 수 있는 '시작'이 분명히 있어야만 한다. 따라서 시작은 기하학이 학문으로 존재하게 될 때의 순간에 해당한다. 기하학의 '기원'은 그 자체가 발생하게 된 조건, 즉 기학이 어디에서 비롯되었고, '거기'(비롯된 곳)에서 '여기'(지금 있는 곳)로 어떻게 오게 되었으며, 기하학으로 하여금 존재할 수 있도록 한 것은 무엇인가 등의 조건이 된다. 기하학은 존재할 수도 있고 존재하지 않을 수도 있다. 이런 점에서, 기학은 이미 '거기' ― 훈련받은 수학적인 사고에 대해서 영원할 뿐만 아니라 그러한 사고에 접근할 수도 있는 ― 에 존재하게 된다. 기하학의 기원은 그 자체의 '일시성'이 '비-일시성'을 만나게 되는 곳에 위치하게 된다. 형이상학의 역사도 이와 똑같은 패턴을 따르고 있다. 형이상학의 기원은 형이상학의 글쓰기가 그 자체 속에 각인된 존재자를 만나게 되는 곳에 위치하게 된다. 존재(혹은 존재자), 재료, 성분, 형식, 본질 등은 모두 형이상학의 글쓰기, 즉 소크라테스 이전의 철학자들과 함께 시작된 글쓰기에 각인되어 있다. 형이상학의 지평은 또한 그 자체의 기원, 즉 그 자체의 비-존재자가 존재자로 되는 곳에 해당한다. 따라서 형이상학의 기원은 형이상학의 역사의 여러 가지 한계들 중의 하나, 즉 그 자체의 역사성의 특징에 해당한다.

기원의 위치에서 그 자체의 역사를 만나게 되는 것을 가장 바람직한 이상적인 특징으로 하는 기하학과는 달리, 형이상학은 이미 첫 번째 철학이며 따라서 그 자체가 가지고 있는 좀 더 중요한 관심은 그 자체의 '끝'이 어디 있느냐에 달려 있다. 『사소한 것의 고고학』[12]에서, 데리다는 첫 번째 철학이 두 번째 철학으로 될 수도 있다는 콩디야크의 『인간의 지식의 기원론』(1974)을 추종하게 되거나 뒤따르게 되는 '관점'에 부딪치게 되었다. 첫 번째 철학의 근본적인 특징 중의 하나는 그러한 철학은 언제나 첫 번째이며 그 밖의 다른 철학은 언제나 그 다음에 오게 되어 있다는 점이다. 아리스토텔레스가 그렇게 쓴 바와 같이, 형이상학은 정말로 '첫 번째' 철학에 해당한다. 그러나 콩디야크가 '첫 번째 철학'을 쓰게 된다면, 그는 아리스토텔레스 '이후'에 '첫 번째' 철학을 쓰게 된다는 딜레마에 부딪치게 된다. 아리스토텔레스조차도 '형이상학(meta-physics)'을 '물리학(physics)' '이후'에 해당하는 것으로 고려했기 때문이다. 그리고 콩디야크가 첫 번째 형이상학을 아리스토텔레스 이후에 두 번째로 또는 세 번째로 또는 그 밖의 다른 위치에서 쓸 수 있다면, 형이상학의 '끝'은 무엇인가? 또는 형이상학에 대한 쓰기와 다시 쓰기(재-기술하기)는 끝이 없이 계속되는 것인가? 또는 그 대신에 형이상학을 완벽하게 설명했고, 형이상학의 약속을 충족시켰으며, 형이상학의 완성을 집필한 것으로 평가되는 헤겔 이후에도 형이상학에 대한 글쓰기의 여지는 남아 있는 것인가? 형이상학의 극복에 대해서 질문함으로써, 하이데거는 바로 이와 같은 관심을 제기했다. 서구사상에서 망각되었던 것이 무엇인지에 대해서 그리고 그러한 것의 장점이 무엇인지를 왜 고려해야 하는지에 대해서 동시적으로 언급하면서, 하이데거는 '끝'을 형이상학의 완성, 성취, 충족 및 성공 등으로 평가하고자 했다. 하이데거에게 있어서, 형이상학의 극복은 바로 그 형이상학을 새로운 '시작'으로 통합시키는 데 있었다. 형이상학의 '끝내기'는 그 자체의 종결과 소멸이 아니라 오히려 존재들의 존재에 대한 진리의 재설정을 열어놓는 것에 해당한다. 존재론적 차이에 있어서 그리고 그와 같은 차이를 고려하는 데 있어서 진실을 회복하는 것에는 부르기, 듣기, 속하기 등이 포함되며, 이 모든 것(부르기, 듣기, 속하기)을 데리다는 '사유' 및 '사유중심주의'와 일치하는 것으로 파악했다. 이러한 점에서 우리들은 데리다가 "그라마톨로지에서는 '학문적인 특성'의 개념과 규범을 존재론, 사유중심주의, 음성주의 등에 결합시키고 있는 모든 것을 해체해야만 한다"(Positions, p.35)라고 강조한 점을 기억할 필요가 있다. 진실을 벗겨낼 수 있는 위치로서 존재론적 차이를 선언함으로써, 하이데거는 존재론에 물들은 사유중심주의를 제공했다. 이러한 점에서 존재적-존재론적 차이는 존재자들의 존재에서 발생하게 되는 차이에 해당한다. 하이데거는 『존재의 문제』[13]에서, 이와 같은 존재론적 '속격'을 교차선에 의해 존재를 지우는 것, 즉 **존재**라고 강조했다. 이처럼, 이와 같은 방법에서는 그 '틀'의 밖에서는 형이상학이 방황할 수 없게 되는 하나의 '틀'을 수립함으로써, 바로 그 존재의 역사를 그 자체의 극한으로까지 밀고가게 된다.[14] 더 나아가 글쓰기보다는 화술에 역점을 두었던 루소와 '랑그'보다는 '파롤'에 우선권을 두었던 소쉬르의 전통에서, 하이데거는 사유, 진실, 존재론적 차이 등을 '불리는 것', '들리는 것', '귀기울이는 것' 등으로, 간단히 말하면, 또 다른 경우의 '음성'이 성행하는 것으로, 따라서 '음성주의'로 이해했다. 『형이상학 입문』과 「형이상학의 극복」[15]에 대한 진술 모두에서, 하이데거는 자기 자신이 형이상학의 역사를 그 자체에 나타나는 극한으로까지 밀고 나가는 하나의 방법으로 형이상학의 전체적인 역사에 대한 경계선을 확정지었다. 데리다의 해체주의에서는 바로 이러한 형이상학의 전체적인 역사와 한계에 대해 우선적으로 관심으로 보였다.

(b) 형이상학적 사고의 결과와 효과는 다양하게 나타나 있다. 형이상학은 어떻게 그 자체를 서구사상에 각인시키게 되었으며 그와 같은 사상의 차후 효과는 무엇인가? 데리다는 바로 이와 같은 관심에 거의 심취했던 것 같다. 형이상학적 사고는 그 자체가 과학적인 사고의 바로 그 경계에 자리잡고 있는 것으로 간주할 수 있다. 칸트적인 프로그램에서는 형이상학적 사고의 가능성에 대한 조건을 그 자체가 과학적인 지식에서부터 시작된 것이라는 점을 보여주었다. 그러나 이러한 점은 형이상학적 사고가 과학적인 특성의 '밖'에 있다는 점을 제안하는 것이나 다름없다. 형이상학이 과학, 도그마, 체계 '밖'에 자리잡기 위해서, 형이상학은 바로 그와 같은 영역을 확인해야만 하고 표시해야만 한다. 달리 말하면, 형이상학은 무엇인가를 성취하기 위해서 과학의 경계를 뛰어넘어야만 한다. 그러나 과학의 경계를 뛰어넘는 데 있어서, 형이상학은 과학이 성행하는 바로 그 공간으로 되돌아와 그 자체를 다시 삽입시킬 수 있게 될 뿐이다. '밖'(외부)은 '안'(내부)을 전제로 하고, 형이상학적 사고

의 결과와 효과는 과학적 사고가 작용할 수 있는 공간을 부여하는 데 있기 때문이다. 해체주의는 '밖'으로서 그 자체를 쓰게 되는 것과 그 자체가 '안'으로서 그 윤곽을 서술하게 되는 것 '사이'의 경계점의 위치에 있는 바로 이와 같은 '사이'의 경첩으로 나아가게 되었다.

(c) 해체주의를 부정신학의 한 유형으로 파악하는 주장이 종종 제기되기도 한다. 해체주의에서는 긍정적인 주장을 하지 않는다는 점, 해체주의에서는 형이상학적 사고의 한계, 즉 형이상학의 역사의 한계만을 표시하고 있을 뿐이라는 점 등을 논의하기도 한다. 하지만『그라마톨로지』에서 데리다는 '그라마톨로지'가 긍정적인 '글쓰기 학문' — 기술학(記述學) — 이라는 점과 이런 저런 곳에서 '텍스트성'의 학문이라는 점을 강조했다. 중요한 점은 해체주의가 그 자체를 글쓰기, 즉 화술과 글쓰기 '사이'의 대립으로 축소시킬 수 없는 특별한 '원형(原型)-글쓰기' 또는 '원형기술(原型記述)'이 위치하고 있는 바로 그 위치에 배치하고 있다는 점이다. 그라마톨로지는 그것이 그 자체를 경계 짓고 있다는 의미에서만 긍정적인 학문이라고 볼 수 있다. 그라마톨로지는 전통적인 이항대립이 형이상학적 사고의 공간을 경계 지으려고 주장하는 영역에서만 작용할 수 있을 뿐이다. 그러나 이와 같은 이항대립은 서구철학과 문학의 역사에서 어느 곳에나 각인되어 있을 뿐이다. 따라서 해체주의에서는 전체적인 역사, 총체 및 텍스트의 다양성 등을 그 자체의 영역으로 간주하고는 한다. 해체주의는 글쓰기로서의 텍스트에서 작용하고, 형이상학적 사고의 표식, 흔적 및 경계 등을 평가하지만, 이와 같은 요소들이 결정적인 위치를 차지하는 것으로 평가하고는 한다.

전략

전략의 문제는 해체주의에 어떻게 접근할 수 있느냐의 문제에 해당하거나 또는 오히려 해체주의는 어떻게 작용하느냐의 문제에 해당한다. 필자는 이미 여러 곳에서 해체주의는 파괴도 아니고 건설도 아니라는 점을 강조한 바 있다.[16] 해체주의는 이미 설정되어 있는, 글자로 쓰인, 지지를 받고 있는 체계를 공격하는 것도 아니고 그러한 체계를 일으켜 세우는 것도 아니다. 해체주의의 입장은 "체계는 이미 형성되어 있다"라고 파악하는 헤겔의 입장과 같은 입장도 아니고 "체계는 공격받고 있다"라고 파악하는 키에르케고르의 입장과 같은 입장도 아니다. 이러한 점에서 해체주의는 그것이 형이상학의 구도를 대체할 수 있는 어떤 다른 구도를 제안하지 않으면서도 과학적 지식의 '한계'를 탐구하고 있다는 점에서 분석철학에 좀 더 가깝다고 볼 수 있다. 그러나 해체주의에서는 그것이 제안하고 있는 내용의 유용성에 대해서 그 어떤 조사도 하지 않았다. 오히려 해체주의에서는 그 자체가 다음과 같은 '위치', 즉 공격과 체계 '세우기'라는 교차점의 위치, 과학적인 도식을 제공할 수 있는 위치, 그리고 글쓰기, 철학 텍스트, 텍스트성의 생산 등에서 그 자체의 경계선을 마련할 수 있는 위치 등에 자리잡을 수 있도록 했다. 하이데거는 자기 자신의 활동의 특징을 '허물어버리기'라고 파악했다. 여기서 말하는 '허물어버리기'는 '파괴하기'를 의미하며 그것은 궁극적으로 서구사상의 기원으로 되돌아가는 것, 망각된 것을 기억하는 것 및 형이상학의 바로 그 근본을 회복하는 것 등에 관계된다. 하이데거 자신의 글쓰기에서는 형이상학을 그 자체의 극한으로까지 밀고 나가고, 형이상학의 역사를 그 자체의 탄도가 끝까지 날아갈 수 있는 바로 그 경계선으로까지 이끌어 가고 있지만, 그럼에도 하이데거의 '파괴하기'가 아직은 해체주의에 해당하는 것이 아닌 까닭은 해체주의는 하이데거가 떠나는 곳에서, 교차선으로 지운 **존재**가 바로 그 자체를 형이상학의 역사에 각인시키게 되는 곳에서 작용하기 때문이다. 따라서 데리다가 "그라마톨로지는 과학을 각인하고 그 범위를 결정한다"(Positions, p.36)라고 언급했을 때에, 그는 형이상학적 과학이나 지식을 똑같이 지지하게 되었다.

해체주의의 전략은 본질적으로 다음과 같은 세 겹의 전략으로 형성되어 있다. 이러한 전략으로는 (a) 형이상학적 담론 안에서 작용하고 개념적인 대립에 의해서 형성된 암시적인 계층을 전복시키는 바로 그 대립관계(개념적인 대립관계)를 확인하는 것, (b) 글쓰기의 '차이' 기능을 제시함으로써 미결정의 위치에서 자기 자신만의 글쓰기를 각인시키는 것, (c) 해체적인 연구기획의 연기(延期)와 효과를 설명하는 것 등을 들 수 있다. 전략을 아는 것은 필수적으로 그러한 전략을 실천할 수 있는 것을 의미하는 것이 아니다. 움직임의 특징, 위치의 윤곽 및 실천의 표시 등을 재점검할 수 있다 하더라도, 해체적인 능력 또한 요구되기 때문이다. 이와 같은 능력이 데리다 혼자만의 전유물이 아니라는 점에 대해서는 그동안 많은 논의가 있어 왔다. 왜냐하면 이러한 능력으로 인해서 해체주의가 그 자체만의 권한에서 적어도 고도로 독창적인 철학에 해당하기는 하지만, 이러한 주장을 실천하는 것은 그렇게 쉬운 일이 아니기 때문이다. 해체주의를 실천하기 위해서는 기교, 관심 및 경험 등을 필요로 한다. 아마도 고도로 독창적인 철학은 읽기에 의해 습득될 수 있겠지만 — 데리다의 활동(글쓰기)을 참고한다면 — 다시 또 한 번 해체주의에 대해 요구되는 것은 해체주의가 자기 자신만의 '생각하기'와 '철학화하기'에 대한 '보충', 다시 말하면 팽팽한 긴장상황에서 적용할 수 있는 '사상의 테크놀로지' 또는 '전략'에 뒤이어지는 하나의 '방법'으로서의 '보충'을 제공하는 것이 아니라는 점이다. 해체주의에 대해 요구하고 있는 것은 해체주의가 철학 텍스트, 문학 텍스트 등 텍스트에 대한 읽기의 방법을 열어놓게 되었고 따라서 그러한 텍스트의 틀-짜기 및 궁극적으로는 그러한 텍스트의 이론적인 영역의 범위를 분명하게 했다는 점이다. 후기구조주의, 후기현상학, 후기심리분석, 포스트(후기)모더니즘 등에서처럼, 해체주의에서도 글쓰기의 틀, 경계 및 한계—이러한 것들이 오늘날의 것이든 또는 글쓰기의 역사로부터 부여된 것이든—에 대한 읽기를 제공하고 있다는 점을 들 수 있다.

(a) 전략 자체에 대해서, 첫 번째로 살펴보게 될 항목은 형이상학적 담론 안에서 작용하게 되고 또 개념적인 대립에 의해서 형성된 암시적 계층을 전복시키게 되는 바로 그 대립(개념적인 대립)을 확인하는 것이다. 특히 소쉬르가 인식했고 뒤이어 롤랑 바르트와 같은 기호학적인 작가가 인식했던 '이항대립'은 서구 형이상학의 역사에서 수없이 많이 찾아볼 수 있다. 이러한 이항대립에는 감각적／지성적, 화술(말하기)／기술(글쓰기), 수동성(피동성)／적극성(능동성), 기표／기의, 안(내부)／밖(외부), 문자적／비유적, 현존／부재, 형식／재료 등이 포함된다. 「플라톤의 조제술」에서 데리다는 글쓰기의 위상을 플라톤이 자신의 『파에드루스』에서 재점검한 것으로 파악했다. 데리다는 플라톤이 '타무스 왕'의 이야기를 읽음으로써 화술에 우선권을 부여했다는 점을 제시했다. '화술의 아버지'에 해당하는 타무스는 왕으로서 '글쓰기의 아버지'에 해당하는 테우트에게 자신의 권위를 주장했다. 데리다는 플라톤이 모호성을 적용하고 있다는 점을 강조했다. 이때의 '모호성'은 "그 자체의 정의를 간단하면서도 분명한 대립, 즉 선과 악, 안과 밖, 참(진실)과 거짓(허위), 본질과 외양 등으로 주장함으로써"(Dissemination, p.103) 타무스 왕의 입을 통해 우월성과 지배력을 선언하게 된다. 데리다는 계속해서 다음과 같은 점을 지적했다. "글쓰기가 이런 저런 일련의 대립에서 비롯되는 것이라고 말하는 것만으로는 충분하지 않다. 플라톤은 글쓰기를 심사숙고 했으며, 이와 같은 '대립'을 바탕으로 하여 글쓰기를 이해하고 지배하려고 노력했다. 대립에 나타나 있는 이와 같은 대립적인 가치(선／악, 참／거짓, 본질／외양, 안／밖 등)를 위해서, 이러한 각각의 어휘들은 서로가 서로에 대해서 다만 '외면적'이어야만 한다. 이러한 점은 이와 같은 대립(안과 밖 사이의 대립)에서

어느 한 쪽은 다른 모든 가능한 대립의 행렬(行列)로서 이미 인정되어야만 한다는 점을 의미한다."(Dissemination, p.103) 플라톤이 다른 것의 대립보다도 '안/밖'의 대립의 탁월성에 대해서 우선적으로 쓴 것은 그가 대립관계에 있는 어느 한 쪽의 어휘를 다른 쪽의 어휘의 '밖'에 배치하고자 했다는 점을 말하는 것이지만, 그렇게 하는 데 있어서 플라톤은 형이상학적 대립의 전체적인 체계, 즉 글쓰기 자체를 위한 위치를 제공하기 위해서 소개되고는 하는 체계 내에 그러한 점을 통합시키게 되었다. 따라서 데리다는 '안/밖'의 대립에서 '밖'은 이미 '안'이 되고 글쓰기에 대한 왕의 화술은 플라톤의 텍스트에 각인되어 있다는 점을 제시했다. 따라서 더 나아가 전체적인 대립체계에 대한 해체주의에서는 데리다로 하여금 이와 같은 대립의 각각의 요소들이 서로 대응하게 되고 또 서로 인접해 있는 경계면이 형이상학의 전체 텍스트를 통해서 증식되고 확산되고 퍼져나가게 되는 바로 그러한 '국면' 위에 그 자신만의 연구기획, 즉 그 자신만의 '사이 자리잡기'를 확립할 수 있도록 했다. 'A/A-아닌 것'의 대립은 실제로 'A/B-아닌 것'/'B/A-아닌 것'의 대립구조에 해당하며, 이러한 '대립구조'는 각각의 대립의 경우에서 반복되고 또 각각의 특정한 '짝' 사이의 '구분선', '사선(斜線)', '연결선' 등에 의해서 서로 연결된다.

(b) 해체주의의 전략의 두 번째 측면은 글쓰기의 '차이' 기능을 제시함으로써 '미결정'의 위치에서 자기 자신만의 글쓰기를 각인하는 것이다. 『입장들』에서 데리다는 '미결정'에 대한 정의와 유사한 정의를 제공했다. 그는 이처럼 '유사한 정의'가 "더 이상 철학적인 이항대립에 포함될 수는 없지만 그러나 그러한 대립에 저항하게 되고 바로 그 대립 자체를 와해시킴으로써, 일찍이 제3의 어휘를 형성하지 않으면서, 성찰적인 변증법의 형식에 있어서 그 어떤 해결책의 여지를 남겨놓지 않으면서, 그러한 대립(철학적 대립)에 서식하고 있는 허상의 통일체, '거짓' 언어의 소유물(명목적 또는 의미적)"(Positions, p.43)에 해당한다고 설명했다. '미

결정'은 철학적인 대립이 발생하는 곳에서 작용하게 된다. 미결정이 대립의 요소에 해당하는 것은 아니지만, 그것은 대립을 표시하고 차이나는 대립을 서로 관련짓게 된다. 미결정에는 이중적인 특징이 있다. 미결정은 철학적인 대립의 전체적인 다양성 내에서 어느 방향으로든 전환할 수 있는 가능성을 제기하는 것처럼 보이지만, 그러한 대립에 나타나는 어느 한 쪽의 입장만을 전제로 하는 것은 아니다. 미결정의 이중적인 특징에서는 형이상학적인 대립, 즉 미결정이 서식하고 있는 대립에 있어서 이항관계의 요소를 필수적인 요소로 끌어들이는 것이 아니다. 미결정은 그것이 제3의 어휘, 즉 변증법적으로 관계되는 두 어휘의 종합으로 되는 것을 회피하게 된다. 미결정은 헤겔식의 제3의 어휘가 허용하는 '결정의 가능성'을 수행하는 것도 아니다. 정확하게 말해서 미결정은 "헤겔식의 '합(合)'의 한계, 방해, 파괴에 해당한다."(Positions, p.40)

미결정의 예로는 기호, 구조, 글쓰기, 의사소통, 장르, 차이 등을 들 수 있다. 데리다는 그 밖의 다른 예의 특징을 다음과 같이 파악했다.

> '파르마콘'은 치료제(명약)도 아니고 독약도 아니고, '선'도 아니고 '악'도 아니고, '안도 아니고 '밖'도 아니고, 화술도 아니고 글쓰기도 아니다. '보충'은 더하기도 아니고 빼기도 아니고, '밖'도 아니고 '안의 보완도 아니고, 우연도 아니고 본질(필연)도 아니다. '처녀막'은 혼란도 아니고 구별도 아니고, 정체성도 아니고 차이도 아니고, '완성'(초야를 치르는 데서 비롯되는 결혼의 완성)도 아니고 '처녀성'도 아니고, 베일도 아니고 베일벗기기도 아니고, 내부인도 아니고 외부인도 아니다. '그램(gram)'은 기표도 아니고 기의도 아니고, 기호도 아니고 사물도 아니고, 현존도 아니고 부재도 아니고, 긍정도 아니고 부정도 아니다. '간격' ─자간(字間), 행간(行間), 어간(語間) 등─은 공간도 아니고 시간도 아니다. '절개(切開)'는 어떤 개시 또는 어떤 단순한 자르기에서 비롯되는 절개된 것의 완결성도 아니고 '부차적 특성'도 아니다. '이것도 아니고/ 저것도 아닌'은 동시적으로 '이것도/저것도'에 해당한다. 사선(斜線)에 의한 이러한 표시는 또한 여백의 한계, 행진 등에 해당한다.(Positions, p.43)

이상과 같은 '미결정'의 요소는 적어도 데리다의 수많은 글 중의 하나(텍스트)에서 절정을 이루게 된다. '이것도 아니고/저것도 아닌' 또는 '이것도/저것도'라는 배치는 서구 형이상학을 통해서 기호구조의 확산(산종)을 수평적으로 증가시키게 되었다. 기호 그 자체는 '기표/기의'의 짝을 수행하고 있으며 따라서 형이상학 텍스트 내에, 즉 철학 텍스트 내에 각인되어 있다. '미결정' 그 자체는 '결정불가능'이 아니다. 다시 말하면, '미결정'은 수동적으로 결정할 수 없는 것도 아니고 결정의 '밖'에서 충분하게 능동적으로 작용하지 않는 것도 아니다.

(c) 해체주의의 전략의 세 번째 임무는 해체주의의 연구기획의 연기(延期)와 효과를 설명하는 데 있다. 미결정성은 글쓰기가 있는 한 끝이 없이 발생할 수 있기 때문에, 그것은 형이상학적 담론 자체의 바로 그 한계와 경계를 추적하게 된다. 미결정에는 모든 결정, 학문적 특성 그 자체에 대한 체계의 모든 완성을 연기하게 되고 뒤로 미루게 된다. 미결정의 핵심적인 요소 중의 하나는 '차연'이다. '차연'은 분리하는 것도 아니고 연기하는 것도 아니며(분리하기도 하고 연기하기도 하며), 구별하는 것도 아니고 뒤로 미루는 것도 아니다(구별하기도 하고 뒤로 미루기도 한다). '차연'은 그 자체를 이항대립의 두 요소 중에서 어느 한 쪽의 요소로 되기도 하고, 그 자체를 또 다른 장소(공간), 또 다른 대립, 또 다른 시간 등으로 이동시키기도 한다. 예를 들면, 데리다는 "객관성처럼 주관성도 '차연'의 효과, '차이'의 체계에 각인된 효과이다"(Positions, p.28)라고 강조했다. 주관성의 위치(장소)에 대한 결정은 그 자체의 짝(이항대립의 짝)에 해당하는 '객관성'을 만들어내는 데 있다. '차연'에서, 주관성은 '조금 뒤늦게' 객관적인 결정을 할 수 있을 때까지 연기되며, 이때의 '객관적인 결정'에서는 그것이 그 자체를 구별하게 되는 주관성을 의심하게 된다. 따라서 '차연'의 효과는 형이상학적 이항대립이 '대립 그 자체'를 반복하게 되고 이와 같은 또 다른 이항대립과의 관계에서 '대립 그 자체'를 결정하게 됨에 따라서 바로 그 '이항대립'을 생산하는 데 있다.

해체적 징조

해체적 징조는 구체적인 실체가 아니다. 오히려 그것은 해체적 실천에 대한 일종의 '귀표'[가축 등의 귀에 소유주를 표시하는 것]에 해당한다. 이러한 징조는 인식될 수도 있고, 소개될 수도 있고, 작용될 수도 있고, 그 자체가 해체될 수도 있는 것이다. '미결정'과는 달리, 해체적 징조에는 '이것도 아니고–저것도 아닌 / 이것도–저것도'와 같은 특징이 없다. 해체적 징조는 그것이 텍스트로 이동함에 따라서 글쓰기의 각인과 그 밖의 미결정 '사이'에 있는 바로 그 '선'이나 '경계'에 해당한다. 해체적 징조 그 자체가 미결정의 특징을 가질 수는 있지만, 그 자체가 미결정 자체에 해당하는 것은 아니다. 예를 들면, 이러한 징조로는 흔적, 표시, 여백, 위탁, 공백, 변두리 등을 들 수 있다. 이러한 각각의 징조는 하나의 경계가 발생하게 되는 위치에서의 '표시하기'나 '글쓰기'에 해당한다. 이러한 각각의 경우에서, '채워진 공간'은 '양쪽 면'을 모두 점유하게 된다. 경계의 '밖'에 있는 것을 언급하는 것은 동시적으로 경계의 '안'에 있는 것을 표시하는 것이자 통합하는 것에 해당한다. 형이상학의 역사의 한 쪽 면, 예를 들면, 이쪽 면 또는 저쪽 면에 있는 것은 '다른 쪽 면'의 가능성을 지시하게 된다. 한계, 표시, 경계, 여백 등은 이와 같은 '차이'에 대한 글쓰기에 해당한다. 해체적 징조에서는 한 쪽 면을 다른 쪽 면에 연결시키게 된다. 그것은 또 두 쪽 면을 하나로 통합하는 동시에 분리시키게 되는 '사이'의 경첩으로 작용하게 된다.

해체적 징조는 철학 텍스트, 문학 텍스트, 비평 텍스트에 대한 읽기에서 투명하게(얼음을 통해서 볼 수 있듯이) 그 근본을 파괴하기도 하고 표면에 떠오르기도 하고 잘라내기도 한다. 그러한 징조는 때로는 해체적 전략이 작용해야만 하는 위치가 어디인지를 지시하는 장치에 해당하기도 하고 때로는 해체적인 실천이 이미 시작된 위치가 어디인지를 알려주는 장치에 해당하기도 한다. 흔적과 여백은 해체주의가 제공하는 바로 그 읽기의 유형에 대한 '상표'에 해당한다. 흔적은 누군가가 한 때 거기에 있었다는 사실을 알려주는 발자국과 같은 것이자 바로 그 흔적(발자국) 자체가 거기(그 자리)에 있는 것이다. 그러나 흔적은 또 훤히 비치는(종종 '투사되는'으로 알려진) 종이에 그은 선과 같은 것이기도 하다. 이처럼 흔적과 '종이'(훤히 비치는)에서는 모두 반복되는 것을 복제하고 새로운 윤곽, 새로운 형식을 생산하게 된다. 이와 같은 의미의 흔적과 종이는 모두 재현과 표상에 관계되는 동시에 반복과 치환(대체)에도 관계된다. 흔적은 또 이항대립 '사이'의 위치를 각인시키기도 한다. 이때의 '이항대립'에서는 어느 한 쪽도 아니고 다른 쪽도 아니지만, 양쪽 모두에 대한 동시-부여하기, 동시-작용하기 및 동시-발생하기를 강조한다. 이처럼 상표의 도구로서, 흔적, 표시, 기록, 각인 등은 다음과 같은 위치, 즉 해체주의가 형이상학의 역사에 참여하게 되는 동시에 형이상학 스스로가 만들어 내는 '유보사항'에 전념하게 되는 '위치'를 나타낸다.

형이상학의 역사를 읽는 것은 바로 그 역사가 성행하던 시대를 다시 쓰는 것이다. 해체적 징조는 형이상학적인 텍스트를 통해서 분산될 뿐만 아니라 그 자체의 가장자리, 국경, 경계, 여백 및 한계를 지시하기도 하고 그러한 요소들(가장자리, 국경, 경계, 여백 및 한계) 자체를 나타내기도 한다. 형이상학에서는 그 자체만의 한계와 경계를 인용하게 되는 반면, 해체주의에서는 이와 같은 마지막 점, 자체-경계선 및 자동적인 한계 등을 재차 강조하게 된다. 하나의 실천으로서, 해체주의에서는 형이상학이 모든 것을 글로 썼던(기술했던, 언급했던) 이와 같은 위치를 인용하게 된다. 해체주의는 이러한 이중적인 실천의 궤적에 대한 읽기에 해당한다. 해체주의에서는 해체주의에 대한 필기장, 즉 논문, 텍스트 및 비평적 글쓰기 등에 나타나는 이와 같은 궤적을 강조하게 된다.

해체주의 그 자체는 후기해체주의의 가능성을 암시하고 있는가?(또는 그 자체에 대해서 '재-암시하고 있는가?') 어떤 의미에서 후기해체주의는 가능할 뿐만 아니라 이미 그러한 가능성에 대한 계약이 이루어진 것이나 다름없다고 볼 수도 있다. 그러나 해체주의에는 그 자체만의 그 어떤 공간, 그 자체만의 그 어떤 위치, 그 자체만의 활동에 대한 그 어떤 한계가 없다고 생각한다면, 그렇다면 그 어떤 후기해체주의도 있을 수 없게 된다. 그러나 해체주의가 한계, 공간, 효과 등을 결정하는 것에 해당한다면, 그렇다면 해체주의에서는 그 자체를 한계지어야만 하고, 공간으로 구분해야만 하고, 효과가 있도록 해야만 한다. 그 자체만의 것으로 되기 위해서, 해체주의는 그 자체를 종결시켜야만 한다. 해체주의가 확산되는 한―내보내는 것, 어느 곳에서나 출판되는 것, 그 자체를 재생산하는 것 등―해체주의는 계속될 수 있고 연기와 효과를 지속적으로 생산할 수 있을 것이다. 해체주의를 연기하는 것은 동시적으로 철학의 역사에 그 자체만을 각인하는 것을 한 단계 앞서서 실천하는 것이다. 철학의 역사에 대한 읽기로서, 즉 철학의 텍스트에 대한 읽기로서, 해체주의는 하나의 '프로-그램(pro-gramme)'을 제공하지만, 이러한 프로그램에서 '그램(gramme)'은 글쓰기 자체, '텍스트성'으로 해체되고 마는 텍스트 자체에 해당한다. 글쓰기의 경계선에서 그 자체를 유지함으로써, '프로-그램'은 그 자체가 '포스트-그램(post-gramme)'이 되지 못하도록 하고 있다.

제7장

텍스트성과 문학이론

　'텍스트성'에 대한 철학이론은 어느 수준에서 문학이론으로 될 수 있는가? 텍스트의 철학은 필연적으로 문학의 영역으로 들어설 수도 있다. 텍스트의 문학이론은 철학에 대한 관심의 문제일 수도 있다. 텍스트성의 이론에서는 방법론적인 철학의 관심과 이론적인 문학의 관심을 모두 실천할 것을 요구하게 된다. 해체적-해석학적 기호학에서는 텍스트에 대한 일반적인 설명을 하지 않고서도 텍스트성의 문제를 제기할 수도 있다. 텍스트성의 읽기에 대한 이론적인 실천에서는 문학의 한계, 문학연구의 논리, 의미의 역할에서 비롯되는 텍스트의 위상 및 해석과 읽기 '사이'의 관계에 대한 설명을 제공할 수도 있을 것이다.

문학의 한계

문학적 콘텍스트에서 텍스트성을 이해하기 위해서는 문학의 범위, 위상 및 한계 등의 문제를 제기해야만 할 것이다. 간단히 말하면, 문학의 공간은 무엇인가? 문학이 문학적 대상과 대등한 것이라면, 문학적 대상은 심포니, 그림, 인간 및 협곡 등과 같은 다른 '대상'과 어떻게 차이 나는 것인가? 문학이 표현의 형식이라면, 그것은 아이디어, 이미지, 그림 및 제스처 등과 같은 다른 형태의 표현과 어떻게 차이 나는 것인가? 문학이 언어라면, 그것은 물질성, 시야, 패션 및 자아 등과 같은 다른 '언어'와 어떻게 차이 나는 것인가? 이와 같은 각각의 경우에서, 중요한 관심은 문학에 대해서 어떤 특정한 공간을 설정하는 데 있을 것이다. 이와 같은 각각의 경우에서, 사물의 구도 속에 문학을 위치시키려고 노력하는 것은 문학 자체만의 공간을 표시하는 것이고, 문학 자체의 영역과 다른 영역의 차이에 따라서 문학 자체만의 정체성을 확립하는 것에 해당한다.

'있는 사실 그대로'의 문학에 의해서 문학의 정체성을 확립하려고 하는 노력은 종종 적합하지 않은 공간을 생산하기도 한다. 『문학이란 무엇인가?』(1947)에서 사르트르는 산문과 시를 구별함으로써 문학의 한계를 설정한 바 있다.[1] 사르트르는 문학이나 글쓰기로서 '산문-글쓰기'만을 진지하게 고려했다. 시는 자아성찰, 언어적 절대화 및 그 자체만의 '끝' 등에 관계된다. 산문은 작가와 독자의 협력을 가능하게 하고, 커뮤니케이션을 부여하게 되고, 두 개 또는 그 이상의 자유 '사이'의 다리를 형성하게 된다. 따라서 사르트르는 "문학은 산문의 편에 있다"와 "문학의 실존양식은 비-시적이다"라는 구분에 의해서 문학적 공간을 수립했다. 시는 문학에 참여하지 않기 때문에, 그것은 '열등한'(그리고 비-문학적인) 언어적 유형에 해당한다. 이와는 대조적으로 사르트르의 견해에 대해서 암시적인 반응을 보이면서, 롤랑 바르트는 자신의 『영도(零度)의 글쓰기』(1953)에서 문학을 글쓰기로 정의했으며 문학은 언어와 스타일 사이의 입장을 유지하고 있는 것으로 파악했다.2) 글쓰기는 데카르트 좌표의 x축과 y축의 교차점에 해당하는 '영도'에 자리잡고 있다. 이러한 교차점에서 언어(x축)는 수평적인 전개에 해당하고 스타일(y축)은 수직적인 선언에 해당한다. 형식과 가치도 바로 이러한 교차점에서 발생하게 된다. 여기에서 글쓰기는 침묵적이고 중립적이며 암시적이다. '말해진 언어'(구어)의 수준으로 보면, 글쓰기(문자로 쓰인 화술)에 있어서 모든 것은 균등한 '사회 상태', 즉 문학이 지속적으로 시련을 겪게 되는 상태를 기대하게 된다. 이러한 수준에서 문학은 기호, 코드 및 패러다임의 복합체로서 그 자체의 의미심장한 기능을 설정하려고 노력하게 된다. 이러한 점에서 문학은 그 자체만의 공간과 경계를 결정하게 된다.

바로 이와 같이 극단적인 두 가지 경계 '사이'에서, 즉 하나는 문학의 커뮤니케이션 기능에 의해서 문학을 분명하면서도 협의적으로 정의하고자 하는 '경계'와 다른 하나는 문학을 영도의 글쓰기라는 개방된 영역으로 확정짓고자 하는 '경계' 사이에서, 문학적 공간은 그 자체만의 영역의 경계를 확정짓게 된다. '경계선 논쟁'은 이와 같은 문학적 공간이 민담과 슬로건은 물론 시, 서사시, 희곡 및 소설 등을 포함할 수 있는지 그리고 '알려진 것'은 글쓰기, 텍스트, 의도적 대상, 중요한 형식, 문법적 구조 등의 위상을 가질 수 있는지 등의 여부에 따라 달라지게 된다. 따라서 문학의 정의는 허구, 신화, 콤플렉스, 시스템, 수사적 장치 및 비전 등에서부터 거짓말, 착각, 이야기, 하찮은 것 및 기분전환 등까지 분포되어 있다. 일관성, 뒤얽힘, 복잡성, 보편성, 심오한 의미 및 인내 등과 같은 기준의 문제에 대해서는 끊임없는 의문이 제기되어 왔다. 그러나 이와 같은 기준에서는 레비스트로스의 '푸에블로 주니 족(族)의 신화'3)에 대한 설명을 비-문학적인 것으로 배제할 것이지 아니면 호메로스의 『일리아드』와 소포클레스의 『오이디푸스 왕』을 문학적인 것으로 포함할 것인지 등에 대해서 그 어떤 결정도 내리지 않는 것 같다. 이러한 기준에서는 또 카프카의 '단편소설'이 문학인 반면에 키에르케고르의 『양자택일』은 문학이 아니라고 주장하거나, 또는 라퐁텐의 '우화(寓話)'는 문학인 반면에 그림 형제의 '동화'와 '어미거위'의 운율은 문학이 아니라고 주장하는 것을 허락하지 않는 것 같다. 따라서 문학적 공간은 문학이 알려지고 읽혀지고 연구되는 태도에 따라 결정되는 것이다.

문학의 논리

문학적 논리에서는 텍스트의 지식에 대한 근본적인 조건을 형성하게 된다. 그러한 조건은 특정한 문학적 공간에서 작용하게 되며 텍스트를 어떻게 해석할 것인지에 대한 이해를 전제로 한다. 따라서 문학의 논리는 문학적 공간과 문학에 대한 다양한 접근의 '교차점'에서 작용하게 된다. 문학의 논리는 문학의 경계를 분명하게 구분 짓게 된다. 문학의 논리는 문학을 명확하게 경계 지을 뿐만 아니라 그 자체(문학의 논리)가 텍스트를 해석하는 수많은 독자적인 방법 중의 하나가 되지 못하도록 하기도 한다. 문학적 논리의 기능은 하나의 텍스트가 어떻게 형성되고 그 자체를 어떻게 독자에게 규명하게 되는지를 제시하는 것이다. 문학적 논리의 성취는 특정한 텍스트에 합당한 지식의 유형을 규정하는 데 있다. 이때의 논리는 하나의 문학 텍스트에 합당한 규정이 무엇인지를 체계적으로 설명하는 것이라고 파악할 수도 있다. 단테의 『신곡』을 아는 것은 그것이 특정한 방법에 의해서 알려질 수 있다는 점을 전제로 하는 것이고, 시를 알게 되는 특정한 방법은 바로 그 시에 대한 이해를 고양시키게 된다는 점을 전제로 하는 것이다. 문제가 되는 논리는 전적으로 텍스트 내에 있는 것도 아니고 문제 그 자체를 단순히 유지하는 것에 관계되는 것도 아니다. 문학적 논리는 어떤 특정한 읽기와 해석을 확인하고 전달하기 위해서 각각의 결정적인 특징을 서로 엮어 짜는 데 있다.

폭넓은 다양한 방법으로 문학적 논리에 접근할 수도 있다. 그 중에서 가장 보편적인 방법은 역사적 다양성에 의한 방법이다. 역사적 연구에서는 시기, 스타일 및 운동(문학운동) 등을 정의하는 경향이 있다. 이러한 연구는 종종 다음과 같은 비평적 접근, 즉 스타일, 운율, 장르, 문제가 되는 작품의 중요성 등에 관계되는 가치판단에 의해 형성된 영향의 문제, 원작자 및 암시 등을 미화시키는 '비평적 접근'에 의해서 보충되고는 한다. 언어학적 연구에서는 '문법에서의 선택적인 자취'[4]는 물론 구문의 구조,[5] 상호텍스트[6] 및 문채(文彩)[7] 등을 결정하게 된다. 언어학적 연구에서는 종종 문학적 진술에 대한 화술행위의 기능을 강조하기도 한다.[8][원문에 각주 8의 내용이 없음] 그 밖의 예를 들면, 최근의 언어학적 연구는 전산화된 문학적 언어에 대한 평가에 지나칠 정도로 치중하고 있다는 점을 들 수도 있다.[9] 해석학 연구[10]가 텍스트의 의미에 대한 해석을 제공한다는 점에서 이러한 해석학 연구에서는 역사적이고 비평적이며 언어학적인 설명에 치중하는 경향이 있다(그러나 언제나 그런 것만은 아니다). 심리학적이고 사회학적인 설명 역시 우선적일 수도 있다. 그러나 문학 텍스트가 그 자체만의 공간과 한계를 가지고 있는 것과 똑같이 이러한 각각의 경우에서의 접근방법 자체도 그 자체만의 고유한 정체성을 가지고 있다.

문학의 논리는 특정한 텍스트에 의존하고 있지만, 그것은 또한 특정한 유형의 읽기를 강조하기도 한다. 문학이 인문과학으로 되기 위해서, 문제가 되는 문학적 논리에서는 텍스트에 대한 접근을 하나의 전제조건으로 선택해야만 할 것이다. 따라서 소포클레스의 『오이디푸스 왕』과 셰익스피어의 『햄릿』이 프로이트식의 심리분석과는 별도로 하나의 공간을 형성하고 있고 또 심리분석이 소포클레스나 셰익스피어를 참고하지 않고서도 그 자체만의 정체성을 형성하고 있다 하더라도, 이 두 가지(문학작품과 심리분석)의 교차점에서는 특별한 문학적 논리의 형성을 가능하게 할 수도 있다.[11] 이와 똑같이, 보들레르, 말라르메 및 장 주네가 자신들만의 공간을 형성하기 위해서 자신들에 대한 사르트르의 설명에 의존하지 않는다 하더라도, 이들과 실존적인 심리분석의 병치는 오히려 유일한 문학의 논리를 제공할 수도 있을 것이다.[12] 괴테와 호르크하이머에 대한 루카치의 연구, 호메로스에 대한 아도르노의 연구, 파스칼과 라신에 대한 골드만의 연구, 그리고 셰익스피어에 대한 얀 코트의 연구[13] 등 이들 모두에게 나타나는 '사회학적 연구'에서는 특정한 텍스트로부터도 구별되고 연구 그 자체를 활성화시키는 철학적 접근으로부터도 구별되는 '유일한' 문학적 논리를 결정하게 된다. 또는 노스럽 프라이의 신화연구,[14] 르네 지라르의 유사-인류학적 설명,[15] 워즈워스의 시와 그 밖의 시에 대한 제프리 하트만의 하이데거식의 해석[16] 등을 살펴볼 수도 있다. 위에서 설명한 각각의 경우에서, 문학적 논리는 접근하고자 하는 하나의 텍스트나 두 개 이상의 텍스트의 교차점에 관계된다. 매번, 하나의 논리는 읽기의 논리에 해당하거나 해석의 논리에 해당한다. 이때의 논리는 그 자체만의 일관성, 지속성 및 방법론적인 '엄격한' 적용 등을 전제로 한다. 이와 같은 논리에서는 이해될 수 있고, 뒤이어질 수 있고, 감상될 수 있고, 증식될 수 있는 어떤 특정한 읽기나 해석 등을 허용하게 될 뿐이다. 각각의 연구가 전적으로 유일한 연구라 하더라도, 이와 같은 연구의 논리는 그 자체만의 정체성을 확립하게 된다. 이와 같은 논리가 새로운 읽기와 해석에서 서로 겹쳐지고 재생산되는 것, 즉 종종 전체적으로 '접근학파'를 형성하게 되는 것은 훨씬 더 보편적인 경우에 해당한다. 심리-분석적이고, 실존적이고, 신화적이고, 사회학적이고, 현상학적이고, 구조주의적이고, 후기구조주의적이고, 페미니스트적이며 해체적인 경향이 좀 더 일반적인 경향에 해당하는 까닭은,

그러한 경향에는 똑같은 읽기와 해석의 방법을 바탕으로 하는 똑같은 논리만이 있기 때문이다.

현재의 수많은 논리는 그 특징에 있어서 '특수한' 논리만이 있을 뿐이다. 실제로 하나의 논리가 지속적으로 되기 위해서는 그러한 논리는 특수한 것이어야만 한다. 하나의 논리는 논리 그 자체만의 조건이 되는 '접근의 유일성'에 의해서 논리 그 자체의 '특수성'을 전형적으로 형성하게 된다. 비평가들이 문학적 이해에 대한 폭넓은 접근의 범위와 스타일에 가까워지고자 노력하고는 하지만, 그 결과는 종종 절충적이거나 혼란스럽게 될 뿐이다. 그러나 다양한 논리는 접근의 다양성을 적용하는 것과는 다른 것이다. 다양한 논리가 그 자체만의 '특수성'을 가지게 되는 까닭은 그 자체의 특수한 특징, 측면 및 기능의 연속성을 유지하고 있기 때문이다. 해체적인 다양한 논리로서 문학에 대한 해석학적 기호학을 제공하는 데 있어서, 필자는 문학적 공간과 문학적 접근의 교차점에 바로 그 논리의 위치가 자리잡게 된다는 점을 제시하고자 한다.

문학의 해석학적 기호학은 문학연구에 대한 이중-콘텍스트의 다양한 논리, 즉 텍스트성 읽기를 위한 이론적인 실천에 그 바탕을 두고 있다. 방법의 '순수성'과 접근의 '단차원적 특성'이 자연과학에서처럼 인문과학에서도 가능하다 하더라도, 특별히 다원자가(多原子價)를 지니고 있는 문학의 특징에서는 하나의 '이론과 논리', 즉 예상되는 모호성, 복잡성 및 다차원적인 경향이 문학적 예술작품 내에서 제시하게 되는 논리를 요구하는 경향이 있다. 이러한 이론에서는 문학작품의 텍스트성을 읽어내는 데에 필요한 실천비평의 유형을 제안하기도 하고 심지어 실천하기도 한다. 해석학적 기호학은 그것이 비록 기호학적-구조주의 접근과 해석학적-현상학 접근에서 야기되는 측면을 통합하게 되는 것은 물론 해체주의의 전략과 거기에서 야기되는 논리 그 자체에서 비롯되는 측면까지도 통합하게 된다 하더라도(그러나 축소할 수 있는 것은 아니다), 해석학적 기호학은 그 자체가 하나의 이론에 해당할 뿐이다. 그러나 해석학적 기호학은 이미 최소한의 경우라 하더라도 후기구조주의적이고 후기현상학적인 경우에 해당한다. 해석학적 기호학의 임무는 읽기와 해석, 즉 의미심장한 텍스트성을 설명하는(그렇지 않다면 가능할 수도 없는) 읽기와 해석에 대한 개념과 전략을 제공하는 데 있다.

텍스트성은 하나의 텍스트가 하나의 텍스트로 될 수 있는 조건에 해당한다. 하나의 텍스트는 복잡한 기호로 짜인 옷감과 같은 것이다. 의미작용은 기호와 기호 사이의 관계에서 야기되는 코드와 구조에 의존하며, 이때의 기호는 텍스트가 발전하게 됨에 따라서 발생하게 된다. 코드와 구조에 대한 읽기에서는 그러한 코드와 구조가 만들어 내는 의미작용과 함께 해석적인 방법과 모델을 위한 콘텍스트를 제공하게 된다. 이와 같은 방법과 모델에는 심리학적, 사회학적, 역사적, 정치적 및 그 밖의 논리나 표현의 유형 등이 포함된다. 이와 같은 유형을 수사학적 문채, 지식의 체계 및 상징의 형성과 관련지어 인식론적으로 이해할 수도 있을 것이다. 읽기가 문학작품의 텍스트성을 확립하는 것처럼, 그러한 읽기에서는 또 텍스트 자체를 해체하기도 한다. 다시 말하면, 한편으로는 기호가 의미작용을 활성화시키는 것처럼, 다른 한편으로는 의미작용이 해석에 의해서 의미를 활성화시키는 것처럼, 읽기에서는 텍스트를 해체하기도 한다. 이 모든 특징에 의해서 해석학적 기호학을 위한 기본 구조의 틀을 마련할 수 있게 된다.

텍스트와 의미

문학연구에서 존재론적 공간과 인식론적 관심의 교차점은 문학에 대한 해석학적 기호학의 핵심으로 작용하게 된다.[17] '문학이란 무엇인가?'

라는 질문에 대한 답변에는 이제 텍스트의 시리즈, 텍스트의 그룹 또는 텍스트의 문화 등에 호소하는 것 등도 포함된다. 이와 같은 텍스트에는 희곡, 소설, 시, 단편소설 등과 같은 전통적인 장르의 규범이 포함될 수도 있지만, 거기에는 또한 신화, 자서전, 공상과학소설, 철학논문, 역사기록물 및 그 밖의 글쓰기 형식 등이 포함될 수도 있다. 어느 것을 문학 텍스트로 계산하고 어느 것을 문학 테스트로 계산하지 않을 것인지에 대한 경계선을 확정지을 필요는 없다. 신고전주의 시대와는 달리, 다양한 텍스트성은 이제 무한하게 되었기 때문이다. 어떤 텍스트는 그 자체만의 독특한 허구적 특징 때문에, 어떤 텍스트는 그 자체만의 문체적 특징 때문에, 어떤 텍스트는 다른 텍스트와의 관계 때문에, 어떤 텍스트는 문화적 '콘텍스트성' 때문에 문학연구의 목적으로 활용될 수도 있다. 인식론적인 기능은 이러한 텍스트를 읽고 해석하고 이해하는 지점에서 교차하게 된다.

'의도성'에 대한 현상학적 개념이 텍스트를 알릴 수 있는 방법이라고 설명하기는 하지만, 이러한 개념은 엄격한 제한을 받게 된다. 후설식의 설명으로 보면, 의도성은 일방적인 것이다(엄격하게 말하면, 주체에서 대상으로 향하는). 따라서 연구하게 되는 대상은 그 자체의 의미가 무엇인지를 고려함으로써 현상학적으로 이해할 수도 있을 것이다. '노에마'(사유의 의미, 의미의 부여)의 수준에서 문학적 예술작품의 다양한 층위를 고려함으로써, 로만 인가르덴은 이와 같은 견해를 확장시키게 되었다. 이러한 노에마의 수준에서는 표상된 객관성(대상의 객관성)의 층위를 강조하지만, 그것은 또 내용—지향적인 단위와 그 밖의 의도적인 특징이 겹쳐지게 되는 '중첩적 특징'을 허용하기도 한다.[18] 미켈 뒤프렌느의 문학적 예술작품과 문학적 미학대상 사이를 구분하는 것과 함께 그의 미학적 경험에 대한 현상학의 콘텍스트에 하나의 텍스트가 자리잡게 될 때에, 그러한 텍스트(사유의 대상으로서)가 미학적 경험, 즉 감성과 표현성으로 채워지는 경험에서 그 자체의 의미를 성취하게 되는 곳, 그곳이 바로 '의도적 관계'에 해당한다.[19] 뒤프렌느와 더불어 의도성의 개념은 예술작품을 활성화시키게 되었고 바로 그 예술작품에 하나의 의미를 부여하게 되었다. 그러나 메를로퐁티와 뒤프렌느가 모두 양방향적으로(주체에서 대상으로 그리고 대상에서 주체로) 의미가 부여된 '의도성'을 허락하고 있다 하더라도, 그리고 이들 모두가 경험을 작품이나 텍스트와 함께 '세계-속에-있는-것'으로 파악하고 있다 하더라도, 이들 모두는 의미나 감각이 텍스트의 해석에 이미 나타나 있는 것으로, 그러나 분리되어 나타나는 것으로 취급했다. 문학작품에 대한 현상학적 읽기에 의해서 독자는 작품의 의미를 형성하게 된다. 이와 같은 형성행위가 텍스트를 알릴 수 있는 방법에 해당한다. 인가르덴의 경우, 텍스트는 문학적 예술작품과도 차이 나는 것이고 '의미'와도 차이나는 것이다. 뒤프렌느의 경우, 텍스트와 문학적 예술작품은 서로 대등한 것이지만, 텍스트와 미학적 대상으로서의 '의미'는 서로 구별되는 것이다. 이 두 가지 경우에서 의미가 텍스트와 차이 나는 까닭은 의미가 텍스트의 읽기에서 비롯되는 것이기 때문이다.

기호학적으로 말한다면, 텍스트는 자연의 관례화에 의해서 이루어진 일련의 구조와 의미작용의 다양성을 형성하고 있는 기호체계에 해당한다. 이러한 경우, 텍스트는 여러 가지 '관계'에서 비롯되는 복합체에 해당한다. 다시 말하면, 텍스트는 한 편의 소설이나 한 편의 시에서처럼 제한된 영역 내에서의 '관계'와 그리고 모든 특정한 일련의 관계 '밖'에서 제한받고 있는 영역에 관련되는 '관계'(상호텍스트성) 등 두 가지 관계 모두에 의한 '복합체'에 해당한다. 상호텍스트성에 의해서, 기호학적-구조주의자의 텍스트는 단순하게 '내적인 것'(르네 웰렉과 오스틴 워렌을 인용한다면)이 아니다.[20] 구조주의자의 텍스트에는 동일한 구조에 대한 서로 다른 해석의 가능성(변용에 의해서 형성된), 텍스트 자체와 함께 현존하는 서로 다른 텍스트의 상호텍스트적인 요소 및 텍스트가 참여하고 있는 '언어' 등이 포함된다. 이와 같은 '외적' 요소들이 전기적이거나 심리-분석적이거나 역사적이거나 또는 철학적인 것이 아니라는 점을 인정한다 하더라도, 그럼에도 '외적' 요소들은 '내적 / 외적' 구분의 경계선을 가로지르게 된다. 의미론적인 설명에 따르면, 의미작용은 기표를 기의에 관련짓는 행위나 과정에서 비롯되는 것이다. 그러나 의미작용은 기호의 콘텍스트, 즉 하나의 기호를 다른 기호에 관련지어 부여하게 되는 콘텍스트에서 발생할 수 있을 뿐이다(텍스트적으로 또는 상호텍스트적으로). 하나의 텍스트는 기호와 기호 사이의 상호관계에서 비롯되는 일련의 의미심장한 기호체계에 해당한다. 따라서 의미작용은 텍스트와 분리될 수 있는 것이 아니다. 하나의 읽기행위는 의미작용을 이끌어 내는 행위에 해당할 뿐만 아니라 결과적으로 텍스트를 이끌어 내는 행위에도 해당한다.

기호학에 있어서, 텍스트는 의미작용으로 엮어 짜인 것이다. 이러한 점에 대해서 조나단 컬러는 다음과 같이 언급했다. "다른 시와의 관계 및 읽기의 종합에 의한 관계를 제외한다면, 시는 창조될 수 없는 것이다. 이와 같은 관계로 인해서 시는 '있는 사실 그대로'의 시가 될 수 있으며, 시의 위상은 출판에 의해 변화될 수 있는 것이 아니다. 시의 의미가 나중에 변화하게 된다면, 그렇게 되는 것은 시가 나중에 나온 텍스트와의 새로운 관계, 즉 문학체계 그 자체를 수식하는 새로운 작품과의 새로운 관계로 진입하게 되기 때문이다."[21] 컬러가 설명하고 있는 '의미'는 일반적으로 '의미작용'에 관계되는 것이다. 해석학에 있어서 텍스트는 의미의 수준에서 해석되며, 이때의 의미는 텍스트와 구별될 수 있을 뿐만 아니라 의도적인 행위에 의해서도 부여될 수 있는 것이다.

그렇다면, 기호학적 의미작용과 해석학적 의미 사이의 관계는 무엇인가? 예를 들면, E.D. 허시는 '의도적 의미'와 '결정적 의미'를 구별했다.[22] '의도적 의미'는 저자의 의도적 행위와 독자의 의도적 행위 모두에 있어서의 '언어적 의미'에 해당한다. '결정적 의미'는 독자가 텍스트에 부여하는 의미, 즉 독자에게는 유일한 특정한 가치에서 비롯되는 의미에 해당한다. 저자의 의도적 행위와 독자의 의도적 행위 모두에 있어서 의도적 의미는 그러한 의미가 의존하고 있는 '지시체'(또는 '정보적 의미') — 예를 들면, '정원의 일각수(一角獸)', 단테의 '연옥', H.D. 소로우의 '월든 호수' — 와는 차이 나는 상태로 남아 있어야만 한다. 그럼에도 텍스트의 지시체('정보적 의미')와 더불어 바로 그 텍스트에 대한 모든 특정한 읽기의 정당성은 언어적 의미(객관적 의미)의 불변성에 의존하게 된다. 허시의 '언어적 의미'(객관적 의미), 인가르덴의 '의미단위의 층위' 및 뒤프렌느의 '미학적 대상'을 '의미작용'에 대한 기호학적 설명과 결합시키게 되면, 이러한 용어들에 있어서의 유사점이나 심지어 교차점까지도 파악할 수 있을 것이다. 현상학자의 '의미'(객관적 의미)와 구조주의자의 '의미작용'을 인식론적으로 똑같은 위치에 자리잡게 할 수도 있지만, 존재론적 수준에서 바로 그 '차이'가 무엇인지를 분명히 해야만 할 것이다. 인식론적으로 볼 때에, 해석학적─현상학의 '의미'와 기호학적─구조주의의 '의미작용'이 대등한 까닭은 텍스트를 읽게 될 때에 '의미'(의도적 의미)나 '의미작용'(결정적 의미)은 이미 알려진 것(해석된 것)에 해당하기 때문이다.[23] 그러나 존재론적으로 볼 때에, 해석학적 현상학자에게 있어서의 '의미'(의도적 의미)는 기호학적─구조주의자에 있어서의 '의미작용'(결정적 의미)으로서의 텍스트가 차지하고 있는 위치와 똑같은 위치를 차지할 수 있는 것이 아니다. '의미'는 텍스트의 텍스트성에 해당하는 반면, '의미작용'은 텍스트 자체의 텍스트성에 있어서 바로 그 텍스트의 퍼포먼스나 활동에 해당하기 때문이다.

읽기와 해석

한편으로는 해석학적 현상학에 의해서 발전되었고 다른 한편으로는 기호학적 구조주의에 의해서 발전된 '의미'나 '의미작용'의 존재론적 위상에 나타나는 분명한 '차이'가 무엇인지를 문학의 해석학적 기호학에서는 결정할 수도 있다. 그러나 해석학적 기호학에 있어서 '의미'와 '의미작용'의 개념이 존재론적으로 대등하다고 단순하게 주장하는 것만으로는 충분하지 않을 것이다. '텍스트의 의미'를 어떻게 '의미작용'으로 읽어낼 수 있는지를 제시하기 위해서는 인식론적인 방법이나 해석적인 방법으로 전환해야만 할 것이다. 이런 식으로, 텍스트에 대한 인식에서는 하나의 개념, 의도적 대상, 또는 '텍스트적 의미' — 다름 아닌 의미나 텍스트에 해당하는 주체가 부여하는 — 를 경험할 필요가 없을 것이다. 오히려 텍스트는 그 자체의 의미작용과 관련지어 읽혀져야 하며, 텍스트 자체의 의미작용은 다름 아닌 '해석된 의미'에 해당하는 것이다.

해석학적-현상학 읽기에서는 하나의 텍스트나 문학적 예술작품이 저자에 의해서 바로 '거기'에 위치할 수 있고 독자에 의해서 해석될 수 있다는 점을 강조한다. 따라서 해석학적 접근에 의해서 '제네바 비평학파'에 가담했던 매그리올라는, 저자의 '주관적인 삶-세계'는 텍스트로 전환되는 저자 자신의 관점에 해당한다는 점을 강조하기도 했다(Pheno&Lit, p.9). 이러한 점에서, 해석자는 '의미'나 '주관적인 삶-세계'를 텍스트의 의미(객관적 의미)로 읽어낼 수도 있다. 텍스트의 이러한 의미(또는 센스)가 결코 텍스트 자체로부터 구별될 수 없는 까닭은, 그러한 의미가 저자 자신에게 부여된 의미일 뿐만 아니라 저자 자신의 '경험적 패턴'(Pheno&Lit, p.30)에도 부여된 의미이기 때문이다. 현상학자에게 있어서 텍스트의 의미는 바로 그 텍스트의 '차이' — 심리학적, 사회학적, 정치적 및 역사적 '차이' — 로서의 양식의 다양성에서 드러나게 되는 바와 같이 텍스트 자체의 내용에 해당한다. 문학적인 텍스트의 해석학은 독자가 바로 그 텍스트에서 읽어내게 되는 의미의 해석에 관계된다.

텍스트에 대한 기호학적-구조주의 읽기는 그 자체의 의미작용에 대한 읽기에 해당한다. 텍스트의 의미작용은 텍스트 자체의 코드, 함의(含意) 및 메타-언어의 총체성과 일치하게 된다. 『S/Z』에서, 바르트는 텍스트의 읽기-가능성을 형성하고 있는 다섯 가지 차이나는 코드를 강조했다. 이러한 다섯 가지 코드에는 ① 독자의 플롯 형성을 지배하는 '행위의 코드', ② 수수께끼와 그것에 대한 해결의 형성을 취급하는 '해석학적 코드'(본 장에서 논의하고 있는 '해석학'의 일반적인 의미와 혼동하지 말 것), ③ 텍스트의 의미론적 특징을 명확하게 하는 '의의적(意義的) 코드', ④ 상징적이거나 논지적인 요소를 따르는 '상징적 코드' 및 ⑤ 텍스트가 참고하고 있는 문화적 배경을 설명하게 되는 '참고적 코드' 등이 있다.[24] 이와 같은 다섯 가지 코드가 특정한 작품 내에서 작용할 수 있는 방법을 규명하려는 노력은 바르트의 '쓸 수 있는' 텍스트, 즉 텍스트 자체에 대한 기호학적 읽기에 의해서 재-기술되는(다시 쓰이는) 텍스트에서도 계속된다. '읽을 수 있는' 텍스트에서는 관례적이고 연속적이고 본질적으로 통합체적인 날마다의 유행으로 읽게 되는 '작품'을 설명하게 된다(S/Z, pp.3~4). 컬러는 텍스트에 대한 구조주의 읽기(즉, '쓸 수 있는' 텍스트에 대한 노력)의 특징을 '귀화'(혹은 자연화)라고 정의했다. 그는 다음과 같이 강조했다. "읽기와 비평에 포함되어 있는 다양한 귀화적인 작용을 우리 스스로 인식할 수 있다면, 우리가 텍스트 자체에서 실천하고자 하는 '작용'에 대해서 텍스트는 저항하게 되고, '그럴듯한 진실'이 부여된 수준에서 우리가 규명할 수 있는 의미까지도 텍스트가 초과하게 되는 방법을 우리들은 새롭게 주목할 수 있게 될 것이다. 결과적으로 가장 흥미로운 텍스트의 특징, 즉 기호학적-구조주의 비평이 고려하려고 선택할 수도 있는 특징은 그러한 비평이 비평 자체의 '타자(他者)'에 의해서, 즉 '제도로서의 문학'에 대한 문화적 모델에 의해서 이미 취급된 것과의 '차이'가 무엇인지를 주장하게 된다는 점이다."(Pheno&Lit, p.160) 따라서 컬러가 '문학적 능력'의 개념으로 발전시킨 '개념'에는 근본적으로 텍스트에 대한 읽기, 즉 "문학적 효과를 가능하게 하는 근본적인 체계"25)를 도출해내는 것을 목적으로 하는 읽기가 포함되어 있다. '문학적 능력'은 독자로 하여금 '언어적 연속성을 문학적 구조와 의미로 전환시키기 위해서 작품을 '문학 자체'로 읽을 수 있는"(Pheno&Lit, p.114) 능력을 가능하게 한다. 따라서 '문학적 능력'은 텍스트가 '의미'(의미작용) — 텍스트가 이미 의미로 전환되는 그러한 의미 — 로 될 수 있는 수단에 해당한다. 이러한 점에서, 구조주의자는 독자가 자신의 해석의 수단에 의해서 '말한다'라는 현상학적 경향을 선택하게 되기보다는 독자가 텍스트에 대한 읽기에서 '말해진다'라는 점을 고려하는 경향을 선택하게 된다.

읽기에 대한 기호학적-구조주의 모델은 비평적 담론을 완성하기 위한 노력에서 찾아볼 수 있다. 바르트를 인용함으로써, 컬러는 다음과 같이 파악했다. 구조주의 시학은 "'내용의 학문'(해석학적 유행에서는 작품에 대한 해석을 제안하는)이 아니라 '내용의 조건에 대한 학문', 말하자면 '형식에 대한 학문'이다. 흥미로운 점은 구조주의 시학이 '의미', 즉 발생하게 되어 있는 의미, 늘 그렇듯이 작품에서 야기되는 의미를 변용시키게 된다는 점이다. 구조주의 시학에서는 상징을 해석하고자 하는 것이 아니라 상징의 '다원자가(多原子價)'를 설명하고자 한다. 간략하게 말하면, 구조주의 시학의 대상은 작품의 '충분한 의미'가 아니라 이와는 반대로 의미 전부를 뒷받침하고 있는 '공허한 의미'라는 점이다."26) 기호학적 구조주의자에게 있어서 의미(의미작용)는 문학작품에 의해서 또는 텍스트 자체에 의해서 발생하게 되는 반면, 해석학적 접근에서는 저자와 독자가 텍스트의 의미를 세계에 관련지어 야기하게 된다. 매그리올라는 다음과 같이 언급했다. "제네바학파에서는 언어를 자아와 세계의 표현으로 파악하는 반면, 구조주의에서는 이와 반대로 자아와 세계가 언어의 구조에 의해 형성되는 것으로 인식하게 되고 연구하게 된다." 그는 계속해서 "내가 보기에 이러한 두 가지 제도는 별도로 취급될 때에는 근본적으로 어울리지 못하는 것 같지만, 각각의 교차점에서는 가장 잘 어울려 작용하게 되는 것 같다"(Pheno&Lit, p.92)라고 강조했다. 문학에 대한 해석학적 기호학이 이와 같은 교차점을 제공하지 못하게 되는 까닭은 해석학적 기호학이 기호학적-구조주의나 해석학적-현상학으로부터 분리된 그 자체만의 근거를 수립해야만 하기 때문이다. 그러나 의미의 문제로 이동하게 되면, 읽기와 해석에 대한 새로운 이론적인 실천에서는 그러한 의미의 다양성을 설명해야만 한다는 점이 분명해진다.

문학에 대한 해석학적 기호학에서, 텍스트의 언어는 세계에 대한 자아로부터 비롯되는 것도 아니고 자아나 세계로 되돌아가는 텍스트의 코드, 함의 및 메타-언어로부터 비롯되는 것도 아니다. 해석학적 기호학에서는 의미심장한 구조와 기호체계 및 이러한 구조와 체계를 표현할 수 있는 해석적인 경험을 요구하게 된다. 텍스트에 진입함으로써 '자아-세계'의 축은 그 자체의 우선권을 주장할 수 있는 것도 아니고 '자아-세계'의 축을 충족시킴으로써 텍스트가 그러한 우선권을 주장할 수 있는 것도 아니다. '의미-의미작용'으로서 텍스트를 통과하게 되기도 하고 또 텍스트가 텍스트화되고 콘텍스트화되고 상호텍스트화되기도 하는 '양방향성'에서는 문학작품에 대한 해석을 지속할 수 있게 된다. 따라서 텍스트에 있어서의 코드, 메시지 및 표현이 무엇인지를 찾아내야만 하지만—왜냐하면, 그러한 요소가 작품의 의미이기 때문에— 그러나 텍스트 자체는 '읽기 능력'(컬러의 '유능한 독자'를 재조정한다면)이 효과를 가지게 되는 텍스트화의 과정에 관여하게 된다는 점도 기대해야만 할 것이다. 오로지 이러한 점에서만 '의미작용'에 대한 기호학적-구조주의 개념과 '의미'에 대한 해석학적-현상학 개념이 서로 교차하게 된다. 왜냐하면, 문학에 대한 해석학적 기호학에서는 우리들이 문학 텍스트를 읽는 것과 똑같이 문학 텍스트 자체도 우리들에게 말하고 있기 때문이다. 따라서 독자이거나 해석자로서의 '우리들'과 읽기나 해석

으로서의 '텍스트'는 모두 일반적인 문학연구 내에서 의미심장한 활동
에 다 같이 참여하게 된다.

의미적인 텍스트성 : 독자의 목소리

롤랑 바르트는 자신의 『S/Z』에서 발자크의 단편소설 『사라신』에 대
한 기호학적 읽기를 제공했다. 「독자의 목소리」라고 제목을 붙인 부분
에서 바르트는 다음과 같은 구문을 분석했다.

> 소녀는 자신이 식탁보에 셰리주(酒)를 엎지른 것도 모른 채 사랑의 선언에
> 귀를 기울이고 있었다. 이처럼 혼란스러운 와중에서 잠비넬라는 '테러라도 당
> 한 듯이'(그럴듯하게) 생각에 잠겨 있었다. 그녀는 마시기를 거절했지만 아마
> 도 좀 많이 먹은 것 같았다. 그러나 여성의 탐욕은 매력적인 특징이라는 말이
> 있다. 애인의 겸손한 태도를 칭찬하면서, 사라신은 진지하게 앞날을 생각했
> 다.[27]

조각가인 사라신은 잠비넬라와 광적인 사랑에 빠졌으며 극장에서 그
녀의 공연을 정기적으로 관람하고는 한다. 마침내, 위에 인용된 구문에
서 사라신은 자신의 애인을 개인적으로 만날 수 있는 파티에 초대받게
된다. 사라신은 잠비넬라가 환관이라는 사실을 아직 모르고 있다.
필자가 강조한 바 있는 '테러라도 당한 듯이'(그럴듯하게)라는 말에 바
르트는 관심을 기울였다. 그는 "여기에서는 누가 말하고 있는가?"라고
물은 후에 다음과 같이 설명했다. "사라신은 잠비넬라의 두려움을 수줍
음으로 해석하고 있기 때문에, 간접적이라 하더라도 말하고 있는 사람

은 사라신이 될 수 없다. 무엇보다도, 서술자는 잠비넬라가 정말로 두려워하고 있다는 점을 알고 있기 때문에 말하고 있는 사람은 서술자가 될 수도 없다. '양상화'(그럴듯하게)['양상화'로 번역되는 'modalization'은 기술적인 동사에 그 동사가 가리키는 행위에 대한 화자의 심리적인 태도나 상황적인 조건을 나타내는 동사가 덧붙여져 의미의 변형이 발생하게 되는 것을 뜻한다]는 단 한 명의 주인공, 즉 사라신도 아니고 잠비넬라도 아닌 바로 독자의 관심을 표현하고 있다. '진실'은 명명될 수 있는 동시에 침범될 수도 있다는 점에 관심을 가지고 있는 사람은 다름 아닌 독자 자신이다. 이러한 점이 바로 담론이 '그럴듯하게'에 의해서 멋지게 창조하는 모호성, 즉 진실을 제시하기는 하지만 그러한 진실을 단순한 표상으로 평범하게 축소시켜 버리고 마는 모호성에 해당한다."(S/Z, p.151) '테러라도 당한 듯이'라는 구문에 참여하고 있는 코드는 서술적이거나 행위적인 코드로 고안된 것이다. 왜냐하면 '테러라도 당한 듯이'는 잠비넬라의 편에서 보면 위험과 공포에 결합되어 있기 때문이다. 이러한 메시지가 무엇인가 잘못된 까닭은 '왜 여성은 애정 어린 눈빛에 의해서 테러를 당해야만 하는가?'라는 질문 때문이다. 여기에서 겉으로 표현된 것은 공포의 의미이며, 그 내용은 허겁지겁 먹기의 형식을 취할 수도 있다. 두렵게 되거나 불확실하게 될 때, 그럴 때에는 평상시보다 더 빨리 먹게 되는 경향이 종종 있기는 하지만, 이러한 경우가 여성에게는 그렇게 썩 잘 어울리는 것은 아니다(그리고 사라신은 분명히 그렇게 해석하고 있다).

　위에 인용된 구문에서 텍스트의 언어는 다양한 의미작용에 해당한다. 잠비넬라는 옷차림, 마음가짐 및 제스처 등에 있어서 철저하게 여성적이다. 이와 같은 여성적인 특징 한 가운데에 남성적인 취향과 테러, 특히 성적-유형이 아닌 테러가 자리잡고 있다. 더 나아가 사랑스러운 애정의 의미작용, 비-여성적인 특징의 간과 및 파티에서의 조롱에 대한 무시 등이 위에 인용된 구문에는 분명하게 나타나 있다. 이와 같은 요소는 무엇인가 분명히 잘못된 상황을 의미하지만, '잘못된 상황'이 무엇인지는 분명하게 나타나 있지 않다. 이러한 의미를 누가 해석하는가? 그러한 해석자가 사라신이 될 수는 없다. 왜냐하면, 그는 자신의 '기대'와 '발생하고 있는 것' 사이에서 그 어떤 모순도 알아차리지 못하고 있기 때문이다. 해석자가 잠비넬라가 될 수도 없다. 왜냐하면 그녀는 수많은 의미작용을 적극적으로 생산하고 있기 때문이다. 해석자는 이 구문에 참여하고 있는 그 누구도 될 수 없다. 왜냐하면 이들 모두는 지나칠 정도로 철저하게 환희와 환락에 빠져 있기 때문이다. 이들 중에서 그 누구도 불가사의한 관심의 조건을 분명하게 설명할 수 있는 입장에 있는 것이 아니다. 이와 같은 각각의 경우에서 불가사의한 상황이 무엇인지를 다음과 같이 분명하게 할 수도 있다. 사라신에게 있어서 그것은 '사랑'이고, 잠비넬라에게 있어서 그것은 기만에서 비롯되는 결과에 해당하는 '공포'이며, 관객들에게 있어서 그것은 '즐거움'이다. 따라서 텍스트에는 '테러라도 당한 듯이'라고 되어 있다. 그러므로 텍스트를 해석하고 있는 것은 '텍스트' 자체이고 텍스트를 텍스트화하고 있는 것은 '해석' 자체이다. 독자는 텍스트 자체의 의미라고 불릴 수도 있는 '텍스트성'을 통해서 세계 속에 바로 그 '텍스트'가 자리잡을 수 있도록 한다. 그러나 텍스트는 바로 그 텍스트 자체를 설정하는 해석, 즉 '중재자'의 위치에 있을 뿐만 아니라 주체와 대상, 자아와 세계, 해석자와 '해석되는 것'을 통합하기까지 하는 해석을 통해서 '의미'로서의 '의미작용'의 다양성을 선언하게 된다. 왜냐하면 텍스트는 불가사의한 상황의 '의미작용'과 '의미' 그 자체를 제공하고 있기 때문이다. '텍스트성'으로서의 텍스트는 해석자와 '해석되는 것' 모두에 해당한다. 따라서 '테러라도 당한 듯이'라고 말하는 것(주체)은 E.D. 허시가 제안한 바 있는 '저자'도 아니고 롤랑 바르트가 제안한 바 있는 '독자'도 아니고, 바로 그 '텍스트' 자체이다.

이상과 같은 해체적 해석학적-기호학에서 독자의 역할은 무엇인가? 독자는 의미를 알리는 역할을 한다. 독자는 텍스트에 표현을 부여하게 되고, 텍스트 자체는 해석을 강조하게 된다. 바르트가 '중간 목소리'[28]라고 명명한 점에서, 독자는 애정, 공포 및 즐거움에 대한 다양한 의미작용을 선언하게 된다. 텍스트에서는 이와 같은 의미작용을 '테러라도 당한 듯이'에 대한 텍스트성으로 해석하게 된다. 이러한 진술의 콘텍스트는 의미심장한 것이다. 여기에서의 다양한 의미작용은 모두 이와 같은 단 하나의 진술에서 명확하게 구체화된다. 독자는 텍스트가 제공하는 해석 쪽으로 이러한 진술을 유도함으로써 '말한다.' 이처럼 불가사의한 상황을 퍼뜨리는 테러의 의미는 다음과 같다. 잠비넬라, 사라신 및 파티 참석자들 모두는 이와 같은 테러에 다 같이 가담하고 있는 셈이다. 잠비넬라는 텍스트가 그렇게 해석하고 있기 때문에 '테러라도 당한 듯이' 생각에 잠겨 있다. 의미가 텍스트에 진입할 수 있다고 말할 수 있는 텍스트의 '밖'에는 그 어떤 독자도 없다. E.D. 허시가 강조하는 '언어적 의미'에서의 '의미'(의도적 의미)는 그 자체의 언어의 짜임과 함께 세계 속에서 다른 의미와 더불어 그 자체의 '의미작용'(결정적 의미)을 이룩하게 된다. 이와 같은 특정한 텍스트성은 '의미'를 의미 있게 하는 독자를 위해서 제공된다. 이때의 의미는 본 장에서의 텍스트가 해체적 해석학적-기호학을 활성화시키고 해석하게 되는 의미에 해당하는 것과 똑같이 텍스트 자체가 활성화시키고 해석하게 되는 '의미'에도 해당한다. 아울러 독자는 해체적 해석학적-기호학에 대해서 의미 있는 다양한 의미작용, 즉 이미 '거기'에 있으며 '지금 여기'에서 쓰인 것(기술된 것)에 대해서 말하고 있는 의미작용을 제공하게 된다.[29]

제8장

텍스트성의 언어

텍스트는 미결정에 해당한다. 텍스트의 미결정성은 그 자체의 텍스트성에 관련지어 그리고 텍스트성이 작용하는 특징에 관련지어 파악할 수 있다. 실제로 텍스트의 텍스트성은 그 자체의 미결정성에 해당한다. 이러한 점은 텍스트의 위상을 명확하게 하는 것이 그렇게 손쉬운 일이 아니며 그 자체의 텍스트성을 분명하게 하는 일 또한 그렇게 간단한 과정이 아니라 하더라도, 그러한 텍스트가 하나의 '사물'이자 그러한 사물이 무엇이냐를 결정하는 문제에 관련되는 것이 아니다. 텍스트의 텍스트성을 의미 있게 하기 위해서 일반적으로 해석을 필요로 한다 하더라도, 미결정은 독자의 심리상태에 관련되는 것이 아니다. 하나의 텍스트에 대한 읽기에서 또는 '읽기 자체'에서 야기될 수도 있는 모든 혼란을 제거하기 위해서 독자는 종종 해석을 요구하고는 한다. 그러나 텍스트의 미결정성은 독자의 혼란에 있는 것이 아니다. 더 나아가 텍스트의 미결정성은 참고대상의 미결정에서 비롯되는 것도 아니고 참고대상의 단순한 다양성에서 비롯되는 것도 아니다. 수많은 텍스트에서는 하나의 세계를 보여주게 되지만, 그러한 세계에서 어떤 실체(그러한 실체가 있다면), 어떤 경험(그러한 경험이 있다면), 어떤 사건(그러한 사건이 있다면)을 인용할 수 있고 환기할 수 있는지는 종종 명확하게 드러나지 않게 된다. 그리고 수많은 텍스트에서는 텍스트 자체가 제공하는 서사에 합당해야만 하거나 또는 합당할 수도 있는 다양한 가능한 세계를 제공하게 된다. 그러나 이와 같은 특징 그 어느 것도 텍스트의 미결정성을 특징지을 수는 없다. 텍스트의 미결정성은 텍스트들(또는 하나의 텍스트)이 하나의 텍스트로서 그 자체의 정체성을 확립할 수 있는 그 자체의 텍스트성(텍스트성들)에 있다.

텍스트성은 특정한 방법에 의해서 하나의 텍스트를 하나의 텍스트로 형성하게 되고, 텍스트성은 텍스트를 미결정으로 형성하게 된다. 하나의 텍스트의 텍스트성은 텍스트에 대한 지식을 생산하게 되고, 텍스트성이 생산하는 지식은 특별한 유형의 지식에 해당하게 된다. 텍스트성의 미결정성은 생산되는 지식에 있는 것이 아니라 그러한 생산이 발생하게 되는 텍스트의 위상에 있다. 텍스트성(일반적으로)은 텍스트의 텍스트화에서 생산될 수 있다. 그 자체가 하나의 텍스트가 됨으로써, 하나의 텍스트는 미결정성 그 자체에 해당하는 텍스트성을 제공할 수 있게 된다. 텍스트가 미결정적인 까닭은 그 자체의 텍스트성이 미결정적이기 때문이다. 텍스트의 텍스트성이 미결정적인 까닭은 텍스트가 정의, 특정한 결정, 특수화를 회피하는 '위치' — 폴 드 만이 '외모훼손'[1]이라고 명명했던 것에 의해서 텍스트가 그 자체를 지워버리게 되는 위치 — 에서 '텍스트성'이 발생하게 되기 때문이다. 텍스트성은 텍스트 자체가 중심에서 벗어나게 되는 위치에서 발생한다. 텍스트는 중심-이탈적(편-중심적)이며, 텍스트의 텍스트성은 특별한 방법으로 텍스트 자체를 탈-중심화시키는 것이다.

텍스트의 읽기는 텍스트 자체의 텍스트성(또는 텍스트성들)을 '통해서' 발생하게 된다. 텍스트는 '무엇'을 읽어 내느냐에 관계되지만, 텍스트의 텍스트성(또는 텍스트성들)은 '어떻게' 읽어내느냐에 관계된다. 텍스트의 해석은 텍스트성(또는 텍스트성들)을 텍스트의 의미구조로 이해하는 데에서 발생하게 된다. 텍스트의 해석에서는 텍스트성(또는 텍스트성들)을 텍스트 '밖'으로 끌어내기 위해서, 텍스트를 특정한 패션으로 특수화하고 결정하기 위해서, 텍스트성(또는 텍스트성들)을 텍스트 '안'으로 끌어들이게 된다. 텍스트는 그 자체의 읽기와 해석으로부터 분리되어 있다. 텍스트의 텍스트성(또는 텍스트성들)은 텍스트의 읽기에서 형성되고 또 텍스트의 해석을 통해서 확정된다. 그러나 텍스트가 미결정에 해당하고 텍스트의 텍스트성이 그 자체의 미결정성에 해당한다면, 그렇다면 읽기에 대해서 말하거나 텍스트의 해석에 대해서 말하는 것은 무엇을 의미할 수 있는가? 이와 같이 텍스트와 텍스트성(또는 텍스트성들)이 미결정적이라면, 어떤 유형의 읽기와 해석이 가능할 것인가? 단순히 미결정적이라면, 왜 읽게 되고 왜 해석하게 되는가?

이상과 같은 질문에 답변하기 위해서는 '미결정성'의 특징과 '텍스트'의 위치를 먼저 평가해야만 할 것이다. 텍스트의 '위치'를 확정지음으로써, 텍스트가 미결정이라는 점을 분명하게 할 수도 있다. 텍스트의 미결정성을 평가하고 규명하는 것은 텍스트의 텍스트성을 평가하고 규명하는 것이다. 에드워드 사이드가 지적한 바와 같이, 텍스트성은 일종의 '실천'[2]에 해당한다. 그 자체의 텍스트성을 통해서, 텍스트는 특정한 방법으로 그 자체를 의미할 수 있고, 그 자체를 만들어낼 수 있고, 그 자체를 존재하게 할 수 있다. 동시에, 그 자체의 텍스트성을 통해서, 텍스트는 그것이 특정한 방법(또는 방법들)에 있어서 그것이 다름 아닌 '텍스트'라는 점을 만들어내게 된다. 그 자체의 텍스트성(또는 텍스트성들)에 의해서, 텍스트는 그 자체의 '정체성'(텍스트가 다름 아닌 텍스트에 해당한다는 정체성)으로서의 위상을 포기하게 되고 순수한 '차이'(다른 텍스트와의 차이)로서의 조건을 확인하게 된다. 그 자체의 텍스트성으로 인해서, 텍스트는 특정한 방법으로 그 자체를 삭제할 수도 있고 그 자체를 정의할 수도 있고 그 자체를 결정할 수도 있다. 그러나 텍스트 자체의 텍스트성은 다른 텍스트의 텍스트성에 관계된다는 점에서, 텍스트는 그 자체를 '탈-정의'하게 되고(PT, p.89), 텍스트 자체로만 제한할 수 없는 '의미의 짜임'이나 '의미망'에 그 자체를 각인시키게 된다. 그 자체를 '탈-정의'함으로써, 텍스트는 '정의적인 읽기'의 가능성과 '결정적인 해석'의 가능성을 제공하게 된다. 그 자체의 텍스트성의 바로 그 특징으로 인해서, 정의적인 읽기나 결정적인 해석 그 어느 것도 성공적일 수 없게 된다. 읽기가 정의적일 수도 있고 해석이 결정적일 수도 있지만, 텍스트는 정의적일 수도 없고 결정적일 수도 없다. 텍스트는 작전상으로나 근본적으로나 미결정적인 상태로 남아 있게 된다. 텍스트의 실천에 해당하는 텍스트성은 바로 그 텍스트 자체를 탈-정의하는 텍스트이자 텍스트 자체를 작전상으로나 근본적으로 미결정적인 상태로 남아 있게 하는 텍스트에 해당한다. 텍스트는 '차이' 그 자체이고, 텍스트의 텍스트성은 그 자체로부터 스스로 '차이'나는 것이자 그 자체를 '차이'나도록 만드는 것이다. 모든 텍스트는 '차이'난다. '차이'나게 됨으로써, 텍스트는 '연기'되고, 다른 텍스트의 텍스트성과 모순이 없거나 심지어 일치하기까지 하는 하나의 텍스트성을 생산하게 된다. 따라서 텍스트의 텍스트성을 통해서, 하나의 텍스트는 다른 텍스트를 끌어들이게 되고 그러한 텍스트에 협조하게 되고 환기하게 된다. 그러나 텍스트는 미결정적이기 때문에, 텍스트의 텍스트성은 의미나 의미들, 해석이나 해석들, 읽기나 읽기들 중에서 어느 것이 성행하고 어느 것이 성행하지 않는지를 단 한 번도 결정할 수 없게 된다.

텍스트의 텍스트성으로서의 미결정성은 미결정으로서의 텍스트와는 '차이'나는 것이다. 미결정으로서의 텍스트는 바로 그 '미결정'의 본질과 기능에 의해서 결정된다. 데리다에 의하면, 미결정은 이론적인 '형상'으로, 그것은 글쓰기에서 가장 중요한 '말'이나 '개념'으로 표시될 수 있고 위치될 수 있는 것이다. 이미 강조한 바와 같이, 데리다는 형이상학의 이항대립을 단순한 '중립화'로 파악하는 것을 거부하는 '해체주의'의 일반적인 전략을 전개했을 뿐만 아니라 적용하기도 했다. 해체주의는 또한 "단순히 이항대립의 폐쇄된 영역 내에 존재하는 것이 아니다. 왜냐하면 이항대립은 대립적인 영역 그 자체만을 확인할 뿐이기 때문이다."(Positions, p.41) 따라서 미결정에서는 이중적인 기능을 수행하게 된다. 미결정에서는 어떤 개념이 제3의 개념으로 전환되지 못하도록 한다. 제3의 어휘는 한 짝을 이루고 있는 대립적인 개념을 종합하고 그렇게 함으로써 중립화시키기 때문이고, 한 짝을 이루고 있는 대립적인 개념은 또 어느 한 쪽의 개념이 다른 한 쪽의 개념으로 되지 못하도록 하기 때문이다. 간단히 말하면, 미결정은 헤겔이 말하는 '초월' 또는 '지양'에 해당하는 것은 아니지만 그렇다고 해서 미학적으로(또는 대립적으로) 구조적인 '한 짝'을 형성하고 있는 것도 아니다. 미결정은 이와 같은 대립적인 한 짝의 경계면이나 사선(斜線)에 위치하게 된다. 미결정성은 대립적인 한 짝 중에서 그 어느 한 쪽도 강조하지 않으면서 배타적으로 어느 방향으로든 기울어질 수도 있다. 미결정성은 전통적으로 형이상학적이거나 철학적이거나 문학적인 용어의 콘텍스트에서, 따라서 일반적인 글쓰기 영역 내에서 발생하게 된다. 미결정성은 일반적인 '글쓰기 영역'과 '대립적인 구조' ─미결정성이 발생하게 되는─ 와는 무관하게 독자적인 위상을 가질 수 없다. 더 나아가 미결정성은 일반적인 글쓰기 영역을 통해서 퍼져나가게 된다(분산된다). 미결정성에서는 전통적인 개념의 한계가 무엇인지를 제시할 수 있지만 그와 같은 전통적인 개념이 위치해 있는 바로 그 '담론' 내에 그 자체를 각인시킬 수 있을 뿐이다.

데리다의 해체적 전략에서는 '중복적인 글쓰기'를 실천하고 있다. 「중복 회의」에 관한 글에서 데리다가 강조했던 이와 같은 '중복적인 글쓰기'는 글쓰기가 두 개의 장소에서 동시에 작용하는 것을 의미한다(Dissemination, pp.172~286). 중복적인 글쓰기는 또한 중복적인 학문, 중복적인 집회, 중복적인 장면 등에 관계된다. 중복적인 글쓰기는 일반적인 글쓰기 영역 내에 이항대립 구조를 각인시키는 것이다. 이와 같은 일반적인 글쓰기 영역 내에서, 그 자체의 전통적인 형이상학적 개념과 함께 각각의 계층은 그 자체를 주장할 수 있게 된다. 해체적 전략은 전통 내에서 확인할 수 있는 바와 같이 각각의 계층의 전환이나 반전을 생산하게 되고 자극하게 된다. 이와 같은 전환을 이룩하기 위해서는 관련되는 대립적인 용어를 일반적인 영역에 위치시킬 필요가 있으며, 그렇게 함으로써 이와 똑같이 미결정을 위치시킬 필요가 있게 된다.

데리다는 미결정의 폭넓은 다양성을 확립했다.[3] 해체적 전략은 미결정적인 '이것도 아니고 저것도 아닌' 바로 그 '사이'의 경계면에서 작용하게 된다. 미결정은 제3의 어휘도 아니고 한 짝을 이루고 있는 이항대립에서 어느 한 쪽만으로 결정되는 것도 아니다. 이제 텍스트가 미결정이라면, 텍스트는 그 자체가 의미하는 바로 그 점으로 인해서 훨씬 더 분명해져야만 할 것이다.

텍스트는 "방대한 것이다."(PT, pp.93~94) 텍스트는 그 자체를 뛰어넘어 벗어나고자 한다. 텍스트는 '텍스트' 자체 내에 있는 것보다 더 많은 것에 의해서 그 자체의 보충을 제시하고는 한다. 텍스트 내에 있는 것은 그 자체의 한계를 분명하게 하고, 그 자체만의 경계, 여백, 경계선, 국경선, 한계선을 수립하게 된다. 그렇지만 그렇게 하는 동시에 텍스트는 또한 그 자체에 대한 하나의 정의나 그 밖의 정의로 확산되기도 한다. 텍스트는 순수한 '차이'로 남아 있을 수도 없고 그렇게 될 수도 없다. 언제나 잔여분이 있게 마련이며, 이러한 잔여분에 의해서 텍스트는 스스로 하나의 정체성을 확인할 수 있게 된다. 텍스트는 전체적으로 복잡한 이항대립에서 어느 한 쪽으로 또는 다른 한 쪽으로 기울어지는 경향이 있다. 이러한 의미에서 텍스트는 ① '가시적인 것'도 아니고 '비-가시적인 것'도 아니고, ② '안'도 아니고 '밖'도 아니고, ③ '현존'도 아니고 '부재'도 아니고, ④ '텍스트'도 아니고 '콘텍스트'도 아니며, ⑤ '하나'도 아니고 '다수'도 아니다. 텍스트가 이와 같은 대립의 경계면에 위치하게 된다는 점을 고려함으로써, 텍스트의 텍스트성이 어디에서 발생하게 되는지를 분명하게 할 수 있을 것이고, 그 자체의 미결정성을 하나의 유형이나 또 다른 유형으로 결정하는 데 있어서 이항대립의 한 쪽이나 다른 한 쪽으로 어떻게 특별하게 기울이지게 되는지도 분명하게 할 수 있을 것이다.

가시적 / 비-가시적

텍스트는 그 자체에 관계되는 것이든, 그 자체에 관계되지 않는 것이든, 언제나 무엇인가를 감추고 있다. 텍스트는 비-가시적이라는 푸코의 견해와는 다르게, 에드워드 사이드가 지적한 바와 같이 텍스트에는 규명될 수 있고, 언급될 수 있고, 어떤 가시성을 야기할 수 있는 무엇인가가 있게 마련이다. 그러나 데리다의 편에서 보면, 텍스트를 포착하면 할수록 텍스트에는 거기에 존재하지 않는 더 많은 세부사항들이 있게 마련이다(PT, p.89). 여기에서 제안하고 있는 견해는, 텍스트에서 비-가시적인 것이거나 숨겨진 것은 텍스트의 텍스트성에 관련된다는 점이다. 그러나 텍스트 자체의 편에서 보면, 텍스트의 텍스트성에 관련지어 텍스트 자체를 확인하면 할수록, 텍스트는 그만큼 더 그 자체를 삭제하게 되고 정의를 회피하게 되고 가시적인 결정을 모면하게 된다는 점이다. 텍스트가 서사를 제공하게 되고, 하나의 세계를 열어 놓게 되고, 소리, 아이디어, 리듬 및 이야기가 분명하게 되는 '명증성' 열어놓게 된다는 점에서, 텍스트는 가시적이라고 볼 수도 있다. 그러나 텍스트에는 그 자체의 바로 그 텍스트성(또는 텍스트성들)을 감추는 경향이 있다. 텍스트는 그 자체의 '의미'와 '의미구조'를 은폐시키는 경향이 있다. 읽기는 표면만을 드러내게 될 뿐이고 해석은 텍스트의 의미만을 규명할 것을 요구 받게 되지만, 그렇게 함으로써 불가사의하고 미결정적인 텍스트의 성격 을 좀 더 분명하게 할 수 있게 된다. 텍스트가 가시적인지 아니면 비-가시적인지를 결정할 수는 없다. 텍스트가 가시적인지 아니면 비-가시 적인지를 선택하는 것은 텍스트의 텍스트성 — 텍스트의 텍스트성이 근 본적으로 미결정적이라 하더라도 — 을 결정짓도록 하는 것이나 다름없 다. 하나의 텍스트는 서사적인 소설일 수도 있고 미완성 유고(遺稿)일 수 도 있고 장시(長詩)일 수도 있고 영화각본일 수도 있다. 단테의 『신곡』의 경계는 칸초네에서 칸토(이야기체 시)로, 칸토에서 3운연(三韻聯)의 '테르 차 리마'[3행이 1연으로 구성되는 시의 형식으로 삼운구법(三韻句法)이라고 한다. 첫 번째 행과 세 번째 행이 서로 운을 이루게 되며 두 번째 행은 그 다음 연의 첫 번 째 행과 세 번째 행과 운을 이루게 된다]로, 지옥에서 연옥을 거쳐 천국으로, 버질에서 스타티우스를 거쳐 베아트리체 등으로 반복되는 비극형식에 의해서 분명하게 개관할 수도 있지만, 수많은 자서전적인 텍스트의 특 성, 역사적인 텍스트의 특성 및 시적인 텍스트의 특성 등은 여전히 감 추어져 있을 뿐이다. 단테의 『신곡』의 '3연시(三聯詩)'에서는 신학적으로 분명한 텍스트의 특성을 가시적인 특성으로 만들게 되고 그러한 특성 에 대한 연구를 가능하게 한다. 주변적인 사항이기는 하지만, '삼위일 체'는 '통일성'으로 전환되고, 아흔 아홉 개의 '칸토'는 지옥, 연옥 및 낙 원에 의해서 백 번째의 칸토로 이어진다. 또한 『신곡』에는 이상과 같은 모든 것을 하나의 구(球)로 감싸고 있는 '장미'나 '창공'도 있다. 삼위일 체에 대해서, 리얼리스트와 유명론자(唯名論者) 사이의 논쟁에 대해서, 세속적인 중세 로맨스에 있어서의 종교적 알레고리의 기능에 대해서, 우주적 '세계관'에 대한 단테의 창안 등에 대해서 언급할 수 있는 것은 텍스트 자체에서 가시적으로 나타나 있지 않다. 이러한 요소들을 숨겨 진 것으로 파악하게 되고 이러한 요소들이 근본적인 방법으로 텍스트 를 형성하고 있다고 주장하게 되는 것은 텍스트 자체, 즉 『신곡』 자체에 대한 신학적인 텍스트의 특성을 결정하게 되는 것이다. 다시 말하면, 텍스트는 결정적이지 않다는 점에서, 텍스트는 그 자체 내에서 가시적인 것과 가시적이지 않은 것 '사이'의 경계에서 작용한다는 점에서, 신학적인 텍스트의 특성을 결정할 수 있게 되는 것이다.

안/밖

텍스트의 '안'에 있는 것과 '밖에 있는 것을 결정할 수 있다면, 그렇다면 텍스트성(또는 텍스트성들) 또한 결정할 수 있을 것이다. 셰익스피어의 희곡에 대한 '집주(集註)'는 텍스트의 '안'에 있는가? '밖'에 있는가? 기욤 드 로리스의 시를 개작한 장 드 묑의 『장미의 로망스』의 결말부분은 텍스트의 '안'에 있는가? '밖'에 있는가? 칸트의 A와 B의 해석과 같은 방법에 해당하는 제임스 조이스의 『젊은 예술가의 초상』의 '스테판 히어로'의 부분은 『순수이성비판』의 '안'의 일부분인가? 니체의 『즐거운 지식』에 있어서 아포리즘들의 '사이'의 공간은 텍스트의 '안'에 해당하는가? '밖'에 해당하는가? 이와 같은 텍스트의 각각에 대해서 미결정적인 것은 텍스트 자체에 대해서도 역시 미결정적일 수밖에 없다. 텍스트는 하나의 작품도 아니고 일련의 작품들도 아니며, 한 권의 책도 아니고 그러한 책의 페이지에 쓰인 내용도 아니다. 텍스트는 중심에서 벗어나게 되고, 중심에서 벗어난 바로 그 자리에서 텍스트-내적인 것과 텍스트-외적인 것은 서로 만나게 되고 텍스트의 경계를 탈-정의하게 된다. 텍스트의 텍스트성을 정확하게 말한다면, 그것은 텍스트-내적인 것과 텍스트-외적인 것 '사이'의 분명한 경계선, 즉 텍스트의 일부분으로 계산하는 것과 그렇게 계산하지 않는 것 '사이'의 분명한 경계선을 확정짓지 못하게 되는 조건에 해당한다. 텍스트의 텍스트성은 또한 경계선이 어디에서 발생하게 되느냐에 대한 상세한 설명을 전복시키는 데 있다. 에드워드 사이드가 설명한 바와 같이, 텍스트는 "의미론적인 지평을 통해서 폭발하게 된다."(PT, p.108) 텍스트성의 실천은 이와 같은 의미의 '경계'와 텍스트에 대한 경계선을 특별하게 임의적으로 확정지은 '경계'를 가로지는 데 있다.

현존 / 부재

텍스트는 현존도 아니고 부재도 아니고, 필기도 아니고 어법도 아니고, 글쓰기(기술)도 아니고 말하기(화술)도 아니다. 텍스트는 그래픽 글쓰기도 아니고 말해진 소리도 아니다. 텍스트는 '부재하는 것'에 대한 보충도 아니고 '현존하는 것'의 즉각적인 형식도 아니다. 데리다가 글쓰기(기술)라고 명명한 것은 현존과 부재의 '사이', 그래픽 기호로서의 글쓰기와 음성적인 소리로서의 말하기(화술) '사이'의 미결정에 해당한다. '기술'(글쓰기)처럼 텍스트도 대립적인 양극성 '사이'의 경계면에서 작용하게 된다. 특별한 텍스트가 있다 하더라도, 데리다는 '일반적인 텍스트'도 있다는 점, 즉 "본질, 의미, 진실, 의식, 관념성 등에 의해서 전적으로 통제받고 있는 담론의 경계를 실질적으로 기술하게 되고 흘러넘치게 되는" '일반적인 텍스트'도 있다는 점을 강조하면서 다음과 같이 언급했다.

이와 같은 담론과 그 질서(본질, 의미, 감각, 진실, 의미, 의식, 관념성 등)가 흘러넘치게 되는 모든 곳, 즉 이와 같은 요소의 권위성이 연속적인 하나의

'표식' — 이와 같은 권위성이 본질적으로나 상상적으로 지배할 수 있기를 원하고 실제로 지배하게 되는 위치 — 으로 되돌아가게 되는 모든 곳에는 '일반적인 텍스트'가 있게 마련이다. 이와 같은 '일반적인 텍스트'는 페이지 위의 글쓰기로 제한되는 것이 아니다.(Position, p.60)

'일반적인 텍스트'는 그 어떤 특정한 텍스트에 충분하게 현존할 수 없는 텍스트에 해당한다. 실제로, 하나의 텍스트 '안'에 '있는 것'을 결정할 수 있는 그 어떤 방법이 없는 것과 똑같이, 텍스트에 현존하는 것을 결정할 수 있는 그 어떤 방법도 없다. 특정한 텍스트에 현존하는 것은 일반적인 텍스트에도 현존하게 되지만, 특정한 텍스트에 부재하는 것이 일반적인 텍스트에도 부재하는 것은 아니다. 일반적인 텍스트의 특징을 특정한 텍스트에서도 분명하게 하고 현존하게 함으로써, 그러한 특징이 특정한 텍스트에도 스며들게 할 수는 있지만, 그러한 특징이 직접적으로 또 분명하게 텍스트로부터 부재하게 된다는 점에서, 일반적인 텍스트의 특징이 특정한 텍스트에도 현존하게 된다고 말할 수는 없다.

어떤 의미에서 텍스트는 퍼포먼스이자 화술행위(말하기 행위)에 해당한다. 텍스트는 일종의 퍼포먼스로서 그 자체를 현존하게 할 수 있지만, 엄격하게 말하면 텍스트로 하여금 현존하도록 하는 것은 부재하도록 하는 것에 해당한다. 아마도 일반적인 텍스트에 자리잡고 있는 부재된 것은 바로 그 '부재된 것'을 현존하게 함으로써 말해질 수 있을 뿐만 아니라 글쓰기로까지 확장될 수도 있는 것 같다. 라파예트 부인의 소설 『클레브 공주』에서는 명증성과 독특성에 대한 데카르트의 개념을 실천했고, 브레히트의 희곡 『억척 어멈과 그 자식들』에서는 소외이론과 조건이 언급되어 있으며, 카프카의 소설 『성(城)』에서는 '이상적인 자아', 즉 프로이트의 심리분석에서 문화와 관련지어 분명하게 했던 '자아'에 대한 추구가 제시되어 있다. 텍스트의 텍스트성에서는 '부재된 것'을 '현존'으로 파악하게 된다. 텍스트의 텍스트성에서는 이와 같은 요소를 통합하고 있으며 따라서 현존이나 부재를 결정할 수 있는 궁극적인 방법은 없게 된다. 다시 말하면, 텍스트의 텍스트성은 하나의 작용, 즉 텍스트를 형성하고 있는 '차이'의 작용에 해당할 뿐이다.

텍스트 / 콘텍스트

텍스트는 그 자체만의 경계를 정해 놓고 있다. 그 자체만의 경계를 정하는데 있어서 텍스트는 또한 '함께할 것'과 '함께하지 않을 것'도 정하게 된다. 그러나 텍스트는 그 자체의 콘텍스트와는 다른 것인가? 콘텍스트는 텍스트를 수반하게 되는 것이다. 콘텍스트는 또한 '밖'에 있는 것이고 따라서 텍스트 자체와는 다른 것이다. 그 자체의 '타성(他性)'에 있어서, 콘텍스트는 그 자체와 함께하는 텍스트에 나타나게 된다는 점에서만 콘텍스트일 뿐이다. 데리다(1977)가 「주식회사 a b c……」[4]에서 언급했던 바와 같이, '콘텍스트(context)'는 프랑스어에서 '하나의 텍스트'를 의미하는 '콩텍스트(qu'on texte)'처럼 들리기 때문이다. 따라서 콘텍스트는 텍스트의 일부분이 아니면서 텍스트가 아닌 채로 남아 있는 바로 그 텍스트의 일부분을 형성하게 된다. 콘텍스트는 정치적이고 역사적이고 문학적이고 문화적이고 사회적일 수도 있다. 이와 같은 수많은 특징들은 전형적으로 텍스트 외적인 것으로, 텍스트의 '밖'에 있는 것으로, 텍스트가 아닌 것으로 간주되고는 하지만, 그럼에도 이러한 요소들은 텍스트를 수반하게 되고, '텍스트로 된 것'으로 파악되고는 한다. 이러한 점에서 이러한 요소들은 문제가 되는 텍스트에 대한 콘텍스트에 해당한다. 이러한 요소들이 '텍스트로 된 것'이라는 점에서, 또는 텍스트성과 관련지어 '텍스트화된 것'이라는 점에서, 이러한 요소들은 또한 텍스트 내적인 것으로 파악될 수도 있다. 제2차 세계대전은 사르트르의 『자유에의 길』에서 텍스트화되어 있다. 미국의 남북전쟁은 스테판 크레인의 『붉은 무공훈장』에서 구체화되어 있다. 미국 흑인의 상황은 랄프 엘리슨의 『투명인간』에서 텍스트화되어 있다. 20세기 초 부르주아 상류 계층의 사회구조는 당시의 영국과 관련지어 버지니아 울프의 『댈러웨이 부인』에서 텍스트화되어 있으며, 프랑스와 관련지어서는 마르셀 프루스트의 『잃어버린 시간을 찾아서』에서 텍스트화되어 있다. 이상과 같은 경우의 문학작품에서 제공하는 것은 텍스트 자체에서 바깥세상을 표상하는 것이 아니다. 텍스트의 텍스트성을 그렇게 해석할 수 있다 하더라도, 바깥세상을 표상하는 것은 아니다. 오히려 분리될 수 있고 다르게 설명될 수 있다 하더라도, 일반화된 콘텍스트나 환경은 주제화하거나 특수한 정체성을 확립하지 않고서도 텍스트라는 '틀' 속에 통합되어 있다.

콘텍스트에 의해서 텍스트는 상호텍스트를 가지게 된다. 상호텍스트가 텍스트와 함께하는 '텍스트'라 하더라도, 상호텍스트는 또한 텍스트 자체 내에서 그 정체성을 확립할 수 있고 특수화할 수 있다. 상호텍스트는 그것이 문제가 되는 텍스트를 형성하는 복잡한 텍스트의 일부분으로 된다는 점에서 텍스트에 포함될 수도 있다. 상호텍스트는 텍스트와 상호텍스트 '사이'의 경계선을 확장시키기 때문에, 그것이 문제가 되는 텍스트의 '안' 또는 '밖'에 위치하는지 그리고 텍스트의 '일부분'인지 또는 텍스트로부터 완전히 '분리된 것'인지를 결정할 수 있는 그 어떤 방법도 없다.

텍스트성 : 통일성 또는 다양성?

텍스트성은 텍스트의 미결정성에 해당한다. 가시적 / 비-가시적, 안/ 밖, 현존 / 부재, 텍스트 / 콘텍스트 '사이'의 경계면에 텍스트는 위치하게 된다. 텍스트는 미결정에 해당한다. 텍스트는 어느 쪽으로도 기울어지지 않는다. 텍스트가 어느 쪽으로 기울어지는지를 결정할 수는 없다. 텍스트의 이와 같은 미결정성이 텍스트의 텍스트성에 해당한다. 텍스트의 '차이'로서의 특징은 텍스트의 미결정성에 해당한다. 텍스트의 텍스트성은 텍스트의 조건이자 텍스트의 실천에 있다. 그러나 텍스트성은 유일한 것이 아니다. 각각의 텍스트에는 수많은 텍스트성이 있기 때문이다. 우리들은 이와 같이 '차이'나는 텍스트성을 읽게 되고 해석하게 될 뿐이다. 텍스트성은 특정한 텍스트에 고정되어 있는 것이 아니다. 그것은 일반적인 텍스트의 일부분일 뿐이다. 하지만, 특정한 텍스트에서는 특정한 텍스트성을 제시하고 분명하게 하고 작용하게 한다. 자서전적인 텍스트성은 H.D. 소로우의 『월든』, 니체의 『에케 호모』 및 레비스트로스의 『슬픈 열대』 등과 같은 텍스트에서 부수적인 방법으로 발생하게 되지만,[5] 수많은 생물학 교과서나 심리학 연구논문처럼 좀 더 엄격하게 제한된 분야에서도 부수적인 방법으로 발생하게 된다. 역사적인 텍스트성은 톨스토이의 『전쟁과 평화』, 스탕달의 『적과 흑』, 디킨슨의 『두 도시 이야기』 등과 같은 다양한 텍스트에서도 나타나게 되지만, 헤겔의 『정신의 현상학』과 다윈의 『종(種)의 기원』과 같은 텍스트에도 진입하게 된다. 과학적인 텍스트성, 심리학적인 텍스트성, 요리학적인 텍스트성 등에서도 텍스트의 미결정성을 생산하기 위해서 작용하게 된다. 그러나 분명하게 말한다면, 모든 텍스트가 모든 유형의 텍스트성을 제시하고 실천하는 것은 아니다. 어떤 텍스트성은 지배적인 위치를 차지하고 있는 반면, 다른 텍스트성은 특정한 텍스트에서 피지배적인 위상을 유지하기도 한다. 특정한 텍스트성은 텍스트와는 무관하게 그 자체의 특징과 특성을 유지할 수도 있지만, 언제나 특정한 텍스트와 관련지어 그 자체의 실천과 역할을 성취할 수 있을 뿐이다. 그 자체의 다양성에 의해서 텍스트성은 텍스트의 미결정성에 기여할 수 있고 '차이'의 위치 (위치들)에서 그 자체만의 위상을 획득할 수 있게 된다.

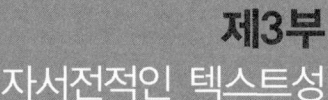

제3부
자서전적인 텍스트성

제9장

자서전적인 텍스트성과 소로우의 『월든』

자서전인 텍스트성은 하나의 텍스트에 대한 자서전적인 특징(또는 의미)이 무엇이냐에 역점을 둔다. 자서전적인 텍스트성에서는 특정한 텍스트가 자서전적인 관심을 발전시키게 되는 점에 역점을 두어 그 특징을 설명하게 된다. 이와 같은 관심이 이러한 텍스트의 중심적인 논지, 쟁점 또는 논의의 핵심을 필요로 하지는 않는다 하더라도, 그러한 관심은 바로 그 텍스트에서 본질적인 것에 해당한다. 텍스트의 자서전적인 측면에 대한 설명에서는 일반적으로 자서전적인 것의 기능과 특징이 무엇인지를 밝히게 된다. 따라서 하나의 텍스트에 대한 자서전적인 텍스트성을 이해하는 것은 특정한 텍스트에 대한 지식에 기여하게 되는 것은 물론 자서전적인 것 그 자체를 형성하고 있는 것에 대한 지식에도 기여하게 된다.

하나의 자서전적인 텍스트성은 인식론적으로 형성된다. 자서전적인 텍스트성에서는 하나의 텍스트가 어떻게 작용하게 되는지에 대해서, 하나의 텍스트가 무슨 의미를 종합하게 되는지에 대해서, 하나의 텍스트가 자서전적인 요소를 규정하는 것으로 그 자체를 결정짓는 점에 대해서 필요한 지식을 제공하게 된다. 인식론적인 형성의 논리로서, 이와 같이 특별한 텍스트성의 유형은 텍스트에서 서사되고 있는 삶의 범위, 조건, 매개변수 및 결정 등을 자세히 열기하게 된다. 자서전적인 텍스트는 하나의 삶에 대한 서사를 제공해 준다. 이와 같은 텍스트성에서는 특정한 삶에 대해서 '알려진 것'과 그러한 삶이 '알려지는 방법'을 수립하게 된다. 자서전적인 텍스트성에서는 다음과 같은 하나의 '장소', 즉 자서전적인 텍스트에 대한 지식에 관련되는 요소, 특징 및 서사되는 삶의 기호 등과 관련지어 분명하게 할 수 있는 장소를 수립하게 된다. 이러한 텍스트성은 또 일반적인 의미에서의 삶을 이와 같이 특정한 삶으로 형성하게 되는 것이 무엇인지에 대한 문제를 제기하기도 한다. 이러한 텍스트성은 삶을 서사된 삶으로 그 경계를 국한시키기도 하고 비-자서선적인 텍스트성이라는 다양한 형식과 유형으로부터 그 자체를 구별하기도 한다. 해체적 해석학-기호학의 임무는 텍스트성을 연구하는 데 있다. 텍스트성을 연구하는 데 있어서, 해체적 해석학적-기호학은 텍스트에서 작용하고 있는 기호체계의 의미에 대한 이해를 제공하게 된다. 자서전적인 텍스트성을 연구하는 것은 이와 같은 연구기획을 연구하는 것이다. 자서전적인 텍스트성은 특정한 텍스트에 관련지어 연구될 수 있기 때문에, 이 글에서는 일반적으로 자서적인 텍스트성을 좀 더 분명하게 설명하기 위해서 H.D. 소로우의 『월든 : 또는 숲속에서의 삶』(1960년 판)을 살펴보고자 한다.[1]

순수한 경계로서의 자서전

자서전에서 자아나 주체는 텍스트로 기록된다(글로 쓰게 된다). '자서전화-하는-것'은 자아를 텍스트로 기록하는(글로 쓰는) 것이다. 달리 말하면, 자기-본위의 변증법이 텍스트성으로 각인된다고 볼 수 있다. 자아나 주체를 글로 쓰는 것은 자아나 주체가 그 자체를 스스로 설명하고자하는 행위에 해당한다. 이와 같은 설명하기가 바로 그 자체의 텍스트성에 해당한다. 자아가 그 자체를 스스로 충분하게 설명할 수도 없고 그 자체를 충분하게 재-설명할 수도 없다는 점이 분명하게 된다 하더라도, 이와 같은 설명하기는 재-설명하기에 가깝다고 볼 수 있다. 하지만, 설명하기와 재-설명하기 '사이'의 행위, 각인, 글쓰기, 경계면 등은 자서전적인 텍스트성에 해당한다. '자서전화'하는 것은 '텍스트화'하는 것이고, 자서전적인 텍스트성은 자서전적인 의미작용, 즉 텍스트화된 자아를 텍스트화하는 행위이거나 과정에 해당한다.

자서전적인 텍스트의 텍스트성을 분명하게 하는 것이 가능하다 하더라도, 텍스트화된 자아를 배치하는 데에는 좀 더 많은 문제가 있다. 실제로, 텍스트화된 자아가 집에 있게 되고 그 자체만의 장소에 있게 되는 분명한 공간을 제시하는 것은 '참'이 아닌 '거짓' 의미의 안정성만을 제공하는 것이나 다름없다. 왜냐하면 자서전적인 것에는 공간이 없기 때문이다. 여기에서 문제가 되는 '공간'은 어떤 유형의 공간인가? 그것을 가장 합당하게 명명할 수 있는 것은 '토폴로지 공간'[형상 공간]이다. 자서전적인 텍스트성은 '토포스', 즉 장소도 아니고 토픽도 아니지만 이 두 가지 요소의 교차점에 위치하고 있는 '토포스'에 해당한다. 따라서 '토포스'는 광범위한 '공간'을 의미한다. '토포스'에는 지리학에서 비롯된 특징도 있고 수사학에서 비롯된 특징도 있다. 그렇지만 '토포스'는 그 자체만의 영역을 차지하고 있다. 왜냐하면 광범위한 공간은 텍스트에 의해서 그 자체의 경계를 확정하게 되는 동시에 텍스트에 의해서 바로 그 경계를 개방시키게 되기 때문이다. '토폴로지'('토포스'에 대한 해석)에서는 광범위한 공간이 텍스트를 형성하고 있는 것으로 파악할 뿐만 아니라 그러한 공간이 다른 공간과 스스로 구별되는 것으로 파악하고 있다.

자서전적인 텍스트성은 그것이 어떤 사물을 설계하는 데 있어서 하나의 고유한 토픽과 장소를 묘사하게 된다는 점에서 하나의 '토포스'에 해당한다. 좀 더 특별하게 말한다면, 자서전이 '토포스'를 포함하는 까닭은 그 자체만의 분명한 공간에 의해서 하나의 담론의 유형을 형성하고 있기 때문이다. 자아를 텍스트로 기술하는 것(글로 쓰는 것)은 건축, 형이상학, 몸, 정치-경제 등과 같은 다른 '토포스'에서와 똑같이 그 자체만의 특징을 가지게 된다. 하지만 좀 더 자세하게 살펴보면, 장르로서의 자서전은 광범위한 공간의 경계에 위치해 있다는 점과 그 자체만의 분명한 공간을 가지고 있지 않다는 점이 자명해진다. 이러한 점으로 인해서 자서전이 반-토포스, 반-광범위한 공간에 해당한다고 생각해서는 안 되는 까닭은 반-토포스나 반-광범위한 공간은 이미 일종의 '토포스'에 해당하기 때문이다. 낭만주의의 텍스트성이 고전주의와 관련지어 일종의 반-토포스에 해당한다면, 그렇다면 낭만적 텍스트성은 이미 하나의 '토포스'에 해당하게 된다. 루소의 '사회계약론'이 절대군주제와 관련지어 반-논증적인 공간이라면, 그렇다면 사회계약론은 이미 논증적인 공간에 해당한다. 그러나 루소의 『고백록』은 그 어떤 다른 자서전과 관련지어도, 그것이 다른 모든 자서전과 구별될 수 없는 자서전이 아닌 이상, 반-논증적인 공간에 해당하는 것이 아니다. 좀 더 특별하게 루소의 『고백록』은 그 자신의 특정한 계획의 경계에 위치해 있다. 루소의 모험, 이론 및 개인적인 접촉 등 모든 것을 고려한다 하더라도, 이러한 요소 중에서 그 어느 것도 자서전적인 공간을 형성하지 못하는 까닭은 바로 이러한 요소 각각이 그 자체만의 '토포스'에 해당하기 때문이다.

루소의 『고백록』의 경우에서 자서전적인 것은 정확하게 이와 같은 각각의 '토포스'의 경계에 위치해 있다. 자서전으로서의 루소의 『고백록』의 텍스트성은 텍스트의 담론의 경계에 위치해 있다. 그러나 자서전적인 텍스트성의 위치는 텍스트 자체의 담론 그 어디도 위치해 있는 것이 아니다. 그럼에도 이와 같은 모든 담론의 가장자리에서 자서적인 실천을 성취할 수 있게 된다. 자서전적인 것의 '토폴로지'는 '자서전적인 텍스트'와 텍스트에 관련되는 그 밖의 '자서전적인 것'의 교차점에서 발생하게 되거나 저자의 이론적이고 정치적이고 허구적이고 미학적인 경계에서 또는 『인간 불평등 기원론』, 『사회계약론』, 『신 엘로이즈』 등에 관련되는 루소의 『고백록』의 경우에서처럼, '다른 글쓰기'에서 발생하게 된다. 자서전적인 텍스트가 비-자서전적인 텍스트에 권위적으로 연결되어 병치될 수 있다 하더라도, 자서전적인 공간은 자서전적인 텍스트와 비-자서전적인 텍스트의 경계면에 위치하게 된다. '경계면'에, '교차점'에 위치하게 되는 것은 결코 아무 공간에나 위치하게 되는 것이 아니다. 자서전적인 텍스트성에는 공간이 없으며 따라서 그것은 순수한 경계에 해당한다.

이제 소로우의 『월든』을 고려해보자. 소로우의 이 책은 1845년과 1847년 사이에 쓴 상당히 많은 분량의 텍스트이며, 이 시기에 그는 매사추세츠 콩코드의 '월든 호수' 가까이에 자신이 직접 지은 통나무집에 살고 있었다. 1854년에 출판되었을 때에는 그렇게 많은 주목을 받지 못했던 이 책은 소로우의 생애동안에 출판된 두 권의 책 중의 한 권에 해당한다. 『월든』은 2년 2개월 동안의 경험에 대한 보고서이다. 그러나 이 텍스트의 위상에는 문제가 있다. 이 텍스트는 분명히 자기 자신의 삶과 사상에 관심을 가지고 있는 한 개인의 설명에 해당한다. 자기 자신의 삶을 기술함으로써, 소로우의 텍스트는 그 자체를 자서전적인 것이라고 선언하게 된다. 자아는 명상적인 스타일에 의해서 텍스트화되어 있으며 그렇게 함으로써 하나의 자서전을 제공하게 된다. 『월든』에 의해서 열려진 공간, 광범위한 공간은 『콩코드 강과 메리맥 강에서의 일주일』(1849)을 따라 각인되어 있다. 『월든』의 '텍스트성'이 자서전적인 까닭은 그것이 1인칭 단수 화자, 즉 주격으로서의 '나'(I)가 목적격으로서의 '나'(me)를 묘사하고 있는 것으로 되어 있기 때문이다. 『월든』의 '공간'이 '비-공간'인 까닭은 소루우가 자신의 생애동안에 거의 책을 읽지 않았을 뿐만 아니라 자서전적인 것의 특성을 부여하는 데 있어서 소로우는 자신의 경험을 우선시했고 모범적인 작가의 틀의 '밖'에 자기 자신을 배치했기 때문이다. 그럼에도 그 자신의 유명한 에세이 『시민의 불복종』에서처럼 분명히 비-자서전적인 텍스트까지도 1인칭 단수 화자로 충만 되어 있다. 따라서 자서전적인 텍스트성은 텍스트의 다양성을 통틀어서 소로우의 글쓰기의 '자기결정'에 있어서 중심적인 위치를 차지하고 있다.

『월든』이 자서전이라 하더라도, 그것이 본질적으로 흥미로운 자서전에 해당하는 것은 아니다. 『월든』은 자서전의 형식, 자기 자신만의 삶을 기록한 보고서 형식을 취하고 있을 뿐이다. 그렇지만 그렇게 읽는 경우는 아주 드물다. 전형적인 자서전 몇 가지만을 언급한다면 루소의 『고백록』, 괴테의 『시와 진실』 및 사르트르의 『말』과는 다르게, 소로우의 『월든』은 자연주의적인 글로, 19세기 미국사상을 특징짓는 에세이로, 규정된 유토피아로, 문학적인 일기의 일부분으로 좀 더 자주 읽히고는 하기 때문이다. 실제로, 대략 70여 편의 자서전을 열거하고 있는 조르주 메이의 '자서전 연구'를 살펴본다면,[2] 거기에는 『월든』이 포함되어 있지 않다는 사실을 알 수 있을 것이다. 필자 역시 자서전에 대한 수많은 일반적인 연구와 논의에서 소로우의 『월든』이 포함된 경우를 발견한 적이 거의 없다.[3] 몇몇 경우에서 소로우를 인용하고는 있지만, 간략하게 인용하고 있을 뿐이다.[4] 따라서 소로우가 처음 『월든』을 출판했을 때에 무시되었던 것과 똑같이, 『월든』은 '자서전' 사이에서 그 자체의 중요한 위치를 거부당해 왔다고 볼 수 있다. 하지만, 우리들이 관심을 가지고 있는 것은 『월든』의 수용과 인식에 있는 것이 아니다. 왜냐하면 자서전적인 텍스트성은 그 자체의 정체성을 확립하기 위해서 어떤 통계나 분류에 의존하고 있지 않기 때문이다. 소로우는 『월든』의 서론부분에 해당하는 구문에서 자서전적인 요소를 다음과 같이 언급했다.

> 뒤이어지는 페이지 또는 오히려 뒤이어지는 페이지의 상당 부분을 쓰게 되었을 때에, 나는 이웃으로부터 1마일 가량 떨어진 숲속에서, 매사추세츠 콩코드에 있는 월든 호숫가에 내가 지은 집에서 혼자 살고 있었으며, 오로지 내 손으로 일을 해서 먹고 살았다. 나는 그곳에 2년 2개월만을 살았을 뿐이다. 현재의 나는 다시 문명화된 생활 속에 살고 있는 사람이다.(Walden, p.7)

텍스트화된 자아는 작용하기 시작한다. 그 이전의 경험을 보고하고 있으며, 이러한 설명에 따르면 숲속에 살고 있는 동안에 썼던 부분들은 자서전적인 서사로 통합되어 있다. 자아는 텍스트성, 즉 소로우 자신의 삶의 기록으로 분산된다. 그러나 이와 같은 자서전적인 텍스트성은 텍스트화된 자아의 경계에 해당할 뿐이다.

장르로서의 자서전

자서전적인 텍스트성이 순수한 경계에 해당한다면, 그러한 텍스트성은 글쓰기의 한 가지 유형에 해당하는 자서전에 대해서 무엇을 암시할 수 있는가? 시, 소설, 드라마 등은 문학적인 장르로 잘 알려져 있다. 그러나 자서전은 어떠한가? 그것은 분명히 자신들의 일반적인 문학적 글쓰기에 의해서 자서전적인 텍스트를 생산했던 수많은 작가들의 예를 누구든지 인용할 수도 있다는 경우에 해당한다. 누구나 괴테, 스탕달, 톨스토이, 예이츠, 이오네스코 등을 단지 언급만 할 필요가 있을 수도 있다. 그런 다음 또다시 몇몇 자서전적인 텍스트는 어떤 저자의 생산물에서 지배적인 위치를 차지할 수도 있다. 미르쿠스 아우렐리우스의 『명상록』, 헨리 애덤스의 『헨리 애덤스의 교육』 및 시몬 드 보부아르의 『착한 딸의 회고록』, 『인생의 절정』, 『환경의 힘』, 『전부 말했고 전부 이루었다』 등은 저자의 문학적 공간을 선점하고 있는 자서전적인 텍스트성을 형성하고 있다. 더 나아가 자서전적인 어떤 텍스트는 비-문학적인 장소에 하나의 '집'을 마련할 수도 있다. 우리 시대의 문학적인 인물로서 프로이트, 스트라빈스키 및 레비스트로스를 인용하지 않을 수도 있지만, 이들의 자서전적인 텍스트는 '자서전적인 것'을 형성하는 토폴로지의 영역에 참여하게 된다. 이러한 자서전적인 텍스트가 서사시, 서정시, 비극, 희극, 역사소설 등 문학적 장르의 전형을 형성하고 있는 이 모든 것들을 기록하고 있는 것은 아니다. 역사소설이 문학적인 것과 역사적인 것을 동시에 주장하는 것과 똑같이, 자서전도 '문학'과 모든 영역의 '글쓰기', 말하자면 심리분석, 음악, 인류학, 정치학, 철학, 역사 등의 '사이'에 위치하게 된다.

자서전적인 텍스트에 대해서 흥미로운 점은 그러한 텍스트가 낯선 장소, 즉 분명히 문학적 영역의 '밖'에 해당하는 장소에서, B.F. 스키너의 『내 인생의 명세서』처럼 심리학에서, 버트런드 러셀의 『자서전』과 A.J. 에이어의 『내 인생의 일부』처럼 철학에서, 로욜라의 『자서전』처럼 신학에서 그리고 드골과 아이젠하워는 카이사르의 경우처럼 정치학에서 발생하게 된다는 점이다. 하지만, 자서전은 글쓰기이고 특별하게는 자기 자신의 삶에 대한 글쓰기에 해당한다. 따라서 자서전화하는 것은 문학의 경계에서, 그리고 심리학, 철학, 신학, 정치학, 인류학 등의 경계에서 발생하게 된다. 이와 같은 경계는 자서전적인 것에 의해서 그 특징을 찾아볼 수 있는 공간에서 동시적으로 발생하게 된다. 그렇지만, 자서전적인 것이 하나의 장르를 결정할 수 있는가? 텍스트를 종합할 수 있고 하나로 그룹 지을 수 있다면, 그렇다면 분명히 이에 대한 대답은 긍정적일 수도 있다. 그렇지만 다름 아닌 자기 자신의 삶에 대한 글쓰기라는 이와 같은 카테고리의 규칙은 무엇인가? 확실히 그것은 저자로서의 영역에 대해서 특이한 것임에는 분명하지만, 수용적인 영역으로 고려할 수 있는 것을 개방시킬 때에 자서전적인 텍스트는 어느 곳에서든 나타날 수 있는 것이다. 그러나 자서전을 하나의 장르로 수립하고자 하는 관심은 특별하게 문학적 관심으로 나타나기도 한다. 따라서 자서전이 문학적 장르에 해당한다면, 그것은 문학의 편에 해당한다. 이와는 대조적으로, 수많은 자서전은 문학을 형성하고 있는 구성원들에 의해서 생산된 것이 아니라 문학의 '밖'의 저자들에 의해서 생산된 것이기 때문에, 자서전은 일반적으로 비-문학적인 유형의 텍스트성에 해당한다. 자서전이 발생하게 되는 공간은 문학적인 것과 비-문학적인 것 '사이'의 경계면에 정확하게 위치한다. 그러나 그러한 공간은 존재하지 않으며 그것은 순수한 차이, 즉 '문학적인 것'과 '비-문학적인 것'의 경계에서만 가능한 '차이'에 해당한다. 따라서 자서전은 하나의 '장르 행위'이며, 유일하게 합당한 이러한 행위의 위치는 바로 그 자서전의 저자— 저자의 권위는 글쓰기에 의해서 성취된다—에 의해서 전용된 위치에 해당한다.

『월든』은 똑같은 저자가 쓴 다른 중요한 작품과 관련지어서가 아니라 순수한 '차이'라는 바로 그 정체성과 관련지어서 자서전적인 영역으로 취급할 수 있는 텍스트에 해당한다. 어떤 의미에서 『월든』은 문학적 텍스트에 가깝다. 소리, 호수, 고독, 봄의 도래 등에 대한 『월든』에서의 묘사는 워즈워스, 라마르틴 및 괴테의 『젊은 베르테르의 슬픔』에서 찾아볼 수 있는 자연에 대한 낭만적 찬양의 유형에 가까운 것이다. 그러나 소로우의 문체(말뭉치)에서는 그 자체를 시, 소설, 드라마, 로망스 또는 그 밖의 어느 유형으로도 한정시키지 않고 있다. 굳이 찾아본다면,

『월든』에는 도스토예프스키의 『지하생활자의 수기』와 사르트르의 『구토』에 의해서 하나의 전통적인 특징으로 자리잡은 1인칭 단수 화자의 허구적인 일기체에 가깝다고 볼 수 있다. 그러나 '나'가 지배적으로 사용되는 1인칭 단수 화자의 일기체 소설에서는 텍스트에 나타나 있는 '나'와 저자로서의 '나'를 분리시키는 장치를 분명하게 사용하여 기술된다. 예를 들면, 편집자는 중재자로 소개될 뿐이다. 그러나 소로우의 『월든』에서는 거기에 있는 편집자들이 누구이든 그들은 실제상(상상적이라기보다는)의 위상을 가지고 있으며 그들은 판(版)을 거듭하면서 다양하게 나타나게 된다. 『월든』이라는 텍스트 자체는 소설도 아니고 허구적인 일기도 아니다. '저자'와 텍스트에서의 '나' 사이에는 그 어떤 거리도 없다. 워터게이트 재판에서의 존 딘처럼, 자동차 사건의 목격자처럼, 또는 자기 자신이 발견한 것을 보고하는 과학연구자처럼, 서사에서의 '나'는 텍스트 자체의 '저자'와 함께 진실성과 정체성에 대한 외적인 모든 특징을 부여하게 된다. 실제로 『월든』에서의 프로젝트는 비-속임수와 비-허구화의 프로젝트에 해당한다. 그 자체의 장르에 관련하여, 『월든』은 1인칭 소설이나 허구적인 일기 및 다양한 유형의 비-문학적인 글쓰기의 교차점에 위치해 있다. 이 텍스트에서 소로우는 자기 자신이 호수의 깊이를 소리로 나타내는 항해술에 대해서, 그가 자신의 생활비를 결정하는 경제학에 대해서, 그가 자신의 콩밭에서 일하게 되는 농업에 대해서 호소하고 있다. 그러나 『월든』은 분명히 과학적인 텍스트에 해당하는 것이 아니다. 왜냐하면 그것은 항해술, 경제학 또는 농업에 대한 연구 장르를 거의 충족시키지 못하고 있기 때문이다. 『월든』의 위치는 지배적인 문학적 유형과 관련지어 부수적인 위상을 가지고 있는 '경계 장르'로 남아 있게 되거나, 때로는 과학적인 작품으로 전락할 위험도 있게 된다. 그러나 『월든』은 이 두 가지 경우 모두를 회피하고 있기 때문에, 결국 그 자체의 장르로서의 위상은 어느 경우든 '차이'의 위상에 해당한다고 볼 수 있다.

시간성 / 공간성

지금까지의 관심에서는 공간성을 지향해 왔다. 다시 말하면, 자서전적인 텍스트성의 위치를 형성하게 되는 자서전적인 영역의 경계, 문학의 '안'도 아니고 문학의 '밖'도 아니지만 이 두 가지 사이의 경계면에 있는 장르로서의 자서전의 위치 등에 관계되는 '공간성'을 지향해 왔다. 이와는 대조적으로 자서전은 전형적으로 시간적인 행위로 해석되기도 하며, 이와 같은 시간적인 행위는 개략적으로 흐르기, 흘러가기, 경력, 또는 인생의 활동 등으로 특징지을 수도 있다. 자서전에서는 시간에 따라 발생하는 것을 계산하게 된다. 자서전은 통시적인 것, 즉 사건에 뒤이어지는 사건, 생각에 뒤이어지는 생각, 지인(知人)과 우정에 뒤이어지는 지인과 우정에 의해서 표시된다. 모든 자서전이 로욜라의 『자서전』과 루소의 『고백록』처럼 제한된 연도(年度)의 기간에 의해 구분되는 것은 아니지만, 대부분의 경우는 연대기적인 패턴을 따르게 된다.

'플래시-백' 테크닉에 의존하는 수많은 허구적인 서사와는 첨예하게 대조되는 자서전적인 '시간성'5)의 특별한 특징은 그것이 '플래시-포워드'의 장치를 허락한다는 데 있다. 예를 들면, 호메로스의 서사시, 특히 『오디세이』는 '플래시-백' 테크닉을 광범위하게 사용하고 있다. 전24권으로 구성된 『오디세이』에서는 각 권에서 각 권으로 뒤이어지면서 그 이전에 발생했던 사건에 대한 오디세이의 서사에 집중하고 있으며, 이러한 점은 독자의 시간적인 위치와 오디세이의 시간적인 위치가 일치하게 될 때까지 지속된다. 자서전에서는 '플래시-백' 테크닉뿐만 아니라 '플래시-포워드' 테크닉까지도 사용한다. 프로이트의 『자서전 연구』에 나타나 있는 구문을 인용하면 다음과 같다.

1914년에 나의 「심리-분석 운동의 역사」를 집필하고 있는 동안에, 브로이어, 샤르코, 크로박 등이 내게 언급했던 말을 떠올리게 되었으며, 이들의 언급으로 인해서 이와 같은 발견을 좀 더 일찍 할 수 있게 되었다. 그러나 내가 이들의 말을 처음 듣게 되었을 때, 나는 이와 같은 권위자들이 의미하고자 하는 것을 이해하지 못했었다. 실제로 이들은 자신들이 알고 있는 것보다 더 많은 것을 내게 말하고자 했거나 자신들을 옹호하고자 했던 것 같다. 나의 카타르시스적인 경험으로 인해서 그들의 말을 분명히 독창적으로 발견할 수 있게 될 때까지, 내가 그들로부터 들었던 것은 내 안에서 피동적으로 수면상태에 있었다. 또한 그때까지 '성적 특성'으로부터 히스테리를 도출해내는 데 있어서 의학의 바로 그 출발점으로 되돌아가야 되고 플라톤의 사상을 추종해야 된다는 점을 나는 인식하지 못하고 있었다. 내가 하벨록 엘리스의 글을 읽고 나서 이러한 점을 배우게 된 것은 얼마 후의 일이었다.[6]

위에 인용된 구문에서 프로이트는 자신이 자서전을 집필하던 시기에 유지하고 있던 전망을 참고하고는 있지만, 문제가 되는 사건이 발생했던 시간으로 보면, 그러한 전망이 그에게 가능했던 것은 아니다. 달리 말하면, 서사적인 것 그 자체에 있어서 프로이트는 보고서를 작성하는 시간에 있어서의 사건에 대한 해석을 강화시킬 수 있는 미래의 전망을 '미리 앞당겨' 참고했던 것이다. 서사시, 소설 및 그 밖의 다양한 문학적 유형에서 적용하고 있는 '플래시-백' 테크닉에 있어서, 참고사항은 '현재' 설명하고 있는 것보다 앞서서 발생하는 사건에 관계된다. 그러나 '플래시-포워드' 테크닉에서는 특별하게 문학적 서사의 전진적인 특징을 변화시킬 수도 있다. 자서전적인 양상은 자서전 작가가 서사적인 양식에 의해서 보고하는 양상에 해당한다. 다시 말하면, 자서전적인 양상은 무엇인가 이미 이루어졌거나 또는 어떤 다른 지식이 가능하기라도 했던 것처럼, 그런 다음에는 이러저러한 사건이 실제로 발생했을 수도 있다거나 발생하지 않았을 수도 있다는 점을 보고하는 양상에 해당한다. 또는 자서전적인 서술자가 자신이 지금 알고 있는 것을 그때도 알고 있었다면, 그렇다면 어떤 사건이나 상황은 다르게 해석될 수도 있을 것이다. 따라서 서술자는 자서전적인 텍스트성에 대해서 충분하면서도 다원자가적(多原子價的)인 해석을 부여하게 되는 '정보', 뒤이어지는 정보에 의해서 이미 발생한 사건을 충족시킬 수도 있을 것이다. 그 어떤 모호성도 있을 수 없고, 그 어떤 비밀도 있을 수 없고, 그 어떤 숨겨진 의미도 있을 수 없게 된다. 몽테뉴와 루소의 전통에서 자서전 작가는 '모든 것을 말하기'를 원하고 있으며, 현재와 과거를 엮음으로써 그리고 가능하다면 현재와 미래를 엮음으로써 그렇게 할 필요가 있을 것이다. 이러한 점은, 소설가는 자서전적인 서사양식을 모방할 수 없다는 점을 암시하는 것이 아니라 자서전적인 것은 특이하게도 시간적(일시적)이라는 점을 의미하는 것이다.

그렇지만 '시간성'만이 모든 이야기에 해당하는 것은 아니다. 자서전에는 분명한 '공간성'도 똑같이 형성되어 있다. 이미 살펴본 바와 같이, 자서전에는 그 자체만의 발생적인 공간성이 없다. 그리고 자서전의 텍스트성은 순수한 시간성과 순수한 공간성의 교차점에서, 시간성과 공간성이 만나게 되는 차이의 위치에서 작용하게 된다. 자서전의 순수한 시간성은 자서전 작가만의 삶에 해당한다. 자서전적인 시간성은 그 자체만의 텍스트성과 관련지어 텍스트에서의 시간을 구조화하는 것이다. 자서전의 순수한 공간성은 선반에 놓여있거나 손에 들고 있는 작품이며 따라서 다른 것과 구별될 수 있는 작품 자체에 해당한다. 자서전적인 공간성은 삶 자체가 하나의 형상을 취하게 되는 공간에 대한 설명에 해당한다. 자서전에 대해서 분명한 것은 그것이 시간과 공간 모두를 통합하는 데 반해서, 그것의 텍스트성은 시간성과 공간성의 경계면에서, 시간성의 경계에서 그리고 공간성의 경계에서 발생하게 되는 동시에 바로 그러한 '경계면'과 '경계'에 위치하게 된다는 점이다.

『월든』에는 2년여 남짓한 기간에 대한 소로우의 삶과 사상이 수록되어 있다. 끝에서 두 번째 장의 마지막 부분에서 소로우는 다음과 같이 쓰고 있다. "따라서 숲속에서의 나의 첫 해의 삶이 완성되었으며 두 번째 해도 이와 똑같았다. 1847년 9월 6일 나는 마침내 월든을 떠나게 되었다."(Walden, p.212) 자신이 호숫가에 머물렀던 것을 보고하는 데 있어서, 소로우는 충분한 1년, 충분한 순환을 설정했다. 이러한 패턴이 일단 결정되고 나면, 나머지 패턴은 뒤이어지게 되고, 소로우가 일단 그러한 패턴을 두 번째 해에도 적용했을 때에, 순환하는 계절의 반복도 그러한 패턴에 따라 작용하게 되었던 것이다. 달리 말하면, 숲속에서의 소로우의 삶의 '시간성'은 자연의 이동에 따라 수립되었던 것이다. 자기 자신을 위해서 소로우는 다음과 같이 쓰고 있다. "나는 내가 숲속에 들어갔던 것과 똑같이 합당한 이유로 그곳을 떠나게 되었다. 아마도 내게는 좀 더 많은 몇 가지 삶을 살았던 것처럼 보일 수도 있으며 그러한 삶을 위해서 그 어떤 더 많은 시간을 할애할 수 없었던 것처럼 보일 수도 있다."(Walden, p.214) 시간적인 패턴에 대한 이와 같은 움직임의 설정과 다른 콘텍스트에서의 새로운 삶의 가능성에 대한 이와 같은 제안은 해마다의 공시적인 단면에 바탕을 두고 있는 통시적인 양상을 나타내고 있다. 자신의 위치를 알기 위한 첫 번째 해와 그러한 위치의 유용성을 입증하기 위한 두 번째 해에 대한 소로우의 헌신은 그 자신이 두 번째 해까지도 설명할 필요가 없다는 일종의 '시간성'을 나타낸다. 이와 같은 유형의 '플래시-포워드' 테크닉은 프로이트가 보고하는 방법과 유사한 테크닉이다. 그러나 소로우에게 있어서 그것은 단일한 사건을 취급하는 것이 아니라 한 해 전부를 취급하는 것에 해당한다. 흥미롭기는 하지만, 소로우는 숲속에서 또 다른 한 해를 생활할 필요까지는 없었던 것 같다. 왜냐하면(그 자신의 견해로 보면) 그는 이미 해마다의 패턴을 알고 있었으며 그 내용까지도 예견할 수 있었기 때문이다.

작품 그 자체는 소로우의 텍스트의 공간성에 해당한다. 『월든』에는 하나의 공간이 수립되어 있으며, 그러한 공간에서 계절의 반복을 알게 되고, 질문하게 되고, 심지어 충분하게 발전시키게 된다. 이와 같은 텍스트적인 공간에서는 하나의 자서전적인 텍스트성의 가능성을 열어

놓게 되며, 그러한 텍스트성에서 저자의 경험은 표현의 핵심을 부여받게 된다. 지겨운 이웃들과의 콘텍스트에서 마을로부터 멀리 떨어져 호수 가까이에 있는 '장소'(위치)는 서사되고 있는 자서전적인 공간성을 수립하게 된다. 소로우의 『월든』의 자서전적인 텍스트성은 계절적인 시간성도 아니고 서사되고 있는 공간성도 아니며, 이 두 가지에 대한 '공동 부여'이자 '상호배치'에 해당한다.

허구 / 비-허구

자서전은 허구인가? 비-허구인가? 이런 식으로 고려할 때에, 문제가 되는 활동의 성격을 규정할 필요가 있을 것이다. 비-허구화에서는 제공된 묘사가 '참(진실)'의 담론에 참여하고 있다는 점을 전제로 한다. 이와 같은 묘사는 지식의 생산에 관여하게 된다. 다시 말하면, 실천하기보다는 정보제공하기에, 개인적으로 발표하기보다는 공식적으로 선언하기에, 상상하기보다는 분석하기에 더 많이 관여하게 된다. 비-허구화는 과학이 되고자 한다. 그것은 발견, 뉴스 및 보도 등의 영역에서 그 자체의 위치를 획득함으로써 그 각각에 알맞은 그 자체만의 위치를 확인하고자 한다. 이와는 대조적으로 허구화는 그 자체를 '거짓(허구)'의 담론으로 나타내고자 한다. 허구화의 활동은 그럴듯한 지식의 생산을 수반하게 된다. 다시 말하면, 그 자체만의 규칙을 따르고, 그 자체만의 경계의 조건을 수립하고, 그 자체만의 언어로 말하는 지식의 생산을 수반하게 된다. 자서전화는 극단적인 경계에 처해 있는 허구화와 비-허구화를 모두 택하게 된다.

자서전화에는 비-허구화의 요소가 있다. 그것은 어떤 삶에 대한 진실을 이야기할 것을 제안하기도 한다. 자신의 '독자'에 대한 몽테뉴의 언급은 전형적인 예에 해당할 것이다. "세상의 은총을 모색하기 위해서 내가 집필했다면, 나는 나 자신을 더 좋게 꾸몄어야만 했을 것이고, 나 자신을 학식이 있는 모습으로 나타냈어야만 했을 것이다. 나는 여기에서 긴장이나 기교가 없는 나 자신의 소박하고 자연스럽고 일상적인 모습을 보여주기를 원하고 있다."[7] 이와 똑같이 루소도 다음과 같이 언급했다. "나는 그 어떤 전례도 없고 일단 완성되고 나면 그 어떤 모방도 할 수 없는 하나의 계획을 결심했다. 나의 목적은 자연에 대해 진실한 모든 방법으로 나에게 알맞은 초상화를 전시하는 데 있으며, 내가 그리고자 하는 인물은 바로 나 자신이 될 것이다."[8] 이 두 가지 경우에서, 진실에 대한 주장은 분명하면서도 가감이 없는 것처럼 보인다. 이 두 가지 경우에서 제안하고 있는 자서전화는 자연에 대해서 진실한 자아를 나타내는 데 있다. 추호의 의심도 없이, 이 두 가지 경우에서 제안하고 있는 것은 진실의 담론, 따라서 비-허구화의 다양성에 해당한다.

진실성에 대한 주장과 자연에 대한 성실성을 선언하는 텍스트만을 고려할 필요는 없을 것이다. 그 밖의 다른 설명들, 가령 통계학 서적이나 역사 교과서 등에서는 사실 그 자체를 강조한다. 비코의 『자서전』을 예로 들어보자. "지암바티스타 비코는 1670년 나폴리에서 훌륭한 이름을 남긴 엄격한 부모님에게서 태어났다. 그의 부친은 쾌활한 성격이었고 그의 모친은 조용하고 우울한 기질이었으며, 이들의 이러한 성격은 자식들에게 많은 영향을 끼쳤다."[9] 또는 괴테의 『자서전』을 살펴보면 다음과 같다. "1749년 8월 28일 정오에 시계가 열두시를 치고 있을 때, '프랑크푸르트암마인'에서 나는 세상에 태어났다. 나의 '12궁도(十二宮圖)'는 상서로운 것이었다. 태양은 동정녀의 계시를 받은 채 떠 있었고 내가 태어난 날을 위해 절정에 있었다……."[10] 또는 『헨리 애덤스의 교육』까지도 다음과 같이 되어 있다.

보스턴 주 의사당의 그늘 아래, 존 한콕의 집에서 돌아서면, 한콕 애비뉴라고 불리는 작은 길이 비콘 스트리트에서부터 주 의사당 광장을 휘돌아 비콘 힐의 정상에서 마운트 버논까지 뻗쳐있고 또는 뻗쳐있었던 바로 그 곳, 마운트 버논 광장 아래 세 번째 집에서 1838년 2월 16일, 한 아이가 태어났으며, 그 후에 제일교회 목사였던 자신의 아저씨가 보스턴 '유니테리언주의'의 교리를 따라 세례를 주어 헨리 브룩스 애덤스가 되었다.[11]

위에서 언급한 각각의 경우에서는 사실에 입각해서 본질적으로 설명하는 방법이 주류를 이루고 있다. 이러한 점이 비-허구의 역할을 강조하는 자서전의 특징에 해당한다. 실제로 이상과 같은 각각의 경우에는 비-허구에 대한 일종의 엄격한 의지까지도 깃들어 있다.

그렇지만 각각의 경우에서는 또한 그려내려는 노력, 그림을 제공하려는 노력, 특정한 상황에서 자아를 상상하고자 하는 노력, 그리고 그러한 자아를 유일한 방법으로 설명하고자 하는 노력 등도 찾아볼 수 있다. 또는 루소의 경우에는 몽테뉴를 모방하는 것이 너무나 자명하기 때문에 그는 자기 자신에게는 그 어떤 모방도 없다고까지 말할 수 있었던 것이다. 상호텍스트로서의 몽테뉴의 기능은 루소의 정직성을 약화시키게 될 뿐만 아니라 루소가 거짓말을 하고 있다는 점까지도 보여주게 된다. 루소는 자신이 몽테뉴를 모방하고 있기 때문에 그 어떤 모방자도 갖지 않을 수 없으며, 다른 사람들도 그의 주장에 의해서 똑같이 그렇게 할 수 있을 것이다. 따라서 독창성에 대한 루소의 주장에 있어서 아이러니는 그 자신이 거짓말을 하고 있다는 점을 보여주게 된다. 자신의 부모의 성격(신념과 확신을 가지고 제시하고 있는)에 대한 비코의 보고, 자신의 상서로운 출생에 대한 괴테의 설명, 그리고 자신이 세상에 출현하게 된 것에 대한 애덤스의 지리적 위치의 배치 등에는 진실에 대한 주장도 나타나 있고, '한 편의 소설'로서의 특징, 즉 해명될 수 있으며 독자가 기꺼이 그렇게 하고자 하는 특징도 나타나 있다. 따라서 비-허구화의

경계에서 자서전은 허구화로 되는 경향이 있고 허구화의 경계에서 자
서전적인 텍스트성은 독자로 하여금 자서전 작가의 경험, 지식 및 신념
등에 대한 또 다른 특징을 이해할 수 있도록 도와주는 비-허구화를 선
언하게 된다.

　　몽테뉴와 루소처럼 소로우도 허구적인 '거짓(허위)'과 비-허구적인
'참(진실)'을 생산하는 자서전화에 참여하고 있다. 그의『월든』은 개인의
경험을 직접적으로 충분하게 설명하는 것으로 되어 있다.

> 어떤 사람들은 내가 무엇을 먹는지, 외롭지는 않은지, 두렵지는 않은지, 그
> 런 것들을 물었다. 다른 사람들은 내가 수입의 얼마큼을 자선을 위해 사용하는
> 지 알고 싶어 했다. 그리고 대가족을 거느리고 있는 사람들은 내가 얼마나 많
> 은 불쌍한 아이들을 돌보고 있는지 알고 싶어 했다. 따라서 이와 같은 질문에
> 대해서 내가 이 책에서 대답하더라도 나를 용서해 줄 것을 나의 독자들에게,
> 나에 대해 그 어떤 특별한 관심이 없는 나의 독자들에게 간청하고자 한다. 대
> 부분의 책에서 '나' 또는 1인칭이 생략되어 있으며 이러한 점을 유지하고자 한
> 다. 자기중심주의는 핵심적인 '차이'에 해당한다. 결국 말하고 있는 것은 1인칭
> 화자라는 점을 우리들은 보통 기억하지 못하는 경우가 많이 있다.(Walden, p.7)

　　소로우는 자신의 책이 호수 가까이에 머물고 있는 자가 자신에게 관
련되는 어떤 특별한 질문에 대한 반응에서 비롯되었다는 점을 독자들
에게 확인시켜주고 있다. 따라서 그는 '연구비 신청' 만큼이나 성실하게
그리고 일련의 질문에 대한 답변에 해당하는 비-허구적인 보고서를 작
성해 놓았다. 그가 '나'를 사용하는 것이 대부분의 경우 진실을 용인하
는 것에 해당하는 까닭은 각 편의 마지막 부분에서 분명하든 그렇지 않
든 1인칭 단수 화자를 사용하고 있기 때문이다. 과학적인 글에서조차 1
인칭 화자가 나타나게 된다는 점을 인정함으로써, 소로우는 자기 자신
의 담론이 비-허구적이고 심지어 철학적이라고까지 강조했다. 실제로
철학적인 포즈가 우세한 경향을 보이기도 한다. 소로우는 누구나 자기

자신의 삶을 어떻게 살아가야 하는지에 대해서, 음식과 옷과 안식처에 대해서, 계절과 새와 동물과 콩밭에 대해서, 자신의 '몸'과 방문객들과 이웃들에 대해서 철학화를 시도했다. 소로우의 관찰은 프란시스 베이컨의 관찰만큼이나 섬세하고 고틀리프 피히테의 관찰만큼이나 심오하며 베르그송의 관찰만큼이나 예리하다.

그러나 '나'를 적용함으로써 허구적인 설명의 가능성도 열어놓고 있다는 점에 기만당해서는 안 될 것이다. 실제로『월든』은 개인적인 일련의 문학적 성찰에 해당하며 이러한 스타일은 에픽테토스, 몽테뉴 및 콜리지의 스타일에 비유될 수도 있다.『월든』은 편지형식의 작품이며, 그것은 시와 유사한 어조에 의해서 자연현상에 대한 명상과 묘사로 가득차 있다. 무엇보다도『월든』은 문학으로 읽혀져 왔고 연구되어 왔으며 취급되어 왔다.『월든』의 섬세한 감성, 세부사항에 대한 세심한 주의, 풍부한 표현 등은 모두『월든』이 허구적인 것, 즉 문학을 지향하고 있다는 점을 나타낸다. 문학작품은 진실일 수 없다. 소로우의 언급은 과학적인 입증에 합당하는 것이 아니며 자연에 대한 그의 언급은 농업이나 지리학이나 천문학에서 연구할 수 있는 모델이 될 수도 없다.『월든』은 거짓말이다. 분명히 소로우의 성찰은 그가 월든 호수에 머물렀던 두 번째 해에도 정확하게 똑같이 반복되지 않았기 때문이다. 그의 성찰은 이와 같이 발생하는 사건을 설명하는 것이 아니다. 하지만, 이러한 거짓말에는 속이려는 의도가 없다. 이와는 대조적으로 이와 같은 거짓말에서는 정보를 전하고 기쁨을 주고 감정을 불러일으키는 일종의 지각을 제공하기도 한다.

그러나『월든』을 허구에 관련짓거나 비-허구에 관련지으려고 할 때, 이 텍스트는 정말로 그 어느 쪽—양쪽의 특징을 모두 가지도 있다 하더라도—에도 해당하지 않는다는 점이 아주 분명해진다. 그 자체의 자서전적인 텍스트성은『월든』을 허구와 비-허구 '사이'에, 문학과 철학의 '사이'에 위치시키게 된다. 텍스트가 그 자체를 분명하게 하는 것은 실제로 정확하게 자서전적인 전통에 해당한다. 예를 들면, 소로우가 집필을 하게 되는 이 텍스트의 시작부분은 다음과 같이 되어 있다.

> 내가 잘 알고 있는 그 누군가가 있다 하더라도 나는 나 자신에 대해서는 절대로 말하지 않을 것이다. 불행하게도 내 좁은 경험으로 인해서 나는 이러한 주제의 제한을 받을 수밖에 없었다. 더구나 나 자신의 편에서 보면 나는 처음이든 마지막이든 그저 단순히 다른 사람의 삶에 대해서 들은 바 있는 그런 작가가 아니라 자기 자신의 삶을 소박하면서도 진지하게 설명하는 모든 작가가 될 필요가 있다. 다시 말하면, 이와 같은 설명을 먼 거리에 멀리 떨어져 있는 자신의 가족에게 보내는 그런 작가가 될 필요가 있다. 그러한 작가가 진지하게 살아왔다면, 그것은 내게 있어서 먼 거리에서 살아온 것임에 틀림없기 때문이다.(Walden, p.7)

이상에서 파악할 수 있는 소로우의 '진술'과 몽테뉴가 자신의 독자에 쓴 '언급', 즉 자신이 할 수만 있다면 아주 벌거벗을 수도 있다는 점을 시인한 언급 사이에는 상당히 중요한 유사성이 있다고 볼 수도 있다. 진정성에 대한 소로우의 호소는 몽테뉴의 다음과 같은 주장, 즉 그 자신의 초상화는 가능한 한 자연스러워야 하며 다른 사람에 대한 관심을 필요로 하지 않는다는 주장을 반복하고 있다. 진정성에 대한 소로우의 이러한 호소는 또한 몽테뉴의 직접성에도 관계되고 『고백록』에 나타나 있는 자기 자신의 계획에 대한 루소의 설명에도 관계된다. 자기 자신만의 삶에 대해서 진지한 것은 그것을 텍스트로 기술하는 데 있어서 자기 자신만의 정체성을 제공하는 것이다. 이와 같은 텍스트는 허구와 비-허구 '사이'의 경계면에서 자서전적인 것을 선언하게 된다.

은유성 / 문학성

은유에 대한 논의에 관계되는 아리스토텔레스적인 전통에서, 은유는 정확한 상황에 대한 보충에 해당한다. 이러한 의미에서, 자서전은 은유성 그 자체, 즉 자기 자신의 삶을 삶 그 자체에 대한 글쓰기로 보충하는 것에 해당한다. 전환으로서의 은유의 전통에서, 자서전은 경험에서 글쓰기까지, 경험하기에서 자서전화하기까지 걸쳐 있는 일생에 대한 전환으로 고려될 수도 있을 것이다. 또는 I.A. 리처즈의 '주지(主旨)−매체(媒體)'와 맥스 블랙의 '초점−틀'의 개념으로 보면, 삶은 '매체'이거나 '틀'에 해당하는 반면, 삶 그 자체를 광범위한 공간으로 서사하는 것은 '주지'나 '초점', 달리 말하면 '은유'에 해당한다. 폴 드 만이 파악했던 바와 같이, 자서전은 번역, 옮기기, 이행하기, 개인적인 경험의 영역에서 글쓰기의 영역으로 전환하기 등에 해당한다.[12] 자서전은 보충, 전환, 주지(主旨), 초점, 또는 하나의 문장에 있어서의 어떤 어휘, 말, 또는 요소의 번역에 해당하는 것이 아니다. 오히려 자서전은 은유성 그 자체이며, 저서전의 전체적인 텍스트는 은유적이다. 이러한 점은 자서전이 삶의 알레고리라는 점을 의미하는 것이 아니다. 이와는 반대로, 단테의 『신생』에서처럼 자서전이 알레고리에 해당할 때, 자서전은 단테 자신의 삶에 대한 은유에 해당할 뿐만 아니라 구원의 알레고리, 신성한 것에 대한 축복의 비전이자 사랑에 해당한다. 자기 자신의 삶을 기술하는 것은 바로 그 자체의 삶을 전용(專用)하는 것인 동시에 그 자체의 삶을 형성하는 것이며, 스타일과 특징을 부여하는 것이다. 자신의 출생 일자에 대한 헨리 애덤스의 보고는 대형그림의 한 부분에 해당할 뿐이지만, 그의 이러한 설명은 보스턴 힐에 있는 주 의사당 가까이에서 자신이 태어났다는 하나의 견해를 제공하고 있다. 그리고 무엇보다도 이러한 보고는 '사실−자체에−근거'한 방법으로 부여되어 있는 것이 아니라 『고리오

영감』에서 집의 외관에 대한 발자크의 묘사와 거의 비유될 수 있을 정도로 풍부하게 부여되어 있다.

자서전은 알레고리도 아니고 소설도 아니다. 그리고 자서전이 은유성으로 물들어 있기는 하지만, 자서전은 또한 필연적으로 정확한 것이기도 하다. 정확성이 없는 자서전은 더 이상 자서전에 해당하지 않기 때문이다. 자서전에서는 개인의 삶에 대한 사건의 특징을 설명해야만 하지만 어느 정도는 그러한 사건이 발생한 그대로 그 특징을 설명해야만 한다. 문제가 되는 개인의 삶에 대한 편지와 경험이 없다면, 자서전이라는 텍스트는 한 편의 소설에 해당할 뿐이지 더 이상 자서전에 해당하는 것이 아니다. 자서전의 정확성은 보고되어야 하는 것이 무엇이고, 무엇이었고, 무엇이어야 하는지에 대한 성실성에 있다. 실제로 자서전은 인간의 시간성의 경계에서 발생하게 된다. 정확하게 말해서 자서전화하는 것은 자신의 삶에 대해서 그 어떤 중재가 없이 직접적으로 보고하는 것이다. 자서전에는 전기에서 요구되는 중재도 없고 소설에서 성행하는 허구적 특징도 없다.

그렇다면, 자서전적인 텍스트에서는 은유성과 정확성을 어떻게 통합시킬 수 있는가? 라고 물을 수도 있다. 자서전적인 텍스트는 이 두 가지 특성 모두에 해당하는 것이 아니라 어느 한 쪽에만 해당해야 한다고 말할 수도 있다. 그리고 어떤 점에서 자서전적인 텍스트는 은유성과 정확성 모두에 해당할 수가 없다. 그것은 또 삶의 보충, 전환, 주지, 초점이나 번역일 수도 없고 삶 그 자체일 수도 없다. 달리 말하면, 자서전은 비유성이 문학성을 만나게 되는 곳에, 삶의 보충이 삶 그 자체인 곳에, 삶에 대한 글쓰기(기술)가 삶 그 자체인 곳에, 번역하기의 행위가 살아있는 곳에, 그 자체를 자리잡게 해야만 한다. 이러한 점에서 자서전화하는 것은 텍스트화하는 것이지만, 텍스트화하는 것은 행위와 텍스트에 해당하는 것이자 '실천'과 그러한 실천에 대한 '설명' 모두에 해당하는 것이다. 자서전화하는 것은 글쓰기, 명명하기, 서명하기 및 궁극적으로는 개인의 삶에 대한 스케줄의 특이성 —삶의 스케줄에 따라 표시되는 생생한 표식과 더불어— 으로 삶 그 자체를 통합하기에 해당한다.

특히 오늘날의 상황에 비추어서 『월든』을 읽는 것은 소로우가 19세기 중반에 살았던 인물에 해당하는 것만큼 텍스트 자체에 있어서도 바로 그 인물에 해당한다는 점을 분명하게 한다. 어떤 점에서 『월든』은 바로 그 '인물', 즉 소로우가 자신의 텍스트를 통해서 콩코드 숲속에 살고 있는 바로 그 자신에 대한 일종의 보충에 해당한다. 소로우의 전기에서는 그의 2년 2개월간을 보고하고 있지만, 그것은 또 그가 하버드에서 공부했다는 점, 학교선생으로 지냈다는 점, 의도적으로 세금을 내지 않아 체포되었다는 점 등을 알려주기도 한다. 이러한 점은 정확한 의미에서의 '소로우'와 『월든』에 있어서의 자서적인 '소로우'가 서로 일치하지 않는다는 점을 알려주기도 한다. 그러나 은유의 임무는 정확한 일치를 제공하는 데 있는 것이 아니다. 오히려 은유의 임무는 삶을 보충하는 것이자 또 다른 해석을 보충하는 것에 해당한다. 이러한 점에서 『월든』은 정확하게 숲속에서의 삶, '세계'에서의 삶을 기록한 은유에 해당한다. 그러나 『월든』의 텍스트성은 정확한 삶을 분명하게 보충하는 것도 아니고 그러한 삶을 완벽하게 보충하는 것도 아니다.

상상 / 기억

지각은 상상과 기억 '사이'의 경계면의 핵심으로 종종 인용되고는 한다.13) 작가가 기억해야 되는 모든 것에 관계되는 기억하기의 가능성을 기꺼이 수용하게 될 때, 그러한 기억이 어떻게 모두 적합한 것인지를 잠재적으로 상상하는 것, 즉 기억하기를 종합할 수 있는 위치를 기대하는 것을 고려하게 될 때, 바로 그 때에 자서전의 위치를 환기할 수 있게 된다. 자서전화하는 것은 지각하는 것이 아니다. 자서전화하는 것은 지각을 텍스트화하는 것이다. 『잃어버린 시간을 찾아서』와 같은 소설이 저사전적이라고 말할 수 있는 것은 마르셀 프루스트가 어느 쪽이든 자신의 이웃에 대해서 현상학적으로 묘사하기라도 하듯이 자신이 지각한 것을 보고하고 있다는 점을 주장하는 것이 아니다. 오히려 그것은 마르셀의 경험적 특징이 프루스트의 경험적 특징과 닮았다는 점, 즉 프루스트는 상상적으로 기억하고 있으며 자기 자신의 경험을 소설의 글쓰기로 변용시키고 있다는 점을 말하는 것이다.

좀 더 분명하게 말하면, 특별하게 자선전화된 텍스트의 경우에서 과거를 기억하고 미래를 상상하는 것은 자서전적인 텍스트성, 즉 제시되어 있지도 않고 지각 가능하지도 않은 텍스트성으로 통합된다고 볼 수도 있다. 자서전적인 텍스트성에서는 기억된 것과 상상된 것을 개인적인 설명(기록된 설명)으로 전환시키게 된다. 예를 들면, 이오네스코의 『과거의 현재/현재의 과거』는 다음과 같은 구문으로 시작되고 있다.

> 나는 나의 기억 중에서 나의 아버지의 맨 처음 이미지를 찾아본다. 나는 어두운 복도를 보고 있으며 그 때 나는 두 살이었다고 생각한다. 내리고 있는 빗줄기 속에서 나의 어머니는 나의 곁에 있다. 어머니는 크게 쪽을 지은 머리를 하고 있다. 나의 아버지는 나의 반대편 창문 옆에 있다. 나는 아버지의 얼굴을 볼 수 없다. 나는 아버지의 어깨와 상의만을 보고 있다.
>
> 갑자기 터널이 나타난다.[14]

이오네스코는 기억하고 있다. 이오네코는 상상하고 있다. 그의 기억하기의 경계에는 기억을 텍스트화하는 자서전화하기가 있다. 그의 상상하기의 경계에는 자기 자신에 대한 투사를 텍스트화하는 자서전화하기가 있다. 텍스트화된 자아는 현재이지만, 그것은 '여기'에서의 현재가 아니라 '저기'에서의 현재, 즉 자서전화된 텍스트로서의 이오네스코의 자서전적인 자아의 현재일 뿐이다. 회상록이 개인적인 까닭은 그것이 그 누구에게도 속할 수 없기 때문이다. 회상록은 읽기에 의해서 전용될 수 있지만, 그러한 읽기에서는 텍스트화된 자아를 따라야만 하든가 적어도 그러한 자아를 재-기술(재-해석)해야만 한다. 따라서 다시 한 번, 자서전적인 텍스트성은 기억하기와 상상하기 '사이'의 교차점에, 경계면에 그 자체가 위치하게 된다고 볼 수 있다. 프루스트의 『잃어버린 시간을 찾아서』와 제임스 조이스의 『젊은 예술가의 초상』이 이와 같은 경계면을 되풀이하게 된다 하더라도, 그러한 경계면이 필자가 여기에서 설명해 왔던 그 밖의 모든 경계면(시간성/공간성, 허구/비-허구, 은유성/정확성)의 콘텍스트에 자리잡게 될 때, 이와 같은 경계면의 결합체를 구분짓는 것은 오히려 유일한 '위치'를 제시하는 것에 해당할 뿐이다.

몽테뉴의 『수상록 전집』처럼, 소로우의 『월든』도 그의 삶에서 서로 다른 시간에 집필된 여러 편의 글을 한 자리에 모아 놓은 '패치워크'에 해당한다. 『월든』에 수록된 각각의 글은 특별한 사건, 사상, 장소, 동물 또는 사람에 대한 지각을 보여준다. 전체적으로 그것은 소로우의 경험에 대한 회상록에 해당한다. '게슈탈트'[경험의 통일적인 전체]는 소로우가 월든 호숫가에서 보냈던 날들에 대한 기억과 상상적인 보고를 동시적으로 형성하게 된다. 기억은 소로우 자신의 삶에 있어서 바로 이 시기에 비롯되게 되며 그의 상상은 통일성에 대해서 다양성을 부여하게 된다. 자서전적인 텍스트의 텍스트성은 기억도 아니고 상상도 아닌 것, 그러나 이 두 가지의 경계면에 있는 것에 대한 비-공간적인 지각에 해당한다.

자서전 작가 / 자서전으로 된 것

이제 마지막으로 남은 최종적인 대립 한 가지를 분명하게 해야만 할 것 같다. '자서전 작가 / 자서전으로 된 것'이라는 대립을 포함시키는 것은 앞에서 언급한 바 있는 각각의 대립 사이의 '사선(斜線)'에 자서전적인 텍스트성의 위치를 완성하는 것이고 결정하는 것이나 다름없다. 각각의 경우에서 '사선'을 중첩시키는 것은 사르트르가 "단일한 보편적인 것"15)이라고 명명했던 바와 같이 자서전적인 '토포스'를 유일한 '토포스'이자 '장소'로서 반복하는 것에 해당한다.

자서전화하는 것은 자서전 작가의 '경계'와 자서전으로 된 것의 '경계'에 위치하는 것이다. 1845년과 1847년 사이의 기간에 월든 호숫가에 자신이 머물렀던 것에 대한 소로우의 계산은 텍스트에 있는 것도 아니고 그 자신 역시 텍스트에 계산되어 있는 것도 아니다. 텍스트는 자서전화된 것이 발생하는 곳이기도 하고 주체와 대상이 독자적인 위상을 상실하게 되는 곳이기도 하다. 텍스트는 자서전적인 텍스트성이 자서전적인 자아의 위치를 확인하는 곳에 해당한다. 자서전화하는 것은 '자서전 작가'와 '자서전으로 된 것'의 경계가 접하게 되는 동시에 발생하게 되는 장소(위치)에서 '자서전 작가'와 '자서전으로 된 것'이라는 두 요소를 연결하게 된다.

자서전 작가는 저자가 아니며, 자서전으로 된 것은 주인공이 아니다. 자서전 작가는 자기 자신의 삶을 기록하는 사람이다. '자서전으로 된 것'은 그 자신의 삶이 자서전으로 기록된 '사람'에 해당한다. 텍스트에서의 주격으로서의 '나(I)'는 자서전 작가의 흔적에 해당하고, 목적격으로서의 '나(me)'는 자서전으로 된 것의 찾아보기에 해당한다. 「콩밭」이라는 제목의 글에서 소로우는 다음과 같이 언급하고 있다.

나는 또 더 많은 경험을 하게 되었다. 또 다른 여름에는 그렇게 많은 콩과 옥수수를 심어 경작하지 않을 것이라고 나는 나 자신에게 말했다. 그러나 이와 같은 씨앗, 그러한 씨앗이 분실되지 않는다면, 진정성, 진실, 소박성, 신념, 순수성 등처럼, 씨앗들은 이러한 땅에서는 자라지 않게 되는지 알게 될 것이고 그렇게 많이 일하지 않아도 될 것이고 거름을 주지 않아도 될 것이고 그렇게 수고하지 않아도 될 것이기 때문에, 분명히 이러한 작물로 인해서 피곤하지 않게 되었다. 아! 나는 나 자신에게 이렇게 말했지만, 그러나 이제 또 다른 여름은 가버렸으며, 또 다른 여름, 그 다음 여름도 가버리게 되어 있다. 그래서 나는 내가 심었던 씨앗들이 벌레가 먹었든 생명력을 잃었든 정말로 이와 같은 덕목을 지닌 씨앗들인지 그래서 싹이 트지 않았는지를 여러분, 독자에게 말해두고자 한다.(Walden, p.13)

'자기 자신'에게 말하고 있는 '나'는 본질적으로 자서전 작가가 아니라 그러한 입장에 있는 흔적일 뿐이다. '나'는 서술자로서 자기 자신에게 말하고 있을 뿐만 아니라 이 둘(서술자와 저자)의 정체성을 요구하는 저자에 해당하기도 한다. '나'는 자서전 작가의 이름으로 말하고 그의 서명(署名)을 적용하기도 한다. 주격으로서의 '나 자신'과 목적격으로서의 '나'가 자서전으로 된 것 그 자체가 아닌 까닭은 어떤 의미에서 자서전으로 된 것이 자서전적인 텍스트 전체에 스며들어 있기 때문이다. 하지만, 자아를 묘사하고 양도함으로써 ─ 이 경우에는 분명히 '독자'에게 ─ 주격으로서의 '나 자신'이나 목적격으로서의 '나'는 자서전으로 된 것에 대한 합당한 '찾아보기'로 작용하게 된다. 자서전화하는 것은 자서전적인 텍스트, 즉 자서전 작가와 자서전으로 된 것을 경합하도록 하는 텍스트를 생산하는 것이다. 이와 같은 경합의 위치에서, 이 두 요소(자서전 작가와 자서전으로 된 것)의 경첩에서, 자서전적인 텍스트가 그 자체를 주장하게 되는 곳에서, 소로우의 『월든』에 대한 자서전적인 텍스트성은 형성된다. 자서전적인 텍스트성에서는 시간성과 공간성, 허구와 비-허구, 은유성과 정확성, 상상과 기억, 자서전 작가와 자서전으로

된 것 '사이'의 경계면의 '점(點)'을 나타내는 광범위한 공간을 수립하게
된다. 이와 같이 유일한 경계면의 '점'은 점이 아니라 '사선(斜線)'이다.
이러한 의미의 '사선'은 자서전적인 자아를 그 자체가 수립되어 있는
위치로부디 분리시켜 탈-중심화시키게 된다. 자서전적인 자아를 탈-
중심화시키는 것은 자서전적인 다른 자아와 통합시키는 것에 해당한
다. 다시 말하면, 그 자체의 자서전화가 똑같이 이루어진 것이라면 개
략적으로 똑같은 장소를 가질 수도 있는 다른 자아와 통합시키는 것에
해당한다. 그러나 자서전화하는 것에서의 '차이'는 무엇이 자아 그 자
체와 그러한 자아를 구별하는 '차이'를 기술하게 되느냐에 관계된다.
각각의 자서전적인 자아는 그 자체만의 윤곽, 그 자체만의 경계, 그 자
체만의 양상(樣相)을 묘사하게 된다. 따라서 소로우의 자서전적인 텍스
트성은 행위 그 자체에 의해서 특별한 경계를 수립하게 되는 자서전화
에 의존하고 있다. '사선'에서 발생하게 되는 이와 같은 경계는 H.D. 소
로우의 자서전에서처럼 이와 같이 특정한 자서전적인 자아를 확립하게
된다. 그러나 소로우의 특정한 자서전적인 자아는 어느 곳에나 위치할
수 있는 그러한 자아가 아니다. 다시 말하면, 자서전적인 텍스트로서의
『월든』을 통해서 그 자체의 의미작용에 해당하는 것은 물론 그 자체를
탈-중심화하게 되는 자서전적인 텍스트성을 제외하고는 어느 곳에나
위치할 수 있는 그러한 자아가 아니다.

제10장

니체의 『에케 호모』에 있어서의 자서전적 텍스트성의 흔적

자서전은 글로 기록한 자기 자신의 삶에 해당한다. 자서전화하는 것은 자기 자신의 삶을 글로 기록하는 것이다. 자서전적인 텍스트는 자기 자신의 삶에 대한 특정한 글쓰기의 해석, 편린, 또는 설명에 해당한다. 자서전적인 텍스트성은 자기 자신의 삶에 대한 해석, 편린 또는 설명에 대한 글쓰기를 특징짓는 텍스트(자서전적이거나 또는 그 밖의)의 특징에 해당한다. 『에케 호모』[1]가 자서전으로서는 성공적이지 못하다는 점에 대해서는 그동안 많은 논의가 있어 왔기 때문에, 필자는 니체의 『에케 호모』의 자서전적인 텍스트성에 더 많은 관심을 가지고 있기 때문에, 이 텍스트가 실제로 자서전에 해당하는지 해당하지 않는지에 대해서 결정하는 것을 우선은 유보해 두고자 한다.

이와 같이 후자 쪽에 치중하여 니체의 『에케 호모』를 자서전의 영역에서 배제하는 것은 이 책을 '펭귄출판사 판'으로 영역(英譯)한 R.J. 홀링데일의 다음과 같은 '서문'에 그 근거를 두고 있다. "문제는 이 책에 어떻게 접근하느냐에 있다. 주제에 관련되는 문학의 지침을 따라 이 책을 니체의 '자서전'으로 접근하게 된다면, 거의 아무것도 발견하지 못할 것이고 아무리 짧은 것이라 하더라도 아마도 끝마칠 수 없게 될 것이다. 이 책은 자서전으로는 분명히 실패한 책에 해당한다. 니체의 삶을 그 자신의 '사서전'에 의해서 광범위하게 개관을 할 수 있다 하더라도 그의 삶 자체를 재구성할 수는 없다. 이 책은 절대로 서사가 아니고 이 책은 최소한 '객관적'인 것도 아니다."[2] 아마도 홀링데일은 옳을 수도 있다. 그 어떤 심도 있는 의미에 있어서도 『에케 호모』는 절대로 니체 자신의 삶을 글로 기록한 것이 될 수 없다. 물론 자서전에서 자기 자신의 삶을 충분하게 제공할 필요는 없다. 사르트르의 『말』은 그 자신의 삶에서 열두 살 정도에 해당하는 것만을 계산하고 있고, 단테의 『신생』은 그가 베아트리체를 찬양했던 초기의 몇 년 동안만을 계산하고 있으며, 데카르트의 『방법론 서설』은 그 자신의 마음의 전개과정과 발전에 대한 질문으로 엄격하게 제한되어 있기 때문이다. 다른 한편으로, 벤베누토 첼리니의 『인생』, 루소의 『고백록』, 시몬 드 보부아르의 다양한 저서들, 러셀의 『자서전』 등에서 언급하고 있는 바와 같이, 자서전이 대규모 기획을 유지하고 있다면, 그렇다면 홀링데일은 핵심을 파악했다고 볼 수도 있다. 그러나 『에케 호모』가 이상과 같은 서사적 자서전에 어울리지 못한다고 해서, 그것을 필연적으로 실패한 것이라고 볼 수 있는가? 자서전 작가의 삶을 폭넓게 개관할 수 있고 재구성할 수 있어야 한다는 점을 확신한다면, 그렇다면 홀링데일은 옳다고 볼 수도 있다. 「왜 나는 그토록 현명한가?」의 제3항에서, 니체는 자신의 선조가 폴란드계라는 점, 자신의 어머니는 독일계이고 자신의 아버지의 할머니도 독일계라는 점, 자신의 아버지의 출생과 자기 자신이 겨우 다섯 살 되었을 때의 아버지의 죽음, 자기 자신의 출생일자 및 자신의 이름을 왜 프러시아의 황제 프리드리히 빌헬름 4세를 따라 지었는지 등에 대해서 간략하게 설명했다. 하지만, 이 모든 것은 빈약한 보고에 지나지 않을 뿐만 아니라 니체의 『에케 호모』가 그 자신의 삶을 기록한 자서전으로 파악할 수 있는 충분한 자료가 될 수도 없다. 니체가 설명하고 있는 날짜와 이름을 제외한다면, 그가 제공하고 있는 다른 사실들에 대한 설명은 심지어 비논리적일 수도 있다. 예를 들면, 그는 전혀 폴란드계가 아닐 수도 있다. 이러한 이유로 인해서, 홀링데일은 니체의 『에케 호모』에는 '객관적' 특성이 없다는 점을 강조했다.

그러나 이와는 대조적으로 『에케 호모』는 상당히 많이 서사적이기도 하다. 19세기 소설의 의미로 볼 때에 그것은 서사가 아닐 수도 있지만, 소로우의 『월든』이나 롤랑 바르트의 『롤랑 바르트』도 서사가 아닐 수도 있다. 그러나 『월든』이나 『롤랑 바르트』는 모두 자서전으로서의 특징을 가지고 있다. 니체가 서사하고 있는 것은 그가 왜 그렇게도 현명하고, 그가 왜 그렇게도 명석하고, 그가 왜 그렇게도 탁월한 저서를 썼느냐에 있다. 이러한 점이 연대기적 서사에 해당하는 것은 아니지만 그러나 거기에는 자기 자신과 자신의 작품에 대한 니체의 견해가 계산되어 있다. 이와 같이 특별하게 비-연대기적이면서도 논지적인 서사는 자서전적인 텍스트의 텍스트성에 대한 하나의 특징에 해당한다.

『에케 호모』를 자서전으로 분류할 수 있는지에 대해서는 그동안 몇 가지 문제가 제기되어 왔기 때문에, 자서전적인 텍스트로서의 『에케 호모』의 위상을 주장할 수도 있을 것이다. 1인칭 단수 화자로 구성되어 있는 『에케 호모』는 적어도 그 이름에 있어서 저자에게 관계되는 것이지 그 밖의 다른 허구적인 인물에 관계되는 것이 아니다. 『에케 호모』는 단편적으로 구성되어 있으면서도 동시에 니체 자신의 삶을 기술한(글로 쓴) 해석에 해당한다. 따라서 니체는 '그는 누구인가'에 대한 설명을 제공하게 된다. 이러한 점에서 『에케 호모』가 특별하게 자서전으로서의 특징을 가지고 있지 않다 하더라도 그것은 자서전적인 텍스트에 해당할 수 있다. 더 나아가 텍스트가 자서전적인 텍스트성을 제시하기 위해서 자서전적일 필요는 없기 때문에 — 예를 들면, 제임스 조이스의 『젊은 예술가의 초상』을 들 수 있다 — 필자는 이제 필자 자신의 연구를 『에케 호모』의 자서전적인 텍스트성으로만 제한하고자 한다. 다시 말하면, 텍스트 『에케 호모』를 니체 자신의 삶에 대한 해석, 편린 또는 설명으로 특징짓는 한 가지 유형의 '글쓰기'로 그 특징을 제한하고자 한다. 텍스트 『에케 호모』는 니체 자신의 지속적인 자기진단이며 거기에는 그 자신의 삶에 대한 글쓰기의 문제점이 제시되어 있다.

자아 / 텍스트

니체의 『에케 호모』의 자서전적인 텍스트성은 '자아'와 '텍스트'의 경계면에서 발생하게 되고 작용하게 된다. 순수하게 『에케 호모』라는 텍스트 없이 니체의 삶을 설명하는 것은 불가능하다. 니체는 1900년에 세상을 떠났다. 1인칭 단수 화자가 등장하는 이 텍스트는 1844년부터 1900년까지 살았던 '자아'로부터 분명히 꽤 멀리 떨어져 있다. 이 텍스트(광범위하게 자서전적이기는 하지만)를 자서전으로 파악하기에는 부족하다는 홀링데일의 설명은 『에케 호모』를 자아에 대한 노력으로 파악하기에는 적합하지 않다는 점을 나타낸다. 하지만, 이러한 설명이 '자아'와 '텍스트' 사이에는 그 어떤 관계가 없다는 점을 말하는 것은 아니다. 실제로 글로 쓰인 이러한 관계는 자서전적인 텍스트성의 위치에 해당하기 때문이다.

『에케 호모』는 텍스트를 열게 되는 다음과 같은 언급들로 가득 차 있다. "오래지 않아 나는 일찍이 인간성에 부여되었던 가장 어려운 요구와 함께 바로 그 인간성에 직면해야만 한다는 점을 알게 됨으로써, '내가 누구인지'를 말하는 것은 내게 있어서 불가피한 것처럼 보인다."(EH-WKtr., p.217) 이와 같은 '나'는 '자아'와 '텍스트' 사이의 어딘가에 위치하게 된다. 그러나 그러한 '나'(1인칭 단수 화자)는 어떻게 니체 자신의 삶에 대한 글쓰기로 될 수 있는가? 그는 자기 자신을 기만하게 되거나 독자를 기만하게 된다. 그가 사용하는 '말'은 문제가 되는 '자아'를 표상하는 데 있어서 빈약한 말일 수도 있다. 그러한 말은 또 자아의 '가면'이거나 빈약한 '해석'일 수도 있다. 이와 같은 논의는 끝없이 진행될 수도 있다. 다시 말하면, 한 쪽이거나 다른 쪽, 주체의 편이거나 대상의 편, 자아의 편이거나 텍스트의 편 등 어느 한 쪽만으로 기울어질 수 있는 결론으로 나아갈 수도 있다. 하지만, '나'의 글쓰기는 표상적인 단위나 보충적인 실체로서가 아니라 편린으로서의 '글쓰기'에 해당한다. 편린에 대한 글쓰기는 니체의 『에케 호모』의 자서전적인 텍스트성이 위치하게 되는 '흔적'이거나 '보충'에 해당한다. 따라서 텍스트화된 '자아'는 '그것이 누구냐?'라고 말해야만 하는 의무를 선언하게 된다. 어떤 특정한 유형, 즉 그 자체만의 긴급성과 그 자체만의 정체성을 연결하는 유형에 대한 이와 같은 '말하기'에서는 주제화할 수 없는 그 무엇을 남겨놓게 된다. '긴급성'에서 '정체성'까지 이르는 전통에서 자서전적인 텍스트성은 텍스트 자체로만 남겨지게 되었다. 이와 같은 전환에서 '남겨진 것'은 다음과 같은 문제점, 즉 우리들이 '니체'라고 부를 수도 있는 어떤 특정한 '자아'는 스스로 설명할 필요가 있다는 문제점을 나타내게 된다. 이러한 점을 알게 되었을 때, 또는 알게 된다면, '자아'가 스스로 설명해야 하는 필요성, 그 자체를 텍스트로 기술해야 하는(글로 써야 하는) 필요성은 결과적으로 자서전으로 전환될 수 있을 것이다. 성공하지는 못한다 하더라도, 적어도 자서전적인 텍스트성의 흔적만이라도 남겨놓게 될 것이다.

니체는 자신의 텍스트 『에케 호모』에서 계속해서 다음과 같이 강조했다. "이러한 점은 실제로 이미 알려졌어야만 했다. 왜냐하면 나는 나 자신에 대한 '증인이 되기'를 게을리 하지 않았기 때문이다."(EH-WKtr., p.33) 이와 같이 언급한 '저자'와 그 '효과' 사이에는 그 어떤 관계도 없다는 점을 전제할 수 있다면, 이상과 같은 언급은 흥미로운 것일 수도 있다. 이와 같은 언급에 의해서, 기술된(글로 쓰인) '자아'와 어떤 '신용' 사이의 관계를 확인할 수도 있을 것이다. 텍스트는 그 자체를 바로 그 텍스트의 '밖'으로 이끌어내게 된다. 이러한 점은 이처럼 특정하게 텍스트화된 '자아'와 다른 작품의 '저자' 사이에 의존하게 된다. 또는 좀 더 좋게 말한다면, 어떤 연관성까지도 수립하게 된다. 그러나 이러한 연관성에서는 키에르케고르의 『저자로서 나의 작품에 대한 관점』에 나타나 있는 바와 같이 책을 읽게 되는 대중에게 제시하는 것과 똑같은 연관성을 수립하지는 않는다. 자신의 이 책에서 키에르케고르는 자기 자신이 익명으로 출판된 모든 작품의 저자에 해당한다는 점을 분명하게 했다. 키에르케고르는 『저자로서 나의 작품에 대한 관점』을 집필한 저자로서의 자기 자신과 콘스탄틴 콘스탄티우스, 요하네스 데 실란티오, 빅토르 에르미타 및 그 밖의 다른 사람들과의 '사이'의 정체성을 확인하기 위한 일종의 의무를 선언했지만, 니체는 『에케 호모』에서 문제가 되는 '자아'가 이미 '신용'을 가지게 되었다는 점을 지적했다. 그의 정체성이 무엇인지에 대해서는 이미 잘 알려져 있다. 그가 누구인지에 대한 증언도 이미 잘 알려져 있다. 이와 같이 텍스트화된 '자아'는 이미 하나의 정체성을 가지고 있는 것으로 기록되어 있을 뿐이다.

근본적으로는 이러한 자아가 누구인지를 알아야만 할 것이다. 그러나 이러한 자아가 누구인지를 누가 알 수 있는가? 그것은 「에케 호모 자신은 어떻게 자기 자신으로 될 수 있는가」라는 이 텍스트의 부제(副題)에서 특수화되어 있는 바와 같이 동일한 인물이 될 수 있는가? 분명히 하나의 증인으로서 니체를 만나게 되어 있는 '사람'은, 『에케 호모』가 성공적으로 제시되어 있는 경우에만 바로 자기 자신으로 될 수 있는 그런 '사람'과 언제나 일치하는 것은 아니다. 하나의 텍스트로서 니체를 만나야만 하는 '사람'은 니체 자신의 '독자'에 해당한고 볼 수도 있을 것이다. 니체 자신의 '독자'에 해당하는 이러한 '사람'이 몽테뉴가 자신의 『수상록 전집』의 시작부분에서 언급한 '독자'와 차이나는 까닭은 '저자'로서의 니체는 이러한 '사람'을 '독자'라고 명명하지 않았기 때문이다. 이러한 '사람'은 이미 알고 있는 '사람'일 뿐이다. 그리고 이러한 '사람'이 알고 있어야만 하는 것은 니체의 전집에 대해서 알고 있는 '그 무엇'이어야만 한다. 「나는 왜 그렇게도 탁월한 책을 쓰는가」라는 부분에는 니체가 자기 자신의 독자들에게 언급한 사항이 나타나 있다. 독자에 대한 니체 자신의 주장을 고려한다면, 그렇다면 니체는 독일인 독자 외에도 어느 곳에나 자기 자신의 '독자'를 가지고 있는 셈이다. 그의 독자들은 "다름 아닌 높은 위치와 의무를 지니고 있는 최고의 지성인이자 그러한 점이 입증된 인물들"이다. 니체는 다음과 같이 강조했다. "나는 나의 독자들 사이에서 실제로 천재성까지도 가지고 있다. 비엔나에서, 상트페테르부르크에서, 스톡홀름에서, 코펜하겐에서, 파리에서, 뉴욕에서-그 어느 곳에서나 나를 발견했지만 그러나 천박한 유럽, 독일에서는 나를 발견하지 못했다."(EH-WKtr., p.262) 따라서 이와 같은 비-독일인들은 다음과 같은 사람의 조건, 즉 문제가 되는 '자아'를 이미 알고 있다는 점을 선언하는 그러한 '사람'의 조건에 아주 잘 만족할 수도 있을 것이다. 그러나 다음과 같은 구문에 언급되어 있는 니체의 비-독자들은 어떠한가? "그리고 나의 이름을 결코 들은 적도 없고 '철학'이라는 말을 들은 적도 없는 나의 비-독자들은 훨씬 더 나를 기쁘게까지 한다는 점을 고백하고자 한다."(EH-WKtr., p.262) 니체의 텍스트화된 '자아'를 이미 증거하고 있는 '사람들'로부터 이와 같은 비-독자들이 분명히 배제되어 있다 하더라도, 이러한 비-독자들은 거리와 시장에서 자신들을 만나게 되어 있는 살아 있는 바로 그 '자아'를 분명히 인식할 수 있는 권한을 부여받은 사람들에 해당한다.

그렇지만, 이와 같은 독자들이나 비-독자들이 「자신은 어떻게 자기 자신으로 될 수 있는가」에서 선언하는 바로 그런 '사람'에 해당할 수 있는지에 대해서는 여전히 문제를 제기해야만 할 것이다. 이러한 독자들을 니체의 다른 책들도 잘 알고 있는 그러한 독자들로만 한정시킨다면, 그렇다면 자신들이 가질 수도 있는『에케 호모』를 가지고 있지 않은 비-독자들을 배제시키는 것처럼, 이들 독자들(니체의 다른 책들도 잘 알고 있는 독자들)도 분명히 배제시킬 수 있을 것이다. 그러나 이와 같은 '배제'는 이러한 '독자'와 '비-독자'가 니체의『에케 호모』를 읽게 되는 그러한 '사람'에 해당할 때에만 작용할 수 있을 뿐이다. 어떤 의미에서 이러한 점이 '조건의 선언'에 해당하는 까닭은『에케 호모』가 다음과 같은 전통, 즉 오비디우스의『사랑의 기술』, 카펠라누스의『기사도적 사랑의 기술』, 알베르티의『그림의 기술』, 에라스무스의『기독교 왕자의 교육』, 마키아벨리의『왕자』등에서부터 서가(書架), 변압기, 오두막집 등을 어떻게 세우는지를 배울 수 있는『파퓰러 메카닉스』에 수록된 수많은 목록까지 이르는 '전통'에서 하나의 '지침서'에 해당한다는 점을「자신은 어떻게 자기 자신으로 될 수 있는가」가 제시하고 있기 때문이다. 에밀리 포스트와 애미 반더빌트의 에티켓에 관한 책들, 알렉스 컴포트의『섹스의 기쁨』, 한스 큉의『기독교인이 된다는 것』등이 '어떻게 할 것인지'에 대한 책으로서의 특징에 해당하는 까닭은 이러한 책들을『에케 호모』에서 취급하고 있는 영역으로 통합시킬 수 있기 때문이다. 그러나『에케 호모』가 단순히 '어떻게 할 것인지'에 관계되는 책, '살아가기'의 기술에 관계되는 '지침서'에 해당한다면, 그렇다면 분명히 문제가 되는 '사람'은 이러한 책(지침서)을 읽음으로써 인식될 수 있을 뿐이다. 그러나「자신은 어떻게 자기 자신으로 될 수 있는가」에서의 '자신'이「나는 어떻게 나가 되었는가」라고 또 다른 방법으로 말하게 된다면, 그렇다면 '자신'을 '나'로 보충하는 것은 니체라고 불릴 수도 있는 텍스트화된 '자아'에게 훨씬 더 직접적으로 되돌아가는 것이 된다. 그러나『에케 호모』는 니체가 어떻게 현재의 그 자신으로 되었는지를 단순히 설명하는 것에 지나지 않을 뿐인가? 가장 엄격한 의미에서 이러한 점이 '참'(진실)이라면, 그렇다면『에케 호모』가 자서전에 해당한다는 점을 의심할 수는 없을 것이다. 왜냐하면 그러한 이유로 인해서 『에케 호모』는 글로 기록된 니체 자신의 삶에 해당하는 것이지 하나의 '지침서'에 해당하는 것이 전혀 아니기 때문이다. 그러나 가장 좁은 의미에서 『에케 호모』가 자서전에 해당하는지에 대해서는 이미 많은 의심을 받아 왔다. 세 번째 선택은 「자신은 어떻게 자기 자신으로 될 수 있는가」에는 다음과 같은 하나의 '좌우명', 즉 니체 자신이 살아왔거나 살고 싶었을 뿐만 아니라 다른 사람들—이들이 니체의 독자이든 아니든—도 그렇게 하고 싶었던 '좌우명'이 형성되어 있다는 점이다. 하지만 니체는 왜 「자신은 어떻게 자기 자신이 누구인지가 될 수 있는가」라고 언급하지 않고 「자신은 어떻게 자기 자신으로 될 수 있는가」라고 언급했는가? 왜 '어떻게—누구인지'가 아닌가? '무엇인지'로 될 수도 있는 이와 같은 '자아'를 고려하는 데 있어서, '개인'의 정체성에 대한 문제는 제외되어 있다. 정체성의 문제는 남아 있지만, '누구'라는 점이 문제가 되는 것은 아니다. 이러한 점에서 바로 그 '사람(자신)'이 니체의 비–독자인지, 그의 독자인지 아니면 바로 그 자신인지에 대한 문제는 그렇게 중요한 문제가 아니다. 통일성으로서 또는 다양성으로서 특정한 '인물(사람)'은 그렇게 많은 관심을 야기하는 것이 아니다. '누구'보다는 '무엇'이 더 중요한 요소에 해당한다.

자신은 자기 자신이 될 수 있는가? 이러한 점은 숙명적인 우리들 모든 인류가 굉장한 노력을 하지 않고서는 성취할 수 없는 '중재자'의 임무에 해당하는가? 니체 자신까지도 바로 그 자신이 될 수 있는가? 분명히 『에케 호모』의 텍스트성의 요소에서는 니체가 자기 자신을 자신의 대변인인 차라투스트라를 통해서 더 이상 '영원회귀'와 '운명애'를 선언하지 않는 것으로 파악하고 있지만, 적어도 자기 자신을 문제시하고 있는 것으로 파악하고 있을 뿐이다. 그러나 니체가 개인으로서 문제가 되는 것은 아니다. 그는 텍스트에서 개인으로 나타나 있지 않다. 오히려 텍스트화된 자아, 즉 '자신은 어떻게 자기 자신이 될 수 있는가'에서의 그 '무엇'이 나타나 있을 뿐이다. 어떤 의미에서 이와 같이 텍스트화된 그 '무엇'은 『에케 호모』에서 하나의 단위로 나타나 있는 '나'보다도 훨씬 더 사실적이고, 발터 카우프만의 니체에 대한 전기에서 우리들이 읽게 되는 '살아 있는 니체'보다도 훨씬 더 사실적이다. '자기 자신으로 되는 것'은 의심의 여지없이 손쉬운 계획이 아니다. 따라서 니체는 다음과 같이 강조했다. "나는 나 자신만의 신용으로 살아간다. 그것은 아마도 내가 살아가는 단순한 편견일 수도 있다."(EH-WKtr., p.217) 『에케 호모』의 각 부분에서 강조하고 있는 다른 책들은 일종의 신용으로 형성되어 있을 뿐만 아니라 니체 자신의 삶이 차용되었다는 점, 즉 시간을 차용했다는 점이 아니라 자서전적인 텍스트성을 차용했다는 점에서 그의 삶에 대한 충고로 형성되어 있다. 『에케 호모』를 집필하지 않았다면, 니체의 자서전적인 텍스트성은 오르페우스가 레스보스 바닷가에 있는 것처럼 파편적으로 분리되었고 팔다리가 절단된 채로 남아 있게 되었을 것이다. 그러나 『에케 호모』는 니체 자신의 삶에 대한 설명에 의해서, 명석하고 탁월한 수많은 책들의 배후에 숨겨져 있는 정체성에 의해서 그 자체를 각인시키고 있다. 하지만 이 모든 책들은 니체로 하여금 살아가도록 하는 일종의 신용에 해당한다. 다른 한편으로, 제출하기 전에 미리 받게 되는 '지침서'처럼, 대금을 지불하기 전에 신용에 따라 미리 구입할 수 있는 자동차처럼, 니체는 자기 자신의 '다른' 책들을 집필함으로써 자기 자신이 자신에게 부여한 신용에 따라 살아가게 된다는 점을 강조했다. 이러한 이유로 인해서, 그가 정말로 살아가게 되는 것인지, 그가 그 자신인지, 그가 살아가고 있다는 것을 조급하게 판단하는 것은 아닌지, 이와 같은 모든 책들에 대해서 통일성과 정체성을 부여하는 저자가 있기는 있는 것인지 등에 대해서 의심할 수 있게 된다. 『에케 호모』를 집필함으로써, 니체는 바로 그 자신이 될 수 있어야만 할 것이다. 그러나 이렇게 주장하는 것은 이미 『에케 호모』를 집필하는 것, 이미 그 자신만의 삶에 대한 글쓰기를 하는 것. 그 자신의 자서전적인 텍스트성을 이미 설정하는 것 등에 해당한다.

자기 자신으로 되는 데 있어서 니체는 또한 일종의 의미까지도 강조했다. 그는 다음과 같이 언급했다. "내 말을 들어주기 바란다. 왜냐하면 나는 그렇고 그런 사람이기 때문이다. 무엇보다도 나를 다른 사람으로 오해하지 말라."(EH-WKtr., p.217) 그의 정체성에는 어떤 특별한 특징이 있다. 그의 자서전적인 텍스트성에는 정확한 묘사가 부여되어 있을 수도 있다. 그러나 자기정당화를 제외한다면, 그는 자기 자신이 왜 그렇게도 현명한지에 대해서, 자기 자신이 왜 그렇게도 명석한지에 대해서, 자기 자신이 왜 그렇게도 탁월한 책을 집필하는지에 대해서 정확하게 묘사하지 않았다. 중요한 점은 자기 자신의 정체성에 대한 이와 같은 특성과 특징을 부여할 수도 있었다는 점이며 그러한 점이 부여되었다면, 그렇다면, 텍스트화된 자아와 다른 사람의 자아는 오해될 수 없다는 점이다. 신용으로 살아가게 될 때에 요금청구서를 갚을 수 있게 되는지, 제출된 지침서, 살아온 삶 등에 대한 몇 가지 문제는 물론 이러한 문제를 합당하게 해결하지 못한다면 어느 누군가가 자금, 책 또는 삶을 제공할 수도 있다는 점 등도 문제가 된다. 그리고 상품은 이미 손에 있는 것이 아니기 때문에, 오해가 발생할 수도 있게 된다. 누군가가 요금청구서를 대신 지불한다면, 그렇다면 더 없이 좋을 것이다. 누군가가 지침서를 제출해준다면, 그렇다면 거기에 제시되어 있는 대로 발견할 수 있게 될 것이다. 그러나 누군가가 자신의 삶을 대신 살아준다면, 그렇다면 그것은 참을 수 없는 일이 될 것이다. 그리고 누군가를 오해하는 것, 즉 그 사람이 무엇인지를 오해하는 것은 바로 그 사람을 정체성이 없는 사람으로 파악하는 것이든가 또는 기껏해야 그 사람을 하나의 부수적인 편린의 의미만으로 파악하는 것이 될 것이다. 니체는 그 자신이 무엇인지를 말할 필요가 있거나 또는 좀 더 의미 있게는『에케 호모』를 집필함으로써 그 자신이 무엇인지를 말할 필요가 있을 것이다. 따라서『에케 호모』를 집필하는 것은 그 자신의 자서전적인 텍스트성의 위치를 확립하는 것에 해당한다. 이러한 이유로 인해서 니체는 자기 자신이 무엇이고, 무엇이 아닌지를 말할 수 있게 되고 말해야만 하게 된다.『에케 호모』를 집필하는 데 있어서 니체는 자기 자신으로 될 수 있을 뿐만 아니라 자기 자신인 것과 그 자신이 아닌 것을 구별할 수 있게 된다.

니체는 "나는 생령(生靈)이다"(EH-WKtr., p.225)라고 강조했다. '생령'은 '이중성'으로 오기도 하고 가기도 한다. 그것은 종종 사람이 죽은 후에 바로 그 죽은 사람의 '혼령'으로 간주되기도 한다. 그것은 종종 단순하게 지킬 박사와 하이드 씨, 골리아드킨 시니어와 골리아드킨 주니어. 도스토예프스키의 소설『악령』, 콘라드의 소설『비밀 공유자』, 프로이트식의 설명에서 찾아볼 수 있는 '자기-이상' 등으로 나타나기도 한다. 『에케 호모』에서 '생령'은 '자아'이자 그 자체의 '텍스트'에 해당한다. 이때의 '자아'는 그 자체만의 형식, 그 자체만의 정체성, 그 자체만의 실현을 추구하는 일종의 '혼령'에 해당하며, 그렇게 함으로써 그 자체를 다른 사람의 '자아'와 혼동하지 못하도록 하게 된다. 자서전적인 '텍스트'는 그 자체만의 형식, 정체성, 실현에 해당한다. "나는 생령이다"라는 진술은 이와 같은 이분법이 사실도 아니고 살아 있는 것도 아니라는 점을 나타내기도 한다. '실제로 살아 있는 것'은 텍스트성 그 자체일 뿐이다. 이때의 '텍스트성'은 자서전적으로, 자기 자신의 삶에 대한 글쓰기로, 그 자체를 선언하게 될 뿐만 아니라, 명확하게 '자아'와 '텍스트'의 경계면에서, 자기 자신과 다른 사람의 '사이', 원작자로서의 '나'와 그 자체의 텍스트화 '사이'의 '왕복'이나 '사선'에서, '원작자에 대한 전용 등으로 그 자체를 나타내게 된다. 이와 같은 교차점에서 니체의 자서전적인 텍스트성은 그 자체의 위치를 마련하게 된다.

사건 / 글쓰기

『에케 호모』는 다양한 부분으로 나뉘어져 있다. 서문에서는 네 개의 부분으로 이루어진 텍스트 자체를 소개하고 있으며, '프리드리히 니체'라는 서명이 들어 있다. 그런 다음 자기합리화적인 어조로 집필된 네 개의 부분, 즉 「나는 왜 그렇게도 현명한가」, 「나는 왜 그렇게도 명석한가」, 「나는 왜 그렇게도 탁월한 책을 쓰는가」 등과 같은 부분이 나타나 있다. 뒤이어서 니체가 자기 자신의 열권의 책을 차례로 논의하게 되는 열 개의 각 부분이 나타나 있다. 마지막 부분의 제목은 「나는 왜 운명인가」로 되어 있다.

책의 제목이 있는 페이지와는 별도로 필자는 필자 자신의 이상과 같은 설명에서 한 가지 항목을 생략했다. 서문과 텍스트의 본문 사이에 위치해 있으며 「나는 왜 그렇게도 현명한가」라는 제목으로 시작되는 부분에서, 누구나 눈에 잘 띄지 않는 반 페이지 가량으로 된 한 단락의 텍스트를 발견할 수 있을 것이다. 이 '작은 부분'에는 제목도 없고 항목을 나타내는 번호도 없다. 간단히 말하면, 전체적인 텍스트로 볼 때에 정상적인 위치에 해당하지 않는다고 볼 수도 있다. 이 '작은 부분'은 사물의 질서에서 벗어난 위치에 있다고 말할 수도 있다. 서문에서 서명을 하고 있기 때문에, 우리들은 니체가 '자아'와 '텍스트'의 경계면에서 발생하는 자서전적인 텍스트성을 '자기 자신의 것'으로 명명하고 있다는 점을 확신할 수 있다. 따라서 이러한 텍스트성은 『에케 호모』의 나머지 부분이 위치하게 되는 공간을 열어놓게 된다. 그러나 앞에서 언급한 바와 같이 흥미롭게 자리잡고 있는 이 '작은 부분'은 어떠한가? '자아/텍스트'가 선-텍스트로 자리잡고 있는 자서전적인 텍스트성을 언급한 '이후'에 위치해 있으며, 텍스트의 본문 '이전'에 위치해 있는 이와 같이 '작은 부분'은 니체 자신의 삶에 대한 '사건'과 '글쓰기' 사이에서 하나의 교차점에 대한 '찾아보기'로 발생하게 된다.

이와 같은 '작은 부분'의 배치에 대해서는 더 많이 언급할 필요가 있을 것이다. 이 '작은 부분'에는 제목도 없고 번호도 없고 그것의 정체성이 무엇인지를 확인할 수도 없지만, 독일어 원본[3]에서 이 '작은 부분'은 바로 그 뒤의 페이지를 비워 둔 채 오로지 한 페이지로만 인쇄되어 있을 뿐이다. 홀링데일과 카우프만의 번역 모두에서 이와 같이 보충적인 특징이 빠져 있는 까닭은 바로 그 뒤의 페이지에 「나는 왜 그렇게도 명석한가」의 시작부분이 인쇄되어 있기 때문이다. 따라서 독일어 원본에서 해당 페이지는 단순히 찢어버릴 수도 있으며, 이어지는 페이지의 번호 매김에서의 간격을 무시해 버리게 된다면, 해당 페이지가 있는지(또는 없는지)조차 인식하지 못할 수도 있다. 따라서 이와 같이 찢어버린 페이지, 이와 같은 '간지(間紙)'는 『에케 호모』의 틈새에 설정되어 있는 텍스트인 '차이'에 대한 하나의 '표식'이 된다. 그러나 그것은 상당히 중요한 표식에 해당한다. 그것은 서문의 경계에 기록된 니체의 삶에 대한 사건을 표시하는 한편, 다른 한편으로 그것은 텍스트 본문의 시작부분에 기록된 그 자신의 삶에 대한 사건을 표시하기 때문이다. 이러한 표식은 니체 자신의 서명과 그렇게도 명석한 '나'의 경계에서 발생하게 된다.

이와 같이 '작은 부분'이 표시하는 사건은 자기 자신의 삶에 대한 니체의 글쓰기의 순간에 해당한다. 그것은 니체가 『차라투스트라는 이렇게 말했다』에서 묘사하고 있는 '순간의 문'을 자기 자신의 것으로 전용하는 것에 해당한다. 차라투스트라의 주장처럼, 자기 자신이 어떻게 살아갈 것인가에 대한 설명처럼, '순간의 문'은 이론으로서의 위상을 상실하게 된다. 이러한 사건에서 '순간의 문'은 니체 자신에게 합당한 것으로 되기도 한다. 그것은 니체 자신이 전용할 수 있는 자서전적인 텍스트성을 수립하게 되기 때문이다.

이상에서 언급한 '작은 부분'은 다음과 같이 되어 있다.

이처럼 완벽한 날에, 모든 것이 익어가고 포도조차도 갈색으로 무르익어가는 때에, 태양의 눈빛이 바로 나의 삶 위로 쏟아져 내렸다. 나는 뒤돌아보았다. 나는 앞을 보았다. 그리고 그렇게도 많고 그렇게도 훌륭한 사물들을 동시에 본적이 결코 없었다. 내가 나의 44년을 오늘 묻어버렸다는 것은 아무것도 아니었다. 나에게는 그것을 묻어버릴 권리가 있었다. 묻어버린 삶에서 구원받은 것이 무엇이든, 그것은 불멸적인 것이다.『모든 가치의 재평가』의 제1권, 차라투스트라의 노래, 『우상의 황혼』, 올 해의 모든 선물, 정말로 1년 중 마지막 4개월 동안의 모든 선물을 해머(망치)로 철학화하려는 나의 시도 나의 전 생애에 대해서 내가 어떻게 감사하지 않을 수 있겠는가? 그래서 나는 나의 삶을 나 자신에게 말하고자 한다.(EH-WKtr., p.221)

위의 구문에 나타나 있는 '완벽한 날'은 니체의 44번째 생일날에 해당한다. 이러한 날이 분명히 중요한 사건에 해당하는 까닭은, 니체 자신이 정확하고 또 그 날짜가 1888년 10월 15일이라면, 니체가 자신의 마지막 저서 『에케 호모』를 완성한 날에 해당하기 때문이다. 그 이후로 그는 그 어떤 책도 더 이상 집필하지 않았다. 그 이후로 그는 미치게 되었으며 토리노에 있는 피아자 카를로 알베르토에서 쓰러지게 되었다(1889년 1월 3일). 니체가 1900년까지 살기는 했지만—이 연도도 똑같이 아주 중요한 사건일 수 있다—그는 더 이상 아무것도 생산하지 않았다. 따라서 중요한 사건은 그 자신이 44세가 되던 날짜에 해당하는 그의 생일날이다. 예수 그리스도는 33세에 십자가게 못 박힌 것으로 알려져 있다. 니체에게 있어서 그것은 '3'이라는 요인 대신에 '4'라는 요인에 해당한다. 그날은 '완벽한' 날, 태양이 절정에 달해 있던 날이다. 무르익는 것은 모든 것이 곧 지나가 버리게 되는 일시적인 시간에 관계되고, 바로 이처럼 완벽한 날에 모든 것은 무르익게 된다. 포도까지도 무르익는 것을 넘어 지나치게 무르익게 됨으로써 갈색으로 변하게 된다. 바로 이러한 날에 태양의 눈빛은 니체의 삶 위로 쏟아져 내린다. 작열하는 태양이 반 고흐에게 내려 쪼이게 되고 그가 정신착란 증세를 보이기 바로 직전에 소용돌이치는 사이프러스나무와 눈부신 노란 밀밭을 미친 듯이 그림으로 그렸듯이, 불타는 태양의 눈빛은 니체에게 재기와 광명을 제공해 주었으며 결과적으로는 『에케 호모』를 생산하도록 해주 있다. 그 이후로 니체는 온전한 정신 상태를 넘어서게 되었다. 강렬한 태양 속에서 그는 지나치게 무르익었던 것이다. 태양이 절정에 달하게 될 때, 거기에는 그 어떤 그림자도 없게 되고, 자기 자신의 삶에 대한 지도를 그릴 수 있는 그 어떤 선도 없게 된다. 『에케 호모』에 삽입되어 있는 이 '작은 부분'에서처럼, '이전 순간'에서의 설명은 서문으로 기록 된 것에 해당하고 '이후 순간'에서의 그것은 니체 자신의 글쓰기의 텍 스트에 해당한다. 태양이 정점에 있을 때에는 그 어떤 그림자도 배제되 어 버리기 때문에, 태양은 다만 자아가 서 있는 위치만을 부여하게 될 뿐이고 '있는 사실 그대로'의 자아를 부여하게 될 뿐이다. 태양은 자기 자신이 어디에 있는지를 표시하게 된다.

자아는 뒤돌아보기도 하고 앞을 내다보기도 한다. 어느 쪽에서든 글 쓰기를 발견하게 된다. 한편으로는 삶에 대한 선-텍스트로서의 글쓰기 를 발견하게 되고, 다른 한편으로는 텍스트 본문으로서의 글쓰기를 발 견하게 된다. 그러나 이와 같은 경계면에서 과거와 미래는 하나의 순간 으로, 현재로, 영원한 회귀가 당분간 실현되는 위치로 진입하게 된다. '미래'는 니체가 이미 출판했던 책들을 하나씩 취급함으로써 그가 집필 했던 모든 것을 전달하고 확인할 수도 있을 것이고, '과거'는 그 자신만 의 것으로 읽혀지는 것으로 그의 자서전적인 텍스트성의 위치를 전달 할 수도 있을 것이며, 앞에서 살펴본 '작은 부분' 그 자체는 니체가 영 원히 되돌아오게 되는 지점에 해당할 수도 있을 것이다. 니체 자신의 삶에 대해서 무엇이 영원한 것이고 무엇이 숙명적인 것인지에 대해서 는 이제 확립할 수 있게 되었고 유지할 수 있게 되었고 구원받을 수 있 게 되었다. 그러나 니체 자신을 구원할 수는 없다. 우리들은 니체 자신 이 영원한 것이라고 말하고 주장하는 것을 그저 단순히 추종할 수만은 없을 것이다. 그가 자기 자신을 바로 '오늘' 묻어버릴 수 있는 권리를 가지고 있는 것과 똑같이, 그는 자기 자신을 구원해야만 할 것이다. 니체에게는 미쳐버릴 수도 있고, 글쓰기를 멈출 수도 있고, 바로 그 자신으로 될 수도 있는 권리가 있다. 자신의 '서문'에 서명하기 바로 전에 『차라투스트라는 이렇게 말했다』의 한 구문에서 그 자신이 인용하고 있는 바와 같이, "이제 나는 여러분이 나를 잃어버리고 여러분 자신을 발견하기를 명령하며, '여러분이 나를 전부 부정했을 때에만 나는 여러분에게 되돌아올 것이다.'"(EH-WKtr., p.221) 니체를 상실함으로써, 우리들은 우리 자신을 발견할 수 있게 된다. 우리들은 그 자신에게서, 그를 읽어내는 것에서, 그의 영원한 회귀를 우리 자신의 것으로 만들고자 추구하는 것에서, 우리 자신을 발견할 수 있게 되지는 않을 것이다. 그렇지만 우리들은 그의 '완벽한 날'을 읽을 수 있고, 우리들은 그의 특별한 사건을 발견할 수 있고, 우리들은 그가 자기 자신의 삶을 자기 자신만의 삶으로, 자기 자신만의 선택으로, 자기 자신만의 권리로 집필하고 있는 곳이 어디인지를 찾을 수 있을 것이다. 예수 그리스도가 베드로에게 새벽에 닭이 울기 전에 자신을 세 번 부인하게 될 것이고 바위 위에 있는 그리스도 교회를 발견하게 될 것이라고 말한 것과 똑같이, 이와 똑같이 니체도 살 수 있을 뿐이고 그 자신이 될 수 있는 뿐이며, 우리들이 그를 부인한다 하더라도, 그로 하여금 그 자신이 되게 하고 또 우리들 자신이 되도록 하자. 이러한 의미에서 그의 자서전적인 텍스트성은 그 자신에게만 해당하는 것이다. 그는 1888년 마지막 4개월 동안에 완성했던 네 권의 책을 바로 자기 자신에게 선물할 수 있었고 선물했어야만 한다. 선물로서 그는 이러한 네 권의 책에 감사해야만 할 것이다. 그러나 그는 네 권의 책을 자기 자신에게 선물했기 때문에 그 기쁨은 그 자신만의 것에 해당한다. 그는 물론 이러한 선물, 자기 자신의 선물에 대해서 감사할 뿐만 아니라 자기 자신의 전 생애에 대해서도 감사해야만 한다. 다시 말하면, 그 자신이 살아 왔고 그 자신의 것으로 만들었던 삶,

그가 자신의 『에케 호모』에서 기록했고 자기 자신에게 말했던 삶에 대해서도 감사해야만 한다. 『에케 호모』는 니체가 자기 자신에게 쓴 바로 그 자신의 서사이며, '자아'가 사건으로서의 '서사'로 진입하게 되는 위치는 그가 '완벽한 날'이라고 선언하게 되는 '경계-텍스트' 또는 '작은 부분'에 해당한다.

운명 / 이해

자신의 수많은 글쓰기에서 니체는 자신의 '운명애'라는 개념에 전념했으며, '운명애'는 누구나 자기 자신을 뛰어넘어 바로 자기 자신으로 되기 위해 활성화시켜야만 하는 것에 해당한다. 『에케 호모』의 마지막 부분은 「나는 왜 운명이어야 하는가」라는 제목으로 되어 있으며, 니체는 "나는 나의 운명을 알고 있다"(EH-WKtr., p.126)라는 언급으로 시작하고 있다. 그는 자기 자신의 앞에 놓여 있는 것이 무엇인지를 알고 있다. 그의 증언은 그가 마지막 유언장에서 그것을 쓰게 되었을 때에 아주 분명하게 나타나 있다. 하지만 그는 되풀이해서 "나는 이해되었는가?"라고 묻고는 했다. 그는 이러한 질문을 「나는 왜 운명이어야 하는가」의 마지막 세 개의 항목에서 세 번 질문하고 있다. 어떤 의심이라도 있는 것인가? 니체에게 있어서 '이해되는 것'은 무엇보다도 '결심하게 되는 것'에 대한 모순, 반전 및 패러독스에 해당한다. 그에게 있어서 '이해되는 것'은 그 자신의 운명이 이해되어야만 하는 것이고, 그 자신의 운명을 다른 사람들의 운명으로부터 분명하게 해야만 하는 것이어야 한다. 그러나 그 자신의 운명은 오해로 가득 차 있을 뿐이다. 그리고 그 자신이 운명이라면, 그렇다면 그 어떤 이해가 연이어 발생한다 하더라도 그는 그러한 이해를 자기 자신의 것으로 사랑해야만 하고 수용해야만 하고 받아들어야만 할 것이다. 니체는 그러한 결과를 소유할 수 있는가? 그는 그러한 결과를 가질 수 있는가? 그러한 것들을 자기 자신의 것으로 전용하는 것, 바로 그 자체가 그 자신의 운명에 해당할 것이다. 그에게는 다른 어떤 선택도 있을 수 없다. 니체 자신의 글쓰기의 효과는 그 자신의 글쓰기 자체가 되어 그 자신에게로 되돌아오게 되어 있다. 그가 이러한 효과를 거부할 수 없는 까닭은 그가 그러한 것들을 자기 자신의 것으로, 즉 그가 바로 그 '완벽한 날'에 선언했던 '삶'처럼, 그러한 것들은 그 자신의 자서전적인 '텍스트성'으로 기록되어 있기 때문이다. 자기 자신의 원칙에 진실하기 위해서, 그는 자신의 운명을 반복해서 살아가야만 하게 되어 있다. 그러나 니체가 그 자신의 원칙을 거부하게 되어 있다 하더라도, 그는 자기 자신만의 삶을 일종의 운명으로 기록하게 되어 있을 뿐만 아니라 거부할 수 없는, 기록하고 강조할 뿐인 자서전적인 텍스트성으로까지 기록하게 되어 있다.

하나의 운명으로 되는 데 있어서, 니체는 자기 자신의 '자아'와 자기 자신의 '글쓰기' 사이의 경계면에 자기 자신의 텍스트성을 위치시켜 놓았다. 「나는 왜 그렇게도 탁월한 책을 쓰는가」의 시작부분에서, 우리들은 다음과 같은 구문을 발견할 수 있을 것이다. "나 자신은 한 가지 사물이고 나의 글쓰기는 또 한 가지 사물이다. 여기에서, 내가 이와 같은 글쓰기 자체에 대해서 말하기 전에, 나는 그러한 글쓰기가 이해될 수 있는지 아니면 이해될 수 없는지에 대한 질문을 짚어나가게 될 것이다. 나는 적합할 때까지 의례적으로 그렇게 하게 될 것이다. 왜냐하면 이러한 질문을 할 수 있는 시간은 분명히 아직 도래하지 않았기 때문이다. 나의 시간은 아직 도래하지 않았다. 어느 누군가는 사후(死後)에 태어나게 되어 있다."(EH-RHtr., p.69; (EH-WKtr., p.259)) 니체 자신의 '글쓰기'와 그 자신의 '자아' 사이의 분리는 그 자신의 자서전적인 텍스트성이 그 자체를 각인하게 되는 '위치'에 해당하지만, 그러나 이와 같은 경계면에서 하나의 삶이 기록된다는 점을 수용할 필요도 없을 것이고 또는 심지어 이해할 필요도 없을 것이다. 그러나 이와 같은 분리 그 자체에서는 이와 같은 '이해'가 발생하게 되는 바로 그 공간을 설정해 놓게 된다. 이와 같은 경계면은 니체의 출생지(또는 출생일자)이자 '사후의 출생'으로서 그것은 그의 운명에 해당한다.

니체는 다음과 같이 강조했다. "나는 내가 아닌 것으로 간주되기를 원하지 않는다. 이러한 점은 나는 내가 아닌 것으로 나 자신을 간주하지 않기를 요구하는 것에 해당한다."(EH-RHtr., p.69; (EH-WKtr., p.259)) 자기 자신이 아닌 것으로 자기 자신이 간주되지 않도록 하기 위해서, 니체는 자아 / 텍스트, 사건 / 글쓰기, 운명 / 이해의 경계면에서 자기 자신의 삶을 일종의 자서전적인 텍스트성으로 서사하게 된다. 그는 자기 자신을 태양이 정점에 있는 시간에 위치시키고 있으며, 바로 그 시간에 그는 그림자의 흔적이 있는 자기 자신만을 표시할 수 있게 될 뿐이다. 뒤돌아보면서 니체는 자기 자신이 "철학자 디오니소스의 제자"(EH-RHtr., p.33; (EH-WKtr., p.217))라고 강조했다. 앞을 내다보면서 니체는 자기 자신의 대변인 차라투스트라를 제시했다. 따라서 니체는 이와 같은 '디오니소스'와 '차라투스트라' 사이에 서 있게 된다. 그러나 그는 또 '십자가형'에 반대하여 서 있게 된다. 텍스트 『에케 호모』의 마지막 말은 '디오니소스 대 십자가형'으로 되어 있다. 니체의 철학자는 예수 그리스도에게 대립된다. 따라서 디오니소스는 반(反)-그리스도에 해당한다. 그러나 디오니소스는 철학자가 아니라 그리스의 신이다. 그리고 예수 그리스도는 디오니소스 이상으로 철학자가 아니다. 하지만, 니체는 『비극의 탄생』에서 아이스킬루스의 작품과 같은 비극적인 작품의 아름다움을 파괴함으로써 새로운 신이 고대 그리스인의 삶의 장면에 진입하게 되었다고 주장했다. 이와 같은 새로운 신은 그리스의 비극, 특히 에우리피데스의 비극을 합리성으로 감염시키게 되었다 소크라테스는 그리스인의 디오니소스적인 것(아폴로적인 경향에 대해서 협조적인 열정을 대표하는)에도 반대했고 야만인의 디오니소스적인 것에도 반대했다. 이와 같이 새로운 신에 해당하는 소크라테스는 디오니소스에게 대립되었고 그는 또 니체의 철학자에게도 대립되었다. 소크라테스가 반-디오니소스인 것과 똑같이, 니체의 차라투스트라도 '권력에의 의지'를 선언하게 되며, '권력에의 의지'에서는 동정심을 능가하는, 숙명의 무리를 능가하는, 선과 악을 능가하는, 즉 가치의 재평가에 있어서 예수 그리스도적인 가치를 능가하는 '중재자'를 선택하게 된다. 그러나 니체가 추종하는 사람이 소크라테스에 의해서 반대하게 되고 그가 동반자로 삼고 있는 '사람'이 그리스도적인 가치에 대해서 반대하게 된다면, 니체 자신은 어디에 서 있게 되는가? 자서전적인 텍스트성으로서 니체는 디오니소스와 차라투스트라의 사이에 서 있게 되지만, 소크라테스와 예수 그리스도의 추종자들에게 반대하여 서 있게 된다.

　니체의 책의 제목이 『에케 호모』라는 점을 기억할 필요가 있을 것이다. '이 사람을 보라'라는 의미의 '에케 호모'는 본시오 빌라도와 그의 병사들이 예수 그리스도를 유태인들 앞에 끌어냈을 때에 빌라도가 언급한 말이다. "이 사람을 보라"라고 빌라도가 말했다. 자기 자신만의 운명으로 되기 위해서, 니체는 이와 같은 호칭을 자기 자신에게 적용했다. '이 사람을 보라.' 그러나 바로 그 '사람', 특별하게는 그 자신의 '운명'은 나타나지 않게 되어 있다. 그는 반-그리스도적이고 우리들은 여전히 그의 입장에 대한 텍스트만을 가지고 있을 뿐이기 때문이다. 바로 그 '사람'은 어디에서도 찾아볼 수 없다. 그는 사후(死後)에 태어나게 되어 있다. 그 자신의 운명이 이끄는 대로 그렇게 될 수밖에 없다는 점을 이해하는 것 말고는, 그는 이해될 수 있는 그런 유형의 '사람'이 결코 아니다. 그는 자기 자신만의 삶이 『에케 호모』로서 기록되어 있는 자서전적인 텍스트성이어야만 하는 그런 '사람'에 해당할 뿐이다.

제11장

자서전의 시간

레비스트로스의 『슬픈 열대』

　『슬픈 열대』라는 자극적인 제목을 붙인 자신의 자서전적인 텍스트의 결정적인 순간에, 클로드 레비스트로스는 "예상치 못한 방법으로 시간은 삶과 나 자신 사이의 해협을 확장시켜 놓았다"[1]라고 강조했다. 분명한 위치를 '시간'에 부여하게 되는 이와 같이 중요한 순간은 「여행의 끝」이라는 제목의 첫 번째 부분의 마지막 문장에 나타나 있다. 서사의 실체는 '끝'을 선언하게 되는 곳에서 시작하게 되기 때문에, 우리들은 레비스토로스 자신의 여행에 대한 상세한 설명을 텍스트의 나머지 부분에서 찾아보려고 노력하지 않아도 될 것이다. '시간'에 관계되는 보고는 레비스트로스의 여행의 '끝'에 관한 글쓰기와 그러한 여행의 설명에 관한 '시작' 사이의 교차점에 위치하게 됨으로써, 시간의 개념은 출발점에도 해당하지 않고 결론의 위치에도 해당하지 않는 것으로 확정되어 있다. 이러한 점에서 '시간'은 '중재자'에 해당한다. 시간은 '자아'와 그러한 자아가 서사하고 있는 '삶' 사이에 위치하게 된다. 따라서 시간은 서사의 위치에, '자아'와 '삶' — 자아가 그 자체만의 삶이라고 주장하고 있는—의 교차점에 자리잡게 된다. 이와 같은 시간이 바로 필자가 '자서전의 시간'이라고 명명하고자 하는 바로 그 '시간'에 해당하며, 그것은 『슬픈 열대』의 자서전적인 텍스트성을 구조화하는 것은 물론 그 범위까지도 결정하게 된다.

　자서전화하는 것은 자기 자신의 삶을 기술하는(또는 글로 쓰는) 것이다. 이와 같은 글쓰기에서는 삶 그 자체를 하나의 텍스트로 활성화시키게 된다. 하나의 텍스트로서의 삶을 활성화시키는 것은 자서전적인 서사에 해당한다. 레비스트로스가 '자아'와 '삶' 사이의 관계를 시간으로, 즉 해협을 확장시키는 시간으로 파악했을 때에, 그는 자서전적인 서사와 똑같은 위치에 시간을 배치하게 되었던 것이다. 이러한 의미에서 『슬픈 열대』의 자서전적인 시간성은 자기 자신의 삶에 대한 글쓰기가 발생하는 곳, 즉 텍스트로서가 아니라 텍스트의 텍스트성으로서 발생하는 곳에서 발생하게 된다. 『슬픈 열대』의 자서전적인 텍스트성은 질서화와 구조화, 즉 자서전적인 텍스트의 텍스트성을 분명하게 하고 있다.[2]

　『슬픈 열대』의 자서전적인 텍스트성을 살펴보는 데 있어서, 서사되고 있는 '삶'과 관련지어 레비스트로스가 그 정체성을 확인하고 있는 '자아'는 문화적 허구에 해당한다. 문화적 허구로서의 '자아'는 자서전적인 텍스트의 텍스트성으로 정확하게 통합될 수 있게 되며, 그렇게 함으로써 그 자체의 텍스트성을 구조화하는 것으로도 통합될 수 있게 된다. 자서전적인 텍스트성이 하나의 삶의 서사에 대해서 어떻게 의미를 부여하게 되는지를 분명하게 하기 위해서, 필자는 자서전의 시간이 자기 자신의 삶에 대한 글쓰기에서, 즉 자서전적인 텍스트에서, 특히 『슬픈 열대』에서 발생하게 되는 네 가지 요소를 살펴보고자 한다. 이와 같이 고려하고자 하는 네 가지 요소에는 ① 자서전의 역사적 시간, ② 자서전의 개인적인 연대기적 시간, ③ 자서전적인 시간의 표시, ④ 실제로 살았던 시간에 대한 재-표시나 재구성, 말하자면, 자서전적인 시간성 그 자체 등이 포함된다.

자서전적인 텍스트성의 역사적 시간

적어도 서구세계에서 자기 자신의 삶에 대한 글쓰기를 실천하는 깃은 로마시대부터 시작되었다. 2세기 로마제국의 황제였던 마르쿠스 아우렐리우스는 일반적으로 자기 자신에게 언급하는 작품을 그의 시대의 '문화어'인 그리스어로 작성했다. 『명상록』으로 알려지게 된 자신의 이 텍스트에서 마르쿠스 아우렐리우스는 자신이 다른 사람들로부터 터득하게 되었을 뿐만 아니라 자기 자신의 철학적 성찰로부터도 터득하게 된 가치와 덕목을 설명하고 있다. 자서전적인 텍스트로서, 그는 자신의 이 『명상록』에서 날짜와 연도, 구분과 부분, 순간과 기간 등에 의존하지 않으면서도 자기 자신의 삶을 글로 쓸 수 있는 하나의 유형에 착수했다. 그럼에도 『명상록』은 마르쿠스 자신을 재계산하게 되는 그 자신만의 윤리적이고 철학적이며 정신적인 삶에 대한 설명을 제공하고 있다. 고전적인 그리스에서 문학적 장르로서의 자서전이 부재하는 것, 후기고전적인 로마시대에 자서전이 비롯되는 것, 교부시대(敎父時代)에 있어서 자서전이 『명상록』으로 더 많이 발전하게 되는 것 등으로 인해서, 마르쿠스의 텍스트는 역사적인 '시간'이나 '틀'―자서전이 그 자체의 위상을 자서전으로 인정받아 수용될 수 있게 되는―의 시작에 해당한다고 볼 수 있다.

그러나 자기 자신의 삶에 대한 충분한 규모의 글쓰기로서의 자서전, 즉 어떤 단순한 삶을 몇 가지 범주로 한정시키는 프로젝트로서의 자서전은 19세기 초반까지 그 자체만의 고유한 위상을 갖추지 못하였다. 바로 그 '자서전'이라는 말조차도 18세기 이전에는 찾아볼 수 없을 정도이다. 예를 들면, 자서전 그 자체가 형성되기 이전 수 세기동안 인식론적인 공간을 통해 작용함으로써, 아우구스티누스는 자기 자신의 죄악에 대한 고백과 인정에 관심을 기울였다고 볼 수 있다. 그렇게 함으로써 그는 자기 자신의 윤리적이고 종교적인 발전을 재계산하게 되었던 것이다.

8세기 가량 뒤에 그 자신의 『신생』에서 베아트리체에 대한 자신의 사랑에 의해서 그리고 그러한 사랑을 통해서 나타나게 된 바와 같이, 단테는 자기 자신의 삶에서 정신적인 전환을 알레고리적인 그림으로 제공할 수 있게 되었다. 세속적인 세계에서의 '자아'는 신성한 사랑이 삼켜버린 '자아'와 경쟁하게 된다. 첼리니, 몽테뉴 및 로욜라 등에게서 찾아볼 수 있는 르네상스 시대의 각각의 서사에서는 '자아'를 '바로 거기에 존재하고 있는 모든 것'으로 제공하게 되었다. 첼리니는 음악가, 금세공업자, 조각가, 전사(戰士)로서 자기 자신의 모험에 관련지어 자기 자신을 제공했고, 몽테뉴는 자연적으로 충만한 자기 자신의 존재를 전달하는 자화상으로 자기 자신을 제공했으며, 로욜라는 정신적인 지도자의 형상으로 재계산하여 자기 자신을 제공했다. 이와 같은 세 가지 경우의 각각에서 전제하고 있는 자아의 이론은 그러한 이야기를 듣고자 하는 어느 누군가에게서 찾아볼 수 있는 자연적인 자아에 해당한다. '자아개방'은 완벽하고 충분한 것이어야 한다고 흔히 말하고는 한다. 데카르트의 『방법론 서설』이 남다르면서도 보편적인 자아의 가능성을 제기하고 있는 까닭은 그가 인간의 마음을 설명하기 위한 하나의 방법으로 바로 자기 자신을 예로 들었기 때문이다. 단테의 텍스트 역시 보편성의 문제를 제시하고 있다 하더라도, 그것은 자아를 전적으로 마음의 위치에 배치하지 않은 채 바로 그 보편성의 문제를 제시하고 있을 뿐이다. 루소의 『고백록』과 더불어 데카르트의 설명에서 근본적인 요소에 해당하는 합리적이고 중심적인 자아는 정서적인 열정의 영역으로 전환되는 반면에, 나머지 영역은 경험을 강조하는 계몽주의의 호소에 호응하게 된다. 루소의 『고백록』은 진지하고 정직한 보고로서 자서전에 대한 근대적인 개념을 설정해 놓았다(또는 그렇게 되었다고 주장할 수도 있다). 이러한 보고는 하나의 삶이 시작되는 시간에서부터 자서전을 집필하게 되는 시간, 자서전 작가가 동원할 수 있는 모든 세부사항과 영역을 포함하는 시간까지 걸쳐 있는 바로 그 삶 자체를 설명하는 것을 특징으로 한다. 이러한 점에서 루소는 자기 자신의 삶을 기술하는 새로운 방법의 입구에 서 있다고 볼 수 있다. 괴테의 『시와 진실』, 벤 프랭클린의 『자서전』, 헨리 애덤스의 『헨리 애덤스의 교육』 등은 모두 루소의 '자아-표현'의 모델을 추종하는 수많은 해석 중에서 몇 가지 예에 해당할 뿐이다. 20세기까지 자서전은 소설가, 시인, 철학자, 심리학자, 화가, 운동선수, 군대의 장군, 영화배우 등이 '자아-서사'를 충분하게 할 수 있는 보편적인 양식으로 되었다. 누군가는 파편화되고 조각난 자아를 그려내기도 했고, 누군가는 탈-중심적으로 되고 분산된 자아를 발견하기도 했고, 누군가는 접근 불가능한 무의식적인 영역을 전제하기도 했고, 누군가는 자아가 그 자체의 언어적이거나 텍스트적인 명확성에 위치해 있다고 주장하기도 했고, 누군가는 자아를 행동의 다양성으로 간주하기도 했다. 자서전의 특정한 역사적 시간은 자기 자신의 삶에 대한 글쓰기(또는 집필하기)가 발생할 수 있고 발생하게 되는 좀 더 광범위한 영역에서 작용하게 된다. 각각의 특정한 시대는 개념적인 '틀'의 제한을 받게 된다. 다시 말하면, 일련의 결정적인 방법으로 삶을 설명하는 것을 가능하게 할 뿐만 아니라 자아를 형성하고 있는 것에 대한 특수한 견해를 통합하게 되는 개념적인 '틀'의 제한을 받게 된다고 볼 수 있다.

　『방법론 서설』에서 데카르트가 제공했던 마음에 대한 특별한 설명이 고대 그리스에서는 어울리지 않는 것이었을 수도 있다. 루소의 『고백록』과 아우구스티누스의 『고백록』이 모두 똑같은 제목을 가지고 있다 하더라도, '자기-방어'이자 자기 자신에게 반대하여 저지르게 되는 '나쁜 짓'을 개선하려는 '시도'로서의 루소의 『고백록』이 아우구스티누스의 경건한 『고백록』을 보충할 수는 없을 것이다. 르네상스 시대에 교황에게 대항했고 '신성한 미켈란젤로'의 관심을 받았던 첼리니의 모험은 시몬 드 보부아르의 20세기 중반의 전시상황(戰時狀況)과 부르주아적인 자유의 경험, 즉 그녀와 사르트르가 철학적으로 그렇게 묘사했던 자유의 경험이라는 콘텍스트에는 거의 속하지 않는 것일 수도 있다. 이와 똑같이 1955년에 출판된 『슬픈 열대』도 아우구스티누스, 첼리니, 데카르트 또는 루소가 살았던 세계에서는 거의 의미 없는 것일 수도 있다. 레비스트로스는 자신의 여행과 탐험을 설명하는 것에서부터 시작하고 있다. 그는 로마나 카르타고, 플로렌스나 피사, 파리나 스톡홀름, 프랑크푸르트나 스트라스부르를 여행한 것이 아니다. 오히려 그는 파리에 살고 있는 주민에게는 분명히 먼 곳에 해당하는 뉴욕과 상파울로, 카라치, 캘커타를 여행했다. 더구나 레비스트로스는 인류학적인 연구를 하기 위해서 이와 같은 도시를 여행했던 것이다.[3] 고백, 자화상, 모험에 대한 설명, 질서화된 마음의 제시, 자기-방어 또는 그 밖의 것들을 설명하는 대신에, 레비스트로스는 자신의 탐험에 대한 이야기를 제공했다.

> 내가 브라질을 마지막으로 떠난 것은 이제 어느덧 15년이 되었으며 이 기간 동안에 나는 현재의 연구를 수행하려고 종종 계획하고는 했지만, 매번 일종의 부끄러움과 혐오감으로 인해서 그러한 연구를 시작할 수가 없었다. 그렇게도 수많은 사소한 주변 환경과 중요하지 않은 사건들을 나는 왜 자꾸 구체적으로 설명해야만 하는 것인가? 라고 스스로 되묻고는 했다. 모험은 인류학자의 직업에서 자리잡을 수 있는 것이 아니다. 모험은 불가피한 취약점 중의 하나에 해당할 뿐이다. 모험은 인류학자로 하여금 몇 주일이나 몇 개월을 부수적으로 손해 보게 함으로써 효과적인 연구를 하지 못하게 하기도 한다. '정보제공자'[탐사지역의 고유한 문화와 언어 등에 대한 정보나 자료를 제공하는 사람]를 구하지 못할 때에는 몇 시간 동안 활동하지 못할 수도 있다. 굶주림, 탈진, 아마도 질병 등의 기간도 있을 수 있으며, 언제나 그렇듯이 수천가지 중에서 한 가지 암울한 임무는 아무런 목적도 없는 나날을 보내야만 한다는 것과 군대훈련을 모방하기라도 하듯이 원시림 한 가운데에서 살아남아야 하는 위험천만한 생활로 되돌아간다는 것 등이다.(TT, p.17)

레비스트로스의 자서전에서의 시간은 광범위한 과학적인 연구와 조사에 의해서 그 특징이 부여되어 있으며, 연구자의 남다른 노력과 고통도 강조되어 있다. 이 모든 점들은 먼 거리에 있는 부족들이 자신들의 관습, 친족관계, 태도 및 사회조직에 관련지어 어떻게 살아가고 있는지에 대한 부족지학적(部族誌學的)인 지식을 목적으로 하여 표면적으로 제시되어 있을 뿐이다. 몽테뉴가 카니발을 심사숙고했고 몽데스키외가 대체사회를 연구하기 위해서 그 자신의 『페르시아 편지모음』을 집필하기는 했지만, 이들은 모두 유럽중심적인 모델을 바탕으로 하여 작용했던 것이다. 레비스트로스의 구조적인 형성의 논리에서는 반복 가능한 변환구조를 조사함으로써 다양한 사회에 대한 분석을 가능하게 했다. 원칙적으로 볼 때에 유럽은 이제 더 이상 다른 사회의 그룹을 이해하고 그러한 그룹이 어떻게 실천하고 있는지를 이해할 수 있는 척도가 될 수 없다.

레비스트로스의 자서전적인 설명의 밑바탕에는 인류학적인 연구가 그 자체만의 연구로 될 수 있다는 점과 거기에 알맞은 하나의 서사를 수립할 수 있다는 근본적인 견해가 자리잡고 있다. 여행노트의 시간은 특히 1950년대 중반에 유행하게 되었다.

> 이와 같은 유형의 서사에서는 일종의 유행, 나로서는 이해할 수 없는 유행을 선호하고 있다. 아마조니아, 티베트 및 아프리카는 여행기, 탐험의 설명 및 사진집 등의 형식으로 서점을 가득 채우고 있으며, 이 모든 것에는 깊은 인상을 주고자 하는 욕망이 너무나 지배적이기 때문에 독자로서는 자기 앞에 놓여 있는 바로 그 증거의 가치를 수용하는 것조차 불가능할 정도이다.(TT, p.17)

레비스트로스는 자기 자신의 『슬픈 열대』가 단순히 여행기 자료가 아니라는 점을 분명하게 하기 위해서 계속해서 굉장히 많은 노력하고는 했다. 오히려 그는 『슬픈 열대』에서 일종의 무한성을 진지하게 고려하기도 했다. 다시 말하면, 부족지학적(部族誌學的)인 자료를 단순하게 보고하는 것으로 그치는 것이 아니라 그것을 구조화하고 그것을 질서화하고 그것을 이론적인 틀에 위치시키기 위해서 노력했으며 무엇보다도 그것의 자서전적인 텍스트성을 유지하려고 노력했다.

『슬픈 열대』는 시간적이기 때문에, 아우구스티누스의 『고백록』이나 스탕달의 『앙리 브룰라르의 생애』와 같은 텍스트로 대체될 수 있는 그러한 유형의 텍스트가 아니다. 이와 같이 서로 다른 시대로부터 텍스트 자체를 급진적으로 보충할 수 없다는 점은 '삶'(레비스트로스의 텍스트에 따르면)으로 계산할 수 있는 것을 서로 다른 역사적 콘텍스트에 전용할 수 없다는 점을 제시하기도 한다. 동일한 시대에 기술된 몇 가지 텍스트들 역시 아마도 보충할 수 있는 그런 유형의 텍스트가 될 수 없다 하더라도, 그것은 또 다른 이유 때문일 것이다. 동시대의 자서전들에서는 이론적이거나 교육적이거나 또는 전문적인 서로 다른 전통을 하나로 통합할 수 있거나, 또는 유일하면서도 개인적인 특징을 단순하게 발전시킬 수 있지만, 이 모든 자서전들은 생산된 텍스트 자체에서 그 어떤 차이점을 마련할 수도 있을 것이다. 그러나 각각의 경우에서 자서전의 역사적 시간에서는 우선적인 차이점의 조건을 수립하게 된다.[4] 삶(또는 생애)은 특정한 역사적 시대에서 재계산되는 자아의 삶(또는 생애)에 해당한다. 실제로 삶은 그것이 서사되고 있는 그 자체로서의 삶이자 결정적인 '세계관'(개인적인 동시에 사회적인)에 위치하게 되는 삶에 해당한다.

자서전적인 텍스트성의 개인적이면서도 연대기적인 시간

대다수의 자서전은 텍스트의 시작부분을 서사자의 출생연월일에서부터 시작하든가 또는 그러한 사항을 인용하게 된다. 자서전의 경우, 서사자의 출생연월일은 당연히 자서전 작가의 출생연월일과 동일할 수밖에 없다. 자서전에서 개인의 연대기적 시간은 자서전 작가가 자기 자신의 삶을 서사하게 되는 순간(또는 순간들)에 해당한다. 자서전으로 된 것에서의 구조화된 기간, 즉 집필의 시간에서부터 자서전 작가의 출생일자까지 또는 서사가 시작되는 어느 한 부분까지 걸쳐 있는 '기간'은 바로 그 자서전에서 문제가 되고 있는 '삶' 그 자체를 형성하게 된다. 서사적인 '틀'로서의 텍스트는 서사되고 있는(또는 자서전화되고 있는) 삶의 일부분에 대한 외적인 시간의 경계를 마련해 놓게 된다. 텍스트에서는 살아온 시간의 공간과 관련지어 묘사되고 있는 시간의 공간을 결정하게 된다. 자서전의 글쓰기의 '밖'에(즉, 자서전이 완성된 이후에) 위치하게 되는 시간을 위해 예견, 희망 및 열망 등을 선언할 수 있다 하더라도, 글쓰기 그 자체의 경계를 뛰어 넘는 시간은 그렇게 통합될 수 있는 것이 아니다. 다른 측면에 대한 불균형을 주목할 필요가 있다. 출생일자가 자서전적인 서사의 경계를 분명하게 결정한다 하더라도, 자서전 작가는 자신이 태어나기 이전에 일어났던 사건, 사소한 일화, 견해, 삶 등을 보고할 수도 있다. 실제로 마르쿠스 아우렐리우스는 자신의 『명상록』의 제1권 전부를 할애하여 자신이 다른 사람들로부터 배운 것을 보고했다. 사르트르는 자신의 선조들의 경력을 상당히 구체적으로 개관했으며 레비스트로스는 자신이 리오 데 자네이로에 도착했던 것보다도 거의 378년 전에 비게농이 제네바로부터 그곳에 도착했었다는 사실을 기록했다. 그러나 삶의 시작을 구분 짓는 경계와 서사적인 순간의 결론을 뛰어넘는 시간의 범위는 자서전적인 텍스트에서 지배적으로 되거나 성행하는 것도 아니고 그러한 범위가 자서전적인 시간성을 특징짓는 것도 아니다.

자서전에서 개인의 연대기적인 시간은 자신의 삶을 집필할 때의 바로 그 기간에 해당한다.[5] 예를 들면, 첼리니는 다음과 같이 보고했다. "자신이 어느 유형의 사람이냐에 관계없이 진실과 선량함을 선호한다면, 위대한 성취에 해당하는 것에 대해서 또는 정말로 그렇게 보이는 것에 대해서 자기 자신만의 믿음을 가지고 있어야만 하는 사람은 누구나 자기 자신의 손으로 자기 자신의 삶을 이야기로 써야만 한다. 그러나 자신이 40세가 되기 이전에 이처럼 장엄한 일에 착수하려는 모험을 해서는 안 될 것이다." 그는 이어서 다음과 같이 덧붙였다. "이제 나는 48세를 넘기게 되었고 내가 태어난 플로렌스에서 나 자신을 발견하게 되었으며, 당연히 그와 같은 작업을 해야겠다고 생각하게 되었다."[6] 자체확대에도 불구하고, 첼리니는 자기 자신의 삶을 글로 쓸 수 있는 때가 있다는 일종의 편견을 분명하게 했다. 자서전을 집필하려면, 누구나 충분하게 성숙해야만 한다. 그와 같은 마술적인 나이를 그는 '40세'라고 강조했다. 그런 다음에 충분한 경험, 지식, 이해 또는 그 밖의 것들이 자기 자신의 삶을 집필하는 것을 가능하게 하는 요인으로 작용할 수 있게 될 것이다.[7] 레비스트로스가 마지막으로 브라질을 떠난 후 15년이 지나 그가 47세가 되었을 때에 『슬픈 열대』를 집필했던 점을 파악하게 되는 것은 그렇게 놀라운 일이 아닐 것이다. 『슬픈 열대』의 적시성은 전망, 거리, 판단 및 평가 등이 자기 자신의 삶과 더불어 가능한 태도로 될 수 있는 바로 그러한 기간에 해당한다. 그러나 이러한 특징에서는 '시간'을 요구하게 되며, 이때의 시간은 자기 자신의 삶을 기술하기 이전에 살아야만 하는 '시간'이자 그렇게 형성될 수 있는 결정적인 특징을 지니고 있는 '시간'이어야 한다. 기억은 삶을 지속하는 것이자 재생시키는 것이다. 서사된 기억은 자서전적인 텍스트를 위한 자료에 해당한다. 자서전적인 텍스트에서는 기억이 바로 그 자서전적인 텍스트에 하나의 내용을 부여하는 것만큼 바로 그 기억까지도 재조직하게 된다. 기억은 자서전 작가가 자신의 글쓰기를 형성하게 되는 도구에 해당하지만, 이와 같은 글쓰기를 형성하게 되는 시기는 자서전의 시간에서 '기억하기'가 '글쓰기'로 전환될 수 있는 바로 그 순간에 발생할 수 있을 뿐이다.

자기 자신의 삶을 집필할 때에는 누구나 자기 자신이 기억하는 것만을 집필하게 된다. 예이츠는 자신의 『어린 시절과 젊은 날에 대한 몽상』의 '서문'에서 다음과 같이 언급했다.

나는 나의 지식에 대해서 아무것도 바꾸지 않았다. 그렇지만 나는 나의 지식이 없이 많은 것들을 바꾸었음에 틀림없다. 왜냐하면 나는 수년이 지나서 글로 쓰고 있기 때문이며 친구에게 의논한 것도 아니고 편지나 오래된 신문에 의존한 것도 아니기 때문이며, 가장 빈번하게 나의 기억에 떠오르는 것을 묘사하고 있기 때문이다.[8]

기억하기는 자기 자신의 삶을 집필하고자 하는 임무에서 근본적인 것에 해당한다. 상상하기에 반대하여 집필을 시작할 때에, 기억하기는 자서전적인 텍스트성의 위치가 어디에 있는지를 설정하게 된다. 실제로 발생한 것을 아마도 의도적으로 또는 영악하게 바꾸지 않는다 하더라도, 기억된 것은 분명히 재형성하는 것에 해당한다. 경험에서 발생한 것을 글로 재생시키려고 시도하는 것은 실패하게 되어 있다. 기억하기는 삶을 서사로 재구성할 수 있는 조건에 해당할 뿐이다. 기억하기가 정확성을 보장하는 것은 아니다. 그러나 발생한 것을 기억할 수 있는 것으로 전용하는 것은 자서전적인 텍스트를 형성하게 된다. 이러한 의미에서의 '전용'은 관련되는 세부사항과 자료를 한데 모아 전체—설명 그 자체가 합리적인 이야기를 구성하는 것처럼—로 통합시키는 것에 해당한다. 전용에는 또한 적절성이 포함되어 있다. 자서전적인 텍스트에서는 세부사항이 어떻게 야기되느냐에 관심을 기울일 뿐만 아니라 관련되는 세부사항이 무엇이냐에 대해서도 관심을 기울이게 된다. 예이츠와 호흡을 맞추어 레비스트로스는 다음과 같이 언급했다.

발생했다는 것은 시간이 지나가 버렸다는 것이다. 나의 기억을 그 자체만의 흐름을 따라 굴러가게 내버려둠으로써, 망각은 나의 기억을 단순히 닳아 없어지게 하는 것 그 이상으로 되거나 또는 나의 기억을 완전히 망각된 상태로 만들어 버리기도 한다. 망각이 그 자체의 파편으로부터 만들어 낸 심오한 구조는 나로 하여금 좀 더 안정된 마음의 평정을 이룩하게 하기도 하고 좀 더 분명한 패턴을 파악할 수 있게 하기도 한다. 하나의 질서는 다른 질서에 의해 대체되어 왔다. 나 자신의 '응시'와 그러한 응시의 대상, 시간, 파괴자 사이의 거리를 유지하고 있는 이와 같은 두 개의 절벽 사이에서 주춧돌을 쌓기 시작했다. 날카로운 가장자리를 둥글게 했고 전체적인 부분은 붕괴시켜 버렸다. 기간과 장소도 일치하지 않게 되었으며, 오래된 행성의 딱딱한 지표면에 발생한 진동에 의해 대체되어버린 지층처럼 병치되거나 전도되어 버렸다. 먼 과거에 속하는 그렇게 중요하지 않은 세부사항들은 이제 산봉우리처럼 삐쭉 솟아 있을 뿐이고 나의 과거를 형성하고 있던 모든 것들은 흔적도 없이 사라져 버렸다. 서로 어울리지 않는 기간과 장소에서 비롯된 어떤 분명한 연결점이 없는 사건들은 한 쪽에서 다른 쪽으로 빠져나가 갑자기 일종의 건물, 말하자면 나의 개인적인 역사보다 더 현명한 건축가가 고려해왔던 것처럼 보이는 건물을 형성하게 되었다.(TT, p.44)

망각은 기억을 전환시켜 그것이 마치 발생한 것의 모습을 더 이상 유지하고 있지 않은 것처럼 만들어 버리기도 한다. 사건을 이와 같이 기형(奇形)으로 만들어 버리는 것은 서사된 자아를 형성하게 되는 재형성의 바탕이 된다. '재형성하기'는 자서전적인 텍스트를 수립하게 되는 '형성하기'에 해당한다. 재형성하기는 기억하기이며 기억하기는 자서전의 시간을 가능하게 하는 것이다. 개인의 역사를 기술하는 것은 '기억하기'와 자서전의 연대기적 '시간' 사이를 연결하는 것이다.

자기 자신의 삶을 기술할 때에 나타나게 되는 '시간'의 네 번째 특징 — 앞에서 이미 언급했던 (a) 여러 가지 요인의 경계확정하기, (b) 텍스트가 집필되었을 때의 자기 자신의 삶에 나타나는 기간, (c) 특별하게 회상된 것 등 외에 — 은 서로 관련되는 것을 결정하는 데 있다. 자서전적인 텍스트는 기껏해야 삶의 일부분만을 제공할 수 있을 뿐이다. 삶이 전체로서 서사될 수 있는 것은 그것이 전체에 해당하기 때문이지만, 서사되는 것 그 자체는 기껏해야 설명에 관련되는 파편만을 한 자리에 모으는 것에 지나지 않는다. 동일한 역사적 시기이든 아니든, 서로 관련되는 것은 자기 자신의 삶에서 경우에 따라, 개인에 따라 다르게 나타날 수도 있다. 자서전을 집필할 때에 삶에 나타나는 순간은 자서전적인 텍스트를 형성하는 데 있어서 하나의 역할을 하게 된다. 이러한 '순간'에서는 어떤 특정한 파편을 통합할 것인지 통합하지 않을 것인지를 결정하게 될 뿐만 아니라 그러한 파편이 삶의 텍스트를 형성하는 바로 그 방법까지도 결정하게 된다.

40세가 되는 자서전 작가에게 관련되는 것이 50세가 되는 자서전 작가에게 필연적으로 관련될 필요는 없다. 자신들의 삶에 있어서의 몇 가지 단계에서 자서전을 집필함으로써, J.J. 루소, S.M. 밀, W.B. 예이츠 등은 자신들의 근본적인 관심을 지속적으로 주장하면서도 자신들이 우선적으로 관심을 가지고 있던 것 중에서 몇 가지를 다양하게 제시할 수 있었다. 상당한 지속성을 유지하지 않으면서도 자서전적인 텍스트는 서사된 삶의 일부분을 형성하기보다는 각각 분리된 작품만을 형성하는 경향이 있다. 예를 들면 버지니아 울프의 『일기』는 저자의 관심사항, 주제, 프로젝트 등에 있어서 고도로 파편적이고 비-통일적인 반면에 몇 권으로 이루어진 시몬 드 보부아르의 자서전들은 단 한 권으로 기획된 것처럼 보이기도 한다. 더 나아가 어느 한 사람에게 의미 있는 것이 필연적으로 다른 사람에게도 의미 있는 것은 아니다. 상이한 측면이나 특징은 상이한 자서전 작가들에 의해서 일종의 일시적인 두드러진 현상과 중요성을 부여하게 된다. 예를 들면, 데카르트는 마음에 대한 설명만을 제공했고, 루소는 이성과 감정과 경험만을 제공했고, S.M. 밀은 그 자신의 정신적인 삶과 그 과정만을 제공했고, 헨리 애덤스는 그 자신의 교육만을 제공했고, 사르트르는 자신이 작가가 되고자 선택한 점만을 제공했으며, 레비스트로스는 '자연'과 '문화' 사이의 교차점에서 그 자신의 개인적인 발견만을 제공했다. 자서전의 개인적인 시간에는 그 자체만의 구성에 있어서의 '유일성' 뿐만 아니라 그 자체의 실현에 있어서의 '선택성'까지도 나타나 있다.

자서전적인 시간의 표시

'시간'은 종종 자서전에서 분명하게 표시된 항목으로 나타나고는 한다. 전형적으로 이와 같은 시간의 표시는 자서전적인 텍스트를 통틀어서 발생하게 된다. 이러한 시간의 표시는 자서전으로 집필되고 있는 삶에서 일시적인 순간을 나타내게 된다. 그러한 표시는 또 일자, 시간, 분 등의 특수화에서부터 앞으로든 뒤로든 다름 아닌 묘사되고 있는 것의 순간에 대한 확인까지, 경험의 발생까지, 하나의 순간과 다른 순간의 비교까지 걸쳐 있다. 자서전적인 시간의 표시는 결정적인 '단위'나 일련의 단위에 대한 특수화라고 볼 수 있으며, 이러한 단위에는 질서화나 무-질서화, 집필된 그대로의 삶에 대한 연속성이나 불연속성 등이 포함된다. 이러한 점에서 표시된 시간은 장소나 기후를 표시하는 것과 똑같은 위상을 가지게 된다. 표시된 시간은 동일한 텍스트 내에 있는 다른 일련의 표시된 요소들에 대해 그 어떤 특별한 위상을 갖게 되는 것이 아니다.

레비스트로스는 묘사에서부터 가치적인 것까지 폭넓은 영역의 방법으로 '시간'을 표시했다. 그는 날짜와 시간을 명시하기도 했다. "나의 경력은 1934년 가을 어느 날 아침 9시에 그 당시 파리고등사범학교 총장이었던 셀레스텡 부글레가 전화를 걸어왔을 때에 결정되었다."(TT, p.47) 그는 과거와 현재를 다음과 같이 병치시키기도 했다.

> 1918년 프랑스 전역만큼이나 커다란 상파울로주의 지도는 2/3가 '인디언들만이 살고 있는 미지의 영역'이라는 점을 보여주었다. 1935년 내가 그곳에 도착했을 때에, 소위 말하는 진귀한 물건들을 팔기 위해서 일요일에 산투스 해변에 오고는 하는 얼마 안 되는 가족들과는 별도로, 거기에는 단 한 명의 인디언도 남아 있지 않았다.(TT, p.49)

그는 자신이 브라질을 경험하기 이전의 이미지를 특징짓기 위해서 '플래시-포워드' 테크닉을 적용했다. 그는 기이하게 디자인한 키오스크 [거리에 있는 간이매점]와 휴게소를 감추고 있는 뒤틀린 종려나무숲을 상상하기도 했다. 그는 불타는 냄새가 스며들이 있는 분위기를 결합시키기도 했다. 그리고 그는 다음과 같이 설명했다.

> 되돌아보면 이와 같은 이미지들은 더 이상 그렇게 제멋대로 보이는 것이 아니다. 나는 상황의 진실은 날마다의 관찰에서 발견할 수 있는 것이 아니라 참을성 있고 점진적인 증류의 과정을 통해서 발견할 수 있다는 것을 알게 되었다. 향기에 대한 아이디어를 제안하는 언어적인 모호성은 나로 하여금 자발적인 언어놀이의 형식, 즉 내가 아직은 분명하게 형성할 수 있는 입장에 있지 않은 상징적인 해석의 매체의 형식에 의해서 이러한 증류의 과정을 실천할 수 있도록 해주었다.(TT, p.47)

레비스트로스는 다음과 같이 '처음'을 강조하기도 했다. "처음으로 리오에 접하게 된 것은 상당히 달랐다. 내 일생에서 처음으로 열대에서, 신세계에서, 적도의 반대편에 있게 되었던 것이다."(TT, p.85) 그리고 다음과 같이 다시 '처음'을 강조했다. "리오에 대한 나의 첫인상은 밀라노 미술관, 암스테르담 미술관, 파리의 '파사주 데 파노라마', 또는 '생-자르 철도역'의 중앙광장을 야외에 재구성해 놓은 것 같았다."(TT, p.85) 그는 서로 다른 실험적인 순간으로부터 결합된 동시성을 표시하기도 했다

> 오늘, 고이아니아에서의 고급 호텔에 대한 기억은 다른 호텔들에 대한 나의 기억과 동시적으로 발생하게 된다. 사치와 빈곤의 양극단에 자리잡고 있는 이러한 호텔들은 인간이 세계에 순응해야만 하거나 또는 오히려 점점 더 인간을 순응하도록 만드는 관계의 모순성을 증언하고 있다.(TT, p.127)

그리고 레비스트로스는 유럽세계의 '시간'에 대한 자기 자신의 판단

과 다른 지역의 '시간'을 비교하기도 했다.

> 아시아에서 나를 놀라게 한 것은 이미 경험하고 있는 우리 자신의 미래에 대한 비전이었다. 인디언들이 살고 있는 미국에서 나는 인간이라는 족속이 그것이 점령하고 있던 세계의 일부분이었을 때, 그리고 자유에 대한 만끽과 그러한 자유를 드러내는 상징 사이에 여전히 합당한 관계가 있던 때, 바로 그러한 때의 시기에 대한 성찰을 높게 평가하고는 했다.(TT, p.150)

이상과 같은 각각의 경우에서 '시간'은 서로 다른 방법으로 표시되어 있다. 이와 같은 시간의 표시는 자서전, 소설 또는 역사책에서도 발생할 수 있다. 그러나 특별히 자서전적인 서사의 일부분으로 그러한 시간을 표시하는 것은 그것을 자서전적인 시간으로 통합하는 것을 의미한다. 시간을 이렇게 표시하는 대부분의 경우는 좀 더 커다란 자서전적인 텍스트의 공간을 참고하여 기록되어 있기 때문에, 시간의 이러한 표시는 자서전적인 시간성의 흔적으로 자서전적인 텍스트성에 흡수되어 버린다.

이상과 같은 시간의 표시에서는 전체로서의 서사 내에서 시간적인 특정한 위치를 수립하게 된다. 시간의 이러한 표시는 자서전적인 영역의 지도에서 이정표의 역할을 하기도 한다. 각각의 표시는 서사에서 부여받은 위치를 차지하게 되고 다른 위치와의 관계에서 특별한 기능을 수행하게 된다. 이와 같은 시간적인 요소는 모두 자서전의 시간을 결정할 수 있는 '틀'을 마련하게 된다. 이처럼 시간의 표시는 텍스트를 기술하게 되는 역사적이고 개인적인 시간의 지표로 작용하기도 하지만, 그러나 좀 더 특별하게 그러한 시간의 표시는 텍스트에서 다양한 사건이나 사소한 서사단위 사이의 관계에 대한 지표로 작용하기도 한다.

자서전적인 시간 또는 살아온 시간의 재-표시

자서전적인 시간성은 자서전으로 기술되는 '삶'의 발전과 관련지어 자서전적인 텍스트성을 구조화하거나 질서화하는 것에 해당한다. 자서전적인 텍스트에서 삶이 텍스트화되는 특정한 방법은 바로 그 삶 자체의 구조화나 질서화를 형성하게 된다. 따라서 자서전 작가가 실제로 살았던 '시간'은 텍스트로 형성되고, 텍스트로서의 이러한 형성은 서사를 형성하게 된다. 서사에서는 그 본질이 자서전적일 수밖에 없는 '텍스트성'을 이끌게 되며, 이와 같은 자서전적인 텍스트성의 본질적인 특성은 바로 그 자체의 자서전적인 시간성에 해당한다.

자서전적인 시간성은 자서전적인 텍스트에서 단순하게 시간만을 표시하는 것 외에도 수많은 여러 가지 가능한 방법 중의 한 가지 방법으로 살아왔던 시간을 재-표시하거나 재-형성하기도 한다. 자서전 작가는 자신이 실제로 살아왔던 시간을 자기 자신이 기억하거나 상상해서 기술하게 된다. 자서전화되었거나 서사된 '삶'과 그 자체에 대한 시간적인 '설명'은 바로 이와 같은 방법에 따라 표시되지만, 텍스트 자체는 구조화되고 질서화되며, 실제로 살았던 시간을 자서전적인 텍스트에서 일종의 서사로 재-표시함으로써 그 자체만의 '의미'를 획득하게 된다.

자기 자신이 살았던 시간을 서사하는 데에는 여러 가지 방법이 있을 수 있다. 전통적인 과정은 통시적인 서사에 의해 하나의 텍스트를 제공하는 것이다. 몇 가지 경우만을 예로 든다면, 아우구스티누스, 첼리니, 루소, 괴테, 헨리 애덤스 및 시몬 드 보부아르 등은 모두 시간적인(또는 일시적인) '연속성', 즉 사건과 사건이 서로 관련지어 발생하게 되는 질서를 재생시키게 되는 연속성에 바탕을 두어 자기 자신들의 삶을 기술했다. 개인적인 자서전의 연대기적 시간과 관련지어 이미 언급했던 바와 같이, 자기 자신의 삶 전부를 일일이 모두 다 서사할 수는 없기 때문에,

삶 자체에 대한 서사는 기껏해야 파편적일 수밖에 없다. 삶의 파편, 일부분, 선택한 부분 등만을 재생할 수 있게 될 뿐이다. 몇 가지 특징만을 강조할 수 있을 뿐이며, 그러한 예를 들면, 아우구스티누스에게서 찾아볼 수 있는 '전환', 첼리니에게서 찾아볼 수 있는 '명연주', 루소에게서 찾아볼 수 있는 '개정(改正)' 등을 들 수 있다. 자서전적인 시간성에서는 제공되었고 강조되었던 다양한 파편들을 종합함으로써 삶을 질서화하고 구조화하게 된다. 자서전 작가가 살았던 삶이 통시적인 형식으로 부여되었을 때에는 바로 그 자체의 삶의 유사성이나 대표성만을 제공하게 된다.

그러나 유사성과 대표성이 바로 삶 자체가 되는 것은 아니다. 따라서 자신의 삶을 기술하는 데 있어서 왜 통시적인 질서에 의해서 바로 그 삶 자체를 연속적으로 재생시켜야만 하는지에 대해서는 그 어떤 이유도 있을 수 없다. 자서전적인 텍스트는 바로 삶 자체에 해당하기 때문에, 삶을 재생시킬 필요가 없다. 텍스트로서 또는 서사로서 글쓰기의 시간성에는 그 자체만의 규칙과 구조화의 원칙이 있다. 규칙과 원칙은 모두 삶 자체를 기술하는 데에서 비롯되는 것이다. 이 두 가지는 또 자서전적인 텍스트성을 수립하게 되고 그 경계를 결정하게 된다. 왜냐하면 J.S. 밀이 자신의 유년기와 초기의 발전, 자신의 교육, 그리고 자신의 정신사에서의 위기 등에 대한 충분한 조사를 마련하기 위해서 자신의 가까운 친구였던 해리엇 테일러와의 우정을 따르게 되고, 그런 다음에는 한 장(章)으로 된 부분에서 자신의 삶의 '잉여분'(즉, 뒤이어지는 13년)이라고 단순하게 결론짓게 되는 것은 자신의 일시적인 삶의 연속성을 전체적인 삶으로 재-기술하는 것에 해당하기 때문이다. 『월든』에서 소로우는 자기 자신이 '월든 호수'에 머물렀던 2년 중에서 첫 번째 해만을 보고하고 있다. 그는 자기 자신이 두 번째 해를 서사하지 않은 까닭은 두 번째 해도 첫 번째 해와 거의 비슷하게 똑같은 패턴을 반복하기 때문이라는 점을 강조했다. 소로우 자신의 견해로 보면, 한 해는 하나의 순환에 해당하며 계절의 연속성을 재계산하는 것은 다음 계절의 연속성을 재계산하는 것에 해당한다. 이런 식으로 자서전 작가는 텍스트적인 질서화를 생산하게 되며, 이때의 '질서화'에서는 비-일관적이고 비-통시적인 방법, 즉 적어도 충분한 순환이 반드시 한 번은 이루어지는 방법으로 자서전적인 시간성을 형성하게 된다. 사르트르 역시 자기 자신의 삶에서 처음 10년 정도 그 이상을 보고할 필요가 없었을 것이다. 사르트르에게 있어서 작가가 될 수 있는 기본적인 프로젝트는 이미 시작되었던 것이다. 그는 자신이 무엇이 되어야 하는지를 이미 선택했으며, 그 나머지(즉, 뒤이어지는 45년 정도)는 자신이 그렇게 되고자 선택했던 것을 그저 충족시킬 뿐이었다. 롤랑 바르트가 쓴 『롤랑 바르트』는 연대기적인 설명을 모두 파괴해 버렸다. 그의 이 텍스트에는 자서전적인 시간성이 설정되어 있기는 하지만, 이러한 시간성은 제목을 붙인 사진, 심지어 설명을 보충하기 위해 곁들인 다양한 도표, 만화 및 도해 등이 알파벳 순서에 의해 질서화되어 있다. 이와는 대조적으로 바르트의 텍스트가 통시적으로도 질서화되어 있다는 점을 발견할 수 있을 것이다. 실제로 바르트의 이 텍스트에는 1.5페이지 가량의 '전기' 또는 연대기가 부록으로 수록되어 있다. 그러나 바르트의 경우에서 날짜와 사건을 순서에 따라 연속적으로 열거하는 것은 자서전적인 텍스트성에서는 물론 자서전적인 시간성에서도 그렇게 본질적인 것이 아니다.

레비스트로스의 텍스트가 '출발'과 '회귀', 즉 신세계로의 도착과 그곳으로부터의 출발로 구성되어 있기는 하지만, 그러한 여행이 단순하게 이루어진 것만은 아니다. 신세계, 특별하게는 브라질로의 수많은 여행뿐만 아니라 북미(北美)로의 여행까지도 포함되어 있다. 그런 다음 레비스트로스는 불교문화와 이슬람문화에 대한 여행을 하게 된다. 이처럼 다양한 여행은 1930년대의 브라질 여행과 제2차 세계대전 동안의 미국 여행 등을 포함하여 모두 자서전적인 서사로 통합되어 있다. 고이아니아에서의 호텔은 카라치에서의 호텔과 병치되어 있다. 그는 미국의 거대성을 다양한 장소에서도 발견하게 된다. "나는 그러한 점을 브라질의 해안과 중심 고원에서, 볼리비아의 안데스산맥과 콜로라도의 로키산맥에서, 리오의 교외지역에서, 시카고의 외곽지역과 뉴욕의 거리에서 경험했다."(TT, pp.78~79) 서로 다른 시간에 경험한 서로 다른 장소의 병치는 체계적으로 연관되어 서사되고 있다. 하나의 호텔과 다른 호텔, 하나의 거대한 장소와 다른 장소의 결합은 『슬픈 열대』의 자서전적인 시간성에 대해서 일종의 공시성을 제공하게 된다. 이러한 결합은 종종 정체성의 결합으로 나타나게 되는 것이 아니라 차이점의 결합으로 나타나게 된다.

> 내가 랑드 지역에서 처음으로 가르치기 시작했을 때, 한 번은 거위를 기르기 위해 특별히 개조된 사육장을 방문한 적이 있었다. 거위는 한 마리 씩 좁디좁은 사육 상자에 갇힌 채 그저 사육을 위한 튜브에 의존하고 있었다. 이와 똑같은 인디언의 장치에서도, 이 두 가지의 입장이 서로 다르기는 하지만, 그 상황은 동일한 것이었다. 내가 바라보고 있었던 것은 거위 대신에 남자와 여자였으며, 거위처럼 식용으로 살찌우는 대신에, 이들 남녀 인디언들은 어쨌거나 바짝 말라 있었다. 그러나 이러한 두 가지 경우에서 사육자는 단 한 가지 형태의 활동에 대한 책임만을 지고 있을 뿐이었으며, 그것이 거위의 경우에는 바람직한 것이었지만 인디언의 경우에는 불가피한 것이었다.(TT, pp.129)

자서전적인 텍스트의 자서전적인 시간성은 미리 결정된 그 어떤 방법으로도 질서화 될 필요가 없지만, 자서전적인 텍스트 그 각각은 그 자체만의 합당한 결정을 내릴 수가 있다. 가장 충분한 의미에서 자서전의 '시간'이 존재한다면, 질서화하고 구조화하는 것이 발생하게 되는 것은 그것이 무엇이든 자서전적인 텍스트성에서 재-표시될 수 있는 것이다. 우리들은 레비스트로스가 그 자신의 삶과 그 자신 사이에 있는 '해협'의 확장으로서 '시간'을 묘사하고 있다는 점을 상기할 필요가 있다. '삶'과 '자아' 사이의 위치, 즉 텍스트를 서사로서 읽게 되는 위치에 자서전적인 시간성을 배치함으로써, 레비스트로스는 자서전의 '시간'이 어디에 위치하게 되는지를 설명했다.

그러나 '자아'가 문화적 허구이고 '삶'이 기껏해야 텍스트로 서사되는 실체라면, 그렇다면 자서전적인 시간성은 '나'의 시간이나 '그'의 시간에 해당하는 것이 아니라 오히려 자서전적인 텍스트에서 실천되고 있는 '서사된 삶'에 대한 사회적 '공간'에 해당한다. 레비스트로스는 이와 같이 서사된 사회적 공간을 삶과 자아 사이에서 개인적으로 선택한 위치라고 설명했다. 따라서 그는 자신의 『슬픈 열대』를 다음과 같은 구문으로 결론지었다.

> '자아'는 증오할 만한 것이 못된다. '우리들'과 '아무것도 아닌 것' 사이에는 '자아'를 위한 위치가 없다. 그리고 마지막 휴양지에서 내가 '우리들'을 선택하게 된다면, 그것은 '외관'에 지나지 않을 뿐이지만, 그 이유는 내가 나 자신을 파괴하지 않는다면—선택의 조건을 망각하도록 하는 행위—나는 '외관'과 '아무것도 아닌 것' 사이에서 가능한 한 가지 선택만을 할 수 있기 때문이다. 내가 예상치 못한 인간의 조건에 대한 수용을 나타내기 위해서 나는 선택 그 자체만을 선택해야만 할 뿐이다.(TT, p.414)

'우리들'과 '아무것도 아닌 것' 사이에서 선택을 선택하게 되는 데 있어서, 레비스트로스는 '중재자'의 위치를 선택해야만 하며, 그러한 위치는 자서전적인 텍스트가 그 자체의 시간성을 경계 짓는 곳이자 자아에 대한 해석을 제공하게 되는 곳에 해당한다. 문제가 되는 '자아'는 텍스트에서만 보고되고 있을 뿐이다. 텍스트는 그러한 '자아'의 형성의 논리에 해당한다. 이러한 형성의 논리는 '자아'의 정체성을 형성하게 된다. 바로 그 '자아'의 정체성이 '문화적 허구'에 해당한다. '문화적 허구'에서 그것이 '문화적'인 까닭은 경계를 구분 짓는 사회적 콘텍스트에서 어떤 특정한 역사적 시간에 의해서 자아의 특징을 부여하게 되기 때문이며, 그것이 '허구'인 까닭은 자아가 그 자체만의 것으로 되기 위해서 서사적이거나 개인적인 설명에 의존하게 되기 때문이다. '문화적 허구'로서의 자아는 사회에서의 다른 구성원들과 똑같은 특징을 가지게 된다. 이와 같은 자아는 자서전적인 서사의 텍스트화에서 그 자체만의 결정성을 이룩하게 된다. 그러나 텍스트성은 그 자체의 형성의 논리에서 실제생활(비-허구)을 구체화하기 때문에, 제공될 수 있는 해석은 그 어떤 다른 해석만큼이나 유용한(유일한) 것에 해당한다. 텍스트성의 시간성은 최대한도로 충분하면서도 완벽한 것이다.

여기에서의 임무는 자서전적인 시간성의 위상을 수립하는 데 있다. 자서전적인 텍스트성의 특징으로서, 자서전적인 시간성에서는 시간의 입장이나 표시가 질서화되거나 구조화되는 특정한 방법을 설정하고자 한다. 이러한 방법에서는 다양한 시간적인 표시가 서로 연관되는 태도나 착상을 제공하게 된다. 이러한 방법은 텍스트가 기술될 수 있는 '역사적 시간'과 '사회적 공간' 및 서사가 활성화될 때에 자서전 작가의 삶에 있어서의 '순간'을 통합시키게 된다. 그러나 역사적 시간, 개인의 연대기적 시간 및 시간적인 표시 등은 저서전적인 시간성을 형성하지 못한다. 자서전적인 시간성은 '자아'에 대한 권위 있는 해석의 생산에 기여하게 되고 '삶'의 서사를 조직하게 된다. 서사적인 것은 분리된 요소나 표시, 사건이나 변화, 개인이나 장소에 대해서 특별한 중요성을 부여하게 된다. 따라서 그것은 다른 특징들을 선정하고 탈-강조하고, 생략하거나 거부하게 된다. 자서전적인 시간성은 분산되어 있는 삶의 측면을 한 곳으로 모으게 되고 그것에 하나의 형상을 부여하게 된다. 하나의 '삶'을 형성하거나 재계산하는 것은 바로 그 삶을 그 자체만의 삶으로 형성하는 것이지 다른 삶으로 형성하는 것이 아니다. 서사된 삶은 구조화되며 그렇게 함으로써 그 자체만의 유일한 특징에 어울리는 결정적인 특징을 부여하게 된다. 자기 자신의 삶을 기술하는 것(또는 집필하거나 글로 쓰는 것)에는 그 자체만의 가장 의미 있는 특징들을 재-표시

하는 것이 포함된다. 하나의 삶으로서 발전되어 왔거나 살아온 것을 재
-표시하는 것은 자서전적인 텍스트성에 해당하며, 이러한 텍스트성은
자서전적인 텍스트에 관련지어 시간적으로 이해될 수 있는 것이다. 자
서전에서의 역사적 시간에서는 무엇인가를 텍스트로 전환시키게 되는
반면, 자서전적인 텍스트성에서는 그 자체만의 시간적인 범주에서 텍스
트를 역사로 전환시키게 된다.

제12장

사르트르와 바르트의 자아-각인

자서전은 자기 자신의 삶을 '글로 쓰는 것'이다. 자서전적인 '작품'은 특별한 실체이자 시간과 장소에서 창조된 대상이다. 자서전적인 '텍스트'에는 공간 그 자체가 없다. 그러한 텍스트에는 다른 텍스트(자서전적이거나 그 밖의)와의 차이로서의 관계나 병치로서의 관계만이 있을 뿐이다. 이와 같은 관계의 영역에서 '자서전화'가 발생하게 된다. 본 장에서의 논의와 연구를 위한 주제에 해당하는 '자서전화'는 비-자서전적인 텍스트의 경계에서 작용한다. 이러한 의미에서 자서전화는 비-자서전적인 것에서부터 자서전적인 것까지, 자서전적인 텍스트의 '밖'에 있는 것에서부터 자서전적인 텍스트 그 자체를 형성하고 있는 것까지 일종의 전환을 마련하게 된다. 따라서 '자서전화'가 발생하는 '토포스'[공간, 영역, 토픽]로서의 '자서전적인 텍스트성'은 광범위한 공간에 해당한다. 이처럼 광범위한 공간은 담론의 영역(실제적이거나 잠정적인)에 해당하며, 거기에서 하나의 텍스트는 결정적인 특성과 특수한 특징에 의한 특정한 방법으로 텍스트 자체를 정의하게 된다. 그 자체의 경계를 폐지시키고, 그 자체만의 특징을 대체시키고, 그 자체의 기대를 말살시키는 텍스트의 양상을 의문시함으로써, 하나의 텍스트에서는 이러한 방법, 특성 및 특징 등을 확정하게 된다. 하나의 텍스트를 그 밖의 다른 텍스트(또는 텍스트들)와 병치시키는 것은 텍스트성의 유일한 공간을 열어놓게 되는 것이며, 그러한 공간에서는 텍스트의 초과와 과잉을 설명하게 되고, 그렇지 않다면 가능할 수도 없는 읽기, 해석 또는 비평을 동기화하게 된다. 따라서 자서전적인 텍스트성에서의 광범위한 공간과 탈-중심화된 자서전적인 자아—각인은 사르트르의 『말』[1]과 바르트의 『롤랑 바르트』[2]를 병치시킴으로써, 적어도 부분적으로 또는 어느 한 순간에 드러날 수 있게 된다.

사르트르는 자신의 일생동안 철학에 대한 글쓰기에 전념하는 한편, 다른 한편으로는 문학에 대한 글쓰기에도 전념했다. 그리고 철학과 문학 사이의 '틈새'를 보충하기 위해서 그는 자서전, 정치이론, 예술비평과 문학비평 등은 물론 자서전까지도 생산하게 되었다. '철학'과 '문학' 사이의 공간은 바로 그 경계에 대한 참고사항에 의해 형성된다. 예를 들면, 사르트르의 철학은 『존재와 무』, 『변증법적 이성 비판』 등에서 분명하게 찾아볼 수 있고, 사르트르의 문학은 『구토』와 『자유에 이르는 길』과 같은 소설, 『출구 없음』, 『더럽혀진 손』, 『악마와 신』, 『알토나의 유폐자들』 등에서 찾아볼 수 있다. 따라서 일반적으로 사르트르가 집필한 저서와 관련지어 볼 때에, 그의 『말』은 철학도 아니고 문학도 아니며, 허구도 아니고 비-허구도 아니다. 그의 『말』은 하나의 텍스트로서 철학과 문학 사이의 제한된 공간만을 차지하고 있을 뿐이다. 『말』의 자서전적인 텍스트성은 사르트르적인 텍스트의 경계에서 작용하게 된다. 그것은 텍스트의 공간성과 시간성은 물론 다양한 고려사항까지도 관련지음으로써 그 자체만의 정체성을 확립하고 있다. 그것은 허구와 비-허구 사이의 확연한 구분으로부터 벗어나게 되고, 문학적 기능에 반대되는 비유적 표현으로 작용하게 되고, 상상과 기억의 효과를 제시하게 되며, 자서전 작가와 자서전으로 된 것 '사이'의 관계를 활성화시키게 된다.

　롤랑 바르트에 의한 『롤랑 바르트』도 이와 똑같은 '틀'을 형성하고 있다. 『롤랑 바르트』 역시 하나의 텍스트로서의 각인, 즉 그 자체의 텍스트성에 대한 읽기에 의해서 자서전적인 공간을 개방하게 되는 각인으로 이해할 수 있다. 사르트르의 자서전이 하나의 텍스트로서 그 자신의 철학과 그 자신의 문학 사이에 위치하게 되는 것과 똑같은 방법으로 『롤랑 바르트』 역시 하나의 텍스트로서 비평과 이론 사이에 위치하게 된다. 『롤랑 바르트』에는 하나의 텍스트로서 비평의 요소와 이론의 요소가 모두 있다. 『롤랑 바르트』는 『영도의 글쓰기』, 『기호학의 요소』 및 『텍스트의 즐거움』 등과 유사한 한편, 다른 한편으로는 『라신론』, 『비평론』, 『신화론』, 『S/Z』 및 『사드/푸리에/로욜라』 등과 유사하다. 그러나 사르트르의 자서전적인 텍스트성이 시간성/공간성, 허구/비-허구, 비유성/정확성, 상상/기억 및 '자서전 작가' / '자서전으로 된 것'의 대칭적인 경계에서 작용하는 것과 똑같이, 바르트의 텍스트에서도 이와 똑같이 경계와 명확성의 '지도'에 의존하고 있다. 더 나아가 '철학/문학'과 '이론/비평'의 경계면을 분명하게 할 필요가 있다. 왜냐하면 사르트르와 바르트는 여러 가지 면에서 대립될 수 있지만, '이론/비평'의 관계는 철학의 경계와 문학의 경계 '사이'에서 작용할 수 있기 때문이다. 따라서 '철학/문학'의 관계에 의해서 개방된 공간은 사르트르의 『보들레르』, 『말라르메』, 『문학이란 무엇인가?』, 『성 주네』 및 『집안의 천치』 등에 의해 채워질 수 있을 뿐만 아니라 바르트식의 계획에 의해서도 채워질 수 있는 것이다. 따라서 사르트르의 『말』을 롤랑 바르트의 『롤랑 바르트』에 대립시키는 것은 이 두 가지를 모두 포함하면서도 대립적인 요소를 배치하는 것에 해당한다. '포함'은 하나의 공간을 규정하는 것이고, '대립'은 그러한 공간에 대한 경계를 선언하는 것이고, 공간에 대한 '경계'는 일종의 '토포스', 즉 이 경우에는 사르트르와 바르트의 자서전적인 텍스트성을 확정하는 것이다.

사르트르/바르트의 대립에서 비롯되는 자서전적인 텍스트성을 연구하는 것은 그 자체만의 '파라미터'[매개변수]를 확정하는 것이다. 그러한 파라미터에는 ① 이미지/텍스트, ② 통시성/공시성 및 ③ 읽기/쓰기가 포함된다. 이와 같은 대립적인 구성요소를 더 많이 특수화하는 것은 '유토피아'와 '아토피아'[민감한 반응]가 교차하게 되는 위치에서 자서전적인 텍스트성에 대한 '토포스'의 영역을 제시하는 것이다.

이미지/텍스트

사르트르의 『말』(1963)만을 문제 삼는다면, 이미지/텍스트의 대립에는 그 어떤 타당성도 있을 수 없다. 사르트르의 제목에 암시되어 있는 바와 같이, 『말』은 '말'이 사르트르의 발전에 기여했던 의미작용을 연구·조사한 것이다. 사르트르는 말의 동화작용과 부수적으로 활동적인 생산 작용을 언어에 삽입시켰다. 자기 자신의 『말』에서 미셸 푸코의 『말과 사물』을 대부분 미리 형상화함으로써, 사르트르는 '말'과 '사물' 사이에 있는 인식론적인 구조, 자기 자신의 자아에 대한 각인을 설명하고 있을 뿐만 아니라 자기 자신의 개인적인 여정에서 발생하게 되는 전환을 설명하는 구조까지도 살펴보게 되었다.

사르트르의 텍스트가 전적으로 언어적인 텍스트라고 말하는 것은 예외적으로 그렇게 말하는 것이 아니다. 『말』은 다음과 같이 시작하여 끝맺는 것으로 그 경계를 확정지었다. 사르트르의 『말』은 1850년경 알자스에서 자신이 통제할 수 있는 숫자보다 훨씬 더 많은 수의 학생들을 가르치고 있는 학교선생이 기꺼이 식품점 주인이 되고자 하는 것으로 시작하고 있으며(Words, p.5) "모든 인간은 온갖 유형의 사람들로 구성되어 있으며 그들 모두는 그 이상 더 선량할 수 없을 정도로 선량할 뿐이다"(Words, p.160)라고 끝맺고 있다. 그러나 『말』의 프랑스어 원본(1953)에 다음과 같은 몇 가지 사항을 첨부하게 된다면, 즉 『새로운 성찰』에 처음 수록되었으며 그 다음에는 『삶/상황』에 영어로 수록된 「70세의 사르트르 대담」(1975)을 포함하는 것은 물론 그 자신의 삶을 구술로 보고 한 것3)을 기록으로 정리한 그 밖의 다양한 자료에 해당하는 영화 〈사르트르, 알렉상드르 아스트릭과 미셸 콩타에 의한 사실 영화〉(1973)4)와 프랑시스 장송의 『사르트르, 그의 삶』(1974)5)까지도 포함한다면, 사르트르에 대한 좀 더 커다란 그림을 떠올릴 수도 있을 것이다. 영화에서 사르트르는 친구들, 동료들과 어울려 자신의 책상 앞에 앉아 자신의 아파트 방을 설명하든가 또는 시몬 드 보부아르의 파리 아파트를 설명함으로써, 그 자신의 서사를 담당하기까지 했다. 이 모든 개인적인 설명은 『말』이라는 자서전적인 텍스트의 특별한 영역을 뛰어넘어 확장되기까지 한다. 텍스트성의 영역에 대한 이와 같은 담론에서는 바르트의 텍스트에서 그 자체의 다른 한 쪽을 찾아볼 수 있는 특징을 소개하기도 한다. 영화 〈사르트르〉에서, 사르트르의 이미지, 사진 및 '피트길이'[영화 필름의 길이] 등의 콘텍스트에서는 사르트르 자신의 삶에 대한 그림을 채워나가고 있다. 이와 같은 이미지들은 사르트르식의 '말'의 지평에 관계된다. 다시 말하면, 그러한 이미지들은 사르트르 자신의 평생 동안의 활동을 설명하는 것은 물론 특별한 자서전적인 자아의 정체성을 지원하는 역사적 고증자료까지도 형성하게 된다. 사르트르식의 자화상에 대한 이와 같은 연결망에 대해서, 사르트르 자신이 제공하지 않은 것을 첨부할 수도 있지만, 그러나 이러한 점은 『말』에서 제공하고 있는 '말', 대담, 및 영화를 보충할 수 있게 된다. 다시 말하면, 릴리안느 센딕-시겔이 펴낸 『사르트르: 삶의 이미지』6)라는 사진집을 들 수 있다. 넓게는 텍스트, 좁게는 사르트르의 자서전적인 텍스트라고 볼 수 있는 이 사진집은 이미지에 의해 강화되어 있다. 따라서 그림적인 것보다는 텍스트적인 것을 더 선호하는 레싱의 편견, 즉 『라오콘』에 강조되어 있기는 하지만 호라티우스의 '그림으로서의 시'를 떠올리게 하는 '편견'이 강하게 유지되어 있다고 볼 수 있다. 따라서 레싱이 일반적으로 '그림'이라고 불렀던 이미지가 부수적으로 되는 까닭은 이미지에는 '말'이 제공하는 유동성과 다양성이 결여되어 있기 때문이다.

이와는 대조적으로 바르트에게 있어서 이미지는 자서전적인 텍스트에서 중요한 위치를 차지하고 있다. 『롤랑 바르트』의 시작부분에 나타나 있는 예외적인 간단한 진술과 함께 바르트는 다음과 같이 언급했다.

> 우선적으로 몇 가지 이미지들, 그것들은 저자가 자신의 책을 끝맺기 위해서 저자가 자기 자신을 취급하는 것에 해당한다. 저자의 즐거움은 매혹의 문제이다(따라서 상당히 이기적이다). '왜 그런지를 나 자신도 모르면서' 나는 나를 사로잡는 이미지들만을 유지했다(이와 같은 무지가 바로 매혹의 본질이며, 각각의 이미지는 결코 그 어떤 다른 것이 아니라…… 바로 '상상적'일 뿐이라고 내가 말하게 되는 것에 해당한다).(RB, p.3)

이상과 같은 경우에서, 이미지들이 본질적인 것으로 되는 까닭은 텍스트의 즐거움이 본질적이기 때문이다. 저자의 즐거움은 문제가 되고 있는 '말'과 '이미지' 모두에서 끊임없이 지속된다. 『텍스트의 즐거움』(1973)에서, 바르트는 이미 독자의 즐거움이 텍스트에서의 기쁨과 텍스트로부터의 거리 모두에서 비롯된다는 점을 확인한 바 있다. 이와 같은 자체-거리는 자화상-기법과 자체-서사기법에 대한 고전적인 문제를 제기하게 된다. 자기 자신은 자기 자신으로부터 어떻게 거리를 유지할 수 있게 되는가? 후설식의 초월적 에고의 개념은 하나의 방법에 해당할 수도 있다. 후설식의 개념에서는 초월적 성찰을 가능하게 할 수 있다는 점을 제안했다. 그러나 사르트르 스스로가 보여주고 있는 바와 같이, 에고는 성찰행위에 의해서 그 자체를 포착할 수 있는 것이 아니다. 성찰적인 의식은 언제나 하나의 대상, 다름 아닌 의식, 다름 아닌 알기, 또는 '자아-즐기기'를 생산하게 된다. 이와 똑같이 바르트도 알기의 행위에서 그 자체를 알 수 있는 자아에 대해서 그 어떤 이해를 하려고 하지는 않았다. 그렇지만 저자의 즐거움을 하나의 문제로 취급하고 있는 자체-서사는 바르트에게 있어서 자서전적인 텍스트로 각인될 수 있다. 그러나 필자가 앞으로 제시하고자 하는 바와 같이, 자체-서사는 단지 '황홀한 상태'의 즐거움, 또는 바르트가 '읽기'의 합당한 위치이자 아마도 '자체-지식'의 합당한 위치라고 파악한 바 있는 '주이상스'의 문제만은 아니다. 따라서 이미지에서의 즐거움은 특별한 유형의 즐거움에 해당한다. 그것은 나르키소스의 즐거움, 즉 자기 자신을 드러내고 있는 바로 거기에서 자기 자신을 바라보는 것이며 따라서 잠정적으로는 다른 사람을 바라보는 것에 해당한다. 이미지에서의 즐거움은 다름 아닌 작용하고 있는 '상상적인 것'의 즐거움에 해당한다. '상상적인 것'에 의해서 바르트는 '이미지-시스템'과 같이 그 이상의 것을 암시하고자 했다. 바르트의 '이미지-시스템'은 사르트르의 '상상'의 개념에 반대되며, 따라서 상상적인 의식은 상상적인 방법에 의해서 사물을 형성하게 되지만, 상상적으로 경험된 것에 대한 구체적인 아날로그로서 형성하게 된다. 사르트르의 『말』에서 발생하는 것과는 대조적으로, 바르트에게 있어서 이미지와 '이미지-시스템'은 자서전적인 텍스트와 그것의 텍스트성을 형성하는 데 있어서 중요한 역할을 하게 된다.

바르트에게 있어서 이미지는 '몸' —여기에서의 언어는 몸의 언어이기는 하지만— 이 투영되는 곳에 있다. 이미지의 언어는 텍스트의 몸(본문)이며, 적어도 영역본(英譯本)에서는 처음 43페이지(프랑스어 원본에서는 46페이지)까지는 그렇다고 볼 수 있다. 왜냐하면 상상과 허구화는 텍스트에서 다 같이 작용하고 있기 때문에 이미지는 그것에 일치하는 형식에 부여된 상상적인 것에 해당한다. '이미지-레퍼토리'는 '주이상스', 즉 바르트가 결코 망각할 수 없는 '주이상스'라고 불리는 텍스트적인 욕망과 함께 에로틱한 담론으로 진입하게 된다. 텍스트적인 이미지의 즐거움은 롤랑 바르트의 『롤랑 바르트』라는 텍스트를 통해서 반복된다. 바르트가 자신의 세미나 동료들과 함께 촬영한 단체사진(텍스트의 시작 부분 이전에 수록된 유일한 사진)을 제외한다면, 텍스트의 언어적인 몸(실체)은 그림, 음악, 만화, 글쓰기 및 도표에서 비롯되는 이미지로 분산되어 있다. 「이미지-시스템」이라는 제목 아래에 자리잡고 있는 구문에서 바르트는 "이 책의 중요한 노력은 이미지-시스템을 언급하는 데 있다"(RB, p.109)라고 강조했다. 인간의 삶에서, 이미지-시스템은 소모될 수 있는 것이 아니다(모든 것을). 이와 똑같이, 이미지의 투사는 바르트의 『롤랑 바르트』에 대한 자서전적인 텍스트성에 투입되어 있다.

자크 라캉이 제시한 바와 같이, 거울-이미지는 어린아이가 자기 자신을 다른 사람으로 인식하게 될 때의 순간에 해당한다. 그 다음에는 어머니가 남이라는 사실을 알게 되는 단계로 이어진다. 자신의 텍스트에서 바르트는 자신의 어머니의 다양한 나이에 따라서 바로 그 어머니의 다양한 이미지들을 포함시키고 있으며, 그러한 이미지들 중에는 어머니가 어린아이를 안고 있는 이미지도 있다. 어머니와 어린아이는 둘 다 거울을 들여다보고 있는 것처럼 보이며, 제목은 '거울단계, 고맙다'로 되어 있다. 갓난아기로서, 어린 소년으로서, 젊은이로서, 선생으로서, 강연자로서, 패널참가자로서, 자신의 파리 아파트에 살고 있는 작가로서, 바르트의 이미지들 하나하나는 바르트 자신의 자서전적인 텍스트성의 지평을 보충하고 있다. 하지만, 이와 같은 그림들(이미지들)은 실제로 자서전적인 텍스트성에 기여하고 있는 것인가? 이러한 그림들을 "사진적인 텍스트성"[7])으로 좀 더 합당하게 특징지을 수 있는 반면에, 그러한 그림들을 자서전적인 텍스트로 통합시키게 된다면, 사진 이미지들은 새로운 의미, '말'과 '그림' 모두에 있어서 그 자체를 각인시키는 저자로서의 방법에 관련되는 의미를 가지게 된다.

통시성 / 공시성

사르트르의 텍스트는 통시성의 모습으로 구성되어 있다. '자서전 작가 / 자서전으로 된 것'은 읽기의 단계부터 쓰기의 단계까지 걸쳐 있다. 이러한 '읽기 / 쓰기'의 논지에 대해서는 다음 항에서 설명하게 되겠지만, 여기에서 주목할 점은 제1부의 제목 「읽기」에서 제2부의 제목 「쓰기」로 갑작스럽게 전환했다는 점이다. 사르트르의 이 텍스트가 처음 11년 동안의 소년의 삶을 서사하고는 있지만, 두 개의 부분으로 구분된 이 책 — 한 편으로는 '읽기'이고 다른 한편으로는 '쓰기' — 은 사르트르의 초기 경험에서 중요한 전환을 표시하고 있다. 사르트르가 자기 자신의 소년시절을 이처럼 반반씩 나눈 두 개의 부분 사이에 경계선을 표시한 것은 그가 플로베르에게 나타나는 '시인'에서 '예술가'로의 전환을 설명한 것에 아주 분명하게 대응된다.[8] 이와 똑같은 방법으로 플로베르에 대해서도 설명할 수 있다. 읽기의 행위와 쓰기의 행위 사이를 인식론적으로 타파한 후에, 플로베르는 실제로 그 자신의 '근본적인 프로젝트'를 성취하게 되었던 것이다. 자신의 『존재와 무』에서 사르트르가 자기 자신만의 '실존적 심리분석'에서 보고한 바와 같이, 아주 일찍 일단 독창적인 선택을 하게 되면, 그 이후부터는 그러한 선택으로 인해서 자기 자신이 자유롭게 선택한 근본적인 프로젝트를 지속할 수 있게 된다. 젊은 사르트르가 일단 글쓰기로 진입하게 되었을 때, 그의 나머지 삶(생애)은 다만 추신(追伸)으로서의 글쓰기에 해당할 뿐이다. 그는 오로지 작가로서(철학과 문학의)의 근본적인 프로젝트를 수행하게 되었던 것이다.

글쓰기의 시작은 일곱 살과 여덟 살의 사이에서 발생하게 된다. 따라서 서사의 첫 번째 반은 실제로 문제가 되는 나이인 열 한 살의 3/4 대부분을 포함하게 된다. 자신이 글쓰기를 시작했던 시기에 대한 사르트르의 관심은 그의 삶에서 3년에서 4년, 즉 일곱 살이나 여덟 살에서 열한 살까지에 집중되어 있다. 그 나머지의 파탄은 그의 어머니가 재혼을 하게 되고 재혼한 어머니와 함께 라 로셸로 이사 가게 되었던 때에 해당하는 그가 열두 살이 되었을 때에 발생하게 된다. 이와 같은 새로운 파탄은 그의 아버지가 1906년 세상을 떠났을 때에 집으로 돌아왔던 그의 어머니가 1917년 속박으로부터 '해방'(사르트르는 이와 같은 용어를 이해하는 데 어려움이 있었겠지만)되었던 점을 수반하게 되었다. 이와 같은 새로운 파탄은 사르트르의 '비극'(그의 개인적인 절망)이었으며, 그것은 그의 외갓집의 엄격한 분위기로부터 그의 어머니가 도망쳐 나온 것과 충분히 이상할 정도로 동시적으로 발생하게 된다. 통시적인 계열에서 이와 같은 새로운 표시는 의미심장한 표시에 해당한다. 그것은 서사적인 것을 모두 방해하기에 충분한 것이다. 그러나 사르트르는 이미 작가가 되었다는 점이 무엇보다도 중요하다.

「땅이 없는 장」(1953년 판의 제목)의 전망으로 보면, 48세의 중년남자는 자신의 유년기를 회상하고 있다. 자기 자신만이 가질 수 있는 '그 무엇' ─그것이 어떤 것이든─이 아무것도 없는 것에 대해서 사르트르는 특별한 관심을 보였다. 더 나아가 1952년에 출판한 『성 주네』에서 사르트르는 주네의 '무소유', 즉 자기 자신만의 것으로 가질 수 있는 것이 아무것도 없는 상태의 의미를 읽게 되었다. 자신의 이름, 자신의 부모, 자신의 집 등 모든 것이 장 주네에게 주어졌다. 주네는 그것들을 선택하지 않았다. '다른 사람들이 자신을 그렇게 만들었던 도둑'이 되기로 선택했을 때에 장 주네는 비로소 자기 자신만의 정체성을 확인할 수 있게 되었다. 이와 관련하여 사르트르도 자기 자신의 삶을 이와 똑같은 유형으로 해석했다. 사르트르의 아버지가 세상을 떠나자 그의 어머니는 그의 외갓집에서 그의 누나와 같은 존재가 되었던 것이다. 이러한 의미에서 장 주네처럼 사르트르도 아버지도 없고 어머니도 없게 되었다. 사르트르는 그 자신의 집이 아닌 슈바이처의 집에서 살았으며 외조부와 외조모의 특별한 보살핌을 받게 되었다. 장 주네가 도둑이 됨으로써 성자가 될 수 있었던 것과 똑같이, 사르트르도 작가로서의 정체성을 얻게 됨으로써 일종의 성자, 즉 그 자신만의 자체-서사가 될 수 있었다. 그리고 58세(1963)의 관점에서, 사르트르는 진보적-퇴보적 방법을 통합할 수 있게 되었으며, 그것을 그는 52세 때에 『방법론 모색』(1957)에서 처음으로 소개했다. 『말』에서 그는 자신이 앞으로 그렇게 되고자 하는 작가에 대한 진보적(통시적) 운동을 제공했을 뿐만 아니라 외가 쪽의 가족들, 친구들, 지인들에게 관련되는 것은 물론 당시의 사회적이고 정치적인 사건에도 관련되는 자기 자신의 경험에 대한 퇴보적 설명까지도 제공했다. 이와 같은 후자 쪽의 운동에는 사르트르 자신이 레비스트로스와 논쟁했을 때에 그 자신이 주장했던 공시적인 읽기의 특징이 잘 나타나 있다.9)

그러나 사르트르의 진보적-퇴보적 방법은 바르트가 그 자신만의 삶을 보고하면서 제공했던 공시적인 읽기와는 좀처럼 어울리지 못하는 것 같다. 바르트에게 있어서, 통시적인 설명은 그 자신의 『롤랑 바르트』의 마지막 두 페이지에서 일종의 전기적인 연대기를 제공할 때까지는 유보되어 있다. 비평을 곁들여 영역(英譯)된 사르트르의 『말』10)에서 제공하고 있는 열 두 페이지 가량의 설명처럼, 바르트 자신의 이와 같은 연대기에서도 저자의 '출생 일자'에서부터 시작하고 있다. 아마도 비교적 짧았던 바르트의 생애(바르트는 65세로 1980년 세상을 떠났으며, 바로 그 해에 사르트르는 75세로 세상을 떠났다)는 그러한 차이점을 설명할 수 있을 것이다.

그러나 두 페이지 분량의 연대기와는 별도로, 실제로 흥미로운 텍스트에 해당하는 바르트의 자서전적인 텍스트는 자서전적인 텍스트에 대한 정상적인 기대를 저버리게 된다. 텍스트를 시작하고 있는 일련의 사진 이미지들은 연대기적인 질서와 같은 것으로 거의 구성되어 있지 않다. 젊은이(해변에 누워있는 그 자신)로서의 바르트의 견해는 나이든 사람으로서 '친구들 사이'에 서 있는 그 자신과 병치되어 있고, '험프티-덤프티'[동요집 '어미 거위'에 등장하는 커다란 계란 모양의 인물로 한 번 넘어지면 일어서지 못하는 사람이나 뚱뚱한 땅딸보 등을 뜻함]처럼 벽 위에 앉아 있는 어린 아이의 장면은 철저하게 지루한 표정으로 바라보는 모습(패널 토론에서)이거나 활기에 넘치는 모습(강의하는 동안에)과 병치되어 있으며, 1942년의 사진은 1970년대의 사진 위에 배치되어 있다. 이와 똑같이, 서사적인 것(그림에 수반되는 설명이 아닌)은 연대기적이고 통시적인 계열을 따르지 않고 있다. 오히려 질서화의 원칙은 알파벳순으로 되어 있다. 전체적인 자화상은 '자의적'인 날짜의 연속에 의해서가 아니라 오히려 알파벳이 제공하는 일련의 질서에 의해서 동기화되어 있다.

바르트는 작가에 대한 비평가들의 '시유출판사' 시리즈에 이미 잘 알려져 있었다. 왜냐하면 그는 수 년 전에 이 시리즈에서 미셸레에 관한 그 자신의 연구서를 출판했기 때문이다.[11] 아마도 연구를 위한 글쓰기, 즉 이 경우에는 다른 사람에 대한 글쓰기가 아니라 그 자신에 대한 글쓰기의 가능성이 그 자신을 유혹했음에 틀림없을 것이다. 실제로 롤랑 바르트의 『롤랑 바르트』는 수많은 모든 시리즈(이러한 시리즈에는 라신, 셰익스피어 및 세르반테스와 같은 수많은 유명한 인물들이 포함된다) 중에서 유일하게 자기 자신이 자기 자신을 기술한 '자아-기술' 연구에 해당할 것이다. 바르트가 위대한 작가들 중의 한 사람이라고 평가하는 것에는 분명한 장점이 있을 수 있으며, 그 자체의 권위에 의해서 암시되어 있는 자아-각인에도 불구하고, 이와 같은 시리즈에 바르트가 기여한 점은 상당한 흥미를 나타내기도 한다. 그러나 거기에 숨겨져 있는 술책은 이 책의 출판만으로 끝나는 것이 아니었다. 『반월문학(半月文學)』 잡지에서 이 책에 대한 서평을 출판하게 되었을 때에, 편집자들은 가장 잘 알려진 유명한 비평가를 물색했다. 그러한 비평가가 바로 바르트 자신이라는 점이 밝혀졌기 때문에, 바르트에게 서평을 써달라고 청탁해야만 하는 것은 아마도 뜻밖의 일이 아닐 수 없었을 것이다. 잡지 측에서는 「바르트, 제3의 권력」(또는 바르트, 세 가지 권력)이라는 제목으로 바르트에게 원고 청탁을 하게 되었다.[12]

텍스트『롤랑 바르트』는 '단상(斷想)'을 집대성한 것으로, 파스칼의 『팡세』의 전통을 반영한 것이다. 바르트의 이 텍스트에서는 단상들을 숫자 체계에 의해 그룹으로 정리하는 대신에 알파벳 체계를 따라 정리했다. 첫 번째 제목은 '능동성／수동성'으로 되어 있고 마지막 제목은 '총체성의 괴물'로 되어 있다. 아울러 U에서 Z까지의 알파벳으로 시작하는 단상들이 없다고 생각할 수도 있다. '1973.8.6～1974.9.3'처럼 날짜를 배치한 것은 다소 불합리하게 보일 수도 있지만, 여기에서의 날짜는 체계에 따르는 하나의 '표시'로 작용하기보다는 전체적으로 공시적인 단면을 위한 일종의 '틀'로 작용한다. 알파벳순으로 정리된 단상들을 포함시킨 것은, 그렇게 하지 않았더라면, 몸, 경험, 성찰 및 롤랑 바르트에 의한 글쓰기 등에 관련되는 주제의 범위에 대해서 단순히 분산적인 '생각들', 즉 바르트 자신에 의한 생각들로 될 수도 있는 것을 질서화한 것이라고 볼 수 있다. 바르트가 이러한 단상들을 글로 쓰기보다는 그러한 단상들을 읽게 되었다면, 그는 자기 자신을 사르트르의 『구토』(1938)에서 비롯된 전형적인 '독학자'로 생각할 수도 있을 것이다. 이러한 '독학자'는 A로 시작되는 이름의 저자, B로 시작되는 이름의 저자 등으로 도서관에 정리되어 있는 글로 쓰인 모든 것을 읽음으로써 스스로를 가르치게 된다. 그러나 바르트에게 있어서 '자화상적인 것'은 알파벳순으로 정리된 단상들, 예를 들면, 'atopia' 다음에는 'autonomy'가 뒤따르는 식으로 알파벳순으로 정리된 단상들로 정리되어 있다. 알파벳인 체계는 '어휘소'의 순서로 되어 있다. '어휘소'는 바르트가 자신의 『S／Z』에서 발자크의 소설 『사라신』에 대한 읽기를 표시하기 위해서 그렇게 명명했던 어휘적인 용어를 의미하거나 항목을 의미한다.

바르트에게 있어서의 공시성은 사르트르에게 있어서의 통시성에 대응된다. 공시성(알파벳과 어휘소에 의해서 표시된 바와 같이 그리고 이미지-시스템에 의해서 표시된 바와 같이)과 통시성(일련의 사건에 의해서 강조된 바와 같이 그리고 '사건'과 '사건' 사이의 중대하면서도 부수적인 타파에 의해서 강조된 바와 같이) 사이의 경계면은 자서전적인 자아에게 있어서 시간성의 위치에 해당한다. 이때의 '자서전적인 자아'는 사르트르도 아니고 바르트도 아니지만, 문화적 허구로서의 '토포스', 그 자체만의 유일한 텍스트적인 형성의 논리에 의해서 개방된 '토포스'에 해당한다.

읽기 / 쓰기

누가 읽고 누가 쓰는가? 젊은 사르트르는 작은 성인의 역할을 수행하기 위해서 읽었다. 그는 자신에게 초자아를 제공해줄 수 있는 아버지가 없었다. "나는 탁월한 심리분석가의 견해에 대해서 기꺼이 쓰기 시작한다. 나에게는 그 어떤 초자아가 없다."(Words, p.11) 그의 아버지는 사르트르가 태어난 후 1년 좀 지나서 세상을 떠나게 되었으며 그 결과 그에게는 생부(生父)가 존재하지 않게 되었다. 사르트르에게 있어서 아버지의 역할은 부친부재의 역할이나 다름없는 것이었다. "나는 내 뒤에 나의 아버지가 될 수 있는 시간을 갖지 못한 한 젊은이를, 지금은 나의 아들이 될 수 있는 한 젊은이를 남겨두었다."(Words, p.11) 사르트르는 자신의 아버지의 죽음이 "나의 어머니를 구속으로 되돌아오게 했고 나에게 자유를 부여하게 되었다"(Words, p.11)라고 주장하고 있지만, 그의 외할아버지인 샤를 슈바이처의 역할(할아버지이자 아버지로서의 역할)이 그의 아버지의 입장을 상당히 효과적으로 채워주었던 것처럼 보인다. 그럼에도 사르트르는 초자아의 이와 같은 부재가 자신으로 하여금 자신이 원하던 대로 바로 그 '나'를 형성하는 것을 가능하게 했다고 주장하기도 한다. 하지만 읽고 있는 자아, 즉 말을 활성화시키는 사람은 그 자신이 읽고 있는 말 속에 이미 존재하게 된다. 그는 자신이 대중적인 관보(官報)에서 읽었던 말을 그 자신만의 단편소설이나 소설로 변용시킬 필요가 있을 뿐이다. 이와 같은 변용이 바로 자아의 형성에 해당한다. 몇 년이 지난 후에 이와 같은 자아는 자서전화 그 자체에 대한 지속적인 활동을 통해서 또 다른 자아로 변용하게 될 것이다. 이와 같은 서사적인 자아 또는 서사된 자아는 사르트르가 자기 자신으로 변용시켰던 어린 시절의 읽기에 의해서 하나의 형상을 취하게 된다. 이와 같은 서사적인 자아 또는 자서전화는 '말'의 신화를 모색하게 되고 서사적인 자아에게 하나의 위치, 즉 서사적인 자아가 앞으로 되고자 하는 것으로 될 수 있는 위치를 부여하게 된다. 독자로서의 자아에서부터 작가로서의 자아까지, '말'은 읽기와 쓰기 사이의 일종의 출입문으로 서 있게 된다. 왜냐하면, 말은 글쓰기의 일반적인 영역에서 하나의 위치를 부여받게 되기 때문이다. 말은 읽혀지고 말은 기록된다. 사르트르는 읽기와 쓰기 사이의 차이의 기능을 서사하고 있는 것이다. 원래 말(말들)은 넓은 의미에서 똑같은 것이었다. 읽기에서의 말과 쓰기에서의 말은 어린 시절의 배우기에서 뿐만 아니라 작가지망에 대한 어린 시절의 인식에서도 똑같이 효과적인 것이었다. 사르트르가 자신이 읽었던 것에서 무엇인가 새로운 것을 만들어 내고자 했고 통합시키려고 지속했던 것은 모두 부분적으로 기록되어 있다. 예를 들면, 전기는 그의 읽기에서 구체적으로 재-묘사되어 있다. 사르트르의 『성 주네』를 고려해보면, 그것은 『도둑 일기』를 긴밀하게 추종하면서도 그것에 대한 해석까지도 하고 있으며, 궁극적으로 장 주네가 도둑이라는 점에 대한 사르트르의 설명, 뒤이어서 '파생된' 「저주받은 인간」 — 잘 알려진 시인들의 시행(詩行)을 표절하고 있는 — 이라는 제목으로 장 주네가 감옥에서 쓴 시 등도 포함되어 있다. 이와 같은 똑같은 흔적은 사르트르의 초기 철학, 가장 눈에 띄게는 『존재와 무』에서 찾아볼 수 있으며, 『존재와 무』는 여러 가지 면에서 후설적이고 하이데거적인 현상학을 사르트르적인 용어로 종합하여 재각인한 것이라고 볼 수 있다.

자아의 위치는 글을 쓰고 있는 자아의 '글쓰기'에 있다. 바르트는 이와 같은 변용을 비-비평적이면서도 해석이 없는 '읽을 수 있는 텍스트'에 관련지어 설명하기보다는 재구성된 '쓸 수 있는 텍스트'에 관련지어 설명했다. 롤랑 바르트에 의한 『롤랑 바르트』는 쓸 수 있는 텍스트에 해당한다. 바르트의 이 텍스트에서는 자서전적인 자아를 일련의 이미지들로 재구성했다. 사진 이미지들과 함께, 자아에 대한 재-기술하기는 주격으로서의 '나'(I)도 아니고 목적격으로서의 '나'(me)도 아닌 것을 형성하고 있다. 주격으로서의 '나'와 목적격으로서의 '나'라는 이 두 가지 용어를 사르트르는 자신의 『에고의 초월』에서 상당히 구체적으로 논의했다. 바르트의 텍스트에서 자아는 거울단계에서, 관찰자(거울단계를 성취한)가 '저것은 나야'라고 언급하게 되는 위치에서 작용하게 된다. 이와 같은 자서전적인 자아에게는 중심이 없다. 그러한 자아는 말로 기술함으로써 그 자체의 정체성을 글로 쓰게 되지만, 말은 자서전적인 자아가 자서전적인 텍스트성으로 될 수 있는, 독자와 작가, 주격으로서의 '나'와 목적격으로서의 '나', 이미지와 텍스트, 철학과 문학, 이론과 비평 등의 경계면에서 형성될 수 있는 다양한 매체 중의 한 가지에 해당할 뿐이다.

자서전화하는 것은 경계면의 활동, 즉 순수한 경계로서의 그것의 조건이 '아토피아'의 비공간과 '유토피아'의 이상적인 공간 사이에 위치해 있는 활동에 해당한다.[13] 이와 같은 자서전적인 '토포스'는 바르트에게서는 물론 사르트르에게서의 읽기와 쓰기 사이의 교차점에서 자아를 각인시키는 것에 해당한다. 바르트는 '아토피아'를 다음과 같이 설명했다.

> 비둘기가 드나드는 비둘기집의 구멍. 나는 지성적인 장소를 부여받아 계급으로(계층이 아닌) 살아가야 하는 비둘기집의 구멍이다. 이것에 반대되는 것은 오로지 단 하나의 본질적인 교리, 즉 '아토피아'(표류하는 거주지)의 교리만이 있을 뿐이다. '아토피아'는 '유토피아'(유토피아는 반동적, 전술적, 문학적이며, 의미에서 비롯되어 의미를 지배한다)보다 탁월하다.(RB, p.49)

표류는 자아를 탈-중심화시키는 운동이다. 비둘기집의 구멍에 반응함으로써, 자아는 계급 / 계층, 위상 / 위치, 정체성 / 전형성 등을 설명하는 '서사'로 그 자체를 기술하게 된다. 각각의 형성의 논리는 자서전으로 된 것을 자서전화하는 방법에 의해서 형성된다. 그러한 논리의 위치는 '여기'에 있는 것도 아니고 '저기'에 있는 것도 아니다. 이와 같은 자서전적인 '토포스'가 바로 광범위한 공간에 해당하며, 이러한 공간에서는 정체성을 확인하게 되고 한 가지로 만들게 되고 전용하게 되고 개인화하게 되고 탈-중심화하게 된다. 자서전화하는 것은 공간으로 될 수 없는 '공간'을 기술하는 것이다. 그 자체의 자체-정의의 경계가 사르트르와 바르트의 자아-각인에 가깝게 이동함에 따라서, 자서전화하는 것은 활동적인 상태를 유지할 수 있어야만 한다.

제13장

하이데거의 '구두'의 자서전적 텍스트성

구두에 대한 이 모든 것을 우리들이 알게 되는 것은 아마도 그림에서 뿐일 것이다. 다른 한편으로 농부 아내는 그저 그 구두를 신었을 뿐이다. 이처럼 그저 신는 것이라면 그저 신는 것일 뿐이었다. 지치긴 했지만 건강한 피곤함 속에서 그녀가 저녁 늦게 구두를 벗게 될 때, 그리고 아직은 컴컴한 새벽에 그 구두를 다시 신게 되거나 또는 쉬는 날에 그 구두를 신지 않게 될 때, 그녀는 의식하거나 생각하지 않으면서도 이 모든 것을 알고 있을 것이다. 도구의 도구적인 특징은 실제로 바로 그 도구의 유용성에 있다.
— 하이데거, 「예술작품의 기원」

유용한 것의 '진실'은 유용하지 않으며, 생산의 '진실'은 생산이 아니다. '구두'라는 생산의 진실은 구두가 아니다. 그러나 '존재'와 구두와 같은 '존재자' 사이의 차이를 바로 그 구두 발자국에 있어서의 구두를 통해서 생각할 수는 있을 것이다. 이처럼 존재론적 차이는 그림에 있어서 '그림 / 오솔길'에서의 발자국에 있다.
— 데리다, 『그림에서의 진실』

자크 데리다가 예술잡지 『마귤라』(no.3)에 하이데거와 마이어 샤피로 사이의 '교환'에 대해서 자신의 글을 처음으로 발표했을 때에, 그 제목은 「사이즈에서의 진실」이었다(이 제목을 영어로 옮기면 「구두 사이즈에서의 진실」정도가 될 것이다). 그 이후에 데리다의 이 글은 『그림에서의 진실』(1978)이라는 제목의 '책'으로 재판되었으며 영어로도 『그림에서의 진실』(1987)이라는 같은 제목으로 영역되었지만, 영어로 된 번역본에는 데리다의 네 편의 글 중에서 네 번째 글, 즉 「사이즈에서의 진실」을 확장시킨 '복수대화(複數對話)'라고 불리는 부분이 포함되어 있다. 네 번째 글의 새로운 제목 또는 '복수대화'는 「사이즈에서의 진실의 반환」으로 되어 있다. 데리다의 이 글의 첫 번째 부분에 대한 영어번역은 『현상학 연구』(1978)에 수록되었다. 따라서 '구두 사이즈에서의 진실', '그림에서의 진실', '사이즈에서의 진실의 반환' 등 세 개의 제목이 서로 연관되어 있다고 볼 수 있다. 필자는 앞으로 이와 같은 세 개의 제목을 관련지을 수 있는 잠정적인 동시에 영원한 가능성을 살펴보고자 한다. 다시 말하면, 구두와 구두 사이즈의 문제, 그림의 문제, 그리고 반환의 문제 등을 하나로 취급하고자 하는 것, 그것이 바로 필자 자신이 앞으로 살펴보고자 하는 옷감을 형성하게 될 것이다.

좀 더 구체적으로 말하면, 자크 데리다의 글(그 자체의 다양한 개작과 번역에 있어서)은 하이데거의 글 「예술작품의 기원」에 관련되며, 하이데거의 이 글은 1935년과 1936년에 처음으로 발표되었고, 이 역시 다양한 개작을 거쳐 마침내 1950년에 『숲속의 길』이라는 제목의 책에 수록되었고 다시 또 1960년에 '레클람 판'에 수록되었으며 궁극적으로는 좀 더 최근에 『하이데거 전집』에 수록되었다.[1] 그러나 데리다의 글 역시 예술사가였던 마이어 샤피로의 글에 관계되며, 샤피로의 이 글은 쿠르트 골드스타인을 추모하기 위해서 출판된 『마음의 영역』(1968)에 처음으로 수록되었다. 그 자체의 다양한 개작을 거친 데리다의 글은 하이데거의 「예술작품의 기원」에 '대한' 것이 아니라 하이데거와 샤피로의 교환이나 대응에 '대한' 것이며, 하이데거의 글은 독일어로, 샤피로의 글은 영어로, 데리다의 글은 프랑스어로 되어 있다. 이런 식으로 데리다는 '교환'에 개입하게 되고 그러한 교환의 움직임에 기여하게 된다. '토포스'를 교환이 발생하는 실제 장소로 이해하는 것이 아니라 수사학적인 제재로 이해한다면, 이와 같은 '교환'의 '토포스'는 구두 사이즈 주변의 중심에 해당한다. 그러나 이때의 구두 사이즈는 '구두' 그 자체에 관계되는 것도 아니고 실세상의 구두의 부피(크기)에 관계되는 것은 더욱 아니며, 오히려 하나 또는 그 이상의 반 고흐의 그림에 있어서, 구두가 나타나 있는 하나 또는 그 이상의 그림에 있어서, 구두가 논의되는 하나 또는 그 이상의 '텍스트'(하이데거적인, 데리다적인, 등)에 있어서 구두에 대한 문제의 역할과 위상에 관계된다.

제재 / 다 같이 소속되기

이러한 점은 사물, 특히 구두의 문제에 해당하는 것인가? 분명히 그렇지 않다. 하이데거가 1935년 11월 프라이부르크에서, 1936년 1월 취리히에서, 1936년 후반 프랑크푸르트에서 강의했을 때, 그가 신고 있던 구두에 대해서 질문하는 사람은 아무도 없다. 그러한 구두 사이즈에 대해서 묻는 사람은 아무도 없다. 콜롬비아대학교 예술학 교수였던 샤피로가 자신의 글 「개인적인 대상으로서의 정물」을 1968년 출판하기 위해서 준비하고 있을 때, 그가 어떤 구두를 신고 있었는지에 대해서 아무도 묻지 않는다. 데리다가 자신의 글을 처음으로 『마큘라』에 게재하기 위해서 원고를 완성하고 있을 때, 그가 어떤 구두를 신고 있었는지에 대해서 아무도 묻지 않는다. 또한 지금 필자가 신고 있는, 그것이 중요한지는 모르겠지만, 구두에 대해서도 아무도 묻지 않는다. 이와 같은 구두들은 물을 필요도 없는 것이고 논의할 필요도 없는 것이다. 이와 똑같이 하이데거도 반 고흐가 1886년 말에, 프랑스어로 번역된 『반 고흐 회화전집』(1971)²에 수록되어 있는 바와 같이, 특히 〈끈이 달린 낡은 구두〉나 그저 단순하게 〈구두〉를 그릴 때에 그가 신고 있던 구두에 대해서 아무런 흥미도 발견하지 못했을 수도 있다. 반 고흐 자신이 신고 있던 구두는 질문, 연구, 관심의 문제가 될 수 없을 것이다. 그리고 반 고흐가 자신의 연구의 '제재'(물론 그러한 대상이 있다는 점을 전제한다면)로서 자신의 앞에 놓아두었던 구두까지도 흥미를 유발할 수는 없을 것이다(그러나 흥미가 없는 것은 아니지만).

「예술작품의 기원」의 첫 번째 부분에서, 하이데거는 '서문' 이후에 '작품'과 '사물' 사이의 관계에 대해서 묻고 있다. 여기에서 그는 '일반적인 유형의 도구'에 해당하는 "한 켤레의 농부 구두"(PLT-OWA, p.32; Holz, p.22)를 예로 들었다. 그러나 어느 농부 구두인가? 반 고흐가 1886년 자신의 앞에 놓아두었던 바로 그 실제상의 농부 구두인가? 반 고흐가 자신의 작품의 모델로 사용하고는 했던 구두인가? 이와 같은 농부 구두는 실제상의 사물, 실체 또는 현존하는 존재자, 질문을 위해서, 관심을 위해서, 생각하기를 위해서 또는 이 경우에는 그림을 위해서 현존하는 존재자였는가? 반 고흐가 실제로 어떤 농부 구두를, 하이데거가 그렇게 명명한 바와 같이 '한 켤레의 농부 구두'를 그리고 있었다고 생각해보자. 하이데거에 따르면 이와 같은 농부 구두는 '사물', 일상생활에서, 일상적인 경험에서 마주칠 수 있는 그러한 사물에 해당한다. 그렇지만, 이와 같은 농부 구두는 그저 단순한 사물이 아니다. 그것은 도구의 예에 지나지 않는다. '한 켤레의 농부 구두'에 대한 논쟁의 핵심은 도구에 대한, 더 나아가 '도구의 도구성'에 대한 하이데거의 논의를 예시로 나타낼 뿐이다.

사물로서의 한 켤레의 농부 구두는 그저 단순한 사물이 아니다. 그것은 또한 '도구'이기도 하다. 그렇다면 도구란 무엇인가? 하이데거는 '도구에는 어떤 용도성이 있다'는 점을 분명히 했다. 그렇지만 여기에서 문제가 되는 '용도성'이란 무엇인가? 이와 같은 농부 구두는 반 고흐에게 화가로서 작용하고, 화가로서의 그의 활동에 있어서 그 자신에게 작용하고, 그에게 하나의 모델로서 작용하는 것은 분명히 아닐 것이다. 하이데거는 이러한 점에 대해서 전혀 그 어떤 암시도 하지 않았다. 문제가 되는 농부 구두는 전혀 반 고흐에게 작용하고 있는 것이 아니다. 오히려 그것은 하이데거가 구체적으로 설명하게 되는 농부 아내에게 작용한다. 하이데거는 구두에 대한 서사뿐만 아니라 그 구두가 닳아 헤지게 되는 콘텍스트에 대해서 다음과 같이 설명했다.

> 닳아 헤져 벌어진 구두 안쪽의 검은 부분에서부터 노동자의 고단한 삶의 흔적은 앞을 응시하고 있다. 딱딱하게 굳어 주저앉은 구두에는 거센 바람이 휘몰아치는 들녘의 고랑, 하나같이 멀리 뻗쳐 있는 고랑을 따라 천천히 터덜터덜 고집스럽게 걸어온 그녀의 강인한 삶이 깃들어 있다. 구두 가죽에는 축축하고 풍요로운 흙이 묻어 있다. 구두밑창에는 저녁이 내리는 들길의 외로움이 스며들어 있다. 구두에는 대지의 조용한 부름, 익어가는 곡식에 대한 대지의 평화로운 선물, 바람 거센 들녘의 경작하지 않는 황량한 곳에 나타나는 설명할 수 없는 대지의 자체-거부가 울려 퍼지고 있다. 이 도구에는 빵의 확실성에 대해서 불평하지 않는 갈망, 한 번 더 많은 것을 원하는 말없는 기쁨, 분만이 임박하기 직전의 전율과 죽음의 위협을 둘러싸고 있는 공포 등이 깃들어 있다. 이 도구는 '대지'에 속해 있으며 농부 아내의 '세계'에서 보호받고 있다. 이와 같이 보호받고 있는 소유물로부터 도구 그 자체는 그 자체가 '그 자체-내에-의존하는 것'으로 된다.(PLT-OWA, p.33~34; Holz, p.22~23)

하이데거는 자신이 상상할 수 있는 농부 아내에 대한 자신의 설명, 즉 그녀의 세계, 그녀의 경험, 그녀의 희망, 그녀의 공포, 그녀의 일상적인 노동, 그녀의 필요, 그녀의 관심, 그녀의 갈망 및 그녀의 경탄 등을 시적으로 빛나게 만들어 놓았다. 하이데거의 해석은 정말로 하나의 해석에 해당한다. 그는 가시적인 사물, 즉 반 고흐의 그림에 있어서의 한 켤레의 농부 구두에 대해서 하나의 해석학을 제공했다. 그는 이와 같은 한 켤레의 구두가 드러내는 세계를 제시했다. 그는 그림에 부여된 의미, 하나의 세계를 드러낼 뿐만 아니라 바로 그러한 세계를 위한 지평선을 마련하는 '명증성'을 열어놓게 되는 '의미'를 묘사했다.

농부 구두의 그림에 대한 이와 같은 해석학은 구두 그 자체를 확인하는 것일 뿐만 아니라 바로 그 구두의 의미를 가르쳐주는 것이기도 하다. 하이데거는 자신이 잘 알고 있던 하나의 세계를 이끌어낼 수 있었다. 그 자신이 농부였다는 배경으로 인해서 하이데거는 농부 아내의 세계를 이해할 수 있었던 것이다. 그는 자신의 어린 시절을 메스키르치(바덴)에서 보냈고 그 후에는 토트노베르크(슈바르발트)에서 전원적인 순간들을 보냈으며, 거기에서 그는 1930년대 독일에서의 농부들의 삶의 세계를 관찰할 수 있었고 그들과 함께 이야기할 수 있었고 심지어 그들과 함께 뒤섞여 생활할 수 있었다.

그러나 반 고흐의 그림은 그가 파리에 살고 있었던 1886년 말쯤에 그려졌다. 실제로 그는 벨기에 앙베르(네덜란드를 떠난 바로 직후에 반 고흐는 1885년 늦여름 몇 개월 동안을 이곳에서 보냈다)를 거쳐 1886년 초반에 파리를 여행했다. 반 고흐는 1888년이 시작될 때까지 파리에 머물렀으며, 이와 같이 보낸 2년 동안에 그는 파리의 장면을 상당히 많이 그림으로 그렸다. 이러한 그림에는 지붕, 도시생활, 도시경관으로 흡수된 풍차(몽마르트 등), 정물, 파리여성들의 초상화, 조각상으로 된 여성 상반신 그림 및 상당수의 자화상 등이 포함된다. 그는 또한 몇 점의 구두 그림도 그렸다. 르 칼다노는 반 고흐가 1886년 말부터 1886~1887년 겨울까지 그린 날짜를 확인할 수 있는 세 편의 그림과 1887년 상반기 동안에 그린 두 편의 그림을 보고했다.[3] 1886~1888년까지 파리에서 보냈던 이 시기에 반 고흐에게는 농부 아내를 접촉할 기회가 거의 없었을 것이다. 그는 자신이 네덜란드에서 보냈던 초기 시절에서부터 숨겨져 있던 전혀 새로운 빛과 색의 세계를 파리에서 발견하게 되었다. 앙베르에서조차 그리고 1887년 초까지, 그는 여전히 어두운 색조, 음울한 배경 및 다소 절망적인 장면을 그림으로 그렸다. 그의 구두 그림들은 정확하게 이와 같은 교차점, 즉 네덜란드에서의 그의 작품을 특징짓는 초기 스타일과 파리에서 그 당시에 어느 정도 지배적이었던 인상주의 화가들의 작품을 접하면서 추종하게 되었던 밝고 화려하고 심지어 빛나기까지 하는 색조 사이의 '교차점'에 위치한다. 〈끈이 달린 낡은 구두〉(1886) 그림은 여전히 어둡고 침침하다. 배경에 있어서 어느 정도 밝은 노란색, 대부분의 네덜란드 시기에서는 부재하는 노란색을 제외한다면, 이 그림은 그의 초기 시절의 그림을 반영하고 있다. 마이어 사피로의 편지에 대한 반응으로 하이데거가 보고하고 있는 바와 같이, 그는 1930년 3월 암스테르담의 전시회에서 이 그림을 보게 되었다. 1882~1886년까지 반 고흐의 초기 시절의 다른 그림들과 함께 전시된 1930년 '암스테르담 전시회'에서 이 그림을 보게 되었다고 하이데거가 보고하고 있는 바와 같이, 하이데거는 반 고흐의 구두 그림을 그의 초기 그림들, 즉 반 고흐가 종종 농부 장면을 제재로 삼아 그리고는 했던 초기 그림들 — 예를 들면, 〈들녘의 농부들〉(1883), 〈들녘에서의 노동〉(1885) 또는 잘 알려진 〈감자먹는 사람들〉(1885) — 과 결합시켰을 수도 있다. 심지어 1885년 봄과 여름 사이에 그린 〈나무 구두가 있는 정물〉 등에서 찾아볼 수 있는 바와 같이 '나무 구두' 그림까지도 있다. 이 그림도 하이데거가 제공하는 묘사를 부분적으로 만족시킬 수 있다. 그러나 탁자 위에 놓여 있는 단지와 병을 포함하는 정물로서 이 그림은 하이데거가 제기하고 있는 세계를 충분하게 반영하고 있는 것은 아니다.

그림의 제재에 대한 문제로 되돌아가면, 반 고흐가 그림으로 그렸을 때에 그의 앞에 있던 이와 같은 사물은 무엇인가? 이와 같은 구두의 도구 구성은 무엇인가? 반 고흐가 〈끈이 달린 낡은 구두〉를 그렸을 때에, 그가 어떤 구두를 신고 있었느냐가 무엇보다도 중요한 것인가? 반 고흐가 1887년 후반에 그린 여러 편의 구두 그림 중에서 하이데거가 어느 한 편의 그림—가장 눈에 띄게는 볼티모어 미술관에 소장되어 있는—을 보았더라면, 그는 문제가 되는 '도구성'에 대해서 다르게 설명할 수도 있었을 것이다. 1887년에 그린 반 고흐의 이 그림에는 구두바닥을 볼 수 있을 정도로 뒤집혀 있는 한 쪽의 구두와 끈이 달린 다른 한 쪽의 구두(똑바로 놓여 있기는 하지만 화폭에는 부분적으로 나타나 있는)로 구성되어 있다. 대부분 밝게 빛나는 뒤집혀져 있는 구두의 '밑바닥'으로 인해서 그리고 특이하게 흰색으로 처리된 돌출되어 있는 '못'으로 인해서 전체적으로 상당히 분명하게 드러난다는 점을 제외한다면, 이 그림의 구두들은 짙은 갈색으로 되어 있다. 특히 눈에 띄는 것은 구두가 놓여 있는 파란색 바탕이며, 흰색으로 강조되어 있는 이 부분은 마치 에너지 넘치게 살아 움직이는 것 같기도 하고 파란색 바다의 물결처럼 보이기도 한다. 이 그림의 오른쪽 하단 모서리 부분의 '빈센트 87'이라는 서명은 거의 분홍색으로 되어 있으며, 이러한 점은 반 고흐의 몇몇 후기 그림에 나타나는 스타일이기는 하지만 훨씬 더 현란하고 훨씬 더 분명하게 각인되어 있다. 하이데거가 이 구두 그림을 고려했더라면, 그는 자신의 설명을 다양하게 할 수도 있었을 것이다. 그러나 왜 그렇게 했어야만 하는가?

하이데거가 논의하고 있는 그림에서의 구두는, 그 자신이 언급하고 있는 바와 같이, 어떤 구체적인 위치를 가지고 있지 않다. 이와 같은 콘텍스트의 모호성으로 인해서 해석자는 그것을 설명하는 데 있어서 어느 정도 자유로울 수도 있다. 그러나 얼마나 자유로울 수 있는가? 반 고흐가 〈끈이 달린 낡은 구두〉를 그렸을 때에 그가 어떤 구두를 신고 있었느냐는 그렇게 중요하지 않을 수도 있다. 또한 하이데거가 그림에 대해서 글을 썼을 때에 그가 어떤 구두를 신고 있었느냐는 그렇게 중요한 문제가 아닐 수도 있다. 그러나 '사물'과 '작품' 사이의 관계에 대해서 하이데거가 관심을 가지고 있었다는 점을 고려한다면, 지금 여기에서 필요한 예로서, '실제로 그려진' 구두 그 자체는 무관한 것이 아닐 수도 있다.

그러나 사물과 작품 사이의 이와 같은 관계는 무엇인가? 모든 예술작품이 표상되거나 모방되거나 재생되거나 또는 해석되기까지 하는 사물에 대해서 똑같은 관계를 갖게 되는 것은 물론 아니다. 칸딘스키, 몬드리안, 폴락—이들 모두는 사물 자체에 대해서 어떤 특별한 관계를 가지고 있었지만, 그러한 사물은 일반적으로 표상된 대상으로 나타나 있지 않다. 제재는 반 고흐의 그림 〈끈이 달린 낡은 구두〉에서처럼 그렇게 쉽게 일치될 수 있는 것이 아니다. 아마도 몬드리안의 그림 〈브로드웨이 부기우기〉의 경우를 제외한다면, 칸딘스키, 몬드리안 또는 폴락에게 있어서, 도구성이 문제가 되고 있는 바로 그 '사물'을 찾아낸다는 것은 상당히 어렵다. 다시 말하면, 이들의 그림 대부분이 장식적인 기능이나 분위기—생산으로서의 기능으로 작용할 수도 있다는 점을 제외한다면, 바로 그 사물 자체를 찾아낸다는 것은 상당히 어렵다고 볼 수밖에 없다. 그러나 그렇다면 도구적인 특징은 표상된 사물보다는 그림 그 자체에 의해서 제공될 수 있을 것이다.

여기에서의 논의의 대상에 해당하는 구두의 문제, 즉 반 고흐가 〈끈이 달린 낡은 구두〉를 그렸을 때에 그가 어떤 구두를 그리게 되었는지에 대한 문제로 되돌아간다면, 마이어 샤피로는 이러한 구두가 누구의 구두인가? 라는 제재에 대해서 관심을 가졌다. 이러한 구두는 하이데거가 생각하는 것처럼 농부 아내의 구두가 아닐 수도 있다는 문제가 제기되었던 것이다. 그러나 이러한 구두가 '농부 구두'가 아니라면, 그렇다면 그것은 아마도 '농부 아내의 세계'를 드러낼 수 없을 것이다. 그렇다면 이러한 구두는 누구의 구두인가? 이 그림을 그릴 당시에 반 고흐가 파리에 머물고 있었다는 점을 고려한다면, 그것은 분명히 농부 구두는 아닐 것 같다. 반 고흐는 아주 가난했다. 그는 이 그림을 그리기 바로 직전에 앙베르로부터 도착했으며, 이 시기는 하이데거가 실제로 농부 아내의 세계로서 제공하고 있는 그러한 콘텍스트 그 이전에 해당한다. 반 고흐는 종종 편지로 자신의 동생 테오에게 자신의 그림을 구입해 줄 것과 생활비를 보내줄 것을 요구하고는 했다. 그는 자신이 그림을 그릴 수 있도록 앉아 있을 모델에게 지불할 돈이 없었다. 그래서 그는 풍경, 도시경관 그리고 손쉽게 활용할 수 있는 대상을 그렸다. 이러한 점은 길고 오랜 전통으로 자리잡고 있으며, 그것은 필리포 리피, 레오나르도 다빈치, 렘브란트 및 뒤러까지 거슬러 올라가며, 이들에게 있어서 가장 가능한 제재는 그들 자신, 즉 화가 자신의 몸, 화가 자신의 토르소였다. 가난한 화가의 경제적 여건에서 초상화는 수 세기동안 하나의 해결책으로 작용했다. 거울 하나만이 필요했고 즉각적으로 모델(거울에 반영된 화가 자신의 모습)을 구할 수 있었기 때문이다. 세잔과 그 밖의 동년배 화가들처럼, 반 고흐도 수많은 자화상을 그렸다. 파리에 도착하자마자(1886년 초에) 그는 정말로 상당이 우아하게 옷을 입고 파이프를 물고 있는 자기 자신을 그렸으며, 빨간색 수염은 놓쳐서는 안 될 부분에 해당한다. 1887년 여름과 1888년에 또 한 번 그는 때로는 모자를 쓰고 있지만, 때로는 모자를 쓰지 않고 있는 자화상을 그렸다. 그리고 이처럼 많은 자화상들은 그가 자신의 귀를 자른 후에 그린 그 이후의, 붕대를 감고 있지만 여전히 강렬한 눈빛의 자화상들과 잘 어울린다.

사피로는 반 고흐가 농부 아내의 구두를 그린 것이 아니라 그 자신의 구두, 아마도 그가 북쪽(네덜란드)에서 가지고 왔을 법한 구두, 실제로는 구두가 아니라 양쪽에 끈으로 꿸 수 있는 여덟 개의 구멍이 나 있는 부츠를 그렸다는 논지를 전개했다. 이러한 구두는 실제로 부츠, 오래 신을 수 있도록 만들어진 아무런 장식도 필요 없는 부츠였으며, 이러한 구두는 또 파리에서는 물론 그 밖의 곳에서 추운 겨울을 보낼 수 있는 구두에 해당하기도 한다. 이러한 구두는 닳아버린 부츠, 걷기 위해서 만들어진 부츠, 중노동을 위해서 만들어진 부츠에 해당하며, 이 모든 특징들은 구두나 부츠의 '도구성'에 관련된다. 따라서 이러한 구두(부츠)가 농부 아내의 구두가 아니라 반 고흐 자신의 구두라면 어떠한가?

그러나 그렇다면 반 고흐는 얼마나 많은 구두를 가지고 있었는가? 그가 2년 동안 파리에 머무는 기간에 그렸던 또 다른 다섯 편의 구두 그림들은 여섯 개의 구두(세 켤레의 구두라고 생각할 수도 있다)에 지나지 않는다. 이러한 구두 중에서 어떤 구두가 하이데거가 논의하고 있는 그림에서의 구두와 같은 구두인가? 꼼꼼하게 살펴보면, 구두끈이 없는 '한 켤레의 구두', 신을 수 있는 부츠를 발견할 수 있을 것이다. 이와 같은 구두는 다섯 번째 구두 그림에서 그려진 것과 같은 '한 켤레'의 구두를 닮았으며, 이러한 다섯 번째 구두는 데리다의 글에 포함되어 있다. 다른 '두 켤레의 구두' 중에서, 한 켤레의 구두는 볼티모어 미술관에 소장되어 있는 구두 그림과 똑같은 구두라는 점을 쉽게 알아 볼 수 있을 것이다. 마지막 구두 켤레(볼티모어 미술관에 소장되어 있는 구두 그림처럼, 한 쪽이 뒤집혀진)에는 다른 구두 켤레에 나타나 있는 삐져나온 부분이 없다.

반 고흐 자신이 1886~1887년의 겨울 동안에 세 켤레의 구두(또는 부츠)를 가지고 이 그림을 제작했다고 생각할 수 있는가? 그 자신이 더 많은 다른 켤레의 구두를 가지고 있었는지에 대해서 그는 언급하지 않았다. 자화상을 그리는 것, 자신의 방을 그리는 것, 자신의 정물화를 위해서 과일과 병을 선정하는 것 등과 같은 경향은 반 고흐가 손쉽게 활용할 수 있는 것, 즉 사피로가 그렇게 명명한 바와 같이 '개인적인 대상'이면 무엇이든 그림으로 그렸다는 점을 암시한다. 따라서 반 고흐에게 있어서 제재는 개인적인 대상, 즉 심리분석에 따른다면, 맹목적인 숭배의 대상에 해당한다. 반 고흐는 왜 그렇게도 많은 구두를 그렸는가? 그리고 이러한 구두가 실제로 그 자신의 것이라면, 그렇다면 그러한 구두의 '도구성'은 무엇인가?

이러한 구두는 분명히 어떤 목적으로 사용되었을 것이다. 반 고흐는 겨울에 이러한 구두를 신었을 것이다. 의심의 여지없이 여름에 신기에는 그러한 구두가 너무 더웠을 것이다. 그러나 하이데거는 이와 같은 목적성에 대해서는 아무런 관심도 기울이지 않았다. 그는 다만 이러한 구두가 도구라는 점, 즉 사용할 수 있는 사물, 의지할 수 있는 사물, 기 댈 수 있는 사물, '유용성'을 가지고 있다는 점만을 제안하고자 했을 뿐 이다. 농부 아내의 구두가 아니라 하더라도, 이와 같은 구두는 그러한 목적을 달성할 수 있었는가? 분명히 이러한 구두는 틀림없이 반 고흐가 자신의 그림으로 그릴 수 있는 그 무엇으로 작용했을 것이다. 그러나 그것은 하이데거의 요점이 될 수 없다. 그렇다면 우리들은 하이데거의 묘사를 가난한 화가의 묘사로, 다시 말하면, 파리라는 대도시에 도착한, 생필품을 마련하기 위해서 일어나자마자 날마다 자신의 캔버스로 되돌 아올 수밖에 없었던, 새 구두를 마련할 수 없었던, 고향(네덜란드)을 떠나 올 때 신었던 구두만을 신어야만 했던, 무엇인가 멋을 낼 수 있는 것이 아무것도 없었던 가난한 화가의 묘사로 전환시킬 수 있는 것인가?

하이데거가 제공하는 해석 이외에 다음과 같은 또 다른 해석이 있을 수도 있다. 해석학에서는 일련의 의미를 삶에 부여한다. 말하자면, 해석 학에서는 존재에 관련지어 구두, 즉 이와 같은 존재자를 배치할 수도 있다. 다만 화가의 세계는 농부 아내의 세계로 되어 왔을 뿐이다. 배경 도 변화되었고, 위치도 변화되었고, 콘텍스트(시골풍경 대신에 도시)도 변 화되었지만, 구두만 그대로 남아 있을 뿐이다. 세계가 변화되었다면, 도 구성이 변화되었다면, 그런데도 사물은 여전히 동일할 수 있는 것인가? 보충은 전혀 다른 대상으로 되었다. 그러나 그 차이점은 어디에 있는가? '유용성'이 구두의 유용성이라는 점을 감안한다면, 구두는 그것을 신고 있는 사람, 그것이 닳았을 때, 어느 곳이 닳았는지 등에 관련지어 상당 히 다른 기능을 수행하게 된다. 그리고 예술작품, 그것은 다른 것인가?

하이데거에 따르면, 예술가가 그 자신의 정체성을 예술작품으로부터 얻게 되는 것과 똑같이 예술작품도 그 자체의 독창성을 예술가로부터 요구하게 된다. 그러나 작품의 '사물성'은 분명히 작품의 특징에 영향을 끼치게 된다. 사물의 사물성은 여기에서 문제가 되지 않는다. 여기서 살 펴보고자 하는 것이 작품의 사물성인 까닭은 '성(sex)'의 변화, 장소의 변화, 세계의 변화 등과 같은 것이 문제가 되기 때문이다. 반 고흐의 구두는 농부 아내의 구두와 똑같은 것이 아니다. 하나의 세계를 드러내는 작품—그것이 만일 다른 것을 드러내게 된다면, 그러한 작품의 진실이 어떻게 똑같은 진실이 될 수 있겠는가?

여기에서 필자는 변화와 차이 '사이'에 대한 구분의 문제를 잠시 뒤로 미루고, 제재의 문제(어느 농부 아내의 세계인지 또는 화가의 세계인지를 미결정적으로 드러내고 있는 사물로서의 구두 그 자체)로부터 더 많은 문제로 나아가는, 적어도 한 단계 더 나아가는, 데리다의 경우를 살펴보고자 한다. 다시 문제가 되는 것은 마이어 사피로의 문제, 즉 〈끈이 달린 낡은 구두〉에서의 구두는 '한 켤레의 구두'(짝이 맞는)가 아닐 수도 있다는 문제이다. 하이데거가 '농부 아내의 구두'라고 명명했던 것은 실제로 농부 아내의 구두가 아닐 수도 있을 뿐만 아니라 그 구두가 '한 켤레의 구두'(짝이 맞는)가 아닐 수도 있다는 점이다. 실제로 〈세 켤레의 구두〉라는 제목의 그림에 나타나 있는 여섯 개의 구두 중에서 두 개의 구두는 문제가 되는 바로 그 두 개의 구두에 해당한다. 이와 같은 두 개의 구두가 '다 같이 소속되기'에 해당하는 것(다른 네 개의 구두와 함께)은 지속성이나 병치로서 다 같이 소속되는 것, 즉 실제로는 전혀 '한 켤레'가 될 수 없음에도 불구하고 다 같이 소속되는 것에 해당할 수도 있다. 이처럼 두 개의 구두는 끈도 다를 수 있고 높이도 다를 수 있다.

'다 같이 소속되기'는 하이데거가 존재와 존재자를 짝지어 관련짓는 데 있어서 가장 특별하게 적용하는 형성의 논리에 해당한다. 앞에서 언급한 두 개의 구두에 대한 '다 같이 소속되기'가 문제된다면, 사피로가 규명할 수 있기를 원했던 바와 같이 —사피로는 쿠르트 골드슈타인을 존경했으며, 골드스타인은 1930년대 말에 암스테르담에서 아주 힘든 시기를 보내고 있었다— 존재와 존재자의 '다 같이 소속되기' 역시 문제가 될 수 있는 것인가? 데리다가 지적했던 바와 같이,4) 하이데거가 반 고흐를 인용하고 있는 또 다른 위치는 『형이상학 개론』에 나타나 있다.5) 자신의 이 책에서 하이데거는 존재에 대한 존재자의 관계를 연구했다. 반 고흐의 그림은 '거기에 있는 것', 존재자, 바로 그 자체, 여기나 저기에 현존하는 '것'에 대한 하나의 예에 해당한다. 존재에 관련되는 존재자('다 같이 소속되기'의 관계, 차이의 관계, 즉 존재적-존재론적 차이의 관계를 형성하는 것)는 미학적 해석학 순환에서 반복되는 관계, 즉 예술가에 대한 작품의 관계와 작품에 대한 예술가의 관계에 해당한다.

그러나 사피로는 하이데거를 반 고흐 그림에 대한 그 자신의 설명으로부터 분리시키고자 하면서도, 자기 자신은 바로 그 반대의 입장에 있다는 점을 주장할 수도 있었을 것이다. 왜냐하면 정말로 문제가 되는 구두가 실제로 예술가의 구두이지 농부 아내의 구두가 아니라면, 그림에서 화가 자신의 구두라면(한 켤레의 짝을 이루고 있는 구두가 아니라 짝이 맞지 않는 서로 다른 구두라 하더라도), 예술가 반 고흐(자신의 작품에 다 같이 소속되는)와 예술작품 그 자체는 '짝의 형성하기'에 의해 비롯되는 차이에 있어서 '다 같이 소속되기' 때문이다. 그리고 예술가와 예술작품의 '다 같이 소속되기'는 예술(예술가와 예술작품 모두의 기원)이 규명할 수 있게 되고, 감추어진 것을 드러낼 수 있게 되고, 차이의 위치에서 그 자체를 형성할 수 있게 되는 위치에 해당한다. 따라서 자신들의 주관성에 대한 '성(sex)'의 변화처럼, 짝이 맞지 않는 구두는 차이를 표시하게 되고 '다 같이 소속되기'를 마련하게 된다.

정체성 / 전용

여기에서의 어려움은 문제가 되고 있는 '차이'가 똑같은 '차이'가 아니라는 점에 있다. 농부 아내의 구두와 예술가의 구두 사이의 차이, 또는 좀 더 좋게 말한다면, '구별'은 존재적-존재론적 '차이'처럼 똑같은 차이가 아니라는 점이다. 예술로서의 예술가에 대한 관계가 예술작품의 경우에도 반복되는 바와 같이 차이는 예술작품의 진실에 의해 표시된다. 예술은 '차이점'으로서의 작품의 규명에 해당한다.

이와 같은 '차이점'은 또한 예술의 정체성에 해당하기도 한다. 따라서 우리들은 우리 자신의 질문으로 되돌아오게 되고 또 다른 방법으로 질문하게 된다. 예술작품으로서 두 개의 구두의 정체성은 무엇인가? 이에 대한 대답은 두 개의 구두의 그림에 대한 관계에서, 특히 하이데거에게 있어서 그것이 반 고흐의 구두와 짝을 이루고 있다는 점에 역점을 두어 살펴보아야만 할 것이다. 두 개의 구두가 예술가의 구두와 가장 흡사하다는 점을 보여줌으로써, 예술작품과 예술가의 '다 같이 소속되기'에 대한 규명은 구두의 정체성을 분명하게 할 수도 있을 것이다. 적어도 〈끈이 달린 낡은 구두〉라고 명명된 두 개의 구두를 반 고흐와 관련지어 살펴볼 때에, 예술은 농부 생활의 문제에 해당하는 것도 아니고 하이데거가 묘사하고 있는 것처럼 명상적인 생활의 진실이나 규명의 문제에 해당하는 것이 아니라 좀 더 특별하게 구두 사이즈에서의 진실의 문제에 해당한다. 농부 아내의 경험과 예술가의 경험 사이의 차이로부터 구두 사이즈에서의 진실이 비롯된다고 볼 수 있다. 분명히 농부아내의 구두 사이즈는 반 고흐라는 예술가의 구두 사이즈와 똑같지는 않을 것이다. 차이는 예술의 위치에서, 차이점의 위치에서 표시되기도 하고, 성적(性的) 차이이자 종속(種屬)의 문제인 위치(그 위치가 어디에 있는지를 데리다가 제시했던 바와 같이)에서 표시되기도 한다.

성적 차이의 규명은 존재론적 차이의 위치에 각인되어 있다. 남성의 구두는 여성의 구두와 똑같은 것이 아니다. 그러나 차이는 오히려 구분의 문제이자 성별(性別)의 문제에 해당한다. 그럼에도 차이 그 자체는 존재에 관련되는 문제를 야기하게 되며, 존재에 대한 이러한 관계는 존재론적 '차이점'의 문제에 해당한다. 따라서 사물로서의 구두를 규명하는 것, 두 개의 구두가 짝이 맞지 않게 되는 것 등은 성적 차이에서 비롯되는 존재론적 차이를 각인시키게 된다.

그리고 이와 같은 구두의 성별은 무엇인가? 데리다는 페렌치가 1916년에 연구한 바 있는 『질(膣)의 구두상징에 대한 의미 있는 변화』(Verité, p.305; TP, p.267)를 인용했다. 구두를 질(膣)로 읽음으로써, 구두의 볼록한 형태는 발의 볼록한 형태에 연결된다. 구두는 발을 감싸고 있다는 점을 데리다는 강조했다. 이와 같은 '차이'는 농부 아내와 예술가의 차이나는 활동에 의해서 표시될 뿐만 아니라 그러한 '차이'에는 여기에서 마땅히 강조되어야 할 '성적 차이'까지도 나타나 있다. 데리다는 두 개의 구두가 아니라 구두와 발의 '다 같이 소속되기'를 충분하게 강조했다. 그러나 프로이트가 지적했고 데리다가 언급했던 바와 같이, '구두'는 남근에 비유되어 있는 것이 아니라 '질'에 비유되어 있다. 구두의 바깥쪽 모양은 그 자체의 안쪽 모양에 대응된다. 데리다가 간혹 언급하고는 하는 구두의 이와 같은 양성적(兩性的) 특징은 유년기에 성적 차이를 무시하는 경향을 제기하기도 한다. 모든 꿈은 양성적이며 두 가지 성(性)의 생식기에 연결될 수 있다고 프로이트는 강조한 바 있다(Verité, p.306; TP, p.268). 따라서 니체의 "나는 내 우산을 잊어버렸다"라는 데리다의 설명에 나타나 있는 '우산'처럼,6) 성적(性的) 미결정으로—남성이거나 여성으로서 또는 양성 모두로서—파악되는 구두는 성적 차이의 전형적인 위치로서 구두 그 자체를 규명하게 된다. 반 고흐가 1889년 1월에 그린 '한 켤레'(?)의 장갑처럼, 안쪽에는 그것의 바깥쪽도 있게 마련이다. 알맞은 구두에 발이 꼭 들어맞듯이, 데리다는 장갑처럼 개인적인 대상인 구두 그 자체가 오목하면서도 볼록하다는 점을 제시했다. 따라서 구두의 진실은 미결정적인 성적 차이에 대한 그 자체의 양성적 특성이자 그 자체의 정체성에 해당한다.

구두라는 제재의 정체성은 작품 그 자체의 '밖'에 일종의 '파레르곤(parergon)'[액세서리]으로서 존재한다. '에르곤(ergon)'[열의 작용으로 이루어지는 일의 영으로서의 '작품'은 '파레르곤'으로서의 구두와의 관계에서 '타성(他性)'을 표시하게 된다. 구두는 작품의 정체성에 대해서 부수적인 입장에 있게 된다. 그 자체의 정체성을 확립하기 위해서, 정말로 그 자체만의 것으로 되어 있는 것을 전용하기 위해서, 작품은 작품 자체와 예술가의 관계를 즐겨야만 할 것이고, 그렇게 함으로써 해석학적 이동이 가능하게 될 것이다. 해체주의에서는 〈끈이 달린 낡은 구두〉라는 작품을 작품 그 자체와 그것의 '파레르곤'을 구별하게 될 것이다. 그리고 이와 같은 차이, 즉 구두 사이즈, 구두 성별, 구두 공간 등에 있어서의 차이의 미결정성은 '사물'로서의 구두의 관계를 '예술'의 위치에 대한 '작품'으로서의 구두의 관계, 즉 예술가에 대한 예술작품의 관계로 수용하게 된다.

구두의 끈의 우선적인 기능, 즉 기꺼이 활용할 수 있는 기능은 분리되어 있는 것을 하나로 묶는 데 있다고 볼 수 있다. 그러나 구두 그 자체는 끈으로 묶여져 있는 것이 아니며, 이러한 점은 사물과 작품의 관계, 작품과 진실의 관계, 진실과 예술의 관계에서도 마찬가지이다. 이와 같은 세 가지 유형의 관계는 〈끈이 달린 낡은 구두〉의 세 가지 핵심적인 부분을 형성하고 있다. 하이데거의 임무는 이와 같은 세 가지를 하나로 묶기, 이와 같은 세 가지 부분을 엮기, 매듭으로 묶기, 논의를 끝맺기 등에 있다. 〈끈이 달린 낡은 구두〉에서의 '구두'는 하이데거의 글 자체에 대한 은유, 즉 그렇게 하지 않는다면 분리된 채로 남아 있을 수밖에 없는 것들을 하나로 묶는 것, 하나로 엮는 것 등에 해당한다. 이러한 이유와 똑같이 농부 아내의 구두를 예술가의 구두로 전환시키는 것 역시 합당할 것이다.

끈은 '끈의 구멍' — 프랑스어에서는 '끈구멍(oeillet)'으로, 영어에서는 '작은 구멍(eyelet)'으로 불리듯이 — 을 통해서 지나가게 된다. 작은 구멍을 통해서 끈을 통과시키는 것은 전체를 하나로 통합시키는 것이다. 반고흐가 2년 동안 파리에 머무는 기간에 꽃을 제재로 하는 몇 점의 〈정물화〉, 특히 〈카네이션〉(Oeillets) — 실제로는 '카네이션 꽃다발' — 을 그렸다는 사실은 아마도 의미 없는 것이 아닐 것이다[이러한 구문에서는 '끈구멍'과 '카네이션'을 의미하는 프랑스어 'œillet'의 동음이의어에 주목할 필요가 있다]. 일반적으로 '자연적인 죽음'을 알리는 '작은 구멍'의 제유법은 반 고흐의 전체적인 연구기획에서 그림을 분리된 연구기획으로 확립하고 있을 뿐만 아니라 그러한 연구기획(분리된 연구)을 하나로 묶을 수도 있고, 하나로 연결시킬 수도 있는, 하이데거가 〈끈이 달린 낡은 구두〉의 각 부분에서 그렇게 했듯이 가능성을 열어놓기도 한다.

"이와 같은 한 켤레의 구두 주변, 거기에는 이러한 구두가 소속될 수 있는 것이 아무것도 없다. 무한한 공간만이 있을 뿐이다."(Verité, p.385; TP, p.337) 구두의 '소속되기'는 실제로 관심거리에 해당한다. 구두는 무엇에 소속될 수 있는가? 그것은 무한한 공간에 소속된다. 이와 같은 '소속되기'는 예술작품과 예술가의 '소속되기'의 관계에서 반복될 수 있을 뿐이다. 하이데거는 이와 같은 '소속되기', 이와 같은 '적합성', 이와 같은 '하나로 묶기' 등을 '예술'이라고 명명했다. 예술작품이 예술가에게 적합한 것처럼 사물도 예술작품에 적합하듯이, 예술은 적합한 것이 드러나게 되는 위치에 해당한다. 이와 같은 반복, 또는 이중성, 심지어 데리다가 언급한 '생령(生靈)'은 '소속되기'의 위치, 합당한 것의 위치, 예술작품이 그 자체가 되는 것의 위치에 해당하며, 구두 사이즈의 진실에 있어서의 '소속되기'의 정체성에 해당한다. 기원(예술작품 / 예술가 / 예술)의 작용은 하나로 묶기 또는 그림에서의 진실(이 경우에는 구두 사이즈에서의 진실)에 있어서 하나로 '다 같이 소속되기'에 해당한다.

교환 / 반환

하이데거적인 해석학에서는 반 고흐의 그림 ─ 그것을 데리다는 〈끈이 달린 낡은 구두〉라고 불렀다 ─ 을 실제 구두의 도구성과 관련지어 해석하고자 한다. 작품을 사물과 관련지어 이해하고자 하는 프로젝트에서는 사물에 대해서 이야기를 말하는 것, 그러한 사물이 하나의 세계, 즉 하이데거에게 있어서의 농부 아내의 세계를 환기하거나 규명하는 것을 보여주는 것 등을 가능하게 한다. 규명된 세계는 진실, 구두의 진실이 아니라 작품의 진실, 즉 예술가에게 관련되는 작품의 진실에 해당한다. 그러나 농부 아내에 대한 하이데거의 설명에서 예술가는 빠져 있다. 마이어 샤피로와 하이데거 사이에서의 논쟁이 야기된 1968년 학술회의에서 하이데거는 예술가가 빠진 증거를 제시했고 샤피로는 그러한 증거를 수집했으며 그림에서의 구두를 하이데거가 오독(誤讀)했다는 점을 샤피로가 제시함으로써, 그 증거는 다시 하이데거에게로 되돌아오게 되었다. 하이데거의 오독을 규명함으로써, 샤피로는 하이데거의 요점을 훨씬 더 효과적으로 만들게 되었다.

이와 같은 구두(또는 실제로는 부츠)는 예술작품과 예술가의 관계를 규명하기 위한 사건에 소속하게 되고 적합하게 되고 그러한 사건을 제공하게 되며 궁극적으로는 예술을 규명하게 된다. 하이데거가 '기원'을 차이의 위치에 잘못 위치시킨 것은 샤피로가 제공하는 '대응'의 결과가 되었고 궁극적으로는 '교환'의 결과가 되었을 뿐만 아니라 특히 효과적으로까지 되었다. 구두 사이즈, 정확하게 말하면 '구두 핵심'(이렇게 언급하는 것이 구두의 핵심이 될 수는 없겠지만)에 대한 해체적 읽기에 의해서 대체된 구두의 해석은 하이데거가 '예술'이라고 명명했던 것의 위치를 확정하게 되었다. 이제 이러한 구두는 하나의 텍스트에 대한 하나의 예가 되었으며, 텍스트의 텍스트성은 진실의 문제에 해당하는 것이 아니라 특별한 모양, 사이즈 및 규명된 구두의 '소속되기' 등의 문제에 해당한다.

농부 아내의 구두, 시골에서 온 누군가의 구두를 "예술가의 구두, 그 당시에 소도시와 대도시의 어떤 남자의 구두"로 대체할 수 있는 일종의 대응, 즉 교환에 의한 대응에 의해서 사피로는 하이데거의 텍스트, 즉 이제는 하이데거의 텍스트의 진실을 '훨씬 더 분명하게' 규명하게 된 사피로 자신의 텍스트에 결합되어 있는 텍스트에 대한 읽기를 해체주의적인 읽기로 생산할 수 있고 작용할 수 있는 하나의 증거를 제공하게 되었다. 구두가 예술작품과 관련지어 '파레르곤'에 해당하는 것과 똑같이 사피로의 텍스트는 하이데거의 '기원'에 대해서 하나의 '파레르곤', 즉 콘텍스트에 해당한다고 볼 수 있다. 사피로의 텍스트에서는 하이데거의 기원을 한 단계 더 뒤바꾸어 놓게 되었다. 구두 교환으로 전환된 비평적이고 철학적인 대응은 하이데거적인 해석학을 규명하게 되었고 그것에 하나의 진실을 부여하게 되었다(규명과 진실이 모두 대응에 해당하는 데도 불구하고). '파레르곤'은 액자를 끼우고 치장하는 것이지만, 그렇게 하는 과정에서 텍스트적인 공간, 즉 존재적-존재론적 차이로서의 예술이라는 '실체(ousia)'의 텍스트성을 열어놓게 된다.

하이데거와 사피로 사이의 대응에서는 교환을 성취하게 되었고, 우선적으로 '원래는' 예술가의 구두를 보충해 왔던 남자의 구두(예술가의 구두)를 여자의 구두로 보충하게 된다. 아리스토텔레스와 '절대반대론자들'(퀸틸리안학파) 및 그 이후의 위대한 수사학의 전통에서, 은유에는 보충으로서의 작용이 포함되어 있다. 예술가의 구두를 농부 아내의 구두로 전환하는 것은 은유적으로 작용하는 것인가? 예술가의 구두를 농부 아내의 구두로 전환함으로써, 하이데거는 정말로 예술에 있어서 예술가의 자체형성이 무엇인지를 언급하고자 했던 것인가? 농부로서의 자신의 경험을 바탕으로 하여 하이데거는 이와 같은 구두에서 자기 자신의 경험을 파악하고 있는 셈이다. 하이데거가 예술가의 전기적인 상황을 자기 자신의 전기적인 상황으로 보충하고자 노력하는 것은 정말로 그렇게 하려고 노력하는 것이 아닌가? '들길'과 밀접하게 관계되는 '사상의 길'에 대해서 그는 자기 자신을 철학자, 사상가로 파악하지 않고 있는 것인가? 헤겔의 경우에서처럼, 철학자는 예술가와 결합될 수 없는 것인가? 말하자면, 일종의 사상-예술가로서의 철학자가 될 수 없는 것인가? 예술가의 구두를 농부 아내의 구두로 보충하는 것은 철학자의 '개인적인 경험', 들녘, 땅, 대지, "대지의 조용한 부름", "익어가는 곡식의 평화로운 선물", "바람 거센 들녘의 경작하지 않는 황량한 곳에 나타나는 설명할 수 없는 대지의 자체-거부"(PLT-OWA, p.34; Holz, p.23) 등에 대해서 '개인적'으로 잘 알고 있는 그러한 콘텍스트에서 발생하게 된다. 예를 들면, 「예술작품의 기원」(Reclam, 1960)을 편집한 가다머(그 자신은 마르부르크에 있는 대학 교수의 아들이자 "소도시와 대도시의 남자"였다)는 하이데거가 제공하는 보충 속으로 빠져들려고 하지 않았을 것이다. 그리고 소도시와 대도시, 특히 뉴욕시라는 '대도시'의 남자였던 사피로 역시 구두가 기여하는 것이 무엇인지를 강조하는 데 있어서, '스타일'에서의 차이를 모색하는 데 있어서 상당히 용의주도했을 수도 있다. 결국 '스타일의 개념'에 대한 사피로의 유명한 논문은 예술 이론가들과 비평가들 사이에 잘 알려지게 되었다. 가다머나 사피로 그 누구도 하이데거가 제기했던 그와 같은 보충을 허용하지는 않았다. 가다머와 사피로는 모두 이와 같이 미묘한 존재적 구분, 즉 분별 중의 분별, 취향 중의 취향, '시민담론'에서 강조하고자 하는 것 중의 강조 등을 지나칠 정도로 주목했던 것이다.

그러나 이와 같은 보충은 무엇을 성취할 수 있는가? 하이데거는 농부 세계를 예술가의 세계와 결합시켰다. 그는 예술가의 구두를 농부 아내의 구두로 대체함으로써 그렇게 했던 것이다. 그는 두 개의 '서로 다른 세계'에서 하나의 '짝'을 만들어냈다. 그림에서의 구두가 짝이 맞는 한 켤레의 구두가 아니라 각기 다른 두 개의 구두라고 생각한다면, 적어도 표면적으로 볼 때에 전혀 한 켤레의 구두라고는 할 수 없는 한 켤레의 구두를 하이데거가 두 번씩이나 만들어냈다고 말할 수는 없을 것이다. 그는 두 개의 서로 다른 세계, 즉 농부의 세계와 예술가의 세계에 대한 '다 같이 소속되기'를 보여주었다. 그리고 다른 예술가가 아니라 바로 그 빈센트 반 고흐는 파리를 떠나 1888년부터 1890년까지 자신의 마지막 2년 동안에 일종의 정신착란 증세를 보이면서 열정적으로 그림을 그렸다. 1930년대 중반은 하이데거가 니체에 대한 강의와 집필을 하고 있던 시기였다. 니체 역시 1888년에 정신착란 증세를 보이게 되었으며, 1889년으로 이어지는 자신의 마지막 시기에 미친 듯이 집필했다(반 고흐가 미친 듯이 그림을 그렸듯이). 니체는 1900년까지 살았으며, 반 고흐는 오베르의 요양소에 감금되었고 1890년에 세상을 떠났다. 이와 같이 열정적인 시기가 하이데거에게 있어서 그렇게 무의미한 것은 아니다. 예를 들면, 하이데거 자신은 1889년에 태어났다. 이와 같은 우연의 일치를 하이데거는 그저 무시할 수 있었는가? 왜냐하면, 하이데거가 출생한 년도는 반 고흐와 니체가 정신적 위기를 맞게 되고 심지어 미치게 되는 년도와 일치하기 때문이며, 구두와 대결한 반 고흐, 우산과(또는 우산 없이) 대결한 니체처럼 이러한 대상은 데리다에게 성적 미결정성, 즉 해체적 전략의 '위치'를 부여해 주었기 때문이다.

아마도 그 자신의 구두를 상기함으로써, 자기 자신을 농부 아내의 구두에 배치함으로써, 그 구두를 신어보려고 노력함으로써, 그 구두가 자신의 발에 맞는지 시험함으로써, 농부 구두에 대한 하이데거의 '보충'에서는 하나의 사물을 다른 사물로 보충할 뿐만 아니라 예술작품의 의미에 대한 변용까지도 성취하게 된다. 그리고 예술작품의 의미에 있어서의 이러한 변용은 예술가로서의 철학자나 사상가에 해당하는 예술가 자신에게 있어서의 변용에 의해서도 똑같이 성취된다. 하이데거는 무엇인가를 집필했다. 그는 '색'으로 칠하는(그리기) 예술가라기보다는 '말'(생각하기와 시적으로 만들기)로 설명하는(묘사하는)의 예술가였다. 따라서 예술의 본질에 대해서 설명하게 되었을 때에 하이데거는 그것을 '시'라고 명명했다. "예술의 본질은 시에 있다. 아울러 시의 본질은 진실의 바탕이 된다."(PLT-OWA, p.75; Holz, p.62) 시인이자 철학자이며 사상가였던 하이데거는 예술의 본질을 '시'로 파악했다. 실제로 농부 아내의 세계에 대한 하이데거의 설명은 그 자신의 시와 유사하다. 그의 이 시는 진원시이며, 자연과 결합된 세계에 깊게 뿌리 내리고 있다.

> 비구름 긴 하늘을 잠시 빌려
> 한줄기 햇살이 갑자기 미끄러질 때,
> 어두운 전원 위로……(PLT-OWA, p.6)

그리고 다시 이 시는 다음과 같이 되어 있다.

> 또는 산 여울이 밤의 정적 속에서
> 그 자체의 흘러가는 이야기를 할 때,
> 커다란 돌 위로……(PLT-OWA, p.10)

이상과 같은 시에서는 전원적인 것을 철학적인 것에 연결시키게 된다.

> 목동들이 천천히 배회하는
> 산 계곡의 비탈을 따라
> 소 방울 소리가 울려 퍼질 때……
> 시적으로 생각하기의 특징은
> 여전히 베일에 가려 있나니 (PLT-OWA, p.12)

이상에서 살펴본 하이데거의 시편들은 1947년에 쓴 것들이지만, 『경험에서 생각까지』[7]에 수록되어 있는 이러한 시편들은 하이데거가 자신의 경험에 있어서 전원적인 요소와 사상가로서의 길 사이에서 만들어내게 되는 지속적인 연결을 보여주기도 한다. 시인으로서, 예술가로서,

하이데거는 그림을 시로 보충했다(호라티우스에서 레싱으로, 다시 1947년에 이와 같은 점을 선택한 사르트르 등으로 이어지는 주제). 그러나 이러한 경우에 있어서 화가로서의 예술가를 대신하게 되는 시인은 화가의 구두를 신어보려고 노력하게 되지만, 화가의 구두가 시인의 발에 맞을 수 있는 것인가?

이러한 질문을 모색하는 데 있어서, 마이어 샤피로는 적어도 구두와 관련지어 보충이 발생했다는 점을 분명하게 했다. 그러나 샤피로가 하이데거의 목에 밧줄을 묶으려고 노력하는 대신에, 헐렁한 양끝을 묶어보려고, 이야기에서 적합하지 않는 것처럼 보이는 것을 하나로 묶어보려고 시도하는 동안에 바로 그 '올가미'는 작용하지 않게 되었던 것이다. 하이데거는 마이어의 올가미를 빠져나갈 수 있었다. 왜냐하면 실제로 그는 '정말로' 반 고흐라는 예술가, 화가를 자기 자신으로, 해석자로 보충했기 때문이다. 따라서 하이데거는 예술가와 예술작품 사이의 관계, 그것의 상호성 및 '한 짝을 이루기'를 성취할 수 있게 되었다.

그러나 이상과 같은 관계에서 세 번째 어휘인 '예술'은 어떠한가? 문제가 되는 구두가 정말로 하이데거의 구두라면, 그리고 문제가 되는 예술가가 정말로 하이데거 자신이라면, 그렇다면 그가 '예술'이라고 명명한 것은 실제로 자화상, 또는 좀 더 특별하게 말한다면, '자기-초상화'에 해당할 것이다. 그리고 사상가의 경험은 '자기-초상화'의 텍스트성에 해당할 것이다. 따라서 하이데거 자신은 문제가 되는 텍스트에 해당하고, '예술'은 바로 그 텍스트의 텍스트성에 해당한다.

그리고 데리다의 경우로 되돌아가면, 그는 다음과 같이 강조했다.

'틀'과 함께 분명하게 작용하는[끈을 '끈의 구멍'에 꿸 때에 그 소리를 들을 수 없는 순간] 구문, 그 자체의 경찰, 정치적이고 역사적이고 심리분석적인 '내기'에 의해서 우리들을 여기에 붙들어 놓고 있는 사건 등이 발생하게 되는 '구문' 그 자체로 우리들 자신이 되돌아 올 것을 나는 제안한다. 이와 같은

'텍스트'(보편적이면서도 엄격한 의미에서 책으로 인쇄된 사물로 생각되는)와 그 어떤 절대적인 가장자리가 없는 일반적인 '텍스트성' 사이의 경계는 여기에서 떨어져 나가게 된다. '떨어져 나가는 것'은 배경에 대립하여 나타나게 되는 '게슈탈트'[경험의 통일적 전체]의 의미인가? 또는 지워지고 사라지는 그 무엇의 의미인가? 아마도 둘 다일 것이다. 둘 다 하나의 '작품'에 존재할 수 있는 것이다.(Verité, p.373; TP, p.327)

「예술작품의 기원」에 대한 1960년 '부록'에서 알 수 있는 바와 같이, 예술작품 뿐만 아니라 예술 그 자체도 틀(액자)에 끼우게 되고 모양을 부여하게 되고 형식을 갖게 된다. '틀에 끼우는 것'은 작품의 경계를 구분하는 것일 뿐만 아니라 그 자체의 '틀'에 대한 경계를 확정짓게 되는 것이다. 다시 말하면, 포함되는 것과 배제되는 것, '안'에 속하는 것과 '밖'에 속하는 것, 들어맞는 것과 들어맞지 않는 것 등의 경계를 확정짓게 되는 것이다. 예술작품도 구두처럼 모든 묘사가 들어맞는 것은 아니다. 예술비평가의 임무, 즉 해석학의 임무는 들어맞는 것과 들어맞지 않는 것을 결정하는 것, 윤곽을 그리는 것 및 예술작품의 의미 또는 의미들을 부여하는 것 등에 있다. 예술작품에 대한 해체주의에서는 그 자체의 텍스트성에서, 하이데거가 예술이라고 명명했던 것에 의해 경계를 확정짓게 되는 위치에서, 진실이 발생하는 위치에서, 차이의 위치에서, 작품을 텍스트화하는 사건에서 바로 그 텍스트(예술작품)를 이해하게 된다. 〈끈이 달린 낡은 구두〉에 대한 호소가 철학적인 '자기-초상화', 즉 텍스트로서의 하이데거 자신의 경험으로 특징지을 수 있는 하나의 텍스트성을 제시하게 되는 것은 샤피로가 소개하고 있는 대응과 교환을 통해서 정면으로 떠오르게 되었다. 데리다가 교환에 개입하게 되는 영역은, 필자 역시 그렇게 하고 있는 바와 같이, SARL, 즉 '경계책임에 대한 익명사회'를 의미하는 'a société anonyme à responsabilité limité'[S.A., Co., INC., Ltd.][8])의 또 다른 예에 해당하기도 하고, 동일한 사건 등에서 교환이 내용을 야기하게 되는 화술의 또 다른 예에 해당하기도 한다.

그러나 이와 같은 교환에 의해서 실제로 무엇을 성취할 수 있는가? 데리다는 그것이 일종의 반환, '부채상환'이라고 제안한 바 있다. 그러나 누구에게 갚는 것인가? 하이데거에게? 반 고흐에게? 사피로에게? 가다머에게? 데리다 자신에게? 하이데거, 데리다 등 그 모두의 독자에 해당하는 우리들에게? 또는 그 어느 누구에게? ……

반환은 아직 이루어지지 않은 것을 재건설하는 것, 복구의 순간, 그저 주는 것(하이데거의 의미에서처럼)이 아니라 되돌려두는 것 등에 해당한다. 그렇다면 데리다는 사피로가 하이데거로부터 빼앗아버린 것을 하이데거 자신에게 되돌려주었는가? 쿠르트 골드스타인이 1933년 나치 독일로부터 망명하여 암스테르담에서 1년을 보낸 후 마침내 미국 콜롬비아대학교 교수가 되기까지 상실할 수밖에 없었던 것을 마이어 사피로는 그에게 되돌려주었는가? 1965년 골드스타인을 위한 기념회에서 강연을 했던 사피로는 자기 자신의 글에서 다시 한 번 자신의 친구에 대한 기억으로 되돌아올 수도 있었을 것이다. 데리다는 J.C. 레벤스쳉(폴란드의 화가이자 파리에서의 데리다의 친구이며, 그의 이름은 오로지 'J.C. 스쳉'으로만 표기되었다)에게 되돌려주었는가? 다시 말하면, 골드스타인의 은유를 레벤스쳉의 이름의 은유로, 또는 레벤스쳉의 직업을 반 고흐의 직업으로 되돌려주었는가? 필자 역시 이 글에서 필자가 1972년 6월 파리에서 개최되었던 주말 세미나에서, 다시 말하면 총3일 동안 자크 데리다의 해체주의의 발전과정을 논의했던 대부분의 미국철학자들(마조리 그렌, 허버트 드레이푸스, 아더 단토, 마르크스 바토프스키, 빅토로 구레비치, 찰스 로젠, 엘레느 식수, 제프리 멜만 및 캐트린 막로그린 등을 포함하여)로 구성된 소규모 세미나에서 데리다를 처음 만난 이후에 필자가 그에게 진 빚을 되돌려주고 있는 것인가? 그러한 빚은 수없이 많으며 그 모든 빚은 분명히 되돌려줄 만한 가치가 있는 것이라고 필자는 생각한다.

화가는 사물이나 대상을 표현한다. 예를 들면, 반 고흐와 같은 화가는 특별한 방법으로 구두를 표현할 수도 있을 것이다. 그러나 영어에서 이와 같은 의미를 지닌 프랑스어 'rendre'에는 또한 '표현하다', '되돌려주다', '반환하다' 등과 같은 의미도 있다. 그렇다면, 반 고흐는 구두를 자신의 그림으로 표현함으로써 구두 자체의 본질을 구두에게 되돌려준 것인가? 하이데거는 그 자신이 구두의 이와 같은 본질을 농부 아내에게 부여했을 때에 바로 그 구두의 본질을 취한 것인가? 사피로는 그 자신이 구두가 '실제로' '개인적'인 대상으로서 반 고흐에게 '속하는' 것이라는 점을 제시했을 때에 바로 그 구두의 본질을 되돌려준 것인가? 데리다는 그 자신이 "하이데거에게 그 정당성을 되돌려주고, 하이데거의 채무, 진실 및 단계와 과정의 가능성 등을 반환시키려고"(Verité, p.343; TP, p.301) 노력했을 때에 구두의 본질을 되돌려준 것인가? 그리고 필자 역시 데리다가 그린 그림, 즉 「예술작품의 기원」에서 하이데거가 묘사한 '예술' 그 자체는 하나의 '텍스트'에 해당하는 하이데거적인 '자기-초상화'라는 점을 제안함으로써, 데리다가 거기에 부응하여(교환으로) 그린 그림을 그 자신에게 되돌려줄 수 있는 것인가? 하이데거가 읽어낸 구두 그 자체는 궁극적으로 그 자신만의 구두에 해당한다.

"나는 그대에게 그림에서의 진실을 빚지고 있다"라는 구절은 1905년 세잔과 화가 에밀 베르나르 사이에 오간 편지(교환)에서 비롯되었다. 그 빚은 또한 하이데거의 빚에 해당하기도 한다. 하이데거의 관심은 그림과 예술가의 관계에서 그리고 예술가와 더불어 작품으로서의 그림과 예술의 관계에서 진실이 어떻게 규명될 수 있고 작용할 수 있는지를 제시하는 데 있었다. 그리고 하이데거에게 있어서 작품과 예술가로부터 예술로 이동하게 되고 그리고 다시 작품 자체로 이동하게 되는 것은 하나의 공간, 즉 진실의 공간, '시'를 위한 공간, 예술의 본질, 전체적으로 하이데거의 '개인적'인 연구기획의 텍스트성에 대한 규명 등을 열어 놓게 된다. 하이데거는 또한 그림에서의 진실에 빚지고 있다. 미국에서의 은행이 '융자진실법', '공직자 재산공개법' 등에 대한 의무를 가지고 있는 것과 똑같이, 이와 똑같이, 모든 부채와 자산은 분명하게 공개되어야만 한다. 이러한 점에서 그림에서의 진실은 구두 사이즈에서의 진실이 되었다. 그러나 구두 사이즈에서의 진실은 반대로 그림에서의 진실, 예술에서의 진실, 생각하기에서의 진실, 텍스트성에서의 진실로도 전환되었다.

이제 필자는 데리다의 다음과 같은 구문을 인용하면서 교환, 이동 등에 관계되는 본 장을 끝맺고자 한다.

이런 식으로 「예술작품의 기원」을 해석하고, 그것과 협상함으로써, 우리들은 그것의 탄도(彈道)를 그저 재구성하고 재배치하게 되었다는 점을 인정하도록 하자. 이와 같은 탄도가 구두와 그림, 생산과 작품의 바로 그 유용성을 관통하게 되었다는 점을 인정하도록 하자. 이처럼 양방향 모두의 선을 가로질러 쓸모없게 된 끈을 생각하는 것, 안, 밖, 저기로, 여기로, '전진-후퇴' 등 되돌아오게 하고, 떨어져 나가게 하고, 다시 되돌아오게 하는 것에 대한 성찰이 필요하다는 점을 인정하도록 하자(하이데거는 '전진-후퇴' 놀이를 통해서 사물, 즉 구두를 끈으로 붙잡고 있으며 손잡이를 붙잡고 일종의 놀이를 하고 있다. 이러한 점은 반 고흐에 대한 '그 자신의 삶의 한 부분', '우리들을 바라보고 있는' 등에서 파악할 수 있는 바와 같이, 사피로에게서도 똑같은 방법으로 작용하고 있다. 다시 말하면, 그러한 부분을 우선적으로 반 고흐 자신에게로 향하게 하고 그런 다음에는 끈의 의존성에 의해서 멀리 가버리도록 하는 방법으로 작용하고 있다.(Verité, p.407~8; TP, p.357)

제4부
가시적 / 기술적 텍스트성

제14장

철학자의 몸의 전기사진적 텍스트성

사르트르 / 하이데거

철학적인 텍스트에서는 그 자체를 하나의 기념비로 나타내는 경향이 있다. 그것은 견고하고 확고부동하게 서 있게 된다. 그것은 그 자체를 그럴듯하게 만들어내기 위해서 하나의 세계를 필요로 한다. 그것은 그 자체를 활성화하기 위해서 철학자를 필요로 한다. 철학적인 텍스트를 다양하게 읽어내는 것, 그것은 증폭적이고 분산적이다. 설명, 논평, 분석, 병치, 반론, 비평, 발전……등은 철학적인 텍스트를 철학적으로 쓸모 있고 의미 있고 존경할 수 있도록 함으로써 바로 그 철학적인 텍스트를 연구하게 된다. 이와 같은 텍스트 그 자체가 몸의 문제를 언급하게 될 때조차도 그것은 철학자의 몸에 관심을 기울이지 않는다. 따라서 이러한 텍스트는 구체화되어 있지 않다. 철학자의 몸은 무엇인가 다른 것이다. 철학자의 의도가 철학적인 텍스트에 통합되어 있다 하더라도, 철학자의 몸은 배제되어 있다. 철학자의 몸은 무엇인가 다른 것으로 남아 있게 된다.

　그러나 문제가 되는 텍스트가 본질적으로 논문, 명제 및 질문 등에 의한 철학적인 텍스트가 아니라 철학자 자신의 사진에 의한 텍스트일 때, 철학자의 몸 그 자체는 '토포스'가 된다. 사진에서의 몸은 사진 자체에 나타나 있지 않다. 사진에는 얼굴, 표정, 걸음걸이, 손의 위치, 다른 사람들과의 관계, 심지어 콘텍스트까지 나타나 있다. 그렇지만 이러한 요소들이 철학을 생산하는 것은 아니다. 그것들은 또 삶을 형성하지도 않는다. 그것들은 경험을 활성화하지도 않는다. 철학자의 몸은 사진에서의 몸에 의해서 그 자체를 알리고 있을 뿐이다. 그러나 철학자의 몸은 사진에서의 몸이 아니다. 사진에서의 몸은 철학자의 몸이 나타나게 되는 텍스트이자 콘텍스트이다. 사진에서의 몸은 바로 그 사진에 각인되어 있는 그 자체에 해당한다.

　아마도 금세기에 자신들의 국가에서 가장 존경받는 마르틴 하이데거와 장-폴 사르트르 같은 철학자들은 1978년에 각각 자신들의 사진집을 발간했다.[1] 이 두 철학자의 죽음으로 인해서(하이데거는 1976년에 세상을 떠났고 사르트르는 1980년에 세상을 떠났다), 남겨진 것은 그들의 활동의 몸, 그들의 활력에 대한 기억, 생전에 카메라에 잡혔던 순간의 그들의 사진뿐이다. 이와 같은 두 권의 사진집이 표시하고 있는 환경, 시대 및 상황에서의 어마어마한 차이에도 불구하고, 사진 그 자체에는 철학, 태도, 무엇보다도 이 두 철학자들의 모든 몸이 통합되어 있다. 이 두 명의 남자들이 철학을 생산했던 것처럼, 이러한 사진집에는 이들 자신의 삶도 나타나 있다. 사진은 철학자의 죽음을 소생시키기도 한다. 사진은 더 이상 스스로 말하지 않는 몸을 활성화시키기도 한다. 사진은 말로 표현되지 않은 것과 이 두 철학자가 자신들의 철학에서 꿈꾸지 않았던 것에 대해 어떤 표현을 부여하기도 한다. 이들이 사진화된 몸을 대표한다는 점을 제외한다면, 사진에서 하이데거의 몸과 사르트의 몸은 철학적인 몸에 해당하는 것이 아니다. 후손을 위해서, 개인적인 회상을 위해서, 또는 심지어 공식적인 기록을 위해서 사진으로 포착되고는 하는 대부분의 우리들과 마찬가지로, 이들 철학자들의 사진도 활동하는 중에 카메라에 포착된 몸에 해당한다. 하지만 그것은 다른 사람의 몸이 아니라 철학자 자신의 몸, 각각의 사진집에서 이들 각자를 대표하는 특수한 몸에 해당한다. 사진을 가능하게 하는 삶은 기록으로 특수화되어 있다. 철학자의 몸은 말없이 철학화되어 있으며, 철학적인 텍스트처럼 사진에서의 몸도 그 자체만의 명성을 갖게 된다. 서로 만날 수 있는 행운이 없었기 때문이든가 또는 서로 만나고 싶어 하지 않았기 때문에, 개인적으로 서로 만난 적이 결코 없는 하이데거와 사르트르에게 있어서, 사진에서의 몸은 또 다른 영역, 또 다른 경험 …… 또 다른 텍스트를 형성하게 된다.

자신의 『롤랑 바르트』(1975)라는 제목의 저서 마지막 부분에서, 롤랑 바르트는 다음과 같이 언급했다. "몸을 기록하는 것. 살갗도 아니고 뼈도 아니고 신경도 아닌 그 나머지를 기록하는 것은 어색하고 섬유질 모양이고 보푸라기가 많고 헝클어진 사물, 어릿광대의 코트에 해당한다."(RB, pp.180~81) 이와 같은 진술은 성인의 몸에서 절개해 낸 '대정맥'의 혈관과 실핏줄에 대한 18세기의 해부학적 스케치를 곁들이고 있다. 스케치나 캐리커처나 드로잉이나 또는 심지어 그림에 의해서가 아니라 사진에 의해서 어떻게 "몸을 기록할 수 있는가?" 이와 같은 '자서전'에 대한 본문을 기록하기에 앞서 바르트는 일련의 사진을 제공했다. 이러한 사진 각각에 대해서 그는 짧은 설명을 덧붙였다. 따라서 우리들은 문제가 되는 몸의 사진을 갖게 될 뿐만 아니라 그러한 사진에서 비롯되는 자아의 말까지도 가질 수 있게 된다. 그는 다음과 같은 설명과 함께 자신의 사진(자신의 몸)과 결핵의 재발을 보여주는 의사의 차트 사진을 대조시켜 놓았다. "매달, 새로운 시트가 그 이전의 시트 아래에 붙여졌다. 대략 몇 야드쯤 되었다. 자신의 몸을 시간 속에서 기록하는 어처구니없는 방법."(RB, p.35) 사진 현상자의 바로 뒤에서 자신의 일련의 사진을 바라보고 있는 사람처럼, 짧은 설명은, 마치 사진에서의 몸이 다른 사람의 몸이라도 되듯이, 서사로 전환된다. 아마도 영화에서의 행위, 아마도 잡지에 수록된 어느 유명한 인물, 아마도 서커스에서의 어릿광대라도 되듯이 그러나 절대로 '나는 아닌' 것과 같은 바로 그러한 서사로 전환된다. 그러나 거기에는 또한 익숙한 것, 이해, 관심 등도 포함되어 있다. 바르트가 왼손으로 담뱃불을 붙이고 있는 자기 자신(「왼손잡이」, RB, p.42)에 대해서 언급하고 있는 부분은 어느 누군가에 의한 한가하고 정보적이고 심지어 그럴듯한 언급처럼 그렇게 강력하게 독자를 강타하는 것은 아니다. 이와 같은 언급에 있어서 자서전적인 특징은 사진과 묘사 사이의 경계면 어딘가에 그 자체가 자리잡을 수 있도록 한다. 「왼손잡이」의 이미지와 말 사이에 구체화된 저자 자신의 위치를 언급하면서 바르트는 "그것은 나의 몸이다"라고 말했을 수도 있을 것이다. 실제로 이러한 말은 바르트의 어머니가 아기 바르트를 팔에 안고 앉아 있는 사진이 수록되어 있는 페이지보다 앞서 있는 그 이전의 몇 페이지의 사진에서 반복되고 있다. 이제 나이 든 바르트는 "거울단계, '그게 너야'"(RB, p.21)라고 언급하고 있다. 이와 같은 라캉식의 형성의 논리에 호소하는 데 있어서, 바르트는 유아기의 발전단계를 제시하고 있는 것처럼 보이는 것에 대한 사진과 자기 자신을 일치시키고 있다. 사진에서의 몸은 거울에서의 이미지, 즉 눈은 정면을 향하고 있으며 똑바로 앞을 바라보고 있는 자기 자신의 이미지와 같은 것이다. "저 사람이 내가 거기에서 보고 있는 사람인가"라고 누구나 물을 수도 있을 것이다. 거울을 통해서 자신이 보고 있는 목적격으로서의 '나'는 바로 자기 자신의 몸에 해당한다. 하지만, 거울에 반영된 몸은 하나의 그림일 뿐이지 살아 있는 몸이 아니다.

몸을 이해하는 데 대해서 메를로퐁티가 기여한 것은 살아 있는 몸을 해석하는 것이었다. 몸은 선박에서의 항해사처럼 활성화시킬 수 있는 것도 아니고 플라톤이 제안한 바와 같이 영혼의 감옥과 같은 것도 아니다. 몸은 아리스토텔레스가 주장했던 바와 같이 영혼과 화음을 이루는 기능적인 단위도 아니다. 또한 몸은 데카르트에게서처럼 확장도 아니고 라메트리가 제안한 바와 같이 기계도 아니다. 메를로퐁티에게 있어서 몸은 의도적인 충격요법을 통해서 살아 있게 된다. 후설이 신체적인 몸과 현상학적으로 축소된 초월적인 살아 있는 몸 사이를 구별한 데 대해서,[2] 메를로퐁티는 모든 신체적인 인간의 몸을 이미 살았던 몸으로, 구체적이고 표현적이고 개념적이며 자유로운 몸으로 이해했다. 메를로퐁티가 자신의 마지막 글쓰기에서 강조했던 바와 같이, 몸은 볼 수 있는 가시적인 것이고, 간격을 연결하는 가시성이며, '개념적인 신념'을 통해서 비-가시적인 것을 가시적인 것으로 전환시키게 되는 '바라보기'에 해당한다. 따라서 몸의 사진은 실제로 남아 있는 가시성의 위치를 표시하는 가시적인 것에 해당한다. 누구나 사진 자체에 대해서 그것이 실제로 살아 있는 몸이라도 되는 것처럼 생각할 수도 있는 모든 기대를 사진은 충족시킬 수 없다. 하지만, 사진은 기억, 상상 및 심지어 구성 그 자체에서조차 불가능한 것을 가시적인 것으로 만들 수도 있다. 사진에서의 몸은 볼 수 없지만, 절대 보지 못하지만, 그 자체의 텍스트성은 가시성에 해당한다. 살아 있는 몸의 가시성, 즉 보는 것과 보이는 것, 만지는 것과 만져지는 것 등은 사진에서 하나의 텍스트로 나타나게 된다. 몸의 그림(사진)은 보여주는 대로 그것을 보게 되는 일종의 '불가능성'을 일시적으로 손에 들고 있는 '그림 그리기'(상상하기)에 해당한다. 하지만, 사진에서의 몸이 볼 수도 있고 만질 수도 있고 냄새를 맡을 수도 있으며 맛볼 수도 있다는 '가능성'은 결코 실현될 수 없는 가능성에 해당한다. 사진에서의 몸의 가시성은 실현될 수 없는 가능성, 즉 하나의 텍스트로 되는 가능성에 해당한다. 사진적인 위치가 나타나 있지 않을 때조차도, 사진에서의 철학자의 몸은 사진화된 몸을 하나의 텍스트성으로 제공하게 된다. 사르트르나 하이데거의 그림이 대중에게 제공될 수 있는 것이 무엇이든지 그것은 사진적인 현존의 텍스트성을 구체화하게 될 것이다. 사르트르나 하이데거의 사진, 예를 들면 이들 철학자 각자가 학회에서 청중 앞에 서있거나 자신의 책상 앞에 앉아 있거나 원고를 작성하고 있거나 숲속을 거닐거나 담배에 불을 붙이거나 저녁식사를 하거나 또는 칫솔질을 하거나 하는 사진 등에 대한 관심은 유명한 철학자, 사상가 또는 작가에 대한 관심에 해당한다. 그 누구에 의해서 이와 똑같은 입장을 취한다 하더라도 이들의 입장을 충족시킬 수는 없을 것이다. 철학자의 몸의 텍스트성은 그저 단순한 몸의 텍스트성이 아니다. 철학자의 몸의 텍스트성은 철학 그 자체를 고양시키고 전달하고 아마도 구체화하기까지 할 수 있을 것이다.

사진적인 연구를 위한 두 권의 사진집(한 권은 하이데거의 사진집이고 다른 한 권은 사르트르의 사진집)은 서로 다른 상황에서 비롯되었다. 두 권 모두 1978년에 발간되었지만, 하이데거는 자신을 찍은 사진을 자신이 세상을 떠날 때까지 발간하지 말 것을 특별히 요구했다. 그의 사진들은 프라이부르크에 있는 자신의 집에서, 1966년 9월 23일 토드나우베르크에 있는 자신의 오두막집에서, 다시 또 토드나우베르크의 오두막집에서, 그리고 1968년 6월 17일과 18일에 프라이부르크에 있는 자신의 집에서 찍은 것들이다. 딘느 말러 마르코비츠는 하이데거의 이러한 사진들을 촬영했다. 하이데거가 1976년 5월 26일 프라이부르크에서 세상을 떠났을 때, 그는 86세였다. 따라서 2년 동안 촬영했던 그의 사진들이 처음으로 세상에 출현했을 때는 적어도 10년이 지난 뒤였다. 이러한 사진들은 파스칼이 우리들을 그렇게 명명했듯이 '생각하는 갈대'의 기록에 해당한다. 다시 말하면, 인쇄된 말, 제자들, 논평자들 및 반대자들의 형식으로 다시 나타나게 되는 하이데거의 '사상의 흔적'을 책으로 각인시킨 기록에 해당한다. 이와 같은 사진들은 그럴듯한 페이지 위에 쓰인 존재적 개관으로서만 말하는 존재론적 질문에 대한 기록문서로 작용하게 된다. 사진에서의 상황은 미리 결정된 방식으로 선정되었으며, 하이데거가 자신의 부인, 동료들 및 친구들과 함께 있기는 하지만, 그 자신은 역시 카메라 앞에 포즈를 취하고 있기 때문이다.

이와는 대조적으로, 사르트르의 사진들은 아주 어린 아기 사진에서부터 1980년 4월 15일 그가 세상을 떠나기 바로 직전의 성인 사진까지 그 자신의 삶의 흔적에 해당한다. 사르트르의 사진들은, 서로 다른 몇 명의 사진작가들 각자가 사르트르 자신과 그의 몸의 현존을 포착한 것으로, 사전의 준비 없이 현장에서 가장 특징적인 상황을 촬영한 것이다. 이러한 사진들은 '상황에 처해 있는' 사르트르 자신을 보여주고 있으며 후대를 위해서 사전에 그 어떤 준비도 하지 않았다. 『사르트르』3)라는 제목으로 1972년에 제작된 긴 영화, 즉 자신의 아파트에서 장황하게 이야기하고 있는(또는 때때로 시몬 드 보부아르와 함께) 모습과 그 자신의 삶에서 비롯된 장면들로 변화를 주고 있는 영화와는 다르게 사르트르의 친구였던 릴리안느 센딕-시겔과 함께 수집된 그의 이 사진집에는 그의 콘텍스트, 경험 및 전념 등의 다양성이 포착되어 있다. 사르트르의 사진집에는 그가 파리의 집에 있는 장면, 리투아니아의 모래언덕을 넘고 있는 장면, 포르투갈에 주둔하고 있는 프랑스 병사와 이야기하고 있는 장면, 이집트의 파라오 동상 옆에 앉아 있는 장면, 일본의 가옥을 사진 찍고 있는 장면, 시몬 드 보부아르 및 몇몇 친구들과 함께 중국에서 아치 아래 서 있는 장면, 쿠바에서 카스트로와 대담하고 있는 장면, 비엔나에서 티토를 만나고 있는 장면, 시몬 드 보부아르와 함께 스톡홀름에서 산책하고 있는 장면 등이 수록되어 있다. 사르트르의 생전에 출판되었지만, 그의 말년을 괴롭혔던 약화된 시력으로 인해서 그 자신은 좀 더 최근의 사진 몇 장을 실제로 볼 수 없었을 수도 있다. 어떤 점에서, 그가 자신의 개인적인 연구기획을 지속하기는 했지만—세상을 떠나기 1년여 전에 텔레비전에까지 출현했음에도 불구하고—장-폴 사르트르의 경우는 그의 죽음과 동시에 '사르트르'라는 이름은 이미 다른 사람들의 수중에 있는 것이나 다름없게 되었다. 친구들, 동료들 및 논평자들은 사르트르가 기여한 것을 들추어내는 데에 열을 올리게 되었다. 대담자료를 발간했고, 미-발간 원고들을 정리했고, 그의 활동에 대한 대규모 토론회가 노르망디 세리지-라-살르에서 개최되었고(1979년 여름 동안), 사르트르에 대한 평전을 수록한 상당히 두꺼운 분량의 『오블리크』는 전적으로 그에게 헌정되었으며, 「사르트르의 효과」에 대한 특집호 『크리티크』를 발간하기도 했다. 하지만, 사르트르의 기록이 읽히게 되고 연구되고, 분석되고, 비판되고 지속되는 동안에, 그 자신의 몸의 현존에 대한 기록은 일련의 사진들로 보관되어 있을 뿐이었다.

하이데거와 사르트르에 대한 각각의 사진집에서는 상당히 다르기는 하지만 그러나 서로 관련되는 사진으로서의 삶을 제시하고 있다. 이와 같은 사진들의 장치에는 '검은 숲지대'[독일 서남부의 슈바르츠발트 지역의 삼림지대]에 근거를 두고 열심히 노력하고 있는 하이데거의 명상적인 삶을 제시하는 한편, 다른 한편으로는 세계 전역을 통해서 인간의 자유를 수립하기 위해 헌신한 사르트르의 적극적인 삶을 제시하고 있다. 이 두 철학자들이 후설의 초월적 현상학을 실존화하는 데 있어서 서로간의 활동을 잘 알고 있었다는 점에서, 이들의 사진집은 서로 관련된다고 볼 수 있다. 사르트르가 1930년대 초반에 독일게 갔을 때에 하이데거의 연구기획은 이미 실천되고 있었다. 따라서 그 자체의 세부항목에서는 아니라 하더라도 그 자체의 '게슈탈트'에 있어서 사르트르의 『존재와 무』(1943)는 하이데거의 『존재와 시간』(1927)을 증가시킨 것에 해당한다고 볼 수 있다. 여기에서 몇 가지 유형의 영향관계를 주장하는 것은 아무런 가치가 없을 수도 있다. 오히려 '실존적 현상학'이라는 명칭으로 종종 실천되고는 했던 텍스트성의 반복을 살펴보는 것이 훨씬 더 의미 있을 것이다. 하지만, 『마르틴 하이데거 : 사진들』과 『사르트르 : 삶의 이미지』라는 두 권의 사진집을 병치시키는데 있어서, 문제가 되는 텍스트성은 『존재와 시간』과 『존재와 무』의 병치에서 비롯되는 텍스트성과 같은 것이 아니다. 현재의 병치적인 읽기에 의해서, 이 두 권의 사진집에 수록된 사진에 대한 연구가 하이데거 / 사르트르의 대립을 포함하고는 있지만, 누군가는 '현상학적 존재론'(사르트르가 그렇게 명명한 바와 같이)을 연구할 수도 있고 또 다른 누군가는 콘텍스트화된 '육체성'을 연구할 수도 있을 것이다. 텍스트적으로 콘텍스트화된 '육체성'에 대한 이와 같은 두 번째 유형을 '전기사진적 텍스트성'이라고 명명할 수도 있을 것이다. 이러한 텍스트성에서는 그림으로 기술함으로써 하나의 삶을 재계산하게 된다. '자화상'과 공식적인 초상화 사이(그림에서), 자서전과 전기의 사이(문자의 영역에서), '나'의 삶과 '타인'의 삶 사이(인간의 경험에서)의 어딘가에 위치함으로써, 전기사진적인 텍스트성에서는 사르트르와 하이데거의 육체성을 강조하게 된다. 전기사진적인 텍스트성에서는 사상과 행동 사이의 어딘가에서 철학자의 몸을 '해석'하게 된다. 철학자의 몸이 정적으로 표상되어 있기는 하지만, 그럼에도 그것은 포착불가능하고 미-완성적인 채로 남아 있는 표현을 지향하는 무엇인가의 중간쯤에 위치하고 있다. 사진에서의 몸은 말하려 하고, 담배에 불을 붙이려 하고, 미소를 지으려 하고, 글을 쓰려 하고, 반대하려 한다. 이러한 움직임은 결코 충족될 수 없고, 말은 결코 발음될 수 없으며, 사상은 결코 실현될 수 없다. 그럼에도 사진적인 텍스트성의 '육체성'은 분명히 하이데거의 육체성 또는 사르트르의 육체성에 해당한다. 그 어떤 혼동도 발생하지 않게 된다. 특히 모든 사진들이 한 권의 사진집으로 통합되었을 때에는 그 어떤 의심도 있을 수 없다. 사진집에서 지팡이를 들고 산 위에 서 있는 사람은 바로 하이데거 자신이고 손에 펜을 잡고 카페에 앉아 있는 사람은 바로 사르트르 자신이다. 이러한 그림에서 전기사진적 텍스트성은 철학자의 신체적인 삶을 하나의 텍스트로 각인시키고 있다. 이때의 텍스트는 사진이기 때문에, 그러한 텍스트의 텍스트성은 가시적인 것에 해당한다. 몸은 보여질 수 있다. 사진에 나타나 있는 몸을 만지고 냄새를 맡고 맛을 보고 귀를 기울이는 것 등이 황당한 까닭은 일반적인 이미지에 의해서 창조된 기대를 다른 감각으로 충족시키는 것이 불가능하기 때문이다. 사진은 '눈속임 그림'에 해당하는 것이 아니라 다른 감각을 위한 '위선'에 해당하기 때문이다. 흑백사진에는 깊이, 대조 및 광도 등이 나타나 있다. 이러한 점은 철학자의 죽음을 알리는 『뉴욕

타임스』기고란에 나타나 있는 암울하고 심지어 불길하기까지 한 초상화가 아니다. 이러한 사진들에는 그 자체만의 표현, 그 자체만의 목소리, 그 자체만의 존재에 의한 생기와 활력 등이 있다. 심지어 사진 그 자체에도 생명력이 있을 뿐만 아니라 이와 같은 사진들에 통합되어 있는 몸에도 그 자체만의 생명력이 있다. 몸은 사진에서 비롯되며 그러한 몸의 표현성과 콘텍스트성을 의미 있게 한다.

한 권은 프랑스에서, 다른 한 권은 독일에서 같은 해에 각각 발간된 두 권의 사진집은 대략적으로 같은 크기와 같은 길이(약 120페이지 가량)로 되어 있다. 원칙적인 유사성은 여기에서 끝나게 되어 있다. 하이데거의 사진집은 우선적으로 공시적인 체계로 되어 있으며, 77세에서 79세까지 하이데거 자신의 모습을 보여주고 있다. 그의 명성과 성취는 이미 그 이전에 이루어진 것이다. 하이데거가 은퇴한 시기에 촬영한 그의 사진들에는 인정받는 철학자의 권위, 정중함 및 지혜 등이 나타나 있다. 사르트르의 사진집은 우선적으로 통시적인 체계로 되어 있다. 그의 이 사진집은 한 손으로 돛을 잡고 다른 한 손으로 깃대를 잡고 서 있는 네 살가량 된 어린 소년의 사진으로 시작하고 있다. 사진에 대한 표제를 맡고 있던 시몬 드 보부아르는 이 사진 아래에 다음과 같은 설명을 붙였으며 그것은 고갱의 그림제목을 떠올리게 한다. "한 어린 아이가 자신의 삶을 시작하려 한다. 그는 어디로 가고 있는가? 그는 어디에서 왔는가? 이 사진집은 이러한 질문에 답해줄 것이다. 그 어린 아이의 이름은 장-폴 사르트르이다."(Sartre ; Images, p.7) 그리고 이 사진집은 사르트르가 미셸 스턴 박사—사르트르의 72회 생일을 축하해 주었고 인간의 자유를 옹호하는 그의 지속적인 관심에 대해서 감사한 마음을 표현했던—의 옆에 앉아 있는 사진으로 끝맺고 있다. 사진으로 남겨진 자신의 삶을 통해서, 사르트르는 청년기부터 노년기까지, 자신의 어머니의 팔에 안긴 어린 소년에서부터 프랑스 지성계에서 가장 찬양받는 인격을 지닌 인물이 되기까지 자신의 발전과정을 따라 제시되어 있다. 작가, 사상가 및 활동가로서의 기원이 다양한 성취단계에 따라 전개되어 있다고 볼 수 있다.

하이데거의 사진집은 공식적으로 ① 프라이부르크와 토드나우베르크 (1966), ② 토드나우베르크(1968) 및 ③ 프라이부르크(1968) 등 세 부분으로 분류되어 있다. 두 개의 처소는 하이데거가 자신의 집을 지었고 그 속에서 전적으로 자기 자신만의 삶을 살았던 곳이다. 이와 같은 두 개의 집 사이의 길은 그 자신의 존재의 두 개의 극점 사이에 나 있는 시골길과 같은 것이다. 실제로 그의 이 사진집은 더 많이 분류되어 있다. 제1부에는 ① 프라이부르크에 있는 자신의 집으로 찾아온 세 명의 손님(이 장면에서 네 번째 손님인 사진작가는 빠져 있다)과 함께 담소하면서 서재에 있는 하이데거, ② 산에 있는 자신의 오두막집에서 자신의 손님들과 함께 있는 하이데거, ③ 오두막집 —①과 ② 사이에 있는—으로 걸어 올라와 도착하는 하이데거 등이 포함되어 있다. 제2부에는 산에 있는 오두막집을 보여주면서 ① 자신의 오두막집 안팎에 있는 하이데거, ② 부엌, 식당, 침실 등에서 자신의 아내 엘프리데와 함께 있을 뿐만 아니라 다시 밖으로 나와 아내와 함께 앉아 있거나 담소하거나 산기슭을 산책하고 있는 하이데거, ③ 이스트반 클렘파와 함께 들녘을 걷고 있는 하이데거 등이 포함되어 있다. 제3부는 프라이부르크 집밖에서 자신의 정원을 손질하고 있는 하이데거의 사진으로 끝맺고 있다. 대부분의 사진들은 식당에서 촬영한 몇 장의 사진과 함께 책을 읽고 있는 하이데거 자신의 모습을 보여주기도 한다.

하이데거의 사진집과 사르트르의 사진집에서 유일한 컬러사진은 하이데거의 사진집 표지에만 수록되어 있다. 이 사진에서 하이데거는 토드나우베르크에 있는 자신의 오두막집 창가에 서 있다. 각각 세 줄로 배열된 똑같은 제재의 다섯 장의 무삭제 컬러사진은 뒤표지에 수록되어 있다. 사진에서 하이데거의 몸은 창틀에 의해 분리되어 있다. 그의 손과 팔은 창틀 밖으로 나와 있다. 약간 찌푸린 것 같아 보이는 그의 미소는 그 뒤에 있는 어두운 배경으로부터 '미소' 그 자체를 보호하고 있는 것처럼 보인다. 그의 독수리 눈빛은 어둠을 응시하고 있지만 그의 얼굴은 햇빛과 밝은 색조로 빛나고 있다. 편안해 보이는 그의 풀오버 스웨터 일부는 오두막집의 안에 있고 일부는 밖에 있다. 그의 팔과 얼굴은 그의 몸의 나머지 부분에 의해 연결되어 있다. 그렇지만 손과 얼굴은 색깔에 의해, 즉 스웨터, 셔츠 및 넥타이의 일부분에 의해 똑같이 연결되어 있다. 이와 같은 부분들은 서로 다른 선, 말하자면 창틀에 의해 잘린 선과 스웨터에 의해 잘린 선을 따라 발생하게 된다. 하이데거의 바로 이 사진의 이러한 장면에 대해서 앙드레 브르통이 자신의 『초현실주의 선언』에서 "창문에 의해 두 부분으로 잘려나간 사람이 있다"[4]라고 언급했던 점을 누구나 상상할 수도 있을 것이다. 하이데거의 사진에서 이와 같은 부분은 신체적인 불구에 해당하는 것이 아니다. 그것은 사진 전문가의 행위에 의해 이루어진 것이다. 하이데거는 틀에 갇혀 있는 셈이다. 창문은 일종의 '공작(工作)'이며 스웨터도 마찬가지이지만, 궁극적으로 '공작(工作)'은 카메라 자체에 해당한다. 도구는 몸의 일부분을 형성한다. 운반을 용이하게 하기 위해서 다양한 부분으로 분리되어 있는 시멘트와 진흙으로 만들어진 동상처럼, 하이데거의 몸은 사진-기술적(記述的)인 행위에 의해 분리되어 있다. 이와 같은 분리는 재생산된 '엑타크롬 음화(陰畵)'[엑타크롬(Ektachrome)은 미국의 이스트먼코닥사에서 발매하고 있는 내식(內式) 컬러 리버설 필름의 상품명이고, '음화'는 사진을 찍었을 때 물체의 밝은 부분은 어둡게, 어두운 부분은 밝게 뒤바뀌어 재생된 화상(畵像)을 의미한다]에 의해 더 많이 발전하게 되었으며, 이 음화에서 하이데거는 사각의 창틀에 의해 포즈를 취하게 된다. 그는 아래를 내려다보기도 하고 위를 올려다보기도 하고 오른 쪽을 바라보기도 하고 왼 쪽을 바라보기도 하고 심지어 위를 쳐다보기도 한다. 첫 번째 그룹의 '음화'에서 하이데거의 한 쪽 손은 여전히 창문에 걸쳐 있으며, 두 번째 그룹의 '음화'에서 그의 다른 쪽 손과 심지어 그의 머리까지도 다른 쪽에 걸쳐 있다. 그는 틀에 갇혀 있고 파편화되어 있으며, 그는 자기 자신으로부터 분리되어 있다.

하이데거의 사진집처럼, 『사르트르 : 삶의 이미지』도 다음과 같이 몇 개의 공식적인 부분으로 나뉘어 있다. ① '준비단계'에는 젊은이로서의 사르트르, 그의 가족 및 잘 알려진 친척인 알베르 슈바이처의 사진 등이 수록되어 있다. ② '교수' 부분에는 '파리고등사범학교' 시절부터 그가 '기상군(氣象軍)'으로 동원되어 군복을 착용하고 근무하던 1939년까지 수록되어 있다. ③ '작가' 부분에 수록된 사진들은 전적으로 연대기적으로 정리되어 있지는 않지만, 1934년 초반부터 1967년 말까지의 사진들이 수록되어 있다. ④ '여행자' 부분에는 제2차 세계대전 직후인 1946년부터 1975년까지 이탈리아, 오스트리아, 중국, 쿠바, 브라질, 그리스, 러시아, 일본, 이집트, 이스라엘 및 포르투갈 등을 방문했을 때의 사진들이 수록되어 있다. ⑤ '우리에겐 저항할 권리가 있다' — 사르트르가 피에르 빅토르와 필립 가비와 함께 논의한 내용을 정리한 저서의 제목5) — 부분에는 1968년 5월과 6월 프랑스에서의 사건이 있던 기간의 사진, 베트남에서의 미국 전범(戰犯)에 대한 '버트런드 러셀 심의위원회'에 참석하기 위해 스톡홀름과 덴마크를 방문했던 사진, 다양한 시위현장에 가담한 사진 및 1970년대 초반 『민중의 주장』이라는 책자 발간과 관련되어 실제로 체포되었던 사진 등이 수록되어 있다. 마지막으로 ⑥ '70세' 부분에는 사르트르가 1972년 자신의 생애에 관련되는 영화를 위해 영화촬영 현장에 있는 그 자신의 사진과 70세 생일에 친구들과 함께 있는 사진 등이 수록되어 있다. 대략 연대기적으로 정리되어 있기는 하지만, 이상과 같은 그룹에서는 공식적으로 제안된 범주에 의해 좀 더 분명하게 정리되어 있다. 물론 처음부분에서의 가족의 장면과 마지막 부분에서의 생일축하 장면은 좀 더 엄격하게 통시적인 형식으로 되어 있다. 제2차 세계대전이 종전된 뒤에 사르트르는 선생으로서의 자신의 역할을 중단했기 때문에, 이와 같은 주제에 관련되는 부분의 사진들은 해당시기의 사진들을 선정하는 데 있어서 제한받을 수밖에 없었을 것이다. 그러나 사르트르는 성인으로서의 자신의 삶 대부분을 작가로(그는 자신의 『말』에서 '매일 한 줄씩'이라고 쓰기도 했다), 세계 각국의 여행자로(국제적인 양심을 가지고), 일종의 혁명가로 보냈다.

하이데거의 사진집에는 그 자신의 저서목록이 포함되어 있는 반면, 사진 자체에 대한 표제는 거의 없으며, 다만 이 사진집에서 찾아볼 수 있는 여섯 사람의 정체를 확인할 수 있는 표제만이 있을 뿐이다. 그러나 사르트르의 사진집에는 그의 여정에서 그를 지지했던 폭넓고 다양한 친구들과 지인들 각각에 대한 표제가 포함되어 있다. 당연히 사르트르의 50년 동반자인 시몬 드 보부아르는 사진에서 종종 다시 나타나고는 한다. 그러나 이와 같은 두 권의 사진집 각각에서 철학자의 '몸'은 철학자의 '말'(그것은 분명히 배제되어 있다)보다 훨씬 더 강조되어 있으며 심지어 표제보다도 더 강조되어 있다. 말하는 것, 그 자체를 가장 명쾌하게 설명하고 있는 것은 철학자의 '몸' 그 자체이다.

그러나 이와 같은 몸은 어떤 유형의 몸인가? 사르트르는 커다란 발, 커다란 손 그리고 커다란 귀를 가지고 있으며 그것들은 모두 그의 작은 몸에 비하여 예외적으로 더욱 크게 보인다. 사르트르는 눈에 띄게 작고 그의 눈동자는 까맣다. 고등학교 마지막 해부터 그는 안경을 썼다. 1968년까지 그는 보통 넥타이를 매고 정장을 했다. 1968년 이후부터 그의 복장에서 넥타이는 완전히 사라져 버렸다. 그는 종종 파이프 담배를 피웠지만 말년에는 좀 더 규칙적으로 권련을 피웠다. 그가 55세 되던 1960년이 되어서야 그의 머리숱은 적어지기 시작했다. 글을 쓰거나 논쟁을 하거나 카메라 앞에 포즈를 취할 때를 제외하고 그는 종종 미소를 짓고 있다. 이와는 대조적으로 하이데거는 그의 유명한 솔과 같은 코수염을 길렀고, 꿰뚫어 보는 눈빛과 잘 조절된 미소를 띠고 있다. 하이데거는 77~79세—사르트르의 마지막 사진보다 5년에서 10년 정도 더 많은 나이—의 남성으로서는 보기 드물게 머리가 조금밖에 벗겨지지 않았다. 하이데거는 사르트르보다 자신의 손을 더 잘 사용했다. 때로는 오른

손 집게손가락을 치켜 올리기도 했고, 때로는 상상적인 커다란 풍선을 잡고 있는 것처럼 보이기도 했고, 때로는 앞쪽으로 양손을 모아 쥐고 있기도 했다. 두 사람은 꼿꼿하게 걸었지만, 앉아 있을 때에는 원고 위로 어깨를 구부려 몇 년은 더 늙어 보이기도 한다. 이들은 오랜 시간의 집필로 인해서 눈 아래쪽에 많은 주름이 있다. 이들은 말년에 턱 주름이 생겼다. 하이데거의 코는 사르트르의 코보다 더 크고 더 구부러졌다. 안경, 시계 및 파이프나 권련을 제외한다면, 사르트르의 몸에는 장신구가 없다. 그는 1939년 군복을 입었을 때를 제외하고는 모자를 쓰지 않았다. 그러나 하이데거에게는 산에 있는 자신의 오두막집 안과 밖에서 쓰고는 하던 몇 개의 모자가 있었다. 그는 언제나 넥타이를 매고 있었으며 스웨터를 입거나 집안에서 재킷을 입을 때조차도 넥타이를 매고는 했다. 그러나 그렇다 하더라도, 하이데거의 사진을 촬영한 기간은 짧았고 또 동기가 부여되었던 반면, 사르트르의 사진은 수년간에 걸쳐 있을 뿐만 아니라 종종 예기치 않은 순간에 촬영된 것이라는 점을 기억해야만 할 것이다. 또한 하이데거는 사르트르보다 16년이나 더 나이 들었기 때문에 그는 사르트르와 차이나는 세대, 차이나는 옷차림은 물론 차이나는 콘텍스트에 속해 있었다. 하이데거는 시계를 찼고 결코 결혼한 적이 없는 사르트르와는 달리 하이데거는 자신의 오른 손가락에 결혼 금반지를 분명히 끼고 있다.

사르트르가 책상 앞에 앉아 있을 때, 책상은 여기저기 흩어져 있는 종이뭉치로 가득 차 있다. 책상 한 쪽에는 재판(再版)을 위한 서류뭉치가 쌓여 있다. 서적, 편지, 담배상자, 그리고 담배꽁초와 담뱃재로 가득 차 있는 커다란 마르티니 재떨이도 놓여 있다. 책상 아래쪽에는 버려진 종이로 흘러넘치는 쓰레기통을 볼 수 있다. 서가의 서적들만이 상대적으로 잘 정돈되어 있을 뿐이다. 이와는 대조적으로 하이데거는 놀랍도록 깔끔하다. 그의 프라이부르크 서재에 있는 서적들은 모두 세워져 있으며 벽을 따라 잘 정리되어 있다. 사르트르의 책상과 비교할 때에 하이데거의 책상은 상당히 크고 넓다. 하이데거의 책상 위에 있는 모든 것들은 잘 정돈되어 있다. 연필, 펜, 종이, 서적, 펜 접시, 달력, 화분, 그림 등은 모두 꼼꼼하게 정리되어 있다. 산에 있는 그의 오두막집의 서적들조차도 식당의 높은 선반 위에 정리되어 있다. 비어 있는 선반들은 상대적으로 비어 있는 그의 책상 위의 선반에 연결되어 있다. 선반 위에 조심스럽게 놓여 있는 종이들은 방금 끝낸 원고뭉치들이거나 또는 집필을 하기 위한 종이 이다. 이러한 점은 오랫동안 교수로(그리고 공무원으로) 지낸 하이데거 ― 교수직을 금지 당했던 전후(戰後)의 몇 년 동안과 정년 이후의 몇 년 동안을 제외하고는 ― 와 작가가 되기 위해서 선생의 역할을 포기했던 사르트르 사이의 차이에 해당하는 것인가?

이와 같은 신체적 현존의 두 가지 형식을 뒷받침하는 몸의 철학은 또한 상당한 차이에 해당하기도 한다. 사르트르와 하이데거를 구별하는 전기사진적 텍스트성은 그들 자신의 '몸의 이론(또는 해석)'에서 재생산되었다. 하이데거에게 있어서 몸은 몸의 부재에 의해서만 가장 분명하게 현존할 수 있을 뿐이다. 『존재와 시간』에서 찾아볼 수 있는 보기 드문 경우에도 하이데거는 우리들의 신체적 본성을 언급하기까지 했다. 그러나 그는 정신적인 것과 신체적인 것 사이의 데카르트적인 와해가 적합하지 않다는 점을 상술하고는 했다. 따라서 하이데거에 의하면, 몸의 사진을 사물의 표상으로 간주해서는 안 된다. 공간성은 현존재의 '세계-속의-존재자'의 근본적인 특징에 해당한다. 몸은 현존재의 존재에 대한 존재적 관계가 아니다. 오히려 몸은 하나의 공간성, 즉 존재와 존재자 사이의 존재론적 차이에 가장 근접하게 위치하게 되는 공간성에 해당한다. 공간성은 신체적이며 그것이 현존하게 되는 방법은 몸 그 자체이다. 안경, 시계 또는 파이프와 같은 몸의 도구는 현존재의 공간성에 대한 방향성을 나타낸다.

몸의 사진에 관련지어 이해하게 될 때에 존재적인 것, 즉 현존하는 것만이 나타나게 될 뿐이다. 하지만 사진은 그 자체의 공간성과 도구에 의

한 신체적 현존의 존재적 현현에 해당한다. 신체적 공간성의 방향성은 사진에서만 표시될 뿐이다. 표현의 다양성이 나타나게 되는 이와 같은 예시에서조차도, 다원자가(多原子價)를 지닌 방향성이 사진에 나타나게 된다. 예를 들면, 하이데거의 한 장의 사진(그의 사진집에 수록되어 있는 다섯 번째 사진)에서 그는 자신의 오른 손 집게손가락을 위로 치켜세우고 있다. 그는 숫자를 세거나 반대하거나, 자신이 말할 차례를 요구하거나 무엇을 지적하거나 무엇을 가리키거나 또는 단순히 손짓을 하고 있는 것인가? 공간성도 마찬가지이지만 그것의 방향성은 다양하다고 볼 수 있다. 사진을 읽음으로써, 가능한 해석의 혼란은 더욱 분명해지기 때문이다. 하지만, 다양성이나 변화성을 결정할 필요는 없다. 사진에서의 몸의 표현은 하이데거의 '세계-속의-존재자'를 나타내지만 존재적으로 결정될 뿐이다. 표현에서의 다양성은 해석에 의해 나타나게 된다. 사진의 생산을 가능하게 했고 그 자체를 존재론적 차이에 위치하도록 하는 하이데거 자신의 경험은 사진 그 자체에 대한 읽기에서 비롯되는 다름 아닌 해석적인 다양성에 해당한다. 사진에서의 몸은 정적(때로는 부분적) 이미지로 전환된 신체적인 현존의 현존에 해당한다. 여기서 말하는 '정적 이미지'의 가능성은 살아 있다기보다는 해석적이며, 그것의 활력성은 전기사진적 텍스트성으로 진입하게 된다.

사르트르의 경우는 다시 또 다를 수밖에 없다. 그의 옛 친구이자 동료인 메를로퐁티가 취했던 입장처럼 현상학적으로 합당한 것은 아니지만, 몸에 대한 사르트르의 설명은 훌륭하게 발전되었다. 사르트르의 몸의 철학이 사진에서의 남자의 텍스트성에 의해 확인될 수 있는 것인지를 물어볼 필요가 있을 것이다. 수많은 경우에서 사르트르는 몸의 문제로 되돌아오고는 하지만, 그가 보들레르, 장 주네, 플로베르 및 심지어 자기 자신의 유년기의 경험 등에 대한 연구에서처럼, 종종 철학적이고 전기적인 설명을 할 때에, 그의 기본적인 형성의 논리는 『존재와 무』의 제3부 제2장에서 발생하게 된다. 몸의 세 가지 존재론적 영역을 구별하는 데 있어서, 사르트르는 사진이 차지하고 있는 위치에 대해서 하나의 병치를 제공했다. 사르트르가 사진에 대한 자기 자신의 취급을 상상력에 대한 자기 자신의 초기연구로 통합시키기는 했지만, 그는 사진에서의 몸을 제2의 존재론적 영역을 표시하는 것으로 훌륭하게 묘사할 수 있었다. 사진에서의 몸은 더 이상 그 자체만의 것(제1의 영역)이 될 수 없다. 이러한 점은 사진에서 구체화되어 있다. 사진에서의 몸에 대한 의식, 즉 사진 그 자체를 몸으로 의식하는 것은 더 이상 작용하지 않게 된다. 이와 똑같이 사진에서의 몸은 그 자체가 다른 것의 대상(제3의 영역)으로 될 수도 없다. 왜냐하면 사진에서의 몸은 그 자체의 몸에 해당하지 않기 때문이다. 따라서 사진에서의 몸을 이와 같은 세 가지 영역 중의 하나로 해석하고자 한다면, 그것은 가장 그럴듯하게 다른 사람의 몸으로 될 수 있을 것이다. 말하자면, 사르트르가 레스토랑에 앉아 있는 사진에서의 몸은 어느 누군가가 자기 자신을 바라보고 있다는 사실을 눈치 채지 못한 채 레스토랑에 앉아 있는 다른 사람의 몸으로 될 수 있을 것이다. 그렇다면, 사진에서의 몸을 바라보는 것은 행동에서 포착되는 것, 무엇인가를 하고 있는 와중에 붙잡히는 것, 즉 과정에서 대상화되는 것을 의미한다. 그러나 사진에서의 몸은 순간적인 행동을 단 한 번에 포착한 것이다. 사진에서의 몸의 이러한 점은 젊은 장 주네가 도둑질을 하다가 붙잡히게 되고 그렇게 함으로써 다른 사람들이 그를 지속적으로 범죄자로 만들게 된 것과는 다르다. 시몬 드 보부아르는 사진을 자기 자신이나 사르트르의 경험의 출발점으로 생각할 수도 있지만, 이러한 점은 사진의 몸의 부수적인 특징에 해당하는 것이지 사진적인 텍스트의 읽기 그 자체에 해당하는 것이 아니다.

그러나 사진에서의 몸이 단순하게 다른 사람의 몸으로 될 수는 없다. 사진에서의 몸은 사르트르의 몸에 대한 세 가지 영역의 유추에 해당한다. 몸, 다른 사람의 몸으로 축소된 몸은 몸의 이미지로 작용하게 된다. 예를 들면, 카페 '르 돔'의 바깥에 있는 탁자에서 글을 쓰고 있는 사르트르의 사진에서, 그의 두 눈은 탁자 위에 있는 종이를 향해 아래를 바라보고 있다(Sartre ; Images, p.43). 그는 누군가가 자신의 사진을 찍고 있다는 사실을 눈치 채지 못하고 있다. 그렇지만, 거기에 앉아 사진으로 찍힌 사르트르의 텍스트성은 글을 쓰고 있는 작가의 텍스트성에 해당한다. 그의 전체적인 존재자는 그가 글로 쓰고 있는 것으로 수렴된다. 다시 말하면, 그는 자신이 글로 쓰고 있는 것에 대한 의식에 해당하고, 그는 누군가가 카페 '르 돔'에서 자신의 사진을 찍어준 바로 그 사진작가를 위한 '존재자'에 해당하고, 그는 바로 그 자신의 부수적인 '관찰자'에 해당한다. 그러나 그가 글쓰기에 집중하는 것은 글쓰기 그 자체가 아니라 글쓰기의 '절대적 복사'에 해당한다.

사진에서의 몸은 텍스트화된 현존에 해당한다. 살아 있는 신체적 경험에 관련되는 층위로서, 그것은 가시적인 텍스트에 각인된 것이다. '사진'으로서의 텍스트는 그 자체만의 몸을 가지고 있다. 사진의 몸에 적합한 것이 언제나 철학자의 몸에 적합한 것만은 아니다. 하이데거와 같은 철학자는 아마도 머리에 손을 얹은 채 동료들과 담소하고 있는 장면이 사진으로 찍혀 다른 사람들에게 보이거나 또는 '시몬이 말하기를'과 같은 말놀이에 의해서 철학자 자신이 오해받는 것을 원하지 않았을 수도 있다. 또는 사르트르는 자신이 시몬 드 보부아르보다 훨씬 더 작다는 점을 알려주는 사진, 즉 자신이 보부아르와 나란히 걷고 있는 사진을 보았을 때에 행복하지 않았을 수도 있다. 그럼에도 '사진의 몸'(주체)은 철학자의 '몸'에 대해서 '사진에서의 몸'(대상)처럼 의미작용과 콘텍스트화를 제공하게 된다. 사진의 전기사진적 텍스트성은 '구체성'을 각인시키게 된다(포스트모던 시대의 몸에서처럼, 몸 그 자체를 때로는 전체적으로, 때로는 분리시켜서, 때로는 절단해서). 사진적인 구체성은 철학자의 말을 고양시킬 뿐만 아니라 그러한 말에 직접적으로 관련되기도 한다. 철학자의 '말'의 경계에 서 있는 이미지와 철학자의 '말' 그 자체는 사진의 지평을 뛰어넘게 된다.

텍스트로서의 몸은 의미를 나타낸다. 그것의 텍스트화에서는 하나의 몸을 취급하게 되고, 이때의 몸의 다양성은 하나의 철학을 충족시킬 수도 없고 다른 철학에 반응할 수도 없다. 이러한 몸은 다른 몸의 견해에 의해서 발전될 수도 없고 그 자체만의 경험을 설명할 수도 없다. 하지만 그것은 철학자의 몸으로서 의미를 나타내게 되며, 그 자체를 설명하는 텍스트성으로서 그 자체를 유지하게 되고 그 자체를 포함하게 된다. 그것은 철학화된 텍스트로서 그 자체만의 경계를 수립하게 된다. 사진에서의 철학자는 여전히 철학적인 입장을 예로 들 수도 있고, 철학이 그림이나 사진으로 된 이야기라도 되는 것처럼 철학의 적용가능성을 제시할 수도 있고, 또는 사상과 그림의 대조를 제시할 수도 있다. 사진은 말로 설명될 수 없는 것을 보여줄 수도 있고 철학 그 자체가 무엇이든지 그러한 철학과 관계없는 철학자의 몸을 제시할 수도 있다. 사진에서의 몸은 철학을 이해하기 위한 전기의 부적합성을 나타내기도 한다. 하지만 전기사진적인 것은 하나의 텍스트성으로서 철학자의 몸의 문제를 제기하는 것이지 철학자의 아이디어나 논쟁을 제기하는 것은 아니다. 전기사진적인 텍스트성은 철학에서 미해결된 문제를 결정하는 것이 아니다. 오히려 그것은 철학과의 관계에서 상관적이면서도 병치적인 철학자의 몸의 기능을 나타내기도 한다. 좀 더 특별하게, 그것은 철학에서 언급되었거나 개인적으로 조응되었던 방법, 즉 서로 차이나는 방법으로 몸의 문제를 제기하게 된다. 전기사진적 텍스트성은 정확하게 이와 같은 차이에서 그 의미를 나타내게 된다.

제15장
자화상의 가시성

메를로퐁티 / 세잔

'자화상'은 모리스 메를로퐁티의 마지막 저서 『눈과 마음』(1961)[1]에 숨겨진 의제에 해당한다. 그가 특정한 자화상을 언급한 것도 아니고 그러한 자화상을 생산한 활동을 인용한 것도 아니지만, '자화상'의 문제는 그의 『눈과 마음』의 전체를 형성하고 있는 하나의 특징으로 작용하고 있다. 그는 자신의 이 텍스트에서 그림, 눈, 화가의 손, 거울, 반사 이미지, 및 '보는 것'이자 '보이는 것'(가시적인 것)으로서의 '나의 몸'을 논의했다. 자화상의 모든 필요한 요소들은 '눈'과 '마음' 사이의 관계에 대한 메를로퐁티의 설명에서 가능한 요소들에 해당한다. 우리들은 자화상의 문제를 제기하지 않으면서도 이 텍스트를 읽어 왔으며 또한 그렇게 읽을 수도 있지만, 그의 이 텍스트에서의 복잡한 작업은 '자화상'의 문제가 해결될 때에 더욱 명료해질 수 있을 것이다.[2] 그리고 자화상의 의미와 실천을 이해하기 위해서, 메를로퐁티는 상당히 많은 것을 취급하기도 했다.

자화상은 자화상을 그리는 행위에 의해서 생산된다. 자화상은 자화상을 그리는 화가의 실천에서 비롯된다. 자아는 거울을 사용하여 그 자체를 그림으로 그려냄으로써 자아 그 자체를 가시적인 것으로 만들고자 한다. 거울에 나타나 있는 것, 가시적으로 되는 것은 모두 그림으로 그려진 자아에 해당한다. 거울에 보인 것에 관련지어 그 어떤 교정을 적용하지 않으면서 단 하나의 거울에 반영된 것을 직접 그림으로 그려내는 데 있어서 실제로는 오른손으로 그림을 그리게 되지만 거울에서는 왼손으로 그림을 그리는 것으로 나타나게 된다. 대다수의 자화상이 머리와 어깨부분만을 보여주지만, 거울에 반영된 이미지는 여전히 왼쪽-오른쪽이 뒤바뀌어 나타나게 되고, 이러한 점은 거울의 기능을 고려할 때에만 이해할 수 있을 것이다. 자신의 귀를 자르고자 하는 사람이 오른손잡이라는 점을 고려한다면, 반 고흐가 자른 귀는 실제로 왼쪽 귀에 해당한다. 그러나 자해행위가 발생한 뒤에 생산된 그의 다양한 자화상에서, 반 고흐는 자신의 오른쪽 귀를 잃은 것처럼 보이게 된다. 뒤러, 렘브란트, 코로, 피사로 및 드 키리코 등의 특별한 자화상은 이들 화가들이 실제로는 각자가 오른손잡이라는 사실에도 불구하고 왼손으로 그림을 그린 것처럼 보이기도 한다. 그밖에 뒤러와 렘브란트, 레이놀즈 및 코코슈카의 자화상은 이들의 손과 팔이 그림을 그리는 행위에 전혀 관여하지 않기라도 한 것처럼 재조정되어 있다는 점을 보여주기도 한다. 이와 같은 경우에서, 두 손은 모두 무엇인가 다른 기능을 가지게 된다. 맥스 베커만이 1917년에 그린 자화상은 그가 자신의 오른손으로 그림을 그리고 있다는 점을 보여주는 반면 1937년에 그린 자화상에서는 그러한 점을 결정할 수 없게 된다. 그러나 주목해야만 하는 점은 눈이 손과 협조하고 있다는 점이다. 베커만의 두 편의 '자화상' 모두에서 눈은 정면으로부터 벗어나 있으며 이러한 점은 그가 두 개의 거울을 사용했다는 점을 암시한다. 몇몇 화가들은 자신들이 붓과 팔레트를 들고 자신들의 자화상을 그리고 있다는 점에 대해서 반대하지는 않지만, 대부분의 경우는 자신들이 하나의 '흉상(胸像)'이라도 되는 것처럼 또는 궁정화가를 위해 앉아 있기라도 하는 것처럼 자신들을 '자화상'으로 나타내고는 한다. 종종 다른 사람의 포즈처럼 보이도록 하기 위해서 자신을 수정함으로써, 자화상은 그림에 의해서 자아를 설명하기도 한다. 랭보의 경구에 해당하는 "나는 또 다른 나다"라는 말을 조금 바꾸어 말한다면, 자화상에서 자아는 다른 사람으로서 그 자체를 형성하게 된다.

'자화상' —selbstbildnis, atoportrait, autoritratto, autoretrato, self-portrait— 자기 자신을 스스로 만든 초상화, 드로잉, 사진, 이미지, 그림 또는 혼자서 자신을 묘사한 것. 자화상에 관련되는 독일어에서는 자신의 이미지나 그것과 유사한 것에 대한 생산을 강조한다. 로망스어의 표현에서는 '그 자체'나 좀 더 특별하게 '자기 자신'을 의미하는 그리스어 접두어 'auto'를 사용하게 되며, 다른 사람의 도움을 받지 않고 독자적으로, 자연스럽게, 아주 정확하게 이루어진 것을 의미한다. 'nature morte'(죽은 자연이나 정물)에서 'autoportrait'(자화상)를 '자연'에 관계되는 것과는 대조되는 것으로 이해한다면, 자화상은 정확하게 살아 있는 것을 이끌어내는 것에 해당한다. 자기 자신의 '자아'는 살아 있는 '자아'에 해당한다. 재귀대명사 'autos'는 자기 자신의 진정한 '자아'에게 호소하지만, 자기 자신의 진정한 '자아'는 영혼이지 육신이 아니라는 그리스적인 견해, 즉 오르페우스적이고 플라톤적인 견해로 볼 때에, '자아'는 'autoportrait'의 경우에 적용될 수 있는 것이 아니다. 이와 같은 의미의 'autoportrait'는 그림에 있어서의 바로 그 몸 자체에 의해서 화가의 몸을 정확하게 표현한 것에 관계된다. 레오나르도 다빈치, 뒤러, 렘브란트, 샤르댕, 들라크루아, 세잔, 반 고흐, 미로, 피카소 등은 모두 자기 자신의 몸을 그림으로 그렸다. 'autoportrait'는 '자아'의 구상이나 '이미지'(중세 라틴어에서의 'protractus')를 제공한다. 이와 같이 제공된 구상은 구체적인 것이다. 몸은 그림에서 '보이는 것'에 해당한다. 자아는 그 자체를 표현하지만—진정한 자아, 바로 그 자신(autos)―그것은 분명하게 구체화되어 있는 것이고 가시적인 것이고 볼 수 있는 것이다. '자화상'에 관련되는 이탈리아어(autoritratto)는 또 다른 특징을 보여준다. '자아'(바로 그 '자신')는 화폭의 그림에서 단순히 부여된 것이 아니다. 한편으로 지이는 그 자체를 끌어내고 추출해내 낸 것에 해당하기도 하고, 다른 한편으로 자아는 끌어내진 것 또는 추출해내진 것에 해당하기도 한다. '자화상'에 관련되는 스페인어(autoretrato)에는 접두어(auto)를 'auto'로 이해할 것인지 아니면 'autor'로 이해할 것인지에 대해 일종의 모호성이 존재하게 된다. 후자라면, 그렇다면, '저자'를 의미하는 'autor' 또는 'author'는 그려진 것을 그리고 있게 된다. 스페인식의 말하기 방법을 따른다면, 그림에서의 자아는 자서전과의 직접적인 연관이 가능한 저자에 해당하며, 자아는 그림을 창조하게 되고, 작가가 자기 자신에 대한 글을 쓸 수 있듯이, 자서전 작가가 자기 자신의 삶을 쓸 수 있듯이, '자아'는 그 자체만의 그림을 생산하게 된다. 자화상에서 자아는 그 자체에 대한 구상을 제공하게 되고, 자기 자신을 그림으로 그리는 데 있어서 자아는 자기 자신을 끌어내게 된다. 자화상은 영혼('프시케' 또는 '아니마')으로서만 이해되는 자아의 드로잉이나 이미지일 수만은 없다. 거기에는 육신(몸)도 포함되어야만 한다. 자화상에서 자아는 반드시 구체적으로 표현된다. 자아의 자취(자아의 흔적)는 자화상을 형성한다. 흔적은 신체적인 형상, 표현, 응시 등에 해당한다. 자아는 자화상이라는 그림에서 그 자체를 추적하고 그 자체의 흔적을 남겨놓게 된다. 자화상은 그 자체의 유사성을 그림으로 자체―수립하는 것이다. 이와 같은 유사성은 자아의 가시적인 흔적, 발췌, 스케치, 구상, 윤곽 등에 해당한다. 이처럼 유사성은 자아 자체가 아니다. 이처럼 자화상은 자아를 나타내기에는 부적합한 것이다. 그럼에도 자화상에서는 무엇인가를 전용하게 된다. 흔적(자취)이나 발췌나 이미지를 자화상에서는 완성하게 되기 때문이다. 자화상에서는 그 자체를 자화상으로 경계 짓게 되고, 그것이 자아를 정확하게 포착하지는 못한다 하더라도 그 자체의 임무를 충족시키게 된다.

그림의 가시성

자화상은 그림이다. 메를로퐁티는 그림을 과학 및 철학과 구별했다. 이 세 가지 활동은 결정적인 방법으로 서로 교차하게 된다. 메를로퐁티의 설명에 따르면, 그림이 성취하는 것은 과학과 철학의 연구기획과는 다르다−분리되는 것이 아니라−는 점이 분명해질 것이다. 좀 더 특별하게, 그림의 행위에서 발생하게 되는 가시성의 위상과 철학적 질문에서 분명하게 되는 가시성의 위상은 자화상이 발생할 수 있고 발생하게 되는 공간을 마련한다.

메를로퐁티의 『눈과 마음』에서는 "과학은 사물을 취급하고 사물 자체에 서식하기를 포기한다"(OE, p.9)라는 점을 강조한다. 과학에서는 '앎'(알기)을 그 자체의 계획으로 삼게 된다. 메를로퐁티에 따르면, 과학적인 활동은 사물을 취급하고자 하고 거기에 거주하거나 살기를 포기하게 된다. 과학은 사물 자체의 특수성에 있어서 사물로부터 거리를 유지하고자 한다. 이러한 점은 일반적으로 사물을 대상으로 이해하는 하나의 모델을 제공해 주기도 한다. 변화와 지표 등은 사물이 제조될 수 있는 메커니즘을 제공한다. 과학이 세력, 에너지의 영역, 화학적인 반응 및 생물학적인 본능 등을 취급할 때조차도 과학적인 활동에서는 자연세계에 관심을 기울이지만 언제나 일정한 거리를 유지하게 된다. 과학이 참여하게 되는 '앎'의 프로젝트에서는 사물의 조직에 개입하기를 거부하고 그것이 연구하는 사물을 살려두기를 거부한다. 과학에 포함되어 있는 '생각하기'에서는 그것이 추구하는 사물에 대한 지식을 파악하고 얻기 위해서 다양한 기술에 엄청난 무게를 둔다. 과학에서는 사물이 작용하고 완성되고 변용되는 실험적인 조건을 소개하기도 한다. 그러나 문제가 되는 특별한 사물이나 사물들은 다른 것(다른 사물이나 사물들)에 의해 보충될 수도 있다. 실제로 보충성과 보편성을 허용하지 않는 유일성과 개인성을 얻게 될 때에 이러한 사물이나 사물들은 그 자체만의 관심과 의미를 상실하게 된다. 과학의 활동은 마음의 활동에 해당한다. 과학적인 사고는 가시적인 것으로 진입하고자 하지 않는다. 과학적인 사고가 가시적인 것으로부터 한 발 물러서 있고자 하는 까닭은 그것을 이해할 수 있는 법칙, 규칙 및 모델 등을 파악하고자 하기 때문이다.

데카르트의『굴절광학』에서는 하나의 모델을 부여할 수 있는 '생각하기의 예'를 제공하고 있으며 이와 같은 모델에 의해서 '가시적인 것'을 재구성하고자 한다. 데카르트는 비전에서의 다의성(多義性)과 모호성을 제거하고자 했다. 데카르트학파 중에서 어느 누군가가 거울을 들여다보았을 때, 그는 자기 자신을 보는 것이 아니라 마네킹, 외부, 바깥만을 보게 될 뿐이다. 데카르트에게 있어서 과학적인 사고는 확장된 영역만을 취급할 뿐이다. 데카르트학파 중에서 어느 누군가가 그림을 그리게 된다면, 그는 이와 같이 확장된 사물의 표상만을 그리게 될 뿐이다. 따라서 그림은 표상된 확장에 대한 인위적인 장치에 불과할 뿐이다. 또 다른 방법이기는 하지만 이와 똑같은 어려움을 가지고, 르네상스 시대의 지각이론에서는 공간에서의 모든 점을 설명하고자 했다. 작은 사각 하나하나에서 볼 수 있는 것을 그리기 위해 격자무늬를 들여다보고 있는 화가의 모습을 새긴 뒤러의 유명한 나무 조각상은 사물을 그 자체만의 공간적인 다양성에 의해 과학적으로 재생산하기 위해서 어떻게 기교를 적용할 수 있는지에 대한 하나의 예가 될 수도 있을 것이다. 이와 같은 두 가지 과정에서 화가는 그림의 과학을 만들어내며 그림으로 그려지는 사물로부터 한 발 물러서 있게 된다. 대상의 표상이나 대상에 대한 전망에 대해 부수적인 것은 색깔로 강조되지 않든가 또는 단순히 부수적인 것으로 치부되어 버린다. 일반적으로 과학적인 생각하기에는 메를로퐁티가 '상공의 팡세'라고 명명한 것이 포함된다. 사물에 대한 이와 같은 개괄적인 생각하기나 조감도에서는 멀리 떨어져 있는 상태에서 사물의 총체성을 파악하고자 한다. 그러나 공간에서의 그 무엇인가는 '생존'하고자 하는 우리들의 노력을 벗어나고는 한다(OE, p.50). 여기서 '벗어나게 되는 것'은 정확하게 세잔과 같은 화가가 자신의 그림에서 시각적으로 만드는 것에 해당한다.

그림과 과학적인 활동을 구별하는 데 있어서, 메를로퐁티는 '눈'이 '마음'보다 상징적으로 더 많이 의미하게 되는 '현대회화'의 유형에 호소했다. 메를로퐁티는 세잔을 전형적인 예로 인용했지만, 그의 개정판 『눈과 마음』(Gallimard, 1964)에는 자코메티, 마티스, 클레, 니콜라스 드 사타엘, 리시에 및 로댕 등이 포함되어 있는 것을 알 수 있다. 로베로 들로네, 뒤샹, 루오 및 뒤뷔페 등을 포함하여 그 밖의 몇 명의 예술가들을 포함시키기는 했지만, 메를로퐁티는 이들 모두가 '마음'에 대립되는 '눈'을 더 강조하는 화가와 조각가 그룹을 형성하고 있는 것으로 파악했다. 이들 모두는 메를로퐁티가 그림에 대해서 언급할 때에 바로 그 문제가 되는 것을 보여주는 좋은 예에 해당한다.

"그림은 난폭한 감각의 망 속으로 파들어 간다."(OE, p.13) 사물의 의미를 만들어내기 위해서 과학이 그러한 사물로부터 떨어져 있는 곳에서, 그림은 사물의 의미의 짜임 속으로 파들어 간다. 과학(데카르트학파의 모델에서)이 어떤 특정한 영역에서 성공을 거두고 그러한 성취를 모든 다른 것에 적용하고자 하는 곳에서, 그림은 그 자체의 특수성에 있어서 의미의 영역에 개입하게 된다. 그림은 바로 '지금 여기'에 있는 가시적인 것으로 그 자체를 경계 짓게 된다. 메를로퐁티가 언급한 바와 같이, "자신이 자신의 집에 살고 있는 것과 똑같이 눈도 그렇게 살고 있다."(OE, p.27) 그는 또 이러한 언급을 하기 바로 앞부분에서 다음과 같이 강조하기도 했다. "그림으로 되기 위해서 눈은 세계를 보고 세계에 결여되어 있는 것을 본다. 눈은 또 그 자체가 되기 위해서 그림에 결여되어 있는 것을 보기도 한다. 그리고 일단 성취하고 나면, 눈은 이 모든 결여된 것에 대해 응답하는 그림을 보게 되고 그리고 다른 결여된 것에 대한 다른 반응으로서 다른 사람의 그림도 보게 된다."(OE, pp.25~26) 눈이 그림에서 결여된 것을 보고 그것을 수정하는 까닭은 화가가 다양한 의미의 짜임에 의해서 세계의 짜임에 개입하게 되기 때문이다. 화가가 이와 같이 결여된 것을 충족시킬 수 있는 까닭은 이와 같이 결여된 것을 캔버스 위에 정확하게 가시적인 것으로 만들 수 있다고 파악하고 있기 때문이다. 화가는 이와 같이 결여된 것을 그림으로 그림으로써 바로 그 결여된 것을 가시적인 것으로 만들게 된다. "그림은 세속적인 비전이 비-가시적이라고 믿는 것에 대해서 가시적인 존재를 부여하게 된다."(OE, p.27) 그림은 메를로퐁티가 '가시성'이라고 명명한 것을 수립하게 된다. 가시성은 가시적인 것과 비-가시적인 것의 교차점에서, 모든 보는 것에 대해서 비-가시적인 것을 가시적인 것으로 만드는 데에서 비롯된다. '보이는 사물'은 '보는 사람'과의 관계에 위치하게 된다. '보이는 사물'이 날마다의 보기에 관련되는 것처럼 그것이 화가의 눈에도 똑같이 관련되는 것은 아니다. 사물은 난폭한 감각의 망(또는 의미망), 날마다의 보기에서 비-기시적일 뿐만 아니라 과학적인 사고에서는 중요하지 않은 '감각성'을 구체화하게 된다. 화가에게 있어서 우선적인 임무는 난폭한 감각의 망을 가시적─그림의 가시성처럼─으로 만드는 데 있다. 메를로퐁티의 후기 존재론에서, 가시성은 '보고-보이는 것'에서 비롯된다. 날마다의 경험에서 이와 같은 가시성의 핵심은 몸에 해당한다. 만지고-만져지는 것, 보고-보이는 것, 한 쪽 눈과 다른 쪽 눈, 한 쪽 손과 다른 쪽 손의 '교차'는 '공간과 시간의 얽힘(interwining)'[작품의 개념적인 차원과 현상적인 체험을 통합시켜 건물과 대지를 통해 드러난 개념을 지각적이고 감각적인 경험을 통해서 현상적인 공간으로 구체화하는 것], '부분교차', 또는 몸의 공간을 수립하게 된다. 철학자 메를로퐁티는 이와 같은 '공간과 시간의 얽힘'을 시각성이라고 명명했다. 그는 '몸'을 "흥미로운 교화체계"(OE, p.21)라고 언급했다. 화가는 "자신의 몸을 이끌어낸다"라는 발레리의 말을 메를로퐁티는 인용하여 다음과 같이 강조했다. "자신의 몸을 세계에 부여하는 데 있어서, 화가는 세계를 그림으로 전환시킨다."(OE, p.16) 자신의 몸의 공간을 경계 짓는 시각성을 수립함으로써 그리고 그러한 가시성을 세계에 부여함으로써, 화가는 자기 자신의 가시성을 새로운 가시성, 즉 그림의 가시성으로 전환시킬 수 있게 된다. 자신의 움직이는 몸을 가시적인 세계로 유도함으로써, 화가는 그러한 가시성을 그림으로 전환시키게 된다.

가시적인 사물과 '나의 몸'은 비밀스러운 가시성에 의해서 서로 배가된다(OE, p.22). 비밀스러운 가시성은 사물과 '나의 몸'의 연관성에서 비롯되는 흔적을 포함하게 된다. 이러한 흔적은 '안'과 '밖', '밖'과 '안'의 이중적인 교차에서 남겨진 것에 해당한다. 흔적은 비밀스러운 가시성, 즉 '밖'도 아니고 '안'도 아닌, 사물도 아니고 몸도 아닌, 가시적인 것도 아니도 비–가시적인 것도 아닌 '가시성'에서 비롯되는 표식에 해당한다. 이러한 흔적이 바로 그림 그 자체를 가능하게 하는 것이다. 비밀스러운 가시성의 흔적은 특정한 방법으로 특정한 캔버스에 표시된다. 물론 그렇지 않을 수도 있다. 비밀스러운 가시성이 특정한 방법으로 특정한 그림으로 표시될 때에, 실체의 변화가 발생하게 된다. 가시성은 더이상 산이나 과일접시를 마주하고 있는 화가의 몸의 가시성이 아니다. 가시성은 이제 가시적인 그림의 가시성에 해당한다. 이와 같은 그림에서의 산이나 과일접시는 더 이상 가시적인 것이 아니다. 그것은 산이나 과일접시를 그린 그림, 다시 말하면, 산이나 과일 접시를 가시적으로 그린 바로 그 그림에 의해서 대체된다. 가시성의 재료는 급진적으로 변용되게 된다. 즉, 실체가 변화된 것이다. 자신의 몸을 산이나 과일접시에 부여한 화가의 흔적은 산이나 과일접시를 그린 그림을 보고 있는 '보는 사람'의 흔적으로 전환된다. 새로운 흔적은 실제로 오래 된 것의 흔적에 해당한다. 산에 부여된 화가의 비밀스러운 가시성은 바로 그 그림을 보고 있는 '보는 사람'의 가시성과 똑같은 가시성이 아니다. 흔적은 계속되고, 가시성은 지속적으로 다시 발생하게 된다. 그림에서의 '보는-보이는'의 관계는 그림을 보고 있는 '보는 사람'을 위해서 변용된다. 그림에서는 가시성의 수수께끼를 높게 평가하고 가시적인 것을 재구성하는 반면, 과학적인 사고에서는 사물 그 자체의 통제와 변용을 위한 모델을 제공하게 된다. 과학이 그 자체의 임무를 완수할 수 있는 유일한 방법은 가시성을 무시하는 데 있으며 바로 거기에 있는 것, 즉 가시적인 것이거나 그렇지 않은 것을 지성적으로 형성하는 데 있다

철학자의 임무는 질문하는 데 있다. 철하자는 눈과 마음, 몸과 사물, 과학과 그림 사이의 관계를 질문할 수 있다. 메를로퐁티에게 있어서 질문[메를로퐁티의 '질문(interrogation)'의 개념은 질문과 질문 '사이'의 질문에 해당한다]은 이와 같은 '사이'에서 묻게 되는 데 있다. 몸과 사물 사이에 질문을 배치함으로써, 철학자는 가시성의 특징과 의미를 분명하게 할 수 있다. 과학과 그림 사이의 관계를 질문함으로써, 철학자는 철학의 위치 그자체를 수립할 수 있게 된다. 그림을 질문함으로써, 철학자는 그림의 실천에서 발생하게 되는 가시성의 특정한 유형에 대해서 물어보게 된다. 철학자는 유일한 존재의 망과 특별하게 그것의 '분파', 말하자면 그림에서 분명하게 나타나는 깊이, 색깔, 형태, 선, 움직임, 윤곽 및 얼굴모습 등을 묘사한다. 이와 같은 '존재의 분파'는 그림의 특별한 가시성을 형성하게 되고 그것의 특수성을 그림 자체에 부여하게 된다. 철학자는 존재의 이러한 분파나 파생이 어떻게 생산되는지를 제공하지도 않고 이와 같은 분파나 파생의 생산에 관여하지도 않는다. 철학자는 특정한 그림에서 이와 같은 것이 발생하게 되는 역사를 제공하지도 않고 이와 같이 다양한 분파(또는 파생)가 어떻게 특정한 그림에서 서로 관계되는지를 분석하지도 않는다. 철학자는 그것을 존재의 분파로서 강조할 뿐이며, 그림의 가시성의 생산에서 그러한 분파의 기능, 의미, 위상 및 위치를 질문할 뿐이다.

자화상의 이중적인 가시성

자화상은 그림의 유형, 오히려 특별한 유형의 그림에 해당한다. 그림으로 그려진 사물에서의 차이를 질문하는 것은 그림 자체에 대해서 묻는 것이나 다름없다. 그림으로 그려진 사물이 산, 거울 또는 자기 자신일 때에 발생하게 되는 근본적인 차이는 그림으로 생산된 가시성의 유형에 따라서 다르게 발생하게 된다. 폴 세잔의 경우를 생각해보자.

자신의 생애의 마지막 9년 동안에 세잔은 액-상-프로방스 가까이에 있는 '생트-빅투아르 산'을 그렸다. 1894년 자신의 어머니가 세상을 떠난 후에 세잔은 지중해 연안 에스타크 가까이에 있는 자신의 특별한 부지를 포기하기로 분명하게 결심하게 된다. 그가 많은 시간을 파리에서 보내기는 했지만, 아마도 그림의 새로운 제재를 발견할 수 있으리라는 생각을 가지고 그는 자신이 태어난 액-상-프로방스 시로 돌아오고는 했던 것 같다. 생트-빅투아르 산은 그의 목적을 상당히 많이 충족시켜 주었다. 비베뮈의 채석장에서, 액스의 북쪽에서, 톨로네의 길에서, 샤토-누아르의 테라스에서, 로베의 고원에서, 생-마르크에서, 가르단에서, 보르퀴에이유에서, 세잔은 '생트-빅투아르 산'을 그리고는 했다. 세잔이 그린 이러한 각각의 그림은 이 산의 서로 다른 경관을 보여주게 된다. 그는 하루에도 서로 다른 시간에 이 산을 그렸던 것 같다(아마도 모네가 오엔 성당의 그림에서 적용했던 것처럼 꼼꼼한 필치를 사용하기는 했지만 그림에도 더 이상의 다양성은 없다). 그는 또 서로 다른 계절을 선택하기도 했다. 그는 캔버스에 유채를 사용하기도 했고 때로는 흰 종이에 수채를 사용하기도 했다. 그는 자신의 마지막 생애 동안에 이 산을 그리면서 한 해를 시작했고 한 해를 마감하고는 했던 것 같다. 반복해서 그는 자신이 이 산을 더 잘 볼 수 있는 위치로 자신의 몸을 이끌고는 했다. 1906년 그가 이 산을 마지막으로 그리기 위해서 야외로 나왔을 때, 그는 태풍을 만나게 되었고 그 이후에 곧바로 세상을 떠나게 되었다. 그는 이 산을 그리는 행위에서 자신의 몸을 이 산에 정기적으로 대여했던 것이다. 가시적이면서도 불길하고 "오만하면서도 우울한"(세잔은 젊은 시절에 이 산을 이렇게 묘사했다) '생트-빅투아르 산'이 엑스의 주민들에게 비-가시적이었던 것은 파리의 시민들에게 '에펠탑'이 비-가시적이고 뉴욕의 시민들에게 '엠파이어스테이트 빌딩'이 비-가시적인 것과 같다. 다시 말하면, 이러한 것들은 언제나 그곳에 있지만, 거의 아무도 의식하지 못하는 것과 같다. 심지어 오늘날에도 '남부고속도로(Autoroute du Sud)'[프랑스 중동부 론알프 지방 론 주에 위치하고 있는 손 강의 우안을 따라 건설된 고속도로이며 빌프랑슈쉬르손의 동쪽 가장자리를 지나게 된다]를 따라 달릴 때에, 도로 옆에 이정표가 없다면, 수많은 자동차 운전자들은 자신들의 날마다의 응시에서 산을 보지 못할 수도 있다. 자신의 몸을 산에 대여함으로써, 자신의 이젤과 팔레트를 산 앞에 배치함으로써, 세잔은 자신의 캔버스 앞쪽을 바라보았을 것이고 평범한 사람들이 볼 수 없는 것을 볼 수 있었을 것이다. 비전과 움직임 모두를 통해서 세잔은 산에 관련되는 자신의 몸의 가시성을 자신의 캔버스의 비밀스러운 가시성으로 전이(轉移)시킬 수도 있었을 것이다. 가시적인 산에서의 비-가시적인 것의 흔적은 캔버스로 각인되었을 것이고 새로운 가시성이 나타나게 되었을 것이다. 자신의 눈과 손으로 그림을 그림으로써, 세잔은 바로 거기 산에 있는 존재의 깊이에 주목했고, 그는 자신의 그림에서 색깔에 의한 깊이, 형태, 선, 움직임 및 윤곽 등을 수립하게 되었다.

외적인 형태를 단순하게 재생산하는 것은 세잔에게 만족스럽지 않을 수도 있었을 것이다. 그는 그 자체만의 내적인 형성의 법칙을 따르는 순수한 형태를 그림으로 그렸을 것이다. 그는 존재의 결속에 주의함으로써 사물의 흔적이나 단면을 그림으로 실천하고자 하는 한편, 다른 한편으로는 그러한 사물의 다양성도 그림으로 실천하고자 했다. 그가 작용하게 되는 영역은 전체적으로 충분한 '존재'와 얇은 단면의 다양한

'존재' 사이의 차이의 공간에 있다. 그가 특별하게 그림으로 그린 것은 차이의 흔적, 감각의 망에 해당한다. 흔적을 그리기 위해서 그는 색깔을 사용했다. 그러나 가시적인 것을 그림으로 그리는 데에는 그 어떤 비결이 없다. 어떤 색깔을 사용할 것인지에 대해서 미리 결정할 수 있는 것은 아무것도 없다. 서로 다른 시간과 서로 다른 관점에서 산을 표현하기 위해서 사용하게 된 방대한 종류의 색깔을 배열한 것은 상당히 예외적인 경우에 해당한다. 하지만 이와 같은 각각의 경우에서 '생트-빅투아르 산'은 그림에서 분명히 가시적이며, 실제 산의 흔적은 그림에서의 가시성으로 전환되어 있다.

화가는 자신의 앞에 펼쳐진 세계를 사물의 표상에서처럼 그렇게 그리지는 않는다. 표상적인 설명은 더 이상 유지되지 않는다. 그림은 그것이 존재의 분파를 통해서 그 자체만의 비유를 수립하게 된다는 점에서 '자동-비유적'으로 된다. 그림은 그 자체를 흔적, 옷감, 옷, 짜임 등으로 결정하게 된다. 이와 같은 조직망에서는 가시성이 발생하는 차이의 영역을 지속하게 된다.

화가는 산을 그리기 위해서 산으로부터 상당한 거리를 두고 물러서 있어야만 한다 하더라도, 세잔은 '생트-빅투아르 산'이 가지고 있는 그 자체만의 특수성을 그림으로 그렸다. 그는 바로 '이 산'에만 관심을 가졌다. 그리고 그가 그린 그림에서의 가시성은 바로 그 그림 자체에서의 이와 같이 특수한 산의 가시성에 해당한다. 세잔이 언급한 바와 같이, "화가는 그림에서 생각한다." 가시적인 것을 가시성으로 부여하는 것은 그림에서의 생각하기에 해당한다. 그림에서의 생각하기는 과학적인 생각하기에서처럼 마음의 활동에 해당하는 것이 아니다. 기이하게도 지질학자, 식물학자 또는 동물학자는 세잔이 그렇게 하는 것보다 훨씬 더 가까이 산에 접근할 수 있어야만 할 것이다. 그러나 바위의 형성, 초목 및 동물의 생활 등에 관심이 있는 과학자가 원하는 것은 이와 같이 특별한 사물의 경우가 아니라 수많은 경우의 한 가지 예에 해당하는 바로 이와 같이 특수한 경우에 해당한다(그 밖의 예들도 이와 똑같이 합당할 수 있을 것이다). 과학자의 생각하기는 계산적이고 보편화되어 있다. 화가가 관여하게 되는 생각하기는 해석적이고 특수화되어 있다. 메를로퐁티가 「세잔의 의심」[3]에서 강조한 바와 같이, 화가는 해석한다. 그러나 "이러한 해석을 비전으로부터 분리된 것으로 생각해서는 안 된다."(Doute, p.27) "산은 화가에 의해서 그 자체를 보이게 하고 화가는 자기 자신의 응시에 의해서 산을 질문하게 된다."(OE, p.28) 과학자의 활동을 이용하기는 하지만 그것을 자기 자신만의 것으로 전이시킴으로써, 화가는 그림에서 생각하게 된다. 철학자의 활동을 적용하기는 하지만 거기에 감각을 부여함으로써, 화가는 자기 자신만의 응시로 질문하게 된다. 세잔이 '생트-빅투아르 산'으로부터 한 발 물러서 있기는 했지만, 그 자신이 산을 질문하고 생각하고 해석할 때마다 매번 소설적인 가시성에 의해서 바로 그 산을 가시적으로 만들고는 했던 것이다.

이제 문제가 되는 사물을 고려해 보면, 그림으로 그려지는 대상은 더이상 산이 아니라 오히려 하나의 거울, '산-그림'이 생산될 때에 발생하게 되는 일종의 삼각관계, 즉 화가, 캔버스 및 사물에 해당하는 일종의 거울에 해당한다. 그러나 이런 경우에 사물로서의 '거울'은 그림을 그리고 있는 화가의 이미지를 통합시키게 된다. 대상은 저 너머에 있는 바로 그 산이 아니라 바로 여기에 있는 화가의 이미지로서의 거울에 해당한다. 가시적인 것은 산이 아니라 오히려 화가의 이미지이다. 일반적으로 거울의 틀은 그림에서 생략되게 마련이다. 평범한 눈으로 보면 비-가시적인 것을 세잔은 가시적인 것으로 만들었던 것이다. 자화상에서 그는 거울을 비-가시적으로 만들었고 자신의 특수한 이미지를 가시적으로 만들었다. 세잔의 후반기 생애에서 하나의 모티프가 되었던 '생트-빅투아르 산'과는 달리, 그는 자신의 전 생애를 통해서 자화상을 생산했다. 1858~1861년에 그린 자화상에서 그는 깔끔하게 면도를 하고(깔끔하게 다듬은 콧수염을 제외하고) 짧은 머리에 얼굴을 찌푸리고 있다. 1865~

1868년에 그린 자화상에서 그는 턱수염을 기르고 앞머리가 벗겨지고 무엇인가 깊은 생각에 잠긴 채 분명히 자신의 오른쪽을 돌아보고 있다. 1873～1875년에 그린 자화상에서 그는 모자를 쓰고 수염을 길게 길렀고 자신의 어깨너머까지 머리를 늘어트리고 있으며 조금은 마른 모습을 하고 있다. 거의 같은 시기에 그린 또 다른 자화상에서 그는 상당히 벗겨진 머리에 깔끔하게 다듬은 수염 및 릴케가 "믿을 수 없는 강렬성"이라고 언급한 바 있는 그런 모습을 하고 있다. 1877～1879년에 그린 자화상에서 그의 수염은 좀 더 짧게 잘려 있고 좀 더 잘 다듬어졌으며 그는 융통성 있게 접을 수 있는 흰 모자를 쓰고 있다. 그의 이러한 모습은 누군가가 자신을 바라보고 있다는 점을 모르는 채 포착된 가게주인의 모습을 하고 있다. 따라서 그의 초상화만으로 그의 모습을 판단해보면, 그의 머리와 수염의 길이가 변화되었다는 점, 일반적으로 그는 자신의 왼쪽에 대해서 분명히 주의를 기울이지 않았다는 점, 따라서 그는 실제로 오른손으로 그림을 그렸다는 점 등을 파악할 수 있을 것이다. 몇 점의 그림에서 그는 빵모자를 쓰고 있다. 1885～1887년에 그린 그림에서 그는 자신의 '분명한' 오른손에 팔레트를 들고 자신의 '분명한' 왼손을 감춘 채 이젤 앞에 앉아 있는 자기 자신의 모습을 그렸다. 이러한 점은 그가 실제로 자신의 오른손으로 그림을 그렸다는 사실을 보여준다. 1898～1900년에 그린 그의 마지막 자화상에서 그는 베레모를 쓰고 턱밑의 염소수염과 콧수염을 하고 있으며 조금은 집중하고 있는 듯한 모습을 하고 있다. 이번에는 여전히 그 자신의 '분명한' 왼쪽을 바라보고는 있지만, 좀 더 아래쪽의 팔을 보게 된다면, '분명한' 오른손으로 이 그림을 그렸다는 점을 분명하게 파악할 수 있을 것이다. 그럼에도 그림의 눈을 바라보게 된다면, 그 이전에 그린 자화상과는 다르게 그 눈은 '분명한' 왼쪽을 향하고 있지 않다는 점을 알 수 있다. 그림을 읽어내는 데 있어서 손과 눈을 통합시키게 된다면, 세잔이 두 개의 거울을 사용하여 자신의 자화상을 그렸다는 점을 분명하게 파악할 수 있을 것이다.

그림에서 '분명한' 오른쪽은 실제상으로도 분명한 오른쪽에 해당한다. 왜냐하면 두 개의 거울에 이중으로 반영됨으로써 반전되어 반영되는 것[실제상의 오른쪽이 거울에서 '분명한' 왼쪽으로 반영되는 것]을 수정하고 있기 때문이다.

두 개의 거울을 사용하지 않았다면, 자화상에서의 눈은 중심에 있어야만 하고 직접적으로 정면을 향하고 있어야만 할 것이다. 그림을 보고 있는 '보는 사람'은 얼굴과 얼굴을 맞대고 있는 응시에 사로잡혀 있는 느낌을 받게 된다. 그림을 보고 있는 '보는 사람'은 '눈은 나를 바라보고 있다'라고 생각할 수도 있을 것이다. 마치 세잔이 '나'에게 무엇인가를 말하려고 하는 것처럼 보일 수도 있을 것이다. 하지만 그는 거울 속에서 바로 그 자신만을 바라보고 있을 뿐이다. 세잔의 자화상에서 서로 마주보는 응시가 이루어지고 있다고 믿을 수 있을 정도로 속아 넘어가게 되는 바로 그 그림 자체를 보고 있는 '보는 사람'은 사실 방해자에 해당한다. 세잔은 거울에서 다만 자기 자신만을 바라보고 있을 뿐이다. 그러나 세잔의 자화상 그림에서 거울 그 자체는 비-가시적이다. '보는-보이는'에 동시에 관계되는 세잔은 비-가시적인 거울에 의해서 가시적인 자신을 그림으로(자화상으로) 생산하게 된 것이다. 세잔의 자화상의 경우에서, 가시성은 그것이 보는 사람에 의해서 보이는 대로 새로운 가시성을 생산하게 되는 자화상의 가시성에 의해서 추적할 수 있다. 세잔이 거울에서 자기 자신을 바라볼 때에는 단 하나의 가시성만을 생산하게 된다. 세잔이 자기 자신의 자화상을 바라볼 때에는 이중적인 가시성이 발생하게 된다. 이처럼 새로운 가시성은 세잔 자신의 응시와 대등하게 되면서도 그것은 또 다른 '보는 사람'(세잔의 자화상을 바라보고 있는)의 응시와 대등하지 않게 되기도 한다. 세잔에게 있어서, 자화상은 '다른 것'이 '다른 것 그 자체'를 반영하게 되는 것과 똑같이 세잔 자신만을 반영하게 된다. 자화상 속의 '세잔-그-사람'에게 비-가시적인 것은 자화상의 가시성에 있어서 가시적으로 만들어지고 그림에서의 '후손'으로 제공된다. 그림으로 그려진 산처럼, 이제 그림으로 그려진 자아에게 있어서 가시적인 것은 오래된 가시성에서 흔적으로 남겨진 새로운 가시성에 해당하게 된다. 세잔의 수많은 자화상은 그 자신의 이미지의 연대기를 제공하고 있지만 그러한 자화상은 언제나 세잔의 실제 삶의 '보는-보이는' 것의 뒤에 남겨지게 될 뿐이다. 세잔의 자화상은 기껏해야 그림에서 가시적으로 만들어진 바로 그 '사람'(세잔 자신)의 흔적에 해당할 뿐이다.

세잔의 거울단계

자크 라캉은 1949년 제16회 '국제심리분석학회'에서 「'나'의 형성으로서의 거울단계」[4]라는 제목에서 자신의 '거울단계' 개념을 다시 소개했다. 같은 해에 메를로퐁티는 소르본대학교 유아심리와 교육학 교수로서 『언어의 의식과 습득』[5]에 관한 강의를 했다. 이와 같은 강의에서 그는 유아의 심리발달에 있어서 '조숙(早熟)'에 대한 라캉의 개념을 인용했다. 라캉은 메를로퐁티보다 일곱 살 더 많았지만 이들은 서로의 활동을 잘 알고 있었고 또 개인적으로 친분관계를 유지하고 있었다. 예를 들면, 라캉은 메를로퐁티가 1961년 세상을 떠났을 때에 그를 추모하는 『레탕모데른』(Les Temps Modernes)의 특집호에 자신의 글을 수록하기도 했다. [1945년 10월 1일에 창간된 『레탕모데른』은 '현대'를 뜻하는 잡지이며, 실존주의와 마르크스주의의 입장을 편집방침으로 한다. 사르트르를 중심으로 보부아르, 레리스, L. 아롱, J. 폴랑 등을 편집위원으로 하여 출발했으며, 사르트르의 "작가는 그의 시대라는 상황 속에 살고 있다"라는 창간사의 정신을 주의표명으로 하여 사회의 변화를 주도할 것을 목적으로 한다. 따라서 헝가리, 알제리 및 구소련의 스탈린주의 등에 민감한 반응을 보였다. 문화와 문학관계 논문뿐만 아니라 영화, 연극, 정치 등에 관계되는 논문과 서평(書評) 등을 수록하고 있다.] '조숙'의 개념은 특히 「거울단계」라는 논문에서 제기되었으며, 이 논문은 1936년 제14회 '국제심리분석학회'에서 최초의 형태로 발표되었다.

분명히 6개월과 18개월 사이의 유아에게 있어서 어디에서든 발생할 수 있는 거울단계는 근본적으로 세 단계로 이루어져 있다. 첫 번째 단계에서 유아는 거울에 반영된 이미지가 실체이거나 적어도 누군가의 이미지라는 반응을 보이게 된다. 그런 다음에 유아는 이러한 이미지를 실제 대상으로 취급하기를 멈추게 되고 거울 뒤에 숨겨진 다른 사람을 소유하려고 더 이상 노력하지 않게 된다. 그러나 부수적으로 유아는 이러한 다른 사람을 바로 자기 자신의 이미지로 파악하게 된다. 이와 같은 마지막 단계에서 정체성이 발생하기 시작하며, 유아는 점차적으로 주체의 정체성을 확립하게 된다. 특별한 이미지와의 정체성 확립은 유아가 거울에 반영된 이미지를 다른 사람의 이미지로 취급한 다음에 발생하게 될 뿐만 아니라 그와 같은 선택이 결렬되고 다른 사람으로서의 거울 이미지로부터 급진적인 거리두기가 발생한 다음에 발생하게 된다. 따라서 유아가 거울 이미지를 자기 자신의 이미지로 파악하게 될 때, 바로 그러한 이미지는 그것이 '다른 사람'의 이미지가 아닌 것과 똑같이 자기 자신의 이미지도 아니라는 점을 알게 된다는 점이다. 이미지를 다른 사람의 이미지로 가정(假定)하고 부정하고 그런 다음에 자기 자신으로 확인하게 되는 변증법을 거치면서 바로 그 '나'를 형성하게 되는 것이다. 이러한 점은 타자(他者)를 자아로 통합시키는 과정이라고 말할 수도 있다. 당연히 이러한 점은 거울에서 자기 자신을 인식하게 되는 경우에만 발생할 수 있을 뿐이다. 대상과 다른 사람은 '타자'(다른 것)로 남아있게 된다.

라캉에게 있어서 거울단계에서는 자아나 주체가 하나의 '주체'로 되는 것을 포함시키게 된다. 유아가 자기 자신의 이미지를 타자라고 전제할 때에 자아에게는 하나의 변용이 일어나게 된다. 거울은 자아와 그 자체의 실체 사이의 불일치를 촉진시키게 된다. 거울단계에서는 유기체와 그것의 실체 사이의 관계 또는 내적이거나 개인적인 세계와 환경 사이의 관계를 형성하게 된다. 따라서 "반영된 이미지는 가시적인 세계로 들어서는 입구가 되는 것 같다."[6] 거울 그 자체는 그것이 보는 이미지와 일치하기 위해서 타자의 인식을 야기하게 된다. 거울에서 타자인 것은 정확하게 자아(그리고 사실은 '타자'가 아니다)와 아주 똑같이 세 번째 단계에서 결정된다.

메를로퐁티의 설명에서 세잔의 거울단계라고 명명되는 '거울'은 라캉이 묘사하고 있는 변용을 반전시키게 된다. 산을 그릴 때에, 세잔은 자신의 몸을 산에 부여하기 위해서 산으로부터 물러서 있다(산으로부터 물러서 있기 위해서 산에 좀 더 가까이 다가가는 과학자와는 다르게). 거울을 그릴 때에, 세잔은 거울에 반영된 이미지가 자기 자신이라는 점을 알고 있다. 세잔은 거울에 나타나는 이미지와 일치하지만, 자화상에서 그는 자기 자신을 타자로 만들고자 했고 자기 자신보다는 타자로서의 자기 자신의 자화상을 그리고자 했다. 실제로 라캉이 주장하는 바와 같이, 거울에 반영된 이미지는 가시적인 세계로 들어서는 입구가 되는 것 같다. 그러나 세잔의 경우에서, 문은 다른 방향으로 열리게 된다. 다시 말하면, 반영된 이미지는 가시적인 그림의 세계로 들어서는 입구에 해당하는 것이지 그림이 발생하게 되는 세계로 들어서는 입구에 해당하는 것이 아니다. 반영된 이미지는 자화상의 가시적인 세계와 그것의 가시성으로 들어서는 입구에 해당한다. 거울의 도움에 의해서, '내부세계'와 '외부세계' 사이에 유년기부터 형성된 관계의 흔적은 서로 '얽힘'의 반전에 의해서 전이(轉移)된다. 그러한 효과는 자화상의 '외부세계'에서 '내부세계'의 흔적을 생산하는 데 있다.

세잔은 산을 그리는 대신에 자기 자신을 그렸고, 자기 자신을 타자로 만들었으며, 자기 자신의 몸을 가시적으로 만들었다. 이러한 경우에서 그는 사물의 세계를 그림으로 전환시키기 위해서 정확하게 자기 자신의 몸을 바로 그 사물의 세계에 부여하게 되었던 것이다. 세잔은 자신의 몸의 가시성을 '보는-보이는' 것의 가시성으로 파악했으며 그것을 캔버스에 전이시켜 놓았다. 자화상의 경우에서, 세잔은 비-가시적인 것을 배가시켜 놓았다. 산을 바라볼 때에, 누구나 그 산을 바라보고 있는 자기 자신을 보지 못하게 되며 다만 가시적인 것(산)만을 바라보게 될 뿐이다. 산을 그림으로 그릴 때에, 화가는 산에 대한 자신의 경험에서 비-가시적인 것을 가시적인 것으로 만들게 된다. 거울에서 자기 자신을 바라볼 때에, 세잔은 자기 자신에게 있어서 전형적으로 비-가시적인 것을 보게 된다. 거울에서의 이미지에 의해서 자기 자신을 그림으로 그릴 때에, 세잔은 자신에게 있어서 전형적으로 비-가시적인 것을 선택하여 또 다른 비-가시적인 것 — 그 자신이 바라보고 있는 모든 것을 수반하는 — 을 끌어들이게 되고 또 다른 가시적인 것, 즉 자화상을 생산하게 된다. 거울의 자체-전시적인 가시성은 자화상의 자체-전시적인 가시성으로 재생산된다. 그러나 자화상은 '생트-빅투아르 산'이 표상하는 것 그 이상을 표상하지는 않는다. 거울의 자체-전시적인 가시성이 자화상의 자체-전시적인 가시성으로 복제되는 것은 아니다. '거울'과 '자화상'에서 서로가 서로에 대한 흔적이 있다 하더라도, 이 두 가지가 서로 일치하는 것은 아니다. 세잔 자신을 바라보고 있는 누군가에게는 '비-가시적인 것'(보이지 않는 것)을 끌어냄으로써(가시적으로 만듦으로써) 그리고 자기 자신의 자화상을 그림으로 그림으로써(1874년에 피사로가 그랬고 1880년에 르느아르가 그랬듯이), 세잔은 자화상을 생산했던 것이다. 따라서 가시적으로 반영된 이미지를 그리는데 있어서, 세잔은 자아와 이미지의 비-가시적인 것 및 이미지와 그림의 가시적인 것을 두 배로 증가시켜 놓았다. 세잔의 바라보기에서는 반영된 이미지의 가시적인 것을 구체적인 형성으로 채우게 된다. 가시적인 것은 세잔이 그림에서 가시적으로 만들어 놓은 비-가시적인 것으로 채워진다. 세잔은 자기 자신의 특징을 끌어내거나 빼

내게 되고, 메를로퐁티가 존재의 분파, 즉 그림의 도구라고 명명했던 것에 의해서 그러한 특징을 가시적으로 만들게 된다. 자화상에는 반영된 이미지와 자아의 이미지의 흔적이 남아 있다. 그러나 이러한 흔적은 가시적인 자아가 아니다. 그러한 흔적은 타자로서의 자아, 자화상으로서의 자아에 해당한다.

자화상에서는 거의 불변적으로 특별한 도구, 즉 거울을 필요로 한다. 이와 같은 일상적인 도구는 그 자체의 가장 두드러진 특징에 의해서 화가의 가시성을 수립하게 된다. 거울은 메를로퐁티가 상징적으로 화가와 결합시킨 특징에 해당하는 '눈'의 위치를 정해준다. 거울은 '보는-보이는' 것을 가시성으로, 자유로운 작용의 위치로, 반복되는 흔적으로, 그리고 가시적인 것과 비-가시적인 것, 보는 사람과 보이는 것 사이의 차이를 표시하는 것으로 정확하게 나타내게 된다. 자유로운 작용, 가시성 및 차이 등의 위치는 '나'의 위치, 즉 눈이 그 위치를 정하게 되는 중심으로서의 자아의 위치에 해당한다. 자화상은 화가의 가시성에 합당한 것을 합당하게 하고, 반영된 이미지에서 비-가시적인 것을 가시적인 것으로 만들게 되고, 새로운 가시성을 생산하는 캔버스를 합당하게 한다. 거울단계에서는 자화상의 새로운 가시성을 가능하게 한다.

거울은 그 자체를 그림으로 그리는 자아에게 화가 자신의 몸을 드러내는 것을 가능하게 한다. 거울은 규명의 도구로서 작용한다. 거울에서는 화가의 회화적인 구체성을 드러내게 된다. 메를로퐁티에 따르면, 모든 기교는 몸의 기교에 해당하기 때문에, 거울 역시 그러한 방법으로 작용한다. 이러한 경우에서, 거울은 그 자체가 가지고 있는 기교로서의 기능을 감추기보다는 그 자체의 기능을 드러내게 된다. 거울은 방향을 결정하는 도구로서 작용하게 된다. 거울이 그 자체를 드러내게 되는 까닭은 주체의 눈의 방향 때문이기도 하고 한 쪽 팔이 지시하는 그림에서의 방향 때문이기도 하다. 그러나 동시에 세잔의 자화상 모두에서 거울은 거울로서의 그 자체의 정체성을 숨기기도 한다. 거울은 방향을 결정하는 도구로서 작용하기 때문에, 자화상에서 발생하는 가시성은 드러나기도 하고 숨겨지기도 하는 동시에 가시적으로 되기도 하고 비-가시적으로 되기도 한다. 거울은 회화적인 경험의 모호성을 표시하기도 하는 반면에, 깊이, 색깔, 형태, 선, 움직임, 윤과 및 얼굴의 모습 등 존재의 분파에 따라 그러한 경험을 구조화하기도 한다.

세잔의 자화상에서 거울은 언제나 숨겨져 있지만, 모든 화가들이 거울을 비-가시적으로 만들 필요는 없다. 상반신 주변을 타원형 모양—그것은 분명히 거울의 '틀'에 해당할 수도 있다—으로 처리한 토마스 게인즈버러의 '자화상'(1787)은 우아하게 옷을 차려 입고 앞을 바라보고 있는 화가 자신의 모습을 보여주고 있다. 맥스 베커만의 '자화상'(1917)은 그 자신을 그리고 있는 그 자신의 모습을 보여주고 있다. 그의 이 자화상에서 그의 눈은 정면의 방향으로부터 벗어나 있으며 그는 오른손으로 그림을 그리고 있다. 이와 똑같이 알브레히트 뒤러의 '자화상'(1484)에는 왼쪽을 응시하고 있는 한 젊은이가 나타나 있다. 따라서 뒤러의 이 자화상에는 한 젊은이의 오른쪽 볼의 모습이 나타나 있다. 붓을 들고 있는 오른손만을 볼 수 있을 뿐이다. 다시 한 번, 뒤러와 베커만의 경우 모두에서는 거울 이미지를 효과적으로 정정하기 위해서 두 개의 거울을 사용하고 있다는 점이 아주 분명하게 나타나 있다. 다만 베커만은 사진을 활용했을 수도 있지만, 그렇게 함으로써 적합한 이중적인 인상효과를 생산할 수 있었을 것이다. 「자화상에 대한 세 가지 연구」라는 제목이 붙은 프란시스 베이컨의 트립틱 '자화상'(1980)에는 세 가지 유형의 베이컨의 얼굴 모습이 그 자신의 습관적인 분열된 형식으로 나타나 있다. 가운데 모습에서 눈은 전통적인 자화상처럼 정면을 향하고 있다. 양쪽의 모습에서는 거의 45° 정도 중앙을 향하고 있으며, 이러한 점은 베이컨이 세 개의 거울—그 중에서 양쪽에 있는 두 개의 거울은 서로 안쪽을 향하고 있다—을 사용하여 그림을 그렸다는 점을 보여준다. 따라서 오른쪽에 있는 그림은 그의 '분명한'(실제상의) 왼쪽의 볼을 보여주고 왼쪽에 있는 그림은 그의 '분명한'(시제상의) 오른쪽의 볼을 보여준다. 머리 부분만이 나타나 있기 때문에 실제상의 측면이나 거울 이미지를 보여주고 있는지를 결정하는 것은 어려울 수도 있다. 또한 와해된 가시성으로 인해서 이러한 결정을 내리는 것은 더욱 어려울 수도 있다.

몇몇 자화상에서는 거울을 숨기고 있을 뿐만 아니라 그림을 그리고 있는 화가의 감각까지도 숨기고 있다. 머리 부분이나 흉상부분만이 나타나 있을 때에, 이와 같은 기만의 문제는 발생하지 않게 된다. 그러나 뒤러의 '자화상'(1943)에서 풀 한포기를 양손으로 잡고 있을 때나 또 다른 '자화상'(1498)에서 자신의 앞에 있는 탁자 위에 양손을 포개고 있을 때, 후기의 렘브란트가 자신의 그림에서 희미한 의자걸이에 올려놓은 '분명한' 자신의 왼손과 '분명한' 자신의 오른손으로 왕권의 상징인 '홀(笏)'을 들고서 거만하고 화려하게 앉아 있는 예술가을 보여주었을 때, 레이놀즈가 자신의 그림(1780)에서 한 손에는 서류를 들고 다른 한 손은 엉덩이를 잡고 있는 모습을 그림으로 그렸을 때, 또는 맥스 베커만이 자신의 그림(1937)에서 자신의 양손을 앞으로 내밀어 둥근 수갑을 잡고 있는 모습을 그림으로 그렸을 때, 이들 화가들은 자아의 역할을 선택적인 역할로 수립하기 위해서 그림의 가시성을 그 자체만의 위상, 즉 거울에 반영된 자화상으로서의 위상으로부터 멀어지도록 시도했던 것이다. 많은 화가들은 붓과 팔레트를 손에 들고 자신들의 모습을 자화상으로 그리는 데 대해서 그 어떤 반대도 하지 않는다. 이들은 대부분 자신들의 회화적인 구체성을 가시적으로 드러내고자 하지만, 몇 명만을 예로 든다면 앙리 루소, 코로, 모네, 코코슈카, 모딜리아니 및 피카소 등의 특정한 태도와 스타일에서의 차이는 상당히 극단적이라고 볼 수 있다. 이들 각자에게 있어서, 거울은 그 자체의 유일성과 활력적인 기능을 수립함으로써 하나의 방향을 결정하는 도구로서 부수적으로 발생하게 되는 모호성과 함께 가시성의 중심으로서 작용하게 된다.

자서전적인 가시성으로서의 자화상

수많은 자서전 작가들은 자신들이 수행하고자 하는 연구기획을 자화상으로 특징지어 왔다. 자신의 『수상록』에서 자신의 독자에게 보고하는 몽테뉴의 잘 알려진 "나는 여기에서 긴장이나 기교가 없는 나 자신의 소박하고 자연스럽고 일상적인 모습을 보여주기를 원하고 있다. 왜냐하면 그것이 내가 그려내고자 하는 나 자신이기 때문이다"[7]라는 그의 언급은 상당히 시사적이다. 몽테뉴는 자신의 글쓰기 프로젝트를 자화상적인 글쓰기로 이해했던 것이다. 거의 2세기가 지난 뒤에 루소는 자신의 『고백록』을 다음과 같은 진술로 시작하고 있다. "자연 그대로 정확하게 그렸고 존재하고 있거나 아마도 일찍이 존재하게 될 최대한도로 충분한 진실을 바탕으로 하는 한 사람의 유일한 초상화가 여기에 있다."[8] 몽테뉴와 루소는 자신들이 '말'로 이룩하고자 하는 것을 '그림'에서 차용했다. 자신들의 삶을 기술하는 데 있어서, 이들은 자신들이 누구이며 무엇을 했는지를 언어적인 그림으로 제공했던 것이다. 이들의 그림은 사실 하나의 서사에 해당한다. 자화상과 관련지을 때에, 흔적은 가시적인 흔적에 해당하는 것이 아니라 이들의 생애에 대한 텍스트로서의 글쓰기에 해당한다. 가시성을 생산하게 되는 읽어 짜기는 자서전의 경우에서 결과적으로 텍스트성에 해당한다.[9] 가시성은 개념적인 텍스트성에 해당하고 텍스트성은 기술된 가시성에 해당한다.

거울단계로 인해서, 자화상에서의 눈은 중심에 위치하게 된다. 단 하나의 거울을 적용하게 될 때에, 눈은 직접적으로 정면을 향하게 된다. 그림의 '힘'은 눈의 위치로 향하게 되고 또 눈의 위치에 집중하게 된다. 자서전에서, 자아는 서사를 통해서 분산되고 확산된다. '눈'은 전형적으로 자기 자신만의 삶을 말하고 서사하는 1인칭 단수 '나'에 의해서 보충된다. 자화상에서의 '눈'은 손과 협조하게 되며, 이 두 요소는 가시성의 도구에 해당한다. 자서전적인 텍스트에서 자아는 '나'와 관련지어 능동적로 말하게 되거나 피동적으로 말하게 되지만, 기술하게 되는 '손'은 비-가시적인 상태로 남아 있게 된다.[10]

사진적인 자화상의 경우가 그림에 좀 더 가깝게 접근하게 되는 까닭은 그것이 가시적일 뿐만 아니라 하나의 비전까지도 포함하고 있기 때문이다. 그러나 그 차이는 분명하다. 자서전에는 거울이 없는 것과 똑같이―'붓'은 '펜'에 상응하고, '종이'는 '캔버스'에 상응하며, '잉크'는 '물감'에 상응한다―사진적인 자화상에서는 카메라가 거울단계를 제거할 것을 요구하게 된다. 자화상에는 자체-전시적인 가시성의 순간이 두 번 나타나게 된다. 하나는 반영된 이미지의 순간이고 다른 하나는 그림의 순간이다. 화가는 자신의 몸을 거울에 부여하게 되고 거울은 자체-전시적인 가시성을 제공하게 된다. 화가는 자체-전시적인 가시성을 그림에서 추적함으로써 그러한 가시성을 반복하게 되고 그렇게 함으로써 또 다른 자체-전시적인 가시성을 제공하게 된다. 사진을 찍는 사람이 자동셔터에 의해서 자기 자신의 모습을 찍게 되는 사진의 경우에서 카메라는 거울처럼 작용하지 않게 된다. 따라서 사진은 비-자체-전시적인 가시성에 해당한다. 자신이 그림으로 그리는 것을 보게 되고 따라서 가시성에 의해서 그림을 그리게 되는 화가와는 달리, 사진을 찍은 사람은 자기 자신의 장면을 분명히 비-가시적인 것으로 배제시켜야만 한다. 이와 같은 콘텍스트가 정리되고 나면, 사진을 찍는 사람은 사진을 찍을 때에 자기 자신이 어디에 앉아 있거나 서 있어야 하는지를 결정하기 위해서 카메라를 통해서 들여다보아야만 한다. 따라서 사진을 찍기 전이나 사진을 찍는 동안에, 특별하게 비-자체-전시적인 가시성이 작용하게 된다고 볼 수 있다. 사진을 찍은 사람은 자기 자신의 몸을 카메라 앞에 배치함으로써 사진적인 과정에 자기 자신의 몸을 부여하게 된다. 화가는 거울 앞에 위치하게 되지만, 그림으로 그려진 것은 반영된 이미지일 뿐이다. 사진을 찍는 사람은 실제상의 몸을 찍는 것이지 그것의 이미지를 찍는 것은 아니다. 사진 그 자체는 자아와 그 자체의 몸에 대한 일종의 고정된 이미지에 해당한다.[11] 따라서 사진을 찍는 사람이 자신의 몸을 사진적인 과정에 부여하기는 하지만, 사진 그 자체만이 자체-전시적인 가시성을 제공하게 될 뿐이다.

자화상에서 '자아'는 전시되고, 가시적으로 되고, 끌어내지고, 도출되고, 투사되며 그 자체의 비전으로 부여된다. 거울단계는 자기 자신을 그리는 행위에 대해서 유일한 특징을 부여하게 된다. 회화적인 흔적에서는 자아가 그 자체의 구체성을 가시적으로 부여하게 되는 '틀'을 형성하게 된다. 화가의 가시성은 타자로서의 화가의 정체성에 해당한다. 어떤 의미에서 한 순간에 포착된 화가의 삶은 '차이의 공간', 즉 방향을 결정하는 거울이 그 자체의 가시성을 표시하게 되는 공간에서 그 자체의 정체성을 확립하게 된다. 이와 같이 반영된 자체-전시적인 가시성은 자화상에 적합하게 되고 반복하게 된다. 자화상은 하나의 기획을 형성하게 되고, 바로 거기에서 새로운 자체-전시적인 가시성은 거울에서 끄집어 낸 자아를 그림의 짜임으로 추적함으로써 존재하게 된다.

제16장

말하는 주체의 텍스트

메를로퐁티 / 크리스테바

말하는 주체는 말하지만 언제나 그런 것만은 아니다. 말하는 주체는 구체화되어 있지만, 그러한 구체화는 텍스트로서 읽어낼 수 있을 뿐이다. 그 자체를 차이로 구분하면서도 하나로 통합함으로써, 말하는 주체는 기호적인 것과 상징적인 것의 사이에서 또는 간접적인 언어와 순수한 언어 사이에서 구체화하게 된다. 말하는 주체의 이와 같은 특징들은 두 가지 철학적인 연구기획을 하나로 연결시키게 되며, 이와 같은 철학적인 연구기획은 표면적으로 볼 때에 급진적인 차이, 즉 줄리아 크리스테바와 모리스 메를로퐁티의 차이에서 나타날 수 있다.

줄리아 크리스테바는 자신의 『기호학』(1969)을 저술함으로써 의미 있는 방법으로 철학분야에 개입하게 되었다. 크리스테바가 자신의 이 저서를 출간하게 된 것은 자크 데리다가 『기술과 차이』, 『그라마톨로지』 및 『화술과 현상』을 처음으로 동시에 발간한지 불과 2년 후의 일이었고, 메를로퐁티가 세상을 떠난 지 8년 후의 일이었다. 그러나 크리스테바의 중요한 이론적인 진술은 그녀가 『시적 언어의 혁명』(1974)을 출간했을 때에 비롯되었다. 『기호학』의 일부분과 그 이후의 저서 『복수대화(複數對話)』(1977)의 일부분을 선별하여 영어로 『언어에서의 욕망』이라는 제목으로 출간되기는 하지만, 『시적 언어의 혁명』은 1984년(프랑스어로 처음 출간된 후 10년에 해당)까지 영역(英譯)되지 않았다. '현황의 논지'로서, 크리스테바의 이 저서는 종합적이고 이론적으로 잘 형성되어 있으며 실제 적용하기에 적합하게 꾸며졌다는 점이 중요하며, 실제로 정확하게 말해서 적어도 프랑스어 원본에서는 그렇다고 볼 수도 있다. 영어로 번역된 것(훨씬 더 이전에는 독일어로 번역된 것)은 이 책의 첫 번째(이론적인) 부분일 뿐이다. 따라서 모든 특정한 텍스트의 '실제적'인 읽기는 앞으로의 영역(英譯)에 의존할 수밖에 없을 것이다.

필자가 여기에서 발전시키고자 하는 것은 '말하는 주체'의 역할이며, 이러한 역할은 메를로퐁티의 『지각의 현상학』(1945)에서부터 비롯되었으며 『의식과 언어의 습득』(1948~49)에서 수행되었고, 『세계의 산문』(1952)에서 재형성되었으며 뒤이어서 크리스테바의 이론적인 글쓰기에서 취급되었다. '말하는 주체'에 대한 공통적인 관심에도 불구하고, 이 두 사람의 담론에는 공통적인 영역이 배제되어 있다. 실제로 크리스테바의 이론적인 글쓰기의 참고문헌에는 메를로퐁티가 수록되어 있지 않지만, 후설, 프로이트, 소쉬르 및 라캉 등은 충분하게 수록되어 있다. 분명한 것은 아니지만 암시적으로, 크리스테바가 이와 같이 후자 쪽에 역점을 두어 취급한 것은 메를로퐁티의 사상을 관통하는 것이라고 볼 수도 있다. 그리고 크리스테바의 글쓰기에서 '말하는 주체'의 역할이 결정적인 것은 아니기 때문에 그녀는 '말하는 주체'에 대한 자기 자신의 개념과 메를로퐁티의 개념 사이의 특정한 관계에 대한 더 많은 논의를 필요로 한다는 점을 인정했던 것 같다.[1] 여기에서 필자는 이 두 사람의 담론이 분명히 다양하다는 점을 인정하면서도, 그러한 담론의 잠정적인 대화와 교환을 하나로 통합시켜 살펴보고자 한다.

메를로퐁티와 크리스테바에게 있어서 '말하는 주체'에 대한 읽기는 ① 크리스테바의 기호적／상징적 구별 사이의 관계와 메를로퐁티의 '간접적인 언어' 대 '순수한 언어'에 대한 설명, ② 심리(審理) 중에 있는 진행과정의 주체로서 '말하는 주체'에 대한 텍스트에 관련되는 의미적인 과정 등으로 요약할 수 있다.

기호적／상징적 : '간접적／순수한' 언어

크리스테바에 의하면, '기호적'인 것과 '상징적'인 것은 똑같이 의미적인 과정의 두 가지 양식에 해당한다. 언어는 의미적인 과정에 의해서 형성된다. 문제가 되는 '담론'의 유형은 주어진 시간에 작용하는 특정한 양식에 의해서 결정된다. 그것이 이론이든 서사이든 시이든 메타-언어이든 또는 그 밖의 다른 담론의 형식이든, 그것은 기호적인 것 또는 상징적인 것의 특별한 기능에 의해서 결정된다. 크리스테바는 이와 같은 두 가지 사이의 관계의 특징을 '변증법'으로 파악했다. 변증법 그 자체의 본질은 설명을 필요로 한다. 어떤 특정한 순간에 이쪽이나 저쪽(기호적인 것 또는 상징적인 것)의 우세가 있을 수 있지만, 이 두 가지는 서로 분리되어서는 결코 작용하지 않게 되어 있다. 존재자의 의미에서 이 두 가지는 전적으로 독립해서 서로가 서로를 결코 배제할 수 없게 되어 있다.

'기호적'인 어휘와 '상징적'인 어휘에는 모두 길고 복잡한 역사가 있다. 크리스테바는 자기 자신의 패턴을 따라 이 두 어휘를 이해하고자 했다. 크리스테바에게 있어서, '상징적인 것'은 '기표(말)／기의(개념)'의 관계에 묶여 있다. 이와 같은 의미적인 관계는 소쉬르에게 있어서와 마찬가지로 기호적인 것과 결합되어 있다고 생각할 수도 있지만, 크리스테바는 그것을 대략적으로 상징적인 것으로 파악했다. 소쉬르는 이러한 관계를 '기호'라고 명명했고 그것의 특징을 '자의적'이라고 파악했다. 그러나 그는 말과 개념을 '동기회'로 통합시킬 수 있는 여지를 남겨놓았다. 크리스테바는 동기화된 관계의 특징이 무의식적인 충동과 우선적인 과정(치환과 압축), 즉 특정한 기표와 특정한 기의의 자의적인 결합에 잠재되어 있는 과정에 있다는 점을 제안했다. 라캉은 로만 야콥슨과 프로이트에 대한 자신의 읽기에서 '치환'과 '압축'의 우선적인 과정을 '환유'와 '은유'에 결합시킬 것을 이미 제안한 바 있다.[2] '치환'에는 인접하는 기표로 전환되는 성질이 포함되어 있다. 따라서 환유가 가능해진다. '압축'에는 기표와의 관계에서 기의에 대한 '중층결정'이 포함되어 있다. 특정한 기표에 대한 이와 같은 기의의 범람을 은유의 해석으로 파악할 수도 있다. 은유와 환유는 모두 언어에서 상징적인 요소로 작용한다. 따라서 이와 같은 여러 가지 방법 중의 하나에 의해서 기표와 기의를 연결하는 것은 순수하게 자의적인 설명을 방해하게 된다. 은유와 환유는 또 언어의 구문론적이고 의미론적인 특징, 크리스테바가 '상징적'이라고 명명하는 특징을 야기하기도 한다.

크리스테바에 의하면, '상징적인 것', 즉 "의미적인 과정의 구문론적이고 언어적인 영역"은 성적(性的)인 차이를 포함하여 "생물학적인 차이와 구체적이고 역사적인 가족 구조에 대한 객관적인 속박에 의해 형성된 다른 사람과의 관계에서 비롯되는 사회적인 효과"[3]에 해당한다. 따라서 '상징적인 것'은 그것이 다른 사람과 어떻게 관련되는지에 대한 효과에 해당하는 것과 똑같이 생물학적으로, 유전자적으로, 그리고 결정적으로 가족 콘텍스트 내에서 발생하게 되는 '차이'에 의해 제한받게 된다. '상징적인 것'은 사회적이고 언어적인 어떤 틀 내에서 발생하게 되는 것을 설명하기도 한다. 하지만, '상징적인 것'이 이와 같은 틀 내에서 성취할 수 있는 것은 상당히 많이 있다. '상징적인 것'은 그것이 형성할 수 있는 것에 의해서 제한받게 될 뿐만 아니라 그 자체만의 구조, 결정 및 동기화에 의해서도 제한받게 된다.

더 나아가 상징적인 것은 과학적인 언어로서도 작용할 수 있다. '과학적인 언어'에서는 담론의 구조를 엄격하게 정의하고 그 경계를 확정하고 수립하게 된다. 상징적인 것은 권위적이고 단정적이며 정의적인 양식에 해당한다. 그것은 아버지를 부정하는 방법, 즉 '아버지의 법칙'에 의해서 작용하게 되며, 이러한 점에서 크리스테바는 라캉과 일치한다고 볼 수 있다. 상징적인 것에서는 주체를 정립하게 된다. 후설이 주장했던 바와 같이, 주체 그 자체는 상징적인 것을 형성하지 못한다. 크리스테바의 핵심적인 논지 중의 하나를 예로 들면, 남근적인 기능이 상징적인 기능으로 전환될 때에, 말하기는 침묵하기를 시작하게 된다. 아버지의 법칙이 소개되기 전에는 어머니가 남근적인 기능의 위치를 차지하게 되어 있다. 그리고 남근적인 기능이 상징적인 기능으로 전환될 때에, 어머니는 어머니로서의 특별한 위상을 상실하게 된다. 그러한 일이 발생하기에 앞서, "요구할 수 있는 용기와 보장에 해당하는 어머니의 충분한 몸은 자기도취적이고 상상적인 모든 효과와 만족을 대신하게 된다. 달리 말하면, 어머니는 남근에 해당한다.(RPL, p.47). 그러나 '거세의 발견'과 함께 어머니는 자신의 특별한 위상을 상실하게 된다. 주체는 어머니에 대한 그 자체의 의존으로부터 분리되며, "이와 같은 결핍을 지각하는 것은 남근적인 기능을 상징적인 기능으로 만들게 된다."(RPL, p.47) 남근 그 자체는 기표에 해당하기 때문에 특정한 기표(또는 일련의 특정한 기표들)를 이끌게 되는 일련의 특정한 관계를 동기화하게 된다. 이런 식으로, 상징적인 것은 그 자체만의 특정한 형성의 논리를 이룩하게 된다.

기호적인 것의 어떤 요구에는 상징적인 것이 침투되어 있는 경우도 있다. 상징적인 것은 그 자체를 확인하고자 하고, 그 자체를 정의하고자 하고, 그 자체만의 명칭을 그 자체에 부여하고자 한다. 그러나 기호적인 것은 상징적인 것에 개입하고자 하는 동시에 그 자체만의 자율성을 유지하고자 한다. 따라서 주체의 입장은 언제나 '과정/심리(審理) 중인' 상태를 유지하게 된다. 기의에 대한 기표의 상징적인 관계를 강조하는 '기호작용'의 층위에서는 언어의 '어용론(語用論)'[철학과 언어학에서 언어·기호 등을 사용자 입장에서 연구하는 것]과 의미론을 격하시키고는 한다. 기호적인 것에는 또 다른 영역이 있다는 점을 제시하는 것, 그것이 바로 자신의 임무라고 크리스테바는 생각했던 것 같다.

크리스테바는 조심스러운 상징적인 형식에는 질서화의 법칙과 상징적인 것의 법칙과 같은 기능, 또 다른 판단의 양상(樣相), 즉 "프로이트적인 용이성과 구조적인 충동의 성향 및 에너지와 그러한 에너지의 각인을 모두 치환하고 압축하는 우선적인 과정 등"(RPL, p.25)이 있다는 점을 지적하기도 했다. 이와 같은 충동은 '에너지'의 부여와 심리적인 표시 등으로 묘사될 수도 있다. 이처럼, 이와 같은 충동은 크리스테바가 '코라(chora)'라고 명명한 것을 명확하게 한다. 크리스테바에게 있어서 핵심적인 아이디어에 해당하는 '코라'는 "충동에 의해 형성된 비-표현적인 총체성 및 그러한 충동이, 통제받는 것만큼 충분하게 이동하는 '유동성'에서 갖게 되는 고착상태"(RPL, p.25)를 분명한 특징으로 한다. '코라'는 '유동적'인 것과 "움직임과 그러한 움직임의 일시적인 고착상태에 의해 형성된 극도로 잠정적인 명확성"을 나타낸다. "결렬된 명확성(리듬)으로서의 '코라'는 명백성, 유사성, 공간성 및 시간성보다 앞서 발생하게 된다."(RPL, p.26) 더 나아가 크리스테바는 다음과 같이 강조했다. "'코라'는 대상의 부재처럼 그리고 실재(實在)와 상징 사이의 구분처럼 언어적인 기호가 아직은 명확하지 않은 의미작용의 양상에 해당한다."(RPL, p.26) 따라서 '코라'는 '기표'와 '기의' 사이의 근본적인 관계보다 훨씬 더 근본적인(또는 잠재적인) 관계에 해당한다. 기호적인 '코라'와 함께, 차이와 정체성은 '아직은' 현존하지 않게 된다. 따라서 그 어떤 차이화도 '아직은' 적합하지 않은 것으로 된다. 예를 들면, 기호의 한 가지 특징에서는 기표가 현존하는 대상을 필연적으로 지칭하지 않게 된다고 볼 수 있다. 이처럼 '대상은 부재(不在)할 수밖에 없다'는 이와 같은 의미보다 앞서서 발생하게 되는 것, 그것이 바로 '코라'이다. 차이화가 기호적인 기능의 일부분이 되지 않는 까닭은 그 자체가 상징적인 문제에 해당하기 때문이다. 심지어 실제와 상징적인 것 사이에 대한 라캉식의 구분조차도 특수화되지 않은 채로 남아있게 된다. 이러한 점은 기호의 형성이나 설정이 기호적인 것과 그 자체의 기능에 따르게 된다는 점을 의미한다.

기호적인 것이 기호 그 자체보다 더 근본적이라고 말하는 것은 무엇을 의미하는가? 크리스테바에게 있어서, 기호적인 것은 "흐름과 표시에 의해서, 용이성, 에너지로의 전환, 육체적이고 사회적인 연속성의 근절은 물론 의미하는 구체적인 요소의 근절에 의해서" 그 특징을 지니게 된다. 그리고 '코라'는 "진동적이고 리듬적이고 비-표현적인 총체성"(RPL, p.40)에 해당한다. 더 나아가 기호적인 것의 묘사에는 "언어에 무관심하고 불가사의하고 여성적인 …… 자유롭고, 그 자체의 언어적인 번역으로 축소될 수 없는…… 음악적인, 판단보다 앞서지만 단 하나의 보장, 즉 구문에 의해서 제한받는"(RPL, p.29) 등이 포함된다. 이러한 점을 은유적으로 이해한다면, '구문'은 흐름을 구조화하고, 경험을 가능하게 하고, 상징적인 내용에 대해서 구체적인 형상을 부여하게 되지만, 그러한 형상을 결정하게 되지는 않는다.

기호와 구문이 상징적인 기능의 특징으로 되는 것과 똑같이, 상대적으로 흐름, 에너지, 음악성, 수용성, 간단히 말해서 '시적 언어' 등을 기호적인 것에 부여할 수도 있다. 언어의 기호적인 실천에서는 '비분리'와 '지속성'을 강조하게 된다. 그것은 또 인식적이고 형식적인 측면의 결합에 있어서 언어의 신체적이고 물질적인 측면을 야기하기도 한다. 따라서 기호적인 것이 필연적으로 상징적인 것으로부터 분리되는 것은 아니지만, 경우에 따라서는 서로 조화를 이루기도 한다.

상징적인 것과 기호적인 것 사이의 관계에 대한 크리스테바의 설명과 간접적인 언어에 관련지어 순수 언어를 강조한 메를로퐁티의 묘사 사이의 조응은 상당히 충격적인 것이다. 메를로퐁티가 자신의 저서 『기호들』에 수록된 두 편의 논문, 즉 「간접적인 언어와 침묵의 목소리」와 「언어의 현상학론」(이 두 논문은 모두 『레탕모데른』에 치음 수록되었다)에서 간접적인 언어에 대한 그 자신의 개념을 처음으로 제공했지만, 그의 이러한 개념은 그의 사후(死後)에 출간된 『세계의 산문』[4]에서 가장 충분하게 발전되었다.

「간접적인 언어와 침묵의 목소리」에서 메를로퐁티는 다음과 같이 언급했다. "우리 자신의 언어가 원래의 텍스트의 번역이거나 인용에 해당하는 아이디어에 대한 우리 자신의 마음을 제거하게 된다면, 우리들은 '완벽한' 표현의 바로 그 아이디어가 비-의미적이라는 점을 알게 될 것이고 모든 언어가 간접적이거나 암시적이라는 점, 즉 여러분이 원한다면, 침묵이라는 점도 알게 될 것이다."[5] 그리고 더 나아가 다음과 같이 강조했다 "언어를 원래의 작용으로 이해하고자 한다면, 우리들은 결코 말한 적이 없는 것처럼 해야만 하고, 언어를 일종의 환원, 즉 그러한 환원이 없다면 언어는 우리들로 하여금 그것이 우리들에게 의미하는 것으로 되돌아가게 함으로써 한 번 더 우리 자신으로부터 빠져나가게 되는 환원으로 되돌려주어야 하고, 귀먹은 사람들이 말하는 사람들을 바라보는 것처럼 바라보아야 하고, 언어의 예술을 그 밖의 다른 표현의 예술과 비유해야 하고, 언어의 예술을 말없는 예술처럼 파악하도록 노력해야만 한다."(Signs, p.46) 그리고 『세계의 산문』에서는 다음과 같이 언급했다. "우리들은 두 개의 언어가 있는 것처럼 말할 수도 있다. 첫째는 '사실' 다음의 언어 또는 제도로서의 언어가 있으며, 이러한 언어에서는 그것이 전달하는 의미를 만들어내기 위해서 바로 그 언어 자체를 지우게 된다. 둘째는 그 자체의 표현적인 행위에서 그 자체를 창조하는 언어가 있으며, 이러한 언어에서는 '의미'로 향하는 기호로부터 바로 그 언어 자체, 즉 말해진(침전된) 언어와 말하는 언어를 삭제하게 된다."(Prose, p.10)

이러한 점에서 메를로퐁티는 실제로 두 가지 유형의 언어가 있다는 점을 주장하고 있다.[6] 한 가지 유형(말해진 언어)은 '침전된' 언어이자 '말해진' 언어로서 일단 이미 수립된 언어, 즉 기의와 기표 사이에서 이미 동기화된 관계와 같은 언어이지만 소쉬르적인 이해로 볼 때에 그러한 관계는 순수하게 자의적인 관계에 해당할 뿐이다. 이러한 유형의 언어는 언어 그 자체에 의해서 언어에 부여된 변용이나 제한과 같은 것이다. 다른 한 가지 유형(말하는 언어)은 그 자체의 실천에 있어서 그 자체를 만들어내는 언어이다. 이러한 언어는 이미 형성된 언어의 요소, 말하자면 수립되었고 침전된 요소에 의해서 제한받지 않는 언어이며, 이러한 언어에는 "기호와 익숙한 의미작용 사이에 이미 수용된 관계가 축적되어 있다."(Prose, p.13) 달리 말하면, 이와 같은 두 번째 유형의 언어는 법칙, 관례 및 이미 수립된 기존의 이해에 의해서 제한받지 않는 언어에 해당한다. 이처럼 두 번째 유형의 언어는 크리스테바의 '기호적인 것'에 대응되며, 크리스테바의 '기호적인 것'은 '상징적인' 아버지의 법칙에 의해, 언어에서 수행되는 일련의 의미론적인 규정에 의해 제한받지도 않고 한정되지도 않고 구속받지도 않게 된다.

메를로퐁티에게 있어서, 두 가지 유형의 언어, 즉 '침전된(말해진) 언어'와 창조적이고 혁명적이며 간접적인 언어(말하는)는 서로 반대로 작용한다. 침전된 언어(말해진 언어)가 기존의 수립된 의미를 강화하고 공식화하고 규칙화하는 반면에, 화술 또는 말하는 언어에서는 이와 같이 통제되고 제한받는 환경을 적극적으로 타파하게 된다. 메를로퐁티는 다음과 같이 질문했다. "하나의 사건이 이성으로 전환되고 소멸되는 화술의 양식으로부터 새로우면서도 좀 더 효과적인 어떤 표현양식이 갑자기 발생하게 되는, 말하자면 파도가 친 다음에 바다의 썰물이 더 거세지고 그 다음의 파도를 더 크게 밀려들게 하는 식으로, 언어의 이와 같은 효과적인 순간을 우리들은 어떻게 이해할 수 있을 것인가?"(Prose, p.34) 그의 요점은 언어에서의 신기성과 창조성은 침전된 언어(말해진 언어)에서는 이미 수립되었고 형성되었지만, 확인된 화술의 양식에서는 절대로 자리잡을 수 없다는 데 있다. 이미 수립되어 경계가 확정된 것을 타파할 수 있는 것은 또 다른 표현성의 형식, 또 다른 유형의 커뮤니케이션, 간접적인 언어, 즉 아직은 코드화되지 않고 고착되지 않았으며 신택적인 표현성의 양식에 종종 호소할 수 있는 간접적인 언어이다. 메를로퐁티는 일종의 패러다임으로서 그림에 종종 호소하고는 했다. 크리스테바는 의미의 이해와 관련지어 그림을 읽어내고는 하지만, 메를로퐁티가 그림에서 발견하고는 했던 새로운 의미의 출현과 혁명적인 창조성을 크리스테바가 똑같은 정도로 발견한 것은 아니다. 메를로퐁티에 의해서 그림은 간접적인 언어의 힘을 제시하게 되었다. 이때의 '간접적인 언어'는 표현적인 언어에 해당할 뿐만 아니라 크리스테바가 '상징적인 것'이라고 명명하고는 하는 것으로 언제나 전환되지 않으면서 말하게 되는 언어에 해당한다. 하지만, 메를로퐁티에게 있어서 '시', 그러나 좀 더 종종 일반적으로는 정확한 언어는 이와 같은 간접적인 언어, 이와 같은 침묵의 언어를 활기차게 할 수 있으며, '시'에서 말하고 있는 것은 이미 수립된 기존의 의미에 해당하는 것이 아니라 또 다른 의미와 표현의 질서에 해당한다. 크리스테바에게 있어서 시적인 언어(말라르메와 로트레아몽에게 있어서)는 기호적인 것의 특징이 상징적인 것과 화합을 이루어 작용하기도 하고 또 그것에 변증법적으로 반대되어 작용하기도 함으로써 그러한 특징(기호적인 것의 특징)을 나타내게 된다. 이러한 점에서 메를로퐁티와 크리스테바가 모두 간접적인 언어나 기호적인 것을 각각 시적인 기능이나 회화적인 기능으로 이해하고 있다는 점을 관련지을 수 있으며, 이때의 '기능'에서 단정적이거나 옹호적이거나 형식적이거나 회화적인 언어의 특징은 결정적인 것이 아니라는 점도 알 수 있을 것이다.

메를로퐁티로서는 순수한 언어의 망령이 중요한 방법으로 지배적일 수도 있다는 점, '알고리즘'[연산방법 또는 프로그램을 해결하는 순서]이 의미의 표현성과 충만성에 대한 모든 가능성을 이어받게 되거나 소멸시키게 된다는 점을 좀 더 고려했어야만 했을 것이다. 이와는 대조적으로, 비차별적이고 혁명적이고 비경계적인 언어의 양식을 특징짓기 위해서 '기호적'이라는 용어를 선택하는 데 있어서, 크리스테바는 기호체계의 활용이 이와 같이 특별한 언어의 조건을 부정하지 않는다는 점을 제시하고 있다. 하지만, 기호와 기표에 대해서 소쉬르가 설명한 것을 메를로퐁티가 1940년대 중반에 읽어낸 것을 그 자신이 '순수한 언어'라고 명명한 것으로 환원시킬 수는 거의 불가능할 것이다. 그는 다만 언어의 과학화를 우연성, 유연성 및 모호성이 없는 메타-언어로 파악했을 뿐이다.

메를로퐁티의 '스타일의 발명'은 크리스테바의 '의미작용', 즉 무한하고 제한 없는 '의미생산의 과정'이라는 개념만큼이나 중요한 것이다. 하지만, 특히 1950년대를 통틀어서 메를로퐁티는 변증법의 실천에 전념하기는 했지만, 간접적인 언어와 순수한 언어 사이의 특정한 변증법을 강조한 것은 아니다. 이와는 대조적으로, 말해진 언어와 말하는 언어 사이의 차이를 대립시키고 또 강조하는 데 있어서, 메를로퐁티는 잠정적으로 창조적이고 변증법적인 긴장에 있어서 이 두 가지 유형의 언어를 암시적으로 주장하고는 했다. 그러나 크리스테바에게 있어서 '상징적인 것'과 '기호적인 것' 사이의 변증법은 능동적이고 결정적인 것이다. 실제로 '의미적인 과정'에 대한 그녀의 전체적인 개념은 바로 이러한 변증법에 의존하고 있다.

말하는 주체의 의미적인 과정과 텍스트

기호적인 것과 상징적인 것은 동일한 의미적인 과정에 대한 두 가지 양상에 해당한다. 크리스테바에게 있어서 이러한 두 가지 양상은 변증법적인 관계에 있다. '의미작용'은 이와 같이 무한하고 제한 없는 발전 과정이자 이질적인 과정이다. 이러한 과정에서는 이 두 가지를 다양한 방향으로 통합하는 동시에 분리하게 된다. 이러한 점에 대해서 크리스테바는 다음과 같이 설명했다. "무질서하고 파편화된 바탕도 아니고 정신분열적인 봉쇄도 아닌 이와 같은 이질적인 과정은 구조화의 과정이자 탈구조화의 과정, 주체와 사회의 경계의 '밖'으로 나아가는 과정이다. 그런 다음에야, 오로지 그런 다음에야 '주이상스'와 혁명이 가능해진다."(RPL, p.14)

의미적인 과정에 대한 다양한 영역은 이와 같이 급진적이면서도 또한 통합적인 언어에 대한 읽기에 의해서 가능해진다. 좀 더 살펴보아야 할 것은 이와 같은 과정에서 말하는 주체의 역할이다.

크리스테바에게 있어서 의미적인 과정에는 '기호적인 것', '상징적인 것' 및 '의미작용' 등 세 가지가 포함된다. 이와 같은 세 가지 요소의 차별화된 통일성이 바로 주체의 과정에 해당한다. 상징적인 것은 주체를 부여할 수 있지만, 부재로서만 그렇게 할 수 있으며, 기호적인 것은 심리분석을 통해서 제시된 바와 같이 '과정 / 심리(審理) 중'인 주체의 충동을 제공할 수 있다. '의미작용'의 '명령적' 요소는 주체가 의미적인 과정으로 환원되지 않으면서 주체 그 자체를 형성할 수 있는 방법으로 바로 그 자체의 '과정'(의미적인 과정)에서 발생하게 된다. 왜냐하면, 주체는 '언어의 입구'(또는 언어의 경계)에 해당하기 때문이다. 이러한 영역에서 주체는 현상학적인 근본적 '에고' ― 모든 '앎'이 행동하게 되는 중심과 원천으로 작용하는― 를 수용하는 것도 아니고 의미작용이 발생하게 되는 '명령적' 국면을 거부하는 것도 아니다. 여기에서 '자아-탈-중심' 효과는 주체를 부여하는 것을 가능하게 하지만, 언제나 의미적인 과정 그 자체의 측면으로서만 그렇게 할 수 있을 뿐이다. 사르트르의 '에고'의 초월, 데리다의 '자아-탈-중심' 해체주의, 푸코의 부재-주체의 고고학을 포함할 뿐만 아니라 메를로퐁티의 구체화된 주체를 포함하는 오랜 여정을 통해서 우리들이 살펴본 바와 같이, 주체는 중심으로서의 존재가 될 수 없다. 주체는 그 자체나 다른 것을 부여하는 것처럼 그 자체를 부여할 수도 없다. 주체를 부여하는 것은 분명하면서도 그 정체성을 확인할 수 있는 대상을 부여하는 것이다. 그리고 그 자체를 하나의 대상으로 그 자체의 정체성을 확인하는 데 있어서, 주체는 결정적이면서도 특정한 욕망의 영역을 개방시키게 된다.

예를 들면, 가장 분명하게는 크리스테바에게 있어서, 텍스트는 무엇인가를 의미하는 실천에 해당한다. 이러한 점은 신경과민적인 담론의 특징에 해당하는 '무의미-속으로-표류하기'와 구별된다. '의미하는 실천'으로서 텍스트는 주체를 통합하게 되지만, 텍스트를 통해서 기호적으로 분배되거나 또는 관련되는 장소에 체계적으로 부여함으로써 통합하게 된다(RPL, p.51). '의미하는 실천'의 사회·역사적인 기능에서는 그 자체를, 실질적인 '코라'에서 비롯되는 상관적인 장소에 난입하게 되는 담론이 기존의 상징적인 형성으로서의 담론으로 되는 '날마다의 담론'에 삽입시키게 된다.

크리스테바에게 있어서 말하는 주체는 그 자체가 하나의 텍스트에 해당한다. 말하는 주체는 '의미적인 과정' 내에 각인된다. 다시 말하면, 기존의 실체로서가 아니라 '의미적인 과정'의 기호적이고 상징적이며 의미적인 특징으로서 각인된다. 하지만, 말하는 주체가 그저 단순하게 '의미적인 과정'과 일치하는 것은 아니다. 오히려 말하는 주체는 말해진 것, 언급된 것, 분명하게 된 것 등의 구문에서 부재된 요소에 해당한다. 주체가 대상으로 재출현하게 될 때에, 그것은 하나의 위치를 말하고 있는 것으로, 그러한 위치를 차지하고 있는 것으로, 하나의 대상이 된 것으로, 상징적으로 형성된다. 주체의 재출현에는 구문에서의 방해도 똑같이 포함되어 있다. 따라서 크리스테바는 다양한 방법을 허용했다. 즉, 하나의 기호체계에서 다른 기호체계까지 이르는 과정 및 기호체계에 대한 기호적인 것과 명령적인 것의 특별한 분절성 등이 '기호적인 것'

과 '상징적인 것' 사이의 관계에서 이와 같은 방해를 설명할 수 있는 다양한 방법을 허용했다. 여기에서 특별히 중요한 것은 '말하는 주체'의 '운동성'이 '의미적인 과정'의 '유연성'에 해당한다는 점이다.

크리스테바에게 있어서, 말하는 주체는 이미 상호주체적인 세계에 분산되어 있다. 이러한 세계는 상호텍스트성과 관련지어 이해될 수 있으며, 이와 같은 상호텍스트성에서 말하는 주체의 텍스트는 기호적이면서도 상징적인 의미작용에 의해서 그 자체를 각인시킬 수 있게 된다. 메를로퐁티에게 있어서, '말하는 주체'는 '생각하는 주체'에 대립하여 비롯된다.[7] 일찍이 '무언(無言)의 코기토'에 대한 메를로퐁티의 심취는 간접적인 언어에 대한 설명으로 변용되었다. 그리고 이러한 변용은 경험된 것, 의사소통하는 것, 몸짓에 의해서 또 몸을 통해서 말하는 것에서부터 의미작용이 본질적인 요소가 되는 '표현성'까지 이르는 전환에 해당한다. 여기에서 중요한 점은, 말하는 데 있어서, 주체는 말하지 않거나 행동하지 않거나 또는 어떤 관점으로부터 벗어나 있는 것이 아니라 오히려 구체화된 존재자, 역사적이고 사회적인 존재자로서 말하거나 행동하거나 어떤 관점에 개입하게 된다는 점이다. 이처럼 주체는 상호주관적인 세계에서 자아의 통합, 개입, 각인에 해당한다.

메를로퐁티와 크리스테바 사이에서, 기호적인 것이 상징적인 것에 의해서 알려지게 되는 곳에서 그리고 '말하는 화술'과 '말해진 화술'이 구체화된 경험을 경계 짓는 곳에서, '말하는 주체'는 말하게 되는 동시에 문제가 되는 순수하고 과학적이고 통제되는 강한 언어를 배치하게 된다. 이와 같은 상징적-순수한 언어의 주변에는 기호적-간접적인 언어, 그 자체의 중심화된 존재자로서의 자아를 대체하는 언어, 언어 그자체를 '시적 언어'나 '신경과민적인 언어'(우울이나 낙담으로 채워진 언어)로 주변화시키는 언어가 있게 된다.[8] 말하는 주체가 '문화의 이상'(그리스인들에 의해서 시작되었고 로마인들에 의해서 체계화되었으며 서구전통에서 완성된)을 충족시키지 못할 때에, 말하는 주체는 그러한 문화의 이상을 주변화시킴으로써, 경계를 지음으로써, 표현의 공간을 통제함으로써, 간접적으로 또는 기호적으로 그러한 '문화의 이상'을 위한 자리를 제공할 수 있을 것이다. 이러한 점은 '자연적'이고 개인적이고 전원적인 이야기를 낭만적으로 창조하는 것에 해당하는 것이 아니다. 오히려 그것은 자아의 정체성을 비-차별적이기는 하지만 아직은 명확하지 않은 자아-텍스트성의 공간으로 경계 짓고 약화시키고 분산시키는 것에 해당한다. 따라서 '말하는 주체'의 텍스트는 그 자체의 직접적이고 상징적인 '이동성'과 간접적이고 기호적인 언어의 범주에 나타나는 그 자체의 가장자리, 경계 및 주변 등 모두에 해당한다. 언어의 이와 같은 선택적인 공간은 혁명적이고 비정상적이고 비지배적인 표현의 형식, 즉 말하기가 발생하게 되는 표현의 형식이기는 하지만 주체는 이미 대체된 자아에 해당하는 형식이며, 이러한 표현의 형식은 여성, 시인, 신경과민증상 및 비대화적인 철학자의 형식에 해당한다.

제17장

글쓰기에 대한 글쓰기

메를로퐁티 / 데리다

글쓰기에 대한 글쓰기는 무엇인가? 글쓰기에 대해서 누가 쓰는가? 글쓰기에 대해서 무엇을 글쓰기로 쓰는가? 글쓰기는 행위에 해당하는가? 또는 효과에 해당하는가? 현상학에서 글쓰기는 행위에 해당한다. 기호학에서 글쓰기는 효과에 해당한다. 질문[메를로퐁티의 '질문(interrogation)'의 개념은 질문과 질문 '사이'의 질문에 해당한다]에서 글쓰기는 묻는 행위에 있어서 문제가 되는 것에 자리잡게 된다. 해체주의에서 글쓰기는 차이나는 공간의 각인에 해당한다.

메를로퐁티에게 있어서 질문은 글쓰기에 대해서 묻는 것이다. 그의 질문에서는 글쓰기가 실체도 아니고 생산도 아니고 결과도 아니라고 선언한다. 메를로퐁티에게 있어서 글쓰기는 스타일에 해당한다. 데리다에게 있어서 글쓰기는 차이에 해당한다. 그의 글쓰기는 말하기도 아니고 화술의 그래픽적인 효과도 아니다.

메를로퐁티에게 있어서 스타일은 표현에 해당한다. 데리다에게 있어서 글쓰기는 서명의 각인에 해당한다. 메를로퐁티에게 있어서 표현은 의미작용의 결과로 나타나게 된다. 데리다에게 있어서 서명은 흔적의 결과로 나타나게 된다. 차이의 위치에 대한 노력은 텍스트성 — 쓸 수 있는 텍스트성 — 의 표시에 해당하며, 거기에서 글쓰기는 행위도 아니고 효과도 아니지만 거기에서 글쓰기는 스타일과 각인, 표현과 서명, 의미작용과 흔적의 교차점에서 작용하게 된다. 여기에서 필자의 임무는 글쓰기가 차이를 만들어내는 이와 같은 위치를 분명하게 하는 데 있다.

스타일 / 글쓰기

스타일에는 무엇이 있는가? 이러한 질문은 셰익스피어가 언급한 "이름에는 무엇이 있는가?"를 반영한다. 이에 대한 대답은 하찮은 것이 아니다. 메를로퐁티는 다음과 같이 언급했다.

> 스타일은 모든 의미작용을 가능하게 만드는 것이다. 기호나 휘장이 모든 사람의 것으로, 심지어 예술가의 것으로 되기 이전에, 이미 부여된 의미작용의 간단한 색인으로 되기 이전에, 기호가 경험에 부여된 형식을 가지고 있을 때에 또는 작용적이고 잠재적인 의미가 그 자체를 해방시켜야만 하는 휘장을 발견하여 예술가가 그것을 취급할 수 있고 그 밖의 다른 사람들도 접근할 수 있도록 만들 때에는 분명히 효과적인 순간이 틀림없이 있게 마련이다. 우리들이 의미작용의 기원을 정말로 이해하고자 한다면, 그리고 이해할 수 없다면, 우리들은 그 밖의 다른 창조나 그 밖의 다른 문화를 이해하지 못하게 될 것이다. 왜냐하면 우리들은 모든 것이 미리 의미하게 되는 지성적인 세계에 대한 추측으로만 물러서 있게 될 것이기 때문이다. 따라서 우리들은 이미 제도화된

모든 의미작용을 포기해야만 할 것이고 비-의미적인 세계의 출발점으로 되돌아와야만 할 것이다. 이러한 점은 언제나 창조자가 자신이 말하고자 하는 것에 관련지어 그 자신이 직면하게 되는 것에 해당한다.(Prose, p.58)

"스타일은 모든 의미작용을 가능하게 만드는 것이다." 스타일은 '의미작용의 기원'에 있다. 스타일은 단순히 '하나의' 스타일에 해당하는 것이 아니다. 그것은 모든 의미작용의 조건이 되는 스타일에 해당한다. 그림에서든 글쓰기에서든, 스타일은 "화가나 작가가 목록으로 만들 수 있는 상당수의 아이디어나 개인적인 특징이 아니라 다른 사람들이 다만 인식할 수 있고 화가나 작가가 자신의 실루엣이나 날마다의 제스처처럼 그저 조금 볼 수 있는 형성의 논리에 관계되는 태도이다."(Prose, p.58) 문학사가나 예술사가가 작가의 스타일이나 화가의 스타일을 형성하고 있는 요소들의 목록을 제공하려고 노력하기는 하지만 — 예를 들면, 프루스트는 명상적이고 예리하고 사려 깊고 주관적인 반면에 모네는 밝고 유쾌하고 흐릿하고 파스텔과 가깝다 등으로 파악하는 것 — 이와 같은 목록이 스타일 그 자체를 형성하는 것은 아니다. 이러한 점은 오히려 예술적인 결과에 대한 몇 가지 특징을 목록으로 만든 것뿐이며, 푸코가 새로운 '논쟁의 틀-짜기'[1]이라고 설명했던 것에 해당하기도 하고 필연적으로 재형성되었고 재형성될 수 있는 끝이 없는 목록의 일부분에 해당하기도 한다. 이와 같은 묘사적인 단위를 수집할 수 있고 제시할 수 있으며 그것이 인상적일 수 있는 그 무엇이라 하더라도, 그러한 단위는 여전히 스타일을 설명하는 것이 아니다. 이러한 단위는 기껏해야 특정한 미학적 대상이나 일련의 대상들에서 작용하는 어떤 한 가지 스타일의 지표에 해당할 뿐이다. 따라서 그러한 단위는 스타일 그 자체를 본질적으로 형성하지 못하게 된다. 오히려 스타일 그 자체의 본질은 이와 같은 특정한 각각의 의미작용을 가능하게 한다. 메를로퐁티에게 있어서의 스타일은 '비-의미적인 세계', 즉 의미작용을 분명하게 하지만 그 자체가 특별한 결정에 의해서 차별화되지 않는 '조건'에 관여하게 된다. 스타일은 작가나 예술가의 발산물도 아니고 글로 쓰였거나 그림으로 그려낸 생산품의 효과도 아니다. 스타일은 기호가 경험의 세계에 대해서 '형식을 부여하는' 위치, 의미작용이 가능해지는 바로 그 위치에 자리잡게 된다.

스타일이 의미작용의 바로 그 가능성으로 되기 위해서는 스타일 그 자체가 선(先)-의미작용으로 되어야만 한다. 이러한 점은 스타일이 선-대상적이거나 선-주체적이어야만 한다는 점을 의미하는 것이 아니다. 하지만, 어떤 의미에서 스타일은 대상적인 것도 아니고 주체적인 것도 아니다. 메를로퐁티의 초기 글쓰기에서, 주체적이고 대상적인 '엮어 짜기'는 종종 '모호성'[2]이라고 명명되어 왔다. 『가시적인 것과 비-가시적인 것』(1964)에서, '모호성'은 가시적이고 비-가시적인 것을 교차적으로 엮어 짜는 형식을 취하고 있다. 스타일은 그 자체를 모호한 영역으로, 엮어 짜기의 위치로 삽입시키게 된다. 이러한 위치(엮어 짜기의 위치)에서 차별화는 그것이 대상적인 것인지 주체적인 것인지를 아직 결정하지 못한 생태에 있게 되고, 특수화 그 자체는 아직 적합하지 못한 것으로 될 뿐만 아니라 분명한 입장을 찾아볼 수도 없고 주장할 수도 없고 또는 제공할 수도 없게 된다. 스타일은 아직 형성되지 않은 것, 아직 특수화되지 않은 것, 아직 모습을 갖추지 않은 것에 대해서 정보를 제공하는 것, 형식을 부여하는 것이라고 볼 수 있다. 작가의 스타일이 결정적인 형식에 해당하는 것은 아니지만 그러나 그것은 글쓰기의 형성의 논리를 형성하게 된다. 작가는 글쓰기를 한다. 글쓰기를 하는데 있어서 스타일은 활성화된다. 스타일의 활성화는 대상을 생산하는 것도 아니고 개념을 환기하는 것도 아니다. 스타일의 활성화는 세계를 향해서, 문화를 향해서, 개인을 향해서 그리고 자기 자신만의 세계에 대한, 문화에 대한, 다른 사람들에 대한 경험 등 적용가능한 모든 존재자를 끌어들이는 것이다.

스타일은 언어의 '스타일화'에 해당한다. 언어는 스타일에 의해 형성되고 명확하게 되고 존재하게 된다. 스타일은 언어에 있어서 아직 특수화되지 않는 채 남아 있는 것을 특수화시키는 것이다. 스타일은 일련의 특수화 그 자체는 아니지만 오히려 그러한 과정을 통해서 결정과 특수화를 야기하게 된다. 작가의 스타일은 작가의 언어의 스타일에 해당한다. 작가의 언어에 대한 분석 또는 심지어 '알고리듬(algorithm)'[유한한 단계를 통해서 문제의 해결이나 질문의 답을 체계적으로 모색하는 과정]은 작가의 스타일 자체를 충분하게 설명하지 못할 수도 있다. 메를로퐁티에게 있어서 글쓰기의 스타일은 '간접적인 언어', 생산된 것도 아니고 직접적으로 접근할 수 있는 것도 아닌 언어에 해당한다. 메를로퐁티는 종종 그림과 관련지어 스타일을 특징짓기도 했으며, 이러한 점은 글쓰기의 스타일에 대해서도 똑같은 역할을 하게 된다. 글쓰기의 스타일에서는 "사물을 있는 그대로 소생시킬 것을 주장한다."(Prose, p.101) 이러한 언어는 날마다의 화술과 관례적인 담론에 대한 직접적인 언어에 해당하는 것이 아니다. 글쓰기의 스타일은 그 자체의 서사적인 포착에 의해서 모든 것을 소생시키고자 한다. 작가의 글쓰기는 "기존의 언어에 있어서"(Prose, p.100) 작가 자신을 고려할 수 있을 뿐이며, 이와는 대조적으로 화가는 언어를 개조할 수도 있다. 그림은 간접적인 언어의 유일한 소유자가 아니다. 간접적인 언어는 작가의 글쓰기에서도 작용할 수 있다. 그러나 작가의 글쓰기에서는 스타일을 활성화시켜야만 한다. 다시 말하면, 새로운 글쓰기에 의해서 소개된 변용에도 불구하고 이미 '거기'에 있고, 이미 과거에 물들어 있고, 이미 인식될 수 있는 언어로 스타일을 재통합시킴으로써, 스타일 자체를 활성화시켜야만 한다. 스타일은 새로운 글쓰기를 형성하는 것이지 새로운 대상을 창조하는 것이 아니다. 로브-그리예의 소설적 특징은 몬드리언의 그림에서처럼 언어의 개조에 있는 것이 아니다. 그의 소설에서는 언어의 회복으로서 언어를 말하게 되며, 그 결과 언어는 무관심하게 말하는 식으로 언어를 말하게 된다. 로브-그리예에게 있어서 글쓰기는 언어의 재통합에 있으며, 그 결과 묘사적인 반복, 기하학적인 구성 및 지각적인 입증 등은 여전히 언어라는 점, 여전히 프랑스어 번역이나 영어 번역이라는 점 등으로 언어를 재통합하는 데 있다. 그러나 언어가 말하는 것은 언어의 몸을 바꾸는 것이며 그 결과 언어의 과거는 새로운 방법으로 재통합된다. 작가의 언어의 과거는 "그 저 지배되었던 과거에 해당할 뿐만 아니라 이해되었던 과거에도 해당한다."(Prose, p.101) 이러한 과거는 새로운 방법으로 통제될 뿐만 아니라 그러한 과거를 모르는 사람들에 의해서도 인식될 수 있는 그러한 과거에 해당한다. 따라서 글쓰기는 그 자체의 과거로부터 형성되는 것이고, 그 자체의 과거로 되돌아가게 되는 것이고, 그 자체의 과거의 독자층과 현재의 독자층에 의해서 논쟁하게 되는 것이다. 스타일은 언어로 하여금 특정한 방법으로 말하도록 하는 것을 가능하게 한다. 작가가 세상을 떠난 후라 하더라도, 스타일은 과거로 하여금 인식가능한 일종의 '형상'으로 말하도록 만든다.

또 다른 언어, 비평적이고 철학적이며 보편적인 언어에 대해서 메를로퐁티는 다음과 같이 언급했다. "자체-소유를 추구하는 것, 비평을 통해서 언어 그 자체만의 스타일의 창조의 비밀을 터득하는 것, 언어만을 사용하는 대신에 화술에 대해 이야기하는 것 등은 본질적인 것이다. 한마디로 말하면, 언어의 정신은 그 자체만의 정신으로 되든가 또는 그 자체만의 정신인 체 하게 되며, 언어의 정신 그 자체에서 비롯되지 않는 것은 아무것도 없든가 또는 아무것도 없는 체 하게 된다."(Prose, p.101) 비평적인 언어, 비평적인 글쓰기에서는 스타일이 소설적인 특징을 어떻게 소개하게 되는지, 스타일이 언어의 재통합을 위한 전제조건으로서 어떻게 작용하게 되는지를 추구하고자 하며, 스타일이 그 자체만의 전제조건을 어떻게 형성하게 되는지를 특수화시키려고 노력하기까지 한다. 비평적인 언어의 임무는 스타일이 어떻게 작가의 글쓰기 스타일로 될 수 있는지, 문학적인 운동이 어떻게 글쓰기의 다양성에서 그 자체를 확인할 수 있는지, 또는 하나의 시대가 어떻게 그 자체를 시대정신의 유형으로 형성할 수 있는지 등을 보여주는 데 있다. 그러나 비평적인 언어에는 또한 혁명적인 임무도 있으며, 그러한 임무에서는 글쓰기를 질문하고, 스타일(또는 스타일들)을 이해하고, 글쓰기의 간접적인 언어로 하여금 스스로 말할 수 있도록 허락하게 된다.

스타일에 대한 메를로퐁티의 설명은 그러한 설명이 가장 충분하게 형성되었던 시기인 1950년대 초반의 콘텍스트에 자리잡고 있다. 그의 이러한 이해는 종종 앙드레 말로의 견해에 대해서 반대하는 것에서부터 시작된다. 이러한 점은 『예술적인 창조』에서 가장 분명하게 찾아볼 수 있다. 따라서 스타일에 대한 메를로퐁티의 설명은 어떤 사상의 스타일이 성행하게 되었던 시기에 자리잡고 있다. 그의 사상은 현상학적 전통에서 발전되었지만, 현상학 자체를 뛰어넘기도 했고 또한 그것에 의해 제한받기도 했다. 그 자신만의 스타일에서는 이러한 전통에서 서로 관련되는 부분을 선별했으며 그렇게 선별한 부분을 분명히 그 자신만의 것에 해당하는 철학적 글쓰기로 통합시켜 놓았다. 하지만 그는 그의 시대의 스타일에 의해 제한받기도 했다. 메를로퐁티 자신이 인정한 바와 같이 그의 언어는 어렵기는 하지만 이해할 수 있는 것이었다. 그의 언어는 미래를 지향하고 있는 동시에 그 자체의 현상학적 과거를 부활시키기도 했다.

이와는 대조적으로 데리다의 스타일 ─ 메를로퐁티의 스타일만큼이나 어렵고, 어떤 사람에게는 지나칠 정도로 당혹스럽게 되고, 어떤 사람에게는 놀라울 정도로 친숙하게 되는 ─ 에서는 새로운 언어, 새로운 글쓰기를 동원하게 된다. 1960년대 후반에 그 자체를 각인시키게 되었던 데리다의 이러한 새로운 글쓰기에서는(그 이후로 20년이 지난 지금도) 메를로퐁티의 철학적인 언어가 그렇게 했던 것처럼 말하기 자체를 주장할 수는 없었다. 그럼에도 데리다의 글쓰기는 메를로퐁티의 글쓰기로부터 전적으로 분리될 수 있는 것이 아니다. 데리다적인 글쓰기 방법은 단순하게 하나의 스타일에 해당할 수는 없지만, 좀 더 엄격한 의미에 있어서의 스타일의 의미로 보더라도, 그것에는 분명히 그 자체의 정체를 확인할 수 있는 특징들이 있다. 이미 지적했던 바와 같이, 메를로퐁티에게 있어서 스타일은 어떤 특별한 일련의 특징들이 아니다. 간접적인 언어는 글쓰기 그 자체의 전제조건이 된다. 그럼에도 데리다에게 있어서 글쓰기 그 자체는 메를로퐁티에게 있어서의 스타일과 '유사한' 위치를 차지하고 있다. 실제로 '유사한'이라는 말은 너무 빈약한 말이다. 스타일에 대한 메를로퐁티의 설명과 글쓰기에 대한 데리다적인 형성의 논리 사이에는 분명히 병치적인 어떤 관계가 있다.

누구나 스타일과 글쓰기가 동일하지 않다는 점을 고려할 수도 있을 것이다. 메를로퐁티에게 있어서 분명하게 나타나 있는 바와 같이, 스타일은 글쓰기에 대한 전제조건에 해당한다. 하지만, 데리다에게 있어서 글쓰기는 화술의 단순한 생산도 아니고 화술 그 자체에 관련되는 것도 아니다. 메를로퐁티에게 있어서의 스타일이 언어에 반대되는 것이 아닌 것과 똑같이, 데리다적인 글쓰기 또는 '에크리튀르(écriture)'는 화술에 반대되는 것이 아니다, 메를로퐁티에게 있어서 스타일은 글쓰기 그 자체를 조건 짓는 간접적인 언어에 해당한다. 데리다에게 있어서 글쓰기는 화술과 글쓰기 사이, 말과 개념 사이, 감성적인 것과 지성적인 것 사이의 '차이'에 대한 각인에 해당한다. 메를로퐁티에게 있어서 스타일이 교차적인 것, 말하자면 시각적인 것과 비-시각적인 것, 말해진 것과 말해지지 않은 것, 글쓰기의 간접적인 언어를 특수화하는 것과 특수화하지 않은 것 등에 대한 엮어 짜기를 야기하는 것처럼, 이와 똑같이 데리다에게 있어서도 '에크리튀르'(글쓰기)는 쓰인 언어의 '안'과 '밖'을 구별하는 차이, 텍스트와 콘텍스트의 여백을 부여하는 차이, 자기 자신의 것과 자기 자신의 것이 아닌 것을 경계 짓는 차이 등 '차이'의 위치에서 각인된다.

데리다에게 있어서 글쓰기(에크리튀르)는 '차이', 또는 좀 더 특별하게

'차연(差延)'에 해당한다. 차연은 말도 아니고 개념도 아니고, 음성적인 것도 아니고 그래픽적인 것도 아니고, 기표도 아니고 기의도 아니다. 차연은 공간화이고 공간화는 하나의 공간을 열어 놓게 되는 것이며 이러한 공간에서, 연기도 아니고 차이도 아니며, 시간적으로 연기하는 것도 아니고 공간적으로 거리를 두는 것도 아닌, '차연'의 '미결정성'은 그 자체가 어떤 '우선권'을 가진 것으로, 대립되는 것에서 어느 한 쪽을 결정하거나 다른 쪽을 결정하는 것으로 그 자체를 확립할 수 있게 된다. 데리다의 '차연'은 메를로퐁티의 초기 글쓰기에서의 '모호성' 및 그의 후기 글쓰기에서의 '교차점'과 좀처럼 일치할 수 있는 것도 아니지만, 그럼에도 데리다의 '차연'의 미결정성은 메를로퐁티의 연구기획에 있어서 어떤 유사한(반드시 대응되는 것은 아니지만) 위치를 분명히 표시한다. '차연'은 또한 '파르마콘', 즉 독약도 아니고 명약(치료제)도 아니고, 죽이는 것도 아니고 치료하는 것(살려내는 것)도 아닌 것에 해당한다. '파르마콘'은 '의약품', 즉 너무 많이 사용하면 치명적일 수 있지만 알맞게 사용하면 치료할 수 있는 것처럼 두 가지 가능한 결과를 생산하는 '의약품'을 의미한다. 글쓰기는 '파르마콘'에 해당한다. 너무 많은 글쓰기는 우리들을 망각하게 할 수 있고, 기억할 필요성을 상실하게 할 수 있다. 너무 적은 글쓰기는 우리들로 하여금 그것을 전부 기억할 수 없게 할 수 있다. 루소의 '자위행위'에 대한 설명에 부합함으로써, 데리다는 글쓰기가 일종의 '위험한 보충'에 해당한다는 점을 제안했다. 루소가 고백한 바와 같이 '자위행위'는 다른 사람과의 성적(性的) 관계를 강화시킬 수 있거나 상호간의 개입을 차단시킨다는 점에서 그러한 관계(성적으로 직접적인 관계)를 대체할 수 있다. 하지만 데리다에게 있어서의 글쓰기에는 그 어떤 직접적인 효과가 없다. 메를로퐁티에게 있어서의 스타일이 '교차점'에 남아 있게 되는 것과 똑같이, 데리다에게 있어서의 글쓰기의 결정도 미결정적으로 될 수밖에 없다.

데리다에게 있어서의 스타일은 무엇인가? 「어떤」['어떤'을 의미하는 데리다의 신조어 'Qual Quelle'은 'Quel Quelle'에서 비롯되었으며, 이러한 점은 '차연(差延)'을 의미하는 그의 또 다른 신조어 'différance'가 'différence'에서 비롯된 것과 같은 맥락에서 이해할 수 있다]에서 데리다는 다음과 같이 언급했다.

> 그러나 음색과 스타일이 있다면, 여기에 원천 그 자체가 나타나 있다고 결론지을 수 있을 것인가? 요점. 그리고 이것이 바로 '나'가 그 자체를 여기에서 상실하게 되는지에 대한 이유에 해당하거나 또는 어떤 사건에서 그 자체를 통제의 작용에서 드러내게 되는 이유에 해당한다. 나의 목소리의 음색, 나의 글쓰기의 스타일은 모두 결코 나에게 나타나 있지 않게 될 것이다. 나는 나의 목소리의 음색을 듣지도 못하고 인식하지도 못한다. 나의 스타일이 그 자체를 표시하게 된다면, 그것은 나에게 있어서 비-가시적이고 읽을 수 없는 채로 남아 있게 되는 표면에 불과할 뿐이다.(Margins, p.296)

발레리에 대해서 언급하면서, 데리다는 "하나의 문학적 사건이 있다면, 그것은 스타일에 의해서 각인 된다"(Margins, p.296)라고 강조했다. 이와 같은 하나의 문학적 사건, 말하자면 하이데거의 '존재 사건', 즉, 전용, 해프닝, 소유, 출현 등은 하나의 스타일의 각인에 해당한다. 즉, 자기 자신만의 것에 대한 표시, 자신만의 것에 대한 선언에 해당한다. 스타일은 소유를 각인하지만, '나'로서 각인하는 것이 아니라 전용으로서 각인한다. 데리다에게 있어서 스타일은 하나의 사건을 표시하지만, 순간적인 사건을 표시하는 것이 아니라 글쓰기에서의 사건의 지속을 표시한다. 스타일은 세계의 산문에 해당하는 것이 아니라 글쓰기에서의 소유에 대한 각인에 해당한다. 우리들이 주목했던 바와 같이, 글쓰기는 그 자체의 기원의 위치에 있어서 차이나는 것이고 '공간화'하는 것이다.

스타일은 또한 철필(鐵筆), 글쓰기의 도구이자 말, 선, 여백을 표시하는 도구이다. 철필, 펜, 끝이 뾰쪽한 사물 등은 글을 쓰고 각인하고 서술한다. 데리다가 자신의 『자극들』(1973)에서 살펴보았듯이, 니체의 스타일, 니체 자신만의 스타일은 다양하다. 하지만 그 각각의 스타일에는 글쓰기 도구의 사용, 남성적인 도구의 사용이 포함되어 있다. 이와는 대조적으로 진실은 여성과 결합되어 있다. 여성은 '진실(aletheia)'을 나타내는 '규명'에 해당한다. 여성은 진실의 은폐(베일)이자 비-은폐, 하이데거가 진실을 설명하기 위해서 부여했던 '비-은폐싱'에 해당한다. 글쓰기에서의 진실, 글쓰기의 진실은 스타일에 있지 않다. 글쓰기의 진실은 글쓰기 그 자체에 존재하지만, 글쓰기는 문학적 사건처럼 하나의 스타일로서 그 자리를 차지하고 있을 뿐이다.

메를로퐁티적인 '스타일'과 데리다적인 '글쓰기'의 교차점에서 '차이'를 각인하는 것은 이 두 사람의 입장을 바꾸는 것, 즉 '메를로퐁티적'인 글쓰기와 '데리다적'인 스타일로 전환하는 것에 해당한다. 메를로퐁티에게 있어서의 스타일이 '세계-속의-존재자'의 방법에 해당한다면, 데리다에게 있어서의 글쓰기는 필연적으로 읽기가 발생하게 되는 '차이의 공간'에 해당한다. 이와 같은 교차점에서 비롯되는 '쓸 수 있는' 텍스트성은 메를로퐁티적인 표현과 데리다적인 서명의 교차점에서 훨씬 더 명확하게 나타나게 된다.

표현 / 서명

메를로퐁티는 "표현은 언제나 그것이 변용시키는 것을 뛰어 넘게 된다"(Prose, p.69)라고 강조했다. 그리고 데리다는 "서명이라는 하나의 사건의 절대적 단일성이 일찍이 발생한 적이 있는가?"(Margins, p.328)라고 물었다. 메를로퐁티에게 있어서 표현은 언어와 그것의 행동에 대한 그 자신의 기본적인 이해로 진입하게 된다. 일찍이 『지각의 현상학』에서처럼, 화술(파롤)은 표현과 제스처에 관련지어 그 특징을 갖게 되었다. 대상뿐만 아니라 명확성에 대한 제스처적이고 구체적인 방향은 인류학적인 연구, 특별하게는 레르와구랑의 연구에 연결되며, 이러한 연구에서는 제스처의 유형과 화술 그 자체 사이의 직접적인 상관관계를 보여주게 된다. 메를로퐁티와 더불어, 오랜 전통에서처럼, 화술은 기술(글쓰기)에 해당하는 것이 아니고, 말하기는 쓰인 언어(기술된 언어, 즉 문자)에 해당하는 것이 아니다. 하지만 글쓰기나 쓰인 언어는 그 자체와 함께 메를로퐁티가 '말하는 화술' 및 '말해진 화술'이라고 명명한 것을 수행하게 된다. '말하는 화술'은 말과 제스처 및 일반적인 신체적 행동을 통해서 직접적인 의미를 분명하게 한다. '말해진 화술'은 문화적으로 생산된 인위적인 작품, 즉 그림, 글쓰기, 조각 등과 같은 문학적이고 미학적인 형식으로 진입하게 되는 '공예품'에 해당한다. 그러나 '말해진 화술'이 전적으로 고급문화일 필요는 없다. 식품점의 목록, 강좌의 설명 및 법적 서류 등 역시 '말해진 화술'에 해당한다. 그러나 메를로퐁티에게 있어서조차 '말해진 화술'과 '말하는 화술' 사이의 구별은 그렇게 간단한 것이 아니다. '말해진 화술'은 이미 '말하는 화술'에 물들어 있다. 결과적으로 표현으로 나아가게 되는 방향은 이미 '말하는 화술'에 의해 암시되어 있다고 볼 수 있다. '말하는 화술'은 무엇인가를 말하고자 한다. 그것이 말하고자 하는 것에는 화술 그 자체만이 포함되어 있는 것이 아니라 '의미'도 포함되어 있다. 그리고 '말하는 화술'은 '말해진 화술'에서 그것(화술 자체나 의미)을 말하고자 한다. '말하는 화술'에 의한 '말해진 화술'에서 '말하고자-하는-것', 그것이 바로 표현에 해당한다. 제스처는 표현의 한 가지 형식이다. 다시 말하면, 제스처는 우리들의 구체화된 '세계-속의-존재자'가 말하게 되고 또 '말해진 화술'로 되는 데 있어서 어떤 형상을 취하게 되는 한 가지 방법에 해당한다. 이러한 점에서 '말하는 화술'과 '말해진 화술'의 엮어 짜기는 상당히 중요하다고 볼 수 있다. 표현은 바로 이러한 '엮어 짜기'에 해당한다. 예를 들면, 표현은 글쓰기에 대한 글쓰기가 새롭게 재통합된 문화적 공예품의 생산에 해당할 뿐만 아니라, 훨씬 더 중요한 화술에 대한 말하기에도 해당한다고 볼 수 있다.

『세계의 산문』에서, 글쓰기(그림 및 간접적인 언어 등의 그 밖의 형식처럼)는 표현, 즉 '말해진 화술'에 대한 말하기에 해당한다. 여기에서 중요한 점은 표현이 언어를 통해서 세계로 나아가는 방향에 해당한다는 점이다. 예를 들면, 글쓰기의 표현적인 언어는 그림의 표현적인 언어와 똑같은 것이 아니다. 18세기에 레싱은 자신의 『라오콘』에서 조형예술과 시를 구별하는 것은 실제로 중요하다는 점을 확인한 바 있다. 그러나 로마의 시인 호라티우스도 조형예술과 시의 차이에 관심을 기울이는 것은 물론 그러한 관계 자체에도 관심을 기울일 것을 강조한 바 있다. 그러나 레싱에게 있어서 이와 같은 '차이'를 표시하는 것은 표현이었다. 그림은 시보다 더 차별적으로 표현한다. 조형예술에서는 감정, 정서 및 강렬성 등을 시나 글쓰기와 똑같은 방법으로 표현하지 않는다. 피콕과 셰리를 포함하여 19세기의 수많은 작가들은 시와 산문 사이의 구별에 대한 논쟁에 휘말려 있었다. 그리고 1세기가 지난 후에 사르트르의 『문학이란 무엇인가?』는 바르트의 『글쓰기의 영도』에서는 물론 메를로퐁티의 『세계의 산문』에서도 다양한 반응을 촉진시키게 되었다. 그러나 여기에서 의미하는 '표현'은 글쓰기의 효과나 특징에 해당하는 것만이 아니라 오히려 스타일 그 자체에도 복잡하게 연결되어 있다. "표현은 언제나 그것이 변용시키는 것을 뛰어 넘게 된다." 표현은 단순하게 글쓰기에 감금될 수 있는 것이 아니라 글쓰기로 하여금 그 자체를 뛰어넘게 하기도 한다. 따라서 메를로퐁티에게 있어서 표현은 글쓰기의 행위이자 글쓰기를 변용시키는 효과에 해당한다.

메를로퐁티적인 '표현'과 데리다적인 '서명' 사이의 상관관계가 무엇인지는 분명하지 않다. 현상학적 활동으로서의 표현은 의미나 내용에 반대되어 작용한다고 생각할 수도 있다. 그리고 형이상학의 텍스트에 참여할 뿐만 아니라 해체적 읽기에서도 가능한 하나 또는 그 이상의 이항대립에서와 똑같이, 데리다는 실제로 표현에 대해서 종종 이와 같은 설명을 하기도 했다. 표현은 능동적이고 '지성적(noetic)'이며 경험적이라고 제안할 수도 있을 것이다. 내용은 객관적이고 '노에마적(noematic)'이며 분석 가능한 것에 해당한다.[노에마(noema)는 후설의 현상학에서 '노에시스(noesis)'에 대한 의식적이고 내면적이며 객관적인 측면에 해당한다. 이러한 점을 '노에마적 내실(內實)'이라고도 한다. '의식의 대상'이라고 하지 않고 그리스어 '노에마'를 사용한 것은 그것이 결코 초월적인 존재가 아니라 지향적(志向的)인 객관성 혹은 지향적인 대상이라는 점을 나타내기 위해서 이다. 이와는 반대로 '노에시스'는 순수한 지성이나 이성의 인식작용을 의미한다. 따라서 '노에마'가 의식의 가장 구체적인 상관자(相關者)에 해당한다면, '노에시스'는 반드시 '노에마'를 가지고 있어야만 하며 '노에마'도 반드시 '노에시스'에 의해 사유(思惟)될 수밖에 없다. '노에마'는 본질적으로 다른 두 개의 층위로 이루어진다. 다시 말하면, '노에마'의 핵심은 대상 그 자체를 지시하고 대표하는 노에마적인 의미이며, 노에마적인 대상 그 자체에 해당한다. 예를 들면, 노에마적인 대상을 A라고 할 때에 바로 그 A는 불가지(不可知)의 실재를 뜻하는 것이 아니라 노에마의 중심적인 결합점을 뜻한다. 이처럼 불변적인 핵심의 주위에 변화적인 층위가 모이게 된다. 완전한 '노에마'는 그것의 규정방법을 포함하는 본래의 대상 그 자체에 해당한다. 이렇게 볼 때에 '노에마'는 초월적인 실재가 아니라는 점에서 내재적이며 바로 그 실재 자체가 아니라는 점에서 '노에시스'와 구별된다. '노에마'는 관념적인 존재에 해당하는 동시에 구체적으로는 의미적인 존재에 해당한다.] 하지만, 메를로퐁티에게 있어서 표현은 단순하게 내용에 관련되는 것이 아니다. 표현으로서의 글쓰기도 생산적인 동시에 변용적인 것이다. 데리다적인 서명은 정체성의 각인, 자신의 소유에 대한 미결정적인 표시, 글쓰기에 있어서 자기 자신의 것에 대한 지시와 표현 등에 관계된다. 데리다적인 서명은 글쓰기에 있어서의 '차이', 즉 글쓰기로서의 '차연'을 표시한다. 서명은 글쓰기에 대한 권위적인 각인을 표시한다. 서명은 단순한 사인이나 표시가 아니다. 그것은 특정한 텍스트에 대한 특정한 사인을 표시하는 것이다. 그 어떤 다른 텍스트가 아닌 바로 이와 같은 텍스트, 다른 내용이 아닌 바로 이와 같은 내용을 가지고 있는 텍스트, 이와 같은 방법으로 경계 짓고 제한된 바로 이와 같은 텍스트, 그것이 바로 여기에서 강조하는 '특정한 텍스트'에 해당한다.

데리다가 자신의 「서명 사건 콘텍스트」(Margins, pp.307~330)에서 강조한 바와 같이, 커뮤니케이션은 '서명 사건'에 해당한다. 커뮤니케이션, 또는 글쓰기는 단순하게 지나칠 수 있고, 읽을 수 있고 수용할 수 있거나 거부할 수 있는 대상이 아니다. 커뮤니케이션도 하나의 사건에 해당하지만 현존하는 사건에 해당하는 것이 아니라 발표(순간적인)로서의 사건에 해당한다. 해석학적이고 기호학적인 모델 모두에 바탕을 두고 있는 커뮤니케이션은 사건이자 메시지에 해당한다. 커뮤니케이션은 학회에서 분배된 논문, 전달된 메시지, 그 이전에 언급되지 않은 것을 끌어들이는 것 등에 해당한다. 커뮤니케이션은 텍스트로 만들어진, 또는 텍스트 자체가 된 '서명 사건'에 해당한다. 그러나 '서명 사건'을 '텍스트'로 만드는 것은 무엇인가? '서명 사건'을 텍스트로 만드는 것은 그것이 권위적으로 표시되는 식으로 표현을 경계 짓는 것, 스타일과 표현의 차별적인 공간으로 진입하는 것(메를로퐁티가 그렇게 이해했던 바와 같이), 서명을 사인한 사람의 '유일성'을 대체하기 위해서 '특수성'을 각인하는 것 등에 해당한다. 서명은 실제로 서명을 한 사람을 대신한다. 은행수표의 서명을 비교하는 것은 바로 그 서명의 정체성을 확인(결정)하는 것을 충족시키게 된다. 서명은 커뮤니케이션을 가능하게 한다.

"서명 사건에 대한 절대적 유일성이 일찍이 발생한 적이 있는가?"라는 질문에 대해서, 이에 대한 대답은 언제나 같을 수밖에 없다. '서명 사건'은 개인적이면서도 단일한 것으로 생각되어 왔다. 거기에서는 위조품과 잘못된 정체성이 발생할 수도 있다. 그러나 '서명 사건' 그 자체는 유일한 것을 표시하는 하나의 '발생'에 해당할 뿐이다. 『철학의 여백』에서 마지막 논문의 끝에 있는 데리다 자신의 서명처럼, '서명' 그 자체는 '서명 사건'과 똑같이 재생산될 수 있는 것인가? 그래픽적인 표시가 책의 각 권마다에서 재생산된다는 범위에서만 서명은 재생산될 수 있다. 어떤 방법에서는 위조되기도 한다. 그러나 출판사에 반대되는 그 어떤 법적 경우가 발생할 수는 없다. 서명은 훔친 것도 아니고 빌려준 것도 아니다. 서명은 원저자로서의 데리다 자신의 권위에 의해 출판된 책에서 재생산되어 온 것이다. 따라서 데리다의 서명은 그 권위를 부여받게 된다. 그러나 텍스트의 새로운 판본이 매번 출판될 때마다 그의 서명은 복제되는 것인가? 또는 각각 재생산된 서명의 권위는 데리다가 표시하는, 매번 인가를 받을 필요가 없는 '특권'에 해당하는 것인가? 데리다가 서명한 출판계약의 방법에 의해서 분명히 적어도 한 번은 인가를 받았음에 틀림없다. 그러나 바로 그와 같은 '서명 사건'의 유일성은 다른 모든 서명에서도 그 권위를 부여할 수 있는 것인가? 어떤 의미에서 이에 대한 대답은 분명히 '그렇다'라고 해야만 할 것이다. 또 다른 의미에서, 서명은 사인을 하는 것, 사인을 만드는 것이 아니다. 사인하기, 의미작용의 생산 또는 적어도 거기에서 비롯되는 흔적의 생산 등은 출판사의 편견이 없이 재생산될 수 있는 것이다. 그러한 결과로 인해서 출판사는 실제로 꽤 상당히 많은 이윤을 남길 수도 있는 것처럼 보인다. 그러나 '서명 사건'에서 커뮤니케이션된 것은 커뮤니케이션의 읽기이자 텍스트로서의, 글쓰기로서의 '위치성'의 표현—메를로퐁티가 그렇게 명명했던 바와 같이—에 대한 읽기이다.

서명은 글쓰기를 그 자체만의 스타일에 관련되는 것으로 표시한다. '서명 / 표현'에 대한 쓸 수 있는 텍스트성은 권위적인 위치, 즉 글쓰기가 형상을 취하게 되고, 글쓰기가 스타일을 취하게 될 뿐만 아니라 글쓰기 그 자체가 하나의 스타일을 갖게 되는 '위치'를 각인시키게 된다. 글쓰기의 스타일은 표현의 '서명 사건'에 해당한다. 스타일의 글쓰기는 표현을 '서명 사건'으로 차이 나게 표시하는 것이다.

서명 / 흔적

　의미작용의 문제는 메를로퐁티의 철학적 경력의 초기단계에서부터 그 자신을 선점하고 있었다. 글쓰기에 대한 그의 설명은 지속적으로 스타일 및 표현과 더불어 '의미작용'의 교차점을 암시하고는 했다. 의미작용은 '의미'나 '감각'으로 축소시킬 수 있는 것이 아니다. 표현의 감각이나 스타일의 감각은 글쓰기의 방향에 해당한다. 다시 말하면, 글쓰기의 분절성의 방향, 글쓰기가 그 자체를 스스로 설정하는 방법에 해당한다. 다른 한편으로 표현의 의미와 스타일의 의미는 개념적인 특수화에 주력한다. 의미작용을 특징짓는 것은 의미와 감각이 서로 만나게 되는 곳, 스타일과 표현의 간접적인 언어가 결정적인 기호적 정체성을 형성하게 되는 것과 같은 곳에서 표시된다. 예를 들면, 『심판』에서 표현된 것과 같은 카프카의 스타일 또는 「틴턴 사원의 몇 마일 떨어진 곳에서 지은 시」에서 표현된 것과 같은 워즈워스의 스타일 등을 들 수 있다. 이와 같은 스타일의 의미작용은 카프카의 기호체계, 워즈워스의 기호체계와 같은, 주어진 기호체계에 대한 유일한 형성의 논리에 해당하며, 이러한 각각의 스타일은 특정한 활력성과 의미의 표현에 의해 활성화된다.
　데리다적인 흔적이 차별적인 공간을 표시하게 된다는 점에서, 즉 '기표적인 체계'에 남겨진(공개적으로 남겨진) 차별적인 공간을 표시하게 된다는 점에서, 글쓰기는 스타일 그 자체에 대해서 일종의 '경계'를 취하게 된다. 데리다적인 흔적이 글쓰기를 허용하게 된다는 점에서, 흔적은 스타일을 형성하게 되는 바로 그 서명을 반복하게 된다. 흔적은 스타일에 의해 남겨지게 되고, 스타일은 그 자체를 부여하고자 하고, 표시를 만들고자 하고, 정체성을 이룩하고자 하고, 특정한 형성의 논리의 유형에 대해서 하나의 경계를 배치하고자 하는 일련의 조건을 확인하게 된다. 스타일에서는 흔적을 생산할 뿐만 아니라 그러한 흔적을 활용하기도 한다.

스타일은 일종의 '자극'의 방법으로 나아가는 것처럼 보이기도 한다. ······
스타일은 또한 그 자체의 자극을 두렵고 맹목적이고 숙명적인 위협에 대한
보호수단으로 활용하기도 한다. 이와 같은 '위협'은 그 자체를 스스로 현존하
도록 하고 막무가내로 그 자체를 시야(視野) 속에 쑤셔 넣고자 한다. 그리고
이로 인해서 스타일은 현존, 내용, 사물 그 자체, 의미, 진실 등을 보호하고자
한다. 즉, 적어도 스타일 그 자체가 이미 그와 같이 갈라진 틈새, 즉 차이의
베일을 벗겨내는 데 있어서 감염된 틈새로 되지 않도록 하는 것을 조건으로
하여 스타일 그 자체를 보호하고자 한다. '이미' 이와 같은 점은 미리 삭제되
었거나 제거되었던 것에 대한 명칭에 해당하지만, 그럼에도 그것은 표시, 서
명 그 자체가 한 발 뒤로 물러섰던 바로 그 사물 자체에서 재-추적할 수 있는
바로 그 '서명' 등을 뒤에 남겨놓게 된다.(Spurs, p.59)

따라서 스타일은 그것이 어디에 있든 전진하게 되고 나아가게 된다.
그 자체의 임무를 수행함으로써, 그 자체를 현존시킬 필요가 있는 것으
로 현존시킴으로써, 스타일은 앞으로 나아가게 된다. 스타일은 그 자체
만의 입장에 해당하는 것이 아니다. 오히려 스타일은 하나의 입장을 수
립하기 위해서 전진하게 된다. 스타일은 일련의 정체성을 형성함으로써
하나의 입장을 수립하게 되지만, 명확성에 의해서 수립하게 되는 것이
아니라 더 이상 그 자체가 아닌 것, 표면으로부터 지워졌던 것, 다름 아
닌 주제화되었던 것 등의 표시에 의해 수립하게 된다. 이러한 의미에서,
흔적은 정체성이 될 수 없다. 오히려 흔적은 표시, 서명, 각인 등이며,
이러한 것들은 스타일을 형성하고 있는 것의 부재를 설명하는 것도 아
니고 어떤 유형의 의미, 진실, 사물 그 자체 등, 묘사되었고 서사되었고
확인되었고 명확하게 되었고 분명하게 되었거나 또는 심지어 표현된
것의 현존을 설명하는 것도 아니다. 표시나 서명은 스타일의 '표시하기'
도 아니고 각인으로 표시된 '스타일'도 아니다. 차이의 베일을 벗겨내는
데 있어서, 거기에 진실이 있다는 점을 기대할 수도 있을 것이다. 이러
한 점은 하이데거적인 기대에 해당할 수도 있지만, 데리다와 함께 베일

벗기기, 규명하기, 개방하기 등은 진실의 출현이 아니라 오히려 '펜의 놀림'에 의해서 하나의 스타일로 굳어진 진실의 표시하기에 해당한다.

앞에서 이미 언급했던 바와 같이, 펜은 철필, 글쓰기 도구, 글쓰기가 규정하는 것이 무엇이든 기꺼이 표시하는 것 등이다. 펜이 표시하는 것은 말해진 것의 진실에 해당한다. 펜은 담론을 표시하고, 담론은 다름 아닌 담론 그 자체를 드러낸다. 다름 아닌 바로 그 자체인 것은 규명된 것에 해당한다. 규명을 표시하는 것, 차이를 표시하는 것, '표시하기'를 표시하는 것 등은 콘텍스트의 형성이나 또는 그 어떤 것의 바탕이 되는 그 어떤 것의 형성으로 축적되는 것이 아니다. 데리다에게 있어서 차이의 표시는 글쓰기 그 자체에 해당한다. 스타일은 차이를 표시한다. 철필은 글쓰기를 하게 되며 글쓰기의 흔적은 지속적으로 스타일의 범주를 환기하게 된다. 따라서 데리다는 다음과 같이 언급했다.

> 프랑크민족어나 고급독일어에서 'sporo', 게일어로 'spor'로 번역되는 'éperon'은 영어로 'spur'['자극'이라는 의미]로 발음된다. 『영어』에서 말라르메는 '스포로'를 '경멸하다', '거절하다', '단호하게 거부하다' 등에 해당하는 동사 'spurn'에 관련지었다. 이러한 어휘들이 특별하게 매혹적인 동음이의어가 될 수는 없지만, 거기에는 하나의 언어에서 다른 언어까지 여전히 필요한 역사적이고 의미론적인 작용이 포함되어 있다. 이러한 점에서 'éperon'에 해당하는 영어의 'spur'는 독일어의 'spur'와 '동일어'이거나 또는 달리 말하면, 흔적, 항적(航跡), 지시, 표시 등에 관계된다.(Spurs, p.41)

이와 같이 어원적이고 초언어적인 매력은 모두 그것이 '철필', '스타일' 및 '흔적' 사이의 연결을 지시하고 있다는 점에서 합당한 것이다. 하이데거가 종종 어떤 분명한 근원의 위치에서 '심연'만을 남겨 놓은 채 '달아난 신(神)'과 동일시했던 '흔적'은 표시된 것도 아니고 표시 그 자체도 아니다. 서명이나 글쓰기와 함께, 표시는 차이적인 것으로 남아 있게 된다. 그리고 '자극'에서 '흔적'까지의 이동 그 자체는 차이적인 이동에 해당한다.

'흔적은 메를로퐁티적인 의미작용에 대해서 무엇을 할 수 있는가?'라고 질문할 수도 있을 것이다. 의미로 이해될 수 있는 '의미작용'이 데리다에게 있어서의 진실과 결합되고, 진실이나 의미는 분명히 다름 아닌 흔적이 그 정체성을 확인하게 되는 차이의 글쓰기라는 점을 기억할 때에, 이러한 질문은 특별히 예리한 질문에 해당한다. 하지만, 메를로퐁티에게 있어서, 의미작용의 프로젝트는 결과에 해당하는 것도 아니고 중재자에 해당하는 것도 아니다. 의미작용은 몸, 그림, 건축 등의 간접적인 언어에 의한 스타일의 표현에서 비롯되는 것이다. 의미작용은 기표적인 효과도 아니고 기표 그 자체도 아니다. 의미작용은 교차적인 영역에 해당하며, 이러한 영역에서는 '표현하기'나 '표현된 것' 중에서 그 어느 것에도 우선권이 없으며, 가시적인 것이나 비-가시적인 것 중에서 그 어느 것도 먼저 발생하지 않게 된다. 의미작용은 그 자체가 지각적이고 경험적인 상관성을 엮어 짠 것(옷감)에 해당한다. 간접적인 언어에 의해서는 물론 직접적인 언어에 의해서도 형성된 의미작용은 글쓰기에서 스타일화되고 구체화된 '세계-내에서의-존재'의 활성화에 의해 표현된다. 흔적처럼, 의미작용 역시 중재자도 아니고 결과도 아니고, 생산자도 아니고 생산된 것도 아니고, 시작도 아니고 결과도 아니다. 흔적처럼, 의미작용도 차별적이다. 의미작용에는 그것이 의미하는 것을 생산하게 되는 스타일화의 행위 이외에는 그 어떤 정체성도 있을 수 없다. 의미작용은 글로 쓰인 것도 아니고 작가도 아니다. 이와 똑같이, 흔적은 철필도 아니고 스타일이 부여된 사물도 아니다. 흔적은 진실인 것도 아니고 진실인 것에 대한 글쓰기도 아니다. 흔적은 어떤 특정한 사물이나 내용에 대해 '진실로 되기'에서 규명되는 것을 표시하는 것, '표시하기'에 해당한다. 의미작용처럼 흔적에도 그 어떤 긍정적인 정체성이 없다. 의미작용의 위치가 모호성(또는 교차점)의 위치인 것과 똑같이, 흔적의 존재자는 '차연'의 문제에 해당한다.

따라서 데리다에게 있어서 글쓰기는 분산된 흔적의 망에 해당한다. 흔적은 그것을 기술하는(글로 쓰는) 철필에 의해 부여된 스타일에 해당한다. 데리다에게 있어서 글쓰기는 메를로퐁티적인 스타일에서 비롯된 텍스트성의 영역을 표시한다. 메를로퐁티적인 스타일에서는 '세계의 산문'을 성취할 수 있지만 그것은 표현과 의미작용의 활성화에 대한 그 자체의 성취에 의해서만 그렇게 할 수 있을 뿐이다. 메를로퐁티적인 스타일은 사적이고 개인적인 활동으로 될 수 없다. 그것은 세계의 짜임으로 진입해야만 한다. 이러한 방법에 의해서 그리고 오로지 이러한 방법에 의해서만, 스타일은 그 자체의 정치적 필요성을 충족시킬 수 있고, '정치적 필요성'은 스타일, 표현 및 사회적인 콘텍스트에서의 의미작용으로 될 수 있으며, '사회적 콘텍스트'에서는 커뮤니케이션, 이해하기 및 행위를 평가하게 될 뿐만 아니라 필요불가결한 글쓰기의 특징 및 간접적인 언어로서의 그 자체의 실현까지도 평가하게 된다. 상대적으로 데리다적인 글쓰기, 서명 및 흔적은 고립되고 독자적이고 외로운 공간을 좀처럼 점령하지 못한다. 글쓰기, 서명 및 흔적은 의미, 진실 및 '실재' — 제도, 사회적인 형성의 논리 및 커뮤니케이션의 건설 등으로 이루어진 텍스트성에 해당하는 — 에 대한 엮어 짜기의 형성에서 작용하게 된다. 텍스트적으로 볼 때에 이 모든 것들은 그렇지 않을 수도 있다. 명확하지 않은 선택의 현존은 데리다적인 글쓰기가 작용하게 되는 차이를 표시하게 되고, 이와 같은 '선택'에서 차이는 그 자체를 하나의 정체성으로 경계 짓게 되고 그 자체가 충분하게 다른 것으로 되지 못하도록 하는 하나의 '틀'의 윤곽을 그리게 된다. 따라서 데리다적인 글쓰기는 그 자체만의 경계를 표시하게 되고, 그 자체만의 '밖', 그 자체만의 '외형'을 확립하게 되고, 그렇게 함으로써 그 자체를 차이 나게 만든다. 데리다적인 글쓰기를 메를로퐁티적인 스타일로부터 차이 나도록 하는 바로 그러한 '차이'로서의 글쓰기는 '쓸 수 있는 텍스트성'에 대한 표시

에 해당하며, '쓸 수 있는 텍스트성'이 여기에서 현재 분산된 흔적의 복
합체, 즉 필자가 이러한 교차점에서 표시하고자 하는 복합체에 해당할
뿐이라 하더라도, '차이'로서의 글쓰기는 그러한 텍스트성에 대한 표시
에 해당할 것이다.

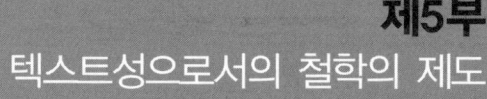

제5부
텍스트성으로서의 철학의 제도

제18장

대학론

니체 / 쇼펜하우어

> 대학이 촉진시키는 문화와 관련지어 이와 같은 기관을 감
> 독하고 판결하는 '고등심의위원회'가 대학의 밖에 있다는
> 것은 나에게는 가장 중요한 것처럼 보인다. 그리고 철학이
> 대학으로부터 물러나 그 자체가 아무런 가치조차 없는 사
> 려 깊은 고려와 모호성을 깨끗하게 청산하자마자, 철학 그
> 자체는 필연적으로 이와 같은 심의위원회가 될 수 있을 것
> 이다.
> ─니체, 『교육자로서의 쇼펜하우어』

　대학의 안으로 들어간다는 것은 무엇을 의미하는 것이라고 생각할
수 있는가? 대학은 적어도 주로 '하나'의 연구의 세계에 해당한다. '종
합적'인 연구의 세계라고 말할 수도 있을 것인가? 그러나 그렇다면, 대
학이 전체적인 연구의 세계, 즉 '종합적'인 연구의 세계에 해당한다면,
대학에 들어간다는 것은 무엇이라고 생각할 수 있는가? 어떤 경우든,

일반적인 연구의 영역이나 좀 더 특별하게 학문적인 영역 내에서, 실제로 합법적으로 대학의 영역이 아닌 그 무엇이 별도로 존재하고 있는 것인가? 달리 말하면, 대학에 합당한 것은 무엇이고 합당하지 않은 것은 무엇인가? 또는 더 좋게 말해서, 연구 활동, 지성적인 연구, 이론적인 연구를 하는 데 있어서 공식적으로나 실질적으로나 대학에 속하지 않는 그 무엇이 별도로 존재하고 있는 것인가? 우리들이 여기에서 묻고 있는 것은 다음과 같은 것이다. 대학을 대학답게 형성하고 있는 것이 무엇이냐? 대학을 대학으로 정의하고 있는 것이 무엇이냐? 대학이 그 자체를 대학으로 어떻게 결정할 수 있느냐? 대학이 그 자체를 대학으로 어떻게 경계 지을 수 있느냐? 또는 그 자체만의 경계를 어떻게 세울 수 있느냐? 그리고 부수적으로, 연구의 영역 중에서 대학의 밖에 속하는 것이라고 말할 수 있는 그 어떤 영역이 별도로 존재할 수 있는 것인가? 또는 다른 방법으로 정리하면, 어떤 종류의 옷감, 네트워크, '짜임' 또는 단순히 '텍스트' 등은 어떻게 대학의 영역(또는 영역들)을 형성하고 있는 것인가?

니체가 "'고등심의위원회'가 대학의 밖에 있다는 것은 중요하다"[1]라고 주장했을 때. 누구나 그의 이 말이 실제로 무엇을 의미하는지를 의심할 수 있었을 것이다. 대학의 밖에서 작용할 필요가 있는 대학과 같은 기능을 가지고 있는 별도의 유형이 따로 있다고 우리들은 의심할 수도 있는 것인가? 또는 그것은 단순히 어떤 다른 것의 문제, 실제로 대학에 대해서 아무것도 할 수 없는 문제이며 따라서 대학과는 무관한 문제인가? 그러나 '고등심의위원회'에 대한 이와 같은 아이디어가 '정말로 대학과 무관한 것'이라면, 그것을 '심의위원회'로, 즉 중재와 판결의 기관으로 제공할 그 어떤 이유도 있을 수 없을 것이다. '심의위원회'로서 또는 고등사회형식으로서(또는 적어도 그 밖의 형식으로서), '고등심의위원회'는 그것이 '심의위원회'가 될 수 있는 바로 그 기관과 관련지어 분명히 작용할 수 있어야만 할 것이다. 따라서 대학의 밖에 있는 위치로 되거나 또는 그러한 위치를 차지하는 것, 적어도 그것이 '심의위원회'라면, 이와 같은 제2의 기관은 그 자체를 대학과 구별 짓는 동시에 제1의 기관(대학)의 안을 확인하고 경계 지을 수 있을 것이다.

면밀하게 조사해본다면(즉, 꼼꼼하게 생각해본다면), 니체의 설명에서의 어려움, 그것은 대학이 정말로 '제1'의 기관이라는 점이 분명하지 않다는 점이다. 실제로 '심의위원회'는 좀 더 기본적이고 좀 더 근본적이고 좀 더 우선적인 기관인 것처럼 보일 수도 한다. 니체는 계속해서 이와 같은 "심의위원회가 대학이 촉진시키는 문화와 관련지어 이와 같은 기관을 감독하고 판결하게 된다"라는 점을 강조하고 있다. '감독'하고 '판결'하는 것은 단순하게 뒤로 물러서서 관망하거나 조사하고 성찰하는 것이 아니다. 니체는 훨씬 더 효과적이고 훨씬 더 의미심장하며 훨씬 더 강력한 기능을 제안하고 있는 것이다. 이와 같은 '심의위원회'는 대학 자체를 '감독'하고 '판결'하게 될 것이다. 이러한 점은 대학 내에서 일어나는 것은 무엇이든 '심의위원회'의 평가와 견해에 의존할 수밖에 없다는 점을 의미한다. 대학 내에서 발생하는 것은 무엇이든 '밖으로부터'의 심의와 평가에 의존하게 되어 있다. '심의위원회'의 관심이 밖으로부터의 임무를 수행하고자 한다면 그것은 반드시 대학 내에서 일어나는 모든 것에 있는 것이 아니다. 이와 같은 기관이 '촉진시키는' 문화와 관련지어 니체는 그것을 '감독'하고 '판결'하는 것이라고 언급하고 있다. 니체는 이와 같은 심의원원회의 영역으로 될 수 있는 주된 활동을 아주 특별하게 대학이 촉진시키는 '문화'(교양)라고 특수화시켜 놓았다. 그러나 대학이 참여하게 되는 이와 같은 문화, '교양'이란 무엇인가? 이와 같은 교차점에서, 니체는 '문화'를 말하고 있는 것이 아니다. 그가 좀 더 나아가 '문화'라고 말했을 때, 그는 '소위 말하는 문화'에 대해서 언급하고 있는 것이다. 니체가 고무시키기를 원했던 것이 '교양'이라는 점에서, 그는 정말로 사회의 전체적인 모든 유형의 이미지와 '이상(理想)'에 대해서 언급하고자 했다고 볼 수도 있다. 그는 높은 수준의 사람을 명시할 수 있는 일반적인 교육을 언급했던 것이다. 그는 사회가 부여하게 되는 어떤 그림의 지식을 통해서 개인적으로 고양시킬 수 있는 '자기-발전'에 대해서 언급했던 것이다. 실제로 그는 그리스인들이 '탁월성(arete)'이라고 명명했던 것과 같은 것에 의존했다. 대학 그 자체에서는 문제가 되는 '사회'에 의해 유지되는 가치와 기준에 관계되는 이와 같은 유형의 일반적인 교육에 관심을 기울이게 된다. 따라서 촉진되는 것은 공예품, 작품, 생산품 및 지식의 아이디어 등과 같은 의미에서의 단순한 문화에 해당할 뿐만 아니라 사회에 대해 그 자체의 모습을 부여하고 바로 그러한 사회를 형성하는 전체적인 일련의 특징에도 해당한다(그리고 이 점이 훨씬 더 중요하다). 실제로 니체의 견해로 볼 때에 대학은 사람들이 정확하게 이와 같은 측면들을 생각하고 행동하고 자신들을 표현할 수 있는 우선적인 '장소'가 되었다. 그 어떤 외적인 평가자 없이, 그 어떤 외부적인 전망이 없이, 그 어떤 선택적인 견해가 없이, 대학이 그 자체만의 것을 작용할 수 있도록 대학 그 자체를 허락하는 한, 대학에서는 그 자체가 수립해 놓은 가치, 포부, 미학적 판단 등으로 대학 그 자체를 경계 지을 수 있을 것이다. 또는 대학이 이와 같은 가치적인 조건을 충분하게 스스로 수립할 수 없다면, 대학에서는 니체가 '정부'라고 명명했던 것에 의해서 제도화된 것을 그저 단순하게 따를 수밖에 없을 것이다. 자체-결정적이든 정부에 의해 부여되었든, 그것이 어느 경우이든, 이상과 같은 가치들이 그러한 견해로부터 그리고 그러한 견해에 의해 안정적으로 될 수 있는 그 어떤 외적인 견해도 있을 수 없게 될 것이다.

따라서 대학이 촉진시키게 되는 바로 그 문화에 관련되는 어떤 외적인 전망을 필요로 하게 된다. 대학에서 제공하고 심지어 야기하기까지 하는 '교양'은 니체가 파악했던 '문화'와 똑같은 것이 아니다. '문화'는 개인적인 것에 의해서 부여된 형식이자 삶에 해당하는 것이지 정부에 의해서 부여된 것도 아니고 대학의 자체생산에 의해서 무미건조하게 부여된 것도 아니다. '문화'는 대학이 그 자체의 임무로서 형성하고 있는 '교양'이나 교육에 반대되는 반응에 해당하는 것이며, 대학 자체나 대학의 운영자들이 그것을 알고 있든 모르고 있든, 추구되는 것, 요구되는 것, 필요로 하는 것에 대한 결정이거나 확신에 해당하는 것이다. 이와 같은 교차점에 자리하고 있는 어려움은 바로 다음과 같은 딜레마의 어려움에 해당한다. 사람들의 임무와 기능이 사회의 '교양'을 보급시키는 것이자 기능이고 또한 문화에 의해서 그리고 문화를 통해서 합당한 평가가 발생할 수 있도록 하기 위해서 문화 그 자체를 위한 콘텍스트를 제공하는 것이라면, 그것은 가능한 것인가? 달리 말하면, 대학 내에는 비평과 자체-결정을 할 수 있는 공간, 문화에 대해서는 본질적인 공간이지만 대학이 주장하고 제안하는 '계발'이라는 의미의 문화에는 비교될 수 없는 그러한 공간이 별도로 있는가? 대학 내에는 대학과 그 자체의 이상을 평가할 수 있는 영역이 있는가?

니체는 문화의 특징을 "각 개인의 자체-지식과 결함을 지니고 있는 유아(幼兒)"(SE, p.61; UB, p.96)라고 파악한 바 있다. 단순히 자기 자신이 알고 있는 것을 바탕으로 하여 작용하기 위해서 문화를 소유하거나 알고 있는 것만으로는 충분하지 않으며, 충분하지 않다는 것을 인식하는 것 또한 필수적인 요소에 해당한다. 문화를 소유하고 있는 사람은 문화 자체의 경계가 무엇인지를 알고 있을 뿐만 아니라 자기 자신의 지식의 축이 무엇인지도 알고 있으며, 또한 자신이 소유하고 있는 문화 그 자체를 뛰어넘어 무엇을 충족시켜야 하고 완성해야 하는지도 알고 있다. 문화를 인정하는 것은 자기 자신만의 결함을 인정하는 것이고, 아직도 여전히 이루어지고 있는 것이 무엇인지를 인식하는 것이며, 그 자체에서 미완성인 것이 무엇인지를 고려하는 것이다. 니체는 문화에 대한 개인의 자체-서사를 재계산했다. 이러한 개인은 다음과 같이 말한다. "나는 내 위에 있는 나 자신보다 더 높은 것과 더 많은 사람들을 보고 있다. 이와 똑같은 사물을 인식하게 되고 이와 똑같은 사물로부터 고통 받게 되는 각 개인을 내가 도와주게 되듯이 따라서 마침내 보게 되고 능력을 발휘하게 되는 데 있어서 스스로 알게 되고 사랑하게 됨으로써 자기 자신이 무한하다는 점을 느끼게 되는 그런 사람 그리고 자기 자신의 모든 것과 더불어 사물에 대한 판단과 비평의 일부분으로 되는 그런 사람이 다시 존재할 수 있도록 그리고 내가 거기에 도달할 수 있도록 여러분 모두가 나를 도와 달라."(SE, p.61; UB, p.96) 문화의 개인은 자기 자신의 경계, 즉 자기 자신의 지식의 '안'을 형성하고 있는 경계 그 자체와 '밖'을 형성하고 있는 경계를 모두 알고 있다. 문화의 개인은 자기 자신의 지식을 능가하는 것이 자기 자신의 지식의 '안'으로 들어올 수 있도록 기도하게 되지만, 바로 그 자신의 축의 '안'으로 들어올 수 없는 것이 무엇인지도 인식하게 된다.

　"문화는 행동을 요구한다"(SE, p.62; UB, p.98)라고 니체는 언급했다. 문화의 개인은 그저 물러앉아서 사물이 발생하도록 내버려 둘 수도 없고, 제공된 것이 무엇이든 그것을 단순히 수용할 수도 없고, 다른 사람이 말하는 것을 그저 순순히 따를 수도 없다. 문화의 개인은 행동해야만 한다. "이러한 점은 문화를 위해 투쟁해야만 하며, 개인이 자기 자신의 목표, 즉 재능의 생산을 인식하지 못하는 영향, 법규, 제도 등에 대해서 적대적이어야만 한다는 점을 의미한다."(SE, p.62; UB, p.98) 문화의 개인은 재능의 생산에 대해서 작용해야만 한다. 재능은 단순하게 발생하는 것이 아니다. 그것은 고무되어야만 하고 자극되어야만 하고 활성화되어야만 하는 것이다. 재능의 개인은 재능이 발생하도록 해야만 한다. 누구의 재능이 문제가 되는지에 대해서 의심할 필요는 없다. 그것은 분명히 문화의 개인의 몫에 해당하기 때문이다. 그러나 다시 한 번 다음과 같은 질문이 제기되기도 한다. 이와 같은 유형의 재능은 대학 내에서 생산되는 것인가? 또는 그것이 신성한 대학 강단의 경계 '밖'에서 작용하게 된다면 비판받게 되는 것인가? 니체가 설명하고 있는 것과 같은 유형의 '재능'은 대학 내에 그 자리가 있는 것인가? 대학 내에서부터 문화를 위해 투쟁할 수 있는 것인가? 문화의 개인이 충족시킬 필요가 있는 것으로 인식하고 있는 목표에 대해서 대학은 합당한 것인가? 또는 대학은 재능을 억제시키고, 재능의 생산을 금지시키고, 바로 그 문화의 핵심과 원천을 방해하고 있는 것인가?

이상과 같은 마지막 질문에 대한 답변의 일부분은 니체가 제공하는 '문화' 그 자체와 '정부의 문화적 임무' 또는 단순하게 '정부 문화' 사이의 구별에서 찾아볼 수 있다. 촉진시킬 필요가 있는 것, 그것이 바로 '문화'이다. 전형적으로 특히 대학 내에서 발견할 수 있는 것은 '정부 문화'이다. '정부 문화'는 "존재하는 기관에 기여하게 되고 또 그러한 기관에 유용한 것이 된다."(SE, p.65; UB, p.102) '정부 문화'는 정부와 그것의 기관에서 그 자체를 위해서 생산하는 가치와 이상을 되풀이하게 되고 반복하게 된다. 니체가 설명한 바와 같이, '정부 문화'는 정부의 '이기주의'에서 비롯되는 것이다. 이와 같은 정부의 '이기주의'는 "문화에 대한 최대한의 확장과 보편화를 추구하고 그 자체의 욕망을 만족시키기 위해서 그 자체의 손에 가장 효과적인 도구를 들고 있다."(SE, p.65; UB, p.102) 대학이 정부의 기관이라는 점에서, 대학은 정부의 관심에 따라 문화의 확장과 보편화에 참여하게 된다. 그리고 이와 같은 관심은 의심의 여지없이 이기적인 관심이며, 그러한 관심은 정부의 욕구와 목적에 기여하게 된다. 정부가 선점하고 있는 것을 대학이 '교양'을 통해 촉진시키게 되고 발전시키게 된다는 점에서, 대학은 가장 광범위한 사회적 건물의 부속물에 해당한다. 따라서 대학이 그 자체에 대해서 가지고 있는 '그림'과 그것이 보편화시키고자 하는 '문화'가 정부로부터 비롯된 것일 때, 대학이 발전시키게 되는 문화는 근본적으로 '정부 문화'에 해당할 것이다. 그리고 하나의 '정부 문화'로서, 그것은 재능의 생산을 실질적으로 불가능하게 만들어 버리게 된다. 그것은 정부의 이익에 해당하지 않는 독창적인 아이디어와 관심을 발전시킬 수 있는 기회를 철저하게 약화시키게 된다. 사실 이와 같은 아이디어와 관심은 정부의 야심에 반대될 필요가 없다. 그러한 아이디어와 관심은 정부의 유리한 입장 '밖'에 있을 뿐이다. 그러나 니체가 '재능의 생산'이라고 명명한 것을 위한 자리가 없다면, 그렇다면 그가 '문화'라고 명명한 것을 위한 자리도 없을 것이다. 그리고 대학 내에 '문화'를 위한 자리가 없다면, 그렇다면 문화를 가능하게 하고 문화를 야기하게 되고 문화를 극찬하게 되고 문화를 번창시키게 되는 그런 사람들을 위한 자리도 없게 될 것이다. 그러나 다시 한 번 다음과 같이 물을 수도 있다. 문화를 야기하게 되는 이와 같은 유형의 활동, 즉 니체가 그렇게 명명한 바 있는 '행위'에 대한 그 어떤 가능성을 대학은 완벽하게 그리고 전적으로 회피하게 되는 것인가? 대학 내에는 사색을 위한, 질문을 위한, 판단을 위한, 재능의 생산을 위한 그 어떤 자리도 없는 것인가?

전형적으로 '독일문화'로 수용된 것에 대한 가시성에 관련되는 자기 자신의 철저한 의심과 절망으로 인해서, 니체는 자기 자신이 '독일문화'에 대해서 그 어떤 것도 하지 않게 될 것이라고 상당히 단정적으로 선언했다. 니체 자신이 이해했던 바와 같이, '독일문화'의 관심은 지나칠 정도로 '아름다운 형식'에만 치중되어 있었다. 그는 독일문화가 무엇보다도 "추하거나 지루한 내용"(SE, p.66; UB, p.104)을 감추고 있다고 생각했다. 그의 이러한 아이디어는 "삶을 좀 더 예쁘게 만드는 것"(SE, p.67; UB, p.106)이었다. 니체가 여전히 리처드 바그너에게 동조하고자 했던 기간 동안에 —『교육자로서의 쇼펜하우어』는 1874년에 출판되었고 그때 니체는 30세였다— 그는 바그너의 다음과 같은 말을 인용했다. "독일인은 우아한 태도로 행동하고자 할 때에 서툴고 세련되지 못하다. 그러나 불을 잡게 될 때에는 그 누구보다도 신성하고 우월하다."(SE, p.68; UB, p.106) 그런 다음에 그는 이와 같은 '독일적인 불'을 잡고자 할 때에는 상당히 끔찍스럽고 모든 것을 소진하게 된다는 점을 지적했다, 니체를 매혹시켰으며 니체를 바그너의 지혜에 호소하도록 이끌었던 것은 바로 바그너 자신의 '비-전형성'이었다. 횔더린과 클라이스트와 같이 '예외적'인 사람들은 "소위 말하는 독일문화의 분위기를 견디지 못했을 수도 있을 것이다. 베토벤, 괴테, 쇼펜하우어 및 바그너처럼 철(鐵)로 형성된 사람들만이 견딜 수 있었을 것이다."(SE, p.20; UB, p.40) 니체는 또 레싱의 산문 스타일이 가장 매혹적이라 하더라도 그가 특히 비−독일적이라는 점을 강조하기도 했다(SE, p.14; UB, p.34). 니체의 예시들이 예외적인 경우를 강조하고 있으며 그가 '전형적'인 독일의 작가들이나 예술가들을 거의 인용하고 있는 것은 아니지만, 그럼에도 '김나지움'과 대학에서 가르쳤고 논의했던 탁월하게 전형적인 인물들이 니체의 관심의 우선적인 목표였다는 점, 그것이 바로 여기에서의 요점에 해당한다. 그러나 대학에서 가르쳤던 것이 무엇이든 그것이 '독일문화'(그리고 따라서 '정부 문화')와 일치하는 것이라면, 그렇다면 대학에는 문화를 위한 장소가 없다는 점은 상당히 합리적일 수도 있을 것이다. 또한 이와 같은 '독일문화'나 '정부 문화'를 가능하게 하는 교육을 '판단'하고 '감독'하기 위해서 대학의 '밖'에 있는 어떤 입장, 어떤 '심의위원회'를 필요로 할 수도 있다고 니체가 주장하는 것 역시 합리적일 수도 있을 것이다. 그러나 우리들은 무엇이 대학을 형성하고 있는지, 어떤 점에서 대학은 그 자체를 일종의 텍스트, 말하자면 니체가 '정부 문화'와 일치시키고 있는 텍스트이자 대학 내에서 가르치게 되고 촉진시키게 되고 야기하게 되는 것에 의해서 구분하게 되고 경계 짓게 되는 텍스트로 형성하고 있는지를 여전히 살펴보아야만 한다.

그렇다면, 어떤 수준에서 대학은 일종의 텍스트, 대학에서 가르치게 되고 촉진시키게 되고 야기하게 되는 것이 무엇이든 그것을 내용으로 하는 '텍스트'에 해당하는 것인가? 어떤 수준에서 이와 같은 연구의 세계, 이와 같은 학문의 다양성은 옷감, 짜임 또는 주제의 네트워크, 관심 및 글쓰기의 스타일에 해당하는 것인가? 어떤 수준에서 대학은 동시적으로 텍스트이자 콘텍스트, 연구영역의 복합체이자 이와 같은 연구영역의 컨테이너 등에 모두 해당하는 것인가?

어떤 수준에서 대학은 그 자체가 촉진시킨 문화—그 문화가 무엇이
든—에 해당하는 동시에 문화의 이상과 가치를 학생들에게 가르치는
실천에 해당하는 것인가? 일련의 연구에 대한 분야와 영역과 학문으로
서, 대학 그 자체를 형성하는 영역의 복합체로서, 대학은 그것이 수용할
것과 수용하지 않을 것에 대한 경계를 분명하게 하기도 한다. 당연히 하
나의 대학에서 다른 대학까지 몇 가지 변화가 있게 되지만 그러나 전체
적으로 볼 때에 어떤 분야나 주제는 대학에 포함되고 다른 분야나 주제
는 배제된다. 그러나 대학은 또한 일련의 교육적인 실천이자, 실용적인
것, 좋은 것, 가치 있는 것(그리고 가치 없는 것) 등을 결정하는 법규에 해당
하기도 한다. 이와 같은 실천과 법규는 '교양', 즉 대학을 형성하게 되는
교양을 수립하게 된다. '교양'으로서의 대학은 그 기능이 가르친다는 점
에서 교육기관에 해당한다. '교양'으로서 그리고 문화로서(또는 좀 더 전형
적으로는 '정부 문화'로서) 대학은 그 자체를 텍스트로 형성하게 된다.

그러나 그것은 어떤 유형의 텍스트인가? 대학은 특정한 사회에 대해
서 그 자체를 각인시킨다. 대학은 이와 같은 사회의 이상을 충족시키게
되지만(또는 적어도 그러한 목적을 열망하게 되지만), 교육적인 실천을 통해서
이와 같은 이상을 활성화시킴으로써, 그리고 합당하고 가치 있는 이와
같은 학문의 경계를 확정지음으로써 충족시키게 된다. 그러나 '교양'의
본질과 '문화'의 형식을 결정하게 되는 것은 사회 그 자체, 즉 니체가
'정부'라고 명명한 것에 해당한다. 대학은 권위적인 정부 탄원의 흔적,
정부 설득, 정부 중재 등으로 가득 차 있을 뿐이다. 그 자체의 실천에 있
어서 그리고 그 자체의 자체-결정에 있어서 대학은 그 자체의 탁월한
자체-해석, 그 자체의 문화 및 그 자체의 윤리성 등을 가지고 있는 '사
회'와 그러한 사회가 속해 있는 '정부'의 도구에 해당한다. 대학은 기관
으로서, 부흥시키는 실천으로서, 다른 사회의 특징과는 차이나는 원칙으
로서 그 자체를 각인시키는 동시에 바로 그 경계 자체를 확정짓게 된다.

대학을 하나의 텍스트로 이해하는 것은 통일성과 다양성 모두에 대

해서 하나의 전형(典型)에 해당할 수도 있다. 그 자체의 다양성에 있어서 대학은 화학에서 심리학을 거쳐 철학까지, 의학에서 법학을 거쳐 음악까지 수많은 상이한 학문의 발전을 위한 길을 만들어내게 된다. 대학은 또한 생화학, 사회학, 인류학 및 비교문학(니체의 시대에는 별도의 분리된 위상으로 알려지지 않았던 분야)처럼 새로운 분야의 발전과 협동도 허락하기까지 한다. 이와 똑같이 우리 자신의 시대에 있어서 유전학과, 언어학과 및 문학이론학과 등이 서구의 대학에서 그 자체의 위상을 갖게 되기 시작했다. 그러나 이 모든 학문은 대학 '내'에 있거나 또는 그러한 학문을 대학 내로 끌어들이게 되었다. 물론 이러한 점에서는 다음과 같은 사항을 제안하게 된다. 이러한 것들은 ① 원래 대학 '밖'에 있었거나, ② 대학에 포함되기를 금지 당했거나, ③ '무소유(ex nihilo)'로부터 비롯되었거나, ④ 새로운 연구의 발전과 더불어 나타나게 되었거나, ⑤ 대학 '안'에서의 재조직으로 인해서 존재하게 되었던 것이다. 어떤 점에서 이 모든 반응의 전부 또는 대부분을 제공할 수도 있을 것이다. '스튜디오 예술'은 한 때 예술학교에만 속했지만, 지금은 종종 대학에서의 '예술' 분야의 학과목의 일부분으로 되었다. 이러한 경우는 대학의 '밖'으로부터 비롯된 경우에 해당한다. 심리분석은 영어권 세계에서 수많은 심리학과로부터 엄격하게 배제되어 있었다. 대륙철학에서는 오랫동안 영미에서 분석적으로 지향되었던 철학과를 멀리해 왔다. 비교문학 및 오늘날의 문학이론이 '무소유'에서 비롯된 것이 아니며 좀 더 전통적인 문학과에 기대어 그 자리를 찾고자 하는 경향이 있다 하더라도, 비교문학 및 문학이론이 전통적인 문학과를 대신하지는 못한다. 생화학 및 환경연구가 기존의 영역에 기대어 그 자리를 찾을 수 있었던 까닭은 이러한 분야에 대한 새로운 연구의 필요성 때문이었다. 몇몇 대학에서는 '몸'(신체)에 관련되는 인류학과 해부학처럼 서로 다르게 보이는 학문에 대한 결합의 필요성을 인식하게 되었다. 또는 좀 더 분명하게 서로 관련되는 분야를 통합시키게 되었으며, 여기에는 '극작술프로그램'으로 통합된 연극과 민족문학, '아시아연구학과'로 통합된 일본사, 중국문학 및 한국종교 등이 포함된다.

이상과 같은 모든 다양성에서부터, 대학은 연구의 세계가 될 수 있었고, 학문에 대한 다양성의 통일성을 위한 '틀'을 갖추게 되었다. 따라서 다시 '이 모든 것을 통합시키는 것은 무엇인가?' 라는 질문으로 되돌아오게 된다. 또는 아마도 좀 더 중요한 것은 '이 모든 것을 통합시켜야만 하는 것은 무엇인가?' 라는 질문일 것이다. 니체의 견해로 볼 때에, 그리고 지난 세기 동안에 그러한 상황이 변화하지 않았다는 좋은 증거를 고려할 때에, 이 모든 것을 통합시키는 것은 그 자신이 '정부'라고 명명한 것과 아주 상당히 똑같다고 볼 수 있다. 니체에 의하면, "정부를 포함하여 모든 것에 대해서 진실의 메스를 들고 작용할 의도가 정말로 있는 것처럼 보이는 사람이 나타나게 되면, 그때에 정부는 무엇보다도 그 자체만의 존재를 확인해야 하기 때문에 그러한 사람을 정부 자체로부터 배제시키고 바로 그 사람을 적으로 취급하는 것으로 정당화시키게 된다."(SE, pp.95~96; UB, p.146) '정부 문화'에서는 대학과 관련지어 사회적 각인으로서, 사회 그 자체의 서사로서, 간단히 말해서 기관으로서 '포함'과 '배제'의 조건을 내세우게 된다. 정부에서는 개인이 차지하는 지위가 정부 그 자체의 가치와 이상에 반대되는 것으로 나아가는 바로 그 개인을 배제시키게 될 것이다. 그러나 여기에서 우리들은 대학의 협조적인 형성의 논리, 즉 '교양'으로서, 어떤 활동이나 그러한 활동의 유형들이 지속되는 실천으로서의 '형성의 논리'로 되돌아가게 된다. 대학은 수행적인 동시에 '이러저러한 것'을 배워야 하고, 연구해야 하고, 탐구해야 하고, 이론화해야 할 필요가 있다는 점을 강조하게 된다. 대학은 또한 바로 이와 같은 배우기, 연구하기, 탐구하기 및 이론화하기가 존재할 수 있도록 하기도 한다. 대학은 담쟁이, 돌, 붉은 벽돌, 콘크리트 또는 색유리로 치장된 일련의 건물이 아니다. 대학은 재학생수, 캠퍼스의 범위, 대학 행정부의 지리적인 위치, 학생들이 취업한 직업의 목록, 학장과 부총장의 학위 등에 대한 전체적인 통계목록도 아니다. 대학은 탐구의 분야, 그와 같은 연구의 내용, 그러한 연구에 대한 강의 등에 해당한다. 대학은 어떤 문화를 가르치는 교육적인 실천을 수행하는 것에 관계된다. 이와 같이 경계 지은 '이항기능(二項機能)', 즉 ① 진실 그 자체이든 또는 그저 진리라고 규정된 것이든 대학에서 '연구된 것'과 ② 진정으로 가치 있는 것이든 또는 정부와 그 자체의 행정가들에 의해서 그저 가치 있는 것으로 지시된 것이든 대학에서의 '교육적인 이상의 부여'를 바탕으로 하는 '이항기능'은 대학의 텍스트를 형성하게 된다.

　이와 같은 대학의 텍스트성은 철학자로 하여금 어설픈 입장에 있게 만든다. 철학은 전형적으로 대학 내에 포함되는 학문의 한 분야이다. 오늘날의 대학에서 철학은 때로는 다른 인문학과 더불어 그룹을 형성하기도 하고 때로는 사회과학과 더불어 그룹을 형성하기도 한다. 철학은 전형적으로 소위 말하는 다음과 같은 '범위', 즉 인식론, 현상학, 언어사 및 언어철학 등 공식적으로 인정받는 '방법', '스타일' 또는 '입문' 등과 같은 범위에 대한 '정보의 몸'으로 가르쳐 왔다. 종종 이와 같은 후자 쪽에 대한 고려, 특히 철학이 어떻게 이루어지는지에 대한 고려는 '논리'로 고려될 수 있는 것과 관련지어 그 형상을 부여해 왔다. 논리로 계산되는 것은 소위 말하는 '철학의 범위' 및 심지어 어떤 수준에서는 '철학의 역사'에 포함되기도 한다. 특정한 논리로 발전하게 되는 연구에서는 다른 유형의 활동, 즉 철학의 이름으로 행해지는 활동에 대한 패턴을 설정하게 된다. 철학의 '방법', '스타일', '적용'으로부터 '논리'를 분리시킴으로써, 논리로 계산될 수 있는 것이 무엇인지에 대한 논란이 없이 다양한 철학적 실천과 강의를 소개하는 것이 가능해진다. 이와 같은 스타일, 방법 또는 적용을 축소시킬 수도 있고 또 그러한 요소들을 길들이거나 위협적이지 않게 할 수도 있는 한 가지 방법은 상이한 방법, 스타일 및 적용을 철학의 '범위'나 '역사'로 계산하는 것이다. 학문 내에서의 권력의 작용은 종종 무력화(無力化)에 의해서, '논리'로 계산되는 것에 대한 결정에 의해서, 실천하는 철학의 상이한 '방법'을 '범위'나 '역사적 시기', 즉 더 이상 존재하지도 않고, 더 이상 동시대의 것도 아니거나 따라서 더 이상 위협적이지도 않은 시기로의 전환에 의해 배제하는 쪽으로 이동하게 된다. 대학 내에서의 학문으로시 철학 내에서의 배제의 작용은 특정한 집단적인 철학자들이나 특정한 개인적인 철학자들과는 상관없이 이루어질 수 있다. 배제의 작용은 강의과목에 대한 행정과 조직의 유형을 통해서 간단하게 이루어질 수 있다. 그러나 이러한 점이 바로 니체가 대학 내에서 수행되는 '정부 문화'라고 명명했던 것이 나타나게 되는 징조에 해당한다. 대학 내에서부터, 누구든지 '정부 철학자', 즉 정부의 이상과 가치를 반복하게 되는 철학자가 될 수도 있다. 따라서 의학윤리나 기업윤리, 집단이론이나 논쟁 등은 정부에 의해 인정되고 평가되며, 따라서 '정부 철학자'의 임무는 이와 같은 주제에 대해 이런 식으로 강의를 하게 되고 연구를 수행하게 된다. 이러한 점은 니체가 다음과 같이 언급한 바와 같은 것이다. "어느 누군가가 '정부 철학자'가 될 수 있다면, 그는 또한 자신이 진실 그 자체의 비밀스러운 은신처를 추구하는 것을 포기한 것처럼 보이는 것으로 만족해야만 할 것이다. 어떻든 그가 어떤 자리를 선호하고 또 그러한 자리를 제공받는 한, 그는 진실보다 더 높은 그 무엇에 해당하는 '정부' 자체를 인정해야만 한다."(SE, p.86; UB, p.146) 정부의 권위를 수용하는 것, 즉 '정부 문화'를 대학의 활동으로 주입하는 것은 철학의 합당한 기능을 위임받은 철학적 연구와 맞교환하는 것이나 다름없다.

니체의 시대에 있어서, 대학에서의 철학교수들의 수많은 활동, 특히 독일과 스위스에서의 활동은 서로 달랐다. 하지만 이들의 이와 같은 입장의 특징은 오늘날까지도 지속되고 있다. 니체에게 있어서 그리스 철학 위로 암울한 구름을 뒤덮은 사람들은 다름 아닌 리터, 브란디스 및 젤러 등과 같은 철학의 역사가들이었다. 니체는 자신이 젤러보다 디오게네스 라에르티우스를 더 선호한다는 점을 제시했다. 니체에게 있어서, 학문적이거나 '전문적'인 철학에는, 대부분의 테스트화의 형식이 그런 것처럼, 철학 그 자체의 경계가 있다. 그러나 특히 '문헌학자, 골동품애호가, 언어학자, 역사학자' 등과 같은 대학의 철학자들에 대한 니체의 반대는 그들이 실제로 '철학자들'로 계산되지 않는다는 데 있다. 이들은 '정부 기능'을 수행하고 있을 뿐이다. 이들이 촉진시키는 '교양'은 실제상의 철학화와는 거의 무관한 것이다. 그리고 헤르바르트의 교육철학을 신봉하는 사람들과 그 밖의 사람들을 포함하여 철학자라고 불리는 사람들은 실제로 "철학을 우스운 그 무엇으로 만들어버렸다."(SE, p.103; UB, p.158) 이러한 점에서 이들 철학자들은 사실상 해로운 철학자들에 해당한다고 볼 수 있다. 철학은 정부가 고무시키고자 하는 것과 같은 그런 학문이 아니다. 니체는 다음과 같이 강조했다. "정부 그 자체가 철학에 관심을 갖지 않는 것, 철학으로부터 아무것도 바라지 않는 것, 그리고 가능한 한 철학을 무엇인가 무관심한 것으로 취급하는 것 등이 정부 그 자체에 더욱 유용할 수 있다는 그 모든 진지성을 나는 믿고 있다. 이와 같은 무관심이 없다면, 철학은 정부에 대해 위험스럽게 될 것이고 정부는 그러한 철학을 박해할 수도 있을 것이다. …… 정부는 헌신적이고 유용한 시민들을 교육하는 것보다 대학에 대해 더 이상의 흥미를 가질 수가 없다."(SE, p.105; UB, p.160) 니체가 그렇게 명명했던 바와 같이, '헤겔추종자들'은 자신들의 곳간을 정부에 유용한 기능으로 채웠을 수도 있다. 그러나 이제 헤겔추종자들은 권력을 가지게 되었다고 니체는 강조했다. 헤겔의 시대에 '헤겔추종자들'은 권력을 원했다. 그 차이는 의미심장하다. 니체에 따르면 이제 철학은 양심적으로 되었다. 정부는 더 이상 그렇게도 많은 철학 교수들을 필요로 하지 않게 되었기 때문이다.

그러나 그것은 정부가 더 이상 철학 교수들을 필요로 하지 않는다는 것이 아니다. 대학에서는 여전히 철학이라는 학문이 존재할 수도 있을 것이다. 이러한 점은 철학 교수들이 언어학자들이나 저널리스트들일 수

도 있으며 실제로는 철학자들이 아닐 수도 있다는 점을 의미하기도 한
다. 그리고 철학자의 진정한 역할과 입장에 관한 것, 그것은 그 밖의 다
른 것일 수도 있을 것이다. 철학자의 진정한 역할과 입장은 대학의 '밖'
의 문제라고 니체는 주장했다. 철학지들의 입장은 대학에 대해 일종의
'고등심의위원회'일 수도 있을 것이다. 다시 말하면, "대학이 촉진시키
게 되는 문화와 관련지어 이와 같은 기관을 감독하고 판결하는 좀 더
높은 위치에 있는 '고등심의위원회'일 수도 있을 것이다. 이런 식으로
철학자는 대학생활에 대해 자체-경계를 짓게 되는 일종의 '조건'을 협
상하는 데 있어서 휘말려들 필요가 없을 것이다. 이런 식으로 철학자는
정부나 사회의 확고부동한 의지로 인해서 어떤 비판을 받을 필요도 없
을 것이고 또는 철학자 자신의 시대의 '철학'에 해당하는 어떤 관례의
혹평을 받을 필요도 없을 것이다. 이런 식으로 철학자는 다음과 같은
사람들, 즉 그들 자신이 철학을 하지 않는 사람들이기는 하지만 유형,
인물 및 정부 내에서 감수할 수 있는 철학적인 조사의 범위 등에 대해
서 책임이 있는 그러한 사람들의 관심과 가치에 의해 감염될 필요도 없
을 것이다. 이런 식으로 철학은 "대학으로부터 물러나 그 자체가 아무
런 가치조차 없는 사려 깊은 고려와 모호성을 깨끗하게 할 수 있을 것
이다." 이런 식으로 철학은 진정으로 그 자체만의 것으로 될 수 있고,
그 자체만의 것에 대해서 확신할 수 있고, 그 자체로 될 수 있을 것이
다. 이런 식으로 철학은 철학의 비참한 상황을 성찰할 수 있고 고려할
수 있고 심지어 심사숙고할 수 있을 것이며, 철학이 그 어떤 의미심장
한 삶을 갖게 된다면, 그러한 철학은 분명히 대학에서 실천되는 것과
같은 철학이 아니라 당연히 그럴 수도 있고 그래야만 하고 절대적으로
그래야만 하는 철학일 것이다.

　　그러나 대학의 '밖'에 있는, 대학의 실천을 성찰하는, 대학에서 촉진
되는 '교양'을 '감독하고 판결하는' 그러한 철학은 어떤 유형의 철학인
가? 전적으로 대학으로부터 그 자체를 추상화시키고자 함으로써 그 자

체가 대학에 대한 '고등심의위원회'가 될 수 있는 그러한 철학은 어떤 유형의 철학인가? 대학생활의 걱정거리들, 강의하기, 교육하기, 동료들과 대화하기, 약속에 대해서 논의하기, 강의강좌 개설하기 등에 의해서 감염되지 않은 채 남아 있는 철학은 어떤 유형의 철학인가? 철학 그 자체만의 경계를 아는 것, 대학의 '안'을 알기 위해서 대학의 '밖'을 내다보는 것, 대학의 '밖'을 알기 위해서 대학의 '안'을 들여다보는 것 등은 실제로 철학의 임무가 아닌 것인가? 철학의 실천은 단순하게 니체가 '쇼펜하우어적인 인간'이라고 명명한 것으로 될 수 없다. '쇼펜하우어적인 인간'은 "자신에게 가해지는 진실성의 고통을 자발적으로 감수하게 되며, 그의 고통은 그 자신의 개인적인 의지를 소멸시키게 되고, 그렇게 함으로써 완벽한 혁명과 그 자신의 존재자에 대한 반전을 준비하게 되며, 이러한 점을 성취하게 되는 것은 실제상의 삶의 의미가 된다."(SE, p.105; UB, p.160) 이와 같은 유형의 자체-각인된 타자성, 자체-부과된 난폭성, 자체-부여된 추방 등 산의 정상에 있는 차라투스트라의 고독은 최선의 경우에 메를로퐁티가 '상공의 팡세'라고 명명한 것을 제공할 수 있을 것이다. 그러나 위로부터의 이와 같은 성찰의 유형, 즉 조감도적인 사고의 유형은 멀리 떨어져 있을 때에는 그렇게 잘 볼 수가 없다. 철학교수가 대학 철학의 경계를 대학 '안'에서만 알 수 있는 것과 똑같이, 위로부터의 성찰은 '밖'으로부터의 경계만을 알 수 있을 뿐이다. 따라서 철학을 위한 임무는 '안'과 '밖'의 가장자리에, '안'과 '밖'이 하나의 경계, 하나의 사선(斜線), 하나의 변두리를 각인시키게 되는 '위치'에, 차이의 위치가 '차이'를 만들어내게 되는 그러한 위치에 자리잡게 될 것이다. 그리고 이때의 '차이'는 '정부 문화'에 바탕을 두는 '교양과 정부가 부여하고 행정적으로 지배받게 되는 제약으로부터 자유로운 문화의 의미를 만들어 낼 수 있는 '교양' 사이의 '차이'에 해당한다. 대학의 '안'에 관계되는 철학과 대학의 '밖'에 관계되는 철학 사이의 경계면에서 하나의 활동이 발생할 수 있다. 그러한 '활동'은 — 아마도 운이 따르게 되고 어느 정도 노력하게 된다면—철학적인 실천(부수적인 철학적 실천)에 대해서 합당한 의미와 합당한 스타일, 즉 또 다른 유형의 철학적인 정치로 될 수 있을 것이다.

제19장

철학적 담론

메를로퐁티 / 블랑쇼

철학적 담론에 대한 모리스 블랑쇼의 읽기[1]는 철학적 담론이 무엇이어야 하는지에 대한 관심에 해당하는 동시에 그가 메를로퐁티의 프로젝트를 어떻게 이해하고 있는지에 대한 설명에 해당한다. 메를로퐁티에 대한 블랑쇼의 '평가'(1971)는 메를로퐁티가 세상을 떠난 후 10년 뒤에 출간되었다. 블랑쇼는 메를로퐁티에게 특별한 위상을 부여했다. 블랑쇼는 메를로퐁티를 '오늘날의 분명한 철학자'로 묘사했으며, 이러한 점은 단테가 『신곡』을 통해서 아리스토텔레스를 '철학자'로 언급한 것과 똑같다. 블랑쇼가 보기에, 메를로퐁티에게 있어서 의미심장한 것은 그가 일반적으로 철학의 전례(典例)를 보여주었다는 점에 있다.

블랑쇼의 「철학적 담론」이 단순히 철학적 논문을 확장시킨 것이라고 볼 수는 없다. 블랑쇼 자신은 긴 분량의 철학적 논문에 관여하지 않았다. 실제로 블랑쇼가 일찍이 철학에 관련되는 글을 썼는지의 여부에 대해서 의심할 수도 있다. 그렇지만 다른 한편으로 그의 텍스트는 철학적으로 심취되어 있기도 하다. 그러나 그의 이러한 텍스트는 무엇인가? 어떤 때는 그의 텍스트가 분명히 짧은 단편이나 이야기 또는 간단한 서사에 해당하기도 하고, 어떤 때는 여러 편의 논문을 종합한 한 권의 책에 해당하기도 한다. 그러나 어떤 유형의 논문인가? 비평문, 문학적 에세이 또는 철학적 에세이인가? 분명히 철학적 논지가 발생할 수도 있을 것이고, 에세이 그 자체를 표시할 수도 있거나 특징지을 수도 있을 것이다. 블랑쇼의 에세이는 철학적으로 볼 수 있을 뿐만 아니라 하이데거를 진지하게 고려하는 프랑스의 철학적 전통에 깊게 물들어 있다고 볼 수도 있다. 그러나 블랑쇼의 에세이 그 자체는 '철학적 담론'에 해당하는 것이 아니다.

블랑쇼의 「철학적 담론」에서 문제가 되는 것은 철학적 담론 그 자체에 있다. 메를로퐁티의 전형성은 그러한 한 가지 예를 보여준다. 블랑쇼가 '글쓰기에 대한 글쓰기'에 의해서 철학적 담론을 명확하게 한 것과 똑같이, 메를로퐁티도 종종 스타일, 철학적 실천 및 심지어 문학적 언어에 관심을 기울였다. 하지만 블랑쇼는 메를로퐁티의 철학적 연구기획에 심취했었다. 그는 메를로퐁티의 용어인 '질문'[메를로퐁티의 '질문(interrogation)'의 개념은 질문과 질문 '사이'의 질문에 해당한다] 을 활용하여 철학의 언어에 대해 묻고는 했다. 이와 같은 추구, 생각하기 및 질문에 의해서 필자는 여기에서 ①철학적 담론이 말하고자 하는 주제, ②저자의 문제, 즉 명명하기의 필요성, ③철학적 담론으로서, 즉 관습에 대한 도전으로서 일반적 영역에 개입하게 되는 담론의 위상 등을 살펴보고자 한다.

아직 말해져야만 하는 것을 말하기

철학은 그 자체만의 담론이다. 블랑쇼의 주장에서는 철학의 전체적인 프로젝트와 '말하는 것'을 일치시키고 있다. 철학은 그 자체가 말하는 것으로 될 수 있기보다는 다른 것으로 될 수도 있는가? 철학에는 그 자체가 말하는 것 그 이상으로 될 수 있는 것이 아무것도 없다고 말할 수도 있을 것이다. 철학은 그 자체가 말하지 않는 것으로 될 수도 있는가? 물론 그렇지 않다. 철학은 그 자체가 아직 말하지 않은 것으로 될 수도 있는가? 또는 그 자체가 말할 수 없는 것으로 될 수도 있는가? 또는 그 자체가 말할 수 없는 그 어떤 희망도 없는 것으로 될 수도 있는가? 또는 철학 그 자체는 말하기를 거부할 수도 있는가? 철학은 그 자체가 말하는 것 그 이상으로 될 수 없다는 점에서 우리들은 블랑쇼에게 동의해야만 할 것이다.

그러나 결정적인 문제가 남게 된다. 철학은 무엇을 말하는가? 철학이 말하는 것은 그것이 어떻게 말하고 무엇을 말하는지에 의존하는가? 철학이 시적으로, 해석적으로, 이론적으로, 수학적으로, 분석적으로, 사색적으로, 가정적(假定的)으로 말하게 된다면, 그것이 문제가 되는가? 물론 어떤 의미에서 철학이 어떻게 말해지느냐가 문제될 수도 있을 것이다. 누가 철학을 읽게 되고 듣게 되고 또는 이해하게 되는가? 누가 철학을 감상하게 되고, 존경하게 되고, 논평하게 되고, 반복하게 되고, 또는 하나의 철학을 다른 철학과 비교하게 되는가? 누가 철학에 의미를 부여하게 되고, 철학을 역사에 통합시키게 되고, 철학에 반응하게 되고, 또는 철학에 반동하게 되는가? 이 모든 것들은 모두 철학이 어떻게 말해지는지에 의존하게 될 것이다. 그러나 철학이 말하는 것은 철학이 어떻게 말해지는지에 의해 형성되고 형식을 갖추게 되고 변용된다. 궁극적으로 이러한 점을 고려하는 것은 '말해진 것'의 문제가 되어 지속적으로 계속되게 된다.

철학은 "일관적이고, 역사적으로 연결되고, 개념적으로 통일되고, 체계를 형성하게 되고 그리고 그 자체의 임무를 성취하게 될 수도 있다."(DP, p.1) 이와는 대조적으로, 철학은 "복합적이고 단속적(斷續的)일 뿐만 아니라 탈-문자적이고, 부수적이고, 광시적(狂詩的)이고, 유음적(流音的)이고, 똑같은 옛이야기로 되돌아가는 것이고, 말해질 수 있는 모든 권리로부터 분리되는 것이다."(DP, p.1) 철학은 집합적이고 통합적이고 결합적인 유형으로 지식을 하나로 통합시킬 수 있거나, 분산적이고 분열적이고 탈-위치적인 방법으로 지식을 평가할 수 있을 것이다. 철학은 체계적일 수 있거나 또는 분석적이거나 해석적이고, 개별적이거나 투쟁적이고, 희망적이거나 절망적이고, 개념적이거나 실천적이고, 급진적이거나 보수적이고, 협의적이거나 광의적이고, 충동적이거나 명상적이고, 국제적이거나 외국-혐오적이고, 창조적이거나 점진적이고, 절대적이거나 상대적이고, 직접적이거나 간접적인 것 등 차이적일 수 있을 것이다. 그러나 다시 요점으로 돌아간다면, 철학이 말하는 것을 철학이 어떻게 말하든, 그것은 여전히 철학이 말하는 것을 말하고 있다는 점이다.

그러나 철학은 무엇을 말하는가? 철학에는 말할 것이 너무나 많이 있기 때문에, 아마도 가장 구체적이고 역사적이고 종합적인 용어들을 제외한다면 철학에 대해서 무엇인가를 말하고자 시도하는 것조차 쓸모없을 수 있다고 말할 수도 있을 것이다. 철학이 말할 필요가 있는 것, 말하고자 원하는 것, 말해야만 하는 것 등은 너무나 많이 있기 때문에 철학이 말하는 것에 대한 형성의 논리를 시도하는 것조차 가장 쓸모없는 것처럼 보일 수도 있을 것이다. 그럼에도 블랑쇼는 이러한 점을 모색했다. 또 다시 그는 메를로퐁티를 하나의 전례로 선택했다. 메를로퐁티와 더불어 철학은 말할 것이 너무 많게 되었기 때문이다. 그러나 철학이 말하는 것은 이미 말해진 것일 수가 없다. 철학은 이미 말해진 것을 말할 수가 없다. 철학은 단순한 반복, 무한한 반복, 재-진술일 수가 없다.

철학의 임무는 아직 말해져야만 하는 것을 말하는 데에 있다.

'말하기 전의 파롤', 철학은 아직 말해져야만 하는 화술에 해당한다. 철학은 아직 말해져야 하는 것에 관여해야만 하고 그것을 묘사해야만 하고 제공해야만 하고 이야기해야만 한다. 이미 말해진 것을 말하는 것은 새로울 것이 아무것도 것을 말하는 것이나 다름없다. 새로운 것이 아닌 것을 말하는 것은 이미 증거를 수립했고 확인했고 만들었던 것을 반복하는 것이고 무한하게 반복하는 것이고 재-진술하는 것이다. 아직 말해져야만 하는 것에 대해서 스스로 명확성을 수립하게 되는 철학의 이러한 개념은 단순히 모더니스트 프로그램에 해당하는 것만이 아니다. 모더니스트에게 있어서(정확하게 모던 철학자에게 있어서), 철학의 임무는 과거와 결별하는 것, 과거를 방해하는 것, 무엇인가 새로운 것을 말하는 것, 이미 말해진 것을 위반하는 것, 더 나아가 이미 축적되었던 것을 축적하는 것 등에 있다.

그러나 철학은 아직 말해져야만 하는 것을 말하는 것이라는 이와 같은 아이디어에는 무엇인가 새로운 것이 반드시 있게 마련이다. 여기에서 철학의 임무는 첨가하는 것, 아직 제공되지 않은 것을 제공하는 것, 사물이 지금 여기에 존재하고 있는 곳을 뛰어넘어 나아가는 것, 그 어떤 사람도 아직 여행하지 않은 곳을 여행하는 것 등이 아니다. 오히려 철학은 아직 말해져야만 하는 것을 말해야만 할 뿐이다. 일단 말해지고 나면, 아직 말해져야만 하는 것이 남아 있게 마련이다. 철학의 임무는 아직 말해져야만 하는 것을 말하는 데 있다.

말해져야만 하는 것은 상실되지 않지만, 누구나 그 안에서 자기 자신을 상실할 수는 있다. 아직 말하지 않은 것의 침묵 속에서 철학자는 '생각'을 이끌어내게 된다. 아직 말해져야만 하는 것을 널리 보급시키는 '침묵'을 철학자는 질문하게 된다. 이와 같은 질문에 의해 철학자는 담론을 생산하게 된다. 철학자의 담론에서는 그 자체를 침묵 이외의 다른 것으로는 확인이 불가능한 것, 즉 '침묵'을 이끌어내려고 시도한다. 그러한 '침묵'이 일단 목소리를 부여받게 되면, 아직 말해져야만 하는 것은 '이름'(명칭)을 부여받게 되고, 명칭을 요구하게 되고, 그 자체를 '명칭'을 가진 하나의 담론으로 수립하게 된다.

명명(命名)하기의 필요성

아직 말해지지 않은 것을 말하고자 시도하는 데 있어서, 철학자는 아직 '이름이 없는 것'을 포착하려고 노력하게 된다. '아직 말해지지 않은 것'은 아직 말해지지 않고 있는 것이다. 그것에는 아직 이름이 없다. 그것은 이름이 없는 것이거나 명명(命名)할 수 없는 것이다. 그럼에도 그것은 명명성(命名性)의 경계를 뛰어넘어 있는 것이 아니다. 철학자는 그것의 이름을 부여하고자 하고, 그것을 확인하고자 하고, 철학적인 특정한 포착으로 그것을 이끌어내고자 한다. 하지만 그것은 아직 말해지지 않은 채, 아직 이름이 없이 남아있을 뿐이다.

이름과 함께, 이름이 없는 것의 정체성, 정의, 결정, 특수화, 특정화 등이 비롯된다. 철학적 담론의 생산은 '이름'을 생산하는 데 있다. 이름은 '지금' 말해진 것에 속하게 된다. 이름은 또한 그것을 이름 짓는 철학자에게 속한다. '지금' 말해진 것은 그 이전에는 말해지지 않은 것이다. '지금' 말해진 것은 이런 철학자 또는 저런 철학자에 의해서 말해진 것이다. 이런 철학자나 저런 철학자는 '철학화'에 대한 특정한 스타일, 특정한 방법, 특정한 접근, 특정한 수단 등에 의해서 그것을 말하게 된다. 따라서 그 이전에 말해지지 않은 것은 특정한 방법으로 '지금' 명명될 뿐만 아니라 철학자는 '명명하기'에 있어서 하나의 이름을 부여하게 된다. 그것이 노벨상을 야기할 수는 없겠지만, 명명하기에 있어서 철학자의 특권은 순수하게 고양될 수 있을 것이다. 철학자가 그 이전에 명명되었던 것을 단순하게 명명하게 된다면, 거기에는 그 어떤 특권도 없게 된다. 철학자가 그 이전에 명명되지 않았고 특수화되지 않았고 명확하게 되지 않았던 담론을 생산하게 된다면, 그렇다면 철학자의 위상은 익명(匿名)으로 남아있을 수 없게 된다.

'익명성(匿名性)'에서는 아직 말해지지 않은 것을 묘사하게 된다. 익명성은 그것을 아직 말하지 않은 철학자를 특징짓게 된다. 그러나 철학적 담론에서는 익명성을 허락하지 않는다. 그것은 필연적으로 명명되게 되어 있다. 철학적 담론에는 이름이 담겨 있다. 철학적 담론은 그것이 말하는 것을 그것이 말하게 되는 '방패'의 역할을 수행하게 된다. 명명하기는 철학적 담론 그 자체의 퍼포먼스에 해당한다. 담론은 그것이 명명하는 것을 명명하게 되고, 그것이 진술하는 것을 진술하게 되고, 그것이 제조하는 것을 제조하게 되고, 그것이 복구하는 것을 복구하게 된다. 철학적 담론은 철학적 연구기획에 대해서 하나의 형상을 부여하게 되고 철학자의 프로젝트에 대해서 형식을 부여하게 되고, 생산된 것에 대해서 정체성을 부여하게 된다. 철학자는 익명인 채로 남아 있을 수도 있다. 아직 말해지지 않은 것은 익명으로 남아 있어야만 하지만, 철학적 담론에서는 익명성을 거부하게 된다.

'익명성'은 무엇인가? 그것은 단순히 이름을 감추는 것이자 궁극적으로는 그것에 가치를 부여하는 일종의 '게임'이라고 블랑쇼는 제안했다. 익명성에서는 이름을 부여하지 않는다. 그것은 감추어지고, 덮여지고, 어둠 속에 유지된다. 익명성에서는 일종의 망각이 성행하게 되기도 한다. 이러한 망각은 철학자의 망각일 수도 있다. 그것은 또한 철학자가 말하고자 하는 것을 '아직' 말하지 않은 것일 수도 있다. 그러나 그것이 철학적 담론 그 자체의 망각일 수는 없다. 하이데거적인 방법으로 읽는다면, '말해져야만 하는 것'은 망각의 상태에 있게 된다. 철학적 담론의 생산은 '아직 말해져야만 하는 것'의 은폐를 이끌어내는 것에 해당한다.

메를로퐁티적인 방법으로 읽는다면, '아직 말해져야만 하는 것'의 은폐는 난폭한 존재의 폭력, 비-철학의 자유, 간접적인 언어의 표현 등에 해당한다. 철학적 담론에서는 난폭하고 비-철학적이고 간접적인 것을 명쾌한 것, 명명할 수 있는 것, 분명한 것 등으로 전환시키게 된다. 익명성의 가치는 '익명성' 그 자체의 발생을 거부하는 것을 가능하게 하는 데 있다. 철학적 담론에서는 익명성의 거부를 활용하게 된다. 그 자체의 거부에 있어서 철학적 담론에서는 '아직 말해져야만 하는 것'을 말하게 된다.

위반적인 담론

철학자가 전제할 수 있는 익명성의 고독은 자신의 글쓰기가 아직 글쓰기로 이루어지지 않은 작가의 '불안'에 비유될 수도 있다. 철학자의 화술에서는 감추어져 있는 '아직 말해져야만 하는 것'을 이끌어낼 수 있다. 철학자의 화술은 질문하게 되어 있다. 철학자의 화술에서는 익명으로 남아있는 것을 질문하게 된다. 철학자가 질문하게 됨에 따라서 철학자 자신은 익명으로 남아있게 된다. 철학적 담론 그 자체에 의해서 질문의 익명성은 사라져버리게 된다. 철학적 담론에 의해서, 철학자 자신의 이름이 부여될 수 있게 되고 그의 정체성이 확립될 수 있게 된다. 그러나 이러한 점은 철학자가 추구하는 것의 '침묵'과 '고독'이 소멸되는 것을 의미하기도 한다. 이와 같은 침묵과 고독은 더 이상 유지될 수 없기 때문이다. 철학적 담론에서는 이러한 것들을 제거하게 된다. 하지만 이러한 것들(침묵과 고독)을 제거하는 데 있어서, 철학적 담론에서는 또한 그 자체가 권위에 의해서 말하는 것이라는 점을 확인하게 된다.

따라서 철학적 담론은 익명으로 될 수 없는 것이다.

그러나 철학적 담론은 본질적으로 그 자체의 바로 그 실천에 의해서 철학의 전형(典型)으로 진입할 수 없게 된다. 철학적 담론 그 자체는 위반적인 것이다. "철학적 담론에는 우선적인 권리가 없다."(DP, p.1) 권리도 없이, 규정도 없이, 그 어떤 전통적인 권위조차도 없이, 철학적 담론은 그 자체만의 어떤 정체성을 가지고 현장에 진입하게 된다. 철학적 담론은 익명의 선(線)을 위반하고, 침묵을 차단하고, '아직 말해져야만 하는 것'으로부터 담론 그 자체를 드러내게 된다. 철학적 담론은 또한 이미 말해진 것을 위반하기도 한다. 그것은 또 철학으로 계산되는 것에 대해서 하나의 해석을 수립하게 되고 확인하게 되고 권위를 부여하게 되는 것을 방해하기도 한다. 철학적 담론은 그 자체의 바로 그 실천에 의해서 익명성을 거부하게 되는 동시에 무법자가 되기도 한다. 철학적 담론은 그 자체를 확인함으로써 그리고 그 당시까지 그 자체를 철학이라고 명명되어 왔던 것을 거부함으로써 철학 그 자체의 영역으로 진입하게 되기도 한다. 따라서 철학적 담론은 거부이자 확인인 동시에 확인이자 거부에 해당한다. 철학적 담론은 거부와 확인에 의해서 그리고 확인과 거부에 의해서 위반하게 된다.

철학적 담론은 그 자체를 하나의 텍스트로 생산하게 된다. 철학적 담론은 '아직 말해지지 않은 것'과 '지금 말해지는 것' 사이, 침묵된 것과 말해진 것 사이, 그동안 이름이 없었던 것과 지금 명명함으로써 이름을 가지게 된 것 사이, 권위는 없지만 지배적이었던 것과 권위는 있지만 더 이상 지배적이지 않은 것 사이, 그 자체를 확인하는 것과 어떤 일정한 수립에 의해서 확인되었거나 확인되지 않은 것 사이 등의 '차이'를 수립하게 된다. '차이'의 위치를 가로지름으로써, 기존의 수립된 것으로부터 그 자체를 분리시키는 동시에 그것의 일부분을 형성함으로써, 그 자체만의 텍스트성이 됨으로써, 철학적 담론은 위반하게 된다.

철학적 담론은 화술(말하기)로 시작되어 기술(글쓰기)로 끝나게 된다. 소크라테스와 플라톤의 가르침에서는 이와 같이 정연한 노력에 대한 구분을 따를 필요가 없었다. 메를로퐁티와 같은 철학자는 강의하고 강연하고 가르친 다음에 글쓰기를 했다. 글쓰기에 의해서 철학적 담론에서는 아직 텍스트로 말해져야만 하는 것을 말하고자 한다. 말하기 그 자체는 그 자체만의 권리에 해당하는 '텍스트성'을 생산하게 된다. '차이'에 의해서 텍스트는 그 자체를 경계 짓게 되고, 분명한 특징을 그 자체에 부여하게 되고, 이름을 얻게 된다. 텍스트의 이름, 그것이 바로 그 자체의 '텍스트성'에 해당한다. 하나의 텍스트성으로서 철학적 담론은 고독한 철학자를 제거하게 되고, 그 자체의 특수성에 있어서 그 자체를 확인하게 되고, 앞서 나아갈 것을 요구하게 되고, 비평과 논평, 연구와 조사, 역사화와 권위화 등에 대해서 그 자체를 개방시키게 된다. 철학적 담론의 연구는 그 자체의 차이, 즉 위반으로서의 차이이자 텍스트성으로서의 차이의 연구에 해당한다.

따라서 철학적 담론은 위반적인 담론에 해당한다. 그것은 안정적이고 평온하고 고독한 사상을 그 자체의 침묵으로부터 제거해 버린다. 철학적 담론은 담론 그 자체로 진입하게 되고, 바로 그 자체의 퍼포먼스에 의해서 담론 그 자체로 되고, 그 자체만의 발화적(發話的)[발화는 화자가 말하는 것으로 짐작할 수 있는 언어적 행동에 대해서 말하는 것을 의미한다]인 화술행위로 된다. 그러나 담론으로 되는 데 있어서, 철학적 담론은 양쪽 모두를 위반하게 된다. 철학적 담론은 그 자체만의 고독을 위반하게 되고 이미 수용되었던 확신을 위반할 뿐만 아니라 전통적이고 관례적이며 확립적인 기존의 철학까지도 위반하게 된다. 철학적 담론은 차이의 공간에서 작용하게 된다. 이때의 '차이'는 고독한 것과 대중적인 것, 침묵하는 것과 말해진 것, '나'의 폐쇄된 영역과 '그것'의 접근 가능한 콘텍스트 사이의 차이를 의미한다. 블랑쇼에게 있어서 철학적 담론은 차이 그 자체에 해당한다. 그것은 차이 나게 되어 있다. 그것은 일종의 거리, '현재'의 문학의 거리는 아니지만 분명히 그와 같은 '거리'를 수립하게 된다. 담론은 '거리'의 공간에서 차이 나게 된다. 담론은 '밝힘'(또는 규명), 철학적 활동이 발생하게 되는 '명확하게 하기'를 위반하게 되고, 가로지르게 되고, 열어 놓게 된다.

철학적 담론에서는 규명하게 된다. 하이데거는 그것을 '비-은폐로서의 진리'라고 명명했고 메를로퐁티는 그것을 '진리의 기원'이라고 명명했다. 담론을 명명하는 것은 규명이 발생하게 되는 '거리두기'를 명명하는 것에 해당한다. 말해진 것은 '아직 말해져야만 하는 것'에 해당한다. 하지만 '아직 말해져야만 하는 것'은 아직 말해지지 않은 것이다. 일단 말해지고, 일단 철학적 담론으로 전환되고, 일단 텍스트화로 되고, 일단 텍스트로 되고, 일단 제도화된, '아직 말해져야만 하는 것'은 다르게 읽어져야만 한다. '아직 말해져야만 하는 것'은 그 자체의 정체성을 위반해 왔고 명명해 왔고 부여해 왔다. 그 자체의 정체성은 차이, 거리, 담론에 있지만, 그 자체의 '실재'는 차이 나게 되고, 그 자체에 대해서 거리를 두게 되고, '아직 말해져야만 하는 것'으로부터 달아나게 된다. '아직 말해져야만 하는 것'은 비-가시적인 것이고, 들을 수 없는 것이고, 수용할 수 없는 것이다. 철학적 담론은 '아직 말해져야만 하는 것'이 가시적인 것으로, 들을 수 있는 것으로, 수용할 수 있는 것으로 전환되는 것이다. 데리다가 제시한 바와 같이, 철학적 담론은 통로, 건너가기, 옮기기, 번역하기, 전환하기, 전달하기 등에 해당한다. 철학적 담론은 차이의 공간, 텍스트적인 거리, 즉 그러한 공간이 비유, 오래된 사물, 하이데거의 눈으로 보면 상당히 오래된 사물에 대해 새로운 이름을 부여하는 거리를 가로질러 여행하게 된다. 철학적 담론은 결코 말이 부족하지 않은 위치에서, '아직 말해져야만 하는 것'이 그 자체의 순수성을 상실한 위치에서, '아직 말해져야만 하는 것'이 '말해지려 하고 행해지려 하는' 위치에서, 즉 '지금' 말해지고 행해지기는 하지만 더 이상 말하거나 행할 것이 아무것도 없는 위치에서, '아직 말해져야만 하는 것'에 해당한다고 볼 수 있다.

제20장
선(線)의 시간론

데리다 / 하이데거

뉴욕에서는 몇 시인가? 파리에서는 몇 시인가? 비엔나에서는 몇 시인가? 하나의 '선(線)'이 세 도시를 연결할 수는 있지만, 그러한 선은 아마도 직선은 아닐 것이다. 그러나 뉴욕-파리-로마를 연결하는 선보다는 분명히 좀 더 직선적인 선일 것이다. 그러나 그 선이 직선적이라 하더라도 시간에는 차이가 있다. 뉴욕은 파리와 같은 시간에 해당하지 않지만 파리는 비엔나와 같은 시간에 해당한다. 뉴욕에서의 정오는 파리와 비엔나에서의 오후 여섯시에 해당한다. 그러나 뉴욕-파리-비엔나가 만들어 내는 어느 정도의 직선이 시간에 있어서도 똑같은 차이를 만들어 내는 것은 아니다. 그리고 파리와 비엔나가 똑같은 시간이라 하더라도 그곳에 가기 위해서는 여전히 또 다른 두 시간(비행기로)이 걸리게 된다. 하지만 또 다시 뉴욕, 파리 및 비엔나는 1990년대에 있어서 똑같은 시간이라고 말할 수도 있다. 그러나 무슨 시간인가? 그것은 더 이상 단순히 모

던적인 시간이 아니라 포스트모던적인 시간에 해당한다. 그 자체를 포스트모던이라고 명명하는 이와 같은 새로운 시간은 어떤 유형의 시간인가? 15세기와 16세기의 르네상스는 19세기에 버크하트에 의해 비로소 '르네상스'로서 그 자체의 충분한 자체-이해를 수용할 수 있게 되었다. 그 자체를 포스트(또는 후기)-'그 무엇', 예를 들면 후기인상주의적, 후기 산업주의적, 후기자본주의적, 후기구조주의적, 후기현상학적, 후기분석적, 산후(産後, post-partum), 후기모던(포스트모던) 등으로 명명하는 것은 그 이전의 시대(또는 시간)가 끝나고 새로운 시대(또는 시간)가 발흥하게 된다는 점과 그것은 자-의식적으로 '아방가르드'에 해당한다는 점을 선언하는 것과 같은 것이다. 이와 같은 새로운 시간(또는 시대)은 차이, 즉 그 이전에 이미 지나가버린 것에 대한 직접적인 '차이'의 시간에 해당한다. 이와 같은 차이는 차이적인 시간의 선, 차이적인 시간의 지역, 차이적인 국가와 도시에 의해 발생하는 것이 아니다. 이와 같은 역사적 시간은 오히려 기간과 순간의 시간, 시대와 세기의 시간, '그때'와 '지금'의 시간에 해당한다. 역사적 시간 그 자체에 있어서 이와 같은 차이를 표시하는 것은 문지방, 간격 또는 '시작'으로 되어버린 '끝' 등을 수립함으로써, 과거를 더 이상 과거가 아닌 것으로부터 분리시키는 것이다.

그러나 여기에서 필자의 목적은 또 다른 의미의 시간, 즉 '선(線)의 시간'에 대해 언급하는 데 있다. 그러나 어떤 '선(線)'인가? 이러한 '선'은 과거와 현재 사이의 선도 아니고, 뉴욕에서 파리를 거쳐 비엔나에 이르는 선도 아니고, 전차나 지하도의 선도 아니고, 시력검사를 받기 위해 줄을 서게 되는 선이나 여권심사를 받기 위해 기다리게 될 때의 선도 아니고, 음주테스트를 받기 위해 걸어야만 하는 선도 아니고, 경찰의 저지선은 더욱 아니고, 차례로 버스에 승차하기 위해 기다릴 때에 그 '속'에(또는 뉴욕에서 왔다면, 그 '위'에)서 있게 되는 선(차례를 기다리는 선)도 아니며, 더 나아가 예술가의 선이나 드로잉도 아니다. 문제가 되는 '선'은 자신의 성명을 사인하는 선도 아니고, 논쟁의 선, 추론의 선, 또는 사상의 선도 아니다.

문제가 되는 선은 지금 여기에서 필자가 묻고 있는 선이 아니라 하이데거가『존재의 문제』[1]에서 에른스트 융거와 함께 논의했던 선, 데리다가 자신의「살아가기 ─경계선」[2]에서 셸리의『인생의 승리』에 대한 자크 어만의 찬양을 회고했을 때에 각인했던 선에 해당한다.

그러나 여기에서도 역시 선은 똑같은 선에 해당하는 것이 아니다. 하이데거와 데리다는 다 같이 차이의 선을 표시하면서도 각자의 설명을 차이나도록 하고 있다(그리고 동시에 서로가 서로에게 접근하고 있다). 하이데거와 데리다 사이의 교차점에서의 차이에 대한 각인은 '철학적'인 차이의 선에 해당하는 것이지 역사적이고 예술적이고 지리적이고 연대기적이거나 또는 언어학적인 선에 해당하는 것이 아니다. 그러나 철학적인 차이의 선에 대한 각인의 의미는 무엇인가? 그러한 차이는 특히 선 그 자체가 문제가 되는 또 다른 텍스트에 의해서 두 개의 형성의 논리가 수립되었을 때 교차점에서 만나게 되는 두 가지 철학적 연구기획에 의해 표시된다.

여기에서 의미하는 선의 시간은 두 개의 철학적 텍스트, 즉 하이데거의 텍스트와 데리다의 텍스트에 대한 읽기에 해당한다. 이들은 각자 오히려 유일한 철학적 '세계관', 일련의 전략 및 특별한 질문의 복합체와 관련지어 자신들의 경계를 확정지었다. 물론 몇 가지 공통적인 논지가 있기는 하지만 실제로는 공통적인 논지에 해당하는 것이 아니라 그렇게 보이는 공통적인 영역, 즉 하이데거와 데리다가 모두 응시하게 되고, 하이데거적인 텍스트와 데리다적인 텍스트가 모두 참여하게 되고, 이 두 사람이 모두 자신들만의 합당한 영역의 경계에서 작용하게 되는 그럴듯한 영역만이 있을 뿐이다. 좀처럼 설정될 수 없는 이러한 영역은 차이적인 공간, 정체성이 없는 영역, '차이의 선'에 해당한다. 이때의 '차이'는 '토포스'로서의 선이 선에 대한 읽기에서의 선에 위치하게 되는 바로 그러한 선에서의 '차이'에 해당한다.

하이데거

『존재물음에 관하여』(1955)에서 하이데거는 에른스트 융거에게 그의 「선(線)에 관하여」라는 에세이에 관계되는 글을 보냈다. 「선에 관하여」는 '선에 대하여' 또는 '선을 넘어서'로 이해할 수도 있을 것이다. 「선에 관하여」에 대한 이와 같은 두 가지 이해 사이의 구분 그 자체는 하이데거가 융거의 제목을 연구했을 때에 그의 관심을 설명하는 데 있어서 결정적인 구분에 해당한다고 볼 수도 있다.

'선에 대하여'는 선에 대한 탐구나 추구에 해당한다. '선'이 문제가 되는 셈이다. 여기에서 선이 문제가 되는 것은 몽테뉴의 에세이의 마지막 부분에서 '경험'3)이 문제가 되는 것과 똑같거나, 프란시스 베이컨의 에세이에서 '연구'4)를 고려하는 것과 똑같거나, 데리다의 『그라마톨로지』에서 '기술학'으로서의 '그라마톨로지'5)가 문제가 되는 것과 똑같다. 형식에 있어서 고풍스럽고, 실천에 있어서 논쟁적이고 에세이식인, 전치사 '탈(de)'이나 '대하여(peri)' 등은 뒤이어지게 되는 주제에 대한 담론을 분명하게 하기도 한다. 아리스토텔레스도 그 자신이 해석에 '대해서(per hermeneia' 언급할 때에 이와 같은 형식을 사용하고는 했다.

'선을 넘어서'는 '가로지르는 것', 한 쪽에서 다른 쪽으로 지나가는 것 또는 가로질러 운반하는 것 등에 관계된다. 선을 '넘어 건너가는 것'은 한 쪽에서 다른 쪽으로 안전하게 건너가는 것을 의미한다. 따라서 선은 양쪽을 분리시키게 된다. 그것은 '이곳'과 '저곳' 사이에 있는 일종의 장애물 또는 분리에 해당한다. '유럽국제특급열차(Trans-Europe-Express)' — 간략하게 TEE — 나 '대서양국제항공(Trans-Atlantic flight)'처럼, 그것은 여행자들이 한 곳에서 다른 곳까지 안전하게 여행하는 것을 의미하기도 한다. 이와 같은 운송수단은 경계선 논쟁에서처럼 한 쪽에서 다른 쪽으로 단순하게 건너가는 것도 아니고 팀을 선택하거나 자기 자신의 가입을 결정하는 것도 아니다. 그러나 그렇다면 '선을 넘어서'를 운송선으로 이해할 때에 그것은 또 다른 질서에 해당할 수도 있을 것이다. 예를 들면, 런던의 '순환선(Circle Line)', 파리의 '고속교외지하철(RER)', 또는 비엔나의 '순환선(U-bahn)' 등을 들 수도 있다.

「선에 관하여」는 또한 '선의 위(meta-linea)'라고 이해할 수도 있다. 아리스토텔레스가 '물리학에 대하여' 순수하게 자연으로서가 아니라 첫 번째 원칙인 '형이상학'에 대한 연구로서 언급하고자 했을 때에, 그는 자연의 '위'로 지나가는 것, '위로부터', '좀 더 높은' 관점으로부터, 자연의 '원인'과 '조건'을 고려하게 되는 전망으로부터 자연을 논의하는 것이 필요하다는 점을 발견했던 것이다. 그러나 자연의 '위'가 되는 것과 선의 '위'가 되는 것은 똑같은 것이 아니다. 선의 '위'에 있게 되는 것은 선의 '위'로 날아다니는 것, 선을 '조사'하는 것(또는 선에 '대해서' 생각하는 것)일 뿐만 아니라 선보다 '우월'하게 되는 것, 선에 관련지어 좀 더 위대한 권위, 좀 더 큰 세력, 좀 더 큰 힘에 대한 입장을 취하게 되는 것이다. 왕자에 대한 마키아벨리의 충언은 왕자 자신의 상황을 조정하여 언제나 우세한 위치를 유지하는 것이었다. 따라서 선의 위에 있게 되는 것—그리고 일반적으로 '무엇보다도'—은 선 그 자체를 조망하는 것, 선의 완벽성과 결점, 선의 유리한 점과 불리한 점을 보는 것 등에 해당한다. 메를로퐁티는 이와 같은 유형의 '조망적인 생각하기'의 특징을 '상공의 팡세'라고 파악했으며 이에 부응하여 자기 자신은 그것을 철학적 전략으로 적용하는 것을 싫어한다는 점을 분명하게 했다.[6]

니체의 차라투스트라[7]가 산정(山頂)으로부터 내려왔을 때, 수많은 예 중에서도 그는 자기 자신이 너무 일찍 내려왔다는 점을 알게 된다. 따라서 그가 산을 넘어, 산 위로, 산으로 되돌아가게 되는 까닭은 높은 곳에서 그는 멀리 볼 수 있기 때문이다. 그러나 차라투스트라는 위로부터 의사소통을 할 수 없게 된다. 사람들에게 말하기 위해서, 언급하기 위해서, 그는 아래로 내려와야만 한다. 사람들이 '중재자'의 말을 들으려고 하지 않는다면, 그들은 듣지 않게 될 것이며, 차라투스트라는 또 다시 되돌아갈 수밖에 없을 것이다. 산을 넘어, 산 위로, 산으로, 선을 넘어, 심지어 나무들의 '선' 위로까지 되돌아갈 수밖에 없을 것이다.

따라서 「선에 관하여」는 ① 선에 '관해서' 담론하는 것, ② 선을 '가로질러 가는 것', ③ 선의 '위에 서있거나' 또는 선을 감독하는 것 등에 해당한다. 하이데거는 이와 같은 세 번째 의미에 대해서 그렇게 확신하지는 않았지만, '위에 서 있게' 됨으로써(그 자체를 차이 나게 함으로써) 선 그 자체를 철저히 분명하게 할 수 있었을 것이다. 하이데거는 또한 「선에 관하여」에 대한 이와 같은 서로 다른 의미가 하나로 통합된다는 점을 말하고자 했을 것이다. 이러한 점은 융거에 대한 하이데거의 반응에서 전체적으로 이해할 수 있을 것이다.

그러나 그 이후의 하이데거의 입장은 「선에 관하여」의 서로 다른 의미를 성찰하는 것에만 있었던 것이 아니다. 그가 관심을 보였던 특별한 선이 있으며 그러한 선에서는 이와 같은 세 가지 의미 모두를 제기하게 되었다. 이러한 선이 바로 존재자로부터 존재를 차이 나게 하는 바로 그 선에 해당한다. 존재자의 존재, 즉 '있는 것'에 대한 '있음' 그 자체는 '있는 것'과 그것의 존재 사이의 차이에 대한 선을 수립하게 된다. 이와 같은 차이의 선은 그 어떤 것도 아니지만, 하이데거는 그것이 내용이나 심지어 물질에 대한 그 어떤 것도 아니라는 점을 재확인했다. 그러나 거기에는 존재와 존재자 사이의 차이, 즉 존재자가 존재를 가져야만 한다는 관계에 있어서의 차이가 있게 된다. 이와 같은 차이의 선은 소유격 '의'에 의해 표시되며, 하이데거는 어디에선가 이러한 소유격 '의'를 존재론적 소유격(존재자의 존재)이라고 명명한 바 있다. '선의 시간'처럼, '시간'과 '선' 사이의 차이에서는 소유격 '의'가 이 두 가지 요소의 비-유사성을 명시하게 된다.

하이데거는 존재자의 존재, 차이의 선 등이 '인간의 본질'을 명시한다는 점을 강조했다. '인간의 본질'은 차이의 선에 의해 명시된 '무(無)'

에 해당한다. 1920년대에 하이데거는 이와 같은 차이에 대한 확신을 '현존재'라고 명명한 바 있다. '현존재'를 '인간의 본질'이라고 선언함으로써, 하이데거는 그것을 구체화하지 않으면서도 차이의 위치를 재확인할 수 있었던 것이다. 그러나 존재자의 존재는 무엇인가? '인간의 본질'은 왜 이와 같은 위치를 형성하게 되는 것인가? 그리고 하이데거는 그것을 명시하기 위해서 어떻게 제안하고 있는가?

존재자의 존재에서는 선을 표시하게 된다. 하이데거는 '존재로서의 존재'에 대한 존재자의 이러한 관계를 기술함으로써(글쓰기에 의해서) 이와 같은 선을 각인하고자 했다. 따라서 실제로 존재는 이중적인 선, 즉 건너가는 선이자 건너 넘어가는 선에 해당한다. 선은 한 번은 위반하게 되고 두 번째는 건너가게 된다. 이와 같은 이중적인 건너가기는 '트랜스(trans)'─넘어서, 가로 질러서, 꿰뚫고, 지나서, 완전히, 다른 쪽으로, 상대편으로, 저쪽으로─를 두 번 하게 된다. 이와 같은 이중적인 선에 대해서 말하는 것은 선 그 자체에 대해서 말하는 것이지만, 이 경우에는 그 자체의 이중성에 대해서 말하는 것이 된다. 그리고 더 나아가 선의 가로지기는 존재가 그 자체의 특수성에 있어서 존재자의 '위'에 서 있게 된다는 점을 명시하게 된다. 존재는 언제나 존재자의 지평에, 존재자의 바로 위 또는 존재자(또는 어떤 특정한 존재자)를 넘어서 있게 된다는 점을 하이데거는 강조했다. 따라서 존재는 '위'를 '관계되는' 존재로, '가로지르는' 존재로 명시하게 되고 '위' 또는 '넘어서'로 존재 자체를 명시하게 된다. '조망'으로서의 존재는 '상공의 팡세'로 이해될 수 없으며, 따라서 존재는 초월적인 위치를 가질 수 없는 것으로, 별도로 서 있을 수 없는 것으로, 존재자의 존재 없이는 그 자체만의 것으로 될 수 없는 것으로 삭제되고 지워진다. 따라서 존재는 '낱말 맞추기'이자 일종의 퍼즐이며, 그것의 불가사의한 특징은 존재 그 자체에 의해서만 명시될 수 있을 뿐이다. 따라서 존재의 문제는 존재와 존재자 사이의 선으로서, 조망으로서가 아니라 차이로서, 분리가 아니라 삭제로서, 부수적인 홍미로서가 아니라 관심의 문제로서, 소유격 '의'를 표시하게 된다. 그러나 다의적(多義的)으로 되고, '위'에 대해서 수많은 의미를 갖게 되고, 차이의 공간에서 증식되고, 교차선, 기호, '카이'[그리스 문자 x] 등에 의해서 구별되는 것은 어떤 유형의 선에 해당하는가? 인간의 본질로서, 선으로서, 증식으로서, 다양한 타자(他者)로서, 똑같지 않은 것으로서, 삭제로서의 '차이'는 하나의 공간을 형성하게 되지만, 그러한 '공간'은 공간도 아니고, 구체적인 선도 아니고, '있는 것'의 표시도 아니고, 오히려 '있지 않은 것'의 표시에 해당한다. 존재와 존재자 사이에는 존재적-존재론적 차이가 있을 수도 없고, 그것은 또 가능한 실체를 형성할 수도 없다. 따라서 하이데거는 이와 같은 차이의 선을 '무(無)'라고 명명했다. 여기에서의 '무'는 '진공'도 아니고 혼돈의 '공허'도 아니다. 오히려 '무'는 '있지 않은 것', 존재와 존재자 모두가 그리고 존재 그 자체가 '사이'에 있기는 하지만 아직은 어느 한 쪽에도 속하지 않는 것을 의미한다.

특히 후기의 하이데거에게 있어서 존재자의 존재는 하나의 '사건'에 해당한다. 존재자와 존재를 관련짓는 사건은 의미작용의 사건에 해당한다. 이러한 사건은 날마다 발생하는 그러한 사건도 아니고, 감지하거나 언급하지도 않은 채 또 다른 사건으로 전환될 수 있는 그러한 존재적 사건도 아니다. 이러한 사건이 정말로 중요한 까닭은 그것이 존재의 바로 그 부름을 표시하게 되고, 존재에 대한 어떤 존재자의 관계를 설명하게 되고, 존재적-존재론적 차이의 해프닝을 가능하게 하고, 시간성 그 자체를 표시하게 되기 때문이다. 하이데거적인 형성의 논리에서, 이와 같은 해프닝은 무아경-존재론적 해프닝에 해당한다. 이러한 점은 존재적-존재론적 차이가 단순하게 모든 영원성을 위해서 형성된 차이가 아니라는 점을 의미하기도 한다. 오히려 이러한 차이는 정확하게 그 자체의 '밖'으로 나아가고자 하는 존재자의 사건이거나 해프닝에 해당한다. 존재에 대한 존재자의 관계에서 발생하게 되는 이러한 사건은 시간 속에서 발생하게 되며, 그것이 그 자체의 '밖'으로 나아간다는 점에서 '무아경'에 해당한다고 볼 수 있다. '무아경'(또는 황홀경)은 정적인 것, 안정적인 것, 영원히 비-감동적인 것에서부터 비롯된다. 그렇게 하는 데 있어서, 무아경은 타자, 존재자의 정체성에 관계되는 선택의 발생을 야기하게 된다. 그러나 다시 한 번, 이와 같은 선택은 단순하게 타자에 해당하는 것이 아니다. 그것은 또한 타자의 해프닝, 타자의 간과하기, 정체성에서부터 차이까지의 전 과정 등에 해당한다. 하이데거는 이와 같은 차이의 사건을 '발현'이라고 명명했다. '발현'[8]은 존재자 그 자체에 대한 존재자의 차이에서 비롯되는 무아경으로서의 해프닝, 즉 존재에 대한 존재자의 시간에 해당한다.

 '고유성'이 최대한 그 자체만의 것으로 될 수 있는 존재자의 조건, 즉 '권위성'으로 될 수 있는 조건에 해당하는 것과 똑같이, '무아경'도 최대한 그 자체만의 것으로 될 수 있는 해프닝에 해당한다. '고유한 것'은 그 자체만의 것이고, '고유하게 되는 것'은 어떤 존재자, 예를 들면 인간을 최대한 그 자체만의 것으로 묘사하는 것이고, '고유성'은 최대한 그 자체만의 것으로 될 수 있는 존재자의 조건에 해당한다. 알베르트 호프스태터는 이러한 고유성을 '유일성'으로 번역하고는 했다. 이와 똑같이, '고유성'도 그 자체만의 것으로 되는 것이다.[9] 그리고 존재자에게 있어서 최대한 그 자체만의 것으로 되는 것은 존재와 어떤 관계를 유지하고 있을 때이다. 따라서 가장 자기 자신만의 것으로 되는 것은 그 자체로부터의 그 자체의 차이, 그 자체, 그 자체만의 것과 '다른 것'과의 사이의 선에 대한 그 자체의 표시, 그 자체(단순한 '인식')로부터의 단순한 구별이 아니라 가장 고차원적인 질서의 차이, 즉 존재적-존재론적 차이, 존재에 대한 그 자체만의 관계를 추적하는 차이에 해당한다. 왜냐하면 존재에 대한 관계는 날마다의 관계에 해당하는 것도 아니기 때문이고, 또한 단지 그 어떤 타자에 대한 관계에 해당하는 것도 아니기 때문이다. 오히려 그것은 그 자체만의 '타자'에 대한 관계, 최대한 그 자체만의 것이고 최대한 권위적이고 그 자체에 대해서 최대로 특정한 관계에 해당한다. 따라서 존재적–존재론적 차이에 있어서 타자의 사건은 선을 넘어 건너가게 되는 사건이며, 이때의 '선'은 하나의 존재자가 필연적으로 능동적으로 설정해 놓은 것이 아니라 그 자체를 '있는 것', 즉 '있는 것 그 자체'로 그 자체를 정의함으로써 스스로 설정해 놓은 것이다. '있는 것'과 '있지 않은 것' 사이의 선, 그 자체의 존재자와 그러한 존재자의 존재와의 관계 사이의 선은 바로 그 차이의 선에 해당하는 동시에 그러한 선이 발생하게 되는 사건 자체가 '고유한' 그러한 선에 해당한다.

차이가 발생한다는 것은 무엇을 의미하는가? 그리고 그러한 차이는 어떻게 표시되는가? 「예술작품의 기원」에서, 하이데거는 예술작품의 발생에서 표시하게 되는 차이는 가장 훌륭하게 '시적으로 생각하기'(PLT-OWA, pp.72~78)라고 명명될 수 있는 '차이'에 해당한다는 점을 강조했다. 시든 그림이든 건물이든, '시적으로 생각하기'는 예술작품과 관련지어 존재에 대한 관계를 명명할 뿐만 아니라 그것은 또한 존재 그 자체를 명명하기도 한다. 하이데거에게 있어서, 존재는 단순하게 존재자에 관련되는 것이 아니다. 오히려 존재는 존재자를 불러일으키기도 하고 존재자에 의해서 불려지기도 한다. 존재자가 존재로 이끌려진다는 점에서 '존재의 부르기'라고 볼 수도 있다. 존재는 바로 그 자체의 '선택'에 의해 표시될 수 있으며 이러한 선택이 바로 '존재의 부르기'에 해당한다. 이러한 점은 하나의 존재자의 정체성에는 모든 존재자가 공통적으로 가지고 있는 '참존재'에 대한 관계가 포함되어 있다는 점을 의미한다. 이러한 점이 바로 '존재의 부르기'에 해당하며, 존재는 심지어 존재자에 의해서 '듣게 되기'까지 한다. 즉, 존재자와 존재의 '다 같이 소속되기'가 발생하게 된다. 존재와 존재자의 이러한 점이 바로 존재에 대한 존재자의 듣기에 해당한다. 존재에 대한 존재자의 관계에 대한 이 모든 표시, 즉 '명명하기', '부르기', '듣기' 및 '속하기' 등은 존재자와 존재 사이의 선, 존재자 그 자체에 이미 각인된 차이의 흔적 등에 대한 바로 그 특징에 해당한다. '시적으로 생각하기'는 하나의 예술작품의 진실에 대한 사건에 있어서, 그림의 규명에 있어서, 시의 은폐로부터 이끌어내기에 있어서, 베틀의 쳇발로부터 엮어내기에 있어서, 존재적-존재론적 차이에 대해서 말하는 것이다. 따라서 하이데거에게 있어서 '시적으로 생각하기'는 선의 시간에 대해서 말하는 것에 해당한다.

선의 시간에 대해서 말하는 것은 또한 한 편의 시에서 다른 시까지, 한 시인의 시대(시간)에서 다른 시인의 시대까지 발생할 수 있다. 이러한 점이 바로 「무엇을 위한 시인인가?」[10] 에 나타나 있는 하이데거의 요점에 해당한다. 휠더린은 자신이 살았던 19세기의 세대를 '운명적 시대'라고 명명했다. 그는 자신의 비가(悲歌) 「빵과 포도주」에서, 그리고 특징적으로 낭만적 절망에 의해서 이와 같은 불행한 시대로부터 벗어날 수 있는 방법은 아무것도 없었던 것 같다고 강조하면서, "궁핍한 시대에 있어서 시인은 무엇으로 사는가?"라고 물었다.

그는 일반적인 세대에 대해서도 언급했다. 휠더린에게 있어서, 19세기의 세대는 신들이 '달아나 버리고' 그들의 '흔적'만이 남아있는 세대였다. 휠더린은 그가 자기 자신을 발견한 심연에 대해서도 언급했다. 심연의 시대는 지상으로부터 멀리 추락하는 것을 의미한다. 그것은 지상으로부터, 근본으로부터, 견고한 정박으로부터 벗어나는 것, 떨어져 나가는 것을 의미한다. 이와는 대조적으로 하이데거는 분명히 릴케가 수십 년이 지난 후에 그 자신의 시대에 있어서 지상으로 되돌아올 수 있는 가능성을 모색했다고 강조했다. 시인들은 지상과 심연 사이에서, 분명한 확신과 절망 사이에서 '차이'의 간격과 선을 채울 수도 있을 것이다. 시인들은 폐쇄된 것처럼 보이는 것에 대해서 어느 정도의 위로, 어느 정도의 명성, 어느 정도의 개방 등을 제공할 수도 있을 것이다. 하이데거에 따르면, 릴케의 시대뿐만 아니라 휠더린이 분명하게 파악했던 궁핍한 시대로부터 구별될 수 있고 표시될 수 있고 분리될 수 있는 시대에 있어서도, 시의 진실은 차이의 공간에 있어서, 존재자의 존재의 사건에 있어서, 선의 해프닝에 있어서 이와 같은 규명, 이와 같은 '밝힘'을 개방시키는 데 있다.

데리다

그리고 데리다와 하이데거 사이의 선은 무엇인가? '선'의 시간으로 되었는가? '선'의 시간은 그 자체만의 시간으로 되었는가? 데리다와 하이데거 사이의 차이의 선을 표시하는 것은 어떤 시간인가? 어떤 의미에서, 여기에서 제공하는 하이데거에 대한 읽기는 이미 하나의 데리다적인 읽기, 이미 하이데거와 데리다 사이의 선에 그 자체를 위치시키는 일종의 '생각하기'로 될 수도 있다. 하지만, 하이데거의 텍스트가 존재에 대해서 '가로지르는 것', 존재에 대해서 '가로질러 나오는 것', 존재에 대한 명명하기와 생각하기를 각인시키는 곳에서, 데리다의 텍스트 그리고 특별히 프랑스어로는 「살아남기」[11]로 출판된 그의 「살아가기 : 경계선」은 또 다른 차이의 선을 형성하고 있다. '차이' 그 자체의 선에 대한 주제화는 하이데거와 데리다 사이의 선에 대한 질문을 가능하게 한다. 그러나 데리다에게 있어서 선이 어떻게 작용하는지를 이해하지 않고서는 데리다적인 '선'과 하이데거적인 '존재'에 대한 이중교차, 즉 존재—데리다가 말소기호(抹消記號)로서의 존재라고 명명하게 되는— 사이의 위치를 형성하는 것은 가능하지 않을 수도 있을 것이다.

데리다의 차이의 선 역시 복합적이기는 하지만 존재에 대한 관계, 특수성에 대한 보편성, 또는 '인간의 본질' 등을 나타내는 것이 아니라 오히려 셸리의 『인생의 승리』와 자크 데리다적인 회상 사이의 관계를 나타내는 것이다. 하이데거가 에른스트 융거와 그의 「선에 관하여」를 언급하고 있는 것과 똑같이, 데리다도 예일대학교의 프랑스어 교수들(다른 모든 동료 교수들과의 콘텍스트에서 그 당시에 아직 예일대학교에 재직하고 있던 지오프리 하트만, 해롤드 블룸 및 J. 힐리스 밀러 등을 포함하여)과 같은 '개인'(종종 지나쳐버리는 하지만)을 언급하고 있다. 이들의 공통적인 주제는 '존재의 문제'가 아니라 오히려 '인생의 승리' 또는 '그 자체를 살기'라고 간략하게 말할 수도 있을 것이다. 데리다에게 있어서, '살기'는 그의 텍스트에 있어서 '구심적인 특징'을 부여하는 '토포스'가 아니다. '살기'가 데리다의 텍스트에 침투되어 있다면 '살아가기'는 그의 텍스트의 끝까지 이동하게 된다. 실제로 텍스트가 형성됨에 따라서, 거기에는 사실 두 개의 텍스트가 존재하게 된다. 하나는 '본문' 텍스트이고 다른 하나는 본문 텍스트를 강화시키는 길고 긴 '각주' 텍스트이다. 두 번째 텍스트, 즉 각주 텍스트는 실제로 부수적인 텍스트가 아니다. 그러면서도 그것은 텍스트의 '위'에 배치되어 있는 것이 아니라 '아래'에 배치되어 있다. 이와 같이 두 번째 텍스트에 해당하는 '아래' 텍스트에서는 자크 어만 (Jacques Ehrmann) — 그의 성명에서 두 개의 첫 글자는 다른 사람이 아니라 '자아' 또는 주체로서의 '나(je)'를 지칭할 수도 있다 — 에 관계되는 날짜에 대한 회상과 연대기적인 표시 등을 제공한다. 그렇다면, '부수-텍스트' 또는 '아래-텍스트'와 '위-텍스트' 사이의 관계는 무엇인가?

'위-텍스트'에서는 셸리의 시에 관심을 기울이고 있으며, 셸리는 실제로 자신의 '마지막' 여행이 되고 만 이탈리아를 여행하는 동안에 『인생의 승리』라는 시를 이탈리아에서 썼다. 셸리의 이 시는 미완성인 채로 남아 있으며, 시에서의 인생은 승리에 해당하지만 시인에게는 그렇지 않다. 미완성된 이 시의 특징은 그 끝이 어떤 경계를 표시하는 절벽의 특징을 시 그 자체에 부여하고 있다는 점이다. 그 자체의 경계에서 이 시는 심연을 요구하고 있다. 실제로 셸리는 졸고 있다. 데리다에게 있어서의 심연은 하이데거에게 있어서 지상으로부터 멀리 떨어져 나가는 것, 사건으로서 존재적-존재론적 차이를 표시하는 것 등과 같은 것이 아니다. 데리다에게 있어서의 심연은 가장자리, 끝 또는 불완전하고 미완성된 셸리의 시의 마지막에 해당한다.

셸리의 시의 끝에서 데리다는 또 다른 텍스트, 이번에는 블랑쇼의 『사형선고』(프랑스어의 원제는 『죽음의 정지』)[12]를 병치시켜 놓았다. 이 두 개의 텍스트에는 반세기 이상의 차이가 있다. 하지만, 두 개의 텍스트를 병치시킴으로써, 데리다는 새로운 선을 삽입시켰다. 블랑쇼의 서사(단편 또는 암송)는 셸리의 시 다음에 배치되어 있다. 데리다는 이 두 개의 텍스트를 나란히 배치해 놓았다. 이러한 점은 여기에서 하이데거의 『존재물음에 관하여』와 여기에서 데리다의 「살아남기」를 병치시켜 놓은 것과 똑같다고 볼 수 있다. 셸리의 텍스트(영어로 된)에서는 인생의 성행과 성취를 선언하고 있다. 바로 그 위치에서 이 시는 또한 셸리의 바로 그 죽음을 '알리는 종(鐘)' — 조종(弔鐘)을 의미하는 프랑스어 'glas' — 을 울리게 된다. 따라서 『인생의 승리』는 인생을 '넘어선' 승리, 즉 '죽음'에 해당한다. 이와 마찬가지로, 블랑쇼의 『죽음의 정지』는 앞으로 오게 될 죽음, 재판제도의 판결에 의해 실행될 죽음에 대한 선언에 해당한다. 그러나 문자적으로 보면, '죽음의 정지'는 죽음의 멈춤 또는 방해에 해당하며 따라서 '삶'에 해당한다고 볼 수도 있다. 따라서 불랑쇼의 텍스트에서는 죽음의 멈춤과 죽음의 선언을 동시적으로 형성해 놓았다. 다시 말하면, 탄생과 십자가형, 죽음과 부활에 대한 일종의 '수태고지'에 해당한다고 볼 수 있다. 셸리의 시에서는 삶의 확신과 죽음(삶을 넘어선)의 성공을 동시에 선언하고 있다. 이 두 가지 텍스트의 교차점에서 삶과 죽음, 살기와 죽기, 삶에서의 생존과 죽음의 도래 등 가장 기본적인 문제가 발생하게 된다. '사이'의 선은 질문으로서의 삶이나 죽음의 성취를 표시하기도 한다. 선에 관하여 — 여기에서는 『인생의 승리』와 『죽음의 정지』 사이의 선에 해당하고 저기에서는 본문-텍스트 「살아남기」와 보조-텍스트 「경계선」(선의 아래인 쓰인) 사이의 경계선에 해당하는 — '살기' 그 자체의 각인은 '화술행위'로 전환된다. 경계선은 초기의 하이데거에게서처럼 죽음으로 향하는 위치를 표시하는 것이 아니라 살기의 위치를 표시하지만, '위-텍스트'와 '아래-텍스트' 사이에 제시된 것처럼 살기 그 자체의 생명력을 텍스트에서 삭제함으로써 표시하게 된다. 살기 그 자체는 하나의 텍스트, 그러나 텍스트 '사이'에서 하나의 논지에 해당할 수 있을 뿐이며, 하이데거의 존재적-존재론적 차이처럼, 살기 그 자체의 규명은 살아남게 된다.

데리다가 하이데거에 대해서 언급한 모든 것을 기억하는 것은 무한하지는 않지만 거창한 임무에 해당할 것이다. 하지만, 『철학의 여백』(1972)에 수록된 「진실유(眞實有)와 그람」 및 최근의 『정신』[13] 등에서처럼 몇 가지 핵심적인 순간이 있으며, 여기에서 데리다는 하이데거의 텍스트에 대해서 직접적으로 언급했다. 데리다는 종종 하이데거가 생략했거나 언급하지 않았던 것에 대해서도 관심을 보였다. 예를 들면, 『정신』에서 데리다는 하이데거가 '마음'이나 '정신'에 관계되어야만 하는 것을 지속적으로 회피했다는 점을 강조했다. 하이데거는 마음이나 정신의 문제를 '나머지 부분'(마음이나 정신에 포함되지 않는)과 분리시키고자 했고 그러한 범위를 뛰어넘는 것으로 파악하고자 했고 자신의 활동의 실체의 '밖'의 문제로 취급하고자 했던 것 같다. 따라서 하이데거에게 있어서 '마음'은 또 다른 문제, 다름 아닌 바로 그 존재자의 존재의 문제 그 이상의 것처럼 보였던 것 같다. 이러한 의미에서 '마음', 즉 데카르트에서 헤겔을 거쳐 프로이트까지 이르는 전체적인 계통에서 선점되어 왔던 관심은 존재자의 존재의 의미에 대한 하이데거의 추구에서 배제되어 왔다고 볼 수 있다. 따라서 사르트르가 후설적인 초월적 에고를 거부했던 것과 똑같이 하이데거도 마음에 의한 선점을 거부했던 것이다. 이런 식으로 그는 마음-몸의 구별에 대한 문제, 자아-세계의 관계에 대한 관심, 정신-신체적인 공포, 경험적-초월적 이중성의 강박관념 등을 옆으로 제켜두었던 것이다. 하이데거에 대한 데리다의 읽기, 즉 하이데거가 마음이나 정신의 범주를 한 쪽에 배치한 것에 대한 읽기는 하이데거적인 연구기획의 끝을 따라서 하나의 선을 표시하는 것에 해당한다.

하이데거에게 있어서 마음을 위한 그 어떤 위치가 없다면, 그렇다면 하이데거 자신 또는 적어도 그 자신의 글쓰기에서 그는 그러한 위치를 자신의 마음에 간직할 수 있었는가? 플라톤의 파르마콘에 대한 그 자신의 읽기에서 데리다가 제시했던 바와 같이, 그러한 행위에서는 '기억'을 요구하게 된다. 하이데거에게 있어서 기억은 정신적 사건이 아니다. 오히려 기억의 반대(잊어버리기, 망각, 감춤), 즉 진실에 대한 설명(진실은 규명에 해당하기 때문에)은 감춤의 드러내기나 이끌어내기, 망각되었던 것에 대한 거부 등을 환기하는 데 있었다. 따라서 생각하기의 임무는 일종의 기억적인 행위, 망각되었던 것을 기억하기, 서구철학의 전통 그 자체에서 감추어졌거나 매장되었던 것을 규명하기 등에 해당한다.

그러나 정신적인 행위라 하더라도, 기억은 그 자체를 경계 짓게 된다. 누구나 그렇게도 많은 기억을 유지할 수는 없다. 따라서 '기억은 기술할(또는 글로 쓸)' 필요가 있다. 하이데거의 설명(또는 그러한 문제에 관계되는 어떤 것)을 글로 쓰는 것은 그 모든 것을 기억으로 유지할 필요성이 없도록 만들어 버리게 된다. 그러나 기억이 제한받게 되는 것과 똑같이 글쓰기 역시 제한받게 된다. 글쓰기의 제한은 글로 써야할 것이 언제나 더 많이 있다는 점을 보여주게 된다. 하지만 모든 기억의 흔적을 글로 써서 남겨놓게 되는 것은 거대한 결과를 초래할 뿐만 아니라 해독할 수 없는 뒤죽박죽의 덩어리 그 자체만을 남겨놓게 될 것이다. 기억과 글쓰기의 경계에는 이 두 가지를 분리시키는 하나의 '선'이 있게 마련이다. 기념비는 기억되어야 할 것, 대부분의 경우 가장 분명한 것은 어떤 '사람'을 글로 새겨놓은 것이다. 하이데거는 어떻게 기억될 수 있는가? 그의 철학적 글쓰기 때문에? 학생들에 대한 그의 가르침 때문에? 그의 정치적 또는 비-정치적 활동 때문에? 그의 정당 참여 때문에? 그의 가족 관계 때문에? 그의 전기는 이러한 점에 대해서 말해줄 수 있을 것이고, 부수적인 규명에서도 말해 줄 수 있을 것이다. 그러나 이러한 것들이 말하거나 규명하는 것은 하이데거 자신에 대해서 이미 알려져 있는 것들을 전제로 한다. 그 자신의 언급, 그가 다른 사람들에게 끼친 영향, 그가 표현한 견해, 그가 글로 쓴 진술, 출판된 그의 글쓰기 등 모든 것들이 그의 생애를 각인하게 되고, 그의 기억을 형성하게 되고, 인간으로서의 그 자신과 기억 사이의 선을 표시하게 되고, 삶 자체와 삶의 이야기(글로 쓴 생애) 사이의 차이 등을 표시하게 된다.

따라서 '아래'의 선은 무엇인가? 라고 물을 수도 있을 것이다. 이에 대한 대답은 다름 아닌 살기, 살아가기 및 기억 속에서 살아가기, 망각되어서는 안 되는 것을 규명하기(존재적-존재론적 차이) 등이 될 것이다. 이러한 점은 의심의 여지없이 데리다가 왜 자크 어만, 롤랑 바르트 및 폴 드 만에 대한 글쓰기, '추모'의 글쓰기 임무를 취하게 되었는지에 대한 이유가 된다. 이러한 각각의 경우에서, 기억은 사실적인 것이다.[14] 이러한 것들은 모두 기억에서 전달하는 것과 똑같은 삶을 표시하게 되며, 그러한 기억은 그것이 서사되었을 때, 예를 들면 플루타르크의 『생애』, 단테의 『신생』, 바사리의 『예술가의 생애』, 보즈웰의 『존슨』 및 플라톤이나 심지어 하이데거에 대한 데리다 자신의 설명 등에서처럼 삶을 다시 '살아나게' 만든다. 이러한 각각의 경우에서는 서사된 것으로서의 기억을 글로 쓰게 된다, 기억의 글쓰기, 더 이상 우리 자신과 함께하지 않는 기억의 글쓰기는 종종 '의해서'라는 선이 없는 글쓰기에 해당한다. 다시 말하면, 사망 기사, 더 이상 살아 있지 않은 사람에 대한 기억하기와 똑같은 글쓰기에 해당한다. 따라서 '아래' 선은 '선' 그 자체에서 '살아남기', 즉 글쓰기에서, 서사된 기억에서, 철학에서 '살아남기'에 해당한다.

데리다의 '프로-그람'은 전기, 비평적 연구 또는 텍스트의 분석을 제공하는 것이 아니다. 오히려 그의 임무는 텍스트의 읽기를 제공하는 것, 하나의 텍스트나 텍스트의 망을 통해서 활동하는 것에 해당한다. 여기서 말하는 '텍스트의 망'은 경계와 한계를 존중하는 것, 경계선을 제거하는 것, 그리고 가장자리를 조심스럽게 경계 짓는 것 등에 관계된다. 데리다적인 읽기에서는 끝, 장벽 또는 장애물을 문제가 되는 텍스트(또는 텍스트들)를 통해서 판판한 길로 표시하게 된다. 데리다적인 읽기는 또한 미결정성의 위치, 예를 들면 분리시키는 동시에 하나로 통합시키는 경첩적인 요소에서 가장 빛나게 된다. 간단히 말하면, 데리다적인 읽기는 선, 회상, 처녀막, 차단물, 경계 등을 표시하게 된다. 이러한 읽기에서는 주장 그 자체를 선택적인 철학으로 시도하지도 않고 읽어내는 것에 암시되어 있는 논쟁을 분석하거나 제공하려고 노력하지도 않는다. 데리다적인 해체주의는 종합과 분석 사이의 선, 체계의 건설과 비평적 분해 사이의 선, 건설과 파괴 사이의 선으로 이동하게 된다. 하이데거적인 용어로 보면, 데리다적인 해체주의는 존재자의 존재적 수준에서 작용하지도 않고 존재에 대한 설명을 부여하려고 시도하지도 않는다. 오히려 그것은 바로 그 차이의 위치, 즉 하이데거가 존재자의 존재라고 명명하고는 했던 바로 그 위치, 다시 말하면, 진실의 위치에서, 드러냄의 위치에서, 규명의 위치에서 실행되거나 활성화된다. 데리다에게 있어서 차이의 위치는 선, 짝을 이루면서도 서로 분리되는 사이의 선에 해당한다. 데리다에게 있어서 해체주의는 바로 그 텍스트의 텍스트성, 즉 그 자체의 구분의 선이자 그 자체의 제한의 선, 그 자체의 부수성의 선이자 그 자체의 경계의 선 등에 대한 설명을 제공하게 된다. 텍스트의 텍스트성은 차이로서의 고려, 차이로서 바로 그 정체성을 확립하기도 하고 표시하기도 하는 특징, 텍스트의 의미(또는 의미들)를 현존시키기도 하고 연기시키기도 하는 특징, 텍스트에서 발생하고 있는 것을 분명하게 하기도 하고 모호하게 하기도 하는 특징에 해당한다.

사이–선

결론으로서 ─ 따라서 선 사이를 더 이상 읽을 필요가 없게 될 것이다 ─ 하이데거의 텍스트와 데리다의 텍스트의 병치를 고려하도록 하자. 존재자의 존재에 있어서의 '차이'와 살아남기(생존하기)와 죽음에 의해 엄습된 존재에 있어서의 '차이'의 사이, '인간의 본질'과 '살아남기'의 사이 등을 구별하도록 하자. 차이의 위치, 즉 데리다와 하이데거의 '사이'에서 다 같이 병치된 것은 선의 시간, 차이의 시간, 이러한 두 가지 텍스트의 읽기에서 제거된 것으로서의 '살기'에 대한 각인의 시간, 간단히 말하면 텍스트성의 시간 등이다. 그러나 하이데거와 데리다 사이의 이러한 선, 각각의 담론의 영역과 철학적 실천에 있어서 이 두 가지 텍스트를 구별하는 이러한 선의 특징은 무엇인가? 일종의 대답과 같은 것을 제공하기 위해서, 기표와 기의 사이의 선에 대한 자크 라캉의 설명을 고려해 보자. 라캉에게 있어서 '철자 바꾸기', 기호의 두 가지 측면 사이의 바로 그 '가로 선'에 대한 집착에 의해서 소쉬르를 읽는 것은 이야기를 하는 것에 해당한다. 기의와 기표, 말과 개념의 이항적인 짝을 구별하고 하나로 통합하는 데 있어서 라캉은 소쉬르가 예로 제공한 것을 보여주었다. 라캉은 기호의 이항적인 특징뿐만 아니라 그 자체의 자의적인 성질까지도 제시하고자 했다. 소쉬르의 예로는 '나무'를 의미하는 프랑스어 'arbre'나 영어의 'tree'에 해당한다. 기표를 위해서 소쉬르는 '나무'를 의미하는 프랑스어 'arbre'를 제시했고, 기의를 위해서 '나무'에 해당하는 그림을 그렸다. 그러나 'arbre'의 철자 바꾸기는 '막대기(barre)'에 해당한다. '사이'에 선을 부여함으로써, 기표와 기의 사이의 '막대기'를 부여함으로써, '말' 자체를 그 자체의 '개념'과 구별하는 바로 그 말에 대한 예를 선정하는 데에는 소쉬르의 무의식이 작용했던 것이다. 따라서 다른 모든 기호로부터 그 자체의 차이에 의해서만 그 자체의 정체성을 갖게 되는 단위에 해당하는 '기호' 그 자체는 소쉬르의 바로 그 예에 의해서 형성된다. 프랑스어에서 '나무'를 의미하는 말인 'arbre'는 바로 이 말을 그 자체의 개념과 분리하는 것을 나타낼 뿐만 아니라 다시 프랑스어에서 'l'arbre'는 기호 그 자체의 자의적인 성질에 해당하는 'l'arbitaire'도 나타내게 된다. '나무'라는 말은 증식될 뿐만 아니라 말과 그것의 개념 사이의 위치를 나타내게 된다. '나무'라는 말은 또한 '사이'의 '가로 선'이나 '막대기'를 표시하기도 하고 '자의적'인 관계를 요구하기도 한다. 따라서 '나무'라는 말은 차이를 표시하는 기호, 사이—선을 표시하는 기호, 다양성에 의해서 살아있게 되는 기호가 된다. '나무'라는 말은 바로 그 '차이'의 위치에서 수많은 방향으로 뻗쳐나가게 되고 분산되게 된다.

따라서 대립적인 기호 단위를 하나로 형성하는 기표와 기의 사이의 차이처럼, 하이데거와 데리다 사이의 차이 그 자체도 독일적인 전통과 프랑스적인 전통 사이의 '가로 선', '경계', '막대기'를 표시하지만, 이와 같은 두 가지 전통의 공통적인 경계에서는 차이를 설정하게 되고 공동시장, 경제적 전략 및 지성적 협동 등을 수립하게 된다. 정체성과 차이, 선의 요소, 사이—선의 기표이자 기의 등은 다름 아닌 바로 그 각각의 텍스트가 서로 병치되는 것에 해당할 뿐만 아니라, 선에서, 라인 강에서, '사이'(프랑스와 독일 사이)의 강에서, 이 두 텍스트가 만나게 되는 위치에서, 이러한 각각의 철학이 살아 있게 되는 곳에서 서로 대면하게 되는 것에도 해당한다. 따라서 선은 이론적인 선, 비평적인 선, 철학적인 선에 해당할 뿐만 아니라 정치적이고 텍스트적인 선, 하이데거와 데리다 사이의 온갖 유형의 선을 표시하는 동시에 그러한 차이를 활력적인 관계로 통합하는 선에 해당한다.

특정한 '살기'를 각인하는 선에 대한 읽기는 또한 살기에 대한 기억하기를 각인하는 선의 표시에 해당하기도 한다. 이러한 의미의 '읽기'에는 기억되었던 살기, 기억되어야만 하는 살기, 또는 잊어버릴 수 없는 살기, 문제가 되었던 살기, 무엇인가를 의미했던 살기, 분명히 나의 것은 아니지만 나의 것에 관계되지 않는 것이 아닌 살기, 기억하기에서 살아가게 되는 살기 등에 대한 읽기가 포함된다. 차이의 선에 대한 읽기는 단순한 살기를 표시하는 것이 아니라 기억하기를 표시하는 것이다. 살기는 죽기가 아니다. 죽기는 그 자체를 살기로부터 구별한다. 죽기는 기억하기를 가능하게 한다. 또 다른 것을 기억하기는 모호성으로부터 타자를 부활시키는 것이고, 타자를 기억 속에서 다시 살게 하는 것이다. 이러한 기억을 표시하는 것에는 추모, 묘비(墓碑), 비문(碑文), 사망기사, 전기, 증명서, 회상, 또는 기도 등이 포함될 뿐만 아니라 죽기와 기억하기 사이의 차이에 대한 선처럼, 살기와 죽기 사이의 차이에 대한 선을 재-각인하는 것도 포함된다.

데리다와 하이데거 사이의 차이에 대한 선은 다른 차이의 선을 표시한다. 이처럼 하나의 선은 다른 차이의 선을 증식시킨다. '아래' 선이 차이이고 '살아가기'에 해당한다면, 살기는 죽기를 구별하고, 죽기는 기억하기를 구별하고, 기억하기는 망각하기를 극복하고, 망각하기는 규명으로서의 진실을 위한 방법을 만들고, 규명으로서의 진실은 정치적인 선을 따라 발생하고, 정치적인 선은 생각하기의 차이-방법에 따라 이루어지며, 따라서 차이의 선을 위한 '아래' 선은 차별적으로 반복되고, 철학과 비-철학 사이, 논지적인 실천과 이론적인 실천 사이, 텍스트와 그것의 텍스트성 사이에서 반복된다. '아래' 선은 전환하는 선, 구별, 특수화, 분류, 해명, 정체성의 목적을 위한 수많은 위치에 그어진 선에 해당한다. 전환하는 선으로서, '아래' 선은 반복적이고 측정불가능하며 끝이 없다. 다른 것들은 살아가게 될 것이고, 다른 것들은 죽게 될 것이고, 다른 것들은 기억될 것이고, 다른 것들은 글쓰기를 할 것이고, 다른 것들은 텍스트의 틀을 만들게 될 것이다. 차이의 선을 각인하는 것은 텍스트의 철학을 구별할 뿐만 아니라 삶의 철학도 구별한다. 고객의 손에 있는 선(손금)을 읽게 되는 손금쟁이 — 수상가(手相家) — 처럼, 텍스트는 행운이자 불행에 해당한다. 텍스트가 없으면, 선은 읽혀질 수 없게 된다. 텍스트와 더불어, 삶에서가 아니라면 그렇다면 텍스트에 의해 표시된 '차이'에서 누구나 살아갈 수 있고 살아가야만 하고 살아가게 될 것이다.

그리고 따라서 각각의 텍스트에는 마지막 선이 있게 되며, 이제 이러한 선에는 세 가지 종류가 있다. 두 가지는 데리다에게서 비롯된 선이며, 그것은 ① "나는 이와 같은 불행을 나 자신에게 부여하며 나는 즉각적으로 그것을 기쁘게 여기면서 바로 그 생각으로 '오라'라고 영원히 말하게 되며 그것은 영원히 거기에 있다"(DC, p.176)와 ② "그러한 불행을 반복하지 않는 것은 아니지만, 그것은 말없이 가버린다"(DC, p.176)이고, 또 다른 한 가지는 하이데거에서 비롯된 선이며, 그것은 ③ 이번에는 그가 자신의 편지를 끝맺을 때이며 그의 이 편지는 "나는 그대에게 나의 충심어린 인사를 보낸다"(Question of Being, p.8)라고 끝맺고 있다. 이 편지에서의 시간은 정확하게 선의 시간, 즉 영원히 되돌아오게 될 인사로서의 시간으로 작용하게 되어 있다.

제21장

역사의 기원론

푸코 / 데리다

사물의 역사적 시작에서 발생할 수 있는 것은 그러한 사물
의 기원의 정체성에 포함시킬 수 있는 것이 아니다. 그것
은 다른 사물과의 충돌일 뿐이다. 그것은 불일치이다.
— 푸코, 「니체, 계보학, 역사」

기원의 망각으로서의 '위기'의 현상에는 정확하게 이와
같은 유형의 '반전'의 의미가 포함되어 있게 마련이다.
— 데리다, 『기하학의 기원에 대한 서론』

　'기원'에 대한 주제는 기억할 수 없는 시간 이래 역사와 역사가들을
괴롭혀 왔다. 실제로 바로 그 시간에 대한 기억불가능성은 기억 이전의
시간을 표시하기도 한다. 시간의 시작 이전의 기억은 무엇일 수 있는가?
시간의 시작 이전의 기억은 분명히 인간의 기억으로 될 수는 없을 것이
다. 아우구스티누스는 시간 이전의, 시간 '밖'의, 시간으로부터 차이 나

는 그 무엇으로서 신의 기억에 대한 견해를 가지고 있었다. 그러나 바로 그 역사의 기원에서 '기억 이전'의 그러한 시간은 무엇인가? 인간의 기억 이전의 시간, 기억에 의해서, 기억에서, 회상하기의 관점에서 시간을 표시할 수 있었던 그러한 시간 이전의 시간은 무엇인가? 기원적인 시간은 그렇게도 많이 있거나 또는 오로지 단 하나 뿐인가? 시간 그 자체의 시작을 표시하는 기원을 언급하는 데 있어서 그 어떤 출발점이 있는 것인가? 상이한 시간에는 상이한 기원이 있는가? 이와 같은 시간에 대한 주제는 상이한 방법과 상이한 시간에서 푸코와 데리다 모두의 담론을 표시하게 되었다. 그러나 기원이 푸코와 데리다에게 의미하는 것, '기원'이 역사의 이론에서 의미하는 것, 기원이 이들의 텍스트적인 실천 그 자체에서 의미하는 것 등은 기원의 이론이 가장 명확하게 되는 바로 그 위치에서 작용하게 된다. 따라서 기원의 이론에서부터 시작하도록 하자.

기원에 대한 푸코의 읽기는 광범위한 그 자신의 실천에 대한 읽기에 의해 구별된다. 그 자신이 『말과 사물』(1966)[1]에서 제시한 바와 같이, 역사는 어떤 확실한 순간에 시작된 것이 아니며 따라서 일직선상으로 지속되어 온 것이다. 오히려, 어떤 광범위한 실천에 대한 지배적인 순간은 어느 시간에만 성행할 수 있으며 따라서 새로운 일련의 광범위한 실천에 의해 계승될 수 있는 것이다. 하나의 실천이 끝나는 곳에서 하나의 새로운 실천이 비롯되게 된다. 따라서 기원은 하나의 새로운 실천이 발생하기 시작하는 곳에서 발생하게 될 것이다. 그러나 이와 같은 새로운 실천은 언제 어디에서 발생하기 시작할 수 있는 것인가? 이러한 실천은 날짜나 연도와 같은 시간에서 어떤 결정적인 순간에 발생하는 것이 아니다. 푸코가 그렇게 설명했던 바와 같이, 하나의 특정한 인식론적인 공간에 관련되는 어떤 광범위한 실천은 새로운 인식론적인 공간으로 계속되는 반면, 다른 실천은 소멸하게 된다.

그러나 '광범위한 실천'이란 무엇인가? 푸코에게 있어서 하나의 광범위한 실천은 폭넓게 일반적인 시간의 시대에서, 즉 공통적인 주제나 아이디어가 인간적인 지식의 생산의 훈련과 영역의 폭넓은 다양성에 있어서 바로 그러한 시대를 가로질러 발생하게 되는 시대에서 생산된 전체적인 일련의 서류에 해당한다. 예를 들면, 19세기에 있어서 생물학, 경제학 및 문헌학 사이의 관계는 전적으로 서로 아무 관련이 없는 것처럼 보였다. 그러나 푸코는 이 모든 것들이 상대적으로 단 하나의 개념적인 단위 또는 푸코 자신이 '인식소(認識素)'라고 명명했던 것에 관련지어 통합되어 있다는 점을 제시했다. 19세기의 폭넓은 공간을 위해서 푸코는 문제가 되는 이러한 주제를 그 자신이 '고고학'이라고 명명했던 것, 즉 "경험적–초월적 이중성"에 의해서 정의되는 '인간의 이론'이라고 확정했다.[2] 경험적인(객관적인) 고려는 언제나 일련의 초월적 조건과 관련지어 이해되어야만 한다는 칸트적인 특별한 아이디어는 19세기의 광범위한 실천에 두루 침투되어 있었다. 객관성에 관련되는 주관성의 주제는 삶, 노동 및 언어에 대한 19세기의 이해에 골고루 퍼져 있었다. 따라서 19세기의 광범위한 실천 그 자체는 다양한 콘텍스트, 모두가 서로 분명하게 관계되지 않는 콘텍스트에서 반복되었다. 따라서 이와 같은 '차이'가 푸코가 명명한 바 있는 '인식소'를 형성하게 되었던 것이다.

19세기의 '인식소'는 '고전시대'의 '인식소'를 계승한 것이다. 이와 같이 그 이전의 인식론적인 공간은 또 다른 일련의 광범위한 실천에 의해 표시된다. 이와 같은 실천에는 종(種)의 분류, 부(富)의 분석 및 자연의 법칙 등이 포함된다. 이러한 점에서 전적으로 '관계없는' 관심이라고 여겨질 수 있는 것은 그러한 관심이 각각 '고전시대'의 '인식소', 즉 '표상'의 특징을 보여주게 된다는 점에서 서로 관련되게 되었다. 푸코가 17세기와 18세기 초반의 일반적인 시대를 읽어낸 것처럼, '표상'의 아이디어, 즉 마음 앞에 아이디어를 투사(投射)하거나 전제하는 것은 분명하게 '고전적'인 사고방법을 위한 하나의 '틀'을 형성하게 되었다. 이와 같은 고전적인 '인식소'와 19세기의 '인식소' 사이의 관계는 이러한 각각의 시대의 '시간-단면'에서의 다양한 실천과 실천 사이의 관계만큼 그렇게 중요한 관계가 아니다.

그리고 기원이란 무엇인가? '인식소'의 기원은 '인식소'의 시작이 아니다. 특정한 '인식소'는 어떤 분명한 지배에 의해 표시된다. '인식소'가 지배하게 되는 위치는 '인식소'의 기원의 위치에 해당한다. 경험적-초월적인 이중성에 대한 지배의 위치는 바로 그 인식론적인 틀-짜기 내에서의 기원의 위치에 해당한다. 이와 똑같이 고전시대에 있어서 '표상'의 지배에 대한 위치는 바로 그 인식론적인 틀-짜기 내에서의 기원의 위치에 해당한다. 그러나 이와 같은 각각의 경우에서 이러한 기원의 위치는 어디인가? 인식론적인 공간을 통해 분산됨으로써, 기원의 위치는 그러한 기원을 보여주는 광범위한 실천이 있는 곳이면 어느 곳에서든 발생하게 된다. 따라서 기원은 수많은 위치에 있다. 즉, 인식론적인 공간 그 자체를 통해서 수많은 위치에서 반복하게 된다. 19세기에 있어서 경험적-초월적인 이중성은 헤겔과 횔더린에게서 발견할 수 있을 뿐만 아니라 쿠비어(그의 '고정주의'는 인간의 역사성의 배경에 반대하여 시작되었다)와 같은 생물학자, 리카도(그에게 있어서 역사는 거대한 보상적 메커니즘에 해당한다)와 같은 경제학자, 슐레겔(인도인들의 언어와 철학에 관한 그의 1808년 에세이와 함께), 그림 형제(가장 괄목하게는 1818년의 『독일문법』) 및 프란츠 보프(1816년에 연구한 산스크리트어의 어형변화는 그의 연구대상이었다)와 같은 철학자에게서도 발견할 수 있다. 이와 같은 각각의 위치는 그 자체를 '기원'으로, 주체-대상으로서의 '인간'의 개념이 담론의 생산 그 자체를 야기하는 '핵심'으로 형성하게 된다. 예를 들면, 언어는 더 이상 결과적으로 표상의 작용으로 되는 말과 사물 사이에서 작용하지 않게 되었다. 그리고 19세기에 있어서 말은 대상 그 자체였으며, 말과 말 그 자체의 상호관계를 판단할 수 있기를 바라는 과학적 실천에 의한 조사와 연구의 대상이었다.

따라서 푸코에게 있어서 기원은 모든 역사적 사건이 뒤이어지는 원천이 아니다. 기원은 역사가 드러나기 시작하는 '시작'이 아니다. 기원은 발전이 뒤이어지는 '발단'이 아니다. 기원은 그 이전에 그 어떤 것도 발생하지 않았던 순간을 수립하지 않는다. 오히려 기원은 폭넓고 일반적이고 역사적인 시간–틀 내에서 수많은 위치로 뛰쳐나가게 된다. 그 자체만의 공통성을 인식하지 못하는 공통적인 실천의 표시를 다양한 담론에 상처 냄으로써, 기원은 바로 그 다양한 담론 자체에서 발생하게 된다.

자신의 의미 있는 첫 번째 저서, 즉 그가 후설의 『기하학의 기원』(1936)[3]을 프랑스어로 번역했을 때에 자크 데리다는 자신의 이 번역서의 '서론'에서 기원의 문제를 제기한 바 있다. 후설의 연구기획에 대한 자신의 설명에서, 데리다는 후설식의 범위 내에서 이해함으로써 역사에 관련지어 다음과 같은 핵심적인 세 가지 사항을 고려했다.

① 경험적인 학문으로서의 역사는 모든 경험적인 학문과 마찬가지로 현상학에 의존했다.

② 그 자체의 존재자의 의미 덕분으로 그 자체만의 내용이 언제나 독자성과 비–가역성(非可逆性)으로 표시되었던 역사는 여전히 그 자체를 상상적인 변화와 직관적인 제도에 부여했다.

③ 경험적이고 전례(前例)없는 역사의 내용 외에도, 어떤 직관적인 내용(예를 들면, 공간적인 본질에 대한 직관적 분석으로서의 기하학의 내용) 그 자체는, 축소 불가능할 정도로 그 자체만의 존재적 의미를 살아 있게 하는 하나의 역사에서 생산되었거나 드러나게 되었다.(IOG, p.30)

그리고 데리다는 다음과 같이 계속해서 언급했다.

후설이 확신한 바와 같이, 기하학적인 직관의 역사가 전형적인 것이라면, 그렇다면 역사는 일반적으로 좀 더 급진적인 현상학에 대해서 분명하면서도 의존적인 함수로 될 위험이 더 이상 없게 될 것이다. 결정적인 상관성 내에 완벽하게 남아 있게 됨으로써, 역사는 일반적으로 그 자체의 모든 가능성과 책임감, 그 자체의 기원적인 기교와 태도에 의해 좀 더 덜 완벽하게 현상학에 관여할 게 될 것이다.(IOG, p.30)

데리다는 이상과 같은 세 가지 사항을『유럽적인 학문의 위기와 초월적 현상학』을 '활성화시키고자 하는 야심'에서 언급하게 되었으며, 이 책은 1930년대 후반 후설이 세상을 떠난 후 수년이 지난 1954년까지 출판되지 않았었다. 그러나 1930년대는 후설이 자신의『기하학의 기원』을 집필했던 시기와 일치한다. 데리다가 1962년에 언급했던 것은 '현상학적 역사'의 바로 그 가능성, 그와 같은 연구기획이 의미하는 것 및 역사 그 자체의 '발전'과 관련지어 그것이 어떻게 그 자체를 수립하게 되는지 등에 대한 것이었다. 데리다는 다음과 같은 '의미', 즉 역사가 경험적인 학문으로서 그 자체를 기원으로 채우게 되고 기원의 문제를 연구의 대상으로 언급하면서도 바로 그 기원 자체의 의미를 만들어 내는 '현상학'에도 의존하게 되는 '의미'에 대해서 관심을 기울였다. 후설의 문제는 다음과 같은 점에 있다. 즉, 역사가 유일하면서도 비-가역적(非可逆的)이기는 하지만, 그것은 또한 '상상적인 변화'와 '직관적인 직감'에서도 가능하다는 점에 있으며, 이러한 점에는 다음과 같은 장치, 즉 현상학자가 역사를 전체적으로, 그 자체의 의미를 초월적으로 묘사하도록 경계 지워진 현상으로 연구할 수 있도록 하는 현상학적인 장치도 포함된다. 더 나아가 후설식의 현상학이 현상으로서의 역사에 대한 연구를 그 자체의 임무로 파악하는 반면, 후설식의 현상학 그 자체는 바로 그 역사 내에서 필연적으로 발생하든가 또는 생산되어 왔다고 볼 수 있다. 따라서 문제가 되는 것은 역사의 일부분으로 기원을 고려할 수는 있지만, 역사 그 자체(역사를 연구하는 현상학은 물론)는 또한 전체적인 일련의 기원과 관련지어 자리잡게 된다는 점이다.

데리다는 다음과 같이 강조했다. "기원의 의미를 고려하든가 조사하

는 것은 학문과 철학에 대한 이와 같은 의미에 대해 동시적으로 책임을
진다는 것이다."(IOG, p.31) 어떤 의미에서 현상학자는 학문이나 철학의
'의미'에 대해 '대답'할 수 있거나 '책임'질 수 있는가? 현상학은 그 자
체를 '엄격한 학문'으로 제공한다. 하지만 현상학은 또한 철학이기도 하
다. 후설은 자신이 철학의 의미나 '느낌'으로 여기고 있는 것을 엄격한
학문에 해당하는 철학으로 발전시켰다. 현상학의 '의미'는 역사적 시간
에 위치하고 있는 것이 아니다. 아마도 그것은 언제나 '거기'에 있었을
것이다. 그것은 하나의 현상이 묘사될 수 있는 각각의 직관적인 행위에
대해 단순하게 그 예를 부여했을 수도 있다. 그러나 현상학 그 자체는
어떤 특정한 시간에 역사적으로 존재하게 되었다. 처음에는 헤겔에게
있어서 다양한 형식으로 존재하게 되었고, 따라서 브렌타노에게 있어서
의도성의 이론과 관련지어 발전하게 되었으며, 최종적으로 후설 자신의
강의와 글쓰기에서 20세기 초에 만개하게 되었다. 따라서 현상학이 역
사에 대해 설명하고자 할 때에, 그것은 또한 현상학 그 자체가 역사에
위치하고 있다는 사실을 고려해야만 할 것이다. 따라서 여기에서 문제
가 되는 것은 다음과 같다. 역사에 대한 학문이 어떻게 그 자체가 역사
자체에서 발생하는 것으로 그 자체를 설명할 수 있는가? 그 자체만의
시작 이전에 발생했던 기원을 어떻게 설명할 수 있는가? 그리고 그렇다
면, 가장 두드러지게 역사 그 자체가 바로 그 현상학 — 현상학적으로
묘사되어야 하는 — 으로 간주될 때에, 역사와 관련되는 그 자체만의 기
원의 위상은 무엇인가? 현상학적으로 말한다면, 연구해야만 하는 것이
그 자체만의 직관적인 조건으로 묶여지거나 축소된 이후에 초월적인
묘사가 발생해야만 한다. 그러나 역사 그 자체가 이와 같이 묶여지거나
축소된다면, 역사는 현상학을 가능하게 할 뿐만 아니라 역사의 의미(현
상학적으로 이해되는)에는 현상학 그 자체의 기원도 포함된다는 점을 암시
하는 이와 같은 특징은 무엇인가? 현상학의 이와 같은 '의미'를 역사에
관련되는 것으로 그리고 역사적으로 표시된 것으로 이해하는 것은 여

전히 다음과 같은 문제점, 즉 이와 같은 기원의 위치는 정확하게 '역사의 현상학'과 '현상학의 역사'의 교차점에서 작용하게 되는 위치에 해당한다는 문제점이 남게 된다.

기하학의 기원에 관련하여 문제가 되는 것은 그와 같은 학문의 시작보다 앞서서 존재하는 영원한 대상을 취급하는 학문의 시작이 문제가 된다. 이와 똑같이 현상학도 역사에 관련될 때에 기원의 문제에 직면해야만 할 것이다. 그러나 이와 같은 기원의 기원은 무엇인가? 이와 같은 기원 그 자체는 역사에 위치해 있다. 이러한 기원에서는 그 자체의 시간 이전에 발생했던 것에 접근하고자 하는 주장을 구별하게 된다. 따라서 역사적이고 일시적이며 '시간적으로'(또는 제때에 맞는) 되는 것은 반-역사적이고 반-일시적이며(시간을 초월하는) '시간적으로 되지 않는'(또는 제때에 맞지 않는) 것을 구별하게 된다. 데리다에게 있어서 역사적인 시작과 반-일시적인 각인을 가로지르는 기원은 조사할 필요가 있는 기원에 해당한다. 하지만, 수없이 많을 뿐만 아니라 학문이 그 자체의 역사와 부딪치게 되는 곳에서는 어디에서든 발생하게 되어 있는 이와 같은 기원을 조사하는 것은 미결정적인 '표시', 즉 학문적인 추구와 그 자체의 역사성이라는 광범위한 틀 속에 분산되어 있는 그러한 '표시'를 각인하는 것이다.

따라서 푸코의 다양한 기원(광범위한 실천을 통해서 분산되어 있는)과 데리다의 기원(다양할 뿐만 아니라 학문적인 실천을 통해서 분산되어 있지만 그러나 영원하면서도 보편적인 연구의 대상에 대해서 특별히 호소하는) 사이의 관계는 무엇인가? 이러한 점에 대답하기 위해서는 푸코의 기원에 대한 설명과 데리다의 '고고학'을 좀 더 많이 살펴보아야만 할 것이다.

데리다의 『기하학의 기원에 대한 서론』은 후설이 이 책을 집필한지 거의 30년 후인 1962년에 출판되었다. 장 이폴리테에게 헌정된 푸코의 에세이 「니체, 계보학, 역사」[4]는 그 자신의 『지식의 고고학』이 출판된 후 2년 뒤인 1971년에 출판되었다. 「니체, 계보학, 역사」는 『지식의 고고학』에 대한 일종의 '서론'에 해당하며, 이와 똑같은 방법으로 '프랑스 대학'에서 행한 푸코의 '취임강연'은 『지식의 고고학』에 대한 일종의 '후기'에 해당한다.5) 「니체, 계보학, 역사」(1971)는 또한 니체의 『윤리의 계보학』에 대한 일종의 '서론'에 해당하기도 한다. 왜냐하면 푸코는 자신의 이 에세이에서 텍스트와 그 자체의 기원의 문제에 대한 형성의 논리를 논의하고 있기 때문이다. 이와 상응하여, 푸코가 '고고학'에 의해서 그리고 '고고학'과 결합되어 가장 잘 알려져 있기는 하지만, 데리다도 또 다른 텍스트, 즉 이번에는 독일어가 아닌 프랑스어 텍스트, 19세기가 아닌 18세기 텍스트에 대한 '서론', 즉 콩디야크의 『인간의 지식의 기원론』에 대한 그 자신의 읽기에 해당하는 『사소한 것의 고고학』을 1973년에 출판했다. 서로 교차적이고 서로 상응하는 이 모든 에세이, '서론'과 '후기'를 어떻게 이해할 수 있는가? 그리고 푸코와 데리다의 텍스트에서 현재 분산되어 있는 바와 같이, 이 모든 것들은 기원의 문제를 자료별로 분리하여 정리하는 것을 어떻게 도와줄 수 있는가?

첫째, 데리다의 『기하학의 기원에 대한 서론』(1962)이 '사후(事後)'의 서론이자 기원의 문제에 대한 연구인 것과 똑같이, 푸코의 「니체, 계보학, 역사」 역시 『윤리의 계보학』(1887)6)에 대한 '사후(事後)'의 서론이라는 점을 인식할 수 있을 것이다. 푸코의 『지식의 고고학』은 그 자신만의 고고학적 방법에 대한 설명을 제공하는 동안에, 그것은 또 이미 계보학에 대한 하나의 방법으로 작용하게 되었다. 이와 똑같이 데리다의 『사소한 것의 고고학』(4년 뒤인 1973년에 출판되었다)은 지식의 기원에 대한 콩디야크의 연구에 대한 읽기이자 푸코의 『지식의 고고학』과 한 짝을 이루고 있으며, 그것은 데리다가 '그라마톨로지'(1967)에서 '해체주의'(1974)로 전환하게 된 것을 설명해준다. 그렇다면, 이와 같이 차이 나는 방법, 지식, 주장 및 독창적인 연구는 무엇을 말하고 있는 것인가?

푸코의 '서론' 에세이에 해당하는 「니체, 계보학, 역사」에서는 니체의 『윤리의 계보학』에 있어서의 차이 나는 '기원'의 의미의 문제에 관심을 기울이고 있다. 여기서 문제가 되는 용어는 '기원'이며, 한 쪽에서는 이 용어를 강조하지 않았고 다른 쪽에서는 이 용어를 강조했다(NGH, p.140). 그러나 푸코는 '기원'에 대한 다양한 선택적인 용어 —'기원'을 의미하는 독일어 'Ursprung'에는 'Entstehung', 'Herkunft', 'Abkunft' 및 'Geburt' 등이 포함된다— 로 광범위하게 분산된 이 용어에 대한 수많은 활용을 강조하지는 않았다. 푸코가 지적한 바와 같이, 니체의 『윤리의 계보학』에서 "'Entstehung'나 'Ursprung'는 의무의 기원이나 죄의식의 기원을 암시한다"(p.140). 그러나 『즐거운 학문』에서는 'Ursprung', 'Entstehung' 또는 'Herkunft' 등을 "구별하지 않은 채 사용하고 있다."(p.140) 이와는 대조적으로, '기원(Ursprung)'을 강조할 때에, 니체는 역사철학에 대한 분석 —"기원론과 시원론(始原論)"— 과 형이상학에 의한 초자연적인 기원을 구별했다(p.140). 'Ursprung'은 전형적으로 '기원'으로 번역되고, 'Herkunft' 은 '하강'이나 '추출'로, 'Abkunft'은 '시작하기'로, 'Entstehung'은 '출현' 으로 번역된다. 광범위한 형성의 논리의 좀 더 폭넓은 다양성으로 '기원'이 이와 같이 분산되는 것 그 자체는 수행적(遂行的)인 유형에 해당한다. 그것은 바로 데리다가 그렇게 명명한 바와 같이 그 기원의 아이디에 대한 '산종(散種)'을 나타내게 된다.

『윤리의 계보학』이 윤리적인 개념의 작용의 기원에 관심을 기울이고 있기 때문에, 푸코에게 있어서의 문제는 니체가 어떻게 이와 같은 기원의 흔적을 분명하게 하느냐에 있었다. '계보학'은 지속적인 연결망에 있어서 하나가 다른 것을 생산해 내는 일련의 연속적인 '유래'를 나타낸다. 따라서 누구든지 생각할 수 있는 기원의 문제에서는 전체적인 계보학의 계열의 원천, 시작 또는 발생을 취급해야만 한다. 그것은 기원이 처음으로 시작되었던 지점으로 되돌아가는 것을 포함해야 한다고 생각할 수도 있을 것이다. 그리고 어떤 의미에서 그러한 기원이 처음으로 시작되었던 지점, 즉 선과 악이 '선 대 악'으로 맨 처음 형성되었던 지점으로 되돌아가는 것으로 니체를 읽어낼 수도 있다. 그러나 니체는 자기 자신만의 서사를 통해서 기원의 바로 그 의미 자체가 다양하고 분산적이고 퍼져있다는 점을 제시함으로써 이와 같은 연속적인 발전에 대한 읽기를 약화시켰다. 따라서 니체에게 있어서, 적어도 푸코가 그의 텍스트를 읽은 바와 같이, '기원'은 출현인 동시에 하강, 추출, 시작 등에 해당한다. 태초에 말(말씀)이 있었다거나 태초에 행위가 있었다고들 말해져 왔지만, 그러나 푸코와 더불어 태초에 다양성과 분산이 있었다고 말할 수도 있을 것이다. 푸코 자신의 말에 의하면, "사물의 역사적인 시작에서 발견할 수 있는 것은 그러한 사물의 침범불가능한 정체성이 아니다. 그것은 다른 사물과의 불일치이다. 그것은 '불일치성'이다."(NGH, p.142) 따라서 태초에 광범위한 실천이 있었다(그 자체만의 다양성에 있어서)라고 푸코는 말할 수도 있다. 그리고 니체의 설명에서는 그 자체만의 광범위한 실천에 의해서 바로 이와 같은 불일치를 제시하게 된다. 니체에게 있어서, 비극의 탄생에는 이미 그 자체만의 쇠퇴의 표시가 포함되어 있고, 윤리의 출현에서는 그 자체만의 확신을 약화시키게 된다. 왜냐하면, 비극의 탄생에서는 다음과 같은 차이, 즉 착한 / 나쁜, 선 / 악, 귀족 / 노예, 초인(超人) / 목자(牧者) 등에 관계되는 윤리의 차이를 요구하게 되기 때문이다.

　'진실의 국면'에 대한 니체적인 문제 역시 이와 같은 기원의 콘텍스트에 진입하게 된다. 헤시오도스에서부터 성 아우구스티누스를 거쳐 그 이후까지 이르는 역사에 대한 전통적인 계열의 설명에서는 진실의 국면을 기원, 시작, 창조, 탄생의 순간에 배치하게 된다. 니체는 우리들이 '진실'이라고 부르고는 하는 '실수'의 역사에 대해서 보고했다. 이러한 점을 푸코는 다음과 같이 설명했다. "진실, 그리고 그것의 원래의 통치는 우리들이 좀 더 짧은 음영의 시간, 즉 빛은 더 이상 하늘의 깊은 곳에서부터 쏟아져 내리는 것 같지도 않고 하루의 첫 순간에 솟아오르는 것 같지도 않은 시간에 가까스로 출현하게 되는 역사 내에 하나의 역사를 가지고 있었다."(NGH, p.144) 니체에 대한 푸코의 읽기는 '기원'이 역사의 광범위한 실천을 통해서 분산되어 있다는 점 그리고 기원을 정체성으로 확인하기 위해서 '실수'(즉, 진실의 개념)에 의존하게 되었다는 점을 보여주었다.

이와는 대조적으로 데리다는 『사소한 것의 고고학』에서 콩디야크가 첫 번째 철학, 앞으로 비롯될 수 있는 모든 철학의 바탕이 되고 기초가 되고 기원이 되는 형이상학을 형성하기 위해서 열심히 추구했지만, 결국은 그가 첫 번째가 아니라는 점을 제시하게 되었다. 오히려 이와 같은 맨 처음의 철학은 아리스토텔레스적인 첫 번째 철학(이러한 철학 그 자체는 첫 번째의 발기인, 최초의 원인 또는 '원리'로 되돌아갈 것을 주장한다)을 결과적으로 뒤따라야만 하게 되었을 것이다. 이러한 점을 데리다는 다음과 같이 언급했다.

> 콩디야크가 아리스토텔레스의 첫 번째 철학에서 비판한 것 역시 무의식적인 경험주의, 즉 가설을 위해 끌어들인 보편성으로 여겨지는 경험주의 또는 종자나 기원의 산물로 여겨지는 경험주의에 해당한다. 이처럼 그 자체를 스스로 수립할 능력이 없는 2차적인 철학으로서, 그것은 책임질 수 없는 경험주의에 해당한다. 교차적인 효과를 통해서, 새로운 형이상학에서는 그 자체를 2차적인 철학으로 발전시킴으로써 생성적인 원칙, 일반적인 것의 시원적(始原的)인 생산, 즉 진정한 유일성으로부터 출발하는 것을 방법론적으로 재형성하게 될 것이다. 새로운 형이상학은 유추에 의해서만 형이상학으로 될 수 있을 것이고……'분석' 또는 분석적인 방법이라고 합당하게 명명될 수도 있을 것이다. 진정한 지식의 세대를 재추적함으로써, 원칙으로 되돌아감으로써, 분석에 대한 실제상의 개시적인 실천에서는 궁극적으로 첫 번째 철학을 용해하고 파괴하고 분해할 수 있을 것이다. 이러한 점은 마침내 '최초의' 첫 번째 철학을 대체하면서도 그 자체의 명칭을 이어받게 된다.(AF, pp.35~36)

첫 번째 철학은 콩디야크에 의해서 '최초의' 첫 번째 철학에 대한 '유추', 반복, 보충, 재-추적으로 제공될 수 있을 뿐이다. 따라서 콩디야크가 '기원적'으로 되고자 하고 첫 번째 철학을 제공하려고 추구하고 심지어 '원하기'까지 하는 반면에, 실제로 그가 생산하게 되는 것은 '후-경험'(또는 후-효과)이라는 점, 뒤이어지는 것, 보충적으로 되는 것, 아마도 심지어 파생적으로 되는 것이라는 점을 데리다는 제시했다. 따라서 빅토르 쿠쟁은 콩디야크가 "모든 것을 유일한 원칙으로 축소시키는 사소한 이점으로 인해서 모든 것을 희생시킨다"(AF, p.29)라고 주장하기까지 했다. 따라서 철학이 '유일한 원칙', 단 하나의 기원, 중심적인 아이디어, 개념적으로나 역사적으로나 모든 것이 비롯될 수 있는 어떤 지점을 가질 수 있다는 아이디어는 진지하거나 그럴듯한 실수에 해당하는 것이 아니라 상당히 단순하게 '사소한 실수'(니체가 그렇게 언급하고는 했던)에 해당한다. 유일한 진실, 단 하나의 원칙만이 있을 수 있다고 생각하는 것은 기껏해야 웃음거리가 될 수 있을 뿐이며, 그리고 또 다시 니체가 어떻게 이와 같은 시도를 지나친 '진지성'이라고 간주하게 되었는지에 해당할 수도 있다. 하나의 기원에 대한 전제는 기껏해야 하나의 아이디어에 대한 전제가 될 수 있을 뿐이다. 즉, 콩디야크가 기대하고는 했던(열렬하게 원하고는 했던) 경험이나 감각에서 비롯된 것이 아니라 첫 번째 철학을 창설할 수 있다는, 감각-경험으로부터의 기원을 유도할 수 있다는 잘못된 아이디어에서 비롯된 것이다. 콩디야크에게 있어서 프랑스적인 '유추'로 변용된 존 로크적인 계획은 다시 한 번 반복의 반복, 즉 예술작품은 모방의 모방이라는 플라톤적인 계획과 동일한 것이지 다른 것이 아니다. 그리고 첫 번째 철학이 경험에서 비롯된 이상, 그러한 철학의 기원을 의심할 수 있는 까닭은 바로 그 기원이 파생적이기 때문이다. 즉, 각각의 감각-경험 역시 파생적이기 때문이다. 따라서 "콩디야크는 그 자신만의 담론에서 역사에 대한 고려를 다양화시켰으며, 그러한 고려를 주변적인 것으로 파악하지 않았다"(AF, p.85)라는 점은 그렇게 놀라운 일이 아니다. 따라서 기원으로 되돌아가는 길을 추적할 수도 있는 '역사'는 또한 콩디야크의 담론을 통해서 그 자체의 기원을 똑같이 탈-중심화함으로써 분산될 수밖에 없다. 또 다른 사소함, '역사'는 기원을 제공할 수도 있다는 점을 점검할 필요가 있을 것이다. 역사에는 접근 가능한 해답이 없는 까닭은 역사 역시 첫 번째 철학으로 될 수 없기 때문이다. 따라서 콩디야크에게 있어서 역사는 너무나 사소한 것이며 최초의 원칙을 제공할 수 없는 것이거나 또는 역사는 진지한 것이며 합당한 순간에 최초의 원칙을 역사 그 자체에 삽입시킬 수 있는 것이다. 첫 번째 경우에서 콩디야크는 지나치게 신중했다. 즉, 쿠쟁에 따르면 '지나치게 소심(사소)' 했다. 두 번째 경우에서 역사는 지나치게 진지한 것으로 되며, 기원을 제공함으로써 따라서 콩디야크의 전체적인 프로젝트를 약화시킴으로써, 그가 그렇게도 추구했던 진정한 첫 번째 철학을 그에게 남겨놓지 않게 되었다.

기원에 대한 푸코의 「니체, 계보학, 역사」와 기원에 대한 데리다의 『기하학의 기원에 대한 서론』의 병치로 되돌아감으로써, 우리들은 기원 그 자체가 기원에 대한 추구로 대체되었음을 발견할 수 있을 것이다. 유일한 기원에 대한 요구는 그 어느 곳에도 위치하지 않는, 즉 역사에도 위치하지 않고 역사에 대한 해석에도 위치하지 않는 것처럼 벗어나게 되었고 전환하게 되었고 지나쳐 버리게 되었다.

기원에 대한 설명에서, 그 자체의 수많은 국면에 나타나 있는 '근원'에 대한 설명에서 언급되지 않은 채 남아 있는 것은 또 다른 텍스트, 즉 일종의 상호텍스트이며, 그러한 텍스트는 후설의 『기하학의 기원』과 거의 동시적으로 존재하게 되었다. 1935~1936년의 역사에서 구별될 수 있는 텍스트는 하이데거의 『예술작품의 기원』[7]이다. 하이데거의 에세이에서는 예술의 작품에 관련되는 '기원'에 대한 또 다른 형성의 논리에 대해서 설명하고 있지만, 결국은 기원에 대한 똑같은 이해에 해당할 뿐이다.

하이데거에게 있어서, 기원을 유일하고 단 하나이며 결정적인 자리에 위치하는 것으로 분명하게 하려는 시도는 시간이 지남에 따라 단지 실패하게 되었을 뿐이다. 매번 유일하고 특정한 것으로 '기원'을 인용하게 되지만, 그러한 기원은 다양하고 반복적인 것으로 드러나게 된다는 점이 이제 분명하게 되었다. 하이데거는 예술작품의 기원에 대해서 질문하는 것으로 자신의 에세이를 시작했다. 그런 다음에 그는 상식적인 견해에 따라서 예술가가 예술작품의 기원이라는 점을 제안했다. 예술가는 작품을 발생하게 하는 사람에 해당한다. 예술가는 그림, 소설 또는 조각 등을 생산하게 된다. 따라서 예술가는 예술작품의 기원에 해당한다고 왜 말하지 않는 것인가? 그러나 그 다음에 하이데거는 예술가 역시 기원을 가지고 있다는 점을 강조했다. 그리고 예술가의 기원은 예술작품 자체라는 점이 드러나게 되었다. 즉, 예술가가 작품을 창조하거나 즐거움, 조사, 비평을 위해서 대상을 생산하지 않는다면, 그 어떤 예술가도 없게 될 것이다. 예술가는 바로 그 특정한 예술가에게 부여될 수 있는 작품에 의해 예술가로서 자기 자신의 특별한 위상을 요구하게 된다. 이와 똑같이 예술가와 예술작품은 '다같이' '또 다른' 기원을 가지고 있다. 이와 같은 기원은 예술가에게 해당하는 것도 아니고 예술작품에 해당하는 것도 아니라 바로 그 '예술', 예술가와 예술작품이 작용하게 되는 일반적인 영역을 점유하고 있는 '예술' 그 자체에 해당한다. 따라서 예술에 대한 그 어떤 일반적인 개념작용이 없다면, 또는 적어도 예술을 지속하는 것과 지속하지 않는 것으로 파악하는 그 어떤 일반적인 이해가 없다면, 예술가는 예술가 자신이 될 수 없을 것이다.

기원의 바로 그 개념이 다음과 같은 세 가지 기원, 즉 예술가, 예술작품 및 예술로 구분되었다는 점을 수긍한다면, 하이데거는 여기에서 멈추어야 했을 것이라고 누구나 생각할 수도 있을 것이다. 그러나 그는 멈추지 않았다. 실제로 그는 그 다음에 예술의 기원에 대해 지속적으로 묻고는 했다. 그러나 이 경우에 그의 대답은 예술의 기원이 예술작품 자체에 있다는 것이었다. 이러한 점은 하이데거가 자기 자신이 시작했던 지점으로 되돌아왔다는 점을 의미한다. 시작으로 되돌아오는 것은 바로 그 시작이 기원이 위치하게 되는 곳에 해당한다는 점을 의미한다. 그러나 그러한 시작이 다만 일시적인(일시적이었던) 까닭은 그러한 시작에서부터 발전되었던 질문의 전체적인 과정이 다음과 같은 점, 즉 그것은 진정으로 시작이 아니라 오히려 지속적인 추구의 순회여행에 있어서 길을 따라가는 하나의 단계라는 점을 보여주었을 뿐이기 때문이다. 하이데거는 이와 같은 이동을 '순환'이라고 명명했다. 그것이 순환이냐 아니냐 하는 점은 여기에서 그렇게 중요한 문제가 아니다. 중요한 점은 그것이 기원의 바로 그 개념을 증식시킨다는 점이다. 그리고 더 나아가 기원의 증식으로 인해서 적어도 하이데거는 기원의 위치가 하나가 아니라 수없이 많다는 점을 아주 분명하게 제시할 수 있게 되었던 것이다.

훨씬 더 의미심장한 것은 이와 같이 다양한 발생이나 기원의 증식이 그러한 발생의 과정이 작용하게 되는 영역을 결코 수립하지 않았다는 점이다. 이와 같은 영역이나 공간이 바로 규명의 공간, 드러냄이자 진리, 감춤으로부터 이끌어내는 것, 진실 등의 공간에 해당한다. 니체에게 있어서 '실수'에 해당하는 것은 하이데거에게 있어서 '기초적인 것'으로 되는 것처럼 보이는 것의 '출현'에 해당한다. 하지만 하이데거적인 형성의 논리를 조심스럽게 추종한다면, 하이데거에게 있어서 진실은 바탕, 기초, 다른 지식이나 이해가 비롯되는 단순한 공간이 아니라는 점이 분명해질 것이다. 진실은 또한 모든 조사나 추구가 '끝'을 지향하는 것이 아니라는 점이다. 오히려 진실은 서로 다른 공간에서, '개방 공간'에서, 모든 것이 제거된 곳에서, 예술작품이나 예술가나 예술 그 자체를 발견할 수 없는 곳에서 드러나게 된다. 이와는 대조적으로 진실은 또 정확하게 기원이 없는 곳, 바탕, 원천, 이해를 위한 기반 등이 없는 곳에 자리잡고 있다. 이러한 점은 진실이 차이에 의해서만, 부정에 의해서만, 비-기원적으로 되는 것에 의해서만 규명될 수 있다는 점을 의미하기도 한다. 또는 다른 방법으로 말한다면, 진실은 바로 그 기원의 다양성과 증식에서 비롯되는 공간이거나 장소에 해당한다고 볼 수도 있다. 따라서 진실은 다(多)-발생과 기원의 분산, 즉 '시적으로 살아가기'의 담론이나 예술적인 규명이 발생할 수 있는 분산에 의존한다. 따라서 미학적인 문제와 관련하여, 미학적일 뿐만 아니라 '미학적인 텍스트성'까지도 문제가 되는 예술적인 이해나 담론은 기원의 다양성과 반복에 의해서만 비롯될 수 있는 것이다.

이와 같은 하이데거적인 기원의 개념작용을 푸코적이고 데리다적인 병치와 관련지어 위치시키는 것은 결과적으로 바로 그 기원의 개념에 대한 재형성의 논리를 초래하게 되는 것과 같은 것이다. 고고학이 드러내게 되는 것은 광범위한 실천의 다양성에 있다. 해체주의가 기원에 대해서 생산하게 되는 것은 기원이 시작도 아니고 더구나 당당한 출발도 아니라는 점에서 되풀이되는 것이자 반복되는 것에 해당한다. 오히려 그것은 경계, 아직은 성취되지 않았을 뿐만 아니라 역사에서처럼 전체적으로 각인되어 있지도 않은 '여백'에 해당한다. 하이데거적인 발견에서 생산하게 되는 것은 서로 다른 공간의 각인, 전체적으로 일련의 기원에 의해서 구별된 공간의 각인, 예술에 있어서, 문학에 있어서, 철학에 있어서 그리고 이러한 점으로 인해서 역사에 있어서 기원에 대한 부정을 규명하게 되는 공간의 각인에 있다. 이와 같은 서로 다른 공간에서, 기원에 대한 비-기원적인 경계에서는 담론의 다양성을 생산하게 된다. 다시 말하면, 각각 역사적으로 명시된 시간에, 다양한 표시에 의해 다양한 장소에서 읽혀지게 되는 역사적인 것을 명시함으로써, 서사된 사건, 텍스트 및 상황에 대한 경계망과 관련지어 또는 그룹으로 연결하여 담론의 다양성을 생산하게 된다. 그 어떤 사건이나 텍스트나 상황도 다른 사건이나 다른 텍스트나 다른 상황을 보충할 수는 없으며, 규명된 광범위한 실천의 복합체 그 어떤 것도 그것들이 대체했던 것에 대해서 권력을 행사할 수는 없다. 명확하게 선언된 일련의 발생이나 복합체에 대한 각인은 위기를 맞게 된다. 이처럼 각인에는 그 자체만의 규명은 있지만 그 어떤 기원도 없게 되며 결정적인 콘텍스트에서 그리고 경계가 정해진 시간에 있어서의 어느 한 순간에 그 자체만의 성행(보급)은 있게 되지만 그 어떤 성취도 이룩할 수 없게 된다.

제22장
철학에는 그 자체만의 이유가 있다

대학의 순수한 개념이 있을 수 없다면, 대학의 '안'에 대한 대학의 순수하고 순수하게 합리적인 개념이 있을 수 없다면, 그것은 단지 대학이 설립되었기 때문일 것이다. 설립의 사건은 그것이 설립되는 논리 내에서 단순하게 이해될 수 있는 것이 아니다.
— 데리다, 「교수진의 혼란 또는 갈등」

내가 알고 있는 한, 그 어느 누구도 이성에 반대하여 대학을 설립한 적은 없다. 따라서 우리들은 대학의 존재 이유가 언제나 이성 그 자체였다는 점, 그리고 대학이 존재하기 위해서는 어느 정도 본질적으로 이성에 관련되어 있다는 점을 합리적으로 고려할 수도 있을 것이다. 우리들은 이제 이성의 역사, 그 자체의 말과 개념에 빠져들 수 없고, 'logos'를 'ratio'로, 'raison'을 'reason'으로, 'Grund'를 'ground', 'Vernunft' 등으로 번역하는 혼란스러운 국면에 빠져들 수 없다.
— 데리다, 「이성의 원칙—재학생들의 눈에 비친 대학」

심연과 협곡을 주의하라. 하지만 또한 다리와 장벽에도 주의하라. '밖'과 '무근거'에 의해서 대학을 개방하는 것에 주의하라. 하지만 또한 그 자체에 근거하여 대학을 폐쇄하는 것은 폐쇄에 대한 환상만을 창조할 수도 있다는 점, 대학을 그 어떤 유형의 관심으로 만들 수도 있다는 점 또는 완벽하게 쓸모없는 것을 대학에 부여할 수도 있다는 점 등에 주의하라. 끝에 주의하라. 그러나 끝이 없다면, 대학은 어떻게 될 것인가?
— 데리다, 「이성의 원칙: 재학생들의 눈에 비친 대학」

해체주의를 위해서, 대학이 그 자체의 설립에 대한 가장 강력한 책임감을 지게 되는 바로 그 순간에 대학의 영역을 포기하지 않게 되는 필요성에서부터. 경험주의에 대한 영역 그리고 뒤이어지는 그 어떤 세력에 대한 영역을 포기하지 않게 되는 필요성에서부터.
— 데리다, 「헤겔의 시대」, 『누가 철학을 두려워하는가?』

유럽의 대학이 이미 설립되었고 어떤 핵심적인 중심에서 명성을 얻게 되었을 때에, 블레이즈 파스칼은 '포르트루아얄'[정식 명칭은 'Port-Royal des Champs'이며 시토 수도회의 수녀원이자 17세기 프랑스의 문예활동과 얀센주의의 중심지]의 신사들에게 자신이 수집·정리한 생각에 대한 윤곽을 전달했다. 17세기 중반 그가 세상을 떠났을 때, 그는 기독교에 대한 '옹호'의 텍스트를 '사상'(팡세)의 형식으로 남겨놓았다. 이러한 것 중에서 가장 잘 알려진 '팡세'는 다음과 같이 되어 있다. "가슴에는 이성이 전혀 모르는 그 자체만의 이성이 있다. 수많은 사물들이 바로 그 이성을 선언한다."[1] 간단한 보충에 의해서 이러한 경구는 다음과 같이 읽을 수도 있을 것이다. '철학에는 이성이 전혀 모르는 그 자체만의 이유가 있다.' 그런 다음에 "수많은 사물들이 그것을 선언한다"라고 진술할 수도 있을 것이다. 그리고 더 나아가 철학은 "그 자체가 어느 쪽에 순응하느냐에 따라서 보편적인 존재, 당연히 존재 그 자체를 사랑하기도 한다. 그리고 철학이 그렇게 하고 싶다면, 존재 혹은 존재 자체에 대한 반대를 확고

부동하게 하기도 한다."[2] '가슴'을 '철학'으로 대체하는 것이 그렇게 끔찍스러울 정도로 기이한 고려라고 볼 수 없는 까닭은 '가슴'은 '사랑'이 문제가 되는 환유의 유형에 해당하기 때문이다. 가슴은 사랑을 나타낸다. 그리고 사랑은 이성이 접근할 수 없는 영역에 접근하고자 한다. 그러나 철학은 '까리타스(caritas)'[믿음, 소망, 사랑 등을 종합하는 라틴어]로서의 '사랑'에 해당하는 것이 아니라 '필리아(philia)'[편애, 경향, 심취 등을 종합하는 라틴어]로서의 '사랑', 즉 지혜의 사랑에 해당한다. 소크라테스까지도 자신의 『심포지엄』에서 '에로스(eros)'에서부터 '편애(philia)'까지 이르는 길이 일련의 단계에 해당한다는 디오티마적인 주장을 보고하기 위해 자신의 길에서 벗어나기도 했다. 몸의 열정은 영혼의 열정으로 될 수도 있다. 그 자체의 열정에 의해 합당하게 인도될 때에, 영혼은 모든 사물이 추종하게 되는 이상적인 형식을 사랑할 수 있고 알 수 있게 될 것이다. 가슴의 사랑이 지혜의 사랑을 대체하는 것처럼, 철학은 가슴의 일을 이어받게 된다. 파스칼의 가슴에는 헌신, 보장된 확신, 무한성에 직면한 신비성 등이 있다. 파스칼의 가슴에는 전망, 정당성이 있을 뿐만 아니라 이성에 접근할 수 있고 이성의 능력 밖에 있으며 이성이 알지 못하는 '이해'의 조건도 포함되어 있다. 또 다른 유형의 사랑에 해당하는 철학에는 이 모든 것과 똑같은 특징이 포함되어 있기도 하다. 그러나 이러한 점이 이상한 까닭은 철학의 바로 그 조건은 이성의 일을 취급해야만 한다는 데 있기 때문이다. 17세기 '이성'과 '열정' 사이의 단순한 이분법은 그렇게 손쉽게 형성된 것이 아니다. 철학이 하나의 사랑이거나 열정이라는 점에서 그리고 이성의 합당한 적용이라는 점에서, 철학 그 자체는 미결정적인 것으로 되었다.

'파르마콘'이 치료약(명약)이자 독약이고, 커뮤니케이션이 메시지이자 행위이고, 차이가 의미이자 표현이고, 흔적이 제시된 표시이자 명시된 부재라는 점과 똑같이, 철학도 미결정적인 것이다. 자크 데리다는 미결정적인 것이 결합도 아니고 분리도 아니고, 이중성의 통일성도 아니고 통일성의 이중성도 아니라는 점을 충분하게 제시하고자 했다. 미결정적인 것은 확신하고 부정하고, 하나로 통합하고 분리하고, 연결시키고 단절시키고 함으로써, 그 어떤 결정성이 없는 '차이'를 수립하게 된다. 미결정적인 것은 미결정인 채로 남아 있게 된다.3)

이제 철학에 대해서는 어떠한가? 『사소한 것의 고고학』(1973)에서 데리다는 형이상학(아리스토텔레스적인 훌륭한 언어에 있어서)이 첫 번째 철학이라는 점을 제시했다. 그러나 콩디야크가 아리스토텔레스를 추종한 것이 아니라 존 로크를 추종하여 형이상학을 실천했을 때, 그는 아리스토텔레스보다 훨씬 뒤에 분명히 형이상학에 관심을 기울였다고 볼 수 있다. 그리고 심지어 아리스토텔레스까지도 형이상학을 물리학 '이후'에 배치했다. 형이상학(metaphysics)은 기껏해야 물리학(physics) ― 제2의 위치에 있는 첫 번째 철학 ― 과 '나란히' 있게 된다. 형이상학에서는 물리학(자연에 대한 관심)이 형이상학 앞에 전시되어야 하고 그렇게 함으로써 형이상학(철학)이 그것(물리학)에 대해서 언급하고 진술하고 판단하게 된다는 점을 요구하고는 한다. 그러나 이러한 점은 철학의 시작에 불과할 뿐이다. 철학이 '의심'에서 시작하는 까닭은 철학은 의심해야할 그 무엇을 언제나 가지고 있어야만 하기 때문이다. 또 다른 극단에서는 헤겔에 의해서, 하이데거에 의해서, 데리다에 의해서(이러한 철학자들의 이름을 열거하는 것은 끝이 없다고 생각할 수도 있다) 철학의 '끝'에 대해 수없이 언급되어 왔다. 하지만 적어도 현재 여기에서 모색하고 있는 측면으로 볼 때에 시작과 끝은 철학이 미결정적으로 되는 측면에 해당하는 것이 아니다. 시작(첫 번째 철학)과 끝(단 한번 최종적인 시간에 모든 것이 하나로 통합되는 위치)의 담론 사이의 어딘가에 철학을 삽입시키는 것은 '가슴' 대신에 '철학'을 보충하는 것처럼 보일 수도 있을 것이다. 파스칼과 더불어, 철학은 그것이 첫 번째인지 마지막인지, 그것이 유한한지 무한한지, 그것이 '기하학의 정신'(데카르트에게 그렇게 했듯이)에 호소하는 것인지 '계략의 정신'(몽테뉴가 그렇게 파악했던 바와 같이)에 호소하는 것인지를 결정할 수 없다고 말할 수도 있을 것이다. 파스칼과 더불어 '차이'는 분명하게 될 수 있었다. 아마도 그렇게 분명하게 될 수 없었던 까닭은 '기하학의 정신'이든 '계략의 정신'이든 그것이 모두 '정신'에 관계되기 때문이다. 가슴은 이성이 하지 않는 것을 알 수 있고, 이성은 가슴에 속하지 않는 것을 알 수 있다. 철학은 무엇인가를 알고 있지만(그 자체의 이성을 가지고 있지만) 이성은 철학에 대해서 말할 것이 아무것도 없다. 가슴처럼 철학도 이성의 '밖'에 위치할 수 있는 동시에 그 자체가 이성적으로 될 수 있는 그 자체만의 이유를 가질 수 있고 또 이성을 적용할 수도 있다. 철학이 사랑에 해당하는 한, 그것은 이성 그 자체로 될 수 없다. 그럼에도 철학은 이성의 원칙으로 될 수 있는 것인가?

철학이 열정(사랑이나 가슴)인 동시에 이성이라는 범위에서, 이러한 점은 가슴에 대한 빈약한 보충에 해당할 뿐이다. 하지만 빈약한 보충으로서, 그것은 또한 그것이 철학 그 자체의 미결정성을 제시한다는 점에서 훌륭한 보충에 해당하기도 한다. 철학은 이성을 움직이게 하는 것이다. 철학은 무게와 힘을 이성에 부여해 준다. 바로 이와 같은 철학의 에너지와 열성으로 인해서 철학은 그것이 단순히 수용된 지식이라는 한계를 뛰어 넘게 된다. 이러한 의미에서 철학은 이성을 야기하게 되고 통제하게 된다. 철학은 이성의 원칙이자 이성의 열정적인 실천에 해당한다. 따라서 이성은 권력이자 인간적인 능력에 해당한다. 하나의 권력으로서, 이성은 질서, 순서, 지속성, 정당성, 지지 및 심지어 이해까지도 야기할 수 있다. 인간적인 능력으로서, 이성은 열정, 욕망, 무목적, 혼란, 심지어 무지까지도 극복할 수 있다. 하나의 권력으로서, 이성은 설득할 수 있고, 기만할 수 있고, 뒤덮을 수 있고, 감출 수 있고, 심지어 제압할 수도 있다. 인간적인 능력으로서, 이성은 정서, 열정, 흥분, 기만, 심지어 행위까지도 고갈시킬 수 있다. 이상과 같은 점으로 인해서, 철학은 그 자체가 메마른 열정과 합당한 기만으로 빠져들지 않도록 할 수 있을 것이다. 이러한 점은 '철학' ─야만적인 디오니소스의 과도한 열정도 아니고 아폴로적인 개인성을 억제시키는 훈련도 아닌 니체의 '음악'처럼—이 완고한 격분과 긴장으로 일관되는 '반대'에 해당한다는 점을 뜻하는 것이 아니라, 오히려 철학은 상당히 단도직입적으로 미결정적이라는 점을 뜻하는 것이다.

　미결정에서는 '파기', '추월', 박탈, 탁월, 고양, 보존 또는 유지 등 그 어떤 것도 있을 수 없다. 철학에 대해서 고양된 것은 무엇이든, 빵이스트에 의해 부풀어 오르듯이, 미결정에 의해서 수축된다. 철학의 사랑, 열정, 가슴만이 분명하게 고양될 수 있다면, 연구 활동은 더 이상 연구 활동 그 자체만으로 될 수 없을 것이다. 연구 활동은 '부차적인 것(par-ergon)'으로 될 수 있을 것이다. 그 외에도, 연구 활동과 같이 보여야만 하는 것(연구 활동이 아닌 것)은 분명히 의심받아야만 할 것이다. 그리고 철학을 의심하는 사람들이 나타나게 될 것이다. 철학은 그것이 말장난처럼 보이기 때문에 의심받게 된다. 철학은 휴식을 필요로 한다. 그러나 휴식으로 되는 것은 학구적으로 될 수 없다는 것을 의미한다. 왜냐하면 학구적으로 되는 것은 열심히 연구 활동을 하는 것이기 때문이다. 그리고 중세 이후에 철학과 결합되어 왔던 학구적인 활동을 실천하는 사람들은 '직관', 즉 데카르트가 절대적인 아이디어를 부여함으로써 결합시킨 바 있는 일종의 분명하고 명확한 이해력을 간과하는 경향이 있다. 그러나 데카르트가 옳다면, 이와 같은 이해력은 연구 활동을 직접적으로 생산하는 것으로 될 수 없을 것이다. 연구 활동은 궁극적으로 상대적인 아이디어에서 절대적인 아이디어까지 이르는 과정(또는 다리)을 야기하게 될 것이다. 연구 활동은 '직관'에 있는 것이 아니다. '직관'은 그것이 데카르트의 '직관'에 대한 인상과 똑같이 '순수지성의 인식작용(noesis)'에 대한 플라톤의 견해에도 해당하는 것이다. 직관은 연구 활동(교육, 변증법, 방법)의 '끝'에서만 비롯된다. 철학적인 직관—그러한 것이 발생하게 된다면—은 모든 연구 활동이 이루어지고, 에너지를 소비하고, 실습과 실천이 유지될 때에만 발생하게 된다. 철학적인 직관은 학구적인 것(이성의 꼼꼼한 실습)도 아니고 그것을 재미삼아 만드는(골프채의 철학화하기) 사람들에게 가능한 것도 아니다. 다만 니체만이 해머(쇠망치)를 가지고 철학화할 수 있었을 뿐이다. 받침대에 대한 바그너의 해머질은 신비스러운 '라인의 황금' 반지보다 더 유행적일 수도 있었을 뿐이다. 그러나 이와 같은 '유도동기'는 전형적으로 문화적인 역사로 될 수 있을 뿐이며, 따라서 어떤 것은 너무 시끄럽고 격렬해서 여가삼아 들을 수 없게 될 수도 있다. 하이데거도 해머로 철학화하려고 노력했다. 왜냐하면 계열적으로 또 실질적으로 해머를 손에 들고 있었기 때문이다. 해머를 가지고 건설하는 것은 힘든 노동이다. '슬랫지 해머(sledge hammer)'를 가지고 파괴하는 것이 좀 더 손쉬울 수도 있을 것이다. 그러나 그 어느 쪽도 여가로 될 수 있는 것은 아니며 학교 '밖'에서만 이루어 질 수 있을 뿐이다.

그러나 학교에서는, 아카데미에서는, 대학에서는 어떤 유형의 철학화가 이루어질 수 있는가? 철학의 본성과 본질에 대한 문제는 이제 철학의 윤리에 대한 문제가 되었다. 철학화하기가 의미하는 것, 즉 언제, 어디서, 어떻게 그것이 이루어질 수 있는가 등 '의미하는 것'에는 또한 그것이 무엇을 해야만 하는지에 대한 암시도 포함되어 있다. 철학에 있어서의 문제는 그 자체만의 미결정성을 취급하는 데 있다. 철학은 가슴으로부터 단순하게 말할 수 있는 것이 아니다. 동시에 이성은 철학의 가슴에 해당하는 것도 아니다. 철학에는 이성 그 자체가 전혀 알지 못하는 철학 그 자체만의 이유가 있다. 단순하게 이성으로 번역될 수 없는 철학의 영역이 분명히 있다. 철학은 이성도 아니고 열정도 아니다. 철학에는 그 자체만의 이유가 있다. 철학이 가지고 있는 것은 그 자체를 정의하고자 하고, 그 자체를 경계 짓고자 하고, 그 자체가 무엇인지를 말하고자 하며, 그것이 손쉽게 발견할 수 있는 것, 말하자면 그 자체의 체계에 잘 들어맞는 것, 그 자체의 실천 스타일에 모순되지 않는 것, 그 자체의 바로 그 원칙을 분명하게 하는 것, 그 자체의 바로 그 명제를 원상태로 되돌리는 것, 그 자체가 작용할 수 있는 공간을 개방하는 것, 희망을 제공하는 동시에 때로는 절망도 드러내는 것(계시) 등을 추구하고자 한다. 철학이 가지고 있는 것에는 수많은 형태가 있다. 그 모든 것을 목록으로 만들고자 하는 시도는 무모한 시도일 수도 있다. 철학의 열망은 일종의 이성의 원칙에 바탕을 두고 있으며, 철학은 열정적으로 그러한 끝을 성취하고자 한다. 철학은 고양하기, 들어올리기, 그리고 그 자체로 하여금 일종의 이성의 원칙에 바탕을 둘 수 있도록 하기 위해서 '계몽하기' ― 태양이 옳다면 ― 에 해당할 것이다. 플라톤의 태양의 유추가 보여줄 수도 있는 바와 같이, 철학의 윤리가 태양에 의해 '선(善)'의 정체성을 요구한다 하더라도, 철학은 은유처럼 태양을 향해 도는 '향일성(向日性)'이지는 않을 수도 있을 것이다. 그러나 우리들은 철학이 보는 것 또는 철학이 보아야만 하는 것 또는 철학이 보기를 사랑하는 것 등을 볼 수 있을 뿐이라면 …… 철학이 야기하게 되는 빛을 상상해 보도록 하자. 중세의 몇 가지 '서류'처럼 빛은 땅을 빛나게 할 수 있는 반면, 몇 가지 이성의 원칙은 그러한 원칙이 요구할 수도 있는 일종의 조심스러운 읽기를 분명하게 하고, 밝히고, 규명하고 가능하게 하는 데 있다. 이와 같은 이성의 원칙은 그 자체만의 규칙, 칸트가 합당하게 주장했던 '유일한 규칙'을 가질 수도 있다. 밑바탕으로부터 개방함으로써, 이성의 원칙은 어떤 유형의 취합을 성취할 수 있는가? 그것은 밑바탕으로부터 어떤 규정의 범위를 이룩할 수 있는가? 레오나르도 다빈치는 칸트보다 훨씬 더 이전에 이러한 점에 대한 아이디어를 가지고 있었다. '상공의 팡세'가 훨씬 더 효과적일 수 있지 않은가? 날아다니는 기계, 비행기, 또는 심지어 미사일에서 우리들은 훨씬 더 많은 것을 볼 수도 있다. 그러나 '위'로부터의 생각하기에 대한 메를로퐁티의 경고를 주목해야만 할 것이다. 조감도적인 생각하기에서는 멀리 볼 수 있고, 시야가 미치는 바로 그 지평선까지 확장할 수 있고, 영역의 폭을 관망할 수 있지만, 그것은 반사작용에만 의존할 수 있을 뿐이다. 그것은 밑바탕(땅)으로부터 너무 멀리 떨어져 있다. 그리고 철학이 이성의 원칙과 관련지어 작용하게 된다면, 그것은 밑바탕에 자리잡고 있어야만 할 것이다. 너무 많이 높이 날아오르는, '높게 나는' 철학은 그 어느 곳에도 도달하지 못할 것이다. 철학의 밑바탕이 되는 가장 합리적인 장소(수세기 동안 선정된)는 대학이다.

대학 내에서, 대학에 견고하게 자리잡음으로써, 먹구름을 몰아내고 고색창연한 담쟁이 탑을 멀리함으로써, 철학은 그 자체만의 연구 활동을 할 수 있을 것이다. 대학 내에 있으면 철학은 편안하다. 때로는 너무 편안하기 때문에 철학은 어느 한 순간에 그 자체만의 테크놀로지로 될 수도 있고 이미 그렇게 되어버린 경우도 있다. 철학이 존재하는 이유, 때로는 그 자체만의 유일한 '존재이유'는 비평적인 추론을 위한 도구를 제공하는 데 있으며 드물게는 해머를 도구로 사용하기도 한다. 비평적인 기술(技術)은 논쟁에 의존하기도 하고 또 '명확하게 생각하기'를 위한 합당한 규칙의 적용에 의존하기도 한다. 그러나 논리적인 도구는 '로고스'에 대해 거의 아무것도 하지 못한다. 대학 공동체에 기여하기 위해서 철학이 '생각하기'를 포함시킬 필요는 없을 것이다. 담론을 이해하는 것, 텍스트를 읽는 것, '존재하는 어떤 것'에 대해서 아직까지 조사하지 않은 경계가 무엇인지를 조사하는 것은 생각하기, 밝히기, 근본바탕 마련하기 등을 요구하게 된다. 데리다는 '근본적'인 연구의 근본바탕을 마련하기 위해서 노력하고는 했다. '근본적'인 연구에는 당연히 그 '근본'이 있으며, 때로는 그러한 근본이 표면적인 바탕 아래에 있는 경우도 있다. '지향된' 연구는 다음과 같이 적용될 수도 있다. 철학이 '지향된' 연구로 될 때, 그것은 그 자체의 근본바탕을 뛰어넘어 연구하게 된다. 따라서 철학은 '편안한' 영역을 뛰어넘어 확장하게 된다. 철학은 그 자체의 기여를 수행하게 되지만, 그 자체의 도구에 의해 작용할 때에 얻게 되는 편안함을 상실하게 된다. 철학이라는 '황금저택'['도무스(domus)'에 관계되며, '황금저택'이라는 의미의 '도무스'는 64년 대화재(大火災) 뒤에 네로황제가 로마에 건립한 궁전으로 건축가는 세베루스와 켈레르이며, 콜로세움 주변에 있던 인

공호수를 중심으로 하여 전원식(田園式) 정원으로 둘러싸인 대궁전을 의미한다]의 기둥에 해당하는 이론, 비평, 역사는 확고부동하게 땅위에 서 있을 필요가 있다. 철학의 이와 같은 기둥들은 땅으로부터 말할 필요가 있고, 빛을 받아 빛날 필요가 있고, 그림자를 내몰아 버릴 필요가 있으며, 그렇게 함으로써 주랑(柱廊) 사이를 오가거나, 내정(內庭)을 배회하거나, 이 건물에서 저 건물로 옮겨 다니는 소요학파(逍遙學派)의 한가로운 산책은 유쾌하면서도 생산적인 산책으로 될 수 있을 것이다. 철학적인 생산에서는 그것이 땅에서부터 비롯된다는 점, 그것이 땅으로부터 말한다는 점, 그것이 '근본명제'여야만 한다는 점 등을 요구하게 된다. '근본명제'가 없으면, 이론, 비평 및 역사는 암흑 속에 남아 있게 된다. 철학에 있어서 대학은 근본적인 연구를 할 수 있도록 하기 위해 근본적인 바탕을 형성하고 있는 '자연스러운' 장소에 해당한다. 왜냐하면 대학은 순수하게 '문화적'인 기관이기 때문이다.

대학의 설립은 문화적인 데 있다. 유럽에 있어서 대학의 설립은 정부가 주도했다. 미국에 있어서 대학의 설립은 좀 더 다양하다. 대학의 설립기금은 교회에 관련되거나 개인적으로 기증되거나 또는 의회인준에 의존해 왔다. 미국대학의 성공과 실패는 그 자체의 재정적인 바탕 여부에 달려 있는 것 같다. 대학의 이와 같은 재정적인 권위가 교회의 재원(財源), 즉 하나의 구역이나 다른 구역 또는 하나의 수도회나 다른 수도회 등의 재원에 의존하든, 기부된 부지(敷地)와 일시적인 법령에 의존하든, 성공한 동창과 친구에게 의존하든, 철학의 성취와 실패는 이러한 재정적인 권위와는 무관하게 부수적으로 남아 있을 수도 있다. 철학은 교회에 의해서 대학 내에 창과(創科)될 수 있거나 일반적인 교육요구의 구성요소가 될 수 있다. 또한 철학의 프로그램을 지지하는 학과장도 있을 수 있다. 그러나 철학의 실천은 그 자체의 실천자들 사이에서 작용하는 세력다툼에 따라 그 자체를 발전시킬 수 있게 될 것이다. 때때로 철학적인 실천의 성공여부는 등록생수에 따라서, 그 자체의 교과목의 인기도에 따라서, 드문 경우이기는 하지만 그 자체의 고결한 사고에 따라서 좌우될 수도 있다. 그러나 재정적이고 정치적인 이와 같은 관심은 철학이 바탕을 두고 있는 원칙을 따라가지 못한다. 행정적인 관점으로 보면, 모든 철학은 잘 해나가게 되어 있지만, 그 내용은 거의 아무 관계가 없는 경우가 너무나 많이 있다. 대학 내에서, 철학이 존재한다는 점이 중요한 까닭은 철학은 언제나 대학 '내'에 존재해왔기 때문이다. 철학의 내용이 무엇이든, 그것의 실천이 무엇이든, 그것의 생산이 무엇이든, 정상적인 '대학평가' 과정에서는 철학의 '자질' 자체를 환기시키게 될 것이다. 이러한 점에 대한 기준은 평가자들에 의해 이루어지며, 평가자들은 평가자로 등록된 명단이나 또는 등록되지 않은 명단 중에서 추천에 의해 선정된다. 그러나 이 모든 사항은 바다 한 가운데에 서로 묶여있는 뗏목처럼 뒤얽혀 있을 뿐이다. 모든 사항에는 근본바탕도 없고, 지시방향도 없고, 이성의 원칙도 없고, 말할 수 있는 기반도 없고, 세울 수 있는 자금도 없다. 대학이 건물을 세울 부지가 없을 때에 철학은 어떻게 대학 내에 그 자체를 세울 수 있을 것인가? 철학에는 그 자체의 이성이 전혀 알지 못하는 그 자체만의 이유가 있다. 이성이 작용하지 못하게 되면, 철학은 그 자체만의 이유에 호소해야만 한다.

심연에 바탕을 두고 있을 때에 철학은 무엇을 해야만 하는가? 「시인은 무엇으로 사는가?」(1946)에서 하이데거는 다음과 같이 언급했다.

이와 같은 잘못으로 인해서, 대지를 지지하는 대지가 세상에 출현하지 못하게 되었다. 심연이라는 말은 원래 흙을 뜻하며 대지는 '심연(Abgrund)'을 향하게 된다. 왜냐하면 심연은 가장 아래쪽에 있기 때문에 사물은 아래쪽으로 내려가는 경향이 있다. 그러나 이러한 점에 뒤이어 우리들은 대지의 완벽한 부재(不在)로서 '심연(Abgrund)'의 접두어 'Ab'를 고려할 수밖에 없을 것이다. 대지는 뿌리가 뻗어나가고 곧바로 설 수 있게 되는 '땅'이다. 대지가 오지 않는 세대는 심연에 매달려 있게 된다. 이처럼 절대적으로 궁핍한 시대를 향해 열려진 채 하나의 회전이 여전히 남아 있다는 점을 전제한다면, 그러한 순환은 세상이 근본적으로 회전하게 될 때에 그러한 회전은 언젠가는 오게 될 것이다. 그리고 이러한 점은 분명히 심연으로부터 멀리 회전하는 것을 의미한다. 세상의 밤의 시대에 있어서 세상의 심연을 경험해만하고 감내해야만 할 것이다. 그러나 그렇게 하기 위해서는, 심연에 도달하는 사람들이 있어야 한다는 점이 필요할 것이다.4)

하이데거는 시인에 대해서 언급하고 있다(철학적으로). 그가 언급하고 있는 시인은 심연에 도달할 수도 있고 하나의 대지를 수립하거나 재수립할 필요성을 요구할 수도 있다. 그러나 철학자는 대지를 발견하기 위해서 심연에 도달해야만 할 필요는 없는 것인가? 바다는 그 깊이를 알 수 없는 일종의 심연에 해당한다. 데리다가 심연(협곡, 그것의 근저를 생각한 적은 없지만)의 끝에 위치해 있는 코넬대학교에서 강연했을 때에 그는 '대지(Grund)'가 '심연(Abgrund)'을 만나게 되는 지점을 지적했다. 심연은 대지로부터 멀리 떨어져 있다. 철학의 임무는 대지를 형성하는 원칙을 형성하는 데 있다. 대학이 견고한 부지 위에 설립되고 세워지고 제도화될 필요가 있는 것과 똑같이, 철학도 그 자체를 형성하기 위해서, 확고부동한 기반 위에 그 자체를 수립하기 위해서, 대학에 요구되는 이러한 점에 호소할 필요가 있다. 그러나 그렇게 하기 위해서는 대학의 이론이 필요할 것이다.

철학자가 심연에, 대지로부터 가장 깊은 곳에 도달하고자 한다면, 그는 반드시 어딘가에 서 있어야만 한다. 다시 말하면, 어떤 관점이 있어야만 한다. 때로는 기반이 철학적인 행위를 가능하게 하기는 하지만, 충분한 스케일의 기반이 반드시 요구되는 것은 아니다. 르네상스 시대 금세공업자들이나 궁정화가들이 후견인의 지지를 받아 세력을 끌어들인 것과 똑같이, 철학자 역시 심연의 '밖'에 또 다른 바탕을 수립하게 되는 일종의 연구를 수행하기 위해서 '연구재단'에서 제공하는 연구기금이나 특별연구비 등을 종종 훌륭하게 활용할 수도 있을 것이다. 그러나 철학자는 그와 같은 연구 활동을 하기 위해서 어떤 근본바탕을 형성할 필요가 있는 것인가? 철학자는 어떤 근거를 바탕으로 하여 말해야만 하고 집필해야만 하는 것인가? 그렇지 않다면, 어떤 유형의 관점이 가능한 것인가? 연구기금과 특별연구비와 같은 일시적인 지원은 어떤 근거를 바탕으로 말해야만 하는 필요성을 요구할 뿐이다. 이와 같은 지원은 간격, 휴직, 안식년 등을 충족시킬 뿐이다. 그러나 또한 그러한 지원은 집(직장, 대학, 강의 등)으로부터 떠나 있을 수 있는 근거가 되기도 한다. 대학의 '재단법인'에서는 건물을 건립하거나 시설을 확충하게 된다. 시설로 확정된 것에는 충분한 스케일의 시설이 포함되는 것이 아니라 오히려 영원한 비-영구성, 즉 수많은 상이한 전망, 상이한 연구, 상이한 연구조사 등의 발전을 허락하는 '연구비 대행' 등이 포함된다. 연구비 대행으로서의 연구재단(사설재단이든 공공재단이든)은 지속적인 관점에 대한 보충의 원칙을 수립해 놓고 있다. 새로운 연구자는 다음 해에 연구비를 받을 수 있을 것이다. 그러나 연구자로서의 철학자는 여전히 어떤 근본바탕을 요구받게 된다. 심지어 바로 그 연구비신청의 원칙까지도 '하나의 기관에서' 단 한 명만이 신청할 것을 요구하며, 일단 연구비가 확정되고 나면, 그 연구비는 연구자가 소속된 기관의 연구부서로 이첩된다. 따라서 연구재단은 '모든 곳'에 있는 것처럼 보이게 된다. 그러나 S.T. 콜리지의 '늙은 선원'에게 나타나는 '바다'처럼, 연구재단은 어디에나 있지만, '마실 물은 단 한 방울도 없다.' 철학자들이 연구재단으로부터 혜택을 받을 때조차도, 고려해볼 만한 '진짜' 연구재단은 거의 없는 셈이다.

과학자들이 연구기금을 모색하는 것과 똑같이 철학자들도 이성의 원칙을 모색한다. 그러나 '연구재단의 연구기금'에 대해서, 철학자는 여전히 연구재단을 찾아다니고 있을 뿐이다. 따라서 견고한 대지 위로 아주 넘어지지도 않고 그러한 대지 위에 아주 서 있지도 않은 채 철학자는 언제나 심연의 끝에서 작용하고 있을 뿐이다. 철학자의 책임은 심연을 조사하는 데 있고, '견고한 대지'를 모색하는 데 있으며, 철학자 자신만의 장소에서 최대한으로 작용하는 데 있다. 철학자가 원하는 이러한 곳은 심연이 앞을 가로막게 되고 대지가 뒤로 뻗쳐나가게 되는 그런 곳에 해당한다. 기대할 수 있는 것은 두 지점을 연결하는 하나의 '다리'이며 그것은 분명히 가장 효과적인 방법으로 활용될 수도 있을 것이다. 데리다는 코넬대학교 강연에서 '다리'의 의미를 다음과 같이 설명했다.

> 삶과 죽음의 문제. 이러한 문제는……협곡의 경관에 의해서 자극된 자살충동을 막기 위해서 '콜리지타운(College Town)'과 '폴 크리크(Fall Creek)'에 보호난간을 설치하기로 대학행정부에서 제안했을 때에 이미 제기되었던 문제이다. '장벽'은 낡은 용어이다. 우리들은 그리스어로 정확하게 '구분 울타리'라는 말에서 차용한 '가로막'을 사용할 수도 있을 것이다. 대학과 그 주변을 연결하는, 대학의 '안'과 대학의 '밖'을 연결하는 다리의 아래에는 심연이 놓여 있다. '캠퍼스위원회' 앞에서의 증언에서, 이 대학 교수진 중에서 어느 한 교수는 경관을 차단하는 것―그 자신의 말을 인용한다면―은 "대학의 본질을 파괴하는 것"이라는 이유를 들어 장벽의 설치에 대해서, 이와 같은 가로막을 눈높이로 설치하는 것에 대해서 주저 없이 반대했다. 그 교수는 무엇을 의미했는가? 대학의 본질은 무엇인가?[5]

다리에는 연결하는 기능이 있다. 그것은 그 유형에서의 차이가 아닌 적어도 공간적으로 차이가 있는 요소들을 하나로 통합시킨다. 그러나 심연에 걸쳐 있는 다리를 건너는 것은 위험스러운 건너기에 해당한다. 니체의 '인간'은 짐승과 초인 사이에 뻗쳐 있는 '로프'이다. 다리는 안정된 대지가 아니다. 그것은 머무를 수 있는 장소가 아니다. 오히려 다리는 다른 장소로 '가는 길', 이동이나 전환, 위치의 방해, 오래된 곳에서 새로운 곳까지 지나가는 길목에 있다. 실제로 운송의 은유에 대한 바로 그 은유는 이미 두 장소 사이의 다리에 있다. 철학자의 책임은 '다리로 되는 것', 아이디어, 개념, 관점 등을 연결하는 것에 있으며, 그러한 것들이 어떻게 차이 나는지를 제시하는 데 있다. 철학자의 책임이 최대한 그 자체만의 것으로 될 때에 철학은 그 차이점을 실천할 수 있을 것이다. 다리는 핵심을 가로지른다. 그것은 차이를 명명하고 심지어 차이를 각인하기까지 한다. 뉴욕주립대학교 스토니브룩 캠퍼스에서 '메인캠퍼스'가 발전하게 되었을 때, 학생회관과 도서관을 연결하는 다리가 건설되었다. 그러나 이 다리는 결코 완성된 다리가 아니었다. 그것은 캠퍼스 '안'으로 들어오고 캠퍼스 '밖'으로 나가는 도로 위를 지나고 있을 뿐이다. 수많은 대학에서 주로 학생들이 캠퍼스 활동을 하기 위해 모여드는 장소인 '학생회관'은 중심부에 위치해 있으며 때로는(예를 들면, 아이오와대학과 인디애나대학에서처럼) 호텔과 수많은 레스토랑이 포함되기도 한다. 학생회관은 캠퍼스 생활의 중심에 해당한다. 스토니브룩에서, 학생회관에서부터 외부로 연결되는 이 다리는 보통 '어디에도 갈 수 없는 다리'로 일컬어져 왔다. 1970년대 초반 그 자체의 제2의 10년을 시작하게 되었던 스토니브룩 캠퍼스에서, 이러한 호칭은 캠퍼스의 역사는 얼마 되지 않지만 급성장하는 스토니브룩과 같은 대학에서 부딪치게 되는 일종의 불확실성을 명시해 주었다. 1970년대 말에 '순수아트센터'가 신축되었으며 이와 같은 신축건물과 도서관을 연결하기 위해서 이 다리는 확장되었다. 이와 같이 다리가 완공되었을 때, '어디에도 갈 수 없는 다리'는 '어딘가로 갈 수 있는 다리'가 되었다. 그 당시에 캠퍼스에 어떤 심리적인 부여를 하기 위해서 '어딘가로 갈 수 있는 다리'라고 부르게 되었던 것이다. 따라서 스토니브룩 캠퍼스에서 학생회관과 도서관을 연결하는 다리는 캠퍼스를 드나드는 도로 위에 단순히 걸쳐 있지 않게 되었다. 이제 이 다리 그 자체는 대학과 학생들에 의해서 궁극적으로 어딘가로 갈 수 있는 다리가 되었다. '어딘가로 갈 수 있는 다리'는 대학이 심연에 해당하는 것이 아니라 오히려 결정적인 방향으로 나아갈 수 있는 토대에 해당한다는 희망을 나타내게 되었다. 스토니브룩 캠퍼스에서 이 다리는 '새로운 삶'(또는 신생), 새로운 활력, 존재해야 할 새로운 이유 등의 상징물이 되었다. 어딘가로 갈 수 있는 다리는 특별하게 어느 한 곳으로 갈 수 있는 길이 아니라 수없이 많은 어딘가 갈 수 있는 길에 해당한다.

다리로서의 철학에서는 '안'과 관련지어 필연적으로 '밖'을 끌어들일 필요도 없고 '밖'과 관련지어 '안'을 끌어들일 필요도 없다. 대지와 심연을 분리하고 구분함으로써, 철학은 대학의 경계나 외곽선 내에서 그 자체만의 이유의 원칙을 아주 잘 수립할 수도 있을 것이다. 이러한 경계나 외곽선 내에서 대학은 그 자체를 서로 관련되는 교육과 실천의 제도로서 정의할 수도 있을 것이다. 근거에 바탕을 두는 진술은 기껏해야 비-근거에 관련되는 진술일 수도 있다. 철학자의 책임은 이와 같은 근거와 비-근거의 다리를 건립하는 데 있다.

옥스퍼드에 있는 하트포드대학의 다리, 매사추세츠 케임브리지에 있는 하버드광장과 비즈니스 스쿨을 연결하는 메모리얼 브리지, 로욜라 워터 타워 캠퍼스에 있는 루이스 타워와 마켓 센터 사이의 통로처럼, 어떤 다리는 거기에 포함되어 있는 '내재적'인 관계를 분명하게 확립하기도 한다. 뉴욕주립대학교 구(舊) 버펄로 캠퍼스와 신(新) 앰허스트 캠퍼스, 캘리포니아대학교 산타크루스 캠퍼스와 버클리 캠퍼스, 시카고 로욜라 워터 타워와 레이크 쇼어 지역 등을 오가는 버스노선처럼, 어떤 다리는 동일한 대학의 서로 다른 두 캠퍼스 사이를 연결하기도 한다. 앨버타대학교와 브라운대학교에 널리 보급되어 있는 바와 같이 어떤 다리는 터널로 되어 있는 경우도 있다. 터널-다리는 또 '밖'을 '안'으로 연결하기도 한다. 이러한 예로는 캠퍼스의 중심부를 통해서 올라오게 되어 있는 영국철도역과 서식스대학교를 연결하는 터널-다리에서 찾아볼 수 있으며 이와 유사한 경우로는 프랑스 남부에 있는 니스대학교에서 어문학교수회관에서도 찾아볼 수 있다. 이러한 각각의 경우에서 위로 올라가게 되어 있는 계단의 인상은 그 자체가 상당히 고무적인 것이다. 산디애고, 샌프란시스코, 뒤케인, 몬트리올, 튀빙겐 및 페루자 등의 대학은 심지어 언덕 위에 세워져 있다. 교회 첨탑(피츠버그, 스탠퍼드,

에식스 등의 대학)의 꼭대기가 되고자 하는 이와 같은 열망은 이들 대학이 학문의 성지이기를 기대하는 환상과는 아무 관계가 없는 것이다. 그러나 다리를 타워로 전환하는 것은 철학 교수진들이 신학적인(법적으로나 의학적으로는 말할 것도 없고) 교수진들처럼 되고자 하는 열망으로부터 그들 자신을 구별해야만 하는 종종 끔찍스러운 혼란을 기꺼이 야기하기도 한다. 그러나 이 모든 것에 있어서 철학의 역할은 무엇인가? 철학이 대학 내에서 다리가 될 수 있는 바와 같이, 그리고 과학이 세상과 자유롭게 연결될 수 있는 바와 같이, 철학 내에는 그 어떤 다리라도 있는 것인가? 철학에는 다리로부터 말해야 할 책임이 있다. 철학에는 대학 내에 있는 다양한 지성적인 관심을 지지해야 하고—궁극적인 분열의 의미를 자극하지 않으면서—무엇보다도 소중한 그러한 관심의 견해를 제공해야할 책임이 있다. 철학은 문학, 예술, 과학, 개인 및 사회에 대한 일련의 견해를 제공할 책임이 있다. 철학은 또한 그 자체만의 방법, 스타일은 물론 자체-표현, 자체-표상, 자체-입증, 자체-이해의 양식을 창안해야만 한다. 철학에는 하나의 책임이 있다. 그러한 책임은 철학이 철학 자체를 내다보고 들여다 볼 때에 최대한도로 그 자체만의(최대한 '그 본래만의') 책임을 질 수 있게 될 것이다. 철학은 우리들의 세계를 형성하고 있는 학문과 관심의 스펙트럼을 내다볼 필요가 있다. 철학은 그 자체만의 본질, 의미, 구조 및 활동에 대해서 철학의 '안'을 들여다볼 필요가 있다. 철학은 또한 우주의 '로고스'와 철학 자체만의 '로고스', 알고자 하는 열정과 그 자체만의 존재를 위한 이유('존재이유'), 사물의 본성을 규명하고자 하는 집념과 그러한 본성을 '점검'하고 그 자체만의 본질과 실천을 평가할 수 있는 의무 등을 들여다 볼 필요가 있다. 철학의 그 자체만의 미결정성(철학의 해체전략과 입장)은 그 자체의 존재와 그 자체의 대상, 그 자체의 열정과 그 자체의 이성, 대학 내에서의 그 자체의 위치와 폭넓은 국내외 세계에 대한 견해 사이의 '다리'에 해당한다. 철학의 텍스트성은 이와 같은 미결정성에 대한 노력에 해당한다. 철학 그 자체의 텍스트는 그 자체의 견해에 해당하며 그 자체의 견해는 그 자체의 텍스트에 해당한다. 철학은 무엇인가 가장 다른 것일 때에 철학 그 자체가 될 수 있다. 철학 그 자체의 타자성(他者性)이 바로 그 자체의 텍스트적 정체성에 해당한다.

철학이 의미하는 것과 철학의 의미작용 사이의 '가로막'이나 '장벽'은 철학으로 하여금 그 자체 이외의 것으로 되지 못하도록 하고, 철학 그 자체의 정체성을 상실하지 못하도록 하며, 철학으로 하여금 그 자체만으로 될 수 있도록 한다. 철학이 그 자체만의 텍스트를 수립하는 것과 똑같이, 철학이 철학 그 자체가 아닌 것과 똑같이, 철학이 전적으로 타자인 것과 똑같이, 철학이 오늘날의 대학의 여유롭고 신성한 홀에서 철학 그 자체만을 위한 그 어떤 위치도 갖지 못하는 것과 똑같이, 철학은 철학 그 자체와 그 자체만의 위치를 대학 내에 수립하고자 한다. 철학은 대학에서 그 자체만의 존재 이유가 있을 뿐만 아니라 철학 그 자체로부터 타자성의 학위, 말하자면 철학 박사학위와 철학박사 과정을 정당화하기 위해서도 존재할 이유가 있지만, 철학은 또한 대학 그 자체의 모든 분야와 영역과 더불어 대학의 풍요로움을 염려해야 하기 때문에 대학에 대해 들여다보아야 할 그 자체만의 이유가 있다. 철학에는 철학 그 자체인 것과 그 자체가 아닌 것을 뛰어 넘어, 가로질러, 사이에서, 철학 그 자체인 것과 그 자체가 아닌 것을 알 수 있을 때까지 기다려야 할 이유가 있다. 철학에는 그 자체만의 기반은 물론 다른 모든 것의 기반까지도 조사해야 할 이유가 있다. 철학에는 또한 철학 그 자체여야만 하고 그 자체 이상의 '다른 것'이 되어야만 하는 이유가 있다. 이상과 같은 것이 철학의 텍스트를 형성하는 이유가 된다. 이와 같은 것이 이성만으로는 그 이유를 알지 못하는 이유에 해당한다. 철학에는 이성이 전혀 알지 못하는 그 자체만의 이유가 있다.[6]

◀ 제1장 ▶

1) E.D. Hirsch, *Validity in Interpretation* (New Haven : Yale University Press, 1967). 이후로는 본문에서 *Validity*로 약칭함.

2) Roman Ingarden, *The Literary Work of Art* (1931), trans. Georges G. Grabowicz(Evanston : Northwestern University Press, 1973). 이후로는 본문에서 *EWA*로 약칭함.

3) Hans-George Gadamer, *Truth and Method* (1960), trans. and ed.. Garrett Barden and John Cumming(New York : Seabury, 1975). 본문에서의 페이지 인용은 초기 영역본을 참고했으며, 이후로는 본문에서 *TM*으로 약칭함. 새로운 개정판 *Truth and Method*, trans. Joel Weinsheimer and Donald G. Marshall (Seabury, 1990)도 참고할 것.

4) Paul Ricoeur, *Hermeneutics and the Human Sciences*, ed. and trans. John B. Thomson (Cambridge : Cambridge University Press, 1981). 이후로는 본문에서 *HHS*로 약칭함.

5) F. de Saussure, *Course in General Linguistics* (1916), trans. Wade Baskin (New York : McGraw-Hill and Wang, 1959).

6) Roland Barthes, *Elements of Semiology* (1964), trans. Annette Lavers and Colin Smith (New York : Hill and Wang, 1968).

7) Martin Heidegger, *Being and Time* (1972), sec. 34, trans. John Macquarrie and Edward Robinson (New York : Harper and Row, 1962).

8) 존재에 대한 존재자의 관계를 취급한 하이데거적인 논지는 뒤이어지는 장(章)의 다양한 접점에서 반복될 것이다. 이러한 논지에 대한 그 이전의 읽기에 대해서는 Hugh J. Silverman, *Inscriptions : Between Phenomenology and Structuralism* (London and New York : Routledge, 1987)의 제16장을 참고할 것. 이 책에서의 연구는 『각인』에 대해서 부수적이면서도 보충적이기 때문에, 이 책에서 뒤이어지는 참고문헌은 『각인』에서의 각 장과 관련지어 인용하고자 함.

9) Martin Heidegger, "The Origin of the Work of Art"(1935~1936). 1950년에 초판 되었으며 한스-게오르규 가다머의 '후기(後記)'와 함께 1960년에 수정·보완되었음. *Poetry Language Thought*, trans. Albert Hofstadter(New York : Harper and Row, 1971), pp.17~87. 이후로는 본문에서 *PLT-OWA*로 약칭함.

10) Jacques Lacan, *Écrits* (1966), trans. Alan Sheridan (New York : Norton, 1977).

11) 해석학적 기호학의 이론적인 실천, 즉 더 나아가 병치적이고 해체주의적이며 해석학적 기호학으로 명시하게 될 실천은 구체적으로 본 연구를 통해서 발전하게 될 것이다. 우선적인 형성의 논리에 대해서는 『각인』의 제19장과 20장을 참고할 것.

12) Roland Barthes, "From Work to Text"(1971), in *Image / Music / Text*, trans. Stephen Heath (New York : Hill and Wang, 1977), pp.155~64. 이후로는 본문에서 *IMT-FWT*로 약칭함.

13) Jacques Derrida, "Plato's Pharmacy"(1968), in *Dissemination* (1972), trans. Barbara Johnson (Chicago : University of Chicago Press, 1981), pp.63~171. 이후로는 본문에서 *Dissemination* 으로 약칭함.

14) Jacques Derrida, "Différance"(1968), in *Speech and Phenomena and Other Essays on Husserl's Theory of Sign*, trans. David B. Allison (Evanston : Northwestern University Press, 1973), pp.129~160. 이후로는 본문에서 *Différance*로 약칭함. 1967년 판 *Speech and Phenomena*는 *SP*로 약칭함.

◀ 제2장 ▶

1) 이러한 점은 이 책의 제1장에서 언급한 바와 같지만, 또한 그것은 『각인』에서, 특히 「자아의 해석학적 기호학을 위하여」라는 마지막 장(제20장)에서도 발전시킨 바와 같다.

2) Carlo Sini, *Semiotica e filosofia : Segno e linguaggio in Peirce, Heidegger e Foucault* (Bologna : Il Mulino, 1978). Sini, *Images of Truth*, trans. Massimo Verdicchio(Arlantic Highlands : Humanities Press, 1992).

3) Martin Heidegger, "Logos (Heraclitus, Fragment B 50)", in *Early Greek Thinking*, trans, David Farrel Krell and Frank A. Capuzzi (New York : Harper & Row, 1975), pp.59~78. 이후로는 본문에서 *EGT*로 약칭함.

4) Martin Heidegger, "Language"(1950), in *Poetry Language Thought*, pp.189~210. 이후로는 본문에서 *PLT-L*로 약칭함.

5) 하이데거의 「예술작품의 기원」에 대한 좀 더 구체적인 논의는 이 책의 제2부 제5장을 참고할 것.

6) Heidegger, *On the Way of Language* (1950), trans. Peter D. Hertz (New York : Harper & Row, 1971). 이후로는 본문에서 *OWL*로 약칭함.

7) Dante Alighieri, *Vita Nuova*, trans. Barbara Reynolds (Middlesex : Penguin, 1969), p.29. 이후로는 본문에서 *VN*으로 약칭함.

8) Roland Barthes, *Writing Degree Zero* (1953), trans. Annette Lavers and Colin Smith (Boston : Beacon, 1967). 이후로는 본문에서 *Degree Zero*로 약칭함.

9) Roland Barthes, "The Death of the Author"(1968), in *Image / Music / Text*, p.142. 이후로는 본문에서 *IMT-DA*로 약칭함.

10) Roland Barthes, *S / Z*(1971), trans. Richard Miller (New York : Hill and Wang, 1974). 이후로는 본문에서 *S / Z*로 약칭함.

11) Charles Sanders Peirce, *Philosophical Writings of Peirce*, ed. Justus Buchler (New York : Dover, 1940, 1955).

◀ 제3장 ▶

1) Maurice Merleau-Ponty, *Le Visible et l'invisible* (Paris : gallimard, 1964). 영역본은 Alphonso Lingis, *The Visible and the Invisible* (Evanston : Northwestern University Press, 1968), p.105. 이후로는 본문에서 *VI*와 *VI-tr.*로 각각 약칭함.

2) Oliver Goldsmith, *She Stoops to Conquer* (eighteenth century drama).

3) Heidegger, "Aletheia(Heraclitus, Fragment B 16)"(1943), in *Early Greek Thinking* (1975), p.122.

4) 가시적인 것과 비-가시적인 것에 관련되는 '틈새'로서의 가시성의 개념에 대해서는 다음 장(제4장)에서 그리고 그림과의 콘텍스트를 취급한 제15장에서 살펴보게 될 것

이다.

◆ 제4장 ◆

1) Maurice Merleay-Ponty, "Le Doute de Cézanne", in *Sens et non-sens* (Paris : Nagel, 1947), pp.15~44. transted by Patricia A. Dreyfus and Hubert L. Dreyfus as "Cézanne's Doubt", in *Sense and Non-sense* (Evanston : Northwestern University Press, 1964). 이후로는 본문에서 *SNS*와 *SNS-tr.*로 각각 약칭함.

2) Maurice Merleay-Ponty, "L'Oeil et l'esprit"(Paris : Gallimard, 1961). 이후로는 본문에서 *OE* 로 약칭함. Translated by Carlton Dallery as "Eye and Mind" in *The Primacy of Perception*, ed. James M. Edie (Evanston : Northwestern University Press, 1964), pp.159~90. 이후로는 본문에서 *EM*으로 약칭함.

3) Jacques Derrida, "Restitutions de la verité en pointure", *Macula*, nos. 3~4 (1978), pp.11~37.

4) Jacques Derrida, *La Verité en peinture* (Paris : Flammarion, 1978). Translated by Geoffrey Bennington as *The Truth in Painting* (Chicago : University of Chicago Press, 1987). 이후로는 본문에서 *Verité*와 *TP*로 각각 약칭함.

5) Meyer Schapiro, "The Still-Life as a Personal Object : A Note on Heidegger and Van Gogh", in *The Reach of Mind : Essays in Memory of Kurt Glodstein*, 1878~1965 (New York : Springer, 1967).

6) *Conversations avec Cézanne*, ed. p.M. Doran (Paris : Macula, 1978), esp. pp.23~80. 이후로는 본문에서 *Cézanne*로 약칭함.

7) Hubert Damisch, "La Versant de la parole", in *Bulletin de Psychologie*, vol.18. nos. 3~6 (November 1964). 이 글은 "Maurice Merleau-Ponty à la Sorbonne"(pp.105~108)라는 제목 으로 되어 있다. James Barry, Jr., 그리고 Stephen H. Watson이 영역(英譯)하고 Hugh J. Silverman이 편저한 두 권으로 된 *Merleau-Ponty's Sorbonne Lectures* (Humanities Press)가 출 판될 예정으로 있으며, 제1권은 1994년에 계획되었다.

8) 아홉 번째 편지의 내용에 대해서는 *Cézanne*를 참고할 것.

9) 사실을 말하면, 메를로퐁티는 B. Dorival, Paul, *Cézanne*, p.57을 인용했다.

10) 비전을 그림으로 전환하는 패러다임의 경우로는 자화상을 들 수 있다. 자화상에 대 한 좀 더 구체적인 읽기에 대해서는 이 책의 제15장을 참고할 것.

11) 이 책의 제13장을 참고할 것. 거기에서 필자는 반 고흐의 '구두 그림'에 대한 하이데 거의 읽기에 대한 마이어 사피로의 읽기에 대한 데리다의 읽기에 대해서 더 많이 상 세하게 논의했다.

◆ 제5장 ◆

1) Dante, Alighieri, "Inferno", *The Divine Comedy*, trans. John Ciardi (New York : New American Library, 1954), p.104.

2) Roland Barthes, *The Pleasure of Text* (1973), trans. Richard Miller (New York : Hill & Wang, 1975).

◀ 제6장 ▶

1) Jacques Derrida, *Speech and Phenomena* (1967); *Of Grammatology* (1967), trans. Gayatri Chakrovorty Spivak (Baltimore : Johns Hopkins University Press, 1976)[이후로는 본문에서 *Grammatology*로 약칭함]; *Writing and Difference*, trans. Alan Bass (Chicago : University of Chicago Press, 1978).

2) Jacques Derrida, *Edmund Husserl's Origin of Geometry : An Introduction* (1962), trans. John p.Leavey (New York : Nicholas Hays, 1977). 이 영역본의 개정판은 네브래스카대학교 출판부에서 1989년에 출판되었다. 이후로는 본문에서 *IOG*로 약칭함.

3) Jacques Derrida, *Positions* (1972), trans. Alan Bass (Chicago : University of Chicago Press, 1982). 데리다의 이 책에는 데리다가 우드뱅, 스파르페타, 및 크리스테바와 각각 대담한 내용이 수록되어 있다. 이후로는 본문에서 *Positions*로 약칭함.

4) Jacques Derrida, *Dissemination* (1972), and *Margins of Philosophy* (1972), trans. Alan Bass (Chicago : University of Chicago Press, 1982). 이후로는 본문에서 *Margins*로 약칭함.

5) Jacques Derrida, "The Paregon", trans. Craig Owens. *October*, no.9 (Summer 1979), pp.3~40. 특히 33쪽을 참고할 것. 데리다의 이 글은 *Truth in Painting* (1978), pp.16~147; *Verité*, pp.19~168에 재수록 되었다.

6) Jacques Derrida, *La Carte Postale : de Socrate à Freud et au-délà* (Paris : Aubier-Flammarion, 1980), p.536. 이후로는 본문에서 *Carte postale*로 약칭함.

7) *Les Fins de l'homme : à partir du travail de Jacques Derrida* (Paris : Galiée, 1981), 특히 Jacques Derrida, "D'un ton apocalyptiqe adopté naguére en philosophie", pp.445~86을 참고할 것.

8) Jacques Derrida, "The *Retrait* of Metaphor" in *Enclitic*, vol.11, no.2 (Fall 1978), pp.5~33. 이후로는 본문에서 *Retrait*로 약칭함.

9) Jacques Lacan, "Seminar of 'The Purloined Letter'", trans. Jefffrey Mehlman, in "French Freud : Structural Studies in Psychoanalysis", *Yale French Studies*, no.48 (1972), pp.38~72; Jacques Derrida, "The Purveyor of Truth", trans. Willis Domingo, James Hulbert, Mosche Ron, and Marie-Rose Logan, in "Graphesis : Literature and Philosophy", *Yale French Studies*, no.5 (1975), pp.31~113.

10) Barbara Johnson, "the Frame of Reference : Poe, Lacan, Derrida", in *The Critical Difference : Essays in the Contemporary Rhetoric of Reading* (Baltomore : Johns Hopkins University Press, 1980), pp.110~46.

11) Harold Bloom et al., Deconstruction and Criticism (New York : Seabury Press, 1979). 특히 Paul de Man, "Shelley Disfigured", pp.39~73, Jacques Derrida, "Living On : Border Lines", pp.75~176을 참고할 것. 이후로는 본문에서 *DC*로 약칭함.

12) Jacques Derrida, *The Archeology of the Frivolous* (1973), trans. John p.Leavey (Pittsburgh : Duquesne University Press, 1980). 이후로는 본문에서 *AF*로 약칭함.

13) Martin Heidegger, *The Question of Being*, trans. Jean T. Wilde and William Kluback (New York : College & University Press, 1958).

14) *Inscriptions*, chap.16을 참고할 것.

15) Martin Heidegger, *Introduction to Metaphysics*, trans. Ralph Manheim (New Haven : Yale University Press, 1959), 및 *The End of Philosophy*, trans. Joan Stambaugh (New York : Harper

& Raw, 1973).

16) Hugh, J. Silverman, *Incriptions*, chap.17. 또한 Rodolphe Gasche, "Deconstructions as Criticism", in *Glyph* 6 (1979), pp.177~215를 참고할 것.

◀ 제7장 ▶

1) Jean-Paul Sartre, *What Is Literature?* (1947), trans. Bernard Frechtman (New York : Harper and Row, 1965). 새로운 영역본에 대해서는 *What Is Literature?* trans. Stephen Ungar (Harvard University Press, 1988)을 참고할 것.

2) Barthes, *Writing Degree Zero* (1953).

3) Claude Lévi-Strauss, "The Structural Study of Myth", in *Structural Anthropology*, trans. Claire Jacobson and Brooke Grundfest Schoeph (New York : Basic Books, 1963), pp.206~31.

4) Michel Beaujour, "For a Science of Literature", *Plato de Contactio / Point of Contact*, vol.1, no.4 (1977), pp.4~11.

5) Smuel, R. Levin, *Linguistic Structures in Poetry* (The Hague : Mouton, 1962) 및 논문집 *Linguistics and Literary Style*, ed. Donald C. Freeman (New York : Holt, Rinehart and Winston, 1971)을 참고할 것.

6) Michael Riffaterre, *Essais de stylistique structurale* (Paris : Flammarion, 1971). 리파테르의 이 책은 상호텍스트 이론에서 고전적인 연구에 해당한다. Riffaterre, *Semiotics of Poetry* (Bloomington : Indiana University Press, 1978)도 참고할 것.

7) Roman Jakobson, "Two Aspects of Language and Two types of Aphasic Disturbances", in *Fundamentals of Language* (The Hague : Mouton, 1971), pp.69~96. 야콥슨의 이 논문은 은유와 환유에 대한 오늘날의 연구에서 핵심적인 참고문헌에 해당한다. 분석철학 μ의 전통에서 이러한 문제는 Max Black, *Models and Metaphors* (Ithaca : Cornell University press, 1962), '취의(取義)와 매체(媒體)'의 관계를 논의한 I.A. Richards, *The Philosophy of Rhetoric* (New York : Oxford, 1936) 등의 전통에 접맥된다. 아리스토텔레스, '퀸틸리안학파' 및 퐁타니에 등을 포함하는 수사학의 전통에서는 소위 말하는 '그룹 μ'(J. 뒤브아, F. 에델린, J.M. 클린켄베르크, P. 민구에, F. 피르 및 H. 트리농)의 연구서인 *Rhétorique générale* (Paris : Larousse, 1971)의 바탕이 되었다. 아마도 비유에 대한 가장 의미 있는 오늘날의 연구로는 Paul Ricoeur, *The Rule of Metaphor*, trans. Roert Czerny, K. McLaughlin, and J. Costello (Toronoto : University of Toronto Press, 1977)일 것이다. 존 설의 '화술행위'는 J.L. 오스틴의 '발화행위'를 수정한 것이다. 존 설은 페르디낭 드 소쉬르의 '랑그', 즉 예상되는 '파롤'에 반대되는 것으로서의 '랑그'의 개념에서 비롯되는 언어적인 수행능력에 대해서 이의를 제기했다. 이러한 점에 대해서는 John Searle, *Speech Acts : An Essay in the Philosophy of Language* (Cambridge : Cambridge University Press, 1969)와 John Austin, *How to Do Things with Words* (New York : Oxford University Press, 1962)를 참고할 것. 리처즈 오만과 스탠리 피시 등의 다양한 연구 외에도, 예를 들면, Mary Louise Pratt, *Toward a Speech Act Theory of Literary Discourse* (Bloomington : Indiana University Press, 1977)를 참고할 것.

8) [원문에 없음]

9) 예를 들면, Jacob Leed, ed., *The Computer and Literary Style* (Kent, Ohio : Kent State

University Press, 1966)에 수록된 논문들을 참고할 것.

10) 가장 괄목할 만한 몇 가지 경우를 예로 들면 다음과 같다. Paul Ricoeur, *The Symbolism of Evil*, trans. Emerson Buchanan (Boston : Beacon, 1969); *Freud and Philosophy*, trans. Denis Savage (New Haven : Yale University Press, 1971); *The Conflict of Interpretations*, ed. Don Ihde (Evanston : Northwestern University Press, 1974); Hans-Georg Gadamer, *Truth and Method* 등을 들 수 있다. 또한 Richard E. Palmer, *Hermeneutics : Interpretation Theory in Schleiermacher, Dilthey, Heidegger and Gadamer* (Evanston : Northwestern University Press, 1969), Kurt Müller-Vollmer, *Toward a Phenomenology of Literature : A Study of Wilhelm Dilthey's Poetik* (The Hague : Mouton, 1963)을 들 수 있다. 해석학에 관계되는 최근의 몇 가지 가치 있는 저서로는 *Interpretation of Narrative*, eds. Mario J. Valdes and Owen J. Miller (Toronto : University of Toronto Press, 1978); *The Hermeneutics Reader : Texts of the German Tradition from the Enlightenment to the Modern Philosophy*, ed. Brice Wachterhauser (Albany : SUNY Press, 1986); *The Hermeneutic Tradition : From Ast to Ricoeur* 등을 비롯하여 *Transforming the Hermeneutic Context : From Nietzsche to Nancy*, eds. Gayle L. Ormiston and Alan D. Schrift (Albany : SUNY Press, 1990); *Hermeneutics and Deconstruction*, eds. Hugh J. Silverman and Don Ihde (Albany : SUNY Press, 1985); *Gadamer and Hermeneutics*, ed. Hugh J. Silverman (New York and London : Routledge, 1991) 등을 들 수 있다.

11) Ernest Jones, *Hamlet and Oedipus* (New York : anchor, 1949)는 이 분야에 대한 고전적인 연구에 해당한다. 윌리엄 필립스는 이러한 영역에 대한 수많은 다른 중요한 연구를 정리하여 *Art and Psychoanalysis* (New York : Meridian, 1957)에 수록했다.

12) Sartre, *Baudelaire* (1952), trans. Martin Turnell (New York : New Direction, 1950), Sartre, *Saint Genet* (1952), trans. anon.(New York : New American Library, 1963) 및 *Sartre Mallarmé, or the Poet of Nothingness* (1986), trans. Ernest Sturm (University Park : Penn State University Press, 1988).

13) George Lukacs, *Goethe and His Age*, trans. Robert Anchor (New York : Grosset and Dunlap, 1963); Max Horkheimer and Theodor W. Adorno, *Dialectic of Enlightenment*, trans. John Cumming (New York : Seabury, 1972); Lucien Goldmann, *The Hidden God : A Study of Tragic Vision in the Pensées of Pascal and the Tragedies of Racine*. trans. Philip Thody (New York : Humanities Press, 1964); 및 Jan Kott, *Shakespeare Our Contemporary*, trans. Boleslaw Taborski (New York : Anchor, 1966).

14) Northrop Frye, *Anatomy of Criticism* (New York : Antheneum, 1957).

15) René Girard, *Violence and the Sacred*. trans. Patrick Gregory (Baltimore : Johns Hopkins University Press, 1977).

16) 여기에서는 Geoffrey H. Hartman, *The Unmediated Vision* (New York : Harcourt Brace and World, 1954)을 참고했다. 필자는 하트만의 다음과 같은 저서에 나타나 있는 구조주의와 후기구조주의 비평을 간과하지 않았음을 밝혀둔다. 필자가 참고한 하트만의 저서로는 *Beyond Formalism* (New Haven : Yale University Press, 1970), *The Fate of Reading* (Chicago : The University of Chicago Press, 1975), *Criticism in the Wilderness* (New Haven : Yale University Press, 1980), *Saving the Text : Philosophy- / Derrida / Literature* (Baltimore : Johns Hopkins University Press, 1981) 등이 있다.

17) 여기에서의 논의는 이 책의 제1장에서 제안했던 문제, 특히 '분열'과 '차이'의 문제

에 의존할 뿐만 아니라 그러한 문제를 참고했다.

18) Roman Ingarden, *The Literary Work of Art* (1931), 및 Robert Mabiola, *Phenomenology and Literature : An Introduction* (West Lafayette : Purdue University Press, 1977)을 참고할 것. 특히 제2부 제2장을 참고할 것. 이후로는 본문에서 *Pheno&Lit.*로 약칭함.

19) Hugh J. Silverman, "Review Dufrenne's *The Phenomenology of Aesthetic Experience*, trans. E.S. Casey et al.(Evanston : Northwestern University Press, 1973)", *The Journal of Aesthetics and Art Criticism*, Vol.33, no.4 (Summer 1975), pp.462~64; Silverman, "Dufrenne's *The Phenomenology of Poetry*", *Philosophy Today*, vol.20, no.4 (Spring 1976), pp.20~24.

20) René Wellek and Austin Warren, *Theory of Literature* (New York : Harcourt, Brace and World, 1956). 지금은 고전이 된 자신들의 이 책에서 르네 웰렉과 오스틴 워렌은 문학에 대한 외적인 접근과 내적인 접근의 차이를 구별했다. 줄리아 크리스테바가 소개했고 마이클 리파테르와 그 밖의 연구자들이 적용한 바 있는 '상호텍스트성'은 W.K. 윔재트와 몬로 비어즐리가 '내적 증거'라고 명명한 것에 해당한다. 이러한 점에 대해서는 조셉 시플리의 『세계문학사전』을 참고할 것. 클로드 레비스트로스와 같은 이론가들에게 있어서, 동일한 신화구조에 대한 차이 나는 다양한 해석에서는, 내적 증거와 외적 증거 모두에 의해서 형성되는 '텍스트' 사이의 관계를 지적했다. 다시 말하면, 레비스트로스는 구분 그 자체에는 어떤 지속적인 적용가능성이 없다고까지 강조했다.

21) Jonathan Culler, *Structuralist Poetics* (Ithaca, New York : Cornell University Press, 1975), p.3. 이후로는 본문에서 *StructPoetics*로 약칭함.

22) E.D. Hirsch, *Validity in Interpretation* (1967) 및 *The Aims of Interpretation* (Chicago : University of Chicago Press, 1976). 매그리올라는 자신의 책 제2부 제1장에서 허시, 후설 및 프레게식의 '객관적 의미(Sinn) / 정보적 의미(Bedeutung)'에 대해서 논의했다.

23) 허시의 '결정적 의미'(독자로서의 필자가 보기에 텍스트가 의미하는 것에 해당할 뿐인 '의미')는 그것이 '의도적 의미'(의미)와 '의미작용' 모두와 구별되는 것이기 때문에 여기에서는 작용하지 않게 된다.

24) Barthes, *S / Z* (1971) 및 Culler, *SructPoetics*, p.203.

25) Culler, *Pheno&Lit*, p.118. 이러한 점에서 컬러는 Roland Barthes, *Critique et verté* (Paris : Editions du Seuil, 1966)에 의존했다.

26) Culler, p.118; Barthes, *Critique et verité*, p.17.

27) Balzac, "Sarasine" in *S / Z*, pp.221~54.

28) Barthes, *S / Z*, p.151; "To Write : Intransitive Verb?" The Structuralist Controversy, eds. Eugenio Donato and Richard Macksey (Baltimore : The Johns Hopkins University Press, 1972), pp.154~56. '중간 목소리'이기는 하지만 차이나는 틀 안에 있는 목소리에 대한 또 다른 논의에 대해서는 자크 데리다의 『화술과 현상』의 마지막 장, 특히 pp.94~98을 참고할 것. 이 두 가지 경우에서는 그리스어 'aortist'를 모델로 사용했다.

29) 해석학적 기호학에서는 의미작용과 의미, 읽기와 해석, 텍스트와 표현 '사이'의 전환점, 경첩 또는 경계면에서 그 자체를 선언하게 된다. '미결정'은 독자가 의미를 파악하고 텍스트가 해석하는 지점에 위치해 있다. 미결정을 의미 있게 함으로써 해체주의라는 이름을 경험할 수 있다. 해체주의는 전형적으로 자크 데리다에게 협조적이다. 더 많은 논의에 대해서는 Hugh J. Silverman, *Inscriptions*, chap.17 "Self-Decentering : Derrida Incorporated"를 참고할 것. 미결정의 문제에 대해서는 이 책의 제4장 마지막

부분에서 어느 정도 구체적으로 이미 개관한 바 있다.

◀ 제8장 ▶

1) Paul de Man, "Shelley Disfigured", in *DC*.
2) Edward Said, "The Problem of Textuality : Two Exemplary Positions", in *Aesthetics Today*, ed. Morris Philipson and Paul J. Gudel (New York : Meridian / New American Library, 1980), p.89. 이후로는 본문에서 *PT*로 약칭함.
3) '미결정'에 대한 구체적인 설명에 대해서는 제6장의 '전략' 항의 (b)를 참고할 것.
4) Derrida, "Limited Inc. a b c ……", in *Glyph 2* (Baltimore : Johns Hopkins University Press, 1977), pp.162~254. 이 글에 대한 최근의 번역은 *Limited Inc*, trans. Samuel Weber and Jeffrey Mchlman, ed. Gerlad Graff (Northwestern University Press, 1988)을 참고할 것. 프랑스어로는 *Limited Inc* (Paris : Gailée, 1990)로 완간되었다.
5) 여기서 언급하고 있는 세 권의 텍스트에 나타나는 '자서전적인 텍스트성'의 역할에 대해서는 이 책의 제9, 10, 11장을 참고할 것.

◀ 제9장 ▶

1) Henry David Thoreau's *Walden : or Life in the Woods* (1960 edition). 이 텍스트는 필자가 필자 자신의 자서전을 쓰게 된다면 중요한 역할을 할 수도 있을 것이다. 이러한 점에 대해서는 Hugh J. Silverman, "An Essay in Self-Presentation", in *American Phenomenology*. ed. Calvin O. Schrag and Eugene Kaelin (Dordrecht : Kluwer, 1989), pp.374~83을 참고할 것. 소로우는 1817년 매사추세츠에 있는 콩코드에서 태어났으며, 필자는 125년이 지난 후에 그곳에서 그리 멀지 않은 곳에서 태어났다. 소로우는 보스턴 교외의 가까운 시골에서 성장했다. 필자는 철학과 문학에 대한 성향을 가지고 있었기 때문에, 소로우의 『월든』은 필자의 공상에 가장 합당하게 들어맞았던 것이다. 필자는 사춘기 시절에 소로우의 이 책을 열심히 탐독했으며, 영국인이 종종 셰익스피어에게, 프랑스인이 몽테뉴에게, 독일인이 괴테에게 되돌아오는 것과 똑같이 필자는 미국문학의 패러다임으로『월든』을 읽고는 했다. 그 이후에 필자의 읽기는 필자가 성장했고 교육을 받았던 미국 뉴잉글랜드 지역으로부터 멀리 떨어져 있게 되었다. 이제 필자는 이와 같은 텍스트적인 고향이 가지는 그 자체의 자서전적인 텍스트성의 공간과 한계를 발전시키기 위해서 바로 그 텍스트적인 고향으로 되돌아오게 되었다. 이후로 소로우의 텍스트는 본문에서 *Walden*으로 약칭함.
2) Georges May, *L'Autobiographie* (Paris : Presses Universitaires de France, 1979).
3) 예를 들면, James Olney, ed., *Metaphors of Self* (Princeton : Princeton University Press, 1972) 및 Karl Joachim Weintraub, *The Value of the Individual : Self and Circumstance in Autobiography* (Chicago : University of Chicago Press, 1978)를 참고할 것.
4) 소로우는 Elizabeth W. Bruss, *Autobiographical Acts* (Baltimore : Johns Hopkins University Press, 1976)에서 한 번, George p.Landow, ed., *Approaches to Victorian Autobiography* (Athens : Ohio University Press, 1979)에 수록된 글에서 두 번, 그리고 James Olney, ed., *Autobiography : Essays Theoretical and Critical* (Princeton : Princeton University Press, 1980)에서 간략하

게 인용되었을 뿐이다.

5) 자서전적인 시간성의 특징에 대한 더 많은 언급에 대해서는 이 책의 제11장을 참고 할 것.

6) Sigmund Freud, *An Autobiographical Study*, trans. James Strachey (New York : Norton, 1950), p.43.

7) Michel de Montaigne, "To the Reader", *The Complete Essays*, trans. Donald Frame (Stanford : Stanford University Press, 1958), p.2.

8) Jean-Jacques Rousseau, *The Confessions*, trans. J.M. Cohen (Harmondsworth, Middlesex : Penguin, 1954), p.17.

9) Giambattista Vico, *The Autobiography*, trans. thomas Goddard Bergin (Ithaca : Cornell University Press, 1944), p.111.

10) Johann Wolfgang Goethe, *The Autobiography*, vol.1, trans. J. Oxenford, ed. K.J. Weintraub (Chicago : University of Chicago Press, 1974), p.3.

11) Henry Adams, *The Education of Henry Adams* (Boston : Houghton Mifflin, 1918), p.3.

12) Paul de Man, "The Epistemology of Metaphor", in *On Metaphor*, ed. Sheldon Sacks (Chicago : University of Chicago Press, 1978), pp.11~28.

13) 이러한 예로는 Edward S. Casey, *Imagining : A Phenomenological Study* (Bloomington : Indiana University Press, 1976), "Imagining and Remembering", *Review of Metaphsics*, vol.31, no.2 (1977), pp.187~209, 및 Hugh J. Silverman, "Imagining, Perceiving, and Remembering", *Humanitas*, vol.14, no.2 (1978), pp.197~207을 참고할 것.

14) Eugene Ionesco, *Present Past / Past Present*, trans. Helen R. Lane (New York : Grove, 1971).

15) Jean-Paul Sartre, *Between Existentialism and Marxism*, trans. John Matthews (New York : Pantheon Books, 1974).

◀ 제10장 ▶

1) Friedrich Nietzsche, *Esse Homo*, trans. Walter Kaufmann (New York : Vintage, 1967), p.221. 이후로는 본문에서 *EH-WKr*.로 약칭함.

2) R.J. Hollingdale, "Introduction", to Nietzsche, *Ecce Homo* (Harmondsworth : Penguin, 1979), p.7. 이후로는 본문에서 *EH-RH*tr.로 약칭함

3) Friedrich Nietzsche, *Esse Homo* (Frankfurt : Insel, 1977), pp.39~40.

◀ 제11장 ▶

1) Claude Lévi-Strauss, *Tristes Tropiques* (Paris : Plon, 1955), p.55. trans. John and Doreen Weightman (New York : Atheneum, 1974), pp.44. 이후로는 본문에서 *TT*로 약칭함.

2) Hugh J. Silverman, "Un Egale deux ou l'espace autobioqraphique et ses limites" in *Le Deuz*, ed. M. le Bot (Paris : 10~18, 1980), pp.279~302. 영역본은 *Eros : A Journal of Philosophy and Literary Arts*, vol.8. no.1 (June 1981), pp.95~115에 수록된 "The Autobiographical Space and Its Limits"를 참고할 것.

3) 가장 괄목할 만한 예외적인 경우로는 제2차 세계대전 동안에 레비스트로스가 뉴욕

을 여행했다는 사실이다. 이때 그는 망명자의 신분으로 지금은 'New School for Social Research'라고 불리는 곳에서 강의했다.

4) 롤랑 바르트는 글쓰기(각인)가 스타일과 언어(랑그)의 경계면에서 발생하는 것으로 이해되는 한, 동일한 글쓰기가 서로 다른 시대에서 발생할 수도 있다는 점을 강조했다. 자기 자신의 삶에 대한 글쓰기는 서로 다른 일시적인 콘텍스트에서, 자서전이 성행하게 되는 일반적인 역사적 시간 내에서 발생할 수도 있는 반면 개인적인 스타일과 문화적 언어는 서사의 시간을 특수화시키는 경향이 있다.

5) 자서전에 가까운 것으로는 일기, 일지(일기보다 문학적인), 비망록 및 회고록 등이 있다. 회고록이 자서전과 유사하거나 종종 동일한 것으로 간주되는 까닭은 대부분의 경우 자기 자신의 삶에 대한 전체적인 범위를 점검하는 입장에서 집필되기 때문이다. 그러나 회고록은 종종 전쟁, 집무기간, 배우로서의 활동시기 등과 같이 특정한 토픽에 집중하는 경향이 있다. 일기, 일지 및 비망록 등은 일상적으로 발생했거나 또는 종종 그와 비슷한 것을 연재형식으로 집필하는 경향이 있다. 이러한 것들은 수많은 단기간의 사항에 바탕을 두어 삶을 연대기적으로 기록하게 된다. 자서전과 유사한 이와 같은 유형들이 개인적인 시간을 연대기적으로 보여주기는 하지만, 그러한 시간의 범위에서는 삶 전체에 대한 자서전에서 파악할 수 있는 수많은 특징들을 충족시킬 필요가 없다.

6) Benvenuto Cellini, *La Vita* (Torino : Einaudi editore, 1973), p.7. 영역본은 *The Autobiography*, by George Bull (Harmondsworth, Middlesex : Penguin, 1956), p.15.

7) 첼리니의 견해를 확인하기 위해서, 데카르트는 자신의 『방법론 서설』을 41세에 출간했고, 루소는 자신의 『고백록』을 52세에 집필하기 시작했고, J.M. 밀은 47세에 자신의 『자서전』을 집필하기 시작하여 66세에 완성했고, 사르트르는 59세가 되었을 때에 『말』을 집필했고, 롤랑 바르트는 자신의 『롤랑 바르트』를 60세에 출간했으며, 러셀은 95세에서 97세 동안에 자신의 『자서전』을 집필했다는 점을 고려할 필요가 있을 것이다. 물론 35세에 자신의 『저자로서 나의 작품에 대한 관점』을 집필한 키에르케고르처럼 예외적인 경우도 있다.

8) W.B. Yeats, "Preface", to "Reveries over Childhood and Youth", in *The Autobiography of William Burtler Yeats* (New York : Macmillan, 1965), 이 부분에는 페이지 번호가 없음.

◀ 제12장 ▶

1) Jean-Paul Sartre, *The Words* (1963), trans. Bernard Frechtman (Greenwich, Conn : Fawcett, 1964). 이후로는 본문에서 *Words*로 약칭함.

2) Roland Barthes, *Roland Barthes* (1975), trans. Richard Howard (New York : Hill and Wang, 1977). 이후로는 본문에서 *RB*로 약칭함.

3) 사르트르와 레오 프레츠의 대담(1976)에 대한 예로는 Hugh J. Silverman and Frederick A. Elliston, eds. *Jean-Paul Sartre : Contemporary Approaches to His Philosophy* (Pittsburgh : Duquesne University Press and Hassocks, Sussex : Harvester Press, 1980), pp.221~39를 참고할 것.

4) Jean-Paul Sartre, *Sartre, un film réalisé par Alexandre Astruc et Michel Contat* (Paris : Gallimard, 1977), *Sartre by Himself*, trans. Richard Seaver (New York : Urizen Books, 1978), 이후로는 본문에서 *Sartre by Himself*로 약칭함.

5) Francis Jeanson, *Sartre dans sa vie* (Paris : Seuil, 1974), pp.89~93.

6) Liliane Sendyk-Siegel, *Sartre ; Images d'une vie*(Paris : Gallimard, 1978). 이후로는 본문에서 *Sartre ; Images*로 약칭함, 이와 같은 사르트르의 사진에 대한 더 많은 논의에 대해서는 제14장을 참고할 것.

7) '사진적인 텍스트성'에 대해서 필자는 제14장에서 충분하게 논의했다.

8) Satre, "From Poet to Artist", in *The Family Idiot*, vol.2, trans. Carol Cosman (Chicago : University of Chicago Press, 1987), pp.315~435.

9) Hugh J. Silverman, *Inscription*, chap.11, "Sartre and the Structuralists"를 참고할 것.

10) 특히 Sartre, *Les Mots*, ed. David Nott (London : Methuen, 1981), pp.ix-xxi를 참고할 것.

11) Roland Barthes, *Michelet* (Paris : Seuil, 1954).

12) Barthes, "Barthes puissance trois", *La Quinzaine Littéraire* (March 1~15, 1975).

13) Louis Marin, *Utopics : The Semiological Play of Textual Spaces*, trans. Robert Vollrath(Atlantic Highlands : Humanities Press, 1990) 및 'atopia'와 'utopia'의 관계에 대해서는 Hugh J. Silverman, *Inscritptions*, chapter 19를 참고할 것.

제13장

1) 앞에서 언급했던 바와 같이, 하이데거의 이 텍스트에 대한 참고문헌은 *Holzwege* [숲 속의 길]에 처음으로 수록된 「예술작품의 기원」(The Origin of the Work of Art)[PLT-OWA]이며, 이후로 본문에서 *Holzwege* (Frankfurt : Klostermann, 1980)는 *Holz*로 약칭함. *Der Ursprung des Kunstwerkes* (Stuttgart : Reclam, 1960)에는 한스-게오르규 가다머의 '후기'가 포함되어 있으며, 가다머는 학생용으로 편집하기도 했다.

2) Paolo Caldano, *Van Gogh : Tout ll'Oeuvre peint*, 2 vols.(Paris : Flammarion, 1971).

3) 이러한 다섯 편의 그림 중에서 네 편의 그림이 Derrida, "Restitutions de la verité en pointure", in *Verité* (1978), pp.291~436에 재-수록 되었다.

4) *Verité*, p.432.

5) 「예술작품의 기원」─1935년 프라이부르크와 취리히에서의 강연─의 초기 판본에서, 하이데거는 반 고흐의 '구두' 그림을 논의하지 않았다. 그림의 예에 대한 부재는 도구에 대해 전념하는 논의의 부재를 의미한다. 1935년과 1936년 사이에 하이데거는 도구의 문제로 되돌아오는 것이 중요하다는 점을 발견했던 것 같으며, 자신의 이와 같은 논의를 도구에 대한 논의에 관련지은 것 같다. 하이데거가 왜 특별히 도구, 구두 및 농부 생활(구두에서 비롯되는)에 관심을 가져야만 했는가의 문제는 하이데거 자신이 그 당시에 틀림없이 '민족 사회주의' 정치에 당혹스러워 했다는 콘텍스트와 관련지어 발전시켜야할 문제이다.

6) Jacques Derrida, *Spurs : Nietzsche's Styles*, trans. Barbara Harlow (Chicago : University of Chicago Press, 1978). 이후로는 본문에서 *Spurs*로 약칭함.

7) Martin Heidegger, *Aus der Erfahrung des Denkens* (Pfullingen : Neske, 1954).

8) Derrida, *Limited Inc.*(1977 / 1988) 및 Hugh J. Silverman, *Inscription*, chap.17의 "Self-Decentering : Derrida Incorporated"를 참고할 것.

◀ 제14장 ▶

1) Diane Meller Marcovicz, *Martin Heidegger : Photos* (Stuttgart : Fey, 1978) 및 Liliane Sendyk-Siegel, *Sartre ; Images d'une vie* (Paris : Gallimard, 1978).

2) 후설의 자아이론과 몸에 대한 그의 견해에 대한 설명으로는 Hugh J. Silverman, *Inscription*, chap.1, "The Self in Husserl's Crisis"를 참고할 것.

3) *Sartre by Himself*(1977)를 참고할 것.

4) André Breton, *Manifesto of Surrealism*, p.21.

5) Jean-Paul Sartre, Philippe Gavi, and Pierre Victor, *On a raison de se révolte*r (Paris : Gallimard, 1974).

◀ 제15장 ▶

1) 메를로퐁티의 저서의 영역본은 필자 자신이 영역한 것이다. 그러나 카를레톤 댈러리 (Carleton Dallery)가 영역한 *EM*도 참고할 것.

2) 그림에 대한 메를로퐁티의 설명에 관계되는 다음과 같은 논평 그 어디에서도 '자화 상'에 대해서는 아무런 언급을 하지 않았다. Gary Brent Madison, "La Peinture", *La Phénoménologie de Merleau-Ponty* (Paris : Klincksieck, 1973), pp.89~124; Michel Lefeuvre, "Les Arts", *Merleau-ponty au délà de la Phénoménologie* (Paris : Klincksieck, 1976), pp.353~64; James Gordon Place, "The Painting and the Nartural Thing in the Philosophy of Merleau-Ponty", *Cultural Hermeneutics*, vol.4 (1976), pp.75~91; Mikel Dufrenne, "Eye and Mind", *Research in Phenomenology*, vol.10 (1980), pp.167~73; 및 Veronique M. Fóti, "Painting and the Re-Orientation of Philosophical Thought in Merleau-Ponty", *Philosophy Today*, vol.24, no.2 (Summer 1980), pp.114~20. '자화상'에 대한 유일한 언급과 논의는 Marjorie Grene, "The Sense of Things", *Journal of Aesthetics and Art Criticism*, vol.38, no.4 (Summer 1980), pp.377~89에서 찾아볼 수 있다. 그녀는 세잔의 경우보다는 쿠르베의 경우를 인용했 지만, '반영하기'만을 간단하게 언급했을 뿐이다. Harrison Hall이 "Painting and Perceiving", *Journal of Aesthetics and Art Criticism*, vol.39, no.3 (Spring 1981), pp.291~95에서 Grene의 글을 비판했을 때에도 '자화상'의 문제는 모두 빠져 있었다.

3) *Sens et non-sens* (Paris, 1947)에 처음으로 수록된 "Le Doute de Cézanne"를 참고할 것.

4) Jacques Lacan, *Écrits* (Paris : Editions du Seuil, 1966), pp.93~100. 영역(英譯)으로는 "The Mirror Stage as Formative of the 'I'", in *Écrits : A Sélection*, trans. Alan Sheridan (New York : Norton, 1977), pp.1~7.

5) Maurice-Merleau-Ponty, *Consciousness and the Acquisition of Language*, trans. Hugh J. Silverman (Evanston : Northwestern University Press, 1973).

6) Jacques Lacan, *Écrits*, p.95.

7) Michel de Montaigne, "Au Lecteur", *Essais* (Paris, 1962), p.1; Donald M. Frame trans., *Complete Essays of Montaigne* (Standford : Standford University Press, 1958), p.2.

8) Jean-Jacques Rousseau, *Les Confessions* in *Oevres Complètes*, vol.1(Paris : Gallimard, 1959), p.3.

9) 이러한 점에 대해서는 앞에서 논의한 바 있는 「자서전적인 텍스트성」을 참고할 것.

10) 「드로잉 하고 있는 손」이라는 제목의 M.C. 에셔의 유명한 석판화에는 서로가 서로의

손을 그리고 있는(또는 기술하고 있는) 두 개의 손이 나타나 있다. 각각의 손은 예술가의 연필을 잡고 있으며 동시적으로 서로가 서로의 발생을 가능하게 한다. M.C. 에서는 '그-자체를-기술하고 있는-손'을 가시적으로 만드는 역설적인 상황을 이룩하는 것이 무엇을 의미하는지를 제시했다. 그러나 이와 같은 손은 삶을 자서전으로 기술하고 있는 것이 아니다. 이러한 손의 가시성은 손 그 자체의 정체성을 분명히 하는 데 있다기보다는 손 그 자체의 존재를 수립하는 데 있다.

11) 사진자서전적인 텍스트성의 설명에 대해서는 이 책의 제14장을 참고할 것. 자서전적인 가시성으로서의 자화상과 사진전기적인 텍스트성—사르트르와 하이데거의 경우에서처럼 타자의 몸에 대한 관계에서—사이의 '유사성'은 이제 좀 더 분명해져야만 할 것이다.

◀ 제16장 ▶

1) '말하는 주체'에 대한 크리스테바의 설명에서 메를로퐁티의 역할을 고려하게 되는 '문제'에 대한 반응은 그녀의 졸업논문 세미나에서 제기되었고 또 한번은 그녀가 1988년 가을 뉴욕주립대학교 스토니브룩에서 저명교수 초청강연을 했을 때에 개인적인 대화에서 제기되었다.

2) Louis Althusser, "Freud and Lacan", in *Lenin and Philosophy and Other Essays*, trans. Ben Brewster (New York : Monthly Review Press, 1971), pp.189~219.

3) Julia Kriesteva, *Revolution in Poetic Language*, trans. Margaret Waller, with an Introduction by Leon S. Roudiez (New York : Columbia University Press, 1984), p.29. 이후로는 본문에서 *RPL*로 약칭함.

4) Maurice Merleau-Ponty, *Prose of the World*, ed. Claude Lefort, trans. John O'Neill (Evanston : Northwestern University Press, 1973). 이후로는 본문에서 *Prose*로 약칭함.

5) Maurice Merleau-Ponty, *Signs*, trans., with an Introduction, by Richard C. McCleary (Evanston : Northwestern University Press, 1964). p.43. 이후로는 본문에서 *Signs*로 약칭함.

6) 메를로퐁티의 언어의 이론에 대한 좀 더 구체적인 논의에 대해서는 Hugh J. Silverman, *Inscription*, 특히 제6장과 제9장을 참고할 것.

7) 흥미롭게도 메를로퐁티와 하이데거가 모두 '말하기'와 '생각하기'(또는 사고하기) 사이에 대한 구분을 하기는 했지만, 궁극적으로 하이데거는 '생각하기'를 '시화(詩化)하기'에 관련짓는 동시에 이 두 가지를 주체로 고려하기를 거부했다.

8) 크리스테바의 좀 더 최근의 글쓰기에서는 '낙담'과 '우울'에 대한 문제를 집중적으로 취급하고 있다. 특히 *Black Sun* (New York : Columbia University Press, 1989)을 참고할 것. 이러한 점은 여기에서의 논의에서 벗어나 있기 때문에 필자는 다만 크리스테바의 연구에서 이처럼 새로운 방향과 기호적인 것에 대한 현재의 고려에서 그 위치만을 제안할 뿐이다. 그렇게 함으로써 크리스테바의 이러한 분야에 대한 더 많은 연구가 필요하다는 점을 강조하고자 한다.

◀ 제17장 ▶

1) Michel Foucault, The Order of Things, trans. anon.(New York : Vintage, 1970).

2) Hugh J. Silverman, *Inscription*, chap.5를 참고할 것.

◀ 제18장 ▶

1) Friedrich Nietzsche, *Schopenhauer as Educator*, trans. James W. Hillesheim and Malcom R. Simpson (South Bend, Ind. : Gateway Editions, 1965), p.61(이후로는 본문에서 *SE*로 약칭함). 니체의 이 텍스트를 참고할 수 있는 또 다른 번역으로는 Friedrich Nietzsche, *Untimely Meditations*, trans. R.J. Hollingdale (Cambridge : Cambrdige University Press, 1983), pp.127~94. 독일어-프랑스어 '이중 언어' 판본은 Friedrich Nietzsche, *Unzeitgemäße Betrachtungen*, III-IV, trans. Geneviève Bianquis (Paris : Aubier, 1076), pp.15~169. 이 텍스트에 상응하는 독일어 구문을 표시하기 위해서 본문에서의 인용은 대괄호를 사용하여 [UB, p.96]과 같이 약칭함.

◀ 제19장 ▶

1) Maurice Blanchot, "Le 'Discours Philosophique'", in *L'Arc : Merleau-Ponty*, no.46 (1971), pp.1~4. 이후로는 본문에서 *DP*로 약칭함.

◀ 제20장 ▶

1) Martin Heidegger, *The Question of Being*, trans. Jean T. Wilde and William Kluback (New Haven : College and University Publishers, 1958). 이후로는 본문에서 *QB*로 약칭함.
2) Derrida, "Living On : Border-lines", in *Deconstruction and Criticism* (1979).
3) Michel de Montaigne, "On Experience", in *The Complete Essays*.
4) Francis Bacon, *Essays* (New York : Penguin, 1986).
5) Derrida, *Grammatology*.
6) *Philosophy and Non-Philosophy since Merleau-Ponty*에서 제기되었던 일반적인 일련의 문제에 대해서는 이러한 화제를 집중적으로 살펴본 Hugh J. Silverman ed. *Continental Philosophy-I*을 참고할 것. 또한 Hugh J. Silverman, *Inscriptions* 중에서 특히 제5~9장을 참고할 것.
7) Friedrich Nietzsche, *Thus Spoke Zarathustra*, trans. R. Hollingdale (New York : Penguin, 1969).
8) Heidegger, "Time and Being", in *On Time and Being*, trans. Joan Stambaugh (New York, Harper & Row, 1972) 및 Derrida, "Ousia and Grammē", in *Margins*를 참고할 것.
9) 예를 들면, Albert Hofstadter, "Enownment", *Boundary 2*, no.4 (1976), pp.357~77과 Heidegger, *Poetry Language Thought*에 대한 Hofstadter의 "Translator's Introduction"을 참고할 것.
10) Heidegger, "What Are Poet for?" in *PLT*, pp.91~142. 1946년 릴케 서거 20주년 기념강연에서 발표했지만, 하이데거의 이 글은 *Holzwege* (1950)에 처음으로 수록되었다.
11) Derrida, "Survivre", in *Parages* (Paris : Galilée, 1986), pp.117~218.
12) Maurice Blanchot, *L'Arêt de mort*, 영역으로는 Lydia Davis, *Death Sentence* (New York : Station Hill, 1978)를 참고할 것.
13) Derrida, *De L'esprit* (Paris : Galilée, 1987). 영역으로는 Geoffrey Bennington and Rachel

Bowlby, *Of Spirit : Heidegger and the Question* (Chicago : University of Chicago Press, 1987)을 참고할 것.

14) 이와 관련하여, 필자는 필립 라인랜더 교수를 기억하고 싶다. 라인랜더 교수는 스탠퍼드대학교 철학 및 인문학과 명예교수를 지냈으며 1987년 3월 20일 79세의 나이로 세상을 떠났다. 필자 개인적으로 말하면, 라인랜더 교수는 필자의 박사학위 논문 지도교수였다.

◀ 제21장 ▶

1) Michel Foucault, *The Oder of Things*, trans. anon.(New York : Vintage, 1970).
2) 이러한 점에 대해서는 Hugh J. Silverman, *Inscription*, chap.18, "Foucault and the Anthropological Sleep"을 참고할 것.
3) Edmund Husserl, "The Origin of Geometry", in *The Crisis of the European Sciences and Transcendental Phenomenology*, trans. David Carr (Evanston : Northwestern University Press, 1970), pp.353~78.
4) Foucault, "Nietzsche, Genealogy, History"(1971), in *Language, Counter-Memory, Practice*, trans. Donald Bouchard and Sherry Simon (Ithaca : Cornell University Press, 1977), pp.139~64. 이후로는 본문에서 *NGH*로 약칭함.
5) Michel Foucault, "Discourse on Language", in *The Archaeology of Knowledge*, trans. Alan Sheridan Smith (New York : Pantheon, 1972), pp.215~37.
6) Friedrich Nietzsche, *Genealogy of Morals*, trans. Walter Kaufmann (New York : Penguin, 1967).
7) 하이데거의 「예술작품의 기원」에 대한 구체적인 논의 및 특히 '기원'의 문제에 대해서는 이 책의 제5장을 참고할 것.

◀ 제22장 ▶

1) Blaise Pascal, *Pensées* (bilingual ed.), trans. H.F. stewart (New York : Modern Library, 1947), pp.343~43.
2) Pascal, p.343.
3) '미결정적인 것'에 대한 더 많은 논의에 대해서는 이 책의 제6장 제2절 b항을 참고할 것.
4) Martin Heidegger, "What Are Poets For?" in *Poetry Language Thought*, trans. Albert Hofstadter (New York : Harper & Row, 1971), p.92.
5) Jacques Derrida, "The Principle of Reason : The University in the Eyes of Its Pupils", *Diacritics*, vol.13, no.3 (Fall 1983), p.6.
6) 이 글을 처음으로 발표하게 된 기회를 갖게 되었을 때에, 『생각하기라고 명명되는 것은 무엇인가』에서 하이데거가 '생각하기'와 '감사하기' 사이의 연결을 가능하게 했던 바로 그 하이데거를 상기시켜 주었을 뿐만 아니라 '생각하기'에는 '가슴에 새기기'가 포함된다는 점도 상기시켜 주었던 자크 데리다에게 필자는 개인적으로 감사하게 생각한다. '생각하기'와 '철학' 사이의 차이에 대한 데리다의 질문은 이제 중요하게 되었다. 철학과 생각하기 사이, 마음을 대신하는 것과 마음에 새기는 것 사

이의 '다리'를 만들어내는 것은 철학과 생각하기를 하나로 통합할 수 있는, 통합할 수 있기를 기대할 수 있는 차이를 각인하는 것이다.

BIBLIOGRAPHY

Adams, Henry., *The Education of Henry Adams*. Boston: Houghton Mifflin Co., 1918.
Althusser, Louis., *Lenin and Philosophy and Other Essays*. Trans. Ben Brewster. New York: Monthly Review Press, 1971.
Austin, J. L., *How to Do Things with Words*. New York: Oxford University Press, 1962.
Bacon, Francis., *Essays*. New York: Penguin, 1986.
Barthes, Roland., *Writing Degree Zero* (1953). Trans. Annette Lavers and Colin Smith. New York: Hill and Wang, 1968.
—————., *Michelet*. Paris: Seuil, 1954.
—————., *Elements of Semiology* (1964). Trans. Annette Lavers and Colin Smith. New York: Hill and Wang, 1968.
—————., *Criticism and Truth* (1966). Trans. Katrina Pilcher Kenneman. Minneapolis: University of Minnesota Press, 1987.
—————., *S/Z* (1970). Trans. Richard Miller. New York: Hill and Wang, 1974.
—————., *The Pleasure of the Text* (1973). Trans. Richard Miller. New York: Hill and Wang, 1975.
—————., *Roland Barthes* (1975). Trans. Richard Howard. New York: Hill and Wang, 1977.
—————., *Image/Music/Text*. Trans. Stephen Heath. New York: Hill and Wang, 1977.
Beaujour, Michel., "For a Science of Literature," *Punto de Contacto/Point of Contact*, vol. 1, no. 4 (1977): 4–11.
Black, Max., *Models and Metaphors*. Ithaca: Cornell University Press, 1962.
Blanchot, Maurice., "Le 'Discours Philosophique'" in *L'Arc: Merleau-Ponty*, no. 46 (1971): 1–4.
—————., *L'Arret de Mort*. Trans. as *Death Sentence* by Lydia Davis. New York: Station Hill, 1978.
Bloom, Harold, et al. *Deconstruction and Criticism*. New York: Seabury Press, 1979.
Bruss, Elizabeth W., *Autobiographical Acts*. Baltimore: Johns Hopkins University Press, 1976.
Caputo, John D., *Radical Hermeneutics: Repetition, Deconstruction, and the Hermeneutic Project*. Bloomington: Indiana University Press, 1988.
Casey, Edward S., *Imagining: A Phenomenological Study*. Bloomington: Indiana University Press, 1976.
—————., "Imagining and Remembering," *Review of Metaphysics*. vol. 31, no. 2 (1977), pp. 187–209.

——————., *Remembering: A Phenomenological Study*. Bloomington: Indiana University Press, 1987.

Cellini, Benvenuto., *La Vita*. Torino: Einaudi editore, 1973. *The Autobiography*. Trans. George Bull. Harmondsworth, Middlesex: Penguin, 1956.

Cézanne, Paul., *Conversations avec Cézanne*. Ed. P. M. Doran. Paris: Macula, 1978.

Culler, Jonathan., *Structuralist Poetics*. Ithaca: Cornell University Press, 1975.

——————., *On Deconstruction: Theory and Criticism after Structuralism*. Ithaca: Cornell University Press, 1982.

Damisch, Hubert., "Le Versant de la parole." *Bulletin de Psychologie*, vol. 18, nos. 3–6 (November 1964): 105–8.

Dante Alighieri., *Vita Nuova*. Trans. Barbara Reynolds. Middlesex, England: Penguin, 1969.

——————., *The Divine Comedy*. 3 vols. [*The Inferno, The Purgatorio, The Paradiso*] Trans. John Ciardi. New York: Mentor, 1970.

Deleuze, Gilles, and Félix Guattari., *Anti-Oedipus: Capitalism and Schizophrenia* (1973). Trans. Robert Hurley, Mark Seem, and Helen Lane. New York: Viking Press, 1977.

——————., *Thousand Plateaux: Capitalism and Schizophrenia* (1980). Trans. Brian Massumi. Minneapolis: University of Minnesota Press, 1987.

De Man, Paul., "The Epistemology of Metaphor." *Critical Inquiry*, vol. 5, no. 1 (Autumn 1978): 13–30.

——————., "Shelley Disfigured," in *Deconstruction and Criticism*. New York: Seabury, 1979.

Derrida, Jacques., *Edmund Husserl's Origin of Geometry: An Introduction* (1962). Trans. John Leavey. Lincoln: University of Nebraska Press, 1989.

——————., *Of Grammatology* (1967). Trans. Gayatri Chakravorty Spivak. Baltimore: Johns Hopkins University Press, 1975.

——————., *Speech and Phenomena, and Other Essays on Husserl's Theory of Signs* (1967). Trans. David B. Allison. Evanston: Northwestern University Press, 1973.

——————., *Writing and Difference* (1967). Trans. Alan Bass. Chicago: University of Chicago Press, 1978; London: Routledge and Kegan Paul, 1978.

——————., *Dissemination* (1972). Trans. Barbara Johnson. Chicago: University of Chicago Press, 1981; London: Athlone Press, 1981.

——————., *Margins of Philosophy* (1972). Trans. Alan Bass. Chicago: University of Chicago Press, 1982; Hassocks: Harvester Press, 1982.

——————., *Positions* (1972). Trans. Alan Bass. Chicago: University of Chicago Press, 1982; London: Athlone, 1982.

——————., *The Archeology of the Frivolous: Reading Condillac* (1973). Trans. John P. Leavey. Pittsburgh: Duquesne University Press, 1980.

——————., *Glas* (1974). Trans. John Leavey and Richard Rand. Lincoln: University of Nebraska Press, 1986.

——————., "The Purveyor of Truth." Trans. Willis Domingo, James Hulbert, Mosche Ron, and Marie-Rose Logan. In *Graphesis: Literature and Philosophy: Yale French Studies*, no. 51 (1975), pp. 31–113.

——————., *Spurs: Nietzsche's Styles* (1976). Trans. Barbara Harlow. Chicago: University of Chicago Press, 1979.

——————., "Ou commence et comment finit un corps enseignant." In Dominique Grisoni, ed. *Politiques de la philosophie*. Paris: Grasset, 1976.

——————., "L'Âge de Hegel." In *Qui a Peur de la philosophie?*. Paris: Flammarion, 1977.

—————., "Fors. The English Words of Nicolas Abraham and Maria Torok." Trans. Barbara Johnson. *The Georgia Review.* vol. 11, no. 1 (Spring 1977), pp. 64–116.

—————., *Limited Inc., a b c...* (1977). Trans. Samuel Weber. Baltimore: Johns Hopkins University Press, 1977. Published as a supplement to *Glyph 2, Johns Hopkins Textual Studies.* Republished by Nortwestern University Press, 1988.

—————., "Coming Into One's Own." In *Psychoanalysis and the Question of the Text,* ed. Geoffrey Hartman. Baltimore: Johns Hopkins University Press, 1978.

—————., "Restitutions de la verité en pointure," *Macula.* nos. 3–4 (1978): 11–37.

—————., *The Truth in Painting* (1978). Trans. G. Bennington and I. McLeod. Chicago: University of Chicago Press, 1987.

—————., "The *Retrait* of Metaphor." Trans. F. Gasdner et al. *Enclitic,* vol. 2, no. 2 (Fall 1978): 5–34.

—————., "Scribble." Preface to Warburton, *Essai sur les hiéroglyphes.* Paris: Aubier-Flammarion, 1978.

—————., "Living On: Border-lines" (1979). Trans. J. Hulbert. In *Deconstruction and Criticism.* Ed. Harold Bloom et al. New York: Seabury Press, 1979.

—————., "La philosophie des Etats généraux" in *Les Etats généraux de la philosophie.* Paris: Flammarion, 1979.

—————., "Title (to be announced)." *Substance.* no. 9 (1979): 3–40.

—————., "The Law of Genre." Trans. Avital Ronnell. *Critical Inquiry.* vol. 7, no. 1 (1980), pp. 55–81. And in *Glyph 7.* Baltimore: Johns Hopkins University Press, 1980.

—————., *The Post Card: From Socrates to Freud and Beyond* (1980). Trans. Alan Bass. Chicago: Chicago University Press, 1987.

—————., "The Deaths of Roland Barthes" (1981). Trans. Pascale-Anne Brault and Michael B. Naas. In *Philosophy and Non-Philosophy since Merleau-Ponty. Continental Philosophy-I,* ed. Hugh J. Silverman, 259–96. London and New York: Routledge, 1988.

—————., *The Ear of the Other: Otobiography, Transference, Translation: Texts and Discussions with Jacques Derrida* (1982). Trans. Peggy Kamuf. New York: Schocken Books, 1985.

—————., "Interview with Derrida" (1982). In *Derrida and Différance,* ed. David Wood and Robert Bernasconi. Evanston: Northwestern University Press, 1988.

—————., "Of an Apocalyptic Tone Recently Adopted in Philosophy," Trans. John P. Leavey. *Semeia,* vol. 23 (1982). *Oxford Literary Review.* vol. 6, no. 2 (1984): 3–37.

—————., "The Time of a Thesis: Punctuations." In *Philosophy in France Today,* ed. Alan Montefiore. Cambridge: Cambridge University Press, 1982.

—————., "*Geschlecht*—Sexual Difference, Ontological Difference." *Research in Phenomenology,* vol. 13 (1983): 68–84.

—————., "The Principle of Reason in the Eyes of its Pupils." *Diacritics,* vol. 13 (Fall 1983): 3–20. *Graduate Faculty Philosophy Journal* (New School for Social Research), vol. 10 (Spring 1984): 5–45.

—————., "Deconstruction and the Other." Interview with Richard Kearney. In Richard Kearney, ed., *Dialogues with Contemporary Continental Thinkers.* Manchester: Manchester University Press, 1984.

—————., "Devant la loi." Ed. A. Phillips Griffiths. In *Philosophy and Literature.* Cambridge: Cambridge University Press, 1984.

—————., *Feu la cendre.* Firenze: Sansoni, 1984. Paris: Des femmes, 1987.

————., "Mes Chances/ My Chances." In Joseph Smith and William Kerrigan, eds. *Taking Chances*. Baltimore: Johns Hopkins University Press, 1984.

————., "Mochlos ou le conflit des facultés." *Philosophie*, no. 2 (April 1984), pp. 21–53.

————., "No Apocalypse, Not Now." Trans. Catherine Porter and Philip Lewis. *Diacritics*. Vol. 20 (Summer 1984), pp. 20–31.

————., *Otobiographies: l'enseignement de Nietzsche et la politique du nom propre*. Paris: Galilée, 1984.

————., *Signéponge/Signsponge*. Trans. Richard Rand. New York: Columbia University Press, 1984. (Parallel French and English translation.)

————., *Droits de regards*. Photographs by M. F. Plissart with an essay by Jacques Derrida. Paris: Minuit, 1985.

————., "Des Tours de Babel." Trans. Joseph F. Graham. In *Difference in Translation*, ed. Joseph Graham. Ithaca and London: Cornell University Press, 1985. 165–207. [Also includes French text, pp. 209–48.]

————., "Les Langages et les institutions de la philosophie." *Texte* (1985): 9–39.

————., "Letter to a Japanese Friend" (1985). In *Derrida and Différance*, ed. David Wood and Robert Bernasconi, . Evanston: Northwestern University Press, 1988.

————., "Préjugés—devant la loi." In *La faculté de juger*. Paris: Minuit, 1985.

————., "Racism's Last Word." Trans. Peggy Kamuf. *Critical Theory*, vol. 12 (Autumn 1985).

————., *Memoires: For Paul de Man*. Trans. Cecile Lindsay, Jonathan Culler, and Eduardo Cadava. New York: Columbia University Press, 1986.

————., *Parages*. Paris: Galilée, 1986.

————., "Survivre." In *Parages*. Paris: Galilée, 1986.

————., *De l'esprit: Heidegger et la question*. Paris: Galilée, 1987. Trans. by Geoffrey Bennington and Rachel Bowlby as *Of Spirit: Heidegger and the Question*. Chicago: University of Chicago Press, 1989.

————., *Psyché,. Inventions de l'autre*. Paris: Gallimard, 1987.

————., *Ullyse gramophone: deux mots pour Joyce*. Paris: Galilée, 1987.

————., *Du droit à la philosophie*. Paris: Galilée, 1990.

————., *A Derrida Reader: Between the Blinds*. Ed. Peggy Kamuf. New York: Columbia University Press, 1990.

————., *Jacques Derrida*. By Geoffrey Bennington and Jacques Derrida. Paris: Seuil, 1991.

De Saussure, Ferdinand. *Course in General Linguistics* (1916). Trans. Wade Baskin. New York: McGraw-Hill, 1959.

Descartes, René., *Discourse on Method*. Trans. F. E. Sutcliffe. Harmondsworth: Penguin, 1968.

Descombes, Vincent. *Modern French Philosophy*. Trans. L. Scott-Fox and J. M. Harding. Cambridge: Cambridge University Press, 1980.

Donato, Eugenio and Richard Macksey, eds. *The Structuralist Controversy*. Baltimore: Johns Hopkins University Press, 1972.

Dorival, B., *Paul Cézanne*. Paris, 1948.

Dubois, J. et al., *Rhétorique générale*. Paris: Larousse, 1970.

Dufrenne, Mikel., *Phenomenology of Aesthetic Experience* (1952). Trans. Edward S. Casey et al. Evanston: Northwestern University Press, 1973.

Dufrenne, Mikel., *In the Presence of the Sensuous*. Trans. Mark Roberts and Dennis Gallagher. Atlantic Highlands, N.J.: Humanities Press, 1987.

Eagleton, Terry., *Criticism and Ideology*. London: New Left Books, 1976.

Eagleton, Terry., *Literary Theory: An Introduction*. Oxford: Blackwell, 1984.

Eco, Umberto., *A Theory of Semiotics*. Bloomington: IN: Indiana University Press, 1976.

Elliston, Frederick A., ed. *Heidegger's Existential Analytic*. The Hague: Mouton, 1978.

Fóti, Véronique M., "Painting and the Re-Orientation of Philosophical Thought in Merleau-Ponty." *Philosophy Today*, vol. 24, no. 2 (Summer 1980): 114–20.

Foucault, Michel., *The Order of Things: An Archaeology of the Human Sciences* (1966). Trans. anon. New York: Vintage, 1970.

——., *The Archaeology of Knowledge* (1968). Trans. Alan Sheridan Smith. New York: Pantheon, 1972.

——., "Nietzsche, Genealogy, History." In *Language, Counter-Memory, Practice*, 139–64. Trans. Donald Bouchard and Sherry Simon. Ithaca: Cornell University Press, 1977.

Freeman, Donald C., ed. *Linguistics and Literary Style*. New York: Holt, Rinehart and Winston, 1970.

Freud, Sigmund., *An Autobiographical Study*. Trans. James Stachey. New York: Norton, 1950.

Frye, Northrop., *Anatomy of Criticism*. New York: Atheneum, 1957.

Gadamer, Hans-Georg. *Truth and Method* (1960). Trans. and ed. Garrett Barden and John Cumming. New York: Seabury Press, 1975. Revised translation by Joel Weinsheimer and Donald G. Marshall. New York: Seabury, 1990.

Gasché, Rodolphe., "Deconstruction as Criticism:" In *Glyph 6* (1979): 177–215.

——., *The Tain of the Mirror: Deconstruction and the Philosophy of Reflection*. Cambridge: Harvard University Press, 1986.

Girard, René., *Violence and the Sacred*. Trans. Patrick Gregory. Baltimore: Johns Hopkins University Press, 1977.

Goethe, Johann Wolfgang. *The Autobiography*. 2 vols. Trans. J. Oxenford. Ed. K. J. Weintraub. Chicago: University of Chicago Press, 1974.

Goldmann, Lucien. *The Hidden God: A Study of Tragic Vision in the* Pensées *of Pascal and the Tragedies of Racine*. Trans. Philip Thody. New York: Humanities Press, 1964.

Grene, Marjorie., "The Sense of Things." *Journal of Aesthetics and Art Criticism*, vol. 38, no. 4 (Summer 1980): 377–89.

Hall, Harrison., "Painting and Perceiving," *Journal of Aesthetics and Art Criticism*, vol. 39, no. 3 (Spring 1981): 291–95.

Hartman, Geoffrey., *The Unmediated Vision*. New York: Harcourt, Brace and World, 1954.

——., *Beyond Formalism*. New Haven: Yale University Press, 1970.

——., *The Fate of Reading*. Chicago: University of Chicago Press, 1975.

——., *Criticism in the Wilderness*. New Haven: Yale University Press, 1980.

——., *Saving the Text: Philosophy/Derrida/Literature*. Baltimore: Johns Hopkins University Press, 1981.

Harvey, Irene E., *Derrida and the Economy of Difference*. Bloomington: Indiana University Press, 1986.

Heidegger, Martin., *Being and Time* (1927). Trans. John Macquarrie and Edward Robinson. New York: Harper and Row, 1962.

Heidegger, Martin., *Introduction to Metaphysics* (1935/1953). Trans. Ralph Manheim. New Haven: Yale University Press, 1959.

——., *Holzwege* (1950). Frankfurt: Klostermann, 1980.

──────., *Early Greek Thinking* (1950, 1954). Trans. David Farrell Krell and Frank A. Capuzzi. New York: Harper and Row, 1975.

──────., *Aus der Erfahrung des Denkens*. Pfullingen: Neske, 1954.

──────., *What is Called Thinking?* (1954). Trans. Glenn Gray and Fred Wieck. New York: Harper and Row, 1972.

──────., *The Question of Being* (1956). Trans. Jean T. Wilde and William Kluback. New Haven: College and University Publishers, 1958.

──────., *Satz vom Grund*. Pfullingen: Neske, 1957.

──────., *On the Way to Language* (1959). Trans. Peter D. Hertz. New York: Harper and Row, 1971.

──────., *Der Ursprung des Kunstwerkes*. Stuttgart: Reclam, 1960.

──────., *Nietzsche* (1961). 4 vols. Trans. David Farrell Krell, et al. New York: Harper and Row, 1979–85.

──────., "Time and Being" (1962). "The End of Philosophy and the Task of Thinking" (1964). In *On Time and Being* (1969). Trans. Joan Stambaugh. New York: Harper and Row, 1972.

──────., *Poetry Language Thought*. Trans. Albert Hofstadter. New York: Harper and Row, 1971.

Hirsch, E. D., *Validity in Interpretation*. New Haven: Yale University Press, 1967.

──────., *The Aims of Interpretation*. Chicago: University of Chicago Press, 1976.

Hofstadter, Albert, "Enownment," *Boundary 2*, vol. 4 (1976): 357–77.

Horkheimer, Max and Theodor W. Adorno, *Dialectic of Enlightenment*. Trans. John Cumming. New York: Seabury, 1972.

Hoy, David Couzens. *The Critical Circle: Literature and History in Contemporary Hermeneutics*. Berkeley and Los Angeles: University of California Press, 1978.

Husserl, Edmund., "The Origin of Geometry." In *The Crisis of the European Sciences and Transcendental Phenomenology*. Trans. David Carr. Evanston: Northwestern University Press, 1970: 353–78.

Ingarden, Roman., *The Literary Work of Art* (1931). Trans. Georges G. Grabowicz. Evanston: Northwestern University Press, 1973.

Ionesco, Eugene., *Present Past/Past Present*. Trans. Helen R. Lane. New York: Grove, 1971.

Jakobson, Roman., "Two Aspects of Language and Two Types of Aphasia." In *Fundamentals of Language*. The Hague: Mouton, 1971.

Jeanson, Francis., *Sartre dans sa vie*. Paris: Seuil, 1974.

Johnson, Barbara., "The Frame of Reference: Poe, Lacan, Derrida." In *The Critical Difference: Essays in the Contemporary Rhetoric of Reading*. Baltimore: Johns Hopkins University Press, 1980.

Jones, Ernest., *Hamlet and Oedipus*. New York: Anchor, 1949.

Joyce, James., *Portrait of the Artist as a Young Man* (1916). New York: Viking, 1964.

Kierkegaard, Søren., *The Point of View for My Work as an Author*. Trans. Walter Lowrie. New York: Harper & Row, 1962.

Kristeva, Julia., *Revolution in Poetic Language*. Trans. Margaret Waller. Introduction by Leon S. Roudiez. New York: Columbia University Press, 1984.

──────., *The Kristeva Reader*, ed. Toril Moi. New York: Columbia, 1986.

──────., *Black Sun*. New York: Columbia University Press, 1989.

Kofman, Sarah., *Lectures de Derrida*. Paris: Galilée, 1984.

Kott, Jan., *Shakespeare Our Contemporary*. Trans. Boleslaw Taborski. New York:, Anchor, 1966.

—————., *The Eating of the Gods*. Trans. Boleslaw Taborski. New York: Vintage, 1974.

Lacan, Jacques., "Seminar on 'The Purloined Letter.'" Trans. Jeffrey Mehlman. In *French Freud: Structural Studies in Psychoanalysis, Yale French Studies*, no. 48 (1972): 38–72.

—————., *Écrits*. Paris: Seuil, 1966. Trans. Alan Sheridan. New York: Norton, 1977.

Landow, George P., ed. *Approaches to Victorian Autobiography*. Athens: Ohio University Press, 1979.

Le Bot, Marc, ed., *Le Deux*. Paris: 10–18, 1980.

Le Caldano, Paolo., *Van Gogh: Tout l'Oeuvre peint*. 2 vols. Paris: Flammarion, 1971.

Leed, Jacob, ed., *The Computer and Literary Style*. Kent, Ohio: Kent State University Press, 1966.

Lefeuvre, Michel., *Merleau-Ponty au délà de la phénoménologie*. Paris: Klinksieck, 1976.

Levin, Samuel R., *Linguistic Structures in Poetry*. The Hague: Mouton, 1962.

Lévi-Strauss, Claude., *Structural Anthropology*. Trans. Claire Jacobson and Brooke Grundfest Schoepf. New York: Basic Books, 1963.

—————., *Tristes Tropiques*. Paris: Plon, 1955. Trans. John and Doreen Weightman. New York: Atheneum, 1974.

Llewelyn, John., *Beyond Metaphysics?* Atlantic Highlands, N.J.: Humanities Press, 1985.

—————., *Derrida on the Threshold of Sense*. London: Macmillan, 1986.

Lukács, Georg., *Goethe and His Age*. Trans. Robert Anchor. New York: Grosset and Dunlap, 1968.

Lyotard, Jean-François., *The Postmodern Condition: A Report on Knowledge*. Trans. Geoff Bennington and Brian Massumi. Minnesota: University of Minnesota Press, 1984.

—————., *The Lyotard Reader*. Ed. Andrew Benjamin. Oxford: Blackwell, 1989.

Madison, Gary Brent., *La Phénoménologie de Merleau-Ponty*. Paris: Klinksieck, 1973.

Magliola, Robert., *Phenomenology and Literature: An Introduction*. West Lafayette, Ind.: Purdue University Press, 1977.

—————., *Derrida on the Mend*. West Lafayette, Ind.: Purdue University Press, 1984.

Marcovicz, Digne Meller., *Martin Heidegger: Photos*. Stuttgart: Fey, 1978.

Marin, Louis., *Utopics: The Semiological Play of Textual Spaces*. Trans. Robert Vollrath. Altantic Highlands, N.J.: Humanities Press, 1990.

May, Georges., *L'Autobiographie*. Paris: Presses Universitaires de France, 1979.

Melville, Stephen., *Philosophy beside Itself*. Minneapolis: University of Minnesota Press, 1986.

Merleau-Ponty, Maurice., *Phenomenology of Perception* (1945). Trans. Colin Smith. London: Routledge and Kegan Paul, 1960.

—————., *Sense and Non-Sense* (1947). Trans. Hubert L. Dreyfus and Patricia A. Dreyfus. Evanston: Northwestern University Press, 1964.

—————., *Consciousness and the Acquisition of Language* (1949–50). Trans. Hugh J. Silverman. Evanston: Northwestern University Press, 1973.

—————., "The Experience of Others," (1951–52). Trans. Fred Evans and Hugh J. Silverman. In *Merleau-Ponty and Psychology*, ed. Keith Hoeller, 33–63. Atlantic Highlands: Humanities Press, 1993.

—————., *The Primacy of Perception*, ed. James M. Edie. Evanston: Northwestern University Press, 1964.

—————., *L'Oeil et l'esprit* (1960). Paris: Gallimard, 1964.

—————., *Signs* (1960). Trans. Richard C. McCleary. Evanston: Northwestern University Press, 1964.

————., *The Visible and the Invisible* (1964). Trans. Alphonso Lingis. Evanston: Northwestern University Press, 1968.

————., *Prose of the World* (1969). Trans. John O'Neill. Evanston: Northwestern University Press, 1973.

————., *Texts and Dialogues*, ed. Hugh J. Silverman and James Barry, Jr. Atlantic Highlands, N.J.: Humanities Press, 1992.

Mill, John Stuart., *Autobiography*. In *Essential Works of John Stuart Mill*, ed. Max Lerner, 9–182. New York: Bantam, 1961.

Montaigne, Michel de., *The Complete Essays*. Trans. Donald M. Frame. Stanford: Stanford University Press, 1957.

Müller-Vollmer, Kurt., *Toward a Phenomenology of Literature*. The Hague: Mouton, 1963.

Müller-Vollmer, Kurt, ed., *The Hermeneutics Reader: Texts of the German Tradition from the Enlightenment to the Present.* New York: Continuum, 1985.

Nietzsche, Friedrich., *Schopenhauer as Educator* (1874). Trans. James W. Hillesheim and Malcolm R. Simpson. South Bend, Ind.: Gateway Editions, 1965. Also in: *Untimely Meditations* (III), 127–94. Trans. R. J. Hollingdale. Cambridge: Cambridge University Press, 1983. Bilingual German-French edition: *Unzeitgemäße Betrachtungen*, III-IV, 15–169. Trans. Geneviève Bianquis. Paris: Aubier, 1976.

————., *Thus Spoke Zarathustra* (1883–5). Trans. R. Hollingdale. New York: Penguin, 1969.

————., *On the Genealogy of Morals* (1887). Trans. Walter Kaufmann. New York: Vintage, 1967.

————., *Ecce Homo* (1889). Trans. Walter Kaufmann. New York: Vintage, 1967.

————., *Ecce Homo*. Trans. R. J. Hollingdale. Harmondsworth: Penguin, 1979.

Norris, Christopher., *Deconstruction: Theory and Practice*. London: Methuen, 1982.

————., *The Deconstructive Turn: Essays in the Rhetoric of Philosophy*. London: Metheun, 1983.

————., *The Contest of Faculties: Philosophy and Theory after Deconstruction*. London: Methuen, 1985.

————., *Derrida*. London: Fontana Modern Masters, 1987.

Olney, James, ed., *Metaphors of Self.* Princeton: Princeton University Press, 1972.

————., *Autobiography: Essays Theoretical and Critical*. Princeton: Princeton University Press, 1980.

Ormiston, Gayle, and Alan Schrift, eds. *The Hermeneutic Tradition: From Ast to Ricoeur.* Albany: SUNY Press, 1990.

————., *Transforming the Hermeneutic Context: From Nietzsche to Nancy*. Albany: SUNY Press, 1990.

Palmer, Richard E., *Hermeneutics: Interpretation Theory in Schleiermacher, Dilthey, Heidegger, and Gadamer.* Evanston: Northwestern University Press, 1969.

Pascal, Blaise., *Pensées*. Trans. H. F. Stewart. New York: Modern Library, 1947.

Peirce, Charles Sanders., *Philosophical Writings of Peirce*, ed. Justus Buchler. New York: Dover, 1940, 1955.

Phillips, William, ed., *Art and Psychoanalysis*. New York: Meridian, 1957.

Place, James Gordon., "The Painting and the Natural Thing in the Philosophy of Merleau-Ponty." *Cultural Hermeneutics*, vol. 4 (1976): 75–91.

Pratt, Mary Louise., *Toward a Speech Act Theory of Literary Discourse*. Bloomington: Indiana University Press, 1977.

Richards, I. A., *The Philosophy of Rhetoric*. New York: Oxford University Press, 1936.

Ricoeur, Paul., *The Symbolism of Evil*. Trans. Emerson Buchanan. Boston: Beacon, 1969.

—————., *Freud and Philosophy*. Trans. Dennis Savage. New Haven: Yale University Press, 1970.

—————., *The Conflict of Interpretations*. Ed. Don Ihde. Evanston: Northwestern University Press, 1974.

—————., *The Rule of Metaphor*. Trans. Robert Czerny with K. McLaughlin, and J. Costello. Toronto: University of Toronto Press, 1977.

—————., *Hermeneutics and the Human Sciences*. Ed. and trans. John B. Thompson. Cambridge: Cambridge University Press, 1981.

Riffaterre, Michael., *Essais de stylistique structurale*. Paris: Flammarion, 1971.

—————., *Semiotics of Poetry*. Bloomington: Indiana University Press, 1978.

Rousseau, Jean-Jacques., *Les Confessions*. In *Oeuvres complètes*, vol. 1. Paris: Gallimard, 1959. *The Confessions*. Trans. J. M. Cohen. Middlesex, England: Penguin, 1954.

Russell, Bertrand., *Autobiography*. London: Unwin, 1975.

Ryle, Gilbert., *The Concept of Mind*. London: Hutchinson, 1949.

Said, Edward., "The Problem of Textuality: Two Exemplary Positions." In *Aesthetics Today*, ed. Morris Philipson and Paul J. Gudel, 87–133. New York: Meridian/ New American Library, 1980.

—————., *The World, The Text and the Critic*. Cambridge: Harvard, 1983.

Sallis, John, ed., *Deconstruction and Philosophy: The Texts of Jacques Derrida*. Chicago: University of Chicago Press, 1987.

Salusinsky, Imre., *Criticism in Society: Interviews with Jacques Derrida, Northrop Frye, Harold Bloom, et al*. London: Methuen, 1987.

Sartre, Jean-Paul., *The Transcendence of the Ego: An Existentialist Theory of Consciousness* (1936). Trans. Forrest Williams and Robert Kirkpatrick. New York: Noonday, 1972.

—————., *Being and Nothingness: A Phenomenological Essay on Ontology* (1943). Trans. Hazel Barnes. New York: Washington Square Press, 1956.

—————., *What is Literature?* (1947). Trans. Bernard Frechtman. Secaucus, N.J.: Citadel Press, 1965.

—————., *Baudelaire* (1947). Trans. Martin Turnell. New York: New Directions, 1950.

—————., *Saint Genet* (1952). Trans. anon. New York: New American Library, 1963.

—————., *The Words* (1963). Trans. Bernard Frechtman. Greenwich, Conn.: Fawcett, 1964.

—————., *The Family Idiot* (1971–72). 5 vols. Trans. Carol Cosman. Chicago: University of Chicago Press, 1981, 1987, 1989, 1991, 1992.

—————., *Between Existentialism and Marxism*. Trans. John Matthews. New York: Pantheon Books, 1974.

—————., *Sartre, un film réalisé par Alexandre Astruc et Michel Contat*. Paris: Gallimard, 1977; *Sartre by Himself*. Trans. Richard Seaver. New York: Urizen Books, 1978.

—————., *Mallarmé, or the Poet of Nothingness* (1986). Trans. Ernest Sturm. University Park: Penn State University Press, 1988.

Sartre, Jean-Paul, Philippe Gavi, and Pierre Victor., *On a Raison de se révolter*. Paris: Gallimard, 1974.

Schapiro, Meyer., "The Still-Life as Personal Object—A Note on Heidegger and Van Gogh." In *The Reach of Mind: Essays in Memory of Kurt Goldstein, 1878–1965*. New York: Springer, 1968.

Schrag, Calvin O.,and Eugene Kaelin, eds., *American Phenomenology*. Dordrecht: Kluwer, 1989.

Searle, John., *Speech Acts: An Essay in the Philosophy of Language*. Cambridge:, Cambridge University Press, 1969.

Sendyk-Siegel, Liliane., *Sartre: Images d'une vie*. Paris: Gallimard, 1978.

Silverman, Hugh J., "Dufrenne's *Phenomenology of Aesthetic Experience*," *The Journal of Aesthetics and Art Criticism*, vol. 33, no 4 (Summer 1975): 462–64.

—————., "Dufrenne's Phenomenology of Poetry." *Philosophy Today*, vol. 20, no. 4 (Spring 1976): 20–24.

—————., "Imagining, Perceiving, Remembering," *Humanitas*, vol. 14, no. 2 (May 1978): 197–207.

—————., "Autobiographizing." *Partisan Review*, vol. 47 (1980): 142–46.

—————., "Un Égale deux ou l'espace autobiographique et ses limites." In *Le Deux*, ed. Marc le Bot, 279–302. Paris: 10–18, 1980.

—————., *Inscriptions: Between Phenomenology and Structuralism*. London and New York: Routledge, 1987.

—————., "An Essay in Self-Presentation." In *American Phenomenology*, ed. Calvin O. Schrag and Eugene Kaelin, 374–83. Dordrecht: Kluwer, 1989.

—————., "Merleau-Ponty's New Beginning: Preface to *The Experience of Others*." In *Merleau-Ponty and Psychology*, ed. Keith Hoeller, 25–31. Atlantic Highlands: Humanities Press, 1993.

Silverman, Hugh J. and Frederick A. Elliston, eds. *Jean-Paul Sartre: Contemporary Approaches to His Philosophy*. Pittsburgh: Duquesne University Press, 1980.

Silverman, Hugh J. and Don Ihde, eds. *Hermeneutics and Deconstruction*. Albany: SUNY Press, 1985.

Silverman, Hugh J. and Donn Welton, eds. *Postmodernism and Continental Philosophy*. Albany: SUNY Press, 1988.

Silverman, Hugh J., ed. *Philosophy and Non-Philosophy since Merleau-Ponty* [*Continental Philosophy-I*]. London and New York: Routledge, 1988.

Silverman, Hugh J., ed. *Derrida and Deconstruction* [*Continental Philosophy-II*]. London and New York: Routledge, 1989.

Silverman, Hugh J. and Gary E. Aylesworth, eds. *The Textual Sublime: Deconstruction and its Differences*. Albany: SUNY Press, 1989.

Silverman, Hugh J., ed. *Postmodernism—Philosophy and the Arts* [*Continental Philosophy-III*]. New York and London: Routledge, 1990.

Silverman, Hugh J., ed. *Gadamer and Hermeneutics* [*Continental Philosophy-IV*]. New York and London: Routledge, 1991.

Silverman, Hugh J., ed. *Writing the Politics of Difference*. Albany: SUNY Press, 1991.

Sini, Carlo, *Semiotica e filosofia: Segno e linguaggio in Peirce, Heidegger e Foucault*. Bologna: Il Mulino, 1978.

—————., *Images of Truth*. Trans. Massimo Verdicchio. Atlantic Highlands, N. J: Humanities Press, 1993.

Sturrock, John, ed., *Structuralism and Since: From Lévi-Strauss to Derrida*. London: Oxford University Press, 1979.

Thoreau, Henry David., *Walden: Or Life in the Woods* (1854). New York: New American Library, 1960.

Valdés, Mario J., and Owen J. Miller, eds. *Interpretations of Narrative.* Toronto: University of Toronto Press, 1978.

Vico, Giambattista., *The Autobiography.* Trans. Max Harold Fisch and Thomas Goddard Bergin. Ithaca: Cornell University Press, 1944.

Wachterhauser, Brice, ed. *Hermeneutics and Modern Philosophy.* Albany: SUNY Press, 1986.

Weintraub, Karl Joachim., *The Value of the Individual: Self and Circumstance in Autobiography.* Chicago: University of Chicago Press, 1978.

Wellek, René, and Austin Warren., *Theory of Literature.* New York: Harcourt, Brace and World, 1956.

Wood, David., *Deconstruction of Time.* Atlantic Highlands, N. J.: Humanities Press, 1988.

Yeats, William Butler., *The Autobiography of William Butler Yeats.* New York: Macmillan, 1965.